中国绘画年鉴艺委会

（名单按姓氏笔画排列）

顾　　问：王学仲　廖静文
委　　员：王界山　王易霓　尹　石　龙　瑞　冯　远　田黎明　李延声　李　翔　张　凭
张道兴　张立辰　张　捷　张谷民　何家英　陈　琪　何加林　陈云刚　邵大箴
杨力舟　卓鹤君　姜宝林　徐庆平　袁　武　秦大虎　高式熊　郭怡宗　唐　建
崔晓东　谢　麟　雷正民

中国绘画年鉴编委会

（名单按姓氏笔画排列）

主　　任：王　仲
副 主 任：王慧智
艺术主编：李延声
艺术副主编：王界山　唐　建
执行主编：王加林
执行副主编：吴建平
主编室主编：静　芸
主编室副主编：张宜平　熊星慧
编　　委：刁乔其　马晨归　王加林　王建春　包于国　吕鹏晶　朱　英　张予平　宋国宏
吴建平　陈云刚　陈振新　宋寿平　赵康杰　金福生　杨育才　高式熊　唐　恺
梁咏翔　商志勇　蔡国声　翟　鑫
编辑部编辑：王向荣　刘永新　孙国胜　苏　孟　单亦非　杨　硕　董玥麟　熊星慧
版式设计：董玥麟

中国文史出版社

图书在版编目（CIP）数据

中国绘画年鉴. 2013 / 《中国绘画年鉴》编委会编著.
-- 北京 : 中国文史出版社, 2013.12
ISBN 978-7-5034-4621-4

Ⅰ. ①中… Ⅱ. ①中… Ⅲ. ①绘画－中国－2013－年鉴②绘画－作品综合集－中国－现代 Ⅳ. ①J2-54 ②J221.8

中国版本图书馆CIP数据核字(2013)第310608号

责任编辑：工　方
封面设计：董　靓

出版发行：中国文史出版社
网　　址：www.wenshipress.com
社　　址：北京市西城区太平桥大街23号　邮编：100811
电　　话：010－66173572　66168268　66192736（发行部）
传　　真：010－66192703
印　　装：北京市庆全新光印刷有限公司
经　　销：全国新华书店
开　　本：787毫米×1092毫米　1/8
印　　张：49.25
字　　数：1200千字
版　　次：2013年12月北京第1版
印　　次：2013年12月第1次印刷
定　　价：300.00元

前　　言

当前我国正处于全面建设小康社会的关键时期和深化改革开放、加快转变经济发展方式的攻坚时期，这也是文化改革发展的重要战略机遇期。站在新的历史起点上，全党全社会要继续深入贯彻落实党的十七届六中全会精神和中央一系列决策部署，不断增强文化自觉和文化自信，进一步深化文化体制改革，兴起文化建设新高潮，坚定不移地走中国特色社会主义文化发展道路，奋力开拓社会主义文化强国建设的新局面。

2006年，江苏画院首先在全国海选聘用画家；2007年，四川美术学院首现农民工个人画展；2008年，“永远的奥运”奥林匹克史诗画展；2009年，民生银行首推金融与艺术联姻，定出非凡理财“艺术品投资计划”，国内银行纷纷推出挂钩著名画家作品或当代艺术品的理财产品；2010年，中国美术学院2010年成立了由新媒体系、综合艺术系、艺术策划和管理系三大系整合而成的跨媒体艺术学院，用于打造一所真正意义上的“当代艺术学院”；2011年，是中国艺术品拍卖史上最难忘的一年，在中国嘉德2011春拍书画夜场拍卖上，齐白石作品《松柏高立图·篆书四言联》以4.255亿元人民币成交，创下中国近现代书画新纪录。2012年，全省首届农村中小学生优秀美术作业开展。在国家出现重大事件的时候，都有画家用多种方式表达自己的感情。

2012年中国绘画年鉴编委会协办了2012新民晚报夜光杯全国书画大赛。从2012年起开展评选美术师级别工作。

伴随着中国绘画文化事业不断前进的步伐，《中国绘画年鉴》及时记载每一件发生在我们身边的绘画大事，记录着活跃在当今画坛对社会有贡献的优秀画家，同时尊重和关注默默耕耘在艺术天地的艺术家。

《中国绘画年鉴》把握绘画文化变革的脉搏，及时介绍绘画文化建设的新局面，因此受到了绘画艺术界领导和专家的肯定。《中国绘画年鉴》听取了多方建议，总结经验，丰富内容。还有大批画家加盟成为中国绘画年鉴美术家联合会成员，真正发挥了画家的有效作用，体现了画家的社会责任感和使命感。

《中国绘画年鉴》反映绘画历史，记录绘画大事，宣传绘画作品，展现画家事迹。《中国绘画年鉴》为《中国知识资源总库·中国年鉴全文数据库(CYBD)》入编年鉴。《中国年鉴全文数据库》是中国学术期刊（光盘版）电子杂志社与同方知网（北京）技术有限公司编辑出版的全球著名“中国知网”重要组成部分——中国年鉴网络出版平台系统之一，荣获“首届中国出版政府奖提名奖”。《中国绘画年鉴》还是中国版协年鉴工作委员会和北京方正阿帕比技术有限公司共同组织的中国年鉴资源全文数据库核心年鉴。

《中国绘画年鉴》的出版，得到了业内外专家学者的大力支持和帮助，在此，谨致以衷心的感谢！

中国绘画年鉴编委会

王加林　吴建平

目 录

绘画大事记

艺术家介绍

艺术家展示

画廊展示

2012 新民晚报夜光杯全国书画大赛

艺术家介绍

艺术信息

封面、封三、封底国画作品作者
李宝民

全国美术机构

中央美术学院

“纸·非纸”艺术展第一回亮相中央美院
中日艺术家共推亚洲当代艺术

“纸·非纸——中日纸艺术展第一回”于2012年1月13日在中央美术学院美术馆拉开帷幕。此展由中央美术学院与东京艺术大学共同联合主办，中央美术学院造型学院与东京艺术大学美术学院承办，共展出中央美术学院和东京艺术大学50位参展艺术家的作品，双方艺术家围绕“纸”这一概念，探讨了“纸”的文化内涵以及“纸”在当代文化语境下的可能性表达，旨在推动亚洲当代学院艺术的研究与交流。

开幕式由中央美术学院造型学院副院长兼油画系主任谢东明主持，出席开幕式的嘉宾有党委书记杨力、院长潘公凯、副院长徐冰，学术委员会副主任孙景波，造型学院院长苏新平等。潘公凯院长在致辞中谈到“纸”作为东方艺术创作中用到最多也是最古老的材质，在当代艺术的生态下衍生出各种不同的表现形式，对这一命题展开研究正是东方文化价值的探讨过程。策展人余丁教授在发言中表示，20世纪以来中日艺术的现代性进程中，与西方以画布为核心的现代性不同，东方的对纸的运用彰显了独特的现代意识。“纸”意味着与纸有关，“非纸”意味着与纸无关，“纸·非纸”意味着纸对于艺术更多的可能性，意味着“无”，也意味着“有”。中日双方参展艺术家关于“纸”的作品，是对东方艺术根本性的表达，透过“纸·非纸”可以看出中日双方参展艺术家表现出的历史风土等背景的差异性与共同性。此次展览组委会主任、中央美术学院造型学院院长苏新平在发言中谈到中日两所院校主动开展学术交流活动，对于双方来讲不仅必要也很有意义；展览作为交流的开端已彰显出良好的效果，一定会对中日乃至亚洲学院艺术产生有效的推动。

展览的作品对纸的表现可谓是各有所长，有的强调其作为材料的特性，例如日本艺术家村山修二郎利用了中日两国的一些野生的原种植物，以“绿画”的手法（用手拿着花草直接擦蹭到纸上或墙壁上）绘制了作品，旨在通过两国的植被与艺术作品进行交流；有的作品则是一种情感的诉求，例如刘小东谈道：“我用我的老家造的芦苇纸画我的一家子，觉得很贴近我的感情。”作为中日双方艺术家对东方精神的一次探求，各位艺术家对“纸”以及“非纸”的诸多认识与解读以及反映在创作中的世界观和方法论可以代表中国，代表日本，代表亚洲，代表东方。借用潘公凯院长一句话“用纸质材料做作品，仍然具有无穷的潜力”。

此次展览是中日纸艺术展的第一回，至2月19日；第二回展览2012年10月份在日本东京艺术大学美术馆举行。

谭平教授领衔“北京——柏林项目·meet again”

作为“中德建交40周年”系列纪念活动之一，2012年2月18日，由副院长谭平教授领衔，版画系康剑飞副教授及德国艺术家Andreas Amrhein、Ruediger Schoell四人共同创作的“北京——柏林项目·meet again”版画展在北京空白空间开幕。

谭平教授20世纪90年代初就读于柏林艺术学院，结识同龄的柏林艺术家Andreas Amrhein和Ruediger Schoell，他们被彼此作品所吸引。1996年首次“北京——柏林项目·meet again”由亚历山大·奥克斯在慕尼黑“艺术之家”美术馆主办，主题是大型蚀刻版画展，在当时备受好评。此次展览是继1996年在德首次联袂后，在北京的“再次相遇”。合作的蚀刻版画系列，灵感源于歌德《西东合集》（1819年）中的一行诗句：“知己知彼的人啊／亦将明了／东方与西方／再不能分隔。”

展出的作品以木刻版画为延续，由于蚀刻源于德国，而木刻源于中国，所以谭平教授邀请艺术家到南方小镇观澜进行创作。几位或抽象、或具象、或平面为主的艺术家，先以蚀刻手法独立创作，后将作一品随意叠印。不同主题在同一作品中的累加，作品犹如出自同一位兼具亚欧文化内涵的艺术家之手。这些生机盎然的作品也同时展现了几位艺术家在过去20年中迥然各异的发展道路。

当日，艺术家们的朋友、学生云集画廊，德国驻华大使施明贤博士（Dr. Michael Schaefer）也亲临展览开幕式现场。版画展至4月1日。

“艺述英国”旗舰项目：托尼·克拉格雕塑与绘画展
在中央美院美术馆展出

2012年3月2日，由中央美术学院美术馆、上海喜玛拉雅美术馆、成都当代美术馆、英国大使馆文化教育处联合举办，苏格兰现代美术馆、英国伦敦霍特曼艺术公司协办的“托尼·克拉格雕塑与绘画展”在中央美院开幕。

院长潘公凯，副院长徐冰；老一辈艺术家冯真先生、刘焕章先生；造型学院院长苏新平、副院长隋建国；雕塑系主任吕品昌；国际交流与合作处处长晋华；美术馆馆长王璜生、副馆长唐斌出席开幕式。

参加开幕式的嘉宾还有英国大使馆文化参赞白琼娜、北京市档案馆馆长李立军、北京画院美术馆馆长吴洪亮、上海喜玛拉雅美术馆执行馆长王纯杰、中华世纪坛世界艺术馆副馆长冯光生、今日美术馆副馆长高鹏、成都当代美术馆副馆长蓝庆伟、广州美术学院教授李公明等。来自北京文化界、新闻界的朋友以及众多热爱克拉格艺术的美院师生、美术爱好者也一同来到现场。

潘公凯院长首先致辞，他表示，通过这次展览，我们能够有幸全面地看到托尼先生的艺术经历和他的风格面貌。希望这个有着高度学术性的展览，能够对美院学生，尤其是对雕塑系的教学产生很多启发和帮助。致辞中，潘公凯院长对美术馆工作团队为此次展览所作出的努力表示了感谢。

英国大使馆文化参赞白琼娜女士在致辞中对展览在美院的开幕感到十分高兴。美术馆为托尼的作品提供了一个出色的展示空间，为大家欣赏美丽杰出的作品提供了一个完美场所。

托尼·克拉格在致辞中特别提道，自2011年应邀参加中央美术学院美术馆“CAFAM泛主题展：超有机/一个独特研究视角和实验”及系列活动时，就十分希望能在这里展示自己的作品。他对支持此次展览的机构和个人以及自己的助手表达了真诚的谢意。

托尼·克拉格是至今仍活跃的英国最伟大的艺术家之一。在长达30多年的艺术生涯中，托尼在全世界巡展，他在巴黎卢浮宫和苏格兰国立现代美术馆的展览刚刚结束不久。此行是托尼·克拉格作品在中国的首个回顾展。正值2012伦敦奥运会和中英建交40周年之际，此次展览是在中国举办的最大的英国艺术和创意产业盛会“艺述英国”的旗舰项目。

在展览开幕前专门举办的新闻发布会上，担任展览学术指导的徐冰副院长向媒体介绍了此次展览的相关情况。他谈道，托尼将抽象的语言、极简的语言、解构的语言以及现代主义阶段的一系列欧洲的实验语言自由地运用于创作中。特别是他对于材料的使用，使得材料在他的艺术中真正起到了话语的作用，托尼的艺术对于中国艺术以及艺术教育都有非常强的现实意义。展览的主要组织者，英国大使馆文化教育处艺术总监大卫·艾略特在发言中指出，作为“艺述英国”文化盛会最好的序幕，此次展览一定令大家所喜爱。美术馆馆长王璜生在交流时讲道，评价艺术家的影响要从美术史和公众社会影响力两个层面来看。托尼的作品赋予了材料以更深一层的文化，作为非常具有思想和理性的艺术家，托尼不断地以执著、认真的精神进行艺术创作。

发布会上，当问起托尼在布展中如何考虑艺术作品与空间的结合时，托尼说道，布展没有平面图，也没有任何关于展品和空间之间的概念。几天来，团队所做的布展工作，就是把这些雕塑作品排进来，然后不断变换它们的位置，从不同的角度、不同的意义结合不同的背景来看这些作品，直到确定它们的位置。他幽默地说：“我们每天都在挪这些雕塑作品，大概走了20～30公里长的路，所以布展的时候，我们应该穿上轮滑鞋。”

托尼·克拉格于1988年获得特纳奖(Turner Prize)。2002年获得皮蓬布鲁克雕塑奖 (Piepenbrock Award)。2007年获得日本皇家世界文化奖。2008年，他主持兴建的雕塑公园在伍珀塔尔落成。托尼·克拉格在雕塑作品的材质和制作工艺上的无穷想象力，一定程度上来源于他早期的科学实验生涯。他总是对各种材质及工艺充满好奇，并不断测试，最终找出哪一种材质和工艺最能使作品浑然天成；城市垃圾，废弃的塑料，金属，各种容器等在他的作品中都可以化腐朽为神奇。这也是托尼·克拉格贯穿整个职业生涯中最为显著的特点。此次展览在美术馆3F展厅及美术馆外围展示其作品《弯曲的思想》、《哈姆雷特》、《大教堂》、《手肘》等，这些作品的形体、材质、体量、色彩，充满了想象，对我们深入且近距离地欣赏、学习和研究托尼·克拉格的艺术，提供了一次难得的机会。此次展览至4月15日。

与生命的状态相关：中央美院版画系杨宏伟副教授作品展“硬伤”开幕

2012年3月4—20日，版画系副教授杨宏伟的“硬伤——杨宏伟作品展”在今日美术馆开幕。

杨宏伟从事版画创作近20年，毕业后一直在中央美术学院任教。他的工作细腻、坚毅，于应手中而得心见，每一次个展都展示了他在版画中扩展的可能空间。这不仅得到了诸如徐冰、阿城、李陀等师友们的知心会意，他的作品也被中央美术学院、中国美术馆、今日美术馆、四川美术馆、广东美术馆、关山月美术馆、炎黄艺术馆、美国新泽西州文化中心、英国木版画基金会等艺术机构广泛收藏。

展览名“硬伤”出自他的导师徐冰教授。对杨宏伟来说，“硬伤”是木版画创作中，“当他开始刻下一个点，木板的质地硬伤似的裸露出来”，“像凿开混沌一样”。策展人、《三联生活周刊》副主编舒可文援引文学情境中，“现代作者封闭了自己与自然、历史的关联，只能徒然地消耗自己”，以至于“在表征人类存在时”，只能“强调不可通约的经验，不再用举例的方式来诉说自己的关切”这一现象，指出“当代艺术中有很多抵抗的努力，旨在将自己卷入外部生活与世界历史中，刺穿这种外部生活与内在体验的二元隔绝”。在她看来，杨宏伟作品的主题“硬伤”，就是“倾向于这样的努力”，“硬伤不是可被修复的偶然事故，不是可悲治愈的意外伤害，不是孤独的形而上体验，而是日常化的感知，是对可见之物的另一种确认，是艺术家与可见之物建立合作的基础。于是，硬伤不负责再现，叙述或见解，也不释义，不是记号，而是身处其中”。

此次展览展出杨宏伟近4年的8件作品。整个过程备受作家李陀的关注与支持，尹吉男教授更贡献诗作《杨宏伟的木屑之乱象》做展览前言。

杨宏伟的创作自2008年起进入新的阶段，作品《水》、《火》、《石》以及长卷《世纪坛》特点鲜明。刀刻痕迹连接着自然材料的质感和劳动的精神力量，单纯而充满变化，抽象中隐约具象。作品中不仅展现了杨宏伟对自然世界的关注和敬畏，尤其是他以漫长的时间投入其中的自我考验及其不同的叙事结构。比如作品《天一生水》，杨宏伟“刻下了大约3600万刀，这使他的工作显示出一种温和的刚性，还有点机械式的诗意”。

展览开幕式人头攒动，众多师友、学生、媒体会聚一堂。策展人舒可文在开幕式上说，杨宏伟的作品“与生命的状态相关。在计划与变化之间、在成功与失败之间、在成品与废品之间，他留出很大的空间，这也许是我们进入他作品的一个渠道，也是通过他的作品理解我们自己生活的一个方式”。徐冰教授在致辞中为版画家作品能吸引如此多的观众到场感到高兴。他透露，此前举行了小型研讨会，他和李陀、欧阳江河、苏新平、尹吉男、汪建伟、格非、邱志杰、李帆、刘礼宾等数十位理论家、批评家、艺术家围绕杨宏伟的创作理念，就“艺术与当代艺术、艺术与时间性、艺术的废弃物”等话题畅谈了各自的观感与体会，并代表学院祝贺展览开幕。

这些年，有些画，我想让大家都来看看：孙逊个展开幕

2012年3月17日，“这些年——孙逊个展”在798亚洲艺术中心开幕。作为亚洲艺术中心2012年度首次展览，“这些年”共展出孙逊从2000年至今近20幅画作。中央美术学院党委书记杨力、副院长谭平、党委副书记孙红培，著名油画家詹建俊先生、钟涵先生及众多师友、学生会聚一堂，展览开幕现场人头攒动。

生于20世纪70年代初的孙逊，从附中、本科直至博士，从懵懂求学到执教，每个时期、每次身份转变都是在中央美术学院完成的。这些年，孙逊一直在“东张西望”中探索着自己的绘画道路：孙逊早期绘画风格偏向写实，他关注现实生活中的人，用画笔捕捉到他们的神情同时亦捕捉其内心活动，记载着对象喜乐哀愁的生活状态，进而发掘带有社会共性的东西。比如作品《老肖·之二》，他说从对象身上“感到生活的磨砺和人性的深度”。正如著名美术评论家邵大箴教授所言：“从人的经历和人性的角度观察和表现对象，是孙逊的追求，也初步形成他肖像创作的特色。事实上，一幅优秀的肖像应该也能够记载一个人的经历，要做到这一点首先要靠艺术家对描写人物的观察和体验，而艺术家本人也必须有一定的生活经历，方能观察和体验得深入与真切，这对青年画家来说是有难度的。”

艺术创作贵在不断创新。近年来，孙逊注重绘画方式与当下现实生活的息息相关，即“要做有现代意义的创造，反映现代人的审美趣味”。孙逊自幼受家庭影响，喜爱传统书画，并在书画练习中对中国写意艺术有所体会。像他的许多前辈和同辈艺术家一样，他面临的一个实际问题是如何将传统绘画的写意因素有机地融入具象写实的油画艺术之中。充分发挥写实油画表现语言特性，显示其造型与色彩的优长，在此基础上探索书写性的手法与意象境界，是孙逊追求的目标。“我们所接受的教学体系是西方形式的，直接并具体，但对于国人来讲，似乎，传统文化更像是生下来就落在身上的一枚胎记，含而不露，却根深蒂固”。这些思考充分体现在展览中他以植物为题材的作品中。

孙逊的作品游弋在时间与空间中，极具视觉冲击力，他对综合材料的运用也有着独到见解。《塑料桌布》作品描绘着再普通不过的场景：木质圆凳围绕在圆桌旁，诉说着大家庭的回忆，在这样一个充满淡淡乡愁的场景中，圆桌上看似凌乱盖着一块一次性的塑料桌布，急速的发展使人们生活中的各个要素不甚协调的并存，这便是中国社会的现实。圆桌带入回忆，桌布却拉回现实，它既存在于平面介质但又凸显于其上，这很像是视觉的游戏，但又不得不承认这是孙逊对生活真实和对情感真实的探求。在另外一幅描绘植物的作品中，孙逊并没有用画笔去勾勒一棵干枯的芦荟，而是用综合材料“再生”了一棵，虽是“新生”植物，但却“枯萎”得惟妙惟肖。孙逊对综合材料的尝试同样运用在人物绘画中：深沉的绿色背景，父亲躺在病床上，覆于父亲身上的被子却凸显于画面，透过白色会看到父亲的姿态，空间一下子被拉得很远很远，一切不张不扬，静静地释放着最朴实的震撼力和直达内心的快乐与优雅。

在个人生活和为人师表之外，对于孙逊而言，画画曾经在一段时间里更多的是习惯。然而，偏偏就在没有确切起始的“这些年”里，画画不再仅是习惯，而成为让他喜欢上独处，自发阅读和思考的方式。的确，在“这些年”里，观者体会到的是孙逊作为画者所试图想要传达的“意外”：他在日常生活中发现和找到的那些意在打破“习惯”的人、物、事，也让观者在目睹他这些年绘画“现场”之际，反观也反思“这些年”的境遇所传递的追忆、诗意和触动。“在这个快速发展的时代，离我们最远的就是最近被遗忘的东西。这些被快速淘汰的人与物，根本没有机会进入历史，它们处于我们记忆中最遥远的地方。对于那些没有亲身经历中国巨变的人们来说，无论在现实中还是在书本上都无法看到相关内容。孙逊的作品传达的内容表面上很近，其实很远”。北京大学艺术学院艺术学系主任彭锋教授评价道。

展览较完整地展示了孙逊这些年不倦探索的成果，正如他所说的，“这些年，有些画，我想让大家都来看看”。展览至4月22日。

“墨铭：李纲水墨作品展”在京开幕

2012年3月23日，“墨铭：李纲水墨作品展”在798艺术区塞恩光与时光体验中心开幕，展出中央美术学院美术馆公共教育与发展部主任、艺术家李纲先生最新创作的以“墨铭”为主题的水墨系列作品。这些作品由“泡”、“叠”等特殊的方式创作，用近似行为的方式完成，采用不同的砚台、方盒器皿的形制，在宣纸上落墨形成了天然成趣的作品。艺术家希望融入传统的“禅”的精神，作品的形式是现代的，而精神是传统的。

展览开幕当天，众多艺术家及朋友到场祝贺。中央美术学院美术馆馆长王璜生在开幕式致辞中讲道：“李纲和我很早就认识，他在创作上有爆发力，来了北京以后他一直在探索用水墨来表达的新的可能性。他现在找到了

这样具有个人图式的一种语言，在制作的过程中，有他自己的一种独特性。”此次展览的策展人王春辰评述：“李纲看水墨，不在于笔墨的记事，而在于水墨的实质；他与水墨，并非仅以笔来落墨于纸，而是将墨的形质化入无处不在之中。”“它包孕着一种东方神秘主义，单纯而深邃，静穆而丰富。”

李纲的展览可以看作是他在北京的一次华彩亮相，显示了他对中国文化脉动的思考深入到当下新的艺术观念中，重新张扬视觉的新含义，同时又保持墨的灵韵不变，保持墨的精神长存。

4月15日，李纲还在上海的台湾画廊举办一次水墨画展，10月在香港的世界画廊办展。

版画系THE S0艺术小组第一回展“问诊”

2012年3月26日，由中央美术学院版画系李帆副教授策划的“‘问诊’THE S0艺术小组第一回展”在5号楼教学展厅开幕。

THE S0的5位成员史昊鹏、秦观伟、许宏翔、王国召、王昊楠均来自版画系，先后师从版画系教授苏新平、王华祥，副教授周吉荣、李帆。艺术小组命名为THE S0，源于小组5位成员的共同智慧，他们认为，“THE S0”可直译为“所以……”，是一种态度的表达，意味着个人独立创作的一个小结，更是未来组合创作的新开始。

此次展览从2011年开始筹备，作品内容为5位成员从2006年到2011年（大学本科毕业后）生活、创作的经历。展示方式涵盖作品、生活照、艺术文献、文字等形式。

策展人李帆在开幕式上诚恳致辞：“希望大家看到一个不是那么社会气的，带有一种思考和独立精神的、能够呈现出一种现象的展览。”版画系李晓林教授在开幕式上直言看展后的感受，他认为展览十分清晰地展示了艺术家的思维轨迹，这很重要。作品体现了版画系学生思维的活跃，各种方法都做得很深入，让人观看后大受启发。

开幕式前，此次展览的师生座谈会在图书馆报告厅召开。造型学院院长苏新平、学院美术馆馆长王璜生、壁画系教授陈文骥、版画系副教授周吉荣、实验艺术系老师邬建安、策展人李帆出席了座谈会。

王璜生馆长首先发表了自己的看展观感。他指出，版画目前在当代艺术市场圈，位置相对尴尬，青年艺术家要适应和处理的问题很多。如何在坚持版画实践的同时跟当代文化之间保持一种对话，也能够引起艺术市场上的呼应，这方面确实不太容易。这次展览很有意思的一点便是反映了艺术家的一种历程，将问题、过程、坚持和追求同时呈现出来。版画技术语言的独特性，要求同学对其做出较多思考，技术实验怎么跟当代艺术观念两者更好结合？尤其是，如何将技术上的考虑转换成跟观念密切相关的问题？这值得大家深思。

陈文骥老师从自己版画的出身谈起，感叹版画系的学习经验对一个艺术家的发展作用很大，版画专业学习中得到的思维训练是其他专业不可替代的，版画创作需要反向思考、前提思考，这样的思维方式和素质培养比较完整、全面，对过程的体会也更深。

邬建安看完展览对作品透出的“执著的意志”感受很深，他强调了艺术作品“手工”的重要性。通过援引几个星期前在纽约古根海姆看过的约翰·张伯伦（John Chamberlain）回顾展和在其之前展出的莫瑞吉奥·卡特兰(Maurizio Cattelan）回顾展，他认为，传统艺术家的一生都是用自己的双手在做东西，用自己的身体跟材料、跟物质之间发生关系，在一层一层地把他的情感、认识、思考注入作品当中，这个过程就像是一种“意志的战斗”，非常珍贵。

随后，5位艺术家各自阐述了自己的作品，并与在座师生、艺术界同仁畅谈了他们本科毕业五年后的生活、困惑、艺术表达，以及各种与“版画”相关的问题。

从既是知名艺术家又是艺术教育实践者的学术主持人和策展人李帆来看，THE S0艺术小组的5位成员一面是自己的学生，受自己的艺术观点影响，一面又是有自己独立艺术观点的艺术家，并且在他们各自艺术观点形成的过程中，自己又是离得最近的见证人。把这5个最熟悉的个例拿出来研究，能最大限度地接近于真实。而这5个类型不同的个例，对其他年轻艺术家，对艺术教育工作者，对关心青年艺术家的人们都会起到一定的启示作用。

从THE S0艺术小组的5位成员来看，这次展览是他们从5个单独的艺术创作者到一个有共同艺术理想的艺术小组的转型，一方面是他们5个人对单独创作的一个总结，是把自己在独自创作中的心得和进入的误区拿出来与观众交流；另一方面也是他们求同存异，共同创作的一个开始。此次展览至4月8日。

艺术的跨界与相通
“画韵昆声：于少非、陈平绘画戏曲展演”举行

2012年3月31日，由中央美术学院、南京书画院、上海画院主办，国家大剧院、南京紫金大戏院、上海大剧院协办的“画韵昆声：于少非、陈平绘画戏曲展演”在国家大剧院隆重举行。中央美术学院党委书记杨力，中国美协副主席、天津画院何家英，中国戏曲学院副院长周龙，中国国家画院副院长卢禹舜，中央美术学院中国画学院院长唐勇力，以及两位艺术家：中国戏曲学院新媒体艺术系主任于少非教授、中央美术学院中国画学院副院长陈平教授先后致辞。

“画韵昆声”展演共展出于少非教授创作的油画作品19幅，陈平教授创作的山水、梅花、竹共计三个系列的水墨作品53幅。于少非教授创作的《穿戏装的女孩》、《小憩》、《牡丹》等油画作品，戏曲人物形象手法写实，细腻抒情，意味绵长。他对人物的表情姿态把握得体，眼神顾盼流离，身段一波三折，指尖百转千回，将伶人欲语还休的神态表达得淋漓尽致。陈平教授近期的创作，如著名美术评论家邵大箴教授所言，“从‘情境’走到了‘灵境’，从凡尘俗世走到了‘世外桃源’，从雅俗共赏到曲高和寡，是从一般抒情到看似无情而实为深情的升华，走向了越来越纯粹、清净的艺术境界”。

“画韵”配“昆声”，除展出两位艺术家的绘画作品外，4月9日、10日，国

家大剧院还上演南宋戏文《张协状元》，由陈平教授编剧的《画梦诗魂》、《孤山梦》和《富春梦》共4部由于少非教授导演的昆曲作品。昆曲诞生于明朝嘉靖年间，至今已有600多年历史，被称为“盛世元音”、“百戏之祖，百戏之师”，2001年被联合国教科文组织列为“人类口述和非物质文化遗产代表作”。

陈平教授的专业是画，业余爱戏，于少非教授则恰好相反。艺术是相同的，他们两人看似“跨界”，实则艺术心灵相同，既能从其他领域吸收营养滋养专业，更能为其他艺术门类带来新元素。同时，此次陈平、于少非联袂举行“画韵昆声”绘画戏剧展演的目的，不仅是为了在新的、探索性的综合艺术中展示自己的才华，给人们提供美的享受，更是想以此引起大家对如何复兴中国古典艺术的严肃思考。

此次展演绘画部分的展览至4月13日结束，继北京站后，“画韵昆声”还在南京、上海两地展演。

青年教师储婷个展“幻象·记忆”在恭王府嘉乐堂展出

2012年4月20日，中央美术学院城市设计学院基础部主任储婷老师首次个人绘画展“幻象·记忆”在北京恭王府嘉乐堂开幕。储婷老师的师友、同事、学生和众多艺术爱好者前来观展。

展览集中展出了储婷近几年创作的绘画作品80余幅。当人们津津乐道于奢侈品牌和物质世界时，我们更需要一种精神的抚慰与心灵的关照。储婷作品中的民国女性形象给观者深刻的印象，饱含着历史积淀酿出的美德、格调、风度、趣味和情操，如春雨般沁人心脾，为观众静谧地铺开了一个精神家园。

艺术家从大量图典中发现和寻找表达民国女性形象的资源和灵感，她的敏感和表达冲动源自文化和血缘，作为一种民族历史记忆，储婷的这段历史记忆显得难能可贵。

画展期间举行了研讨会，著名批评家邓平祥先生主持，贾方舟、朱其、杨卫、高岭、王端廷等批评家参加了研讨。展览至6月10日。

“后雅兴：王璜生艺术展”在百雅轩798艺术中心开幕

2012年6月2—20日，“后雅兴：王璜生艺术展”在百雅轩798艺术中心开幕，这是中央美术学院美术馆馆长王璜生教授自2009年任职后首次在京举办个人画展。展览由百雅轩文化艺术机构主办，殷双喜研究员策展，展出王璜生从1995年至2012年三个不同系列的作品近80幅，分别为“天地”、“悠然”和“游·象”系列。画展以“后雅兴”为题，将传统中国文人笔墨雅兴与后现代中国文化处境相联系，透示了艺术与现实的某种关系形态，具有延伸、挪揄、表达的意味。

开幕式当天，著名艺术家罗尔纯、杜大恺，北京画院美术馆馆长吴洪亮，北京大学教授朱青生，中央美术学院党委副书记孙红培，教授邵大箴、孙景波、苏新平、高天雄、王玉平、陈文骥、刘庆和、赵力，及学院美术馆和各院系部门的同事纷纷到场祝贺，现场气氛热烈。

展览的现场布置由王璜生亲自指导，融合了儒雅的文人气息与简洁的当代元素，依据不同系列的作品，层层深入。

作品分为三部分展出：第一部分“游·象”（2010—2012年），这部分作品是王璜生调入北京两年间的新作。与以往的具象创作不同，这批作品画面趋于抽象，在坚持笔墨的韵味美感同时，更突显着现代人纷繁多元的心象，及探索着现代的视觉景象。如潘公凯教授所言：“各式各样的线，自由游走，舒展延伸，无拘无束；线索与墨团、水迹，丰富多层，浑然一体；画面趋于抽象，富有形式感。他称之为‘游’、为‘象’，那是他‘悠然’主题的另一种延伸，依然在探索天地人的关系、人在自己拥有的空间中自由放逸的程度、包裹于生命之中纷繁迷茫的心象，等等。”

第二部分“天地”（1995—2006年），主要是他90年代中期至2000年中期的作品。天高云卷，老屋明窗，残梁古匾，交椅茶案，竹影婆娑。屋里屋外，云水穿透，气息互汇，天人合一。这部分作品，借用传统中国一些意象符号，用水墨浑厚单纯的黑白肌理，用别有意味的现代构图样式，突显天一地一人、流动的时空、内部与外部环境浑然合一的意念。

第三部分“悠然”（1996—2012年），主要是他2000年前后的一批写意花卉作品。这部分作品用色用墨，恣意泼辣，大胆奔放；构型构图，任情任性，随意粗率，浑成天然。个人性情于其中毕现。

王璜生的创作充满创造的活力和尝试的真诚。他一直在探索、寻找属于自己的表达方式，他的作品将个人阅历、思想、学养、心绪、才情融会贯通，自成一格。此次展览，是他多年艺术实践的一次总结性呈现。作品呈现在展厅中，使参观者能够明显感受到三种不同的心境，而这些心境皆是王璜生通过多年来对生命的体验和感悟后得来的，因而作品中表现出来的“自在”正如王璜生所说，在认真执著中获得艺术和生命的自在，是一种“大自在”。

展览策展人殷双喜研究员解释说：“‘后雅兴’也就是‘雅兴’之后。在今天，古代文人的这种‘雅兴’是否还能继续？王璜生的作品，其实不是提出问题，而是表达出他对于今日社会、人生、艺术的态度。在我看来，这种态度，就是走出传统水墨画中那种文人的诗意，直观视觉艺术的真实图像，在更具视觉要素张力的图像结构形式中，寻找今人的精神家园。”

“再创唐风——唐勇力中国画作品展”在中国美术馆展出

2012年6月30日，由中华人民共和国文化部、中国文化艺术界联合会、中国民主促进会中央委员会、全国政协书画室、中国美术家协会、中国美术馆、中央美术学院联合主办的“再创唐风——唐勇力中国画作品展”在中国美术馆开幕。

开幕式由中国美术馆副馆长胡伟主持，中国文联副主席冯远、中国美术家协会主席刘大为、北京画院院长王明明、中央美术学院院长潘公凯、中国美术馆馆长范迪安先后致辞。潘公凯院长在致辞中高度评价唐勇力教授“扎实的写实造型基础能力；独具个人特色的创作能力和对艺术创作本质的探索精神；以及作为一名中国画教育家认真、严谨的治学态度”。

现为中央美术学院中国画学院院长的唐勇力教授，早年毕业于河北师大，1982年曾在中央美术学院进修，1984年考入浙美研究生，在顾生岳先生麾下主攻工笔人物画，此后，在浙江美术学院、中央美术学院任教多年。唐勇力教授的艺术作品体现了一种孜孜不倦、深思酌情的探索精神，他在近40年的绘画研究过程中，通过不断的继承、探索、创新，形成了鲜明的个性化艺术语言，以其所掌握的学院专业技法语言介入传统绘画手法，汇通中西。

“再创唐风——唐勇力中国画作品展”是唐勇力教授从艺40余年来首次大型个展，展览通过150余幅作品，集中展示了唐勇力教授在中国画继承、创新、发展方面取得的突出成果以及做出的贡献。此次展览策展人、中国美术馆馆长范迪安表示，展览以“再创唐风”定名有两个含义：唐勇力教授姓唐，“再创唐风”表达了其个人艺术风范的不断进境；唐代是中国历史上极为辉煌的一个时代，而唐勇力教授对唐代艺术风格多有继承，所以此定名有在新的历史时期以个人努力紧随时代发展为中华文化的伟大复兴做出贡献之意。

展览在中国美术馆圆厅及8号、9号三个主展厅同时展出，圆厅展出的是唐勇力教授创作的国家重大历史题材美术创作工程作品《新中国诞生》，以及为此幅作品的出场人物（63人）所画的70余幅素描全身肖像、30余幅头像，全景式地展现唐勇力教授创作此幅作品的全过程。8号、9号展厅则分别展出其创作生涯中的几大主题板块：“艺取敦煌”，这一系列属风情画范畴；包括了对当代中国画发展产生重大影响的“敦煌之梦”系列，从中可以看到其独创的脱落法、虚染法的整体风貌；“研修探索”，主要展出唐勇力教授在20世纪80年代、90年代创作的探索性作品，展示他对不断出现的各种艺术思潮的钩沉发微、辨障清浊式的独特思考，而以个人努力建构自主风格的全部过程；“游观造化”以人物写生为主，从中不仅可以看到其对中国古代“游心造化”这一文化传统所进行的现代性的文化升格的努力，还展现了唐勇力教授在“再创唐风”的过程中“继承、探索、创新”艺术思想的核心内容；“人体之美”以夸张的形式语言手法进行的表现性人体美的有意义的探索；展示了其立足独创的具有现代性“线性素描”手法，对回归文艺复兴时期的人文主义思潮所做的努力；“水墨意韵”系列以表现古代高士，佛、道人物，古装仕女，唐人马球为主，展现了唐勇力教授立足学院教育语境，通过这类题材对中国古代文化遗产进行的现代提升与挪用的种种努力；“诗中有画”系列是以北朝民歌《木兰辞》为题材而进行的创作为主、以表现唐人诗意内容的画作为辅，两者均以形象化的方式，共同烘托出中古时期中国人特有的精神风貌和中国文化特有的人文氛围。

20世纪80年代以后，当大多数青年画家都在用水墨材质进行探索、创新时，唐勇力教授却能几十年如一日一以贯之地以“工笔写意性”和“写意性工笔”手法进行中国画的发展性探索、创新。如果说，水墨手法对接的主要是明清时期的心性文化，手法自由而放纵，那么唐勇力教授的工笔重彩其探索、创新意义的重要性，则主要在于他勇于以“费时”、“费力”的方式去对接晋唐两宋的传统。这之中，尤其可贵的是在他对敦煌遗产的探索、研究与继承、发展之中，还包含了他对中古时期华夷融合经验的再阐释之内蕴。

通过此次展览，观众们既可以看到唐勇力教授对中国古代、近代、现当代特定历史时期及历史事件乃至其情感意蕴所进行独特的现代性的视觉阐释，也可以看到其艺术创新实践与教学实践的文脉资源的两大类型：一是技术资源的继承、探索、创新；另一是文化资源的继承、探索、创新。这使得他能在共性语境的创作题材选择中自如把握个性化形式手法给定。前提是阐释性地总结中外文化遗产，重振对传统文化的信心，以此建构适合当下的本土发展方法并依此进行探索和研究，且由此而构成一个崭新的学术系统——这个系统，继承的是中国本土美术教育的主流发展经验，探索的是中国现代文化当代性的自主方向，追求的是有益于推动时代人文精神的健康发展——这就是唐勇力教授举办此次“再创唐风——唐勇力中国画作品展”展览的初衷。

与此同时，唐勇力教授在教学与创作中一贯重视地立足学院“线性素描”训练基础上的传统技法写生、创意写生，以及将粉彩、岩彩的变化应用升格为虚染法和脱落法的教学实践到创作实践，都无不与他立足近百年中国学院教育成果而对包括敦煌遗产在内的晋唐两宋绘画传统的继承、探索与研究、发展息息相关。可以说，唐勇力教授的作品既深得人民群众的欣赏，也深受艺术界学人的高度关注，而他几十年教书育人和长期参加社会文化活动的经历，则使他的学术思想早已产生了广泛而深远的影响。

展览至7月9日。

“求其在我”孙宗慰百年绘画展在中国美术馆开幕

“尚我国青年均有远大企图，高上志趣者应勿恋恋于乡邦一隅，虽艺术家亦以开拓胸襟眼界为当务之急，宗慰为其先趁者之一，吾寄其愿望焉。”——徐悲鸿

在艺术家孙宗慰先生诞辰百年之际，由中国美术家协会、中央美术学院、中国美术馆、徐悲鸿纪念馆联合主办的“求其在我——孙宗慰百年绘画展”于2012年8月11日在中国美术馆隆重开幕。廖静文、詹建俊、梁江、王琦、吴洪亮、徐里、徐永胜、张祖英、雷波、钱林祥、陈湘波、孙景明等嘉宾参加了展览开幕式。展览展出近百件孙宗慰生前的重要作品，创作时间从20世纪30年代至60年代，不仅有油画、国画、水彩、素描、速写，还包括大量文献、实物资料及研究成果。应该说此次展览是孙宗慰艺术人生最为全面的一次回顾。

孙宗慰先生1912年生于江苏常熟，为东吴孙权后裔。少年时代，虽经过丧母之痛、家庭破产之难，但依然坚持自我的追求。他于1934年考入国立中央大学艺术系，成为徐悲鸿的学生。1941年，孙宗慰就踏上了西行的长路，成为第一批涉足西北少数民族绘画题材的艺术家，以自己独特的绘画语言描绘那里的风土人物。韦启美在谈到孙宗慰创作的西北少数民族题材的绘画作品时说：“孙先生就是到生活中去描写中国人民生活的第一批人之一。在油画界真正描写中国人民生活的第一批里面。

现在回想起在他用油画表现藏族人民生活以前，还有没有人呢？就是描写少数民族的生活吧？我就想不出来了。现在看孙先生的作品相当好。不仅仅他的艺术作品本身好，而且是他有他的历史意义，从油画史上，素描教学史上，中国画史上都有他的意义。”

1940年—1942年，孙宗慰还以张大千助手的身份，参与敦煌壁画的临摹与研究工作并卓有成果。抗战期间，他参加“战地写生团”，画了大量速写，绘制抗日宣传画。1949年后，赴天津新港等地写生，融入描绘社会主义建设的大潮。1955年，院系调整，他调到中央戏剧学院，与冯法祀等先生共同研讨舞台美术基础教学，开创了戏装人物写生等教学的新形式。1957年之后一直到“文革”，因身体和政治的双重压力，其作品日减，淡出视野。孙宗慰先生于1979年去世，享年67岁。

邵大箴说：“在我国现代美术史上，孙宗慰是一位做出了贡献和值得我们重视与研究的艺术家。他在艺术创造上和艺术教育事业上，都有杰出的成就。他是油画家，又是水墨、彩墨画家，对西画和中国画均有很深的造诣。他在自己的油画创造中，努力吸收传统写意画的观念和技法，使之更富有神韵，更具有民族特色，他在自己的水墨、彩墨的创造中，又努力融合油画的造型与技巧，使之更接近生活，更具有现实感。他是在中西融合上做了许多有益尝试与探索的艺术家，他积累的经验，他所取得的成绩，至今对我们仍有借鉴的意义。”

纵观孙宗慰的一生，他是徐悲鸿艺术理念与实践的追随者；是张大千敦煌之行的重要助手；是中国西部题材创作的开拓者；是中国舞美基础教学体系的建构者；更是人民生活、社会生态朴素的描绘者。孙先生的画和他的为人一样朴素、内敛、有意思，这种自然的东西，就是现在也是不多见的，他在诚心诚意表达真诚的东西，尤其是反映少数民族的作品，安静、纯朴、厚重，典雅而不轻飘。在孙宗慰诞辰百年之际，希望通过研究、展览以及出版来追溯与呈现孙宗慰的艺术与人生。

“照面：王书杰山水小品展”在798艺术区开幕

2012年8月24日，“照面：王书杰山水小品展”在798赛恩光与时光体验中心开幕，中央美术学院副院长谭平，党委副书记孙红培，教务处处长王晓琳、副处长陈琦，纪检审办公室副主任刘娟，美术馆馆长王璜生，中国画学院副院长陈平，附中校长孙伟，继续教育学院师生以及王书杰先生亲友一同参加了展览开幕仪式。

此次展览展出王书杰先生近年创作的24幅作品。在自然的山山水水之间，画笔则随着画者的心绪而表现出不同的绘画语境，传达着精神的愉悦。气韵生动、墨中见笔、水墨淋漓、洒脱灵动、苍润深厚、疏密得体，不管是水墨还是小青绿都体现着他本人绘画的理念与追求。正如曾任中国书法家协会副秘书长，现为国际书法家协会主席刘正成评价的：“王书杰先生的山水尤显其墨韵氤氲，幻化无穷，耐人咀嚼。”

展览到8月30日。

“自觉”与“四大主义”：“中国现代美术之路”在中国美术馆展出

2012年9月10日—10月8日。，“国家近现代美术中心学术研究展——苏立文与20世纪中国美术——中国现代美术之路”在中国美术馆拉开帷幕。此次展览由国家近现代美术研究中心联合中国美术馆、英国阿什莫林博物馆、中央美术学院主办，也是国家近现代美术研究中心成立后推出的第一个学术研究展。作为一种新的展示方式，展览以作品、手稿、文献资料、视频等形式展出美术界在近现代中国美术研究上的重要成果。

展览开幕式人头攒动，众多师友、学生、媒体会聚一堂。牛津大学教授苏立文，李可染基金会理事长邹佩珠，英国大使馆文化教育处文化参赞白琼娜，文化部艺术司副司长、国家近现代美术研究中心和国家当代艺术研究中心管理委员会副主任诸迪，中国美术馆馆长、国家近现代美术研究中心主任范迪安，中央美术学院党委书记杨力，英国阿什莫林博物馆中国馆馆长马熙乐，中央美术学院美术史教授金维诺、邵大箴，中国美协理论委员会副主任水天中，美术史学者万青力，中央美术学院美术史教授薛永年，中国艺术研究院中国画院院长田黎明等出席开幕式。

范迪安在开幕式致辞中评价道：“苏立文是第一位向世界介绍20世纪中国美术的西方学者，‘苏立文与20世纪中国美术’通过其收藏的美术作品以及许多珍贵的文献史料，展示他从事现代中国美术研究的历程；‘中国现代美术之路’以学术论述和文献的形式展示著名美术史家、中央美术学院院长潘公凯在研究中国美术现代转型这一课题上的最新成果，探讨中国现代美术演进的理论问题。这两个项目以‘内’和‘外’两种视野观照现代中国美术的发展，对创新近现代中国美术的研究思路和方法具有启发意义。”

“苏立文与20世纪中国美术”展览分为“来到中国”、“结缘中国艺术家”、“走进中国艺术史”、“南洋之旅”、“跨越重洋的桥梁”以及“研究常新”六个板块，通过大量的图片、手稿、视频以及收藏作品展示苏立文教授从事中国美术研究的历程。

作为此次国家近现代美术研究中心学术研究展的另一重要组成部分，“中国现代美术之路”展览是中央美术学院院长潘公凯教授负责的“中国现代美术之路”课题组取得的科研成果之一。它以潘公凯教授在课题组提出的一套认识和梳解一个半世纪以来中国美术的新框架，其具体为传统主义、融合主义、西方主义、大众主义的“四大主义”，串接千余幅图片及万余言文字，说明“四大主义”自鸦片战争以来的发生、运动轨迹及相互关系，认为“四大主义”就是中国美术的现代主义。

“中国现代美术之路”展览运用图像对1840年以后的历史进行时段性编排与组织，将这160年历史分成1840—1919年、1919—1949年、1949—1976年、1976—2000年四个时段，以呈现“四大主义”在每个历史时段中的演变状况，重新审视近一个半世纪以来的美术变迁。

通过展览可以看到，“1840年以来，伴随着中国社会天翻地覆的突变与转型，中国美术被卷入到统一的世界史视野中，传统的封闭性被打破，自律性演进也遭到阻截和中断，中国美术现代性的历史建构在全新的、变化着的社会情境中艰难进行，带有继发现代性的鲜明特点。这里既有植入也有应对，既有融合也有抗衡，在变异中自觉地探索、实践，走出了一条不同于西方美术现代性的中国美术现代性之路。”身处其间的知识精英正是出于对现实危局、时代要求和西方原发性植入因素的自觉，正是对艺术与社会、历史的紧密关联以及艺术现实功能的自觉，开始提出中国美术变革图强的各种策略，并予以提倡与传布，从而引起大规模的思潮与实践行为，其主要的自觉探索实践可归纳为“传统主义”（继发现代性结构中原创部分）、“融合主义”（继发现代性结构中变异部分）、“大众主义”（继发现代性结构中变异和原创部分）和“西方主义”（继发现代性结构中植入部分）四条线索，这“四大主义”既是艺术探索路线和创作指针，又具有社会行动功能和实践效果，是中国美术继发现代性突变和转型的有力表达，也就是中国美术的现代主义。

中央美术学院“足迹·青春”主题创作展览举办

“足迹”是青年成长的记忆，也是社会历史发展的见证，“青春”则是这个时代最有活力的韵律。中央美院2012“足迹·青春”第二届学生主题创作展，2012年11月5日在央美展出。此次展览共展出70位学生的100幅作品。

展出作品是从央美学生提交的300余幅优秀作品里遴选出来的，它们涵盖了国画、油画、版画、雕塑、壁画及平面设计、摄影、影像、装置等多种艺术形式。李大伟创作的同名油画《足迹青春》，描绘的是美院同学参加国庆60周年大型文艺会演结束时的欢庆场面；高翔恒的国画《北京精神》以黄金分割的方式来解构天圆地方的书写载体，是对作品自叙功能的尝试与探索；而《民族英雄邓世昌》和《青年宋庆龄》等人物油画则生动再现了伟人的神情。

展览至11月30日。部分作品在北京地区部分高校、企事业单位、街道社区巡展。

谭平2012个展“｜劃”盛大启幕及国际研讨会成功举办

2012年12月7日，由中国美术馆、中央美术学院共同主办的“谭平2012个展：｜劃”在中国美术馆隆重开幕。这是首个进入中国美术馆主展厅的抽象艺术家展览，展览通过抽象艺术家、谭平的上百幅油画、版画作品展示出艺术家本人40年来融入东西方文化，运用抽象艺术所进行的大胆探索和创新的艺术面貌。此次展览的策展人为北京大学教授朱青生先生，他是中国当代艺术与批评领域的重要人物，通过对谭平在油画、版画领域内的作品梳理，展现这位中国最著名的抽象艺术家的创作文脉。

在中国美术馆七层会议厅举办了此次展览的国际研讨会。学术主持为北京大学朱青生教授，与会人包括中央美术学院院长潘公凯教授，当代中国美术理论家、中央美术学院教授邵大箴先生，中央美术学院教授殷双喜先生，中央美术学院教授易英先生，著名美术批评家、策展人黄笃先生，德累斯顿造型艺术学院院长Dr. Matthias Flügge，国立丹麦国家美术馆馆长Dr. Karsten Ohrt，丹麦艺术家Mr. Bjoern Noergaard，巴塞罗那当代美术馆馆长Dr. Bartomeu Marí Ribas以及德国Alexander Ochs画廊（柏林+北京）总监、策展人Mr. Alexander Ochs等来自世界各国重要的美术馆馆长、策划人及研究者参加展览开幕及研讨会，并发表演讲，进行了中国当代艺术与世界各国高层次的学术互动。

与会嘉宾围绕展览艺术家谭平的作品，主要探讨了各自对谭平艺术的理解和思考、抽象艺术的价值、中国抽象艺术的发展、与西方的抽象艺术之间的关系以及对其中折射出的跨学科问题的诸多看法等。

中央美术学院邵大箴教授对谭平艺术中所吸收的营养进行了简要的总结。他认为谭平的艺术有三个来源：五四以来的中国新艺术、中国传统艺术的影响以及西方古典主义和现代主义的精华。并举例说明谭平艺术的两个特点：一、有品位，有修养；二、谭平的作品和西欧、美国抽象主义作品不同，具有中国自己的特色，不走极端，极具包容精神，并带有“中和”色彩。

德累斯顿造型艺术学院院长Dr. Matthias Flügge则从西方的角度，对谭平的《+40m》这件作品做了多种可能的解释，地平线·生命线·延伸到生命尽头……带着这些诗意的想象，他尝试讨论了谭平艺术的价值以及谭平作为中西艺术的一个桥梁，其抽象艺术与西方现代主义或古典主义之间的联系。

易英随后发言，作为谭平老同学的他对谭平的艺术十分了解，他提到谭平作品的每一次发展都是与主流相悖的，体现出一种对抗潮流的特点，他从一个体验者、观者的角度对谭平创作的复杂过程进行了深入解读。

丹麦国家美术馆馆长Dr. Bartomeu Marí Ribas从丹麦国家美术馆的收藏谈起，提到收藏中的极简主义抽象派作品以及马蒂斯的一个收藏作品展，以此过渡到对谭平作品的看法，让其想到“简约的诗歌”。他同样从西方的视点理解谭的作品，但又提到谭平的抽象主义与西方抽象艺术家作品的区别，这有助于中国的创作者和理论家反观中国的抽象主义艺术。

殷双喜教授提出谭平作品中所体现的反思、内省，是中国文人特有的气质。他表示，此次展览题目“｜劃”别有深意，从一个侧面反映出谭平作品“以刀代笔，刀笔结合”的传统趣味。

西班牙巴塞罗那当代美术馆馆长Dr. Bartomeu Marí Ribas从更为广阔的哲学语境切入，讨论其抽象的实践。他谈到抽象艺术本质上来说只是艺术的表现方面，实为传达艺术的精神、美感与价值。

批评家黄笃、德国Alexander Ochs画廊（柏林+北京）总监、策展人Mr. Alexander Ochs也分别发表了对谭平作品的不同理解。黄笃认为谭平的观念不仅是艺术语言的问题，还是社会学的问题，他由对谭平创作观念的讨论引申到一个理论界存在已久的普遍问题，即我们是否还在用西方艺术史的方法和视角来解释东方的艺术，Mr. Alexander Ochs则提到其在柏林学习的经历对艺术家的影响，谭平创作中由边缘到中心的过程以及这“一条线”给观者的不同理解。

中央美术学院院长潘公凯教授认为谭平的作品自由，随兴。他的作品不刻意强调绘画的观赏性，转而关注绘画过程和艺术家内心，强调手的动作过程在画面上的记录。他表示非常喜爱谭平的作品，并将他类比马斯威尔、塔皮埃斯、罗斯科等抽象艺术大家，他认为这一类艺术家都在绘画过程中不断提出问题与解决问题，在此，潘院长创造性地用了一个词“绘画性抽象”来概括他们的艺术特点。他总结到谭平的抽象作品是西方艺术形式与中国传统美学完美结合的典范 。

开幕式到场嘉宾包括：全国政协常委、中国美协名誉主席、中央美术学院老院长靳尚谊先生，中国美术馆副馆长马书林先生、胡伟先生，中国美协党委书记吴长江先生，中央美术学院院长潘公凯先生、副院长徐冰先生以及中央美术学院以靳尚谊、邵大箴、钟涵、庞濤等为代表的老教授们纷纷参与此次展览的开幕式。除了国内的艺术家代表，还有国际上重要的美术馆馆长、艺术家、理论家、研究者到场，包括参加国际研讨会的嘉宾学者们等。

开幕式由策展人朱青生先生主持。中央美术学院教授靳尚谊先生首先致开幕词，他讲道，谭平是中央美术学院80年代中期毕业的学生，之后去德国学习，归国后参与中央美术学院组建设计专业。通过在德国的学习使得谭平获得丰富的艺术知识经验与多元的艺术广角视野。当下社会现象在变化，艺术形式也跟着转变。20世纪初，设计专业在美术院校所产生，这跟世界各国的艺术发展有着密切的联系。他谈到通过谭平先生的作品可以看到他几十年来艺术的变化，并强调说这个展览包括展厅的设计都是非常有意义的，这和社会生活和现代生活有密切的关系，因为这本身就是现代艺术。稍后，中国美术馆副馆长马书林、中央美术学院院长潘公凯，丹麦国家美术馆馆长Dr. Karsten Ohrt，艺术家谭平随后发表感言。

开幕式尾声，艺术家谭平为展览专门创作的作品——《+40m》赠予中国美术馆收藏，中国美术馆副馆长马书林也为此向谭平教授颁发纪念证书。开幕式在热烈的掌声中结束。

谭平以艺术的全球观念，运用抽象艺术语言的链接，创造了东方、西方不同文化在人类感性与理性同一时空中的完美聚合。展览还加入互动新媒体形式，新媒介的使用将抽象艺术创作带入当代艺术的前端，也将改变传统的观看方式与展览形态。

此次展览至12月13日。

中国艺术研究院

2012中国（温州）书画大展开幕

温州自古以来就是书画之乡，有较为深厚的历史底蕴。2012年12月22日，2012中国（温州）书画大展系列活动在温州博物馆隆重开幕。

大展的主要系列活动有：“方介堪、方去疾昆仲篆刻展”；“同源·异构——当代青年书画邀请展”；“伯温碑林”名家书法邀请展；瓯越清韵——温州女书法家提名邀请展；温州市美术家油画、版画、水彩画邀请展；石军麾下——温州十六家书法作品展；温州书法现状和发展战略研讨会等。

中国（温州）书画大展是由中国艺术研究院、温州市人民政府联合主办的每年一届的书画艺术盛会，首届于2011年11月22日举行。旨在全面展示当前中国书画艺术创作队伍在研究创作及人文体验上的整体实力和发展方向，有着非常积极的历史渊源和现实意义。

中国书法院院长管峻介绍，温州的书画水平在国内地级市属于领先水平。目前，既是书法家又是画家的人才很少，但在传统文化方面书画应该是不分家的。借此展览，希望能够唤醒社会大众全面研究传统文化，并将其发扬光大。

另外，此次大展的部分作品是在温州首次联袂展出，部分展览还是温州市美术界规格最高的一次，充分展现了温州书法艺术的实力与风采。

中国国家画院

返本开新——龙瑞、范扬、曾来德山水画作品展

一元复始，万象更新，伴着龙年的步伐，“返本开新——龙瑞、范扬、曾来德山水画作品展”于2012年2月14日在北京绥风艺术馆隆重开幕。展览由北京绥风艺术馆主办，北京万世典藏文化传播有限公司协办，共展出龙瑞、范扬、曾来德三位书画名家近年来的山水画作品近百幅，来自中国国家画院、中国美术家协会、中国艺术研究院等社会各界的嘉宾、学者近百人出席了开幕式。展览至3月5日。

之所以要用“返本开新”为展览的表达主题，策展人、中国艺术研究院博士后杜少虎说，意在强调重视传统，重视因时而变，寻根问源，期许山水画“自体貌而达于精神，由理法而以期于笔墨”。希望通过这次展览及其以后众多山水画家的共同努力，开辟出具有中国文化价值的山水心境。所谓“返本”，就是要返回传统，探寻中国文化的根源；所谓“开新”就是在吃透传统的基础上，因时势变化而求创新变法。

“龙瑞老师、范扬先生和曾来德先生是我们当代最具影响力的山水画大家，三位画家的作品在这里边同时展出，可以说代表了当代山水画创作的最高水平，也是当代山水画创作最具代表性画家作品的一次集中体现，在这里边我们就感受到了中国当代山水画的整体水平。”中国国家画院常务副院长卢禹舜对于这次展览给予了极高的评价。他说，龙瑞老师曾经是国家画院的院长，也是我们美术界的重要领导者之一，范扬先生、曾来德先生也在中国当代美术发展过程当中起着重要的领导作用，他们都是有着一种文化责任和文化使命的画家，他们的艺术实践成果始终在引领和导向着中国美术的发展，特别是山水画的发展。

主办方代表、著名美术理论家郭晓川说，以龙瑞为代表的山水画家都是他非常敬仰的前辈、老师，展览中有很多作品都是三位画家新年创作的，为展览增色不少。他希望以此次展览为开端、为契机，能够给予当代山水画更多的关注，能够及时地反映当代山水画创作的最新面貌，通过系列的展览和研讨活动推动当代山水画发展，正本清源，以古开新，开辟当代山水画的新局面。

在此次展览学术主持、中国国家画院副院长张晓凌的眼中，龙瑞的作品在深蕴儒道精神的墨色皴染中，其山水妙通造化、奇趣横生，笔精墨妙，语言鲜活，传达出融合天地万物的正大气象；范扬以雄健豪放的风格著称于世，其所师甚为驳杂，既有黄宾虹传统中求变的革新精神，又有王原祁的山水布局样式，还有梵高跳动扭转笔

触下的生命意识；曾来德伟书法界翘楚，近年来，以书法之笔触入山水，别具一格，由于长期研读碑拓的缘故，其画多以焦墨皴擦为骨，用笔或沉着飞翥，或倏忽捩转，随意生发，构成苍劲朴厚，古奥奇绝的新山水风格。

此次展览的主人公，三位国画名家也在谦逊、调侃中表达了对此次展览的期待。龙瑞把这次画展看作“以画会友”的良机，希望借此展览各位画界的朋友都在一起共话友情，交流创作心得。范扬则难掩激动，一直以来他都视龙瑞为中国当代山水画的一个里程碑，认为他的主张、观念和创作实践引导了当代中国山水画的一个走向，能够与龙瑞老师一同展览感到无比荣幸，希望大家多多指正。曾来德也有着同样激动的心情，他说龙瑞、范扬在山水画领域成绩卓著，能够与他们一同展览觉得很荣幸，今后自己一定会加强学习，不辜负大家的期望。

中国国家画院“大观楼长联联意国画创作”暨“彩绘苍茫——西北·西南系列写生采风创作活动”昆明启动

2012年3月3日，国家画院卢禹舜、纪连彬、苗再兴、梁占岩、范扬、林容生、陈鹏、何加林、乔宜男、李东星、唐朝轶、常欣一行12人赴云南昆明参加“大观楼长联联意国画创作”暨“彩绘苍茫——西北·西南系列写生采风创作活动”。

作为国务院首批公布的24个历史文化名城之一，昆明市政府力邀国家画院开展此次大观楼长联国画精品创作活动，旨在实现大观楼名楼、名人、名联、名画和名园的“五名”同构，进一步推动滇池地区文化遗产的保护、昆明地区历史文化内涵的挖掘、昆明城市文化品牌的打造和昆明市文化形象的宣传。

为了让中国国家画院的艺术家更好地了解昆明历史、大观楼建造历史背景，3月4日，“发掘大观楼长联内涵 创作国画艺术精品”座谈会在滇池大酒店进行，会议由昆明市文化广播电视体育局副局长李安民主持，国家画院部分主创画家，云南大学教授、云南省文史馆馆员赵浩如，云南大学教授、博士生导师朱惠荣，云南省社会科学院民族学研究所所长王清华，以及昆明市文广体局、昆明市园林局、昆明市博物馆的主要领导参加了座谈会。

三位专家从云南历史发展、大观楼修建的原因、历史背景、长联创作时代背景、长联的寓意、云南民族民俗文化发展等多个角度和视野，给与会的创作画家做了详细的介绍，使创作画家对云南昆明历史和民族民俗有了一个初步的了解。

长期从事中国古代史与历史地理教学与研究的朱惠荣从云南历史发展、历史内涵的角度解释了大观楼长联的深刻意义；赵浩如从文学和诗词的角度出发，详细阐述了大观楼长联的联意。王清华系统介绍了云南民族民俗历史背景下滇池周边的山水文化和民族居住文化。

主创画家也向各位专家针对长联所涉及的地名、风物、重大的历史事件向专家提出了问题，专家也都做了详细的解答。座谈会持续了3个多小时，始终在热烈而轻松的气氛中进行，专家们用富有启发的话语打开话题。大家畅所欲言、积极讨论，充分发表观点，当场拟定出对大观楼长联国画创作的几套方案。

国家画院常务副院长卢禹舜表示，大观楼长联所涉及地名广泛，情景交融，寓意深刻，历史时间跨度大，涉及面广，不愧为“天下第一长联”。参加主创的画家们一定要进一步深入研究，分析资料，着手准备创作，这次创作活动时间紧、任务重，但不管有多少困难，国家画院都会克服，希望圆满完成这次创作活动。

5日，画家们齐聚大观楼公园参加“大观楼长联联意国画创作启动仪式”，为大观楼长联联意国画创作活动拉开序幕。

大观楼始建于1690年，是昆明重要的城市文化地标和滇池流域最富盛名的人文景观之一，与黄鹤楼、岳阳楼、滕王阁齐名并称为中国四大名楼。大观楼长联共180字，被誉为“海内外第一联”。

昆明市副市长余功斌介绍，昆明市政府邀请以国家画院著名画家为班底的创作团队，开展以大观楼长联为主题的国画精品创作活动，是为了进一步发掘大观楼长联和滇池流域的历史文化内涵。“以国画精品的形式展示大观楼长联的深厚文化内涵，实现名楼、名人、名联、名画和名园的‘五名’同构，最终向世人再现大观楼长联中所描绘的滇池流域美景和长联中所记述的波澜壮阔的云南历史故事”。

中国国家画院常务副院长卢禹舜表示，“昆明地理优势明显，有丰富的民族民俗文化资源，这次活动为画家提供了一个很好的平台，我们将组织一批优秀画家进行创作，促进昆明文化发展”。

在接下来的3个月中，部分画家将开展以大观楼长联“五百里滇池奔来眼底。披襟岸帻，喜茫茫空阔无边。东骧神骏，西翥灵仪，北走蜿蜒，南翔缟素。高人韵士，何妨选胜登临。趁蟹屿螺洲，梳裹就风鬟雾鬓。更苹天苇地，点缀些翠羽丹霞。莫负四围香稻，万顷晴沙，九夏芙蓉，三春杨柳。数千年往事注到心头。把酒凌虚，叹滚滚英雄谁在？汉习楼船，唐标铁柱，宋挥玉斧，元跨革囊。伟烈丰功，费尽移山心力。尽珠帘画栋，卷不及暮雨朝云。便断碣残碑，都付与苍烟落照。只赢几杵疏钟，半江渔火，两行秋雁，一枕清霜。”为主题的国画创作，展示大观楼长联的文化内涵和悠久流长的云南历史故事。最终于5月底创作完成的国画精品移交昆明市。其中，作品的原作由昆明市博物馆永久收藏，复制品悬挂于大观楼，供市民游客参观欣赏。

启动仪式结束后，国家画院画家们在当地有关部门的陪同下，先后前往以大观楼为中心的滇池地区各个人文景观进行实地考察，并赴西双版纳等地进行了采风、写生等活动。

第十届“牡丹杯”中国国家画院青年画院中国画名家作品邀请展

为加强文化交流，展现当代美术名家的时代风采，2012年4月22日隆重开幕，“第十届‘牡丹杯’中国国家画院青年画院中国画名家作品邀请展”亮相山东菏泽。由中国国家画院组织当代著名画家杨晓阳、卢禹舜、纪连彬、贾广健、于文江、范扬、何加林、孔紫、曾来德、邢少臣、林容生等50位著名中国画名家参展。

出席展览开幕式的领导有中国国家画院常务副院长、青年画院院长卢禹舜，菏泽市委常委、宣传部长王永江，菏泽市人民政府副市长黄秀玲，菏泽市人大常委会副主任丁志刚，菏泽市政协副主席杨晓玲，中国国家画院青年画院副院长于文江，中国国家画院青年画院副院长贾广健，展览开幕式由菏泽市文广新局局长陈庆勇主持。

此次活动由中国国家画院青年画院、山东省菏泽市人民政府共同主办，并由山东省菏泽市文化广电新闻出版局、山东省菏泽市文博书画院共同承办。协办单位有菏泽市美术馆、菏泽市博物馆、菏泽市友联房地产开发有限公司、江苏天宁建设工程有限公司菏泽分公司。菏泽有着“中国牡丹城”、“戏曲之乡”、“武术之乡”、“书画之乡”的美称，连续举办十几届的菏泽国际牡丹花会，不仅促进了经济的发展，也使书画之乡增添了新的光彩。此次活动也是中国国家画院青年画院深入贯彻党中央关于走基层、转作风、改文风活动精神的重要举措，旨在通过组织画家体验基层生活、真实感受基层建设的巨大变化，从而创作出真诚反映社会、生活、自然美的精品力作。

第十届“牡丹杯”名家作品邀请展在菏泽市美术馆、菏泽市博物馆举办具有传统意义的大型活动，一直受到广大收藏爱好者的热烈欢迎。

中国国家画院著名画家邀请展在纽约举办

“中国风格——中国国家画院著名画家邀请展”2012年5月15日在纽约曼哈顿的亚洲文化中心举办。

中国驻纽约总领馆副总领事朱万金、纽约市华裔主计长刘醇逸等出席了活动，他们对展览的成功举办表示祝贺，认为相关展览有利于纽约民众进一步了解中国文化。

美国中国文化艺术基金会主席朱瑞凯对展览进行了概括介绍。他说，基金会将中国美术“国家队”的主力艺术家邀请到纽约，以画展、艺术交流、讲座、参观等多种形式与美国同行进行近距离的交流。

这是中国国家画院第一次以群体参加的形式走出国门，来到美国纽约，开展中国艺术“走出去”的活动，将中国的优秀艺术文化带到世界舞台。

此次参展的50多件美术作品立足于中国当代现实生活并从中获得灵感，形式多样，题材丰富，较为全面地体现了近年来中国国家画院中国画创作方面取得的新探索和新成果。

朱瑞凯表示，此次画展是应纽约州政府的邀请而赴美举行的“集体展览”，具有非凡意义。他说，展览筹备策划了两年多，一次高水准的艺术交流终于实现。

中国国家画院院长杨晓阳在致辞中说，中国艺术博大精深，而美国在短短200多年历史中也创造了艺术奇迹，中美的文化交流必将有利于东西方文化的融会贯通。他说，通过书画展览和艺术交流，中华优秀文化进一步走向世界，让美国及世界各国朋友加深对中华文化的了解。

金石湾——当代中国画名家作品展

“金石湾——当代中国画名家作品展”2012年7月14日开幕。该画展由中国国家画院、中共威海市委宣传部主办，中国国家画院青年画院、中共荣成市委宣传部、荣成金石湾美术馆共同承办，为金石湾美术馆首展。

该画展主要邀请了刘大为、冯远、杨晓阳、卢禹舜、郭北平、范扬、于志学、贾广健、于文江等50余位国内知名艺术家，展出作品100余幅，涉及人物、山水、花鸟等画种。展出作品基本反映了当代中国画的较高创作水平，零距离地向观众展示了当代水墨艺术的新风貌。

金石湾美术馆位于荣成市的金石湾艺术园区。金石湾艺术园区占地750余亩，总建筑面积45万平方米，共分为美术馆群、雕塑公园、艺术教育中心、艺术主题商业区、休闲度假区（海上五星级艺术酒店，游艇俱乐部）、艺术工作室六大功能性板块。

金石湾艺术园区是中国首个将休闲度假、居住、艺术创作、艺术展览、艺术品交易、艺术教育等多种功能有机结合，融合了各种高品质生活元素的当代艺术超级综合区。项目建成后将定期举办艺术博览会、国际艺术论坛、艺术品拍卖会等。一批载入“世界美术史”和改写“中国美术史”的艺术家、收藏家、评论家、教育家将在这里聚集、居住、创作。

金石湾艺术园区定为集艺术品原创基地、艺术品衍生基地、艺术旅游度假基地为一体的综合性艺术园区。中国美术馆馆长范迪安对此评价：“我们要把金石湾艺术园区打造成中国艺术的博鳌论坛，让金石湾成为威海荣成乃至中国最有艺术特色的文化名片。”

金石湾美术馆的开馆首展，为威海文化产业事业的发展提供了新思路、开辟了新板块，是威海美术界的盛事。

画展为期30天。

南北对话——中国当代画家创作成就展

2012年8月18日，由中国国家画院主办的“南北对话——中国当代画家创作成就展”在中国国家画院美术馆隆重开幕。此次展览会聚南北各地名家，以40余位名家、近200幅力作的规模，展示了当代国画创作的最新面貌。将南北名家的作品以“对话”的方式展示出来，其意义不仅是为了呈现当代国画创作的地域性特征，更是为了推动南北各地画家的艺术交流。在画家的选择上，我们既照顾到地域的不同，更考虑到艺术风格的不同，因此，所选作品均具有较强的代表性，其中呈现出的大家风范和鲜明风格，不仅将引起美术界的极大关注，而且更为重要的是，它还将为中国现代美术史的撰写提供重要的文献。

中国传统绘画发乎本源，而流派众多，南北因地域差别，确实存在着创作上的差异，而正是这种差异，造就了中国画创作的精彩纷呈。以“南北对话”为主题，缘于“南北宗”论的启发，而以此为主题的展览，在目前还是首次。此次展览选择60～70岁南北国画名家，采取对照的方式展示当代中国画家的创作成就。这次展览题材广泛，包括花鸟、山水、人物，诸多名家各擅胜场，风格迥异，呈现出非凡的功力与造诣。在山水方面，有姜宝林、方骏、卓鹤君、罗平安、刘朴、程大利、张复兴、龙瑞、王镛、陈国勇、朱道平；花鸟则荟萃了江文湛、詹庚西、邓林、李魁正、裘缉木、龚文桢、吴悦石、赵宁安、霍春阳、潘公凯、高卉民、王和平；人物画更是大家众多，如刘国辉、王有政、吴山明、彭先诚、杨力舟、王迎春、谢志高、王涛、胡勃、戴卫、李延声、赵俊生、郭全忠、张培础、刘大为、胡永凯、韩硕、王西京、杨刚、王孟奇、刘二刚。这些画家的作品风格，或苍茫沉雄，或冷逸高旷；或霸悍劲爽，或浑厚华滋；或浓密繁翳，或古拙朴野；或醇厚浓郁，或清澹飘逸；或苍逸健硬，或丰茂氤氲；或清雅妍丽，或色彩浓郁。基本呈现出南北两地中国画的创作情况，甚至可以说代表了中国当代国画创作的主要成果，其现实价值不言而喻。

中国国家画院此举之目的是荟萃南北名家，呈现各家佳作，强调个性，推陈出新，推动中国当代国画创作的百花齐放和繁荣。在未来，以此为主题的展事还将不断深化，为促进我国文化大发展、大繁荣贡献力量。

大美东方——2012中国国家画院美术作品展

2012年9月12日，由宁洽会暨第三届中阿经贸论坛执委会与中国国家画院共同主办的“大美东方——2012中国国家画院美术作品展”在银川国际会展中心盛大开幕。

当今世界，文化的交流，是国际与地区间加深相互了解，提升相互认同，促进合作共赢的重要途径。在“2012宁洽会暨第三届中阿经贸论坛”期间举办“大美东方——2012中国国家画院美术作品展”，其意义在于具中国文化特色的国画与书法作品的集中展示，凸显中华文化的独特魅力，加深中国与阿拉伯地区间的相互了解，从而促进中国与阿拉伯地区间的经贸繁荣。

此次展览以特邀的方式，会聚了百位中国当代最具影响力和代表性的书画艺术家参展，参展艺术家秉承了中国书画绵延深厚的写意传统，以当代人的视角和独具东方特色的笔墨表现形式传达着中国书画持恒隽永的艺术魅力和当代人深厚广阔的人文胸怀。展出的近400件作品，形式多样、题材丰富，既有对江河山川、花草泉林的深情描绘，也有对社会进程中当代人的精神境遇的深刻表达。这其中有孙其峰、韩羽、李宝林、张立辰、谢志高、刘勃舒、王迎春、卓鹤君、李延声、尼玛泽仁、龙瑞、欧阳中石、李铎、沈鹏等享誉画坛、书坛的前辈艺术家的传世佳品，也有以赵奇、史国良、梁占岩、赵卫、杨晓阳、林容生、周京新、袁武、李孝萱、张江舟、何加林、卢禹舜、王东龄、李刚田、刘洪彪、曾来德、陈振濂、胡秋萍等为代表的中坚力量的精品力作。整个展览在呈现当代艺术家写意探索与水墨实验所取得成绩的同时，表达出艺术家们对悠久灿烂的中华文化传统的认同和敬意，奉献给观众的是一个融汇传统与现代的东方文化艺术盛宴。

这是中国当代书画界难得一遇的重量级展示，体现了当今中国书画创作的整体面貌。成为“2012宁洽会暨第三届中阿经贸论坛”的一个重要亮点。

相信此次展览必将给来自阿拉伯国家和地区的朋友们以及宁夏的广大观众带来了一场不同的文化视觉享受。

中国国家画院副院长张江舟介绍，在“2012宁洽会暨第三届中阿经贸论坛”期间举办“大美东方——2012中国国家画院美术作品展”也是国家画院坚持艺术服务人民，以自身特有的方式参与社会实践的重要工作内容。

中国艺术品产业博览会开幕盛典

2012年9月26日至10月2日，中国艺术品产业博览会（以下简称艺博会）在北京市通州区运河奥体公园举行了隆重的开幕盛典。中共中央政治局委员、中央文明委副主任刘淇，北京市委书记郭金龙，北京市委副书记、代市长王安顺，文化部党组成员、副部长王仲伟，以及美国罗斯洛克集团董事长史蒂文·洛克菲勒及其他相关领导出席了开幕式。中国通州区委书记王云峰致欢迎词，中国文联副主席、中国美术家协会主席、中国艺术品产业博览会艺术委员会主任刘大为，史蒂文·洛克菲勒董事长，文化部副部长王仲伟及北京市委副书记、代市长王安顺发表讲话。

艺博会开幕盛典以声光电技术营造出了一个大气恢弘的开幕式场景，展示了通州作为运河文化起源的独特魅力。开场舞《扬帆》通过河水、帆船等元素展示了通州区悠久的运河文化。整场晚会通过歌舞表演等形式展示了中国艺术品的文化底蕴。除此之外，开幕式还为大家呈现了一场《京都行——古城霓裳》的服装秀表演，通过穿行展示古老北京的现代化韵味。中共中央政治局委员、中央文明委副主任刘淇，北京市委书记郭金龙，北京市委副书记、代市长王安顺，文化部副部长王仲伟共同启动“琢石为玉”，掀起了开幕式盛典的高潮。开幕盛典在著名女歌唱艺术家张也的《放飞梦想》歌声中结束。

艺博会在北京市通州区宋庄镇举办，以“打造国际级的艺术品产业交易交流平台”为目标，以“艺术放飞产业梦想，产业成就艺术未来”为主题，由中国国家画院院长杨晓阳主策划。 开幕式后，艺博会接下来还举办“全球化时代的艺术品产业国际高峰论坛”、“苏富比当代艺术精品拍卖”、“宋庄艺术品交易网启动暨百名艺术家签约仪式”、“重点央企、金融机构走进艺博会”等主题活动及八大展览，包括“艺术·经典——中国国家画院美术作品展”、“艺术·前沿——当代艺术邀请展”、“艺术·典藏—— 四海一家 驻华使馆艺术藏品展”、“艺术·产业——艺术产业展”、“艺术·生活——艺术生活展”、“艺术·设计——服饰设计展”、“艺术·设计——工艺中国展”等，总共将为国内外艺术爱好者展示来自国内外900余位艺术家的近5000件作品，奉上一场艺术盛宴。其中中国国家画院主办的“全球化时代的艺术品产业国际高峰论坛”、“艺术·经典——中国国家画院美术作品展”两项重点项目于27日开幕。

艺博会总策划、中国国家画院院长、中国美术家协会副主席杨晓阳表示：“艺博会的策划和实施，是落实六中全会精神，深化文化体制改革，推动文化大发展、大繁荣的具体举措，是对当前我国艺术品产业发展整体面貌以及优秀成果的集中展现，必将对全国的文化产业发展发挥引领作用，为打造一个世界级的艺术与产业结合的国际交流平台创造条件！”

“艺术·经典——中国国家画院美术作品展”隆重开幕

2012年9月27日至10月2日，“艺术·经典——中国国家画院美术作品展” 踏着京剧鼓点在北京宋庄上上国际美术馆拉开帷幕，多媒体水墨山水与古筝、京剧结合给观众营造出别样的中国传统意境。开幕式由中国国家画院副院长张江舟主持，中国国家画院常务副院长卢禹舜介绍开幕酒会的领导和嘉宾。中国文联副主席、中国美术家协会主席刘大为，国家行政管理学会会长、中编办原副主任王澜明，中国国家画院院长、中国美术家协会副主席杨晓阳，原中国国家画院院长刘勃舒，中国国家画院名誉院长龙瑞，中国国家画院副院长赵卫，中国美术家协会顾问杨力舟，文化部艺术司文学美术处处长安远远，国家发改委文化产业研究所所长陈喆及相关领导和参展画家出席了展览。杨晓阳院长、刘大为主席、安远远处长、龙瑞、刘勃舒、艺术家代表张道兴先后致辞，开幕酒会在共同举杯中开始。

“艺术·经典——中国国家画院美术作品展”作为2012中国艺术品产业博览会最主要的内容，展览面积超过15000平方米，展出中国国家画院国画院、书法篆刻院、版画院、雕塑院、公共艺术院、青年画院等8个院及特邀画家共500多名艺术家创作的最新作品近1000幅。艺博会总策划、中国国家画院院长杨晓阳介绍说，“此次展览规模之大、阵容之强和层次之高，体现了当代美术创作的‘中国风格’，建立了当代美术价值体系的‘中国标准’，以当代中国优秀美术家的优秀作品谱写了时代的华彩乐章，进而从文化艺术领域彰显了‘中国精神’，展示了‘中国气派’，在2012中国艺术品产业博览会8项展览中起到了引领作用。”

展览策划者中国国家画院副院长张江舟表示，“在中国艺术品产业博览会上举办这样一个展览，这种合作与交流打通了体制内外，融汇了艺术观念，探讨了艺术在产业化平台上如何做大做强的问题。相信本次展览定会以其高规格和高品质取得良好的社会效果和学术影响力”。

中国著名画家作品展及艺术交流活动在乌兹别克斯坦举行

时至中乌建交20周年及中华人民共和国成立63周年之际，以中国著名画家陈平、何加林、陈鹏、姜怡翔、林容生、袁学军、张子翔、黄智程、王卫民、刘玉国等组成的代表团赴乌兹别克斯坦举办画展及一系列的艺术交流活动。活动自2012年10月1日至8日。

展览地点设在乌兹别克斯坦国家艺术研究院展览馆。展览开幕式于10月2日举行。开幕式上，乌兹别克斯坦对外友协主席及中国驻乌兹别克斯坦大使馆参赞邹艳辉分别讲了话，对展览给于高度评价，也肯定了展览对促进中乌友谊的作用及影响。中国画家代表团团长陈平也在开幕式上讲了话，他说：“时至中乌建交20周年及中华人民共和国成立63周年之际，我们代表团一行赴乌兹别克斯坦举办画展及一系列的艺术交流活动，为周年庆祝做上一点努力，我们倍感荣幸，也深感自豪。这也是当今艺术家应尽的责任和义务。”“ 这些作品皆为画家近期力作，作品从不同角度展示了中国绘画的独有特性及传统技法、蕴涵了博大精深的中国文化及哲学思想、体现了画家对世界的认知方式和处世态度”。展览展出10位画家的59幅作品 。

10月4日，画家们乘坐高铁离开塔什干前往乌兹别克斯坦第二大城市撒马尔罕。撒马尔罕是古丝绸之路的交通要塞，列吉斯坦又是古丝绸之路最大的驿站。画家们一下火车便被城市的古老及历史的沧桑所震撼，仿佛我们就是古代丝绸之路的旅行者。在当地，我们受到乌兹别克斯坦国家艺术研究院撒马尔罕分院的热情接待，并观看了他们的画展，举行了座谈会及笔会。两天的撒马尔罕之行令画家们流连忘返。

10月5日，画家们乘飞机由塔什干出发前往历史古城希瓦。希瓦是童话般的中亚古城，它犹如独一无二的历史纪念碑，保存着奇妙的古迹，有鲜明的特点。希瓦的独特性在于它保存有完好的古代建筑群、美丽的宫殿、军事设施以及具有民族特色的住宅。希瓦是人类的奇迹，保护完好的远古城市至今仍有市民居住，并没有现代建筑的任何侵袭，一座城市就是一个完整的博物馆。画家们被震撼、被迷恋，并产生了要急于用画笔表现眼前奇妙之景的欲望。幸有当地美院的安排，陈平、何加林、陈鹏等分别作画。第二天，当地博物馆邀请他们参观了馆藏画作，并组织了当地画家进行了绘画技法交流。中国画家合作了一幅《芳圃》赠予博物馆作为永久收藏。

10月8日，中国著名画家代表团圆满完成了此次艺术交流活动而乘飞机回国。

这次中国著名画家代表团赴乌兹别克斯坦举行的艺术交流活动由乌兹别克斯坦对外友好协会、孔子学院、乌中合资电子仪表责任有限公司联合主办，并得到中国驻乌兹别克斯坦大使馆的全力支持。展览的策划及组织者黄智程先生为活动付出了辛勤的努力。

写意中国——2012中国国家画院国画、版画邀请展

由中国上海国际艺术节中心、中国国家画院共同主办的“写意中国——2012中国国家画院国画、版画邀请展”于2012年10月19—25日在上海展览中心举行。

“写意精神”是中国传统造型艺术的核心精神和价值标准，从本质上看，它并不仅仅局限在中国传统绘画中，而是贯穿在所有艺术样式中，全世界优秀的艺术作品也无不体现出“写意精神”。本着这样的学术宗旨，此次“写意中国——2012中国国家画院国画、版画邀请展”集中展出了当代国画名家作品160余幅，版画名家作品80余幅，涵盖了不同年龄、不同民族和不同地域的艺术家，兼顾了不同的风格和流派，其中既有黄永玉、方增先等德高望重的画坛名宿，也有刘大为、冯远、王明明、龙瑞、杨晓阳、潘公凯、施大畏、卢禹舜、张江舟、赵卫、纪连彬、广军、阿鸽、代大权等享誉画坛的实力派名家。

参展的国画作品中，有水墨淋漓、意境深远的山水画，也有生动传神、笔简意达的人物画，还有墨色交融、或工或写的花鸟画，既有大写意的奔放、也有小写意的婉转，在阐释传统笔墨精髓的同时，也体现出笔墨语言的发展与创新。与此同时，造型多元、韵味丰富的木板、铜板作品也成为此次展览的一大亮点。这些既承载民族审美传统又蕴涵时代艺术精神的国画和版画作品，体现出传统与当代的完美结合，意写了当代中国人的精神与理想，使观众能够以更宽广的视角去理解和体味“写意精神”。此外，作为中国新兴版画的发祥地，上海与版画有着极深的渊源，展览所体现出的对版画传统的回归和致敬，其文化意义非常深远。

关于“写意中国”系列展览，中国国家画院院长杨晓阳表示，“举办‘写意中国’画展的初衷，是以研究的态度使大家正视中国美术中难度最大、周期最长、最符合艺术本质、最涉及艺术本体建设、在理论上最需要首先澄清的问题，如能引起画界的重视，想必会对中国当代美术的发展起到抛砖引玉的作用。借鉴学习很重要，但坚持自己的优秀传统也是对全人类的一种担当。”

中国国家画院副院长张江舟介绍，本届“写意中国——2012中国国家画院国画、版画邀请展”有两个不同于前两届的亮点。

亮点一是，此届展览加入了版画。前面已经多次提到，写意精神不仅局限在写意画、中国画中，而是贯穿在任何一个艺术样式中。版画的加入，让观众得以在更宽广的领域中感受写意精神的魅力。以后，展览还会接续加入其他画种和风格。而且，版画这种艺术样式和上海这座城市渊源极深，是上海最具地域特色的艺术样式之一。在上海举办一个和版画相关的展览，是一种对于版画传统的回归和致敬，意义非常深远。亮点二是，展览参展人员规模庞大，覆盖不同年龄、不同民族、不同地域，兼顾不同风格和流派。他们的作品根植传统，又不同于传统，具有各自的风格和面貌。

中国国家画院创作研究部主任纪连彬先生讲道，尤其值得注意的是，展览吸收了许多年轻艺术家的作品。中国艺术，尤其中国书画，需要时间的磨砺、学识的积累，才能达到笔墨技术上的心手双畅，成竹于胸。年青一代的艺术家是中国艺术的种子，是中国艺术的未来。展览突出了年轻艺术家的创作，力图展现年轻艺术家在艺术道路上的探索和努力，从而呈献给观众更为宽广的中国当代艺术全貌，提供给社会大众更为丰富的审美经验和视角。

2010 年以来，“写意中国”系列展览已成功举办两届，在艺术界、学术界和社会公众中曾引发热烈的关注与探讨。展览作为前两届展览的延伸和拓展，进一步凸显了“写意精神”时代价值，展示了当代中国美术家们继承传统、开拓创新的时代风采，弘扬了中华民族“大美为真”的艺术精神。作为“第14届中国上海国际艺术节”的重要项目之一，展览以其高规格的艺术水准和高质量的展览形式，成为国内近期又一次文化盛事。

展览研讨会及相关学术活动，在开幕后陆续展开。

中国美术家协会

肩负使命，自觉担当

——2012 年中国美术家协会工作会议在甘肃兰州召开

2012 年中国美术家协会工作会议于2月10日在兰州召开，中国文联领导，中国美协主席团全体成员，中国美协各部室负责人，各地美协负责人，以及中国美协各艺委会代表参加会议，共同商讨中国美术事业新一年的发展大计。会议由中国美协秘书长刘健主持。本次会议得到了甘肃省委、省政府的高度重视和甘肃省文联、省美协的大力支持。

工作会议上，甘肃省委书记、省人大常委会主任，省委副书记、省长刘伟平，省委副书记欧阳坚，省委常委、省委宣传部部长连辑，省委常委、省委秘书长刘立军，副省长咸辉等出席大会。王三运书记代表甘肃省委和省政府发表了热情洋溢的欢迎词，高度评价了中国美术事业的繁荣发展，以及中国美协在其中发挥的积极作用和产生的重要影响。此外，他还详细介绍了甘肃在社会、政治、经济、文化等各方面良好的发展态势和取得的重要成就。表达了进一步繁荣甘肃美术事业的决心和信心，并诚挚地邀请全国美术家到甘肃写生、创作、交流，共同推进甘肃文艺事业的跨越式发展。

中国文联副主席、书记处书记冯远代表中国文联做了重要讲话，充分肯定了2011年中国美协的工作，他说，2011年是我国“十二五”发展建设承上启下的一年，中国美协在中宣部、中国文联党组的正确领导和社会各界的关心支持下，紧紧围绕党和国家以及中国文联的中心工作，深入贯彻落实党的十七届六中全会精神，坚持科学发展观、坚持正确文艺导向，把握美术发展规律，稳步推进美术事业向前发展。在深入生活写生，在策划组织大型创作、展览和学术活动、培养人才、推动海外研修、对外交流、服务社会、服务广大基层群众等方面，在执政能力建设、党风廉政建设、政治建设、理论建设、调研、舆情和新闻宣传工作上，都取得了显著的成绩，受到中央领导同志的重视，广大人民群众的欢迎。他还对中国美协2012 年的工作提出殷切希望，通过细致扎实的工作，为推动科学发展，促进社会和谐，夺取全面建设小康社会新胜利，开创中国特色社会主义事业新局面提供强大思想保证、精神动力、舆论支持和文化条件。进一步着力推进社会主义核心价值观体系建设，着力巩固壮大积极健康向上的主流思想舆论，着力深入推进文化改革发展，以新的姿态，迎接党的“十八大”胜利召开。

中国文联副主席、中国美协主席刘大为在工作会上讲话，为做好今年的工作提出新要求。1. 始终坚持用社会主义核心价值观团结、引导美术界，弘扬主旋律、提倡多样化；2. 继续打造知名品牌，认真筹备和办好以“未来与现实”为主题的第五届北京国际美术双年展；3. 组织好美术家赴革命圣地、革命老区和边疆写生创作，推出精品力作，隆重纪念“毛泽东同志在延安文艺座谈会上的讲话发表70周年”和“建军85周年”；4. 举办好“浩瀚草原——中国美术作品展”，总结好内蒙古美术题材的创作成就，继续推进少数民族题材创作和史论研究；5. 持续推进“中国美术世界行”，加强中外美术家的深入交流；6.继续加大"中青年美术家海外研修"的派出力度，实施"西部少数民族美术人才培训发展计划"，为中国美术发展储备人才和后备力量；7.继续加大调研力度，拓展调研范围，把关注重点放在中国美术核心价值观、美术产业现状研究、老艺术家个案研究、青年美术家人才库建设等方面；8.继续加强协会自身建设步伐，进一步提高协会人员的综合素质，增强政治意识、大局意识、服务意识 。

中国美协分党组书记、常务副主席吴长江做了题为"加快实施人才战略，持续推出精品力作，为建设社会主义文化强国贡献力量"的工作报告。总结2011年的协会工作：1.组织大型展览，服务党和国家大局。围绕纪念中国共产党成立90周年、辛亥革命100周年、西藏和平解放60周年等节庆活动，组织策划重点美术活动。还成功举办了"天山南北——中国美术作品展"，启动"中华文明历史题材美术创作工程"等重大创作活动。2.采取多项措施，推出优秀人才。成功举办"第四届全国青年美展"，稳步推进"中青年美术家海外研修工程"，制订实施"西部少数民族美术人才培训发展计划"，营造美术人才脱颖而出、优秀作品不断涌现的制度和氛围。3.拓展对外交流新途径，持续扩大国际影响。继续推动"中国美术世界行"系列活动。4.深入开展调研，切实加强舆论引导。通过学习贯彻十七届六中全会重要精神，建立健全美术舆情信息网络，持续"中国美术现状"调研，开展各画种的理论研讨和美术批评等措施，进一步推进美术健康发展。5.提升服务水平，回报广大人民群众。通过文化惠民、美术维权等工作服务基层，服务群众，服务美术家。6.加强协会自身建设，增强凝聚力和战斗力。还对新一年的工作进行了部署，努力做到大为主席对协会工作的要求，在筹划大展、培养人才、现状调研、普及惠民、对外交流、自身建设等方面，认真履行服务、协调、联络、维权职能，团结广大美术家，扩大美协的影响力和凝聚力。

随后，刘健秘书长向代表们详细介绍了对"中华文明历史题材美术创作工程"筹备进展情况，希望全国各地各民族广大美术家踊跃报名、积极参与，以高扬的创造热情，创作一批富有时代气息、饱含民族精神、熔铸中国气派的重大历史题材精品力作。

下午，中国美协主席团成员、各团体会员代表和艺术委员会代表分两组对工作报告和讲话进行了热烈讨论，对中国美协2012年工作报告和中国美协2011年工作成绩给予了充分肯定，对中国美术事业的繁荣发展和取得的突出成就感到非常振奋，对中国美协的关心和帮助表示了感谢。代表们对加强中国美协与全国各团体会员、各专业艺委会之间的沟通与合作表示期待、并达成了很多一致的看法 。

在专业艺术委员会的小组讨论中，代表们纷纷就自己所属专业艺委会在2011年取得的工作成果、工作经验，2012年的工作计划进行了详细汇报。对艺委会的组织发展、学术作用、活动策划、经验总结等方面进行了深入讨论。1.各艺委会工作应围绕大局，抓准定位，发挥各门类艺术特点，进行主题性创作和展览活动，紧密配合补充美协工作，在学术角度上下功夫，使理论研究更加深入，发挥学术引导作用。2.艺委会作为美协的顾问、咨询机构，应当定期召开会议，为美协重大活动出谋划策，有针对性地解决当前面临最主要的问题。3.各艺委会之所以取得一些成绩，离不开团队的积极配合、中国美协的组织协调、各地美术界和相关部门的大力支持。以后在工作中要加强艺委会和地方美协工作的联系合作，进行条块结合，横向、纵向加以沟通。更加积极主动地摸索服务社会、服务大众、服务美术家的新思路和新方法。4.各艺委会应多为老艺术家进行个案研究和学术梳理，为青年开设高级研修班，举办展览，搭建展示平台，表彰老艺术家和提携青年人才。5.加强理论建设和美术批评，进一步将社会主义核心价值观具体化。6.加强美术维权力度，拿出具体措施，切实维护美术家权益 。

在中国美协团体会员的小组讨论中，代表们各自对2011年的工作业绩进行了总结，对2012年的工作计划进行了简要的汇报。并在壮大主流美术、交流工作经验、拓展工作思路、开展相互合作、加强人才培养、推出优秀作品等方面进行了深入探讨。1.对中国美协开展的大型活动，尤其是围绕党和国家大局的全国性展览的充分肯定，认为既体现了政治性，又体现了艺术性。此外，还有很多围绕青年美术家，围绕学术梳理的具有思想深度的展览。真正树立了中国美术的整体形象。各地美协代表对中国美协今年的工作表示期待，尤其是对中华文明历史题材美术创作工程等大型创作、展览活动表示出浓厚的兴趣和积极性。2.认为中国美协工作更加贴近基层，关心地方，切实发挥了引领中国主流美术、学术方向的重要作用。各地也在不断开拓创新，挖掘特色资源、梳理美术历史、整合地方力量、广泛开展合作、深化各地交流，取得了优异成绩。部分代表还提出，在取得既有成绩的基础上，希望中国美协加大对地方美协的关心，在学术指导、组织策划、设立写生创作基地等方面给予更多帮助。3.就支持、资助、指导西部地区、少数民族地区美术事业的发展产生强烈共鸣。中国美协也按照中央领导的意见，制定了3项重点措施：（1）设立专项基金奖励少数民族地区的优秀美术家；（2）在中青年美术家海外研修工程中，适当向中西部地区倾斜；（3）通过西部少数民族美术人才培训发展计划，为西部和少数民族地区培养更多优秀人才。

2月10日晚，中国美协召开七届四次主席团会议，传达了中央领导同志的重要讲话精神，审议通过了《工作报告》，并就报告提出修改意见。

2012年，迎来新的历史机遇和挑战，中国美协将在中宣部、中国文联的领导下，肩负起时代赋予我们的庄严使命，充满信心，发挥自身优势，整合资源，广泛吸纳代表们提出来的各种意见和建议，通过中国美协各团体会员、各专业艺委会，以及全国美术家的精诚团结和共同努力，不断开创中国美术事业发展的新局面，为建设社会主义文化强国的宏伟目标努力奋斗！（杨萍）

锦绣中原——中国画作品展

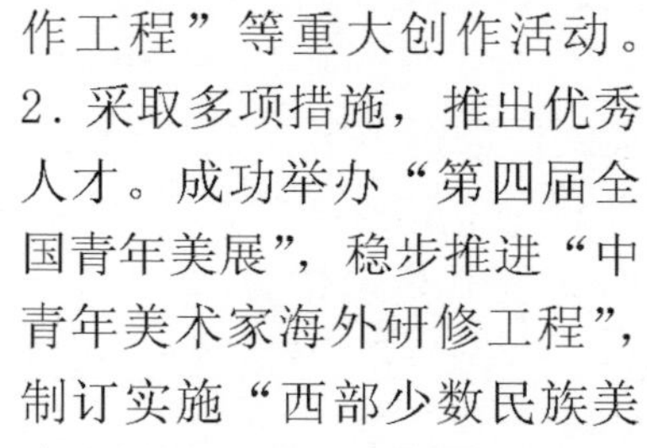

2012年4月28日—5月8日，由中国美术家协会、河南省文联、洛阳市人民政府主办，河南中迈投资集团有限公司、洛阳市美术家协会、洛阳美术馆、河南红东方文化传媒有限公司承办，河南省美术家协会、洛阳市文联、河南省中原文化建设

发展基金会协办的“锦绣中原”中国画作品展，在洛阳市美术馆门前广场举行了隆重的开幕仪式。

解放军总政治部原副主任、全国人大科教文卫副主任刘永治上将，中国美术家协会副秘书长张旭光，中国美术家协会展览部主任杜军，中国核电技术总公司副总经理魏锁，洛阳市原人大主任刘典立，洛阳市委副书记、市人民政府市长李柳身，河南省人民检察院副检察长牛学理，河南省国资委副主任胡广坤，洛阳市委常委、军分区政委黄晓建大校，洛阳市委常委、宣传部部长杨炳旭，山东文登市开发区主任杨宏勇、洛阳市检察院副检察长徐洪森以及市属部门多个局委办、洛阳高校艺术系师生和一众媒体记者、观众400余人参加了开幕式。

此次展览展出的242幅作品是从6000余幅应征稿件中严格遴选出来的，其中优秀作品52件，入选作品190件。洛阳师院美术系教师青年画家李春兰作品——《浮华之二》获此次展览金奖（优秀作品第一名）。

八荒通神——哈尔滨美术双年展

2012年6月6日，由中国美术家协会、市委宣传部联合主办，省禹舜文化艺术研究院、禹舜美术馆/呼兰区美术馆联合承办的首届“八荒通神——哈尔滨美术双年展”开幕式暨禹舜美术馆落成6周年庆典在禹舜美术馆/呼兰区美术馆举行。省市领导杜宇新、林铎、宋希斌、曲磊、张丽欣以及中国美术家协会党组书记、常务副主席吴长江出席开幕式。

“八荒通神——哈尔滨美术双年展”是在深入贯彻党的十七届六中全会关于“弘扬中华文化，推动社会主义文化大发展大繁荣”精神的大背景下开展的国家级的高水准艺术盛事，其宗旨在于促进中国画的创作与交流，并力求通过参展画家创作的作品，展现和宣扬中华民族的“天、地、人和谐相生”的精神，引发当代社会对“人与人、人与社会、人与自然”关系的思考，推出具有中国当代人文精神的艺术精品。

画展共挑选出252件参赛作品，其中包括59件优秀作品。

2012吴冠中艺术馆开馆暨全国中国画作品展

2012年8月29日，吴冠中大师诞辰93周年纪念日，由中国美术家协会、宜兴市人民政府联合主办的“2012吴冠中艺术馆开馆暨全国中国画作品展”隆重举行。

中国美协分党组书记、常务副主席吴长江，幸福人寿董事长、中房集团理事长孟晓苏，中房集团联合投资股份有限公司董事长张文清，中国人才基金会副会长兼秘书长贺毅，中国保利文化集团董事长代表安蓓，中国美协展览部主任杜军，中央美院国画院副院长陈平，中国国家画院创研部副主任何加林，全国政协委员、香港美协主席吴欢，清华大学吴冠中艺术研究中心副主任、北京百雅轩文化艺术机构董事长李大钧，中国雕塑学会副秘书长钱晓鸣，江苏省文联副主席、美协主席宋玉麟，四川省美协副主席兼秘书长、四川美术馆馆长梁时民，中共无锡市委常委、宣传部长王国中，中共宜兴市委书记、市人大主任王中苏，中共宜兴市委副书记、市长张立军，宜兴市政协主席邵亚群，宜兴市政府副市长周军、尹志华，宜兴市政协副主席莫克明、温秀芳，吴冠中艺术馆馆长、江苏东来文化产业集团董事长承强，吴冠中的家属代表、学生代表，全国中国画作品展评委代表，国内书画界、陶艺界、收藏界等各界人士出席了这一盛会。

董平主持仪式。张立军、承强、吴长江、王国中先后致辞。吴长江、王中苏共同为吴冠中铜像揭幕。

吴冠中大师是从宜兴走出去的画坛巨匠，是当代中国最具影响力的艺术大师之一。吴冠中一生热爱家乡、眷恋故土，家乡人民也热爱他，敬仰他，并积极为他筹建艺术馆。由江苏东来文化产业集团投资建造的吴冠中艺术馆，是吴冠中生前唯一同意建设的艺术馆，吴冠中亲自题写馆名。艺术馆坐落于风景秀丽的龙背山麓，规划总用地123.3亩，规划总建筑面积12096平方米，耗资1亿元，建筑布局及风格为传统园林院落式，7幢白墙黑瓦的江南仿古建筑古朴典雅，与馆藏的110余幅大师作品互为映衬，尽显吴冠中江南水乡风情画作中的意境和韵味。

市委副书记、市长张立军在开馆仪式上致辞。他说，吴冠中艺术馆建成开馆，是对大师家乡情结的最好告慰，是对大师艺术精神的积极传承，也是对宜兴文化事业发展的有力促进。他希望东来集团以艺术馆落成与此次中国画作品展举办为契机，始终坚持高点定位，不断提升办馆水平，努力将艺术馆打造成体现宜兴文化建设水平的重要窗口，成为传承大师美术思想和人文精神的艺术桥梁。

无锡市委常委、宣传部长王国中对吴冠中艺术馆开馆及全国中国画作品展开幕表示热烈祝贺。他说，吴冠中艺术馆的建成，不仅提供了一个展示大师生平事迹、艺术作品的重要平台，而且必将成为交流书画艺术、弘扬人文精神的艺术殿堂。中国美协在这里同时举办全国中国画作品展，既为吴老诞辰献上一份厚重的礼物，又为我们提供了一次非常难得的书画艺术学习交流的机会。

“2012吴冠中艺术馆开馆暨全国中国画作品展”颁奖仪式同日举行。此次全国中国画作品展由中国美协、宜兴市人民政府于2012年初开始筹备，从来自全国3500余件征稿作品中评选出262件入选作品，在吴冠中艺术馆开馆之日展出。其中，60件作品被评为优秀作品。

中国美协分党组书记、常务副主席吴长江介绍说，在吴冠中先生诞辰纪念日和吴冠中艺术馆开馆之日举办这次展览，是为了更好地交流、弘扬和传承大师的美术思想和人文精神。展览作品内容丰富，手法新颖，体现了百舸争流、百花齐放、锐意创新的中国画繁荣景象。特别是许多年轻艺术家的参与，使得这次展览成为中国画年轻力量的艺术交流盛会。

2012全国中国工笔画展在沧州开幕

2012年10月18日，“2012全国中国工笔画展”在沧州市名人植物园名人堂前隆重开幕。沧州市就此成为继盘锦市之后第二个举办全国中国工笔画展的地级城市。此次展览共展出入选作品290幅（包括59幅优秀作品）。

画展由中国美术家协会

和沧州市人民政府主办。今年1月，中国美术家协会向全国发布了征稿启示，截止到8月10日，共收到参评作品2300余件，其中参加复评474件。经过认真评选，最终确定290件作品入选参展，其中59件获优秀作品奖。这些参展作品艺术地反映了当代中国社会的发展进程，表现出当代工笔画家对社会、对自然、对人民、对生命深刻的人文关怀。

多年来，沧州市工笔画艺术经过老、中、青三代艺术家的不断探索传承，已形成上千人的创作队伍。沧州的工笔画家能参加省及全国画展的超过500人，沧州工笔画创作阵容之强大在全国地级城市当属少见。在此次画展中，沧州工笔画家取得了历史最好成绩，有29幅作品入选，其中10幅作品被评为优秀作品。

2012全国中国工笔画展自10月18日至11月6日展出20天。在沧州展览结束后，还在江苏省美术馆（南京市）、辽宁省辽河美术馆、山东莱州等地展出。

“翰墨新象”2012年全国中国画作品展

由中国美术家协会和中共浦东新区委员会宣传部（文广局）联合主办的“翰墨新象”2012年全国中国画作品展自2012年2月启动以来，共收到来自全国各地的书画作品3400余件，涉及山水、花鸟、人物等创作领域，选送作品较往年的展览，题材广泛，总体水平也有了较大的提升；从中亦可以看出，当下中国绘画的创作主流又趋于现实主义创作的回归。在中国美术家协会组织的展览评审委员会主持下，展览将在选出的483件初评作品的基础上，进行第二轮复评，并最终评选出展览的优秀作品60余件和入选作品240件。

中国美协主席刘大为介绍了此展评比情况，这次入选作品整体质量高，对传统的继承展现出了画家在形式风格上的探索精神，城市题材的山水作品有新的特色，展览作品代表了当前中国画的水平。

川沙新镇党委副书记王美华说，川沙新镇是沪剧之乡，书画有非常深的群众基础，近年得到长久发展，力求在书画、为谋求自身文化发展，深入挖掘地方性文化多努力。川沙新镇将争创历史文化名镇。

浦东书画院院长龚伟海表示：浦东应有自己匹配的文化牌，“翰墨新象”全国中国画作品展将计划每两年一届，为浦东川沙打造好“翰墨新象”品牌。

此次大展系浦东新区川沙新镇人民政府和上海浦东书画院第一次承办的全国性书画大展。浦东美术创作一直很繁荣，但要创造出具有影响力的美术作品，浦东的美术家必须贴近时代、感悟生活、关注民生、关爱自然，追求真善美相统一的审美理念。所有这一切，都离不开区域文化与艺术之间的交流和沟通。正是在当下浦东书画迅速发展的文化语境下，由浦东川沙新镇人民政府和社会各界大力支持下创建的上海浦东书画院于2011年秋天正式成立；此举得益于中国美协主席刘大为先生的关心和支持，中国国家画院的许多画家也参与其中。在画院成立一周年之际，刘大为又极力促成中国美协与上海浦东书画院共同举办“翰墨新象”2012年全国中国画作品展。展览始终坚守现实主义精神，彰显艺术家在当代文化背景下对人生、对生命的思考，体现时代人文精神，也使本土的美术创作开阔视野，及时了解中国主流美术创作的总体态势，获得创新的方向和动力。并力求将“翰墨新象”全国中国画作品展打造成浦东新区的书画品牌项目。

浦东作为改革开放后崛起的经济新区，是中国改革开放的前沿。十七届六中全会提出文化强国的伟大理念，为浦东的文化发展提供了新的强大动力。提升浦东这片改革热土的“文气”，一直是浦东人的夙愿，浦东应有与经济相匹配的在全国有影响的文化品牌。浦东的文化品牌应该是有历史传承的，在历史传承的基础上发展、发扬、创新。迪士尼项目落户浦东带来中外文明、土洋文化的交融，作为中华文明瑰宝——中国书画艺术在浦东的发展具有深远的意义。

展览的策划和筹备期间，还得到了上海市文化广播影视管理局、上海市美术家协会、刘海粟美术馆、上海市群众艺术馆、川沙文化馆等社会各界的大力指导和支持。在中国美术家协会的积极推动下，“翰墨新象”全国中国画作品展业已成为上海和全国各地之间一个重要的区域文化艺术交流平台，也必将对浦东新区乃至上海地区的美术事业的发展起到极大的促进作用。

“翰墨新象”2012年全国中国画作品展于2012年10月22日在上海国际会议中心举行，展览为期4天。

时代风采——2012中国百家金陵油画展

华夏沐春光，时代谱华章，在欢庆党的“十八大”胜利闭幕之际，由中国美协、江苏省委宣传部、江苏省文化厅、江苏省文联主办，江苏省美协承办的“时代风采——2012中国百家金陵油画展”，2012年11月16日在江苏省美术馆开幕。

江苏省人大常委会副主任赵龙、江苏省副省长曹卫星、江苏省政协副主席张九汉、江苏省政府副秘书长肖泉、江苏省委宣传部常务副部长章剑华、江苏省委宣传部副部长梁勇、江苏省文联名誉主席顾浩、江苏省文联主席王湛、中国美协展览部主任杜军等为获奖者颁奖并为开幕式剪彩。开幕式由江苏省文联党组书记、常务副主席王慧芬主持。出席开幕式的还有画展主办、承办单位负责人高云、杨企鹏、叶飚荣、郑泽云、言恭达、宋玉麟、周京星、李向伟、尚辉、陈世宁、胡宁娜等。

开幕式上，杜军代表中国美协分党组书记、驻会副主席吴长江致辞，章剑华受江苏省委常委、宣传部部长王燕文委托致辞。梁勇宣读本届画展金奖获奖名单和此届画展组织奖获奖名单。金奖作品和获得者是（按姓氏笔画排序）：《空房》许永城（广东）、《1912·泰坦尼克》杨玉贵（江苏）、《我们》汪莺莺（江苏）、《大空间》张艺嘉（江西）、《收获》张文平（北京）、《夏日海岸》张立农（河北）、《症——疗》赵舒燕（浙江）、《戏剧人生》俞小飞（江西）、《流年》费翼峰（北京）、《昆曲遗流》钱流（江苏）；组织奖获得者是：北京美协、浙江省美协、河北省美协、广东省美协、江西省美协。

中国百家金陵画展作为立足江苏、面向全国的重要美术盛事，迄今已成功举办了8届。画展自创办以来，始终高扬现实主义的艺术精神，倡导美术工作者扎根现实土壤、反映社会生活，关注民生、关爱自然，追求真善美相统一的审美思想，推出精品力作，满足广大人民群众的精神需求。经过8年的历练和发展，这一品牌的美誉度和社会影响力不断扩大，取得令人瞩目的成果。2011年8月中国百家金陵画展60幅金奖作品在法国罗浮宫展出；2011年10月在南京成功举办了2011中国百家金陵画展中外学者高峰论坛；2012年8月英国举办奥运会期间，作为中国文化节的组成部分，中国百家金陵画展金奖作品又亮相伦敦。中国百家金陵画展不断走向国际，受到国外艺术家、学者及观众的广泛赞誉。

此届油画展以“时代风采”为主题，旨在倡导和引领广大美术工作者紧贴时代脉搏、立足现实生活，以艺术的形式展现时代变迁、描绘时代新貌、突出时代特色、彰显时代风采，创造出具有中国风格和中国气派的优秀作品。画展赢得了全国画家的积极关注和踊跃参与，共收到了来自全国的参选作品4190件。经过评委们严格的初评、终评和公证部门现场监督，评出入展作品100件，其中10件作品荣获金奖。这些获奖和入选作品聚焦现实生活、体现时代要求，内容丰富、技法娴熟，多侧面、多角度地展现了改革开放新时代积极进取的社会风貌和昂扬向上的时代风采。此届油画展更加注重理论引领，特邀请全国10位著名理论家为10幅金奖作品点评，对提升画展创作水平起到了积极的推动作用。

中国百家金陵画展单年展出中国画、双年展出油画的展览机制，从2013年开始将增加版画画种，由原来的参展画种“双年展”调整为“三年展”。这对于进一步拓展画展的参展面，进一步打造中国百家金陵画展这一品牌，将起到积极的推动作用。

2012第二届造型艺术新人展

2012年12月16—26日，由中国文学艺术界联合会、中国美协主办，中国文学艺术基金会、中国艺术报社承办的2012第二届造型艺术新人展在中国美术馆开幕。

展览共展出造型艺术界新人优秀作品5件、新人佳作10件、新人提名作品30件、入围参展作品128件，共计173件，从全国投稿的5000多件作品中遴选而出；其中，张纯的国画《遇见》，廖星君的国画《清莲禅意》，祝华婧的国画《戈壁》，冯晓峰的雕塑《破晓》，陈拔良、陈拔楷的漆画《翘楚·韵》获得优秀作品奖。

展览作品的作者来自社会的各个领域，既有美术专业的教师和在校学生，又有职业画家；参展作品题材丰富，且涵盖国画、油画、版画、雕塑、水彩、漆画、设计等多种艺术形式，作品充溢着青年艺术家们的艺术和个性，也凝聚成当代中国青年美术发展图景的缩影。

展览的主题是“融合·超越——造型艺术在当代社会中的文化价值”，旨在提倡中国传统艺术的继承与创新，展示具有时代性和现实性的造型艺术作品，培养和推荐新人；通过造型艺术的实践与理论研究，解析当代造型艺术创作研究中存在的现实问题，积极探索，不断推陈出新。

中国文联副主席、中国美协副主席冯远认为，此次展览中，青年艺术家们以认真虔诚的执著精神，在充分利用自身具有的技术优势并在吸收外来文化艺术成果的创作实践中，努力探寻着造型艺术的民族性、地域性及其在现代社会中的文化价值，在继承传统精华的文化自觉中挖掘并融入当代的创新元素和新形语态，创作更多具有时代性与艺术性、地域性与民族化特色的艺术作品，这正是中国文化艺术繁荣发展的希望所在。第二届造型艺术新人展研讨会也同期举行。

2012年度中国美术家协会新会员名单（共625人）

中 直：

蔡劲松、李辉、丁阳、黄华斌、刘艳华、史建红、林海、刘松、石二军、潘毅群、安燕华、刘金红、刘天宇、王立国、康蕾、范墨、冯杰、黄可一、冯海涛、刘人岛、王东声、唐璐、赵健、孙均、高毅、马良书、陈秀、常欣、高丽娜、路昊、李昌菊、张艺群、荣洪君、罗勤、高明远、蔡安季、郝竞存、张奎杰、王盈、谢岩、陈亦工、董立军、杨华山、周光辉、马涛、唐绪祥、冯小红、张玉梅、严长元、段泽林、徐红梅、裴斐、颜慧、邓正刚、邹大力。（共：55人）

北 京：

张林、孟可欣、王洪杰、周庆、祝铮鸣、徐卫国、谢舒弋、张占山、郝军、谭述乐、陶宇、董重恂、孙绿绿、李台还、许朝旭、李建平、王红艳、张鉴、王仞山、张戈、莫睿、马冰、张春萍、李丽、孙翎境、高海戈、武建军、马欣乐、朱铁川、吴进良、王春雨、黄娜、吴世民。（共：33人）

解放军：

李振、任宇婷、廉南宁、徐境怿、姚世宏、张卉、包瑛辉、李跃进、谢淼、张长东、谷建军、杨晓光、姜书戈、韩新维、刘俊元、刘振江、刘淼瀚、杨丰羽、杨占才、刘波、禚江基。（共：21人）

安 徽：

娄建国、陈元、谢旭、沈萍、范春晓、丁雪郁、贾刚、江冰、刘立冬、周群、逯祺祥、葛涛、王璐、廖新、戴维祥、汪子让、汤晓云、张宜银、周迎春、李成城、韦远柏、吴子钧、王胜。（共：23人）

福 建：

颜成彪、吴建福、朱小芬、姚凯、王凤娟、郑展山、孙晓东、张文霞、何专连、陈杰聪、施鹏向、郑巧、苏上舟、罗琰娟、刘友亮、吴祖略。（共：16人）

甘 肃：

周安平、金长宏、胡亮、张发俭、朱建中、毛文琳、王晓银、贾利珠、沈风涛、廖国柱、邵兴秋、范兴儒。（共：12人）

广 东：

张学旭、罗灵、彭铭利、王少斌、夏天、黄凤敖、钱缨、黎伟明、刘飞、巨云和、林锋、卢少添、周波、李小军、肖勇、林春宇、刘鲁新、罗一平、高炜、廖慧兰、廖红球、钱玲戈。（共：22人）

广 西：

蓝凡武、罗晶晶、韦丹意、李自龙、左剑虹、仇宏志、蒋晓东、邓乐民、欧顺红。（共：9人）

贵 州：

梁练方、王剑云、冉茂列。（共：3人）

海 南：

陈里思、马飞。（共：2人）

河 北：

马振东、李庆文、薛俊水、张玉生、慈向群、程利、王艳利、籍平川、李琰、李青海、张文惠、鲁双喜、马春兴、钟文才、李彦彬、任重志、陈素霞、于诺、卢洪英、庞红军、王通、韩秀娥、赵五子、刘丽、王金才、马良芬、范

建宇、朱振芳、安亚博、闫品、郑今东、苑广华、王加林、王继兴、田玉洲、刘冠伟。(共：36人)

河南：

赵景收、薛水生、张富军、吴金铭、宋长发、何彦萍、王西军、李岩、李娟、郝彦杰、马勇、马志远、杨伟涛、郭善涛、郭天丛、鲍军涛、梁新民、成方、陶琳娜、郭欣、郭忠信、雷玖、刘翠霞、郭桂英、郭建明、唐晓红、赵金平、张军民、卢文清、苗炜、张戈器、申鸿欣、刘灿章、马河、李艾娴、董鸣、张继山、魏广君、李金峰、代凤钦。(共：40人)

黑龙江：

杜学辉、刘岩、墨建杰、卢云亭、赵蓓蕾、金胜、孟宪华、朱晓红、董晓泮、刘正波、朱晶、何路、王文江、袁晓峰、张永利、王维芳、刘生仁、周洪芳、咸成镐、匡伟光、于显达。(共：21人)

吉林：

李建华、张亮、赵余钊、侯岳、于文龙、白桦、韩璐、朱昌森、王玉峰、刘广。(共：10人)

辽宁：

马玉武、张逢安、王奕妍、孙丽莉、张昊、赵晓峰、付艳、袁治国、李芳凝、李如彪、张越、郑殿平、周岩、王云英、庄子平、张志平、刘新喜、吕子扬、田铁峰、赵金田、任文东、李庆富、李长松、张震、陶贤金、赵明钧、于景财、刘兴华、梁冰、张衍纬、杨乃美、郝桂芳、华延峰。(共：33人)

湖北：

马国旗、范少辉、朱健翔、杨云鹤、张漫、丁竹君、聂为斌、沈伟。(共：8人)

湖南：

肖骥波、陈明、贺子艺、段江华、肖付平、石劲松、卢雨、唐晓明、熊长虹、滕小松、彭慧、李立民、祁璐、柳玉、孔凡智、蔡国胜。(共：16人)

江苏：

沈荣、王梦彤、李啸东、高凯、郭瑞卿、朱海燕、梅德君、范海龙、石瑞、钱学军、沈垚、杨家良、张文来、冯爱民、汤知辛、熊炜、栾剑、赵家葆、程明震、张辛题、徐明、蒋义海、花千红、王德舜、颜正强、伍立峰、蒋焕余、张广才、余玉奇、吴冠南、赵钲、廖军。(共：32人)

江西：

刘文辉、刘双喜、俞小飞、陈锋、张亚伟、刘丽娟、刘晓华、虞敏、朱明弢、刘扬、俞裕新、汤教勉、王凯旋、吴昊。(共：14人)

内蒙古：

张瑞龙、党翔、李桂祥、张永平、蒋汝佳、乌吉斯古楞、金宝军、金敏、斯庆嘎、赵常鑫、丁皑云、何锡彭、赛音朝格图、谷芳、化金莲、李喜春、张志坚。(共：17人)

宁夏：

刘阿宝、何占福、马瑛、张继春、陈秀梅。(共：5人)

青海：

李忠盛、刁子安、周志义。(共：3人)

山东：

张光彩、尹虹、云门张岩、王玉华、潘建博、冯超、厉晓东、荆贵家、张崇强、姜超、张洪燕、田春娟、张研、张建波、王大力、张春波、谢其云、张正军、曹新刚、徐春文、徐志广、孙印昌、范杰、左耀国、庞奉昌、王进、于宏涛、张镛、李勇士、杨群峰、王永芬、庞银时、刘吉、李先锋、李洪涛、戚代华、马龙腾、孙立、卢加、戴丕昌、孙雁翔、陆山、赵建钧、夏卫东、乔振霞、陈兆芬、赵少俨、汪稼华、孙磊。(共：49人)

山西：

连艳、高雪涛、金小民、侯玉生、卢葆桐、谭逸、靳瑞强、魏长文、薛丽、刘继萍、钱骥俊、张秀萍。(共：12人)

陕西：

宋清、王焕英、刘晨晨、杨小阳、马建飞、马胜利、胡玉康、沈荣华、高林妹、张岩、王鸣放、李多木、雒志俭、舒宏昌、张首涛、徐鸿延。(共：16人)

上海：

胡炜、陈秦、刘正法、廖扬、陈强、邱嘉、殷正洲、夏明来、徐增英、王柱德、花连喜、季伟林、尹家琅、吴国欣、贺戈箫、张易生、朱大醉、陈青。(共：18人)

四川：

刘晓东、贺思恩、李尤俊、黄芸芸、徐晓君、李兵、范小平、彭林、龚学渊、刘英。(共：10人)

重庆：

樊敬奎、隋春艳、谢光跃、李志坚、叶瑞伟、杨麟翼、徐贤文、余强。(共：8人)

天津：

马静、郑国伟、郭兰英、李云涛、李军、董永越、王志东、侯金利、华绍莹、张立、董阳、张礼军、任庆明、谭勋、王刚、陈钢、杨建军、王治平、潘晓鸥、崔燕垚、贾冰吾、陈元龙、曹春生、张庶丰、马洪建、杨淑涛、苗佳硕、杜明岑、王梦三、刘国胜、戴世隆　、王立德、曹玉文。(共：33人)

浙江：

吴冠华、沈红泉、姚旭辉、黄骏、邵蓓艳、黄亚峰、周蕴智、李言波、付河江、张晓锋、王超、李青、方昆、张复生、黄庆、汪文斌、柯爽、仲中晓、关明新、张新宇、徐家昌、吴绥镐、马其宽、傅训淳、梁群、邱兴雄、吴小华、王凯。(共：28人)

云南：

陈天遥、杨庆生、张碧伟、胡俊、普海淞、王凯骐、吕印。(共：7人)

西藏：

夏鲁旺堆、次仁多杰。(共：2人)

新疆：

付永宁、欧阳松柏。(共：2人)

新疆兵团：

王铁、周为红。(共：2人)

香港：

陈家义、李学迅、廖井梅、庄瑞明、王永声、王碧影、蔡金章。(共：7人)

中国美术馆

都市·田园——中国美术馆中国画提名展

2012年1月16日，中国美术馆2012年新春贺岁大展“都市·田园——中国美术馆中国画提名展（2012）”在中国美术馆开幕。此次展览旨在龙年新春为广大观众奉献一场充分体现中国文化精神的视觉盛宴，同时也树立中国美术馆学术提名展的品牌形象，推动中国画的当代发展，鼓励国画作家关注时代和生活，促进21世纪新时代中国画的发展，丰富国家的艺术品收藏。此次国画提名展规模宏大，使用中国美术馆一层全部9个展厅。展览至2月27日。

首届中国美术馆中国画提名展以“都市·田园”为主题，实际上蕴涵着一个时代命题：构建精神家园。20世纪90年代以来，随着都市化进程的日益加快，中国社会发生了巨大的变化。居住在都市和生活在田园里的人拥有不一样的人生，都市和田园成为一对耐人寻味的词汇，它们既代表着人类生存的两种家园，又蕴藏着不一样的精神内涵。都市会聚着大量的人口和丰富的物质财富，快节奏高效率是人们生活的常态。都市往往也意味繁华与喧嚣，隔膜与疏离。与之相对的是，乡村总是笼罩着田园牧歌式的诗情画意，从古至今田园生活为艺术家提供着丰富的艺术创作素材。今天，新的生态激发着当代的中国画家对精神家园的探寻和思索。中国美术馆自主策划中国画提名展尚属首次，由中国美术馆领导及各部门主任组成了展览组织委员会。由中国著名画家和理论家30人组成艺术委员会，由中国美术馆馆长范迪安、副馆长马书林担任展览总策划。提名画家的名单是由艺术委员会严格审议而确定的，入展作品也是经过专家评委会认真评审产生的，最终确定此次提名参展的当代中国画家共60位，每位画家参展新作1～5件不等，共计展出作品约220件。其中，一部分画家以现代都市为题材，以生动的笔墨描摹都市百态。另一部分画家以乡村田园为对象，以抒情的笔调表现乡土风情。无论是都市还是田园，画家们均以切近现实的情怀，思考当代人的生存境况和精神世界，以个性鲜明的笔墨，表达自己的人文关怀，在笔墨中构建人与自然和谐相处的精神家园，

此次提名的画家不为年龄所限，既有出生于三四十年代的成绩斐然的老画家，也有80后勇敢探索的青年画家；选择参展画家不为工笔、写意画法所限，参展的作品既有工细不苟的工笔画，也有纵墨泼写的大写意作品；此展也不为山水、花鸟、人物画种类别所限，注重的是艺术家勇于探索的创新精神以及艺术个性与时代性的良好结合。所提名的画家均是在当代美术界取得一定成绩并具有一定学术影响、艺术语言特征鲜明或在艺术探索中个性面貌已见端倪的中青年艺术家。他们中有中国各大美术院校、艺术师范院校的教师，国家与地方画院以及艺术研究机构的专业画家。

在开幕式上首发了由中国美术馆与人民美术出版社合作出版的《都市·田园中国美术馆提名展（2012）》大型画集。

展览期间，中国美术馆还将组织理论家与画家们进行关于当代中国画创作问题的学术研讨会，围绕中国画的继承与发展、传统与创新、意象造型与写意精神、中国画的审美特征与时代特色等学术问题进行广泛的学术讨论。会后将出版《都市·田园中国美术馆中国画提名展（2012）论文集》。展览期间中国美术馆还将面向公众举办多场参展画家与理论家的讲座。

“都市·田园”中国美术馆中国画提名展与邓拓捐赠中国古代绘画珍品特展，一个是古代中国画荟萃，一个是当代中国画家力作的集结，从两个不同角度形成鲜明特色，共同营造出富有中国精神的浓郁节日气氛的龙年新春，中国美术馆贺岁大展将成为京城节日一个亮点，为首都人民的2012年春节文化生活增添异彩。

此次提名展得到了中国画界的高度重视与支持，中国美术馆也将在各界朋友的支持与关注中持续举办不同类型的提名展，使之成为中国美术馆新的展览品牌，为推动中国当代美术的繁荣与发展做出贡献。

两岸大学生携手组织“婴戏”亲子专场活动

2012年2月10日，结合正在展出的“邓拓捐赠——中国古代绘画珍品特展”，中国美术馆公共教育部推出了两岸大学生携手组织“婴戏”亲子活动，并举办海峡两岸大学生艺术博物馆教育交流工作坊。

“婴戏”亲子专场活动旨在通过更具亲和力、趣味性的导赏让儿童对中国古代书画有基本的认识，并采取亲子游戏的独特方式让孩子和家长一同感受艺术作品的魅力。此次活动由在中国美术馆公共教育部实习的海峡两岸大学生共同策划组织，公共教育部配合实施。当天，15位提前通过中国美术馆网站报名的5～9岁儿童在家长的陪同下准时来到美术馆，签到后被分成红、蓝、绿三个小队，由不同的工作人员带领进入展厅。台北教育大学艺术与造型设计学系的四名实习生老师首先向小朋友们介绍了邓拓先生一生致力于中国古代书画收藏、研究并无私捐献予国家的故事。具体的导赏分四部分。第一部分通过珍贵藏品——《潇湘竹石图》为小朋友介绍“题跋”及书画鉴赏收藏的传承；第二部分为呼应龙年新年，老师在一幅《云龙图》前引导孩子们仔细观察龙的各个部位，发散思维、展开想象，感受龙作为神兽的无穷力量；第三部分通过找错误的方式，让孩子们对比观察一幅古画的修复前后，初步体验修复保护的意义。第四部分孩子们来到三楼展厅的《婴戏图》前，看到画面中古代孩子们的游戏场景，小朋友们产生了极大的兴趣，在观察、猜测和模仿后，孩子们也跃跃欲试。

以《婴戏图》中的“蹴鞠”游戏为切入点，台湾实习生设计了三个球类游戏。孩子和家长们被带到七层的学术报告厅，分成三组亲子合作进行比赛。比赛中，不仅孩子们全情投入，连家长们也玩劲儿十足，亲子配合十分默契。在一片欢笑声中，孩子和家长们既增进了感情还锻炼了身体，最重要的是从一种全新的角度领会了作品的趣味。公共教育部为优胜队颁发了奖品，并为每一位参加游戏的孩子准备了礼物。孩子们都很开心，意犹未尽地表示今后还要来美术馆参观。家长们也对这次活动非常满意，有位家长说：“这次活动与众不同，不仅让孩子们了解了艺术作品，也让我们家长参与进来，一起学习、游戏，真的非常感谢！”

此次活动主要是由来自台湾的四位大学生策划实施，三位大陆实习生参与组织。公共教育部特意邀请了一批对艺术博物馆教育感兴趣的大陆学生和工作人员观摩、学习，其中包括往届实习生、志愿者、以及中央美术学院、首都师范大学、中国美术学院等高校的相关专业学生。在亲子活动结束后，举办了“海峡两岸大学生艺术博物馆教育交流工作坊”。会上台湾实习生简要介绍了台湾美术馆、博物馆的公共教育概况，并总结了近一个月来在中国美术馆实习的心得体会。大陆的大学生也各抒己见，发表了对此次活动和中国美术馆实习生项目的看法和建议。大家纷纷表示，活动提供了一种新颖的视角，受益良多。两岸大学生都希望此类的交流机会在日后能更积极、更深入的开展，在增进友谊的同时，取长补短，共同进步。

中国美术馆馆长范迪安接受美国《纽约时报》记者采访

2012年4月17日，美国《纽约时报》北京分社首席外交记者裴若思（Jane Perlez）女士对范迪安馆长进行了采访。范迪安馆长就中国美术馆的新馆建设、国内美术馆现状及中国艺术“走出去”等问题回答了记者的提问。裴若思女士在《纽约时报》工作多年，曾在巴基斯坦等地任驻外记者，2009年获得普利策新闻奖。

中国美术馆举办“翰墨丹青、文化助残”

——5·18国际博物馆日残疾人专场活动

为了庆祝第36个国际博物馆日和第22次全国助残日，2012年5月18日，中国美术馆、北京市残疾人活动中心、北京市残疾人书画会联合举办的“翰墨丹青、文化助残”庆祝国际博物馆日暨第22次全国助残日艺术专场活动在中国美术馆举行。

北京市残疾人活动中心的领导、北京市残疾人书画会以及来自北京市各区县的残疾人书画爱好者近百人参加了此次艺术专场活动。专场活动中中国美术馆首先安排优秀志愿者讲解员为残疾人朋友导赏“明月清风——中国美术馆藏邓拓捐赠中国古代绘画精选”展；为残疾人朋友安排了“邓拓捐赠展”专题讲座，由策展小组成员邓锋就展览中的经典馆藏作品进行深入讲解，帮助残疾人书画爱好者深入理解藏品的风格与含义，以更好地认识藏品的珍贵历史价值和艺术价值，讲座尾声策展人还与残疾人朋友充分交流互动；中国美术馆向到场的残疾人朋友赠送了精美的小纪念品。

从延安走来——纪念毛泽东同志《在延安文艺座谈会上的讲话》发表70周年美术作品展

由文化部主办的“从延安走来——纪念毛泽东同志《在延安文艺座谈会上的讲话》发表70周年美术作品展”2012年5月21日在中国美术馆拉开帷幕。500余幅从“讲话”发表至今由我国艺术家创作的画作和200余件文物文献在此次展览中亮相。

展览由序篇“延安时代”和“源于生活”、“人民形象”、“喜闻乐见”、“百花齐放”四个篇章构成，梳理和再现了“讲话”发表以来70年中国美术的发展历程。巨幅的延安文艺座谈会合影照片矗立在中国美术馆圆厅，为整个展览开篇。

展出的500余幅画作均为中国美术馆馆藏，包括了吴冠中的《春雪》、罗中立的《父亲》、年画《拔萝卜》等大家耳熟能详的作品。200余件反映延安文艺座谈会和延安美术历史的文献、实物和影像，再现了“讲话”发表的历史情境和延安时代美术发展的整体面貌，其中许多老照片、当年的木刻原版、木刻刀和日记、手稿、创作稿是从老一辈美术家和亲属家中征集而来。

文化部部长蔡武表示，展览较为全面地反映了在“讲话”精神指引下，70年来我国美术创作的成果，体现了“讲话”精神对我国美术事业发展的深远影响，特别是对当代美术创作的重要意义与价值。

在当代·2012中国油画

2012年6月15日，由中华人民共和国文化部、中国美术馆和中国油画学会联合主办的“在当代·2012中国油画”双年展在中国美术馆开幕。

双年展在西方的现代系统中，一般性地是从社会学、人类学、地缘学等方面来策划的，而不再以油画这样一个画种来组成展览。现在还可以这样做是有理由的，因为绘画是以人的一种历史性的独特方式，在可感可见的物化过程中建造不间断的精神升华。双年展就是一个战略性的方案，它将利用这个西方模式形成我们的特点，完成我们的事业。双年展的主要任务应该是：梳理发展历史；更新学术话语；重建当代精神；再造本土高峰。

此届双年展的主题确立为“在当代”。

中国油画学会名誉主席詹建俊讲话

在西方较有影响的双年展中，包括油画在内的绘画已经被边缘化了，代之而起的是影像、装置、行为等当代艺术样式。但是，绘画并没有像某些理论家和批评家预言的那样“死亡”了，而是依旧充满活力。在中国，油画一方面在视觉艺术系统中仍然占有重要地位，另一方面又在直面之时，备受媒体艺术的挑战。油画的当代性体现在哪里？要回答这个问题，我们必须对“当代性”本身进行反思。应该看到，当代不是一种风格、一种潮流，当代性也不仅是这种风格和潮流的属性。当代性是关系到今日全球化、技术化、城市化、信息化社会的时代内涵，是当今时代文化变革和创新的深刻根源。它深植在时代的肌体之中，需要通过有效的“交锋”来得以激发和显身。我们并不需要“成为”当代，我们就活在当代中。当代性的重写就源于“在当代”的生活境遇。

中国美术馆馆长范迪安致辞

具有很强艺术传统的中国，在今天民族传统文化高度张扬的时刻，如何在思考民族文化及精神在当代表现的同时，指向世界和人类的共同问题，并借此重新观看油画、改造油画，就成为了中国油画的任务，这也是双年展“活在当代”主题的重要使命。

中国油画学会主席许江讲话

“在当代”的主题理念将从三个角度涉入当代油画创作，即所谓“三度”——表现的强度，语言的纯度，思想的深度。“三度”的标准就是展示今天正“活在当代”的艺术家对崇高风格的追求，并且具有独立思考的批判精神。构成核心的崇高风格和批判精神，在绘画中加以表现时，往往抓住一些要素加以强化，同时在语言上又往往体现某种纯粹性。这种纯粹性和强化都源自当代思想的锐意和深刻。

中央政策研究室副主任何毅亭与中国油画学会名誉主席詹建俊为获奖的青年艺术家颁奖。

所以，这次展览强调以“三度”作为绘画的特质与突出表现。这种表现不是对西方艺术的模仿，也不是对传统风格的重复，而是以其精神批判的深度和风格批判的深度的双重结合形成独到的风格。近年来在我国油画界已经有一批杰出的和知名的艺术家都在纯度、深度和强度方面体现了当代性，他们是我们关注的主要目标。同时这次双年展思考着着意避开习见和时尚的艺术家和艺术风格，根据“三度”的严格要求，着力推荐和发掘在这个方向上有着出色的表现、但是并没有受到足够关注和重视的艺术家和作品。这些作品被现行的评价和解释体系所遗漏，不仅影响中国油画在中的全面表现，而且更影响我们对于文化当代性的认识与体验。

双年展的策展框架采用学术委员会领导下的策展小组的分工负责方式。以油画学会的主席团成员与相关专家组成双年展学术委员会和顾问小组，讨论和制定此届双年展的主题，并遴选和聘请合适的策展人组成小组。策展小组担负主题诠释与深化、展览框架的思考与确立、参展艺术家遴选与提名、研讨会主题确定与主持等学术工作。经学术委员会确认后，展览邀请了对主题内容具有针对性表现的32位艺术家参加。

中国美术馆举行“尚德·尚美·树新风”观众文明参观倡议活动

为贯彻落实《文化部关于在文化系统开展道德领域突出问题专项教育和治理活动的通知》精神，充分发挥公共文化服务职能，加强文化窗口单位的示范与引导作用，使美术馆在推动社会道德建设方面做出积极的贡献。2012年9月，中国美术馆组织发起了“尚德·尚美·树新风”观众文明参观倡议活动，以推动公众在明确享有自身文化权益的同时还能充分认识自身应当承担的文化义务和责任，从自身做起，通过做一名文明的观众来影响自己身边的人，共建精神文明家园。

中国美术馆设计了四款主题宣传卡片，总计印制5万张向观众发放，希望这些印有观众喜爱的艺术作品的宣传卡片能吸引观众的注意，并通过作品本身所蕴涵的“尚德·尚美·树新风”的文化内核深入观众内心，以期形成更广泛的传播和社会反响。

中国美术馆艺术衍生品亮相国际美术馆艺术产品博览会

2012年10月23日，“2012中国国际美术馆艺术产品博览会”暨中国首届艺术衍生品博览会在国家会议中心盛大开幕。全国美术馆专业委员会主任、中国美术馆馆长范迪安，文化部文化市场司司长李雄，文化部文化市场司艺术品处处长李蕊，中国对外文化集团副总经理万基元等领导嘉宾出席了博览会开幕。作为一场国际性盛会，博览会吸引了来自国内外众多重量级的美术馆和艺术机构，如古根海姆美术馆、德国卡塞尔MHK博物馆群、MOMA、伊斯坦布尔当代美术馆、中央美术学院美术馆、今日美术馆、台北故宫博物院等。中国美术馆也在博览会上展示了艺术创意产品、限量复制品等艺术衍生产品，展现了中国美术馆在挖掘艺术品深层文化价值方面的成果。此次博览会至10月26日。

此次博览会由中国对外文化集团公司主办，中央美术学院、柏林自由大学文化与媒体管理学院等中外学术机构给予了大力支持。艺术衍生品博览会作为国际艺术类型的专业高端盛会，坚持以“推广国际艺术衍生品文化”为原则，希望通过此次展览展示，交流、研发、生产、销售和推广中外艺术衍生品文化精品，为建设具备国际水平的艺术衍生品平台打下坚实的基础。

中国美术馆馆长范迪安在博览会开幕致辞中讲道：“中国的艺术衍生品事业尚处起步阶段，任重道远，中国首届艺术衍生品博览会的成功举办是中国美术馆界和艺术市场界的一大盛事，它能引导人们思考艺术创作与艺术产业、艺术消费的良性关系，指导社会深度认识艺术品文化价值和消费价值。”

美术馆艺术产品，业界一般通称艺术衍生品，具体指由艺术品原作发展而来的，经过再创作而区别于原作本身的商品。此概念最早从欧洲博物馆商店语义环境中出现，是伴随博物馆系统零售业的发展而被大众认知的产品，因此在西方欧美发达国家，艺术衍生品通常是指进入博物馆系统零售业的商品，包括Creative Gift（创意商品）、Museum Custom Products（定制商品）和Museum Products（博物馆商品）。艺术衍生品开发，一方面能拓展美术馆的经营能力，拓宽美术馆的经济来源；另一方面将艺术品的文化价值、艺术内涵附加至商业产品、日常生活中来，无限拉近艺术与生活之间的关系，让社会公众在日常消费中接受艺术的熏陶，这也是美术馆全方面社会美育职能的实现。

中国美术馆与关山月美术馆开展公共教育交流合作

2012年11月20日，一场由中国美术馆公共教育部策划主办、关山月美术馆推广教育部参与支持的展厅讲座在中国美术馆一层“山月丹青——纪念关山月诞辰100周年艺术展”现场举行。关山月美术馆馆长、关山月研究专家、艺术家陈湘波先生应邀为观众朋友们奉上主题为“江山教我图——关山月的艺术与人生”的精彩讲座。这是两馆相关部门结合此次大展推出的公共教育交流合作项目之一。

讲座中，陈湘波先生强调了关老“笔墨当随时代”、“革故鼎新、继往开来”的艺术理念，并向观众讲述关山月的艺术与人生，引导观众欣赏关山月艺术作品、了解关山月的人生趣事。活动以导赏交流的形式进行，观众热情参与互动讨论。陈先生真诚而热情的讲解让在场的听众都深受感染，获益匪浅。讲座结束后，很多听众意犹未尽，流连展厅继续欣赏关山月先生作品 。

中国美术馆公共教育部、关山月美术馆推广教育部还于11月19日在中国美术馆共同举办了业务工作交流会，双方负责人、工作人员、志愿者、实习生就美术馆公共教育工作进行了热烈的交流研讨，话题涉及公共教育探索、志愿者工作、儿童教育等多个方面。通过交流工作经验与心得，双方增进了了解，学习了经验，也增强了今后拓展交流合作的愿望和信心。

展览期间，中国美术馆公共教育部还与关山月美术馆公共教育部合作，向参加公共教育活动的观众和部分前来参观展览的观众发放教育小册子《关山月是谁？》，受到了广大观众的热烈欢迎。

第三届中欧文化高峰论坛暨圆桌会议在中国美术馆举行

2012年是中欧文化对话年，2012年11月30日由中华人民共和国文化部、欧盟委员会教育与文化总司主办，中国文化对外集团公司、中国美术馆承办的第三届中欧文化高峰论坛暨圆桌会议在中国美术馆七层学术报告厅隆重举行。来自中国与欧洲近60多位专家学者以及多国驻华使馆外交官出席了论坛现场，共同关注在2012中欧文化对话年这个特殊背景下的中西方文化交流与合作问题。中国美术馆馆长范迪安主持了论坛开幕式并致欢迎词，范馆长表示中欧文化论坛的持续举办对推动中欧之间的政治经济文化交流起到了至关重要的桥梁作用。

此届中欧文化论坛的主题是“文化外交与文化合作”，学者们站在各自的专业角度围绕着论坛主题展开了深入的交流与探讨。北京大学国际关系学院教授兼国际关系研究所所长袁明在论坛现场进行首个主旨发言，她说：我们当前生活在经济全球化这个大的历史现象下，随着物质文化生活的丰富同时带给了人类心灵一系列影响。这包括美好的一面和不足的一面，表现为人类须进行自我认同，即如何看待“我是谁？”。国际文化智库主席罗德·菲舍尔站在中欧持续进展中的文化关系与文化外交成果的角度进一步阐明了论坛主旨，他认为：国际化已成为现代生活的一种固有方式，表现为尊重、好奇和谦逊的心态。而接受外来文化的过程事实上也是重新理解本土文化的过程，推动文化间的人文交流已成为对外关系发展的大趋势。

之后，嘉宾学者们进行了一系列的发言，尤伦斯北京当代艺术中心的创始人居伊·尤伦斯围绕着艺术品收藏以及如何通过展览促使中西方艺术家走向国际化桥梁展开话题，他叙述了目前中国艺术品市场存在的一些困境，如海关政策、税收制度等。

中国美术馆副馆长谢小凡在发言中主要介绍了令文化艺术界广泛关注并广为振奋的消息，即从国家美术馆的设计来谈此次中西方的合作。国家美术馆是由中国与法国共同参与场馆的设计与建设，该文化项目也反映出中欧文化的真诚合作；谢小凡从国家美术馆的新馆建设提出了中国公共文化建设中的现代化建设、跨国界设计中的创新与融合、以及中欧双方在文化合作的态度是尊重和热爱等一系列的文化合作问题展开了讨论。最后谢小凡现场展示了国家美术馆建设构想方案，令大家眼前一亮。

故宫博物院常务副院长李季、中国国家博物馆展览策划与管理中心副主任潘晴以博物馆的对外交流展览为出发点，围绕中欧文化之间的可持续合作展开了话题。李季从中欧的文化体制方面讨论了双方的文化合作问题，并认真分析了博物馆的教育功能以及展览交流的社会影响。潘晴详细介绍了国家博物馆的软件硬件设施，并通过介绍诸如“瓷之韵”等当前国博对外交流展览，分析了国家博物馆与国家间的文化交流问题。

论坛结束后，在场的观众满怀热情，竞相踊跃发言提问，与现场的专家学者展开深入交流互动。此届中欧文化对话年的闭幕式在中国美术馆一层一号大厅圆满落下帷幕，闭幕式结束后，与会的专家学者和多国驻华使馆外交官参观了中国美术馆的各项展览。

“生命的痕迹”特殊儿童美术交流活动在中国美术馆举办

2012年12月3日是“国际残疾人日”，中国美术馆的公共教育空间迎来了一群特殊的孩子，他们来自北京晨光脑瘫儿童康复中心。这些孩子因各种原因导致肢体障碍，但是他们和所有的孩子一样，有着丰富的情感和纯真的心灵。在日复一日枯燥的康复训练之余，绘画成为他们抒发情感的窗口，也成为充满乐趣的游戏。他们从无法握笔到用颤抖的笔触完成一幅幅作品，这个过程充满了常人难以想象的艰辛。

中国美术馆与朝阳区残联、北京市东城区少年宫、北京晨光脑瘫儿童康复中心等多家单位一起为这些特殊儿童提供了展示自己作品并与同龄儿童平等交流的平台。在这次活动中，东城区少年宫小茶人俱乐部的孩子们给来宾献上香茶，更是为初冬的中国美术馆添上了浓浓的温情。

每个生命都是美丽的花朵，需要爱与阳光的呵护才能绚丽地开放。让我们祝福这些孩子们快乐幸福吧！

全国美术教育专家代表团来中国美术馆考察交流

2012年12月20日，在京出席由中国教育学会美术专业委员会和首都师范大学美术学院联合主办的“中国义务教育美术课程标准研讨会”的全国美术教育专家代表一行50余人应邀来到中国美术馆参观考察，并就“艺术博物馆的教育资源”、“馆校合作的有效机制”等话题与中国美术馆公共教育部工作人员、合作教研员教师代表等展开热烈的交流座谈。

专家代表参观了正在中国美术馆五层展出的“搜尽奇峰——20世纪中国山水画选展”。在中国美术馆三位资深志愿者导赏员的引导下，来宾们兴致勃勃地品赏了大师们的精品佳作。随后，大家来到七层学术报告厅进行交流座谈。

2012年中国美术馆展览

展览名称：超越传统——中国现代绘画大师展

展览时间：2012.01.01至2012.01.10

主办单位：中国美术馆

展览场地：1、8、9号展厅

展览名称：都市·田园——中国美术馆中国画提名展（2012）

展览时间：2012.01.16至2012.02.27

主办单位：中国美术馆

展览场地：1～9号展厅

展览名称：邓拓捐赠中国古代绘画珍品特展

展览时间：2012.01.17至2012.04.10

主办单位：中国美术馆

展览场地：13～17、19～21号展厅

展览名称：刘广运书法展

展览时间：2012.03.02至2012.03.15

主办单位：国家林业局、中国书法家协会、中国林业文联

展览场地：7号展厅

展览名称：中国美术馆藏力群版画特展

展览时间：2012.03.02至2012.03.12

主办单位：中国美术馆

展览场地：4号展厅

展览名称：木棉·岭南风骨——陈永锵专题作品展

展览时间：2012.03.03至2012.03.11

主办单位：中华人民共和国文化部、中国民主促进会中央委员会、中共广东省委宣传部、中国美术家协

会、中国美术馆、中共广州市委宣传部
展览场地：2、3号展厅

展览名称：洞庭寻梦——赵溅球作品展
展览时间：2012.03.03至2012.03.14
主办单位：中国工笔画学会、湖南省美术家协会、浙江省美术家协会、浙江师范大学
展览场地：5 号展厅

展览名称：新疆好——新疆美术作品展
展览时间：2012.03.04至2012.03.12
主办单位：中华人民共和国文化部、新疆维吾尔自治区政府
承办单位：文化部艺术司、新疆维吾尔自治区文化厅、中国美术馆
展览场地：1、6、8、9号展厅

展览名称:大者之美——王迦南、蔡小丽伉俪画展
展览时间：2012.03.13至2012.03.20
主办单位：中国人民对外友好协会、中国友好和平发展基金会、中国美术家协会艺术委员会、(香港)中华文化传承基金会
展览场地：2、3号展厅

展览名称：山川蒙养20年——山艺术文教基金会川美艺术作品收藏展
展览时间：2012.03.14至2012.03.27
主办单位：四川美术学院美术馆、重庆美术馆、中国艺术研究院中国油画院
展览场地：1、8、9号展厅

展览名称：王憨山艺术展
展览时间：2012.03.16至2012.03.29
主办单位：中国美术馆、湖南省文学艺术界联合会、湖南省美术家协会、湖南省文史馆、娄底市人民政府
展览场地：5 号展厅

展览名称：刘阿本国画作品展
展览时间：2012.03.17至2012.03.29
主办单位：中共重庆市委宣传部
展览场地：7号展厅

展览名称：王霞艺术展
展览时间： 2012.03.18至2012.03.31
主办单位：南京师范大学、中国艺术研究院美术研究所、江苏省美术家协会
展览场地：4号展厅

展览名称：“我们”——微型金融摄影展
展览时间：2012.03.18至2012.03.31
主办单位：《中国摄影家》杂志社、包商银行
展览场地：6 号展厅

展览名称：张宝珠画展
展览时间：2012.03.23至2012.04.02
主办单位：山东省文联、山东省文化厅
展览场地：2号展厅

展览名称：书法六十年——大乐华雪之世界
展览时间：2012.03.23至2012.04.01
主办单位：每日新闻社、财团法人每日书道会、中国书画收藏家协会、中国书法家协会展览部
展览场地：3号展厅

展览名称：艺无涯——陈大羽百年艺术展
展览时间：2012.03.30至2012.04.05
主办单位：中华人民共和国文化部
承办单位：中国美术馆
展览场地：1、8、9号展厅

展览名称：永远的风景——黄来铎油画展
展览时间：2012.03.31至2012.04.11
主办单位：《美术家》杂志
展览场地：5、7号展厅

展览名称：杨一墨艺术作品展
展览时间：2012.04.03至2012.04.15
主办单位：人民美术出版社
展览场地：4、6号展厅

展览名称：气、悟、和——赵成民雕塑展
展览时间：2012.04.04至2012.04.24
主办单位：中国美协、北京画院
展览场地：2、3号展厅

展览名称： 天山魂——哈孜·艾买提美术作品展
展览时间：2012.04.07至2012.04.15
主办单位： 中国美术家协会、中国美术馆、新疆维吾尔自治区文学艺术界联合会
展览场地：1、8、9号展厅

展览名称：2012 新写实油画展览
展览时间：2012.04.14至2012.04.28
主办单位：凤凰出版传媒集团
展览场地：5、7号展厅

展览名称：明月清风——中国美术馆藏邓拓捐赠中国古代绘画精选
展览时间：2012.04.15至2012.05.23
主办单位：中国美术馆
展览场地：19～21号展厅

展览名称：可见之诗·第二届中国油画写生作品展
展览时间： 2012.04.15至2012.04.25
主办单位：中国油画学会
展览场地：13～17号展厅

展览名称：吞吐大荒·许钦松山水画展
展览时间：2012.04.17至2012.04.24
主办单位：中国文化部、中国文学艺术界联合会、全国政协书画室、广东省人民政府、中共广东省委宣传部、中国美术家协会、中国美术馆、中国艺术研究院、中国国家画院
展览场地：1、8、9号展厅

展览名称：孔柏基油画展
展览时间：2012.04.17至2012.04.29
主办单位：中国美术馆
展览场地：4、6号展厅

展览名称：大彩无色——2012年周锡玮画展
展览时间：2012.04.26至2012.05.06
主办单位：中华文化联谊会、台湾省文化基金会
展览场地：8 号展厅

展览名称：墨语探道——河北大学四教授联展
展览时间：2012.04.26至2012.05.06
主办单位：河北大学
展览场地：9 号展厅

展览名称：笔墨尘缘——冯远中国画作品展
展览时间：2012.04.27至2012.05.06
主办单位：中国文学艺术界联合会、中华人民共和国文化部、清华大学、中国美术家协会、中国美术馆、全国政协书画室
展览场地：1、2、3号展厅

展览名称：齐鲁颂——山东中国山水画作品展
展览时间：2012.04.28至2012.05.10
主办单位：山东省美术家协会
展览场地：13～17号展厅

展览名称：廉世和书法展
展览时间：2012.04.30至2012.05.12

主办单位：中国书法家协会、吉林省文学艺术界联合会
展览场地：5 号展厅

展览名称：第二届架上连环画·插图邀请展
展览时间：2012.05.01至2012.05.15
主办单位：中国美术家协会
展览场地：4、6 号展厅

展览名称：伯胡斯拉夫·雷聂克——捷克的现代隐士
展览时间：2012.05.01至2012.05.14
主办单位：捷克共和国驻华大使馆、中国美术馆
展览场地：7 号展厅

展览名称：冯其庸九十诗·书·画展
展览时间：2012.05.08至2012.05.15
主办单位：中国艺术研究院、中国美术馆、中国美术家协会、中国人民大学国学院、中国文字博物馆、鲁迅美术学院
展览场地：2、3 号展厅

展览名称：诗心化境——宋惠民油画作品展
展览时间：2012.05.08至2012.05.15
主办单位：中国美术家协会、中国美术馆、中国油画学会、鲁迅美术学院
展览场地：1、8、9 号展厅

展览名称：刘曦林艺术印记
展览时间：2012.05.12至2012.05.20
主办单位：中国美术馆、上海人民美术出版社
展览场地：13～17 号展厅

展览名称：从延安走来——纪念毛泽东同志《在延安文艺座谈会上的讲话》发表70周年美术作品展
展览时间： 2012.05.19至2012.06.02
主办单位：中华人民共和国文化部
承办单位：中国美术馆
展览场地：1～9 号展厅

展览名称：百年回眸——韩景生油画艺术展
展览时间： 2012.05.22至2012.06.01
主办单位：中国美术馆
协办单位：哈药集团艺术馆、黑龙江省美术家协会
展览场地：13～17 号展厅

展览名称：大器“玩”成——中国美术馆藏民间玩具精品展
展览时间：2012.05.30至2012.09.03
主办单位：中国美术馆
展览场地：19～21 号展厅

展览名称：大道无垠——谢志高画展
展览时间：2012.06.05至2012.06.13
主办单位：中国美术家协会、中国国家画院、中国美术馆、中央美术学院、广州美术学院、南方报业集团
展览场地：1、8、9 号展厅

展览名称：墨彩心象 中国水墨人物画十人联展
展览时间： 2012.06.05至2012.06.13
主办单位：中国美协中国画艺委会
展览场地： 2、3 号展厅

展览名称：蔡锦个展
展览时间：2012.06.05至2012.06.13
主办单位：天津美术学院
展览场地：5 号展厅

展览名称：张静伯中国画展
展览时间：2012.06.05至2012.06.13
主办单位：中国美术家协会艺术委员会、河北省文化厅、河北省文联
展览场地：7 号展厅

展览名称：第二届全国农民摄影大展
展览时间：2012.06.05至2012.06.09
主办单位：中国文学艺术界联合会、中华人民共和国农业部、中国摄影家协会
展览场地：13～17 号展厅

展览名称：人间瓷画——2012 中国当代陶瓷绘画艺术展
展览时间：2012.06.06至2012.06.12
主办单位：中国美术家协会中国画艺术委员会、河北省文化厅、河北省文联
展览场地：4、6 号展厅

展览名称：最绘画——中国青年油画作品展
展览时间： 2012.06.16至2012.06.27
主办单位：中华人民共和国文化部艺术司、中国美术馆、中国油画学会
展览场地：5、13～17 号展厅

展览名称：在当代·2012 中国油画双年展
展览时间： 2012.06.16至2012.06.27
主办单位： 中华人民共和国文化部艺术司、中国美术馆、中国油画学会
展览场地：1、2、3、4、6、7、8、9 号展厅

展览名称：陈奋武书法展
展览时间：2012.06.30至2012.07.09
主办单位：中国美术馆、福建省文联
展览场地：2、3 号展厅

展览名称：韩卫国书法作品展
展览时间：2012.06.30至2012.07.09
主办单位：农工党中央
展览场地：5 号展厅

展览名称：再创唐风 唐勇力中国画作品展
展览时间：2012.06.30至2012.07.09
主办单位：中华人民共和国文化部、中国文学艺术界联合会、中国民主促进会中央委员会、全国政协书画室、中国美术家协会、中国美术馆、中央美术学院
展览场地：1、8、9 号展厅

展览名称：首届中国建筑摄影艺术大展
展览时间：2012.06.30至2012.07.09
主办单位：中国摄影家协会、中国建筑工程总公司
展览场地：4、6 号展厅

展览名称：从马列维奇到康定斯基——欧洲构成主义
展览时间：2012.07.01至2012.07.19
主办单位：德国驻华大使馆、中国美术馆
展览场地：7 号展厅

展览名称：金水长德 2012 中国工笔画家十人作品展
展览时间：2012.07.01至2012.07.08
主办单位：中国工笔画学会
展览场地：13～17 号展厅

展览名称：“创意城市”2012 伦敦美术大展“暨”2012（伦敦）奥林匹克美术大会“北京特邀展”
展览时间：2012.07.11至2012.07.19
主办单位：中国对外文化交流协会、中国文化艺术发展促进会、北京奥林匹克文化促进会
展览场地：13～17 号展厅

展览名称：“水墨家园”李小可水墨作品展
展览时间：2012.07.11至2012.07.20
主办单位：中国文学艺术界联合会、中国美术家协

会、北京画院、李可染艺术基金会
展览场地：1、8、9号展厅

展览名称：情系白桦林——1990年代后留俄美术家联展
展览时间：2012.07.11至2012.07.19
主办单位：欧美同学会、中国留学人员联谊会
展览场地：4、6号展厅

展览名称：概念超越——2012新工笔文献展
展览时间：2012.07.11至2012.07.20
主办单位：中国艺术研究院
展览场地：3、5号展厅

展览名称：千古风流人——王为政画展
展览时间：2012.07.12至2012.07.20
主办单位：中国美术家协会、全国政协书画室、北京美术家协会、北京画院
展览场地：2号展厅

展览名称：纪念中国人民解放军建军85周年全国美术作品展暨第十二届全军美术作品展
展览时间：2012.07.27至2012.08.08
主办单位：中华人民共和国文化部、中国人民解放军总政治部、中国美术家协会
展览场地：1～9、13～17号展厅

展览名称：孙浩人物画展
展览时间：2012.08.11至2012.08.19
主办单位：中国现代史学会
展览场地：2号展厅

展览名称：墨华翰韵——尤中会书法艺术展
展览时间：2012.08.11至2012.08.20
主办单位：中国书法家协会、中共湖北省委宣传部、湖北省文学艺术界联合会
展览场地：7号展厅

展览名称：土语——2012李向明艺术展
展览时间：2012.08.11至2012.08.19
主办单位：中国美术家协会综合艺术委员会、中国发展战略学研究会文化专业委员会
展览场地：4、6号展厅

展览名称：求其在我——孙宗慰百年绘画展
展览时间：2012.08.11至2012.08.20
主办单位：中国美术家协会、中央美术学院、中国美术馆、徐悲鸿纪念馆
展览场地：3、5号展厅

展览名称：百年雄才——黎雄才艺术回顾展
展览时间： 2012.08.12至2012.08.18
主办单位： 中国美术馆、中国美术家协会、中共广东省委宣传部、广州美术学院、广东省美术家协会
展览场地：1、8、9号展厅

展览名称：爱的彩虹——马正荣、马俐捐赠西南少数民族背扇服饰艺术展
展览时间：2012.08.14至2012.08.25
主办单位：中国美术馆
展览场地：13～17号展厅

展览名称：刘振夏水墨人物画展
展览时间：2012.08.21至2012.08.29
主办单位：中国美术家协会
展览场地：1、8、9号展厅

展览名称：青春芬芳——全国文化系统青年职工书法美术作品展
展览时间：2012.08.22至2012.08.29
主办单位：文化部直属机关党委、中国美术馆党委
展览场地：2、4、6号展厅

展览名称：家在富春山——羊晓君隶书展
展览时间：2012.08.22至2012.09.02
主办单位：中国书法家协会、中国文学艺术界联合会国内联络部、中国残疾人联合会宣传文化部、浙江省文学艺术界联合会
展览场地：5号展厅

展览名称：刀笔利痕——孙常非木刻展
展览时间：2012.08.22至2012.08.29
主办单位：中国美术馆、鲁迅美术学院
展览场地：3号展厅

展览名称：翰墨传承——中国美术馆当代书法邀请展（2012）
展览时间：2012.08.23至2012.09.03
主办单位：中国美术馆
展览场地：7号展厅

展览名称：人文·北京——中国山水画邀请展
展览时间：2012.08.29至2012.09.03
主办单位：北京市文史研究馆、中国美术家协会、中国美术馆
展览场地：13～17号展厅

展览名称："黑土丹青"国画展
展览时间：2012.08.31至2012.09.11
主办单位：辽宁省美术家协会、辽宁省铁岭市文学艺术界联合会、辽宁省铁岭市昌图县委员会、辽宁省铁岭市昌图县政府
展览场地：4、6号展厅

展览名称：王怀骐艺术回顾展
展览时间：2012.08.31至2012.09.07
主办单位：河北省文化厅、河北省文学艺术界联合会、河北省美术家协会
展览场地：2、3号展厅

展览名称：刘国辉画展
展览时间：2012.08.31至2012.09.07
主办单位：中国美术家协会、中国美术馆、中国美术学院、中国画学会、浙江美术馆
展览场地：1、8、9号展厅

展览名称：从现代出发15位艺术家的15个表达
展览时间：2012.09.05至2012.09.11
主办单位：中央美术学院造型学院
展览场地：13-17号展厅

展览名称："大地"突然——于会见油画作品展
展览时间：2012.09.06至2012.09.15
主办单位：清华大学美术学院
展览场地：5、7号展厅

展览名称：墨彩心意——丁观加山水画艺术展
展览时间：2012.09.09至2012.09.16
主办单位：中国国际文化传播中心、中国美术馆、中国美术家协会、江苏省文化厅、江苏省文学艺术界联合会、镇江市人民政府
展览场地：2、3号展厅

展览名称：八荒通神——新人文·卢禹舜
展览时间：2012.09.09至2012.09.16
主办单位：中华人民共和国文化部、中国文学艺术界联合会、中国美术馆、中国国家画院
展览场地：1、8、9号展厅

展览名称：国家近现代美术中心学术研究展——苏立文与20世纪中国美术·中国现代美术之路
展览时间：2012.09.10

至2012.10.07

主办单位：国家近现代美术研究中心

联合主办：中国美术馆、英国阿什莫林美术馆、中央美术学院

展览场地：19～21号展厅

展览名称：张颂南70油画展

展览时间：2012.09.13至2012.09.25

主办单位：吴作人国际美术基金会

展览场地：4、6号展厅

展览名称：水穷云起——杜大恺艺术作品展

展览时间：2012.09.16至2012.09.25

主办单位：清华大学、中国文学艺术界联合会、中国美术家协会、中国国家画院、中国美术馆

展览场地：13～17号展厅

展览名称：大地——高宏油画作品展

展览时间：2012.09.17至2012.09.25

主办单位：中国艺术人类学学会

展览场地：7号展厅

展览名称：东方情怀——杨成国油画展

展览时间：2012.09.17至2012.09.25

主办单位：中国美术家协会油画艺委会、鲁迅美术学院

展览场地：5号展厅

展览名称：笔墨淡彩新语境——李翔中国画展

展览时间：2012.09.19至2012.09.25

主办单位：中国美术家协会、中国美术馆、中国人民解放军美术书法研究院

展览场地：2、3号展厅

展览名称：行人——李象群艺术展

展览时间：2012.09.22至2012.09.25

主办单位：中国美术家协会、中国美术馆、清华大学

展览场地：1、8、9号展厅

展览名称：第五届中国北京国际美术双年展

展览时间：2012.09.28至2012.10.22

主办单位：中国文学艺术界联合会、北京市人民政府、中国美术家协会

展览场地：1～9、13～17号展厅

展览名称：现代之路——云南现当代油画艺术展

展览时间：2012.10.11至2012.10.26

主办单位：中共云南省委宣传部、云南省文学艺术界联合会、中国新闻社

展览场地：19～21号展厅

展览名称：2012中国油画艺术展

展览时间：2012.10.26至2012.11.07

主办单位：北京国子监油画艺术馆、北京文化艺术基金会

展览场地：13～17号展厅

展览名称：浩瀚草原——中国美术作品展

展览时间：2012.10.27至2012.11.07

主办单位：中国文学艺术界联合会、中共内蒙古自治区党委宣传部、中国美术家协会、中国美术馆、中央民族大学

展览场地：1～9号展厅

展览名称：搜尽奇峰——20世纪中国山水画选展

展览时间：2012.11.01至2013.02.21

主办单位：中国美术馆

展览场地：19～21号展厅

展览名称：闳约深美——南京艺术学院百年师生美术作品展

展览时间：2012.11.10至2012.11.14

主办单位：中共江苏省委宣传部、江苏省教育厅、江苏省文化厅、江苏省文学艺术界联合会、中国美术馆、江苏省美术馆、上海刘海粟美术馆、南京艺术学院

展览场地：1～9号展厅

展览名称：移动中的变化——澳大利亚当代影像展

展览时间：2012.11.13至2012.12.13

主办单位：中国美术馆、澳大利亚摄影中心、新南威尔士大学艺术学院

展览场地：13～17号展厅

展览名称：委内瑞拉当代绘画展

展览时间：2012.11.17至2012.11.30

主办单位：中华人民共和国文化部、委内瑞拉玻利瓦尔共和国驻华大使馆

展览场地：7号展厅

展览名称：严克勤水墨画展

展览时间：2012.11.17至2012.11.30

主办单位：无锡市人民政府、江苏省文学艺术界联合会、中国美术家协会艺术委员会

展览场地：3号展厅

展览名称：影子——张峰雕塑艺术展

展览时间：2012.11.17至2012.11.30

主办单位：中国美术家协会

展览场地：5号展厅

展览名称：山月丹青——纪念关山月诞辰100周年艺术展

展览时间：2012.11.18至2012.11.24

主办单位：中华人民共和国文化部、中共广东省委宣传部、广东省文化厅、中国美术家协会、中国美术馆、中共深圳市委宣传部、深圳市文体旅游局

展览场地：1、8、9号展厅

展览名称：北京意象——大美房山

展览时间：2012.11.19至2012.11.30

主办单位：北京市文学艺术界联合会、中共北京市房山区委员会、北京市房山区人民政府

展览场地：2、4、6号展厅

展览名称：家园——黄格胜国画展

展览时间：2012.11.26至2012.12.04

主办单位：中国致公党中央委员会、中国美术家协会、中共广西壮族自治区委员会宣传部

展览场地：1、8、9号展厅

展览名称：昔我往矣——张锡良书法展

展览时间：2012.12.02至2012.12.13

主办单位：中国国际文化传播中心、中国书法家协会、中国美术馆、湖南省文化厅

展览场地：5号展厅

展览名称：塔琳托娅重彩画展

展览时间：2012.12.02至2012.12.13

主办单位：中国美术家协会、解放军总政治部美术书法研究院、解放军艺术学院

展览场地：7号展厅

展览名称：化象成境——李江峰作品展

展览时间：2012.12.02至2012.12.13

主办单位：北京画院

展览场地：4、6号展厅

展览名称：雪海流香——赵梅生画展

展览时间：2012.12.03至2012.12.13

主办单位：中共山西省

委宣传部、中国美术馆、中国美术家协会、中国国家画院、中国画学会、山西省文学艺术界联合会

展览场地：2、3 号展厅

展览名称：谭平2012展：《1划》

展览时间：2012.12.07至2012.12.13

主办单位：中国美术馆、中央美术学院

展览场地：1、8、9 号展厅

展览名称：画说龙江——黑龙江省美术馆50年馆藏经典版画作品特展

展览时间：2012.12.14至2012.12.23

主办单位：黑龙江省人民政府

展览场地：1、8、9 号展厅

展览名称：2012 第二届造型艺术新人展

展览时间：2012.12.16至2012.12.26

主办单位：中国文学艺术界联合会、中国美术家协会

展览场地：2～7 号展厅

展览名称：图与词——马格利特以来

展览时间：2012.12.22至2013.01.14

主办单位：中国美术馆、比利时瓦隆-布鲁塞尔国际关系总署Wallonie-Bruxelles International (WBI)

展览场地：13～17 号展厅

展览名称：风景的诗人——赵鸿甫水彩画展

展览时间：2012.12.25至2013.01.03

主办单位：河南省美术家协会

展览场地：8 号展厅

展览名称：李小澄水彩作品展

展览时间：2012.12.25至2013.01.03

主办单位：中国美术家协会水彩画艺术委员会、广东省美术家协会、广州美术学院

展览场地：9 号展厅

展览名称：路漫漫兮，荡漾兮——张漾兮百年艺术展

展览时间：2012.12.25至2013.01.03

主办单位：中国美术馆、中国美术家协会、中国美术学院

展览场地：1 号展厅

展览名称：灵动——杨晓宁生态摄影作品展

展览时间：2012.12.29至2013.01.03

主办单位：江西省宜春市委宣传部、中国摄协展览中心、江西省摄影家协会

展览场地：2 号展厅

展览名称：赵紫林国画展

展览时间：2012.12.29至2013.01.03

主办单位：山东省美术家协会、山东省艺术学院、滨州市政协、滨州市委宣传部

展览场地：4 号展厅

展览名称：荷语——程小琪中国画作品展

展览时间：2012.12.29至2013.01.03

主办单位：广东省文化厅、广东省美术家协会

展览场地：6 号展厅

展览名称：自然界定的真实——徐小东、林茂油画风景作品展

展览时间：2012.12.29至2013.01.14

主办单位：中国艺术研究院

展览场地：7 号展厅

展览名称：晨晓的色彩世界

展览时间：2012.12.29至2013.01.01

主办单位：国务院侨务办公室

展览场地：3、5 号展厅

中国国家博物馆

石鲁书画作品捐赠暨石鲁艺术研究中心成立仪式

石鲁书画作品捐赠暨石鲁艺术研究中心成立仪式2012年9月21日在中国国家博物馆举行。

石鲁先生是20世纪中国最杰出的艺术大师之一。他从1939年到陕西和抗日与革命文艺事业联系到一起。他创作的版画《改造西洋景》、《打倒封建》成为革命文艺的代表。新中国成立后，石鲁先生为国家博物馆定向创作的《转战陕北》是其毕生最重要的代表作，一经问世就引起了美术界的广泛关注，成为一种创作方法和一种表现形式的代表，奠定了石鲁先生在新中国美术史上的地位。由此为开端的石鲁先生的一系列创作，更为国画界增添了重要的学术话题。

石鲁先生一生命运多舛，却为后人留下珍贵的精神遗产。过去几十年中，人们不断以各种方式纪念他，学界在不同层面研究他。石鲁的艺术和创造精神成为20世纪中国美术重要的文化遗产。

国博馆长吕章申介绍，近日，石鲁先生的夫人闵力生女士及子女将150件石鲁先生的作品捐赠给中国国家博物馆。这批捐赠涵盖了石鲁先生从20世纪50年代至70年代各个时期的作品，大到山水巨制小到创作草稿，书画中有山水、人物、花鸟、书法，还有素描、速写、版画和油画等，种类丰富，基本上可以反映出石鲁先生的艺术风貌。尤其是与国博馆藏《转战陕北》相关的草图、初稿等，具有极高的学术价值。

因此，国博专门设立“石鲁艺术研究中心”，由国家博物馆吕章申馆长亲自担任中心主任，并聘请石鲁先生的后人石果、石丹和石迦为该馆的特聘研究员，同时邀请一批对石鲁先生素有研究的专家为该中心的研究员。国博将以该中心为基地，开展对馆藏以及本次捐赠的石鲁先生作品的研究，推动石鲁先生的作品展于2013年在新西兰国家博物馆的展出。

佛罗伦萨与文艺复兴：名家名作展

2012年7月6日至2013年4月30日，中国国家博物馆与意大利文化遗产活动部文物管理与开发司共同推出“佛罗伦萨与文艺复兴：名家名作展”。该展览是意大利在国家博物馆设立五年长期展厅的第一个展览。

展览展出来自佛罗伦萨乌菲济美术馆、佛罗伦萨圣马可博物馆、佛罗伦萨美术学院美术馆等20多家博物馆、美术馆的67件艺术精品，包括油画、素描、雕塑和家具装饰品，从艺术品的视角展示十五六世纪的佛罗伦萨城市面貌及其风土人情。

该展览是名家荟萃、名品纷呈。保罗·乌切洛、菲利波·利比、多梅尼科·基尔兰达约、桑德罗·波提切利、达·芬奇、拉斐尔、米开朗琪罗等一批意大利艺术家的艺术精品及杰作集中在展览中展出。

解放军美术机构

解放军艺术学院

走过十年解放军艺术学院99级学员中国画作品巡回展

2012年8月26日，由南京更斯艺术馆主办的走过十年解放军艺术学院99级学员中国画作品巡回展在南京奥体中心开幕。江苏省司法厅厅长缪蒂生，江苏团省委书记万闻华，南京海关党组书记、南京海关关长李多宽，江苏省省级机关事务管理局副局长于洪军，江苏省文联书记处书记叶飏荣，南京军区政治部创作室美术组长、中国美术家协会理事、江苏省油画学会副会长陈坚，南京艺术学院美术学院院长、教授张友宪，江苏省国画院副院长、书记、国家一级艺术监督、江苏省美术家协会理事刘云，江苏省美术家协会副秘书长、江苏省美协省直分会副会长高建胜，南京书画院副院长、国家一级美术师刘红沛，江苏省美术馆创作室主任王国斌出席了开幕式。应邀参加此次开幕式的还有著名画家秦修平、吴思俊、束新水、陈明、张建华、倪建鸣、卢立彬、韩非、郑真、陈克年、熊岱平。

参展的九位画家都是解放军艺术学院美术系99级干部班的同学，师从刘大为、王天胜、袁武、任惠中等。毕业十年来，他们将自己的才华和热情献给了军事美术的创作事业，殚精竭虑，精研渐进，其中的甘苦虽然只有自知，但在全国全军重大主题展览中屡有斩获的荣誉，见证了他们的努力和成就。在南京展示的这些作品虽不是他们擅长和致力的大型创作，但是，这些尺幅不大、远离硝烟的画作却随性率真，展示了他们更为生动、更具个性的艺术风貌。如韩清茂作品质朴如高亢清丽的民谣，陈少林作品曼妙而颇具民族风情，张力弓作品深沉浓郁的乡土赤诚，赵小石作品雅致洒脱的意趣，沈雪江作品狷狂飘逸的气质，宋时兵作品博采众长的才智，罗拥军作品水墨氤氲的现代气息，王玉海作品古意精巧的文静，陆千波作品闲适安宁的意象，都给人们留下了深刻的印象。

塔琳托娅重彩画展

由中国美术家协会、解放军艺术学院和解放军美术书法研究院共同主办的塔琳托娅重彩画展，于2012年12月4日在中国美术馆隆重举行。

塔琳托娅现为解放军艺术学院美术系教授，自第一幅版画作品参加1979年举办的全国美展以来，她笔耕不辍，先后参加国家级各种美术展览30余次，多次获得包括全国版画展金奖、全国美展银奖、鲁迅版画展奖在内的各类奖项，并获得共青团中央授予的“全国新长征突击手称号”，荣立二等功、三等功数次。

画展展出了塔琳托娅近年来创作的重彩画近40幅，画作从多个角度反映了我党我军重大的革命历史题材，我军军旅生活以及画家熟悉的蒙古族风土人情。这些作品秉承画家一贯唯真、唯善、唯美的创作思想，绘画手法上兼容中西方艺术语汇，兼收具象、抽象创作元素，形成了属于画家独有的绘画风格。画家大量使用中国传统线描造型方法，辅以中国传统重彩平涂的笔画技巧，同时融入西方绘画中素描和色彩的理论要素，让大家感受到了画家在肆意渲染主观情绪和表现客观真实之间找到了完美的结合点 。

塔琳托娅16岁入伍，30余年来的军旅生涯铸就了画家对人民军队的忠诚和热爱。在她的画作中，几乎对各个历史阶段的人民军队都有表现：《万水千山》表现了红军的艰苦卓绝;《肝胆相照》表现了八路军和边区人民鱼水情深以及共同抗战的情景;《胜利锣鼓》再现了解放军攻城拔寨、所向披靡、受到人民大众欢迎的场面。《昆都仑河》、《巡诊归来》等作品则讴歌了当代军人的风采。

作为一名蒙古族画家，塔琳托娅对自己的民族和故乡有着一往情深的眷恋。她走遍了内蒙古的山山水水，那里的一草一木无不让她魂牵梦萦。正是这样的民族情感和生活积累，使我们在观感塔琳托娅草原题材的作品时，被信手拈来、一气呵成的那份娴熟和自如所折服，也被作品大美、大气的草原风光和生活在那里的内蒙古各民族兄弟姐妹的健康、乐观、坚毅和质朴感动着。

塔琳托娅是当今画坛为数不多的坚守现实主义和革命浪漫主义相结合创作道路，弘扬时代主旋律，为祖国的崛起尽情放歌的画家之一。我们祝愿她百尺竿头更进一步，取得更加辉煌的成绩。

解放军书画院

笔墨淡彩新语境——李翔中国画展

2012年9月19—25日，由中国美术家协会、中国美术馆、解放军美术书法研究院共同主办的“笔墨淡彩新语境——李翔中国画展”在中国美术馆隆重开幕。中央军委委员、总政治部主任李继耐出席开幕式并参观展览。

李翔现任中国美术家协会理事，中国书法家协会理事，北京美术家协会副主席，解放军美术书法研究院秘书长，解放军美术创作院、书法创作院常务副院长等职。此次画展，共展出李翔各个时期的代表作品100多件，创作年代跨度自1994年至今，集中展示了他近20年的国画创作、研究成果。

李翔是军队中青年美术书法家的优秀代表之一，多年来，他潜心创作，敏于思考，不仅在继承传统文化方面下了大功夫，还积极吸纳西方艺术有益元素，发挥传统笔墨精神和西方绘画中色彩变化的双重优势，诠释出国画艺术的时代内涵。他的“写意性具象人物绘画”，力图发掘出寓于人物身上的心灵光芒，传达出画家对军队与人民的热爱。

总政治部副主任杜金才，国家文化部、中国文联、中国美协领导出席了开幕式。展览期间举办了研讨会。

“笔墨从戎——张立奎水墨人物画展”在军事博物馆举办

张立奎，山东临沂人，毕业于解放军艺术学院，中央美术学院水墨人物研究生班。中央美术学院访问学者，国防大学政治部专业美术创作员，解放军美术创作院艺委会委员，中国美术家协会会员。曾获第八届全国美展优秀奖、首届全国青年国画年展金奖、纪念世界反法西斯战争胜利60周年国际艺术大展优秀奖（最高奖）、炎帝杯国际艺术大展金奖。多次参加全国中国画提名展，大量作品被国内外友人及美术机构收藏，其中作品《英雄》被中国美术馆收藏，中国画坛60后山东籍最具收藏价值十杰画家。当代最具学术活力的青年画家之一。2008年被评为当代30位最具学术价值与市场潜力的（人物）画家 。

由中国人民解放军国防大学宣传部、解放军美术创作院、北京美术家协会联合主办，东营市博雅轩文化有限公司协办的“笔墨从戎——张立奎水墨人物画展”于2012年11月23日至25日在军事博物馆举行，此次共展出近年来的精心之作67幅，有气势恢弘、笔墨纵横的巨幅画作《会宁三军大会师》、《盛世放歌》、《正月正》；有笔墨沉着雄健、古朴凝重的写生、习作《印象红嫂》、《沂蒙母亲》、《油田老兵》；更有放笔直取、挥洒自如、仙风道骨般的抒情小品《群仙醉酒图》、《仙游图》、《赋乐图》等。

军旅画家张立奎近年来在进行水墨画艺术的探索中，能不受观念和题材的制约，用意运笔无拘无束，纯朴自然，寻找着一种不可能的可能，实践着水墨语言极致，传承着东方文化，转化着西方艺术，步入水墨的大境界，俯瞰写意新视野，在现代艺术崇尚个性表达的技术性手法的再造中，找到突围的方向。在立足现代中国文化语境，不违学习和借鉴古今中外文化遗产的前提下，以他大量的优秀作品，为我们提供了一个极佳的典范性参照，他的水墨艺术的中国风格、中国标准的探索试验与美学构建已走出了可喜的一步。

展览展示

庆祝中国人民解放军建军85周年全国美展暨第12届全军美展

庆祝中国人民解放军建军85周年全国美术作品展暨第12届全军美术作品展，2012年7月26日在北京中国美术馆开幕。中共中央政治局委员、中央军委副主席徐才厚出席开幕式并参观展览。

中央军委委员、总政治部主任李继耐一同出席。

徐才厚饶有兴致地参观展览，详细询问创作过程、艺术形式等情况，称赞这些作品主题鲜明、手法新颖、风格多样，具有浓郁的生活气息。他对近年来军事题材美术创作取得的丰硕成果给予充分肯定，勉励大家牢牢把握发展先进军事文化的政治方向，继承传统、躬身实践、开拓创新，努力创作出更多讴歌伟大时代、描绘火热生活的优秀艺术作品，以优异成绩迎接党的“十八大”胜利召开。

李继耐在开幕式上讲话指出，胡锦涛总书记在省部级主要领导干部专题研讨班开班式上发表的重要讲话，对建设社会主义文化强国做出新的部署。军队广大美术工作者要认真学习贯彻胡总书记重要讲话和党的十七届六中全会精神，认清职责使命，坚持正确方向，大力弘扬时代主旋律，努力创作更多无愧于历史、无愧于时代、无愧于人民的精品力作 。

由文化部、解放军总政治部和中国美术家协会联合举办的这次展览，既是五年一届的全军美展，也是一次全国性的军事题材作品美展。展出的568件作品，是从军地美术工作者报送的1.2万余件作品中遴选出来的。这些作品围绕庆祝建军85周年这个主题，浓墨重彩地赞颂了人民军队的光辉历程和伟大成就，生动形象地展示了广大官兵忠实履行我军历史使命的时代风采，饱含深情地表现了军政军民紧密团结的鱼水关系，具有重要的历史价值和现实意义。

全军著名军旅画家写生七彩云南在社会各界引起强烈反响

为深入学习践行党的“十八大”会议精神，推动云南边防八千里文化长廊建设，经总政宣传部批准，从2012年11月20日开始，由云南省军区政治部组织的全军著名军旅画家写生云南活动，在总政艺术局李翔副局长的带领下，王界山、陈坚、邵亚川、招炽挺、秦文清等24名画家深入云南边防和少数民族地区进行采风，先后在昆明、泸西、蒙自、河口、楚雄、元谋、普洱、澜沧、西盟、勐卡、勐海、景洪、西双版纳等地开展写生创作及书画作品送温暖活动，在云南八千里边防线上引起社会各界强烈反响。

参加写生的军旅美术家来自全军各大单位文艺创作室，是全军美术创作骨干和中坚力量。画家们来到云南，被边防线上的大美风光深深吸引，他们铺开画板，用画笔描绘祖国秀美山河，用情感舞动云南军民和谐清音。画家在写生过程中，严格按照作息时间作业，每天不少于10小时出勤。他们始终坚持高强度创作，晚上还组织大家进行写生情况讲评，开展写生课题探索和学术性研究 。

在泸西写生时，县委宣传部认为风光再好，如果没有人来宣传也只是固定的风景，因此需要注入人文元素。他们多次组织画家交流心得，座谈体会，把画家的作品留下来编辑成《画说泸西》画册，用以对外宣传。在城子古村，当画家得知孤寡老人杨小香无人照料时，主动自发捐款3000元帮助老人御寒过冬。在河口红河前哨钢二连，正好赶上一年一度老兵复退工作，画家深入基层为连队战士和复退老兵现场书法、画像、作画120多幅。老战士激动地说："能带着名家字画退伍返乡，是军旅人生的荣幸，一定会激励着我们永葆军人本色，为社会再立新功。"在西盟佤族地区采风时，佤寨群众敲锣打鼓迎接画家写生团，画家们给善良淳朴的老百姓画像、写书法200多幅，受到群众的热烈欢迎。

解放军美术书法研究院云南省军区分院副院长杨中文说："党的'十八大'召开后，总政宣传部组织全军美术家写生云南人数之多、单位之广、规模之大、时间之长、路程之远，实属首次，推动了驻滇部队军旅美术创作健康发展。军旅画家到云南边防八千里文化长廊写云南画云南宣传云南，是全国名家画云南的重要组成部分。对这项活动，云南省军区各级领导尤其是张肖南司令员、杨成熙政委非常重视，对写生团采风写生做出了精密部署。军旅画家既描绘云南，表现云南，还与当地少数人民群众结下了深厚的友谊，在云南边防八千里边防线上引起了军民强烈共鸣，使官兵备受鼓舞。"

来自全军各大单位的画家于克敏、马兴国、王吉松、王界山、王鑫、曲直、庄明正、邵亚川、宋时兵、张卉、陈坚、陈芳桂、李连志、杨中文、招炽挺、范琛、姚秀明、秦文清、袁鹏飞、夏荷生、郭兴华、章红兵、谢森等24人参加了此次写生活动。

全军美术家写生团于2012年12月15日结束，为时25天，历经云南边防10多个县、市，行程约1.3万公里。目前共创作云南题材中国画、油画作品800多幅，为边防官兵和驻地群众赠送书画作品1100多幅，给西盟勐卡老百姓捐赠被褥、棉衣120套，为在校贫困学生赠送书包和学习用品50件。

董绪纯书法展在中国军事博物馆开幕

2012年12月20日，由中国书法家协会展览部、中国人民解放军书法创作院、总参谋部美术书法研究院主办，总参谋部书法创作院承办的"书为心声——董绪纯书法艺术展"在北京军事博物馆开幕 。

开幕式由中央电视台著名主持人唐剑担纲主持，中国人民解放军原副总参谋长张黎，总后勤部原政治委员张文台，原总参谋长助理李玉，著名书法大家、中国书协顾问、解放军书法创作院院长李铎，总参、总政有关部门领导及书法爱好者200余人参加了开幕式。

此次展览共展出董绪纯同志书法作品78件，140余幅，内容丰富、形式多样，既有习近平总书记对"十八大"精神的阐释，也有其参观《复兴之路》后对"中国梦"的诠释。董绪纯的书法书体全面、功力扎实，从作品整体面貌看，字体生动，点划生动，气韵生动。

当代著名军旅画家王界山访谈录

王界山：清华大学美术学院写生教学研究室导师

记者杜唯铭：中国著名新锐艺术家中国贸易报《艺术投资》周刊副主编

访谈地点：空军文艺创作室

访谈时间：2012年8月……

王界山，1963年3月生于山东省青州市，先后毕业于解放军艺术学院、首都师范大学。现任空军美术书法研究院副院长、国家一级美术师、空军文艺创作室副主任、清华大学美术学院高级研修班导师、中国美术家协会理事、中国画学会理事、北京美术家协会理事、北京美协中国画艺委会委员、全军美术家高级职称评审委员、第六次全国美术家代表大会代表、第八次全国文学艺术界联合会代表。曾获第三届北京中青年文艺工作者"德艺双馨奖"、全军文化艺术工作先进个人，清华大学美术学院访问学者。其作品《金秋无闲人》、《天地之间》入选第八届、第九届全国美术展览，多次参加全军、全国性美术展览，并有作品获奖。多幅作品被国内外一些博物馆、美术馆收藏，多次参与组织全军、共青团中央、全国青联、空军、北京文联、北京美协举办的大型美术展览，以及研讨会、培训班、写生采风的多项文艺活动。曾出访法国、澳大利亚、日本、西班牙、德国、荷兰、比利时、韩国、意大利、梵蒂冈、埃及、坦桑尼亚、阿拉伯联合酋长国、柬埔寨、老挝、泰国、新加坡、哈萨克斯坦及中国香港、澳门等国家和地区，举办画展和进行文化艺术交流。

出版有《王界山诗·文·画选集》、《天地之间——王界山画集》、《王界山写生作品选》、《中国当代书画名家经典作品丛书——王界山作品集》、《共和国六十位国画大家精品集——王界山》等专著。中国画《接天连地无穷碧》曾搭载"神七"遨游太空。被读者与媒体评为第一届至第三届当代最具学术价值与收藏升值潜力的"中国画金鼎十二家"。

2008年、2010年、2011年，被评选为中国画坛最具影响力与市场潜力十二大年度人物。

2009年，被评选为当代全国30位最具学术价值与市场潜力的山水画家，曾历时3个月为中国航空博物馆创作完成巨幅山水画《长城万里映金辉》(1100cm×370cm)。

2010年12月，荣获乌兹别克斯坦共和国艺术科学院院士称号；同月，荣获由柬埔寨国王西哈莫尼颁发的“柬埔寨功勋艺术家”荣誉称号。

2011年6月，荣获哈萨克斯坦共和国艺术科学院荣誉院士称号。

2011年10月，由山东省青州市人民政府支持，宋城集团承办的界山艺术馆在青州落成。

2012年6月，中国画《密林深处自有情》荣获由国家文化部、外交部以及上海合作组织等联合主办的北京峰会“和睦”国际美术作品展优秀作品奖。

访谈嘉宾：王界山，中国美术家协会理事中国人民解放军书画研究院空军分院副院长、中国空军文艺创作室副主任、清华大学美术学院王界山写生教学研究室导师。

记者：杜唯铭，中国著名新锐艺术家中国贸易报《艺术投资》周刊副主编。

访谈地点：空军文艺创作室

访谈时间：2012年8月6日

导语：

他是近些年来令中国画坛瞩目的一位著名军旅画家，其画、文、诗皆出手不凡，才华横溢。

他是典型的山东汉子，身材魁梧，胸怀坦荡，风趣幽默。

他有着为朋友“两肋插刀”的豪气，有着对艺术的执著追求，有着对慈善的乐此不疲。

他就是我们下面要访谈的嘉宾——著名军旅画家王界山老师。

杜唯铭：王老师，您好！很高兴您能够在百忙中抽出时间接受我们的采访。您是我的良师益友，我们有着十多年的友谊。您的艺品和人格魅力，对我以及很多认识您的人都有着不同程度的影响。请您谈一谈有哪些人对您的人格魅力的形成产生了重要的影响？

王界山：今天我也很高兴见到你，你在个人发展的历程中，从一名小战士成长为现在的一名有思想、有实力的青年画家和艺术评论工作者，是难能可贵的。

我从1979年入伍参军迄今已经33年了……的确，从一名战士成长为现在的艺术工作者着实不容易。在我的人生之途遇到了不少的好心人，比如说推荐我从连队调入团部机关工作的宣传股长谢永功，他与我素不相识，只是散步时看到我在写生画画，与我随意聊了一个多小时，一周后就把我调入宣传股工作。一年半之后，空军司令部直属政治部组织处的赵勇干事来到我们空司通信团检查工作，看到我的画并给予鼓励，回到空军总部后向空司文化处推荐了我，很快我又被调至空军大院。1984年，我又被空军政治部文化处长乐保康招收到空军文艺教导队，被提升为军官；又经空军航空杂志社的美术编辑张清智举荐，成为该社的美术编辑。此后，在1987年我考入解放军艺术学院学习中国画专业；1989年毕业后，组织将我调入空军文艺创作室，从此走上了专业的艺术创作道路。

一路走来，这些好心人没有一个吃过我的宴请，收过我的礼品，甚至连一根烟我也没送给他们抽过，他们的高尚人品至今令我难以忘怀。这种没有私心的大爱，一直以来影响着我去怎样做人，怎样处事。

杜唯铭：近年来，您在创作之余被聘为清华大学美术学院高研班的导师，清华大学为您成立了王界山写生教学研究室，请谈一下您的工作吧。

王界山：担任清华美院的导师是一种责任，对教学必须兢兢业业，带着一种对学生们的大爱之心，否则就会误人子弟。另外，理论与实践应当有机地结合和有效地发挥，这样才能使学生在边实践边总结的过程中，提升自己的写生创作水准。我喜欢与学员们共同写生，在“并肩作战”中才能找出“克敌制胜”的实际经验和教学方法，这样与学生的艺术之舟才会永不停滞，奋发远航……

下一步，我还将带领清华美院高研班的学员们深入真山真水，注重在现场将写生转化为创作，向先贤李可染、黄胄、吴冠中学习，培养一种对自然与现实生活的敏锐观察力和概括、提炼的能力。对于传统的博大精深我们必须认真地学习与领会，才能深得其中的奥妙，在尊重传统的基础上进行艺术创新。

杜唯铭：您在最近几年创作了许多的绘画精品，其中最有代表性的是《万里长城映金辉》，这幅宽11米、高3.7米的巨作，从构图和意境上都有独特之处，克服了以往画长城概念化、表面化的程式，使其画面有了深刻的内涵和新意，请谈一下这幅力作的创作经过和所使用的表现手法。

王界山：这幅画运用了传统的技法，以中国式的艺术语言来表达21世纪山水的精神，借鉴了西方的素描之功和对于结构立体组合的方式，强化团块的整体谋篇布局，既有西式的焦墨透视，也有中国传统式的散点透视，在看似矛盾的结构交织中加以有机地组合和协调统一。我没有受制于具象山石的局部约束，发挥了意象精神的表现，将群山连绵的长城，从真正意义上的“远看取其势，近看取其质”的画训中得以笔墨精神的实现。她既有对自然长城的写生之笔，又有意象表现的诗意营造，加之大胆地将整个大幅画面施染金粉，展现了一幅21世纪的“金碧长城”，给人以积极向上的力量。

杜唯铭：画家坚守自己的美学追求和艺术风格是立身之本，请问王老师是怎样对待这个问题的？

王界山：宋代山水画家范宽和李成的画给予我许多启迪，范宽画作中的浑厚整肃、伟岸大气，使人联想于泱泱华夏大国的恢弘与浩瀚，那种高山仰止的感觉会令读者肃然起敬；而李成则是在画中体现出万木葱葱、山河峻朗、空灵恬静的超然之气。

元代黄公望温润透明，清雅稳健的笔墨，则使人似乎在悠然的意境中尽抒理想的脱俗山水，弥漫着中国文化的特有气息，令人回味悠长。近当代的黄宾虹将传统的笔墨推向了高峰，于浑厚华滋中见著于老辣苍劲的笔墨，统篇扑面而来的山野清风醉人心目。富有节奏感的线条，可以窥见作者内心世界的起伏和律动，在一气呵成中完成了山水的交响，文气中见豪迈，微茫中见沉雄。这些先贤的大作令我崇尚和陶醉，在长期的心摹手追中已经影响着我的艺术创作。

20多年以前，我注重于对黄公望和黄宾虹的临摹学习，着实下了很大的功夫，特别是黄宾虹那种富有弹性的线条和黄公望那种单纯透明却又显得丰富有序的墨色，使我的传统笔墨基础得到了夯实；而真正使我明确“笔墨当随时代”重要性的人物则是李可染，他在运用西方绘画中的光线，色彩和结构关系等方面成功地结合于中国画的笔墨之中，并开启了由对景写生直接转化为对景创作的先河，他对于中国当代山水画的创作，起到了重要而特殊的作用。由于李可染的导向，使我坚定地走向写生之路，并在对景创作中，领略了诸多的自然奥妙，即回归自然，法由心生，不再被别人的技法所困，在不断地面对真山真水时，情景交融、法因景致的不同而改变，克服了雷同和概念化的习气。

因为景色的迥异而在对景创作时必然会远离古人和别人的套路，所以，我着重在发现真实中升华于真实的景物，于客观中调动主观的能动性，由景入眼入心，将眼中之景概括为心中之景，又不失中国画中诗意的表达和抒发，坚守自己“苍茫之意，纯真之气”的美学追求，在不失中国文化精神的前提下，融入西方艺术元素，企及转益多师中发展自我。

杜唯铭：您常常说，您的山水画受元代黄公望和近代黄宾虹的影响非常深远，但是在最近几年的山水画创作中却渐渐淡去了两位先师的影响，您的这一创作思想的改变来自哪里？

王界山：其实，在我学画的历程中受到了很多人的影响，转益多师嘛！当然，最主要的人物还是元代的黄公望和近代的黄宾虹，我是“二黄门下认家亲”，心悦诚服地学习“二黄”的艺术。黄公望的笔墨达到了登峰造极的地步，也是中国文人山水画的丰碑。无疑，用艺术大师来形容黄公望是恰如其分的；但是人无完人，黄公望在构图上的雷同和布局上的散乱，也是许多有识之士所共认的。因此，学其所长，舍其所短，是后来者学习过程中应保持的自控能力。

前些年效仿古人注重笔墨，这些年则强化了对其精神的理解与表现；也就是说，怎样融合和消化所学的东西很重要。师古人之迹，莫如师古人之心。“古为今用，洋为中用”，这样，我们才可以融会贯通和汲取丰富的营养，才能根深叶茂。

杜唯铭：您出生在山东的历史文化名城青州，这片厚土孕育了众多享誉中外的文化名人，令世人刮目相看。能否谈谈家乡的人文积淀对您个人文化构架的影响？

王界山：我的家乡青州位于山东的中部地区，有着灿烂的文化历史，特别是在宋朝时，青州的政治、文化、经济等都是独领风骚；尤其是范仲淹当年任青州知州时，推进了政治上的开明和文化上的繁荣发展。北宋时期的中国山水画大师李成，其画风厚朴中见清逸，淡雅中见沉雄，以卓然的艺术风格而彪炳史册，影响了无数后人追崇和学习。

青州的山水圆厚中见灵秀，整肃中有温润，其丰富的山形和河流、树林的结构变化耐人寻味。

这里还应特别指出的是，青州历史上的文化名人对于营造和形成其深厚而丰富的文化积淀，有着重要的作用。如范仲淹、王曾、寇准、赵秉忠、李清照等，都曾为当地文化的发展增光添彩 。

青州自古至今崇文尚武，人才辈出，这方水土养育了一代又一代的精英成为国之栋梁，我自幼受其影响，就有了一种儒家思想中“积极入世，建功立业”的思想，并为之付出了不懈的努力。我认为，绘画艺术离不开丰厚的人文思想的有力支撑，没有文化的画家就是唯技法和技术的匠人而已，所以我着意于对文学和诗歌的学习与研究，以提高自己的思想境界。

杜唯铭：业内人士都知道，您这么多年来一直默默地做慈善捐助，比如为沂蒙老区多次捐款，资助了很多边远山区的贫困学生完成学业，能否谈谈一直以来您做这些“善举”的感受？最初的动力来源于哪里？

王界山：我在少年时期也曾受苦受穷，深知“雪中送炭”的重要性，现在有些品学兼优的学生因为家境贫困而失学，是一件令人极为痛心的事情，期待着国家有关部门和社会有心人士的帮助。我用手中的画笔力所能及地向贫困学生和受灾地区的群众捐一些款，回报社会和曾经帮助过我的领导和朋友，我认为这是真正意义上的快乐。只要人人都献出一点爱，这个世界就会无限精彩！

杜唯铭：当下，画者如云，画院如云，市场泡沫虚假繁荣，当今的画坛可以说是空前的大浮躁。您作为生活在当下的中国画家，怎样才能做到守住自己的心态，放下浮躁潜心创作？

王界山：我虽没有唐僧西天取经的那种执著，但我把艺术当作一种宗教式的信仰来追崇。“画出好画才是硬道理”，我只有长期坚持深入自然之中写生创作，以得自然之真谛，悟艺术之真理 。

杜唯铭：作为我国著名的军旅画家及全国重要大展的评委，您认为中国的主旋律美术题材的创作如何体现国家的意志和时代的意志？

王界山：如果艺术创作者带着一种对国家和民族的忠诚与至爱，那一定会创作出至善至美的精品力作。当然，前提是首先要有专业上的高超水准，能够凝聚民族向心力和正大气象。带有集体主义和英雄主义色彩的主题创作，应占据创作的主导地位。关注时代的发展，将国家利益放在至高无上的位置，体现出心中的爱国情怀，这是每一位有良心，讲原则艺术家的人格所在。

杜唯铭：感谢王老师，最后一个问题是，请王老师谈一谈对我们中国贸易报《艺术投资周刊》有什么样的期待和建议，谢谢！

王界山：《艺术投资周刊》应引导大众或者业内收藏界，在艺术投资和收藏方面具有前瞻性和战略眼光。具体来说，哪些东西是具有真正升值空间或者起码具有保值的确定性，这一点很重要 。

不能人云亦云，随波逐流，要有主见和独具慧眼，而培养自身的这种能力则必须勤于思考，善于学问，要有一种不耻下问的姿态。我注意到贵刊发表的文章和图片注重质量，特别有思想内涵，能够在雅俗共赏中提升人们的学习水准，由此，这就是媒体的关键所在，应尽量避免过于庸俗的东西。开启智慧之门，增强投资者的综合判断能力是取胜的法宝，我诚恳地祝愿贵刊“百尺竿头，更进一步”，在各种媒体的“大合唱”中独领风采，脱颖而出。谢谢唯铭！

北京市

“克拉科夫版画展”在清华美院美术馆开幕

美术院校

2012年11月5日，“克拉科夫版画展”开幕式在清华大学美术学院举办。克拉科夫版画艺术是波兰战后艺术一个重要的和显著的现象，该艺术形式具有高质量的金属图形技术，作品具有思想内涵和独特的创作体系，“克拉科夫版画展”展出的就是波兰版画界精英Krzysztof Skorczewski、Anna Sobol-Wejman、Stanistaw Wejman、Jacek Sroka的经典作品。

清华大学校务委员会副主任邓卫教授和其他清华大学美术学院等领导以及波兰共和国驻华大使塔德乌什·霍米茨基、波兰著名音乐大师克日什托夫·潘德列茨基、贝多芬协会主席的艾兹别塔·潘德列茨卡等参加了开幕仪式。

开幕式上，霍米茨基大使充分肯定了清华大学在国际上的影响，并说道：“此次展览不是波兰在清华大学举办的第一次展览，也不会是最后一次，我希望这样的活动，让两国人民可以更加充分地感受彼此的艺术文化，促进两国友谊的发展。”

作为路德维格凡贝多芬协会主席，潘德列茨卡女士是此次活动的重要推动者，她与先生在过去的18年中，不仅每年都会来到中国演出，还邀请过很多中国青年音乐家前往欧洲学习。活动闭幕式，他们为大家推出一台音乐会。她表示，她与丈夫都非常喜欢中国，作为波中文化大使，她希望能够通过文化节的活动拉近中国朋友与波兰人之间的距离，也希望对两国和两国文化的理解有所帮助。

清华大学艺术学院四教授中国画作品展

由清华大学美术学院主办，清华大学美术学院绘画系承办的“四教授中国画作品展”于2012年11月26日在清华大学美术学院美术馆开幕。展览展出清华大学美术学院绘画系王玉良、戴顺智、刘临、韩敬伟四位教授的中国画作品160件，这些精选的作品反映出他们各自不同的创作研究方向及阶段性的探索成果。

四位教授致力于中国画的教学与创作研究，成就斐然，在中国画坛影响广泛。在长期的艺术实践中，他们形成了各自不同的创作面貌及艺术特色。王玉良的水墨画创作题材多样，手法精蕴洗练，尤以水墨石窟佛像创作具有代表性。他擅用畅苍润的水墨语言表现的佛龛造像，体现出他对中国文化思想的参悟与诠释。戴顺智、刘临主要从事中国画人物创作，戴顺智的水墨人物笔法独特，各具情态的人物刻画入目三分，个性精神凸显，他新近创作的牧童等题材作品在墨韵中渗透诗性和洒脱的空灵。刘临多著力于工笔人物画创作研究，他的工笔人物画雅正韵致，清明淡雅的勾线、典雅庄重的设色表现出文人气象。他尤为注重将中国传统绘画与西方绘画的造型观念、方法相互融通，别开生面，独具风格。韩敬伟的山水画笔墨功力扎实，讲究格法，反映出他立足于传统进行创新、求变的艺术追求。他在创作上强调立身于山川之中的真情实感，笔随情动，融情于景，体现一个当代画家对传统山水文化的关照。

王玉良、戴顺智、刘临、韩敬伟四人在中国画创作上成就卓著，学术影响日臻深广。作为清华大学美术学院绘画系中国画专业教学的中坚力量，他们言传身教，将自己在中国画创作方面的探索成果转化到教学实践之中，惠及广大学生。此次在清华大学美术学院美术馆举办的四人联展，既是对他们艺术探索成果的展示，同时通过他们作品反映出来的不同创作思想及艺术追求，必将对当今多元的中国画坛和中国画教学产生积极有益的推进和影响。

学院与韩国振兴院合作举办“意象·北京”展览

2012年12月14日，由环境艺术设计系承办的“意象·北京”展览在北京设计交易市场展厅隆重开幕。这次展览是由清华美院环境艺术系教授陆志成、汪建松、管沄嘉、于历战，工业系赵超，清华美院长期外专刘欣欣，以及韩国振兴院的老师带队，分别指导清华美院的12名学生和韩国设计院校的14名学生，共同完成此次展览。不同专业背景的同学共同参与创作，促进了各专业之间的交流互动。韩国的同学们在清华美院同学的帮助下，增加了对中国文化的了解。

清华美院与韩国振兴院的交流已经多年，这次合作举办展览更是让它们的默契达到了新的高度。

王铁牛油画写生展在清华美院美术馆开幕

清华大学美术学院绘画系教授、著名油画家王铁牛油画写生展于2012年12月20日在清华大学美术学院美术馆开幕。此次展览展出了王铁牛先生近一两年的新作80余件，其中包括人物写生、风景写生，以及20世纪90年代俄罗斯留学时期的少量作品。

十几年跨度，不同时期的作品放在一起展出，从中能够清晰地看出王铁牛从深厚而明显的俄罗斯绘画风格的影响中一路走来的艺术轨迹。作品中充满生命的气息，亮丽而真实的色彩，豪放而生动的笔触，对时光精确地表达，体现出画家忠诚于大自然的美好胸怀，丰富的内心世界，全面的艺术修养和娴熟的造型功力。这次画展无疑会给观众带来难得的审美享受和脍炙人口的艺术盛宴。

出身于艺术世家的王铁牛教授有着丰富而坎坷的生活经历，做过知青、当过车工，经历了12年的军旅生涯，80年代曾毕业于解放军艺术学院美术系，90年代留学于俄罗斯列宾美术学院油画系梅尔尼科夫教授工作室，获得硕士学位。王铁牛教授继承和追寻其父亲——我国著名国画家王盛烈先生的艺术理想，坚持现实主义的弘扬真善美的艺术道路，驾驭各种题材的绘画，特别是在大型历史绘画创作方面成就卓著，是中国全景画领域的先驱与开拓者，其参与创作与独立完成的大型历史画创作近20幅，无论从数量上和规模上在我国油画界都是屈指可数的。王铁牛教授一贯坚持艺术源于生活的主张，几十年如一日地坚持写生实践，创作完成了大量风景及人物写生作品，在教学岗位上也经常带领学生们到农村和山区写生，王铁牛教授忘我的工作状态和酷爱绘画的精神以及丰富的教学经验，给予学生们方方面面的影响与教诲，成为同学们永远难忘的美好回忆，并终生受益。

十几年来，王铁牛教授积极地投入中俄美术交流的事业中去，成为中国留俄艺术家的领军人物，并深受俄罗斯美术界的尊重，曾荣获俄罗斯美术家协会会员称号（为中国第一位获此荣誉的艺术家），列宾美术学院荣誉教授、荣誉博士称号，俄罗斯彼得堡艺术与科学研究院荣誉院士称号，俄罗斯美协艺术成就奖章，并被誉为中俄美术交流的铁桥。

画展由清华大学美术学院主办，清华大学美术学院绘画系承办。

展览至12月31日。

书画院

画苑千秋人——朱屺瞻艺术回顾展

2012年3月23日，海派著名画家朱屺瞻回顾展在北京画院隆重开幕，此次展览由北京画院、上海中国画院主办，纪念馆协办，中国嘉德国际拍卖有限公司承办。著名学者、北京画院院长、著名收藏家黄贵权、中国嘉德拍卖有限公司董事长王雁南、副总裁胡妍妍以及的夫人、儿子和女儿等出席了开幕式。

朱屺瞻的作品备受海外内藏家追捧，但是市场上流通的作品很少，此次展览共展出80件重要作品，涵盖20世纪40年代至晚年的作品，其中，大部分作品来自香港著名收藏家黄贵权博士的收藏，以及夫人的收藏。

作为此次展览的承办方，中国嘉德近现代及当代书画部总经理郭彤女士表示："中国嘉德承办此次展览，主要是想通过类似的展览，做更多基于美术史的整理和推广工作，为藏家的收藏树立脉络，也为书画领域的欣赏和研究传达更加多元可能。"

是我国著名的长寿画家，他精通中西方艺术，擅长山水和花卉蔬果。在他的一生中，从未停下手中的画笔。中国嘉德书画顾问尹光华介绍："朱老直到104岁还在坚持每天作画，期间有一段时间手受点小伤，中间一两个月没有作画，后来慢慢恢复，又开始慢慢作画。朱老觉得一生最痛苦的就是那段时间，先生对艺术的热爱和追求是与他的生命连在一起的。"

朱屺瞻的创作继承传统、融会中西、致力创新，具有鲜明的民族特色和个人风格。香港著名收藏家黄贵权博士说："20世纪80年代，朱老在深圳举办画展，当时我就发现他作品的意境用摄影的方式都难以拍出，看到作品的第一眼，我就喜欢上了，并开始收藏。我觉得朱老作品最特别的就是颜色，他对颜色的处理是很多画家做不到的，我后来的摄影作品也受到朱老绘画的影响。他善于捕捉大自然稍纵即逝的美感，运用强烈的颜色对比而达到彩墨交融的境界。"

此次展出的作品中，黄先生对《雪中水仙》有着特别的情感，而其中也有一段小故事：1985年，先生在香港举办展览时，住在黄先生家中，展览期间，先生提出要送黄先生一张作品，并让其去展场挑选。《雪中水仙》作品尺幅很大，创作于1977年，黄先生也很喜欢，但是黄先生认为这样精彩的作品应该被博物馆收藏，所以只选择了一幅小尺幅的作品《金鱼》。黄先生与这件作品真的很有缘分，后来通过其他的途径，这张作品还是被黄先生收藏，因此黄先生倍感珍惜。

中国嘉德近现代及当代书画部总经理郭彤表示：这件作品创作于1977年，是先生艺术创作最旺盛的时期，画面表现出的是先生骨子里的倔强以及生命的能量，虽然是朱老惯常创作的题材，但是在水墨创作上，体现出其受西画的影响，中西合璧，有典型的朱氏风貌，画面的气氛渲染以及水仙的描绘，是其艺术精华的展示，可以说透过水墨以及笔力的劲道透露出顽强的生命力。

此次展览堪称为现存最重量级作品的一次展览，展览至4月11日。

谢欣中国画展首次亮相北京画院

由北京画院美术馆、湖南省美术家协会、湖南齐白石纪念馆、中共湖南省湘乡市委、湖南省湘乡市人民政府联合主办的"神州情韵——谢欣从艺70年中国画展"2012年5月4日至9日在北京画院美术馆举行，《壮哉暮年——众家谈谢欣》同时出版与观者见面。

谢欣，1924年11月14日出生于湖南省湘乡县。字杞荪，笔名李仲、慎子、老杞。1942年考入南京美术专科学校，1943年入中华艺术专科学校，与校长郑明虹、老师齐子如结下忘年交。1944年任武冈县民教馆艺术主任，11月在重庆举办了战地"流亡图"个人画展，并半工半读于中国美术学院研修班，受业于徐悲鸿、张安治、高希舜、黄君璧等先生。1949年任中国人民解放军湘中一支五团宣传队长。解放后历任湖南总工会文化科副科长、湖南工人辅导队队长、湖南省工会干校文艺班主任、湖南省戏曲改革委员会委员。1955年被诬陷为"胡风在湖南的骨干"，受到隔离调查。后从事基层美术教育工作，"文革"后离休。1982年至1984年底偕夫人彭柱之自费在国内旅游写生，期间在湘乡、湘潭、涟源、会同、沈阳举办个展。2009年“纵横五万里——谢欣山水画学术邀请展”在湖南师范大学美术学院举行，2010年“我与祖国——谢欣从艺70周年中国画成就展”在广州举行。

此次展览以谢欣先生从艺70周年的艺术人生为主线，分为“跟随老师，亲身讨教”、“学古人、学宾虹、学抱石”、“纵横五万里写生”、“晚年变法”等四个阶段，以“长镜头”的视角展示谢欣投身于抗日战争、解放战争和为新中国建设纵情欢歌的从艺之路。从展出的70余幅作品中，可以看出谢欣的晚年作品整体感觉鲜明，善于剪裁取舍，将西方因素和中国传统合二为一，登上了他的艺术高峰，他的山水画少用皴擦却不失浑厚、苍茫，用色大胆、鲜艳却不显媚俗，具有一种宏大、雄浑的气魄，反映了中国文化生生不息、自强自立的精神。

谢欣先生长期从事美术教育工作，艺术个性鲜明，具有大家风范，他生活简朴、淡泊名利、不求闻达。正如著名美术评论家邵大箴先生所说：“他的山水画如同他的为人一样，品格质朴、纯净，有文化内涵，有精神气质。这种富有人文精神和内在时代气息的山水画，在当今浮躁的画坛，实在难得，实在难得。”

北京画院2012届油画研修班马琳工作室毕业作品展

2012年7月8日，由策展人王付强策划的“北京画院2012届油画研修班马琳工作室毕业作品展”在北京798艺术区观·空间画廊开幕，此次展览会聚了韩庆、黄雄、詹恒、卢超义、魏海彬五位2012届油画研修班同学的作品，他们来自各地，有着不同的学习经历，但共同的便是对艺术的热爱。

展览现场，人潮涌动，参展艺术家和北京画院画家马琳悉数到场，北京画院常务副院长袁武，北京画院副院长、中国油画学会秘书长雷波，北京画院教委主任高信峰，北京画院油画创作室主任白羽平，北京画院画家李江峰，中国写实画派办公室主任郭援朝，中央戏剧学院教授张旭东，也到场观摩并祝贺，在看过展览之后表示“他们的作品都非常好，既有技法上的突破，又有精神和情感上的追求”。并对学员的作品提出更高的要求和期望。

从现场的作品来看，以写实油画为主，作品主要有两方面组成，首先是对地域文化的一种表达，这与艺术家生存在各自具体的、特定的地域文化中有关，这些因素在一定程度上就规定并支配着他们的表达，其次是艺术家个人偏好和自身的修养与气质，创作出一种个人特色非常鲜明的作品。从他们的作品中可以看到，一个是写实的精神，一个是写实的技巧。第一层面是真实的东西，任何事物都可以通过绘画的形式。表现出来，达到真实的、客观性的模仿，或者是再现。第二层面就是追求情感性的真挚。第三写实是把人的精神、情感的东西有所提升。比如这次展出的作品有很多的人物肖像绘画，这些作品除了出色的技巧之外，最重要的就是人物精神的一种表达，透过这种精神信息可以看出这个时代的精神诉求。

关于这次展览工作室导师马琳表示：“北京画院的教学不同于一般的艺术院校，自建院以来为全国培养了颇多的艺术专业人才。以画家工作室制度培养学生形成了研究，继承和发扬的传统，在考量学生艺术基础掌握的程度上更加注重学员本身的创造能力。发现和保护学生的艺术个性，使学生能够建立自身的审美和创作方式。在这一过程中老师与学生形成了交流与研究的特殊群体。北京画院油画研修班正是在此基础上为2012届油画研修班带来了新的成果和喜悦。”

温故探新——吴休八旬诗书画展

由中国美术家协会、北京画院、中国人民大学画院联合主办的“温故探新——吴休八旬诗书画展”在2012年8月24日至29日于北京画院美术馆展出。展览涵盖了吴休创作的人物、山水、花鸟以及诗词书法作品，全面展出艺术家自50年代至今的艺术创作80余幅。

近几十年来，吴休以他广博的学养、辛勤的劳作和不懈的求索，在诗、书、画、文等方面都取得了令人瞩目的成就。其山水、花鸟、人物及书法、诗词作品多次在国内外参展、发表并获奖，并被国内外博物馆、美术馆等专业艺术机构收藏。曾在美国、日本、加拿大、瑞士、马来西亚、香港、台湾等国家及地区举办个人画展或联展，出版有《吴休诗书画选集》、《咏荷——吴休诗书画》、《吴休山水诗》、《齐鲁游踪》（诗词书法集）、《画余论丹青》（文集）等。

竹下风清——祝竹篆刻书画展在北京画院举行

竹下风清——祝竹篆刻书画展于9月20日在北京画院美术馆开幕，共展出著名篆刻家、书画家祝竹先生篆刻近作200余方，书画作品60余件。在开幕式上的讲话有：国务院参事室副主任、北京画院院长王明明，中央美术学院教授、中国美术家协会理论委员会主任邵大箴，《中国书法》主编、西泠印社副社长李刚田等。

祝竹先生字竹斋，江苏扬州人。自幼热爱中国传统文化，学生时代即操刀弄石，习字作画，乐此不疲。先后师从印坛名宿丁吉甫、蔡易庵、孙龙父、罗未子等先生。20世纪80年代起，潜心绘事，专攻竹石花卉，艺事日新。祝竹先生继承了清代扬州文化的传统，入古出新，直书胸臆，对中国传统艺术程式做了会心的营造。他那清净而恬淡的心境，造就了一个属于他的艺术世界。他的篆刻，清刚静穆，典雅精巧；他的书画，风姿绰约，清新怡人。

祝竹先生虽然较少参加社会活动，但在中国篆刻理论界和创作界均有很高的声望。近年举办的《全国第五届篆刻艺术展》及《当代篆刻艺术大展》，祝竹先生均为成就杰出的特邀作者。他的作品以极传统又极现代的创作形态在当今印坛备受关注。祝竹先生还是一位出色的印学家，出版了多部印学著作，提出了许多关于印章创作和印史、印论研究的真知灼见，嘉惠印林。他的著作有《中国篆刻史》、《汉印技法解析》被书法篆刻界认为是高等艺术教育最好的篆刻教材之一。

此次展出的200余方印章原石，有荔枝冻、极品芙蓉石等精美珍贵的印材，多为祝竹先生近年来创作的篆刻精品，其中尤以多字印和长篇边跋文字引人注目。石美、钮美、印美、款美，再配以精美的原拓印谱，祝竹先生的展示方法，在当代篆刻展事活动中无疑具有开创意义。同时展出的60余件书画作品，也是形式多样，有浓厚的文人气息和强烈的金石趣味。展品前悬有著名学者冯其庸先生题赠祝竹先生的诗云："丹青铁笔广陵春，更有文章追远人。我到维扬君作伴，年来惟此最消魂。"充分表现了老先生对祝竹先生的赞许及他们之间的友情。

展览由北京画院、陕西省文史馆、中国书画杂志社、北京语言大学中国书法篆刻研究所主办，由上海宝藏钢管有限公司承办。

王垂写生油画展

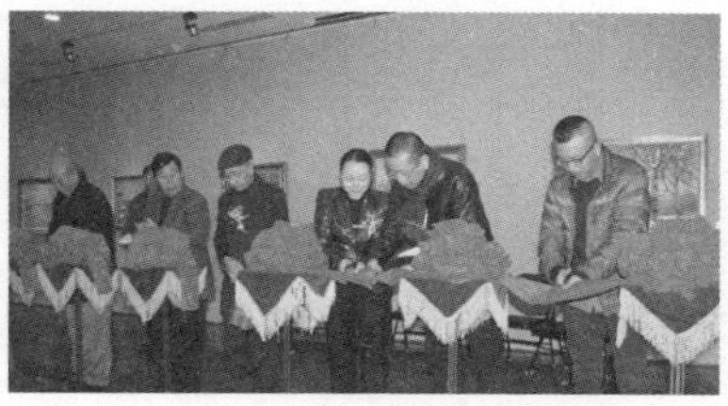

2012年11月28日至12月3日，王垂写生油画展在北京画院美术馆开幕，展览由中国美术家协会主办、北京画院美术馆协办，展出了他近期创作的百余幅写生作品，内容包括风景、人物、肖像等，其作品生动、鲜活，尤其是对瞬间光线变化下的色彩与景物有独特的表现与诠释。展览开幕式上，中国美术家协会主席刘大为先生到场并致祝词，同时王垂先生的导师靳尚谊，同学陈丹青，以及学生刘小东三代师生同时到场祝贺并发表感言。

艺术家王垂毕业于中央美术学院油画系研究生班，与葛鹏仁、孙景波、陈丹青等九人同为吴作人、林岗、侯一民、靳尚谊先生的关门弟子。王垂的作品由印象派外光写生画法蜕变而来，以其对色彩敏锐的感受表现外光，塑造风景、人物。

美术家协会

2012中国北京国际美术双年展

2012年9月28日，由中国文联、北京市政府、中国美协联合主办的"2012·第五届中国北京国际美术双年展"在中国美术馆举办，此次双年展以"未来与现实"为主题，吸引了84个国家的艺术家、700多件作品参展，引起海内外艺术界强烈关注。中国文联常务副主席赵实，中央统战部常务副部长朱维群，中国侨联主席林军，中央外宣办副主任钱小芊，中国文联副主席左中一，中国美协名誉主席靳尚谊等出席开幕式。

北京国际美术双年展自2003年开始举办，经过9年发展，参展国已从42个增加至84个，参展的国内外知名艺术家总计近3000人，观众达数百万人，已经成为展示世界各国美术家才能和风采的重要平台。此次双年展设有印度、亚美尼亚、墨西哥等现当代艺术特展。值得一提的是，为筹备"墨西哥现当代艺术特展"，中国美协专门组织代表团赴墨西哥实地考察协商，该特展全面展示墨西哥现当代艺术的独特魅力，是此届双年展的一大亮点。

赵实在致辞中说，北京国际美术双年展是国际美术界的盛会，它秉持鲜明的精神内涵和深厚的人文情怀，广泛吸纳各国具有代表性的美术新作参展，为广大美术家提供了密切交流对话的艺术空间。此届双年展确定的"未来与现实"主题，是世界各国人民共同的课题，也是美术创作的艺术母题，旨在表达艺术家们对人类命运和现实生活的深入思考。通过此次双年展，我们将在艺术与世界、未来与现实之间架起一道沟通桥梁，不断推动美术创作繁荣发展，增进各国艺术家的深厚友谊，促进和谐世界的建设。

中国文联副主席、中国美协主席刘大为，北京市委常委、宣传部部长、副市长鲁炜也在开幕式上分别致辞。来自亚美尼亚、希腊、牙买加、墨西哥、埃及、波兰等国的驻华使节、文化官员，200多位专程来华参展的国外艺术家参加开幕式。展览至10月20日。

"北京意象·大美房山"绘画作品展在中国美术馆隆重开幕

2012年11月19日，由北京市文联，房山区委、区政府联合主办，北京美协、北京画院、房山区委宣传部、区文联承办的"北京意象·大美房山"绘画作品展在中国美术馆隆重开幕。市文联党组书记、常务副主席、秘书长陈启刚，市文联党组副书记、副秘书长张占琴，北京美协驻会副主席、秘书长贺成材，区委常委、宣传部长赵佳琛等领导出席活动并参观画展作品。

"北京意象"是一项包括主题策划、史料研究、艺术创作、作品评选、大型展览、翻译出版、新闻宣传、作品收藏等环节的大型艺术创作工程。这项以北京为创作主题的中国当代名家画北京工程，计划用10年时间，完成对北京10个区县风貌和人文历史的美术创作，系统描绘、展示、传播北京山河地貌的宏伟壮丽和特有的历史文化精神。房山是"北京意象"系列活动的第三站。画展至11月30日。

赵佳琛在致辞中表示，画家们走进房山，探索人类文明发祥地周口店、探寻佛教圣地云居寺、游览百里画廊十渡、登临百花山云海、攀上霞云岭红色圣地，以丰富多样的艺术手法挥洒抒发、精雕细琢，或写意、或工细、或油彩、或水墨，用饱蘸欣喜和赞美的笔墨描绘"大美房山"的恢宏画卷，把自己对房山的独特审美尽情地表现了出来。这对于发掘、留存和宣传房山文化，打造房山旅游文化品牌产生了积极的推动作用，也为"北京意象"工程增加了重要的组成部分，进一步丰富了首都的文化内涵。

第二届“意境·中国”国画油画作品展开幕

由意境·中国艺术家联合会主办，中国现代工笔画院、徐悲鸿画院油画院，华艺传世文化公司，合生策展，北京哥舒风设计顾问机构协办的第二届“意境·中国”国画油画作品展在经过一年的紧张筹备，于2012年7月7日在北京中国书法院展览馆正式开幕。

“意境·中国”国画油画名家作品集发行暨“意境·中国 ”艺术家巡礼开机仪式系列活动同期举办，活动由策展人艺术家张雁枫、赵兴国主持。

此次大展定位大中国、大文化、大意境的和谐理念，提倡直面生活，关爱人与自然，推崇经典精品文化精神。以展览为依托，促进文化艺术交流，搭建艺术家与收藏家的平台。大展获得了全国各地空前的反响和支持，共收到全国艺术家艺术作品3208件，并由专业评审委员会在投稿作品中评选出200幅入选作品进行展览，作品集中反映了国内青年艺术家的中坚创作力量。

意境·中国艺术家联合会是一个开放性的文化艺术组织，力争成为民间学术最具影响力的艺术组织，秉承艺术研究与市场推介并举的原则，举办讲座、论坛、艺术沙龙、研讨等活动，通过网络、平面媒体、画廊、拍卖等形式对艺术家进行推介，为艺术家搭建广泛的艺术交流与发展平台。“意境·中国”国画、油画作品年展，每年举办一届，面向中国当代中青年艺术家，以挖掘中青年艺术家为主要目的。“意境·中国”艺术家巡礼以艺术家生活、艺术家观念、艺术家创作为主要线索，关注艺术家成长。

活动中由“意境·中国”组委会、艺术家潘永先生、赵兴国先生、光明日报光明日报集团光明网孙明泉总编、中国传媒大学卢谨教授共同启动“意境·中国”艺术家巡礼访谈开机仪式。开幕式后由组办方主办的研讨会上：著名艺术家潘永、杨立军、张雁枫、赵兴国、方志勇、鲍帅、白野夫、孙广义、许国良、潘德来等对当代艺术家的创作及生存状态做出精彩发言，并一致决定，由意境·中国艺术家联合会主导，筹备成立意境·中国青年艺术家发展基金，培养推介有潜力的青年艺术家。

出席开幕典礼的有：国家发改委王再文教授、光明日报光明日报集团光明网孙明泉总编、中国书店总经理于华刚、中国现代工笔画院院长王天胜、徐悲鸿画院油画院院长王功学、中国传媒大学卢谨教授、北京西城区企业家侯建京、盛世天下酒业有限公司总裁尉连柱、维斯纳迪文化产业股份有限公司总裁谭心、湖南卡斯达尔复合材料有限公司总经理艺术家许国良等各界艺术家及嘉宾200余人。

徐悲鸿师生联展广州开幕

2012年5月16日，由徐悲鸿纪念馆、广州艺术博物院等主办的“艺术巨匠徐悲鸿及弟子师生联展”于广州艺术博物院拉开序幕。徐悲鸿纪念馆馆长、徐悲鸿夫人廖静文，故宫博物院院长单霁翔，徐悲鸿长子徐庆平以及广州市相关领导等重要嘉宾受邀到场。

广州艺术博物院院长陈伟安介绍，此次联展展出了徐悲鸿不同时期创作的部分作品，包括国画、油画、素描等。此外，此次联展更聚集了徐悲鸿先生部分学生的作品，包括徐悲鸿的第一代弟子和第二、第三代弟子的作品。其中，徐悲鸿的作品共58件（套），其中两件《巴人汲水》与《灵鹫》为国家一级文物，另外56件（套）皆为国家二级文物。

在开幕式中，陈伟安院长强调了徐悲鸿是中国当代最具影响力的美术巨匠，伟大的美术教育家，中国近现代美术艺术改革先驱以及中国学院派美术体系的奠基人。徐悲鸿承前启后，继往开来，为推动当代中国美术艺术事业发展所做出的杰出贡献，至今仍无人能与之比肩，被国际美术评论为“中国绘画之父 ”。

徐悲鸿长子、中国人民大学徐悲鸿艺术学院院长徐庆平更谈道，徐悲鸿早在76年已曾在广州举办过画展，亦与岭南画派数代画师有兄弟一般的情义。此次“艺术巨匠徐悲鸿及弟子师生联展”在广州的举办，更是此间这种手足之情的延续。

论坛“移师”星河湾

同日，“徐悲鸿艺术的传承和发扬”学术论坛在星河湾·海怡半岛酒店举行。徐悲鸿夫人廖静文先生，中央美术学院教授杨先让，上海大学美术学院院长李天祥等一众徐悲鸿弟子以及文艺界嘉宾到场参加。各嘉宾就徐悲鸿艺术的传承与发扬展开讨论。

论坛中，上海大学美术学院李天祥谈及，徐悲鸿对学生极其爱惜，因材施教。说到徐悲鸿与许多其他画家的不同时，李天祥说徐悲鸿关心的不只是画画，还时刻关心着中国的命运。他还表示中国文艺界有两大可说是“中国魂”的表率：文学界中的是鲁迅先生，而美术界中的则是徐悲鸿。徐悲鸿为振兴中国，振兴中国艺术的志向更是始终如一，一生未变 。

90岁高龄的徐悲鸿夫人廖静文更在席间发表了讲话。她感叹近年来国家的飞速发展，令其可以安享晚年。更谈到了徐悲鸿基金会，该基金会是由徐悲鸿的弟子们拿出自己的作品进行拍卖，将筹得款项捐与贫困学生。她表示一定要秉持徐悲鸿先前爱惜人才的精神，将这个工作一直坚持下去。

星河湾持续推动“艺术盛会”

徐悲鸿作品，深得海内外人士的喜爱。而在星河湾集团搭建的高端圈层平台之上，有许许多多的星河湾业主因为共同的艺术爱好与修养而走到一起。这正体现了星河湾致力搭建高端圈层平台。

作为国内首屈一指的高端品质地产商，星河湾一直秉持“舍得、用心、创新”的理念，除打造高端住宅社区等物质条件外，亦非常重视对文化艺术的弘扬和推广。这表明，星河湾不仅能给予业主高端品质住宅的享受，还可以向广大业主提供高端文化艺术品鉴的尊贵享受。

星河湾每到一座城市，都自觉承担起文化推广的使命，积极组织各类文化推广活动。例如在山西参与举办“人说山西好风光”魅力山西文化年活动，在广州推动“海上丝绸之路万人申遗”、推广岭南文化瑰宝“红船大戏”等。

除了此次活动之外，星河湾集团还将在北京、上海、广州、太原、鄂尔多斯、澳门等各地项目所在城市举办一系列有影响力的、重量级的文化艺术活动，与社会各界一起将城市的美推向世界，为中华文化的传承与发扬贡献一份力量。

天津市

天津市美术作品展在天津美院隆重开幕
作品展示津城新风貌、新成果

美术院校

由市文联、天津美术学院、天津画院、市美协共同举办的纪念毛泽东《在延安文艺座谈会上的讲话》发表70周年天津市美术作品展览，于2012年5月5日在天津美院美术馆隆重开幕。

此次展览，自征稿通知发出以来，得到了广大美术家的积极响应，踊跃报送作品。展出的323件作品，是从天津市广大美术工作者近几年来创作的800多件送选作品中精选出来的。组委会又从中认真评选出一、二、三等奖共41件，其中一等奖5件。天津美院张耀来的水粉画《1949年1月15日·晴》，陈治、武欣合作的中国画《吉祥》，陈九如的版画《逐渐恢复的记忆——阵风》，周世麟的油画《椅子·干花》获一等奖。

参展的作品题材广泛，丰富多彩，有的鸿篇巨制，主题鲜明，不乏时代特征；有的尺幅有限，却精雕细作，不乏严谨工整。表现革命历史题材的，或领袖形象，或历史人物，或重大历史事件，均体现了艺术作品严肃题材的思想性。表现民族的、地域的、风情的，如海洋文化、洋楼文化、少数民族风情等，均彰显着独有的审美特征。更有表现火热的现实生活，阳光的、和谐的、积极向上的；表现勃勃发展的建设进程的，如滨海新区的建设场景，以及新一代建设者的光辉形象。这不仅展现了天津市广大美术家的创作热情，而且充分显示出老、中、青几代画家弘扬主旋律，讴歌新时代的自觉意识和创作实力。更全面展示了天津市美术家近几年来创作的题材多样、风格迥异的歌颂祖国、歌颂天津新风貌、新成果的优秀作品。

“天津精神”艺术作品展隆重开幕

2012年5月7日，由天津美院研究生会主办的“天津精神”艺术作品展在美术馆举行了开幕式。团市委副书记王晓亮，团市委学校部副部长时胜强，天津美院党委书记武红军、副书记蒋宗文以及相关部门负责人出席了开幕式。

“天津精神”艺术作品展以“爱国诚信、务实创新、开放包容”的天津精神为主题，经过专家的选评，共展出作品134件，入展作品立意新颖，特色鲜明。天津美院师生通过绘画、书法、设计、摄影、雕塑等艺术表现形式，融入天津元素，生动描绘了天津的事物、人文、风景，真切地展现出天津繁荣发展的活力与气息，反映出天津的时代特色和积极向上的精神风貌，对天津精神做了生动的诠释和表现。展览吸引了众多的参观者，大家为艺术与天津精神的完美融合而赞叹，领略了天津的独特魅力。

此次艺术作品展，全院师生在精心的创作中，抒发了热爱天津的真挚情感，深化了对天津精神的认知，进一步增强了对天津美好发展前景的信心。师生们纷纷表示要自觉做“天津精神”的践行者和传承者，为天津的科学发展、和谐发展、率先发展做出积极的贡献。

此次展览在天津美院美术馆展出后评选出切合主题的获奖作品，随后在校外社区、艺术机构及其他高校中进行巡展，全力宣传“天津精神”，扩大影响力。

“美·设计·生活”设计美学论坛在天津美院举行

2012年5月18日，由天津美院与天津市美学学会共同主办，天津美院设计艺术学院承办的“美·设计·生活”设计美学论坛在天津美院开幕。天津市相关领域的专家、学者云集天津美院，围绕“美·设计·生活”的主题展开广泛深入的研讨。天津美院纪委书记李炳训教授为论坛致开幕词。论坛由天津美院设计艺术学院副院长、天津市美学学会副理事长彭军教授主持。

论坛首先举行了天津市美学学会标志的发布仪式，之后进入论坛的主要环节——主题演讲。来自南开大学、天津社会科学院、天津师范大学、天津美术学院等单位的六位专家做了主题演讲。专家们的精彩演讲使与会学者深受启发，博得大家阵阵掌声。其他与会学者纷纷在随后的自由发言中畅所欲言，讲述了自己的感受与最新研究成果。论坛在热烈的学术氛围中圆满结束。此次论坛的举行，为天津美院教师搭建了与兄弟单位、院校美学工作者相互学习交流的平台，进一步促进了天津美院教师在设计美学领域研究与教学的深入。

诠释东方艺术 展现津城魅力
——天津美院参与主办2012年夏季达沃斯论坛艺术展示

2012年9月11日至13日，被誉为“世界经济风向标”的夏季达沃斯论坛在津隆重举行。天津美院作为此届夏季达沃斯论坛筹备委员会艺术组组长单位，参与主办以“东方·艺术天津”为主题的达沃斯论坛艺术展示。在2012年夏季达沃斯论坛举办期间，天津美院与天津达沃斯论坛筹备协调委员会在梅江会展中心联合主办“天津著名艺术家作品展”，并于此前和天津达沃斯论坛筹备办公室共同举办“首届天津青年国画艺术作品展”，呈现东方艺术之美，向世界展示天津独特的魅力。

夏季达沃斯论坛2012年是第三次在天津举办。此次论坛的主题为“塑造未来经济”，来自86个国家和地区的2000多名代表平等对话，坦诚交流，集思广益，共谋良策，推动世界经济走上可持续发展道路。此届达沃斯论坛的艺术展示不仅为论坛增光添彩，也全面打造了艺术天津的国际化新形象。艺术展示主要由两个展览组成，一个是2012年7月25日至31日在天津美术馆举行的“首届天津青年国画艺术作品展”，展览以中国画的意蕴和精神向世界展现新天津和谐发展的美好愿景。另一个是汇集了天津60位老中青优秀艺术家代表的“天津著名艺术家作品展”，参展的众多艺术家在国际国内艺术界享有盛誉，展览共展出国画书法作品20幅，油画、版画、水彩画作品22幅、雕塑作品18件。整个艺术展示展现出天津城市深厚的文化底蕴，有力地传播了东方文化。

此次艺术展示中，天津美院师生精心创作的作品占展出作品的大多数。在天津著名艺术家作品展中，大部分艺术家为天津美院国画、油画、版画、雕塑系教师。首届天津青年国画艺术作品展由天津美院杨德树、韩文来、霍春阳、姜陆等12位天津国画艺术家领衔参展，之外共汇集了72位天津青年国画家134幅国画、书法作品。这些青年画家也均为天津美院国画系学生。首届青年国画艺术展的画作还作为市礼由黄兴国市长亲自赠送给来自世界各国的政府政要、企业精英及专家学者。天津美院师生的作品为2012天津夏季达沃斯论坛增添了一道亮丽的风采，展现了天津美院的艺术实力，并借助达沃斯这一平台充分地展示中国的文化元素，实现中西文化的交融互动。

在达沃斯论坛艺术展览之外，天津美院教师还为达沃斯论坛的会场设计了精美的艺术品，为会场增添了艺术气息。其中有张耀来老师设计的两幅以“津韵”为主题的大型壁画，还有谭勋老师设计的7件以“聚散、开合、汇集”为主题的大型雕塑作品。另外，充满着浓浓的东方文化味的达沃斯会场内的核心区域——“中国、天津”展示区的外观和媒体及互动展示的核心内容是由天津美院张猛老师负责设计。论坛期间，天津美院还派驻4位国画系学生在会场中心互动区现场刻章和绘画，并将这些作品现场送给了各国与会来宾。

此届夏季达沃斯论坛的成功举办，不仅闪耀着智慧的光芒，也绽放出东方艺术的美丽，展示了天津文化的开放包容。我们期待着2014年夏季达沃斯论坛再次回到天津。

天津美术学院“2012·原创研究生优秀作品联展”开幕

2012年11月21日，由天津美院研究生部主办，《中国书画报》与《北方美术》协办的“2012·原创研究生优秀作品联展”在学院美术馆隆重开幕。院党委副书记蒋宗文、副院长于世宏、副院长邓国源、纪委书记李炳训、各教学单位和相关处室负责人以及部分研究生导师出席了开幕式。来自天津美院各专业研究生的165件作品以丰富的艺术语言向观众表达了作者的艺术理念与情感追求。

此次展览的参展作品以绘画类及艺术设计类作品为主。绘画类参展作品题材广泛、内容丰富、形式多样，画种上既有国画、油画、版画，也有雕塑、综合绘画，题材上以人物、风景、静物为主，画风呈现出写实、抽象、概念等多种面貌，不仅有传统的表现方式，还体现出了对社会焦点问题的思考与关注，整体上展示了近年来学院研究生培养教育的丰硕成果，涌现出许多思想性、艺术性、观赏性俱佳的新作。艺术设计类参展作品囊括了环境艺术设计、工业艺术设计、视觉艺术设计、服装染织设计、装饰艺术设计、公共艺术等门类，这些设计作品贴近生活，服务大众，同时也对未来的艺术设计领域提出了新的设想。

2012·原创研究生优秀作品联展以公开展示和评审的方式对导师的教学质量和研究生的学习情况进行评价，旨在鼓励研究生在学期间的学术研究和艺术创作，开阔研究生的学术视野，增强创新意识与创新能力，促进研究生培养质量和研究能力的提升。展览至12月5日，同时面向广大市民开放，为观众提供一个了解艺术、服务生活的平台。

书画院

徐悲鸿画院优秀作品巡展

由徐悲鸿画院、天津画院主办，上海银行天津分行协办的徐悲鸿画院优秀美术作品巡展，2012年9月15日在天津美术馆隆重举行，展出国画、油画、书法作品160余幅，内容丰富，题材多样，均为徐悲鸿画院画家近年来创作的精品。来自京津两地的书画家和书画爱好者带着浓厚的兴趣参观了画展。

徐悲鸿画院自1992年成立以来，始终坚持艺术为国家，为大众服务的方向，深入生活，反映时代，赞美祖国，创作出大批优秀的作品，受到美术界一致好评。多年来，徐悲鸿画院在支持希望小学、抗洪救灾、抗震救灾等大型公益活动中，积极捐款捐画，累计金额已达1500万元以上。

美术家协会

“2012天津·尹沧海书画艺术展”开幕

2012年9月29日，“2012天津·尹沧海书画艺术展”在天津美术馆开幕。画展由天津市文联、南开大学、天津美协、天津书协主办，展览展出了著名书画家、南开大学博士生导师尹沧海教授近年创作的书画精品200余件。作品涵盖花鸟、山水、人物等题材以及书法，既有精致耐看的尺幅小品，也有气势恢弘的丈二巨制，呈现出作者深厚的笔墨功力、深刻的人生感悟、鲜明的美学风格和可贵的创新精神，在中秋、十一佳节来临之际，为人们带来了一场视觉盛宴。

作者在中外各地的写生之作以抒情性和创新性为此次展览的一大看点。“大美青海”、“梦见峨眉”、“贵州纪行”、“云中漫笔”、“加勒比日志”、“九华高卧”等几个系列，从写实造型到写意造境乃至禅宗写意层层递进，蕴涵着创作者对自然之和谐景象的畅想，体现了对自然、人生的热爱。此外，作者的速写手稿、书籍插图、历年重要艺术活动图片等也一并展出，使观众对作者的艺术风貌和成就能有较全面的了解。

“尹沧海书画艺术研讨会”于当日举行，与会的书画界、艺术理论界人士分别就尹沧海书画艺术的演进历程、艺术风格、创作经验进行了交流，对尹沧海所取得的艺术成就给予了高度肯定。

中国著名美术史论家、中国艺术研究院一级研究员陈绶祥认为：“尹沧海的作品在笔墨意境中探求画道，不为题材局限，借禅机而发本心，于笔墨中遍假古今选用，以大写而引缜密。其思与法皆不乏可取之处。”

画展期间还举行了“南开大学书画艺术与美学研究中心揭牌仪式暨尹沧海教授助学金捐赠仪式”。

天津水彩画第六届年展开幕暨高校第一工作室揭牌

天津美协水彩专业委员会第六届年展2012年12月21日在天津城市建设学院美术展览馆拉开帷幕。

此次展览由天津美术家协会、天津市美术家协会水彩画专委会主办；天津美术家协会水彩画专业委员会承办；天津城市建设学院协办。共展出水彩作品200余幅，是历次天津市水彩画展中这是一次参加人数最多，规模最大和水平最专业的一次水彩艺术展览，代表了天津市的较高水平。天津美协水彩专业委员会第一实验水彩画研究室同日也在城建学院城市艺术学院成立。

这是天津水彩画界一年一次的盛会。在这辞旧迎新之际，在这里团聚、交流、切磋技艺。大家在艺术的园地里，勤奋耕耘又一年，把各自的成果摆放到这张巨大的“餐桌”上，让同仁们、朋友们、观众们共同分享。

天津美术家协会副主席、秘书长王书平，天津城建学院党委书记周剑琴，天津城市建设学院艺术学院院长、水彩专业委员会副会长尚金凯，天津市美协副主席兼副秘书长史振岭，天津文联办公室杨建国，天津美协水彩艺委会主任石增琇，天津美协水彩专业委员会会长陈重武，天津美协水彩专业委员会副会长，中国包装联合会设计委员会副主任李宗儒，天津美协水彩专业委员会副会长古聿浚，天津美协钢笔画专业委员会会长赵军，天津美协钢笔画专业委员会副会长兼秘书长徐筑，天津城市建设学院艺术学院书记毕留举，副书记杨晓东，天津城市建设学院城市艺术学院副院长王新宝、副院长张小开，天津文学艺术网主编肖胜利等出席了开幕仪式。开幕式由天津美协水彩专业委员会副会长、中国包装联合会设计委员会副主任李宗儒主持。

天津水彩画自80年代初复苏以来，经过“十人”、“现代”、“和平”三个水彩画会多年的努力，提升了天津水彩画水平，并做了大量国际水彩艺术交流活动，响誉亚洲。2004年三个画会大联合，成立了天津美协水彩专业委员会，天津水彩画界形成合力；再者，天津师大与天津美院联办水彩画研究生班，培养输送新生力量，自此天津水彩画界得以快速发展。会员从80余名发展到280多名，是全国最大的水彩画会之一。水彩艺术水平也全面提高，创作出许多优秀作品，入选全国性画展作品逐年增多，2012年第十届全国水彩画展，天津美术家协会会员作品送评61幅，入围12幅，终评展出7幅，为历届入选最多，值得庆贺。

2012年是个丰收年，频繁组织或参与诸多艺术活动：20名会员作品入选“第24届亚细亚水彩画联盟展”，并组团14人赴马来西亚首都吉隆坡参加开幕式及学术活动。应邀赴湖北神农架采风。参与河北省白庄水彩画村的创建及大型系列活动；联办“魅力红桥水彩作品展”；在山东淄博成立天津美协水彩专业委员会第三实验水彩研究室并组团前往参加揭牌仪式及举办“天津水彩名家作品展”；组织会员作品参加“许昌国际画展”。会员还自发成立“老年会员水彩艺术研究组”，定期开展学术究讨。此外，还有画会画员举办水彩个展的，参加国际国内展事的，出国艺术考察等。

天津，曾经有过高速发展的辉煌历史，在高速发展经济的同时会聚了世界多元文化，尤其西方文化，这是一块中西文化融汇的沃土，有利西洋艺术的发展。天津，改革开放以来亘新焕发青春，以更大的步伐向中国北方经济中心、国际大都市迈进，现在又吹响了文化大建设的号角。我们顺风扬帆，更快发展天津水彩画艺术，扩大普及，提升品质。

水彩画作为西洋主要画种之一，它与“洋味”天津无限和谐，水彩画艺术在天津这块多元文化的沃土上，找好自己的方位，开放出旖旎芳香的花朵，让更多的天津人民享受到水彩画的透明、流畅、明丽、灵秀、高雅等特质带来的美感享受，为此，水彩画界的朋友们，须更加勤勉，多出好作品。

天津市首届钢笔画展在天津城市建设学院举办

2012年12月29日，由天津美术家协会主办，天津市美术家协会钢笔画专业委员会承办的天津市首届钢笔画展在天津城市建设学院艺术展览馆开幕。天津市老领导钱其璈、何国模，市文联、市美协领导唐云来、曹德兆、王书平，市质监局、规划局领导吴挺、赵友华，校领导周剑琴、王建廷、杨万禄出席画展开幕式。唐云来、王书平和天津美协钢笔画艺委会会长赵军等分别讲话，从不同角度对钢笔画艺术节的举行表示祝贺并阐述了发展钢笔画的意义。老领导向钢笔画艺术研究与教学基地、钢笔画培训基地、钢笔画海泰会馆、钢笔画衍生产品与开发基地授牌。天津城市建设学院城市艺术学院院长尚金凯从领导手中接过“钢笔画艺术研究与教学基地”铭牌。开幕当天下午，还举行了钢笔画艺术研讨会。中央电视台制片人于刚及有关媒体朋友莅临并对活动进行了报道。

天津市首届钢笔画展吸引了众多的观众，展出的200余幅钢笔画佳作令观众看到了钢笔画丰富的表现力。此次首届钢笔画展，参加人数众多、规模大、内容题材丰富，代表了天津市钢笔画的较高水平。

城市艺术学院近年来积极推动高水平的美术展览活动和交流，继日前成功举办第六届天津市水彩画年展之后又一次举办了天津市首届钢笔画展，有力丰富了校园文化生活，提升了校园文化品位。此次钢笔画展1月4日结束，展览期间城市艺术学院安排专人提供参观服务。

河北省

美术院校

2012河北师大美术与设计学院毕业作品展

2012年5月16日，由河北师范大学、石家庄美术馆主办的2012河北师范大学美术与设计学院（研究生、本科生）毕业作品展在石家庄美术馆举行盛大的开幕仪式。

展览是河北师范大学美术与设计学院2012届研究生、本科生的毕业作品展。展出有国画、油画、版画、雕塑、设计、服装等十余个专业近130余件毕业作品。此次展出作品是毕业生经过为期半年的创作过程，制作出的一幅幅精美作品，也是对专业学习的汇报。

2012河北美术学院青年教师水墨画展

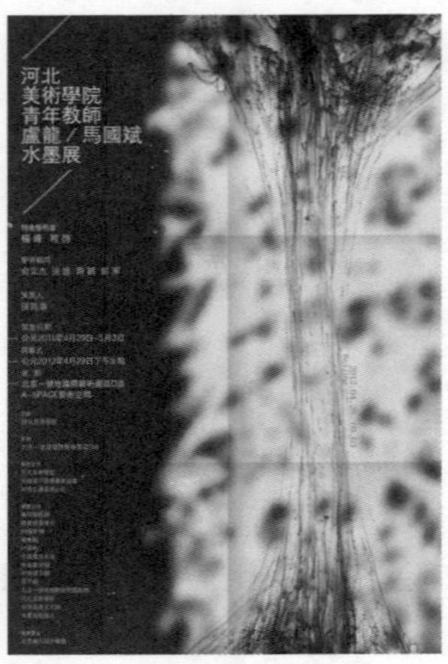

2012年4月29日至5月29日，由河北美术学院主办的2012河北美术学院青年教师水墨画展在北京一号地国际艺术园区D区A-SPACE艺术空间举行盛大的开幕仪式。

近年来，河北美院是在美术领域异军突起的一枝新秀，内蕴着勃勃生机。这一气象从其两位优秀青年教师卢龙和马国斌的作品中完好地体现出来。展览作品百余幅之多。他们的作品既有较为相同的格调，又在绘画语言上有着不同风格的追求。在展览的作品中，我们不但能看到两位画家对中国画特有的传统笔墨文脉的继承，又能感受到当代水墨的意向气息。这次展览是一次具有重要意义的学术美展，是两位参展画家近年来对绘画语言、形式和表达方式进行全新探索的一次正式展示。在当今商业气息充斥画坛、行画满天飞的大背景下，这无疑是在昭示代表着国内高水准画家的一次学理贡献。为此，一号地艺术区为作者和观者提供了一个切磋交流的艺术平台。

书画院

河北国画院等四专业画院与河北美术馆联盟成立

为了整合全省优秀画家，形成整体优势，河北画院国画院、油画院、版画院、雕塑院四大专业画院与河北省美术馆联盟于2012年3月22日成立，白云乡等全省100名优秀美术创作者、艺术家受聘为画院院长、研究员等职，中共河北省委常委、宣传部长艾文礼出席会议并做重要讲话。

河北省画院院长张国君说道，专业画院的成立是文化大发展大繁荣背景下涌现出的文化产品，是推动河北美术事业发展和加快文化建设的文化活动。河北画院专业画院的成立，进一步促使河北画院成为全省美术事业发展、美术创作、美术理论研究、美术活动开展等社会职能完善的艺术基地。

河北画院国画院院长白云乡表示，此次专业画院的成立是对画家们的鼓励和鞭策，这是非常好的举措和形式，作为当代画家我们应该感到责任重大，希望大家能够团结起来，关注自然、社会、人生，深入生活，借助“走进太行”等活动为基础，以更好的形式，为大家更多地创作作品，更好地回报社会。

河北画院油画院执行院长徐福厚就专业画院成立的意义做出了深入的阐释，他表示：“省委相关部门以成立‘专业画院’的方式把大家组织起来去创作，以非常具体的组织形式开辟平台，是党对艺术家的关怀，我感到备受鼓舞和温暖。艺术创作是画家本人的事，而我们共同生活在一片土地上，承受着这片土地独特的文化滋养和领导的关怀，所做的事，自然代表河北的精神文化气质和燕赵风土气息的作品。相信在‘走进太行’等活动的深入开展后，不久的将来，河北美术在全中国美术大格局中会体现出独特的风采、独特的风格和独特的形象。我们还要继续勤奋工作、不断创新，创作精品和有代表性的作品，每个人以不同的方式展现自己在这块土地上的追求，团结起来形成的就是河北美术的整体形象。”

中共河北省委常委、宣传部长艾文礼表示，在贯彻落实省委八届二次精神，拥抱河北文化春天这样一个美好时刻，河北画院国画院、油画院、版画院、雕塑园四个专业画院成立了，这是推动河北文化事业发展的一件大事、一件喜事，对于整合资源，对于繁荣文化都有非常重大的意义，对河北画院专业画院的成立表示热烈的庆贺，并衷心地祝愿全省广大美术工作者，在艺术的道路上孜孜不倦，百尺竿头更进一步。

艾文礼部长在会上传达了张庆黎书记在河北省八届二次全会上提出唱好推动文化大发展的“四出戏”，以更加丰厚的创作推动河北由文化资源大省向文化强省跨越的新指示。艾文礼表示，美术工作者也要按照书记的要求，第一，要把握好美术创作的方向，唱好“重头戏”，还是要通过这种独特的艺术形式，来弘扬以爱国主义为核心的爱国主义精神、以改革创新为核心的时代精神、以“两个务必”为核心的西柏坡精神，来表现社会和谐、人民幸福的社会认知和人生感悟，弘扬社会的正气，塑造美好的心灵，凝聚建设和谐河北的强大力量。第二，要努力推出美术大家、名家，唱好“功夫戏”。着力搭建更广阔的艺术交流平台，积极组织我省优秀作品参加重大的展事、展览活动，要有规划、有组织地将具有一定影响和潜力的河北艺术家培养成全国知名的艺术大家。第三，要全力打响河北特色流派，目的是唱好“地方戏”，通过各种形式途径，把资源的优势转变成创作的强势，把河北美术家的艺术特质打造成业界普遍认可的、具有燕赵特色的燕赵流派。第四，要努力形成美术发展的百花齐放的局面，着力唱好“拿手戏”，在推动河北美术多样发展上下功夫，进一步加强创新，找准比较优势，努力多样创作，推动各种艺术门类和艺术风格竞相发展，形成河北美术百花争艳的良好格局。面对兴起的文化建设新高潮，全省的美术工作者要以高度的文化自觉和文化自信，担当起为人民书写、为时代放歌的历史责任，把学术探索和艺术创作融入到经济强省、和谐河北的伟大事业，进一步推动我省文化大发展大繁荣，以优异成绩迎接我党"十八大"的召开。

河北画院各专业画院院长、研究员名单：

国画院

院长：白云乡

副院长：朱兴华、曹宝泉、蒋世国、王继平、王立明

秘书长：王立明（兼）

研究员（按姓氏笔画为序）：马唯驰、王国强、王稳玲、田肃、白云皓、白联晟、刘玮增、刘丽、刘栋、孙小东、陈卫建、张玉生、张玉华、汤江云、张奎英、张高志、张晓波、张健、张喆、张雄鹰、汪耀民、杨怀武、周晓明、范硕、姚卫国、段朝林、钱广信、唐永谦、倪春林、高恩、崔强、彭岩、颜景龙、薛俊水、戴魁。

油画院

院长：祁海峰

副院长：徐福厚、王国斌、高俊峰、张立农

秘书长：张立农（兼）

研究员（按姓氏笔画为序）：马虹、马洪彦、马振东、邓先荷、牛运功、王启康、王凯、王建民、王琦、王善满、王福明、刘万民、刘克功、孙杰、任剑、刘春龙、吕耀东、张广军、宋鸿筠、张国利、庞振捷、侯志江、贾占峰、郭志红、康连顺、黄君辉、韩砚君、翟建平、戴瑞卿

版画院

院长：袁庆禄

副院长：滕雨峰、王杰斌、高华

秘书长：王杰斌（兼）

研究员（按姓氏笔画为序）：马良芬、方惠民、刘根、刘滢辉、杨金祥、李砥、杨素群、胡岸、高宏刚

雕塑院

院长：黄兴国

副院长：于焕新、王艺宁、曹戈

秘书长：曹戈（兼）

研究员（按姓氏笔画为序）：王凡、任世坤、段冬玲、郝首明、贾世昌、章华、黄海、韩峰

河北画院国画院美术作品展

2012年7月13日，河北画院国画院"走进太行"系列美术作品展在河北画院北戴河创作中心举行了开幕式。河北省文化厅党组书记王离湘、河北画院院长张国君、秦皇岛市委常委、北戴河区委书记曹子玉、秦皇岛市副市长邢留逮、秦皇岛市文化局局长李文生等出席仪式并剪彩。

这是河北画院在北戴河举办的第四次作品展，也是河北画院专业画院之一国画院成立之后的首次展览，展出20余位画家精心创作的40余件作品。这次作品展旨在丰富秦皇岛暑期文化生活，展示河北文化繁荣的成果，满足中外游客多层次的文化需求。参展画家们纷纷表示，要把学术探索和艺术创作融入建设经济强省、和谐河北的伟大事业中，进一步推动我省文化大发展大繁荣；不断提升河北画院的创作实力，使河北美术创作早日进入全国美术创作架构的第一方阵，更好地服务于河北经济建设。

与往年不同的是，河北画院2012年成立了国画院等四个专业画院，并聘请100余位省内外的优秀画家加盟，省委常委、宣传部长艾文礼同志亲自为受聘画家颁发了聘书。四个专业画院的成立，健全了河北画院的创作机制，壮大了创作队伍，为河北画院乃至全省的美术事业的进一步发展奠定了基础。

美术家协会

"黄耿辛画展"在北京宋庄国画院隆重开幕

2012年5月29日，"黄耿辛画展"在北京宋庄国画院隆重开幕，此次展览由河北省美术家协会、河北省画院、宋庄国画院主办。

此次展览共展出黄耿辛从80年代至今的花鸟画作品139件，展现了他几十年美术创作以及美术理论的轨迹和成果。开幕式同时举办《黄耿辛画集》首发式，"黄耿辛画展"，《黄耿辛画集》书名、展名由黄胄先生1988年题写。《黄耿辛画集》除了花鸟作品外还包括美术论文和艺术随笔20余篇，这些文章曾先后发表于国内外报刊和研究文献中，是出版的《黄耿辛文集》的部分内容。

黄耿辛，河北省南宫市人，1969年插队下乡，1986年学习于中央美术学院，同年加入中国美术家协会，1988年9月1—12日在北京中国美术馆一楼东厅举办"黄耿卓、黄耿辛画展"。1992年调入河北省政府外事办公室任河北省东方艺术促进会秘书长，1993年评为国家一级美术师，1994年任河北省群文专业高级职称评委，1996年调入河北省画院，任河北省美术创作中心办公室主任，2000年任河北省艺术专业高级职称评委、专家评审组组长，2003年任河北画院副院长，2006年当选河北省美术家协会副主席，2006年任《美术经典》杂志主编，2008年被文化部聘为专家指导委员会委员、当选北京华和厅画院副院长，1998年、2003年、2007年当选河北省第八、第九、第十届政协常委，作品多次参加全国美展、出国展并获奖，大量作品被国内外多家艺术机构、收藏家收藏，有多部专集、画集出版。

山西省

美术院校

山西大学美术学院2012年画展及讲座汇总

山西大学美术学院110周年校庆系列活动之一“当代世界艺术大师、俄罗斯西多罗夫油画作品展” 2012年5月4日在美院二层展厅举行了开幕式，开幕式由刘彩军主持，高兴玺致辞，并有学院师生，省美协、文联、省高校各美术专业的领导、师生、校友等参加。此次展览由山西大学、山西出版传媒集团、山西省美术家协会、山西省收藏家协会主办、山西人民出版社、山西大学美术学院、山西新华印业有限公司承办，于2012年5月4日至5月10展出，有作品29幅。同日在音乐学院音乐厅还隆重举行了“当代世界艺术大师西多罗夫学术讲座”暨瓦连京·米哈依洛维奇·西多罗夫客座教授证书颁发仪式，有学院师生、美术界人士400余人。

2012年5月7日，美术学院为庆祝山西大学110周年校庆，举办了台湾著名艺术家、当代著名画家、台湾师范大学美术研究所所长“江明贤中国画作品展”，在美术学院展览馆举行了开幕式，出席开幕式的有省文联主席李才旺、省美协主席王学辉、秘书长连艳，山西大学北京校友会会长陈小兵，山西大学副校长杨军，学校人事处、教务处、学院领导、师生参加了开幕式。此次展览于5月7日至5月10日展出，共展出作品30余件。

同日在文科楼三层报告厅，举办了“传承·发扬·创作——江明贤学术报告会”，暨江明贤教授客座教授证书颁发仪式。有美术学院全体师生及广大艺术爱好者400余人积极参加了此次报告会。江明贤教授为大家讲述了中国书画在台湾的传承、发扬和创新，以及台湾师范大学的教学特色。此次报告会，师生们了解了台湾传统艺术文化的博大精深，增强了艺术方面的专业知识，加强了美术学院与台湾师范大学的友好合作交流。

5月11日至5月17日，在山西大学美术学院展览馆举行“千里寻梦——故宫博物院、南京博物馆、辽宁博物馆馆藏书画珍品还原艺术展”，此次展览由美术学院，北京鼎诚光源文化传播有限公司主办，共展出作品100余幅。

6月19日至6月29日，2012届硕士研究生《内在》毕业作品展，在山西大学美术学院美术馆举行。此次展览是美术学、设计艺术硕士研究生的毕业作品，包含国画、油画、版画、雕塑、环艺、装饰、城市、视觉传达、工业设计九个研究方向，共展出60名毕业生的80余幅作品。此次作品展主题为“内在”即强调事物本质的自足与自在，追求自身力量及自我完善。以之为展名，理由：一是艺术创作有自身的规定性和超越性，加强学术性探索以完成艺术的内在美是任何时期每一位艺术家所追求的目标；二是每一位艺术家都面临内外兼修的功课和任务，学校教育相对而言有其内向性，外向的开拓与超越尚有待于将来。

2012年6月19日，山西大学美术学院特邀学院校友，美国康涅狄格中央州立大学王武军教授，在山西大学美术学院A102举行“西方美学与高校设计教育”讲座。王教授就“为什么西方的设计很（西方）”的话题进行了详细的讲解，介绍了中西方哲学的区别和对中西方艺术的影响，以及国外高校的教育方法和同学们学习专业设计的技巧。讲座为山西大学美术学院师生更新设计理念提供了学习和借鉴的机会。

山西大学美术学院书法工作室在8月22日，在山西大学美术学院204教室，特邀太原师范学院书法系教授、中国书协学术委员姚国瑾主讲“傅山其人其艺”学术讲座。

2012年8月23日在山西大学美术学院104教室，由军事博物馆画家、中国美协会员、海协两岸协会书画分会理事、澳大利亚新南威尔士大学研究学者、澳大利亚国防学院客座教授邢俊勤做“当代军旅艺术新视角”学术讲座。

2012年8月24日在山西大学美术学院A104教室，特邀中国美术学院教授董文运主讲“中国绘画本体语言研究”学术讲座。由山西大学美术学院青年教师王永生进行“绘画与影像的动觉审美”学术讲座。

9月25日，由山西省美术家协会，山西大学美术学院主办，山西省油画协会承办，山西扬光印务有限公司协办的“叶振兴从艺60周年作品回顾展”开幕式在美术学院大厅隆重举行。校党委副书记张汉静出席开幕式并讲话，省美协、省油画学会、省城兄弟院校美术界同仁及学院部分退休老教师和师生参加了开幕式。开幕式由钱文亮书记主持，高兴玺院长致辞。此次展览从9月25日至10月10日，共展出作品110余幅，开幕式后，又举行了“叶振兴从艺60年座谈会”。

由分团委、学生会组织举办的“手绘讲座”，于2012年10月15日在美术学院A102教室进行，邀请艺尚工作室手绘设计师杜鲸锋、陈小锋讲解。使广大学生对自己专业有了更加深刻的认识，对未来职业有了规划和了解。

“美术学院2012年本科实践教学汇报展”，于10月22日至11月4日， 在美术学院展览馆展出，有大二到大四11个专业方向16个班级573名学生的3000余幅外出实践学习成果。展现了实践教学的特色，增强了实践教学的价值和意义，促进了实践教学的不断改进和完善。

11月6日，由省文联与省政府台湾事务办公室联合主办，省美术家协会、山西大学美术学院、山西美术馆、山西省晋宝斋艺术总公司等协办，由跃群艺术股份有限公司策展的“福州风华，江明贤墨彩个展”在山西美术馆开展，展期9天，于14日结束。同日，由山西大学美术学院主办，特邀江明贤在山西大学会议中心第二会议厅做“两岸同绘魅力、山西高峰论坛”。首先江明贤做了“中国山水画创新与发展”的讲座，省晋宝斋总经理勒钟、省文联主席李才旺、台湾艺术经济策划人黄世祯及院领导、师生参加了论坛。其次特邀文联副主席李才旺、省画院副院长孙海青、市美协主席王爱忠、著名山水画家高相国、李德仁进行笔绘，将题为“塞北烟云”的联合创作留赠美院。

2012年12月5日，中国书法家协会、山西分会主席、中国书法家协会理事，创作评审委员会委员、现山西省书法家协会名誉主席、山西大学美术学院客座教授林鹏，在美术学院三层会议室做了《书法艺术创作与文化思想》的专题讲座，学院教学、科研院长，工作室主任及书法、国画专业的本、硕学生参加了讲座。

林鹏先生擅大草，遒劲豪迈，气势磅礴。以草闻名于世，书法界“南林散之，北有林鹏”之称。林鹏先生虽已85岁高龄，但语言清晰、风趣幽默，用浅显易懂的语言传达出一位老人对我们的期望。他嘱咐大家：“学习书法要多读书、多临帖，艺术要为生活服务，注重理论与实践的结合。”

由九三学社山西省委、山西省美术家协会、山西省书法家协会、山西大学美术学院主办，山西东方美术研究院、九三学社山西书画院协办的“李德仁书画学术展”于2012年12月20日在美术学院展览馆举行了开幕式。此次展览于12月30日结束，共展出作品近200幅。

山西大学美术学院110周年校庆系列活动之一
“当代世界艺术大师俄罗斯·西多罗夫油画作品展”

蓝天、白云、田野、碧波……一股清新之风迎面扑来。2012年5月4日，俄罗斯油画大师西多罗夫油画作品展开幕式暨《当代世界艺术大师俄罗斯·西多罗夫》作品集首发式在山西大学美术馆举行，百余位省城文化艺术界专家、学者与西多罗夫先生一同参加活动。

现年84岁高龄的瓦连京·西多罗夫为俄罗斯当代著名的油画大师，曾担任俄罗斯美协主席20余年，现为独联体美术家协会国际联盟主席。他获得了俄罗斯艺术领域几乎所有的荣誉，艺术经历曾被拍成电影。他的作品曾在世界许多国家展出。此次展出的近30幅作品，是他各个时期的代表之作，展示了俄罗斯浓郁清新的民俗气息。西多罗夫在发言中表示，中国文化对自己的影响深厚，他甚至能背出李白的诗句“举头望明月，低头思故乡”。

由山西人民出版社出版的《当代世界艺术大师俄罗斯·西多罗夫》作品集首发式同时举行。该画册精选了西多罗夫各个时期的代表作219幅，是西多罗夫迄今收录最全的一部作品集。中国驻俄罗斯大使李辉及俄罗斯著名散文作家、剧作家阿纳托利·彼得罗维奇·洛果夫分别为该书作序。此次画展由山西出版传媒集团、山西大学、省美术家协会、省收藏家协会主办。山西出版传媒集团董事长齐峰表示，此次活动的成功举办，标志着我省文化传媒界与俄罗斯美术大师之间的战略联盟正式建立。

庆祝山西大学110周年举办“江明贤中国画作品展”

2012年11月6日，“神州风华江明贤墨彩个展”在山西美术馆正式开展。省人大副主任王雅安、省文联主席李才旺、省文联党组书记宋新柱、省委宣传部副部长郭玉福、省台办主任黄晋明等领导，以及山西书画艺术家、美术评论家、山西大学美术学院师生、新闻媒体记者等参加了画展开幕仪式。

江明贤，1942年生于台湾台中县，著名美术教育家、中国墨彩画大家。现任台湾美术院常务副院长，并从2011年起担任中国国家画院院务委员暨研究员。1988年作为在大陆举办个展的台湾本土画家第一人的，他的声名远扬，此后20余年，他致力于两岸文化交流，2011年与宋雨桂两人代表海峡两岸合绘66米长卷《新富春山居图》，受到温家宝总理的赞誉……2012年4月，北京人民美术出版社出版了《中国近现代名家画集——江明贤》，这是除了“渡海三家”张大千、溥心畲、黄君璧外，首次出版台湾具成就画家“大红袍”作品集。

在此次展出的50余幅画作中，大多以两岸各地甚具人文特色的自然景观、风土民俗、古迹建筑物等为主题，而最吸引人眼球的莫过于为配合此次个展，继去年江明贤与宋雨桂代表两岸主笔画家合绘《新富春山居图》后，江明贤又费时一年，独力完成了另一幅36米之长的《新富春山居图》：长卷依春夏秋冬之时序，起自千岛湖，贯穿新叶古村、建德大桥、三江汇合处、七里滩小三峡、严子陵钓台、江南龙门湾、桐君山、黄公望故居、富春画舫、六和塔，以迄钱塘大桥止，呈现出今日富春江的新景象和新面貌。策展人跃群艺术董事长黄世桢介绍，此次山西个展为期九天，将作为江明贤先生画作全球巡展第一站，此后的3～5年内，江老的墨彩山水将会在世界各地留下印迹。

书画院

山西画院建院美术作品展及院外画师提名展在太原展出

2012年5月29日，山西画院美术作品展及院外画师提名展在山西美术馆展出，共有100多幅作品参展。

山西画院是山西省专业美术创作机构，汇集了一批有较高水准的美术创作和研究人才。这批美术作品既有对红色历史的追忆、革命传统的重温，也有对时代精神的反映、幸福生活的展现，更有对社会主义建设的衷情抒发与美好展望。省美术家协会主席、山西画院院长王学辉：展览比往年规模大一点，作者群也多，作品丰富，是我们纪念毛泽东《在延安文艺座谈会上的讲话》发表70周年、为山西省美术界献上的一个比较精美的展览。

山西省美术家协会副主席、山西画院副院长孙海青：咱们山水画以太行山、黄河为重要标志，咱们山水画家基本上是体现这一带的风景。人物画还是偏爱戏曲人物，能代表中国风格、山西地域的文化特色。

原省人大常委会副主任、山西大众书画院院长杜五安和省城美术界人士、高校师生数百人参加画展开幕式。画展到6月4日。

庆祝中国共产党第十八次代表大会召开山西美术作品展

正值党的“十八大”胜利召开之际，由中共山西省委宣传部、山西省文联主办，山西省美术家协会承办的山西省美术作品展览于2012年11月9日在山西省民俗博物馆举办了开幕式。

多年来，全省美术工作者认真贯彻党的文艺路线、方针、政策，始终坚持文艺为人民服务，为时代服务的方向，深入生活、深入社会实践，创作了一批批反映改革开放、社会和谐稳定、经济繁荣昌盛、人民安居乐业的美术作品。每一件作品都凝聚着作者对祖国、对人民、对生活的热爱，表述作者对美的、善的、真的不同诠释。此次参展的300余位作者，遍布全省各地，他们中既有专业画家，也有业余画家，既有画坛前辈，也有后起之秀。作品囊括了国画、油画、版画等十余个画种，形式风格多种多样。既有传统的，也有现代的，既有具象的，也有抽象的，件件作品都是作者智慧的结晶，是美术工作者奉献给全省人民的艺术盛宴，也是对山西美术事业的繁荣起到一定的作用。

美术家协会

2012首届中国灵石国际版画双年展隆重举行

2012年12月17—18日，2012首届中国灵石国际版画双年展在灵石县举办，吹响了该县建设中国著名版画基地的号角。在两天时间里，众多国内外版画名家、各界艺术名人齐聚灵石，交流版画艺术，探讨版画发展。副省长张平发来贺信对活动表示祝贺，省文化厅副厅长窦明生，晋中市领导张文科、张春生、刘志宏、王纪萍与著名版画大师力群、牛文的家（亲）属，以及国内外版画界名家大师出席了开幕式。市委常委、常务副市长刘志宏代表市委、市政府在开幕式上做了讲话。市委常委、宣传部长黄耀春主持开幕式。

灵石县充分发挥灵石籍著名版画家力群和牛文的名人优势，提出了把灵石县建设成中国著名版画基地的目标。该县将在建立力群美术馆、牛文美术馆的基础上，建设灵石版画馆，举办国际性版画大展，深度开发版画产品，打造地方文化品牌，落实文化强县战略。为期两天的2012首届中国灵石国际版画双年展，由中国美协、山西省文化厅、市委市政府主办，共有来自英国、法国、比利时、保加利亚、阿根廷、德国、波兰、瑞典、日本、俄罗斯、美国等50多个国家和地区115位版画家、211幅作品参展。活动期间，主办方精心组织了“2012首届中国灵石国际版画双年展开幕式”、“国际版画研讨会”、“牛文美术馆开馆仪式”三大活动。

开幕式上，“中国灵石版画奖”揭晓并颁奖，组委会向3名年轻新锐版画家颁发了“青年艺术家奖”，授予中央美院副院长谭平教授“最佳艺术家奖”，向德高望重的两位老艺术家李焕民、晁楣颁发了“终生成就奖”。

晋中市委常委、常务副市长刘志宏在开幕式上代表市委、市政府讲道，首届中国灵石国际版画双年展既是全市文化艺术发展中的一件大事，也是中国版画界的一件喜事。版画作为一种重要的艺术表现形式，在世界文化艺术殿堂上占有重要地位，灵石作为力群、牛文两位版画大师的故乡，具有独特的资源优势，晋中市、灵石县着力打造中国版画艺术基地，为版画创作、交流搭建了重要平台。

此届版画双年展引起了国内外版画名家的高度评价。前来参加活动的中国美术家协会版画艺委会委员、国家一级美术师于承佑说，此届版画展的作品，件件堪称精品，特别是各学院的作品很有当代性、探索性，在技术上都很成熟，此次展览称得上是全国或者国际上高水准的展览。波兰齐斯曾艺术学院版画系讲师、美术学博士娜塔莉亚·帕露丝观看展览后表示，通过展览能够看到中国和外国的版画作品在选材和选题方面有所不同，但是艺术没有国界，在这里展出的作品都代表了很高的水平，能够从中看到中国版画的长处，很受益。

和谐大同·2012全国中国画名家作品展

古都大同，历史悠久，文化底蕴深厚。曾为赵秦名郡，两汉要塞，北魏京华，辽金陪都，明清重镇。钟灵毓秀的山水和古都重镇的历史地位孕育出大同悠久璀璨的历史文化。为了喜迎党的“十八大”的召开，歌颂党的“十七大”以来我国改革开放和现代化建设取得的巨大成就，弘扬社会主义文化主旋律，贯彻落实党的十七届六中全会精神。由中国画学会、大同市人民政府、中国美术家协会中国画艺术委员会主办，山西省美术家协会、中共大同市委宣传部、山西当代投资股份有限公司承办，大同市美术家协会、厦门复文美术馆协办的“和谐大同·2012全国中国画名家作品展”于10月28日在山西大同和阳美术馆隆重举行。

此次画展可谓名家云集、佳作荟萃，汇集了中国当代160位著名画家创作的国画精品，其中包括刘大为、郭怡孮、张道兴、李宝林、杜滋龄、龙瑞、李宝林、邓林、杨晓阳、欧豪年、宋雨桂、田黎明、满维起、张复兴、朱道平等著名画家创作的作品。画展在大同的成功举行，是大同市深入贯彻落实科学发展观和党的十七届六中全会精神，牢牢把握先进文化前进方向，紧紧围绕打造文化名城、建设文化强市、再造一个文化繁荣新大同奋斗目标，着力推进社会主义核心价值体系建设，着力推进文化事业的发展繁荣的又一有力举措。

出席开幕式并在主席台就座的有：中国画学会副会长、将军、著名画家张道兴，大同市委副书记、市长耿彦波，全国政协委员、中国美术家协会顾问、中国画学会副会长、著名画家杨力舟，大同市委常委、常务副市长李世杰，大同市委常委、统战部长姚生平，全国政协委员、中国画学会副会长、著名画家杜滋龄，大同市委常委、宣传部长马斌，中国画学会副会长兼秘书长孙克，大同市委常委、军分区政委杨广雨，大同市委常委、副市长操学诚，大同市人大副主任董斌，大同市人大副主任张志伟，大同市人大副主任杨人毅，大同市副市长刘振国，大同市政协副主席马维平，大同市政协副主席陈昌辉，大同市政协副主席郭俊岗，大同市政协秘书长李灵瑞，中国画学会常务理事、中国艺术研究院中国画院常务副院长、著名画家满维起，大同市政府常务副秘书长杨彦宝，大同市政府副秘书长张新平，大同市委宣传部副部长李文忠，大同市经信委主任刘建明，大同市国资委主任荆虎，中国画学会常务理事、中国美协中国画艺委会委员、著名画家王迎春，中国画学会常务理事、中国美协中国画艺委会委员、著名画家苗再新，大同市政府副秘书长王治军，中国画学会理事、山西省政协委员、山西省美术家协会主席、著名画家王学辉，中国画学会副秘书长、总政干管局副政委、著名画家顾正主，厦门当代投资集团总裁王东红，山西当代投资股份有限公司总经理郝彬 。

今到场的画家还有：中国画学会理事、北京女美术家联谊会会长、著名画家温瑛，中国画学会常务理事、中国山水画创作院副院长、著名画家张复兴，中国画学会理事、上海中国画院画家、著名画家李乃宙，中国画学会理事、北京美术家协会副主席、著名画家程振国，中国画学会理事、河北省美术家协会副主席、著名画家白云乡，中国画学会副秘书长、中央文史馆研究员、著名画家王玉山，中国画学会常务理事、四川省中国画学会副会长、著名画家姚思敏，中国画学会理事、福建省美协副主席、中国国家画院著名画家林容生，中国画学会理事、中国美术家协会理事、著名画家朱凡，中国画学会理事、天津美协学院教授、中国国家画院著名画家贾广健，江苏省中华文化促进会副秘书长、著名画家徐华华等。

中国美术家协会主席、中国画学会名誉会长刘大为特向组委会发来贺信。

中国美术家协会顾问、中国画学会副会长杨力舟在致辞中表示，“和谐大同·2012全国中国画名家作品展”是近年水平较高的一次展览。许多画家是当今著名的国画家，传统功力深厚，画作现代感强，体现了画家丰富的生活经历和阅历，体现了当代艺术家在创作上的不断追求。

中共大同市委副书记、市长耿彦波在发言中代表东道主向各位远道而来的艺术家们表示热烈的欢迎，他说：文化是一座城市的灵魂，是城市永恒的竞争力，文化产业建设是关系城市未来发展的重大战略问题。党的“十七大”以来，大同大力发展文化事业，在逐步走向山西、走向全国的同时，也吸引了一批艺术家和文化企业的关注与参与。我们鼓励各类文化企业参与到大同的文化建设中来，以中国大古都引领为龙头，打造中国历史文化名城第一品牌，让大同将以独特的个性在大同的世界里创造大不同。

中国画学会副秘书长林金疆介绍，画展期间还将组织大型联谊笔会及与大同地方院校开展学术交流活动，画展作品集在开幕式上同时首发。画展至11月4日结束。

2012大同国际壁画双年展

2012年9月26日至2013年2月28日，首届大同国际壁画双年展在山西省大同市隆重开幕。此次大展由中国美术家协会、中央美术学院、大同市政府联合主办，是2011年大同国际雕塑双年展之后由大同市政府全面投资打造的又一国际大展品牌。此次参展的作品超过500多件，是通过中国美术家协会壁画艺术委员会向全国全面征集作品，在3000多件近年优秀壁画作品中精选出来的，这中间包括中央美院、清华美院、中国美院、湖北美院、广州美院、南京艺术学院、天津美院、西安美院、四川美院等十余家全国重点美术高校的教师与学生的优秀创作，还包括大同市华严寺、善化寺的再造壁画、敦煌莫高窟、新疆龟兹石窟和甘肃麦积山石窟的古代优秀壁画复制作品，以及来自包括台湾地区的全国二十几个省市的壁画艺术家选送的作品。特别值得一提的是大同市斥巨资邀请俄罗斯、日本、韩国的几十位艺术家的近百幅作品参展，可以说是新中国成立以来最大规模的壁画大展，也是中国乃至世界范围首创的以双年展形式举办的国际壁画大展。

首届大同国际壁画双年展的主题为“天工”，与大同国际雕塑双年展的主题“开物”相呼应，意为画家巧夺天工，以智开物，从而通达万物之理，体现天人合一的中国文化思想内涵。

以往的壁画展览多以图片为主，此次壁画双年展却不同，90%的参展作品均为原作，包括优秀材料壁画的局部复制、包括大型绘制壁画、包括实验壁画和壁画家的小型架上作品。如果以画种来看，此次壁画展中包括油画、国画、雕塑、浮雕、素描、水彩、版画、浮雕，以及陶瓷、琉璃镶嵌、木雕、铜雕、石雕、玻璃等多种材料作品，相信此次壁画双年展将是新中国成立以来中国最丰富多彩美术大展之一。

中国壁画艺术有着悠久而辉煌的文化传统，至今保存的古代壁画从面积来说堪称世界之最。中华人民共和国成立以来，特别是改革开放以后，创造了一大批代表时代精神的优秀壁画作品，使中国的壁画艺术又迎来了新的发展机遇，壁画艺术再一次广受世人注目。

山西省域曾拥有中国最为宏大的古代建筑、雕塑、壁画群，大同市为我国北方文化古都，是三晋文化遗产传承和保存中最重要、最具代表性同时最为集中的发祥地。云岗石窟、悬空寺被列入世界文化遗产名录，其悠久的历史和卓越的艺术成就代表着传统艺术的极高水平，为国内外所瞩目。壁画作为人类古老的艺术，与传统建筑、雕塑并驾齐驱，成为大同优秀传统文化遗存的三大瑰宝。从北魏破多罗氏太夫人、梁拨胡墓室壁画，到辽金觉山寺寺观壁画，元代永安寺、明清华严寺、善化寺、云林寺等寺观壁画，特别是大同华严寺大雄宝殿四壁绘画，高达6.3米，长约141.1米，总面积达889平方米，场面宏大，色彩瑰丽，构图饱满，如此鸿篇巨制，堪称稀世珍奇。大同因此而称为中国壁画之都。今天大同市市政府正在努力保护、修复与再现这些壁画经典，正以高瞻远瞩的视野和过人的胆识打造中国建筑、壁画和雕塑的历史文化名城。

中央美术学院是中国改革开放以后，在全国第一个创建了壁画专业的美术高校，肩负着复兴中国壁画的历史使命。近几年来，在大同市政府的支持下，中央美院的壁画家古为今用，师古出新，呕心沥血为大同再造了3000多平方米的传统壁画经典作品，为古老的中国壁画之都添写了浓墨重彩的一笔。为恢复和保护中国传统壁画的文化遗产做出了不可磨灭的贡献。

中国美术家协会壁画艺委会是中国壁画的代表机构。与大同市政府合力打造一系列展览、论坛活动有助于大同文化形象和品牌的确立，也有利于我国壁画事业的发展和壁画艺术层次品位的提升。从而树立中国壁画在国际间的地位和影响。

壁画“以意成象”，“象而寓意”，将中国延续几千年的文化精神和情怀浓缩凝固其中。壁画所蕴涵的主题和思想，常给人以更大的观赏与思考的空间，令人一观三叹。壁画是人类文化情感物化和美感的积聚，因而具有强烈的艺术感染力。优秀的壁画艺术品会为观赏者插上想象的翅膀，遨游于艺术家创造的审美意境中，引起心灵深处的情感共鸣。壁画的生命力在于它时代性、公共性。创时代之新、创历史之新、创民族之新，是当代壁画的新使命。

壁画是公共艺术概念范围以内的一个重要方面，因此它是时代的、民族的，也是人民。但壁画也是独立的艺术范畴，它要适应现代城市建设和环境建设的需求。壁画不是以一种工具来界定的，它包括综合的工艺手段，复杂的工艺技术，它是多媒体、多材料的艺术。壁画可以是室内的可以是室外的；可以是静的也可以是移动形式的；它可以是永久的也可以是暂时的。壁画家需要有很强的基础造型能力，要有很强的驾驭重大题材的能力，要有渊博的知识和对求知的渴望，同时壁画家要有广泛运用多种材料工艺的能力，要有处理复杂工程问题的能力，因此壁画是强者的艺术。

内蒙古自治区

美术院校

青田县画家周鹏里应邀参加中韩建交20周年书画展

值此中韩两国友好建交20周年之际，2012年8月4日，由内蒙古师范大学鸿德学院主办的“中韩建交20周年友谊书画展”在内蒙古美术馆隆重举行，活动当天高朋满座，嘉宾云集，青田县画家周鹏里先生应内蒙古美术馆邀请参加中韩建交而是周年八人书画展，并被聘为内蒙古师范大学鸿德学院为客座教授。

此次书画展由我国七位著名书画家与韩国青云大学中文学系崔昌源教授联手，共同为中韩两国友好建交20周年献礼。此次画展上，来自韩国的崔昌源教授带来了他的30多幅海虾图，令人大开眼界，栩栩如生的海虾跃然纸上，并且寓意长长久久，有着很深的祝福含义。

而我国七位画家的作品则都是以国画为主，黑白之间尽显中国古风，大红大紫尽展华夏风情。来自我国的七位画家分别是国内动态书画委员会副主席李志财先生；清华大学美术学院艺术创作研究会理事、中国画院画师史锦宏先生；中华书画协会常务副主席李正平先生；清华大学美术学院艺术创作研究会理事刘新和先生；清华大学美术学院艺术创作研究会理事周杰先生；清华大学美术学院艺术创作研究会理事周鹏里先生以及山东省艺术学院中国画专业教授张泰捷先生。画展上，各位书画家将自己的作品做集中展示，此次展会可谓国内乃至世界一流画作的云集，艺术珍宝的总汇。

此次画展旨在纪念中韩两国建交20周年，内蒙古师范大学鸿德学院在邀请各位画家的同时，还将这些名家聘请为该院的客座教授，并为其颁发聘书，希望能够借此为学院的艺术系学生给予更多的专业指导。

书画院

内蒙古乌兰察布书画院赴日本东京举办画展

为纪念中日邦交正常化40周年，中国内蒙古自治区乌兰察布书画院20多名书画家携近百部作品赴日本东京，与目黑区花道茶道联盟共同举办画展。2012年4月4日，开幕式在东京都目黑美术馆区民画廊举行。中国驻日本大使馆文化处一等秘书哈斯巴根、乌兰察布市委宣传部长云淮、乌兰察布书画院长郝存祥、目黑区教育委员长大盐晃雄、目黑区议员二之宫启吉等出席开幕式并致辞。

郝存祥院长介绍，乌兰察布书画院成立于1993年，由最初的几人现已发展为上百人，其中国家级书画家就有6人，该院曾先后在香港、深圳、苏州、桂林、北京等20余地举办过多次展览，受到业界专家和普通观众的认可。

一位旅居日本20多年的中国书画家说，此次参展的作品艺术水准很高。更为难得的是，郝存祥院长带来了自己创作于1983年，曾获首届内蒙古艺术最高奖“萨日那”奖的《福音》。

为配合此次展览，目黑区花道茶道联盟还特意准备多幅花道作品。一位叫大岛的日本观众看完展览后，兴奋地说，此次展览与一般展览极为不同，“品茶看花赏书画，茶香花美书画秀”，非常有意义。

内蒙古开明画院在呼和浩特十八中开展书画教学调研

2012年11月3日，内蒙古民进开明画院在呼和浩特十八中开展书画教学调研。民进内蒙古区委社会服务部部长郝文、民进呼市委员会副主委索英镌、民进赛罕总支主委王钦等内蒙古民进开明画院领导出席调研活动，并参观了十八中美术画室和书法教室。

呼市第十八中学是呼和浩特市颇具影响力的普通完全中学，在近几年被市里评为优秀发展学校，赛罕区重点中学。学校高中美术班经过十几年的发展，现在已经成为全市、全社会的关注焦点，在其他盟市地区也颇具影响力，美术特色教育教学达到一流教学水平，在近三年的省级联考专业合格成绩中，在校美术生100%达到本科合格线，75%以上的学生被国家二本院校录取。

在呼市十八中张美清校长的陪同下，郝文一行偕同民进内蒙古区委、民进呼市委员会特别邀请的专职书画家、内蒙古艺斋画院外联部部长咎仙山，托电外联部李小宇等，参观了学校的美术画室和书法教室。民进内蒙古区委郝文一行还与十八中领导、教师进行了座谈，张美清校长介绍了十八中办学现状和对今后发展的展望，并就办学过程中的一些困惑、困难与民进领导一行进行了交流。民进呼市赛罕区六支部会员、十八中美术特色办学主要执行者赫连中巍老师介绍了美术教学所取得的成绩，书法专职教师王瑛对书法教学工作做了详细介绍。郝文一行认真听取了张校长等人的介绍，并对学校美术、书法教育发展提出了很多好的建议，表示今后将积极发挥参政党的作用，全力支持十八中的特色办学，同时祝愿十八中在今后取得更好的成绩。

美术家协会

浩瀚草原——中国美术作品展

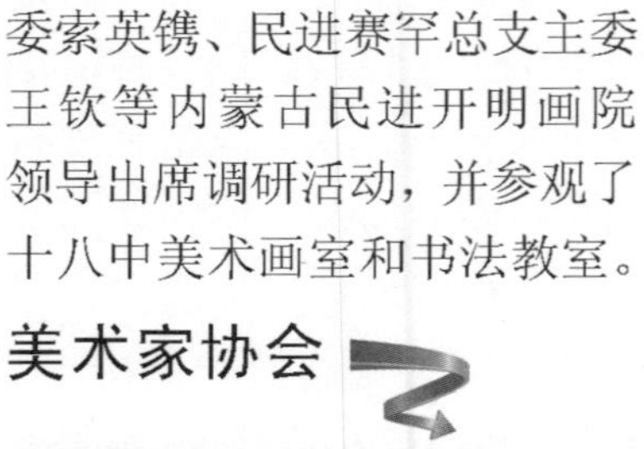

从20世纪三四十年代发端至今，少数民族题材美术创作在中国现代美术中占有重要地位。中国美术家协会从中国美术发展的全局和战略高度出发，收集汇总少数民族为题材的经典美术作品，深入研究少数民族题材美术创作的状况，探究用艺术的形式来宣传国家的民族政策，维护祖国统一和各民族团结。发挥中国美术界的力量，表现民族地区的建设成就和新面貌，促进各民族的文化凝集力，促进各民族的和谐发展，坚定不移地维护社会政治大局稳定。

2012年10月27日至11月7日，中国文联、内蒙古自治区党委宣传部、中国美术家协会、中国文学艺术基金会、中国美术馆、中央民族大学等单位将共同主办“浩瀚草原——中国美术作品展”。该展览是继2011后中国美术家协会策划主办的“阳光新疆——西藏主题展”和“天山南北——新疆主题展”之后，又一个以少数民族为主题的国家级大型美术展览。

为了举办好这次展览，中国美协特别邀请了近百余名全国各民族著名美术家赴内蒙古地区采风写生。内蒙古写生将分为三批，分别奔赴呼、包、鄂（呼和浩特—包头—鄂尔多斯）、锡林郭勒盟和呼伦贝尔盟地区。

“浩瀚草原——中国美术作品展”作品分为四部分，一、个案；二、邀请和遴选作品；三、采风写生作品；四；经典馆藏作品。展览不仅汇总以内蒙古为主题的经典作品，对新中国成立60多年来内蒙古题材美术创作进行系统梳理和展示，并邀请全国著名美术家重新创作该主题作品。展览展出作品350多件，其中包括中国画、油画、版画、雕塑、水彩、粉画、漆画、综合材料等。

中国美协还邀请资深的理论家提供学术支持，著名美术理论家将撰写内蒙古美术的历史和发展，并编写60多年内蒙古美术大事记，编纂以内蒙古为主题的《浩瀚草原——中国美术作品集》，成为研究内蒙古美术中具有较高学术价值的艺术文献。

中国书画报
热烈庆祝党的第十八次全国代表大会胜利召开
中国美术馆重读经典——
搜尽奇峰，看20世纪中国山水画
国家画院笔绘大观楼长联联意
内蒙古自治区美术作品展举行
大城市专业画院石家庄亮笔峰
四川举办感恩述辉煌书画展
苏博请来沈周
“明四家”将逐一亮相

庆祝内蒙古自治区成立65周年内蒙古自治区美术作品展

在喜迎党的“十八大”胜利召开和庆祝内蒙古自治区成立65周年之际，内蒙古自治区美术作品展览于2012年11月2日至8日在呼和浩特市内蒙古美术馆举行。

此展由内蒙古自治区美术家协会主办，共展出内蒙古自治区美术家及爱好者创作的中国画、油画、版画、雕塑、水彩、粉画、漆画、漫画等作品286件，其中获奖作品77件，包括荣誉奖1件、一等奖5件、二等奖16件、三等奖26件、优秀奖29件。展出的作品以迎接党的“十八大”召开，庆祝内蒙古自治区成立65周年，讴歌改革开放、社会主义建设取得的巨大成就和人民群众崭新的精神风貌为内容。作品风格形式多样，体现出全区美术创作百花齐放、欣欣向荣的风貌，是自治区美术家及美术爱好者5年来艺术创作实践的一次集中展示和全面总结。主办方希望这次美展能够成为自治区美术创作的新起点，在党的“十八大”路线方针指引下，自治区美术工作者可以团结一致更加有力地推动全区美术事业的发展，为中国文化事业的繁荣、为自治区民族文化强区建设做出新的更大的贡献。

展览展示

共和国美术经典——中国美术馆馆藏美术作品内蒙古展在内蒙古展览馆展览

为迎接党的“十八大”胜利召开，在内蒙古自治区成立65周年之际，中国美术馆和内蒙古自治区文化厅于2012年9月20日在内蒙古展览馆举办的共和国美术经典——中国美术馆馆藏作品内蒙古展隆重开幕了。参加开幕式的有自治区人民政府副主席布小林，自治区政协副主席云峰，自治区党委宣传部副部长、文化厅厅长王志诚，中央美术学院造型学院院长苏新平，全国美术馆专业委员会秘书长钱林祥等。开幕式由自治区文化厅副巡视员、内蒙古展览馆馆长闫利霞主持，中国美术馆馆长范迪安、自治区文化厅厅长王志诚、内蒙古文史馆馆长张建华分别做了重要讲话。参加开幕式剪彩的还有自治区宣传文化系统、自治区文史馆、内蒙古各高校、新闻媒体的领导和同志们，展览为期15天。

自治区政协主席任亚平参观了展览。

这是中国美术馆馆藏作品首次在内蒙古展览，囊括了中国美术馆馆藏的自新中国成立至今的近百幅经典名作。展览分别从“主人与家园（1949—1978年）”“反思与开放（1978—1992年）”“多元的时代（1992年）”三个时代主题和角度来展现共和国美术在民族化、大众化、现代化的历史进程中，在国画、油画、版画、雕塑等方面的发展面貌和取得的历史成就。这样高规格的展览在内蒙古尚属首次。在这部分展览中，人们可以欣赏到众多大师的作品，如齐白石先生的《松鹰》、徐悲鸿的《奔马》、黄胄的《洪荒风雪》、吴作人的《三门峡工地》、潘天寿的《灵岩涧一角》、吴冠中的《红莲》等，都是内蒙古观众难的一见的高水准作品，艺术精品，是一次提升首府文化品位的绝佳机会。在这个展览中，还有不同时期蒙古族艺术家创作的草原题材的各类艺术作品。内蒙本土画家借助对色彩的精准把握和对艺术题材的独特雕琢，充分表达了人与自然的和谐关系，给观众带来强烈的视觉冲击。这些草原题材的艺术作品以其有别于其他艺术形式的生机与活力，为广大观众提供了一次全面了解草原画派画风的好机会。

与共和国美术经典——中国美术馆馆藏美术作品内蒙古展展览同时开幕还有展文化内蒙古风采、迎党的“十八大”召开——内蒙古近年来文化成就展、喜迎中国共产党第十八次全国代表大会胜利召开主题书画展——阳光礼赞以及《雕刻历史、情系草原——北方民族雕。

在同时举办的草原文化与当代美术论坛活动中，中国美术馆馆长范迪安先生、中央美术学院造型学院院长苏新平先生分别做了题为“当代文化环境下的中国美术”和“蒙古题材美术创作谈”精彩的演讲，从美学意义、审美内涵上探讨了草原艺术的文化精髓，推动全国乃致世界人民对草原文化的关注和理解。自治区宣传文化系统的干部以及呼市部分艺术院校的师生参加了论坛，论坛引起了与会者的强烈反响。

辽宁省

美术院校

大连校区与大连市作协共同主办的“心迹·墨痕：当代作家学者手札展”

2012年3月15日，鲁迅美术学院大连校区与大连市作家协会共同主办的“心迹·墨痕：当代作家学者手札展”在大连市开发区美术馆隆重开幕。该展由鲁迅美术学院大连校区插图设计工作室主任教师李晨教授与浙江美术馆副馆长斯舜威、著名书法家评论家张瑞田共同策划，旨在表现当代作家、学者的文化底蕴和书法艺术修养，体现当代文人对传统文化的传承和怀念。

手札是旧时士大夫文人之间司空见惯的交流沟通的媒介，在当今电子邮件、手机、电话普及的信息时代，已慢慢淡出了人们的视野，并变成了越来越稀缺的东西，但仍有不少作家、学者钟情于用传统的书信手札和毛笔来传情达意。他们的手札中表达着他们各自的社会认知、价值观念、审美情趣和人生态度。因此，学术界对作家、学者的研究，十分看重他们在手札中所阐明的现实立场和精神追求。为此，专家们一再呼吁，当代有能力写手札的作家、学者们应该继续写下去，甚至写一些文稿，把我国古老的传统文化更好地传承下去。

此展汇集了邵燕祥、沈鹏、邵华泽、范曾、钱绍武、陈忠实、张贤亮、莫言等国内文艺界名家60余人的近百件手札作品。观众对当代作家、学者手札展表现出极大的兴趣。

该展至3月23日，是继北京、广东东莞、河北石家庄、山东烟台、浙江杭州展出之后的第六次巡展。

“第二届架上连环画、插图邀请展”在鲁迅美术学院大连校区开幕

为纪念毛泽东《在延安文艺座谈会上的讲话》发表70周年，2012年5月22日，“第二届架上连环画、插图邀请展”在鲁迅美术学院大连校区主教学楼展厅隆重开幕。此次邀请展由中国美术家协会主办，中国美术家协会连环画艺委会及插图艺委会、中国出版工作者协会连环画艺委会、鲁迅美术学院等承办。

鲁迅美术学院副院长、大连校区管委会主任孙明教授，鲁迅美术学院纪委书记、大连校区党的委员会书记王力明教授出席开幕式，孙明副院长致辞祝贺展览开幕。开幕式还邀请到中国美术家协会连环画艺委会主任、中国人民大学艺术学院沈尧伊教授，中央美术学院杨逸麟教授，中央美术学院高荣生教授，中国儿童艺术剧院高级舞美设计师、著名画家沈尧定先生，中国人民大学艺术学院洪涛教授，中国美术家协会艺委会办公室主任丁杰，哈尔滨画院院长侯国良，连环画报社主编何玉麟，大连市文联党组书记、副主席何明洲，盼盼集团董事长韩国贺等嘉宾。展览开幕式由鲁美大连校区学生处张松川副主任主持。中国美术家协会会员、中国美术家协会连环画艺委会会员兼副秘书长、鲁美大连校区视觉传达08工作室李晨教授策划展览全程。

此次展览共展出了冯远、刘大为、沈尧伊、秦龙、黄永玉、程丛林、李晨、侯国良等38位艺术家的连环画或插图性质的架上作品230余幅，其中包括国画、油画、版画、素描等多种形式，是继2010年首届“架上连环画邀请展”之后的又一次学术性展览。随着时代的进步和文化的发展，中国连环画在内涵和外延上也逐渐加深和拓宽。在大连环画观念的日趋认同下，架上连环画应势而生。无疑，在当今的中国文化生态家园中，连环画的任何发展形式都十分值得探讨和支持。

作为此次展览的系列活动，5月21日中央美术学院高荣生教授在学术报告厅举办了题目为“高老师论黑白”的学术讲座，沈尧伊教授、李晨教授、王亦飞副教授等参加。讲座的内容丰富而完整，对于绘画中的画面黑白设置这个基本问题进行了系统性的分析，对黑白关系的整体性、比例、重量感、方向性等各个要素逐一加以讲解，使师生深化了对画面黑白关系的认识，启发了学生对于绘画中一些基本问题的思考。

5月23日在学术报告厅举办了“中国传统插图与多媒体动画联盟精英论坛”，沈尧伊教授、杨逸麟教授、高荣生教授、沈尧定先生与李晨教授、孔凡平教授、王亦飞副教授就“当代插图发展趋势与应用”等问题与同学们进行了学术交流，为同学们解答了当前学习中的困惑与难题。

此次“架上连环画、插图邀请展”及系列活动在大连校区举行不仅加强了艺术家之间的相互交流和学术研究，促进连环画艺术的蓬勃发展，而且为鲁迅美术学院的广大学子提供了一个与连环画艺术零距离接触的机会，与国内著名美术大师面对面交流的平台，受到鲁迅美术学院院师生的热烈欢迎。

书画院

辽宁画院30年美术作品展献礼“十八大”

2012年11月7日，辽宁画院建院30周年美术作品展在鲁迅美术学院美术馆拉开帷幕。

此次展览共展出辽宁画院新老画家不同题材、不同表现风格、充满个性语言的作品100余件，向党的“十八大”胜利召开献上了一份贺礼。展出的作品大部分是画家2012年的最新创作，其中大幅主题创作占有一定比例，中小幅作品则是艺术家们在贴近实际、贴近生活、贴近群众的基础上，在创作中进行新的探索的艺术呈现。

辽宁画院作为辽宁省美术领域重要的专业创作集体，自1982年建立以来，在几代艺术家的共同努力下，不仅培养了一批创作尖子，也产生了一批让全国美术界耳熟能详的优秀作品。其中，百余件作品在省内及全国重要美展中获奖，60余幅作品被中国美术馆及国家级博物馆收藏。

展览至11月11日。

美术家协会

辽宁省美协2012年全省工作会议在丹东召开

2012年3月24日，辽宁省美协2012年全省工作会议在丹东东港隆重召开。此次会议是在十七届六中全会精神的指引下，全国九次文代会召开之后，辽宁美术界的又一次盛会。省文联主席、党组副书记郭兴文，副巡视员郑丽莎、万海亭，抚顺市常务副书记喻国伟，省美协顾问、主席团成员等出席会议，来自全省各地的120余位美术家代表及新闻媒体记者参加。会议由辽宁省美协副主席李宝泉主持。

郭兴文主席做了重要讲话。他首先肯定了省美协在过去的一年里所做的大量工作和取得的丰硕成果，同时指出，2012年是“十二五”规划承上启下的一年，是迎接、学习、宣传、贯彻党的“十八大”的重要一年，也是辽宁省美术家协会充满机遇和挑战的一年。今后一段时期，美协工作要在进一步提高市场经济条件下美术工作者的文化担当意识上下功夫，只有具备了担当意识，才能够成为一个符合党和人民要求的艺术家。他指出，美术工作者要有良知，要有感恩之心，要有敬畏之心。感恩之心是要感谢党、感谢国家、感谢人民、感谢社会提供了一个宽松的创作环境和条件。敬畏之心是要畏天、畏地、畏人心，如果没有敬畏之心，那就什么事情都敢做，就会背离所要担当的责任。在当今艺术市场空前繁荣的形式下，他格外强调艺术家要具备社会担当意识，要有社会责任感。他还表示，要提倡艺术家将创作和现实生活紧密结合，要号召艺术家深入社会的多个层面，汲取鲜活的创作营养。另外，他建议美术工作者沉下心来，专心创作，用扎实的作品反映时代精神，发挥教育、启发、激励人的积极作用。郭主席在肯定成绩的同时，也指出辽宁省美术人才断层的问题依然突出，要求省美协不遗余力地做好发掘和培养青年美术工作者的工作，使辽宁作为美术大省、强省的优势长久地可持续地保持下去。最后，他衷心希望辽宁的美术工作者在文化强国战略过程中，在提高全民族文化素质战略实施过程中发挥更大的作用。

辽宁省美协主席宋雨桂传达了中国美协工作会议精神，并宣读了《关于遵守<中国文艺工作者职业道德公约>的倡议书》，倡议广大美术家、美术工作者按照《公约》提出的“爱国、为民、崇德、尚艺”的文艺界核心价值观，树立正确的世界观、人生观、价值观，自觉追求德艺双馨的崇高境界 。

辽宁省美协副主席、秘书长王易霓做了辽宁美协2011年工作总结，同时提出2012年的工作安排。

辽宁省美协召开八届五次主席团会议，大会围绕“市场语境下的美术创作”这一话题进行分组讨论，并对辽宁美协的工作提出了意见和建议。

“走进经典——辽宁画家画世界”辽宁美术家赴俄罗斯采风

2012年5月20日，由辽宁省美协副主席张策带队，辽宁美术家代表团一行20余人赴俄罗斯开始了为期一周的采风活动，参加此次活动的有著名画家王宏、邢世靖、刘铁泉、张广志等。

21日，采风团一行抵达俄罗斯首都莫斯科。莫斯科城红灰相间，广袤无边，喧嚣热闹的红场与庄严肃穆的克宫相映成趣，星罗棋布的湖泊与铺天盖地的森林交织罗列。他们参观了世界闻名的特列季亚科夫画廊和普希金造型艺术博物馆。在俄罗斯国立特列季亚科夫画廊里，藏有俄罗斯美术作品10万余件，几乎俄罗斯所有流派的精品都有陈列，如克拉姆斯科伊的《无名女郎》、列宾的《伊凡杀子》、列维坦的《金色秋天》、希斯金的《黑麦田》以及谢罗夫的《少女和桃子》。希斯金造型艺术博物馆收藏有欧洲著名雕塑的模制品，最主要的是法国印象画派画家和后印象画派画家的知名作品，如莫奈、雷诺阿、梵高、塞尚、高更以及毕加索和马蒂斯。

采风团的第二站，是俄罗斯的第二大城市圣彼得堡。圣彼得堡水道纵横，风光旖旎，涅瓦河奔流不息，老城堡威严屹立，令美术家们兴奋的是，罕见的“白夜”奇观竟不期而至，日照每日竟达20个小时，落日余晖久久映照天际，在短暂的黄昏之后，又开始出现晨曦朝霞，刚落下的红日再次冉冉升起。采风团成员在美术学院的博物馆里有幸看到了尼古拉费钦的传世名作《菜娥》，他们静静地观看，深深地思索，联想和体会着在俄罗斯丰茂的土地上，这个古老和苦难深重的民族在美术史上创造的一个个辉煌。圣彼得堡冬宫是俄罗斯著名的皇宫，同时也是世界上最大最古老的博物馆之一，馆藏美术真品上百万件，《拉奥孔》、《拔刺少年》毫发无损，毕加索、梵高光彩夺目，埃及的法老沉静安详，中国的壁画斑驳灿烂，在这里，艺术是至高无上、没有国界的。

此外，采风团还参观了夏宫、花园广场、滴血教堂等。七天的时间很短，但美术家们却感慨无限、收获颇丰，他们以独特的视角来描绘俄罗斯的古老建筑、异国风情和自然风光。

辽宁省第二届动漫艺术展暨漫画作品展在沈阳举行

为实现辽宁省委提出的文化强省目标，更好地推动辽宁省动漫、漫画事业的发展和进步，由辽宁省美术家协会，省美术家协会动漫、漫画艺术委员会主办，沈阳师范大学美术与设计学院承办，省内多家专业院校协办的“辽宁省第二届动漫艺术展暨漫画作品展”于2012年6月26日在沈阳师范大学美术与设计学院美术馆隆重开幕。省美术家协会副主席、秘书长王易霓，原副主席吴云华，省创意产业协会副会长、沈阳师范大学副校长夏敏，省创意产业协会副会长、省经济干部管理学院副院长丁立义，省美术家协会动漫、漫画艺委会常务副主任墨恋，沈阳师范大学美术与设计学院院长张鹏等出席了开幕式。吴云华、墨恋、张鹏分别讲话。

吴云华在代表省美协讲话时指出，动漫、漫画是人民群众，尤其是广大青少年异常喜爱、甚至追捧的艺术品类。有的发达国家，动漫、漫画已成为超越钢铁工业的支柱产业。这就在提示我们必须高度重视并采取具体措施，推动、发展、振兴我国的动漫、漫画事业，这也是落实党中央文化强国方略的实际行动。动漫、漫画不仅仅是文化现象，而且蕴涵着深刻的政治意义和巨大的经济价值。文化产业要想有长足的进步，抓好动漫原创、打造好动漫产业链至关重要。最后，吴云华还就动漫如何提高创意、打造精品，漫画怎样出新、寓意深邃，提出了具体的建议和要求。他希望全省动漫、漫画界同仁能坚持不懈地努力探寻，通过不断地开展卓有成效的工作，为开创辽宁省动漫、漫画事业的新局面做出更大的贡献。

此次展览共展出作品300余件，包括原创角色动画、漫画作品、插画作品、商业演示动画、影像作品共五类。作品或歌颂或讽喻，不仅关注现实生活，反映时代精神，而且新颖生动，健康向上，从不同角度、不同侧面，反映了社会生活的方方面面，表现出作者的关注、感悟和责任，以及期待改变、进步，对美好未来的憧憬和追求。多种样式、精彩纷呈的艺术表现形式，感染、打动着广大观众，并让他们从中受到众多启示和教益。

辽宁省美协召开2012年各市美协秘书长工作会议

2012年7月11日，辽宁省美协在省文联召开了2012年各市美协秘书长工作会议，来自沈阳、大连、鞍山等14个市的美协秘书长参加了会议。省文联副主席洪兆惠，省美协副主席、秘书长王易霓出席会议。会议由王易霓秘书长主持。

洪主席在会上做了重要讲话。他说，文艺基地建设是省文联2012年的一项重要工作。通过基地的建设，主要实现两个目标：一是通过基地这个平台，让省文联和各艺术家协会团结的一大批有活力的优秀文艺家，直接面对基层的人民群众，为群众服务；二是通过基地建设，在基层培养一大批文艺骨干。省、市美协在这项工作中做得非常扎实和突出，希望大家能够继续努力，上下一盘棋，联动起来，在美术创作、美术惠民活动方面多为人民群众服务，共同实现省文联2012年的工作目标。最后，他代表省文联对各市美协给予省美协多年来的工作支持表示感谢。

会上，王易霓秘书长向各市美协秘书长传达了《省文联关于加强文艺基地建设的意见》和《文艺进基层，辅导面对面活动的通知》等文件精神，并对各市提出了“加强基地建设”和“文化惠民”活动的具体要求。同时，还给各基地发放了《省文联文艺基地工作手册》，落实基地联络员和及时上报基地活动的制度。

各市美协秘书长表示，他们一定把会议精神带回去，高度重视、加强领导，把基地工作搞好搞活，让文化惠民落到实处，在提高辽宁省美术专业素质、培养美术人才方面，充分发挥美术家志愿者的作用，充分发挥基地的作用，圆满完成省文联、省美协的工作要求。

第十三届大连艺术博览会在星海会展中心成功举办

在庆祝中国共产党成立91周年之际，由辽宁省美术家协会、大连市人民政府、中国农工民主党大连市委员会主办，大连鹏程文化艺术发展有限公司、大连中山美术馆承办的第十三届大连艺术博览会于2012年7月12—15日在大连星海会展中心成功举办。

此次艺博览会吸引了来自国内外的艺术家、艺术机构、艺术院校、画院达300多个，给广大市民和美术爱好者带来近2万件艺术作品。其中，国外艺术机构、艺术团体、艺术家带来的作品吸引了广大艺术爱好者的眼球；30位当代中国画家的精品力作让人大开眼界；大连市美术家协会新当选的12位主席团成员近年来的创作作品以及赴俄罗斯远东地区的大量写生作品也颇受欢迎。

此届艺博会参展范围广泛多元，除国画、油画、水彩画、版画、雕塑、书法之外，同时参展的还有陶瓷、瓷艺、紫砂壶及文房四宝等艺术品。景德镇中青年陶瓷作品、浙江国家工艺大师程苗根紫砂精品等纷纷亮相在博览会上。

辽宁省文联、省美协举办“大爱无疆——辽宁省美术家协会会员作品赈灾义卖”活动

由于受台风“布拉万”的影响，辽宁省频降暴雨，部分地区出现严重灾情。为响应省委关于深入基层为民服务的号召，践行文艺工作者为人民服务的宗旨，向灾区人民奉献爱心、表达关怀，省文联、省美协于2012年9月7—9日在沈阳古玩城举办“大爱无疆——辽宁省美术家协会会员作品赈灾义卖”活动，为灾区人民筹集善款。省文联主席、党组副书记郭兴文，副主席洪兆惠，组联室主任金芳，省美协副主席、秘书长王易霓一起出席了义卖活动。

灾情发生后，省美协在短短几天时间征集了近百位会员的美术作品。郭兴文主席还亲自为活动题写“大爱无疆”。一方有难，八方支援，辽宁美术界同仁心系灾区、情系灾区，用手中的画笔谱写着一首首大爱之歌，希望通过爱心捐助，能够助灾区人民早日重建美好家园。

辽河情——游子归兮·辽宁籍书画名家优秀作品展

为迎接党的“十八大”胜利召开，推动辽宁文艺事业繁荣发展，由辽宁省文联主办，省美协、省书协、辽宁美术馆和东北文化产业网承办的“辽河情——游子归兮·辽宁籍书画名家优秀作品展”2012年9月21日在辽宁美术馆隆重开幕。

原省政协主席肖作福，省委宣传部副部长丁宗皓，原辽宁省军区副司令李明让，省文联主席、党组副书记郭兴文，省文化厅副厅长殷仁连，省文联党组成员、副主席林建宇，省美协副主席冯大中，沈阳市书协主席李仲元等领导和嘉宾出席开幕式。此外，王首麟、韩敬伟、高旭奇、李长松、赵春等10余位辽宁籍知名书画家也专程赶来参加展览。

郭兴文致开幕词。他首先代表文联主席团对此次画展的隆重开幕表示热烈的祝贺，对应邀回乡办展的各位艺术家、加盟助展的各位艺术家、给予这次展览以资助的企业家和社会各界朋友以及莅临开幕式的各位领导、嘉宾一并表示热烈的欢迎和诚挚的感谢。他说，我们举办游子归兮书画展的目的是，全方位地展示辽宁书画艺术的实力和成就，增进本土书画艺术家和客居他乡的书画艺术家之间的了解和友谊，促进相互间的合作与交流，并且为这些省外的艺术游子们搭建一个回报家乡父老，展示自己艺术才华的平台，进而促进文化强省建设。这次展览，我们不仅能看到辽宁省外艺术军团的12位书画艺术家代表，还看到了省内12位著名书画名家的倾情助展，他们共同描绘出血浓于水的亲情图，促进文化大发展大繁荣的团结图，富庶文明幸福的新辽宁的大美图。我们相信，通过这次展览，不仅给辽沈地区的民众带来一席丰厚的艺术大餐，而且还将一石激起千层浪，它将拨动着更多的辽宁省外军团的艺术游子们回报家乡养育之恩的殷殷情谊，以便省内外艺术家们团结起来，为建设辽宁的文化强省而共同努力奋斗。

此次应邀回沈参展的有杭鸣时、刘声雨、王首麟、于恩东等12位国内外知名书画家。他们怀着对故土的眷恋，对家乡的热爱，对艺术的追求，举办这次展览，既是向家乡汇报、向党汇报、向祖国汇报，又是实现他们回报家乡养育之恩的精神渴望。同时，这次展览也为省内外书画家相互学习、相互交流、共同提高搭建了良好的平台。

2011年10月，省文联在营口举办了第一届“辽河情”书画展，产生了很好的社会影响。为把“辽河情”这个辽宁美术界的文化品牌做大、做好、做强，省文联在党的“十八大”即将召开的前夕，隆重举办第二届“辽河情”书画展，不仅规模更大，地域更大，而且办展形式、内容亦有创新。特别是著名书画家宋雨桂、冯大中、聂成文、李仲元等倾情助展，为此次展览增色不少。

画展期间还举办了省内外优秀书画家交流座谈会，大家畅谈了创作感受，并希望以此次展览为契机，共同推动辽宁书画艺术的繁荣发展。

辽宁风光优秀美术作品展在盘举行

2012年9月25日，由辽宁省文学艺术界联合会、省美术家协会主办，盘锦文学艺术界联合会、盘锦美术家协会协办，辽河文化产业园承办的喜迎党的“十八大”“辽宁风光优秀美术作品展”在辽河美术馆举行。盘锦市人大常委会主任张久富、市政协副主席王玉侠参观了展览。

盘锦是此次画展省内巡展第一站，共展出60件获奖作品，涵盖了油画、国画、版画、水彩画等多个画种。在“辽宁风光优秀美术作品展”中，盘锦市画家以精湛传神的笔触、新颖多样的绘画表现形式、丰富多变的线条与色彩，表达了对盘锦湿地和城市风光的艺术思考与感悟，荣获了2个银奖、8个铜奖、12个优秀奖的好成绩，名列全省前茅。

参观过程中，张久富对画家丹青妙手、非凡技艺赞不绝口，并对全市美术工作者们表达了深深的敬意。希望全市广大美术工作者和艺术爱好者，积极投身火热的现实生活，以独有的审美视角和浑厚的美术功底以及对家乡的真挚情感，用画笔生动形象地展示盘锦的地域特色。为加快文化强市建设、推动盘锦文艺大发展大繁荣、实现富庶文明幸福新盘锦提供精神动力。为建设更具实力活力和竞争力的滨海新盘锦，描绘出波澜壮阔的新篇章。

展览至10月7日。

第四届“走进经典——辽宁画家画世界采风作品展”暨“辽宁省美术家协会写生创作培训班作品汇报展”在辽宁省美术馆开展

2012年10月23日，由辽宁省美术家协会主办的第四届“走进经典——辽宁画家画世界采风作品展”暨“辽宁省美术家协会写生创作培训班作品汇报展”在辽宁省美术馆隆重开幕。

省文联主席、党组副书记郭兴文，省美协顾问吴云华，鲁迅美术学院教授刘力、王云英（写生培训班辅导教师），省美协副主席王易霓、赵世杰、张策等领导参观了画展，并给予了高度评价。

展览展出的200余幅美术作品，是对上半年辽宁美术采风创作成果的一次集中检阅。作品包含省美协组织我省美术家赴英国、俄罗斯采风后的精心创作之作，还包含省美协朝阳写生创作基地写生培训班学员们的创作成果。

此次展览吸引了不少美术爱好者，还有很多书画爱好者拿着速写本和笔来到现场寻找灵感。72岁的沈大爷对展览更是赞不绝口，他说：“这样的写生展更接地气，透过画面我感觉自己也置身其中。”

展览至10月27日。

吉林省

美术院校

吉林艺术学院美术学院举办装饰绘画习作展

2012年5月7日，美术学院当代绘画专业装饰绘画工作室习作展在造型校区一楼开幕。学院副院长郭春方、教务处处长郑艺出席了开幕式。

此次展览展出装饰绘画工作室100余幅作品，其中以油画的表达手法为主，但装饰绘画不同于传统的绘画，在艺术的表达手法上并不局限于油画一种表达方式，如用面具、吸管、折纸等，在内容上也尽显丰富，有写诗、抽象、素描静物、人体等，不仅仅是简单的装饰意味浓重的作品。

展览虽然是装饰绘画工作室的习作展，但是我们已经能看到同学们在作品上所流露出的情感和对生活的感受。无论是写生时所画的关于自然的作品，还是在课堂上所画的习作，同学们都是秉着老师的教导，去感悟生活，结合生活，发挥自己的想象去完成作品。

艺术教育学院刘大业副教授作品入选全国美术作品展览

2012年5月18日，由中国文联、中国美协、中国文学艺术基金会共同举办的纪念“毛泽东同志在延安文艺座谈会上的讲话”发表70周年全国美术作品展览在中国人民革命军事博物馆举行。吉林艺术学院艺术教育学院美术系刘大业教授的作品中国画《雨后晨光》，经过初评和复评，最终入选参展，成为全国273件入展作品之一。刘大业，艺术教育学院副教授，硕士生导师，吉林省美术家协会会员，长春市美术家协会理事，中国美术家协会蒋兆和艺术研究会会员，中国同泽书画研究院任职画家，吉林省书画院特聘画家，作品曾多次参加国内外美展并屡次获奖。作品《雨后晨光》2011年6月参加吉林省美术作品晋京展，（中国美术馆），《家》2009年入选“民生、生民”现代中国水墨人物画学术邀请展（中国美术馆）。2006年《家》入选“鲁艺杯”全国师范院校教师美术作品展获学术奖。2006年造型基础《速写组画》参加鲁迅美术学院中国人物工作室“教学实践展”（中国美术馆）。2005年《快乐百姓》入选关东画派中国人物画大展（中国美术馆）。作品曾多次获历届“吉林省美术作品展”一等奖、二等奖、三等奖。作品《本历年》1997年入选“东北风”东北三省国画联展“那一年秋天”，1995年入选“纪念”反法西斯战争胜利50周年国际美术作品展等。出版国画作品《松荫待客》、《幽谷赴客》、《天下第一关》等。

吉林艺术学院甘雨辰教授画展在吉林省博物院隆重举行

为纪念毛泽东延安座谈会70周年，迎接党的“十八大”，由吉林省文化厅、吉林省文学艺术界联合会、吉林省文史研究馆、吉林省美术馆、吉林艺术学院、吉林省博物院、吉林省美术家协会共同举办的甘雨辰画展，于2012年5月23日在吉林省博物院举行。吉林省政协主席巴音朝鲁、全国政协常委、全国文联副主席段成桂、吉林省人大副主任王云岫、吉林省政协副主席任凤霞、吉林省政协副主席王尔智、原省级老领导谷长春、高文、吉林省政府秘书长办公厅主任吴玉珩、吉林省文联主席毕政、吉林艺术学院党委书记刘德翔、及其他省市领导出席开幕式。省长王儒林特发来贺信，对甘雨辰画展开幕表示祝贺。

甘雨辰先生，字墨农，1941年出生，长春市人。现为中国美协会员、吉林省文史研究馆馆员、中央文史馆书画画院画师、吉林艺术学院教授、研究生导师，中国文联牡丹书画艺术委员会创作室主任。

此次展览是甘雨辰先生近年来创作的近百余幅中国画佳作，包括花鸟画、山水画、人物画作品形式丰富。牡丹是甘雨辰先生重要绘画题材之一。牡丹以其雍容华贵的姿态傲然屹立于群芳之首，被誉为“花中之王”。牡丹不仅仅因其花朵硕大、艳丽、秀韵多姿，更因其清香宜人端庄绚丽，集天地之灵气于一身，作品《盛世繁花》是甘雨辰先生的牡丹系列代表作品之一，画长360cm宽145cm，画面的中部是几块岩石，围绕岩石周围上下左右分别画了四组牡丹，四组牡丹表现的形式各有不同，大气磅礴，酣畅淋漓，但不失细节的具体，既借鉴吴昌硕、齐白石的大写意，又以写实的造型，以大取势，表现出自然的和谐。作品《古木聚雄图》是甘雨辰先生鹰系列作品的代表作之一，画长360cm宽145cm，画面数只雄鹰聚集在一个苍松之上，呈现一种浓厚的写意感与写实的线条感，充分彰显甘雨辰先生深厚的传统功力和丰富的绘画才情。

举办这次活动，旨在彰显甘雨辰先生绘画风格，汲取传统艺术精华，推动吉林省当代书画事业的发展。这次活动也是吉林省书画界交流学术，研讨书画艺术发展方向的一次高层聚会，并通过甘雨辰先生的艺术作品提高吉林省在艺术领域的地位。

吉林艺术学院承办的2012亚洲色彩教育论坛

2012年10月26日，以“色彩教育的多元化构想”为主题的2012亚洲色彩教育论坛在吉林艺术学院设计学院隆重举办。此次色彩教育论坛是由中国流行色协会和吉林艺术学院主办，由中国流行色协会色彩教育专业委员会和吉林艺术学院设计学院承办。此次论坛主要为了反映亚洲地区色彩教育及色彩应用方面的新理念、新成果，同时邀请了来自国内、韩国、台湾等亚洲地区的色彩研究专家和色彩教育专业委员会委员，共同探讨当下色彩教育的发展、创新和突破。

吉林艺术学院美术学院“以艺化心”研究生绘画作品展

2012年12月13日，第五届大学生文化艺术节“以艺化心”美术学院研究生绘画作品展在美术学院一楼展厅开幕。学院党委书记刘德翔、学院副院长马学谦、党委副书记韩春雨、学院副院长高新、研究生处董伟处长、计财处李庆河处长、各部门副处长及美术学院全体领导班子出席了开幕式。

展览由吉林艺术学院研究生处、吉林艺术学院美术学院联合主办，美术学院美术学系承办。共计展出百余件作品，涵盖国、油、版等多个种类，此次展览作品优秀，突出了美术学院研究生的专业特色以及创作状态。同时此次展览增进了各个专业的文化艺术交流。展期为一周。

美术家协会

2012年全省美术工作会议在长春召开

2012年吉林省美术工作会议于3月1日在长春清华宾馆召开。省文联副主席宋江波，省委宣传部文艺处处长周刚出席会议。省美协主席团成员，各市、州美协负责人，各艺术单位负责人40余人参加会议。会议由省美协常务副主席、秘书长唐明珍主持。

吉林省文联副主席宋江波、省委宣传部文艺处处长周刚、省美协主席王晓明分别在会上讲话。唐明珍传达了2012年全国美协工作会议精神，对2011年省美协工作进行了总结，对2012年省美协工作进行了部署。会议围绕吉林美术的发展前景展开了热烈的讨论，大家一致认为在文化大发展大繁荣的今天，在省委宣传部、省文联的领导与关怀下，吉林美术一定会做大做强。

2011年，吉林省美协在省委宣传部和省文联的领导下，在广大美术家的支持下，贯彻落实党的文艺“双百”方针，抓作品，出人才，全方位开展各项美术活动。为庆祝中国共产党成立90周年，由省委宣传部、吉林省文联、吉林省美协共同举办的“庆祝中国共产党成立90周年，白山松水——吉林省美术作品展览”于2011年6月12日在中国美术馆展出。这次展览是吉林省综合画种美术展览的首次晋京展，共展出美术作品116件。展览在北京展出期间盛况空前，得到了北京观众和广大美术家的一致好评。同时，由省美协编辑，吉林美术出版社出版的《庆祝建党九十周年，白山松水——吉林省美术作品展览晋京展作品集》于2011年5月底出版发行。

2011年，吉林省美协举办的展览还有“庆祝建党90周年、吉林省美术作品展”。展出作品200件。“关东画派——中国画、油画、雕塑创作大展”。展出作品230件，吉林省入选作品54件，展览于2011年4月13日在北京中国人民军事博物馆展出。“化境长城外——吾土吾民油画邀请展”。展出作品209件，吉林省入选作品42件。展览于2011年5月20日在沈阳展出。

2012年，吉林省美协将在十七届六中全会精神指引下，总结经验，整合资源，为推出更多精品力作创造条件，为培养优秀人才营造氛围，以开放的姿态，丰硕的成果，迎接党的“十八大”。为纪念毛泽东同志《在延安文艺座谈会上的讲话》发表70周年，吉林省美协于2012年5月底至6月初在长春举办“纪念毛泽东《在延安文艺座谈会上的讲话》发表70周年、‘松江风情’——吉林省小幅画展览”。展览以绘画语言展示白山脚下、松江两岸的地域风貌和风土人情，体现吉林省美术家在《讲话》精神的指引下，在美术百花园的辛勤耕耘与探索 。

由中宣部批准，中国文联、文化部、财政部主办、中国美协承办的“中华文明历史题材美术创作工程”于2012年开始启动，工程计划历时5年，2016年国庆节向全国观众展示。

2012年，吉林省美协要以六中全会精神和胡总书记在第九次全国文代会上的讲话为指导，加强协会思想建设、发挥组织、联络、协绸的工作职能，切实履行桥梁和纽带的作用，做好协会各项工作，肩负起时代的使命，开创新的局面，以崭新的形象、丰硕的成果迎接“十八大”的召开，为吉林省美术事业的大发展大繁荣做出新的努力和贡献。

“松江风情——吉林省小幅画展览”在长春举办

为纪念毛泽东《在延安文艺座谈会上的讲话》发表70周年，“松江风情——吉林省小幅画展览”于2012年5月23日在长春东北亚艺术中心开幕，吉林省委宣传部、省文联、省美术家协会的负责同志，画家和美术爱好者上百人参加了开幕式并观看了展览。

70年前，毛泽东发表了《在延安文艺座谈会上的讲话》，给当时的延安乃至全国的文艺界带来了崭新的面貌，开创了中国革命文艺的新纪元。70年来，无论是在革命战争年代，还是在社会主义建设时期，《讲话》一直引领着无产阶级文艺的发展方向。在《讲话》精神的鼓舞下，一代又一代吉林美术家成长起来。他们在美术领域辛勤耕耘，用笔墨和色彩表达着对祖国、对家乡、对人民的热爱之情，用作品为艺术百花园增添了一道道亮丽的风景。

为纪念毛泽东《讲话》发表70周年，吉林省文联、省美术家协会举办了这次“松江风情——吉林省小幅画展览”，共展出全省各地美术家和美术工作者精心创作的中国画、油画、版画、水彩画、水粉画等画种小幅画作品600余幅。参展作品充分利用小幅画有限的尺寸空间，以小见大，用充满激情的绘画语言和多元精致的表现手法，描绘着长白山脚下、松花江两岸的山川物貌和风土人情，展示着吉林大地丰富多彩的社会生活和日新月异的发展变化，较全面地反映了吉林省美术家在《讲话》精神指引下，坚持深入生活，深入群众，激发灵感，写生纪实，在美术创作领域所取得的优异成果，为吉林省文化大发展、大繁荣所做出的新贡献。这些作品题材广泛，风格多样，思想性与艺术性俱佳，让众多参观者赞叹不已，流连忘返。

展览至6月3日。

黑龙江省

美术院校

龙江情怀——黑龙江省中国画精品展

2012年1月6日，由中共黑龙江省委宣传部、省文联、省美术家协会、禹舜文化研究院、哈尔滨师范大学美术学院中国画系共同打造的“龙江情怀——黑龙江省中国画精品展”在哈尔滨市禹舜美术馆开幕。作为第五届“黑龙江之冬”文化艺术节系列活动之一，画展旨在通过中国画这一优秀的民族艺术形式，反映黑龙江的时代风貌与发展成就，体现黑龙江独有的文化内涵以及龙江人火热的生活热情和勇于创新的开拓精神。

画展作品以哈尔滨师范大学美术学院国画系教师作品为主体，还邀请了黑龙江省老中青三代艺术家，他们是黑龙江中国画创作队伍中的优秀代表，集中展现了黑土文化滋养下的艺术家们独有的艺术风貌。

黑龙江现代文化艺术产业园

——大学生手绘涂鸦创意大赛

2012年4月18日，黑龙江现代文化艺术产业园首届大学生手绘涂鸦创意大赛颁奖仪式在哈尔滨师范大学江南校区举行。

由黑龙江现代文化艺术产业园区主办、哈尔滨师范大学美术学院、美术学院手绘协会协办的“锦宸杯”黑龙江现代文化艺术产业园首届大学生手绘涂鸦创意大赛于2011年3月29日举办。大赛历时4个月，有251名学生参赛，最终88幅作品入选。比赛经过专业评委的严格评选，共评选表彰一等奖1名，二等奖2名，三等奖3名，纪念奖82名，组织奖2名，设计奖1名。评委认为，此次比赛参赛作品主题突出，创意新颖，艺术水平高，充分展示了当代大学生扎实的创意功底和艺术水平。

“锦宸杯”首届大学生手绘涂鸦创意大赛的成功举办，为黑龙江省校园艺术创作搭建了平台，是一次非常成功的艺术大赛。园区今后还将陆续举办百米书画长卷、书画大赛、环艺大赛等各种艺术活动。

黑龙江现代文化艺术产业园项目是2010年省委、省政府《关于推动文化大发展、大繁荣行动规划（2010—2015年）》中重点建设的六个文化产业园区之一，是2012年省、市重点建设项目，也是哈师大强校建设、“十二五”发展规划和实施文化建设“六大工程”项目之一。园区主要依托哈师大美术学院、音乐学院、传媒学院的文化艺术人才资源和文化艺术教育资源优势，将建成集文化艺术研发创意、企业孵化、人才培训、成果展示转化、大学生创业基地等于一体的现代文化艺术产业园区。

全省首届农村中小学生优秀美术作业展举行

2012年9月10日，以“美丽心灵·多彩世界”为主题的全省首届农村中小学生优秀美术作业展开幕式在哈尔滨举行。省政协主席杜宇新出席并讲话，省政协副主席王涛志、洪袁舒、陶夏新、孙东生出席开幕式。

此次美术作业展评活动历时9个月，来自全省11个市地和农垦总局的296多所农村中小学校的1886幅作品参加了省级评定。经省政协办公厅、省教育厅、省文化厅联合组织专家评选，评选出一等奖作品185幅，二等奖作品451幅，三等奖作品1250幅；指导教师奖280名，组织工作先进个人125名，组织工作先进集体7个。

杜宇新说，筹办这一展览的目的，是为全省农村中小学生所创作的美术作品提供一个品评、展示、交流，以及公众鉴赏的平台，进而呼唤全社会来关注农村教育和文化事业，关注农村儿童的健康成长，旨在推动农村中小学的艺术教育，培育青少年的审美情趣和学习热情。今天，我们播艺术的种子，明天，或许就会长出参天大树。本次展览的作品虽然只是课堂作业，但充满了童心童趣，雅拙朴实，情趣盎然。

此次展评活动是省政协委员提案得到落实，并在省政协主席杜宇新的重视下成功举行的。省政协委员李璞提出“我省是否可设立县（含市）级的小学生美术作品展的建议”的提案，得到省教育厅的高度重视。李璞后在提案中又提出可由省政协组织举办“首届全省乡村文化站选拔小学生美术课堂作业展”，这一建议得到杜宇新的高度重视，他在批示中指出，“这是一个好主意，不仅可以提高小学生的文化素质，还可以充分利用基层文化站这一公共文化设施，这也是省政协参与文化建设的一个实际举措”。而后，省政协办公厅、省教育厅、省文化厅今年3月向各地教育局、文化局发出《关于举办全省首届农村中小学生优秀美术作业展评活动的通知》。

此次展评活动由省政协办公厅、省教育厅、省文化厅主办，哈尔滨师范大学美术学院承办，黑龙江报业集团、黑龙江省人民广播电台、黑龙江电视台、黑龙江省出版集团、东北网络台、北方时报协办。

“品味红色民俗、传承黑土文化”剪纸艺术讲座

2012年11月15日，应哈尔滨师范大学美术学院邀请，黑龙江省美术家协会剪纸专业委员会副秘书长、80后青年剪纸艺术家刘卓在哈师大江南校区美术馆举办以“品味红色民俗、传承黑土文化”为主题的剪纸艺术讲座。美术学院党委书记司红、院教科办主任于冠超、美术教育系领导及全体教师、民间美术专业全体学生、2012级本科生等500余人聆听了讲座。本次讲座围绕着中国民间剪纸的发展脉络和刘卓个人艺术成长经历及创作中的体会展开。青年艺术家刘卓现场演示中国传统团花剪纸，其精美的造型、娴熟的手法令在场学生大为惊叹，他对剪纸艺术的坚持与努力，也为美术专业学生做出了榜样。会场气氛活跃，讲座点燃了同学们对民间艺术的热情。

书画院

黑龙江省画院庆祝党的“十八大”美术作品展

2012年11月23日，“献礼辉煌黑龙江省画院庆祝党的“十八大”美术作品展”在黑龙江日报美术馆开幕。

此次展览是黑龙江省画院为庆祝党的“十八大”胜利召开，全面贯彻落实“十八大”精神，促进黑龙江省文艺大发展大繁荣，实现省委省政府提出的“造就北疆文艺劲旅，创作文学艺术精品，建设边疆文化大省”战略目标。

画展共展出黑龙江省画院画家和特聘画家的国画、油画、版画作品100余幅。作品主题鲜明，创意新颖，内涵丰富，语言生动，代表和反映了黑龙江省画院画家和特聘院外画家所取得的最新艺术成果。

展览由省委宣传部、省画院、省文联、省报业集团、省美协主办，黑龙江日报美术馆、哈尔滨市中国人民抗日战争暨世界反法西斯战争研究会承办。

美术家协会

2012年黑龙江省美术家协会工作会议召开

2012年2月28日，“2012年黑龙江省美协工作会议”在哈尔滨召开。会议强调，今后协会组织建设的重点，应放在各专业艺委会的组建和调整上，要创造条件，促进成熟，尽快使各艺委会组织建立、健全起来。在协会的统一领导下，发挥更大的作用。

会议指出，2012年是学习宣传贯彻党的十七届六中全会精神、推进黑龙江省文化建设“八大工程”的关键之年。省美协将在省委宣传部、省文联的领导下，在全省美术界的大力支持下，结合工作实际，发挥自身优势，广泛吸纳代表们提出来的各种意见和建议，以创新发展的观念和办法开拓美协工作的新局面，解决前进中的新问题，为黑龙江美术事业不断繁荣发展再创佳绩 。

会议期间，专业艺术委员会的代表们对艺委会的组织发展、学术作用、活动策划等方面进行了深入讨论，并提出了大展早准备、小展日常化，注重学术引导，注重理论研究等诸多好的建树。各市地美协及美术相关单位、院校的代表在拓展工作思路、开展相互合作、加强人才培养、推出优秀作品、举办高质量展览及建立创作基地等方面进行了深入探讨。

黑龙江省美术家协会环境设计艺术委员会正式成立

黑龙江省美术家协会环境设计艺术委员会成立大会于2012年11月11日在哈尔滨师范大学美术学院召开。

黑龙江省美术家协会主席吴团良、秘书长赵丹琪出席了此次大会，会议选出第一届环境设计艺委会委员25人，涵盖了省内从事环境艺术设计的高校教师及企事业单位的相关从业人员。

迎庆‘十八大’——黑龙江省美术家协会第七届新人新作展

作为省文联庆祝党的“十八大”胜利召开系列活动的重要组成部分，“迎庆‘十八大’——黑龙江省美协第七届新人新作展”于2012年12月6日在黑龙江省美术馆开幕。省政协副主席陶夏新出席开幕式。

黑龙江省美协新人新作展，是省美协面向全省挖掘美术新人、推出美术新作的重要平台。旨在为提升青年美术家们的创造力，为他们大胆变革、锐意创新提供一个施展才华的舞台。展览自2004年启动以来，已经成功地举办了七次，并成为黑龙江省美术家协会一项重要的品牌活动，吸引着起来越多的青年美术爱好者的热心投入和积极参与。展览水平也在不断提高，每一次的展览都给人以新的感受，这不仅是因为不断地有新生力量为展览注入鲜活的血液，而且青年画家们积极尝试着使用各种新的绘画语言和表现手法。

展览共有120件作品参展。其中包括中国画、油画、版画、雕塑、水彩、漆画、综合材料等作品，基本涵盖了绘画中的各个门类。从中可以感受到青年作者们对于时代脉搏的敏锐把握和社会飞速变化的深刻思考。在创作方法上涉及写实主义、象征主义、表现主义等，在造型上涉及具象、变形、抽象、装饰等手法，充分显示了青年人艺术视野的开阔、创作思维的活跃。

展览由省美协主办，省美术馆承办。展览为10天。

黑龙江省美术家协会名誉主席、版画大家晁楣获得2012首届中国灵石国际版画双年展终身成就奖

2012年12月17日，“2012首届中国灵石国际版画双年展”由中国美协和山西省人民政府等6家单位主办，山西晋中市人民政府承办。中国当代北大荒版画学派创始人和领军人物、版画大家晁楣先生被授予“2012首届中国灵石国际版画双年展终身成就奖 ”。

“中国灵石国际版画双年展”与“中国观澜国际版画双年展”均属在中国举办的高端学术版画展，在专业领域有较高的声望。此次灵石国际版画双年展共有27个国家艺术家的215幅作品参展。展览设立三项奖项，为青年艺术家奖、最佳艺术家奖和终身成就奖。

“2012首届中国灵石国际版画双年展”评审委员会，对授予晁楣先生所作的评介词中肯准确：“晁楣先生用他的青春热血、盛年激情与暮年壮心，用他的艺术造诣与累累硕果，为北方黑土增添了宝贵的艺术财富。由他创立和领衔的北大荒版画已成为黑龙江乃至中国50余年来不衰的著名文化品牌。同时晁楣也为我们树立了做人、治学和从艺的楷模，因此可以说，晁楣先生的人格魅力和艺术成就，使他无愧为北大荒版画学派的领袖和中国版画艺术领域最重要的代表人物。”

上海市

美术院校

静水流深——上海大学美术学院老教授协会美术作品展

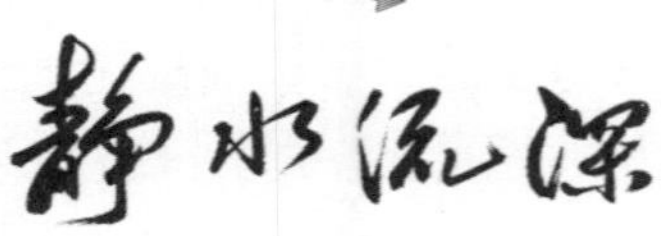

为庆祝教师节，“静水流深”——上海大学美术学院老教授协会美术作品展，于9月10日至12日在上海图书馆举办。这是上海大学美术学院一批资深教授向社会做的汇报，展示了他们在退休岁月里的部分成果。

用“静水流深”诠释这次展览，意在说明画家的心态和作品的特性。从字义上看，指在静水深处，暗流涌动，体现了一种高尚的人生哲学，一种尊贵的长者风度，象征着这些画家不留恋过去的成就，情感内敛而不彰显，心如静水而胸有万千丘壑，洞察世事而不为表象所惑，享受心灵快乐而不被欲望捆绑，拥有精神的无限自由。中国人讲求修身养性，大凡智者、得道者，都有着丰富的内心世界，到了暮年，可谓灿烂至极，复归平淡。他们的心态，像湖水般平静，如小草样谦卑，淡泊明志，平易近人，顺境中默思静想，逆境时从容面对，个人情绪很少溢于言表。“静水流深”把这种心态推到了至高的境界，借用其隐喻，阐释画家们内心的深厚蕴藏，或许最能表达这次展览的意义。

老教授们曾为国家科学教育事业和学校的发展做出了历史性的贡献。他们从青春到白头，奉献了一生，优秀的精神风范，为后来的年轻教职工树立了很好的榜样。十多年来，许多教授因年龄关系相继从教学或管理工作岗位退下来，成为老教授协会的会员，过着“老有所养，老有所乐，老有所为，老有所学”的亦闲亦忙、亦休亦做的快乐生活。他们虽然人老了，但是学习不老，知识不老，有所为不老。“老骥伏枥，志在千里。烈士暮年，壮心不已”。他们继续研究和创作，继续为学校、为社会的发展服务。

美术学院的老教授们，退休后仅是换一个岗位、换一种方式开始新的奉献。他们发挥余热，笔耕不辍，创作了很多优秀作品，积极参与并策划组织国内外重大展览活动，不少美术作品获奖。同时出版个人美术作品专集，撰写著作论文，举办各类笔会和咨询服务。其中很多教授担任社会美术团体的主要领导职务，各方面业绩突出，成效显著。

形象的对视：上海大学美术学院举办2012年度展

“2012上海大学美术学院年度展”于12月28日在上海大学美术学院展览馆举办，展览呈现了王劼音、王孟奇、姜建忠、宋海冬、杨剑平、秦一峰、韩峰、刘建华、夏阳和金江波10位艺术家的作品。

正像展览策划李晓峰所说的，借福柯的“知识考古学”方法，进行形象考古。展览最大的特点，是试图突出展览现场和艺术家工作室现场及其连接。因此，李晓峰设计了基于“形象的对视”主题拟出的“九问”，包括对艺术形象的理解、看待形象的角度和方式以及如何处理艺术创作中的形象性和当代性问题等，让10位参展艺术家来回答，得到了10个不同版本的回应。

展览还举办专题研讨会，组织一批批评家，参与对展览主题与参展作品的研讨。

书画院

“书画同源”上海书画院邀请展举办

“书画同源”——2012上海书画院名家邀请展6月26日在壹号美术馆开幕。上海书画院作为市一级的专业画院，希望通过此次展览，突出表现“书画本一律”的特质，邀请的54位老中青三代书画家，以一书一画的特殊表现方式，呈现给大众耳目一新的艺术享受。这种表现形式填补了此类学术展览的空白，也是对当下书画家从诗书画印四方面综合反映人文素养的考验。展期两周，并移师宁波等多地进行巡展。

上海书画院主办“叩刀问石”2012年上海篆刻邀请展

由上海书画院主办的“叩刀问石”2012年上海篆刻邀请展，7月15日在上海壹号美术馆揭幕。市委常委、宣传部部长杨振武出席开幕式。

海派篆刻素有全国“半壁江山”之美誉。20世纪初以来，上海先后涌现了吴昌硕、赵叔儒、陈巨来、王福庵、邓散木、来楚生、方去疾、钱君匋、叶露渊等众多篆刻艺术大家，为海派篆刻奠定了坚实的基础。今天，上海篆刻界依然人才济济，当代海派篆刻家在坚持艺术个性的同时，在风格多样性上也体现了海纳百川的优良传统。

经过半年多筹备，“叩刀问石”2012年上海篆刻邀请展遴选了上海老中青篆刻家59位，年龄跨度从31岁至98岁。其中有当代海派篆刻大家韩天衡、刘一闻等，又有海归名家吴子建、徐云叔、陆康和陈茗屋等，还有西泠印社中最年长的前辈顾振乐、高式熊和江成之。参展的近千方篆刻品风格、尺寸、材质互异，或沉浑奇崛、方刚雄强，或厚重古拙、简淡清逸，从中可见海派篆刻的文脉延续、师承足迹以及时代烙印。

展览展至30日。

2012 上海水彩、粉画作品展在沪开幕

为更好地推动上海水彩、粉画艺术的持续发展，上海市美术家协会于6月6日至6月17日在上海美协创作中心东外滩艺术空间举办“2012上海水彩、粉画作品展”。

展览评选出的优秀作品将参加全国水彩、粉画作品展。上海市美术家协会决定从2012年开始每两年举办一次上海水彩、粉画作品展，成为一种品牌展览，通过展示、研讨，建立水彩、粉画学术交流平台，推动上海水彩、粉画艺术的全面发展；同时吸收更多年轻作者和不同画种的作者参与进来，水彩、粉画艺术家们在表现观念上和文化参与上多做探索和研究。

上海是中国水彩、粉画艺术的发祥地，为水彩画、粉画的属性和中国绘画意念与西方绘画表达的融合提供了生存和发展的空间，培养了一大批国内享有盛誉的优秀艺术家；画家们也用自己的才智进行了有益的艺术探索，长期以来累积形成了一种特色鲜明的地域风格，给人清新的视觉感受。上海水彩、粉画在发展的过程中，没有真正形成某个趋同的模式，也不认可有些地方追风类同的面貌。画家的水平或许各有高低，然而这种艺术的追求在起点上无疑要比模仿跟风的做法有品味和格调。上海画家的这种特性在环境的影响下外化为有着各自明显差异的不同个体面目，它是一种交融浑化后的感觉，体现了一种既传统又现代的状态，体现了高度的包容和宽泛的理解。

随着美术各门类表现形式的日异丰富，对水彩、粉画艺术作为一种特有的限定性艺术语言提出了新挑战，这门艺术正处在一个发展的瓶颈期，特别是水彩、粉画艺术作者日趋老龄化现象，大大阻碍了这一艺术门类的发展，同时当今时代环境的改变，也使得绘画艺术从创作到观赏比之以往有很多的变化。怎样能够与时俱进地取得文化总体格局中的独特位置，需要水彩画、粉画家们认真思考高度关注，这既是我们在水彩画百年纪念论坛之后如何超越自身再攀高峰的问题，也是在全球化文化语境下要为之努力的目标和出路。

朱大醉花鸟画展亮相上海

由上海美协主办朱大醉花鸟画展于7月20日起在上海美协创作中心展出，展览展示艺术家朱大醉至2008年起至今约150幅力作。

朱大醉：1960年生，上海市人，祖籍浙江鄞县。斋号兰痴草堂、迟悟堂。现为中国美术家协会培训中心教授，浙江省中国花鸟画协会会员。多幅作品在《艺术名流》、《水墨中国》、《海派书画》、《书画收藏》、《中国画清赏》、《美术时空》等报刊发表。2005年由上海人民美术出版社出版八开精装《朱大醉画集》。2004年就读于浙江师范大学何水法花鸟画高研班。2005年《柳鹭图》获第六届中国花鸟画展铜奖，同年由浙江省中国花鸟画家协会和浙江湖州瑜文斋画院在省展览馆举办“笔墨传承·朱大醉花鸟画展”，2006年由上海朵云轩举办“水墨清华·朱大醉作品展”，著名画家何水法为画展题词，著名美术评论家王平先生撰文“于清脱中沉醉”高度评价大醉的绘画。并在澳门大学美术馆举办个展。

展览至7月25日。

“生活·艺术——中国文联副主席冯远谈美术创作”讲座

2012年6月14日，上海市美协在东外滩艺术空间举办“生活·艺术——中国文联副主席冯远谈美术创作”讲座，上海市文联专职副主席迟志刚、秘书长沈文忠，上海市美协副主席朱国荣等领导及上海市美协油画高研班、中国画高研班、中青年版画培训创作班、美术沙龙等沪上知名画家出席讲座。

中国文联副主席、书记处书记冯远是当代中国画名家，以擅长表现历史题材和当代生活的人物画著称，特别是他近年来创作的当代中国都市、农村和西部人物画系列堪称“天付劲毫”。讲座上冯远着重讨论了美术创作中生活与艺术的关系，他认为毛泽东同志在延安座谈会上的讲话的核心原理至今仍具有历史的闪光和价值，仍能指导艺术创作的实践。生活与艺术是一个大命题，艺术创作如何深入生活，从生活中得到灵感，又如何从生活中升华到艺术的高度是所有艺术家都必须解决的问题。在两小时的讲座中，冯远运用自己丰富的创作实践，回答了学员们提出的中国画人物、花鸟、山水创作中困惑的难点问题，并对一些学员的创作草图进行观摩指导。

漆彩东方——2012 上海首届漆画作品展开幕

2012年9月29日，由上海市美术家协会主办，华东师范大学艺术学院、上海工艺美术职业学院、上海应用技术学院协办的“漆彩东方——2012年上海首届漆画作品展”在上海东外滩艺术空间展出。展览至10月8日。

漆文化在中国已有7000多年的历史。自20个世纪80年代漆画正式成为独立画种以来，漆画艺术在我国各地开始蓬勃发展。近十年来上海漆画也取得了不少成绩和进步，如华东师范大学等艺术院校都成立了漆画工作室，漆画教学受到了学生的欢迎，由于高校的重视与支持，现在以艺术院校师生为主的上海漆画创作群体正在形成。

此次画展，征集了来自上海各艺术院校师生以及漆画爱好者和漆艺研究人员的140多件作品，最后入选近110件，这批作品展现了当下上海漆画作者的精神风貌和艺术追求，展示了近年来上海漆画创作的整体面貌，漆画展促进了漆画界的沟通和交流，必将对上海漆画艺术未来的发展产生积极而深远的影响。

美协主办2012上海小幅油画展

由上海市美术家协会主办、上海市美术家协会油画艺术委员会、上海市美术家协会东外滩艺术空间承办的“图像——2012上海小幅油画展”于12月11日在上海美协创作中心东外滩艺术空间开幕。市文联副主席迟志刚出席了开幕式及座谈会。

上海小幅油画展是上海市美术家协会主办的重要展览，2012年已是第三届。展览的初衷是希望借助展示活动来打造上海油画界同仁的学术交流平台，逐步建立起“海派”油画的学术品牌。此次展览的作者囊括了上海的老、中、青三代艺术家，共展出作品191幅。展览的主题是“图像”，即画家笔下所表现的山川村落，或者是生活场景，又或是墙隅一角的静物等。

展览展示

视象的凝聚——法国、中国具象表现绘画展

2012年7月14日，由上海美术馆、中国美术学院主办，同济大学协办，中国美术学院艺术现象学研究所，中国美术学院油画系，同济大学艺术史与艺术哲学研究所承办的“视象的凝聚——法国、中国具象表现绘画展”在上海美术馆开幕。

上海市人大常委会副主任郑惠强，上海市政协副主席钱景林，上海市委宣传部秘书长陈启伟，法国驻上海领事馆文化领事马伊容，上海市文广局副局长滕俊杰，上海市文联党委书记宋妍，上海市美协秘书长陈祺，上海美术馆执行馆长李磊，上海戏剧学院院长韩生，中国美术学院院长许江，浙江美术馆馆长马锋辉，浙江省美协副主席骆献跃，中国美院老教授全山石、汪诚一、金一德、张自嶷以及油画系师生等出席开幕式。开幕式由油画系主任杨参军主持。

展览展出布列松、雷蒙•马松、森•山方、阿希加、哈曼、司徒立等著名法国艺术家的作品约40件；以及许江、王澍、焦小健、杨参军、章晓明、井士剑、顾黎明、孙景刚、蔡枫、孔国桥、李振鹏等知名中国艺术家，和余旭鸿、赵军、蒋梁、金阳平、郭健濂、周小松、陈焰、李凯生、于洪、张淳、林印吉、童雁汝南、吴建青、王乐其、孙尧、兰友利、韩子仲、马静、韩宇光、娜仁花等新生代艺术家共32人的约350件作品。此次展览由“存在的境界”、“具表的性格”、“视象的生成”和“南山的道路”四个板块组成，全面展示以许江和司徒立教授为代表的中国美术学院具象表现绘画艺术家群体的创作成果，回顾中国具象表现绘画历经20年的探索历程。

一、存在的境界

此次展览中最具思想性和原创性的作品。具象表现绘画继承和革新了表现主义传统，试图在写实绘画与抽象表现绘画之间走出“第三条道路”，或者说一条“中间”道路，而这个“中间”意味着天——地、显——隐、明——暗的“之间”，因而意味着境域化的艺术构成。本板块意在体现参展艺术家对存在、自然、民族、历史、命运等重大主题的持久探索和深入思考，以及对艺术本身和艺术境界的不懈追求。

二、具表的性格

展览中具有“具象表现”或“现象学方法”特性的作品。具象表现绘画作为承接欧洲、扎根中国的油画类型，在方法或手法上表现出自身的个性化和差异化特征。历经20多年的艰苦努力，“具表”艺术家力图在东方与西方、传统与现代、具象与抽象之间走出独具一格的创作道路。本板块希望展现艺术家在这方面的艰苦尝试的成果，界定具表艺术与其他艺术风格的差异性特征，用作品来回答“何谓具象表现绘画”的问题。

三、视象的生成

与第二主题密切相关，“视象的生成”是对具象表现绘画创作过程的多样生动的场景化呈现。接受现象学方法砥砺的具表艺术家，强调视觉的直接性和当下直观构成，以及创作过程中对视觉真实的不断逼近。本主题试图通过时间切片或空间转换等途径，动用素描、速写、写生等多种方式，展示具表艺术家们的“眼法”和“手法”的历练以及创作机制。

四、南山的道路

以相对浓缩的方式展示中国美术学院具象表现绘画的发展历程。20多年来，中国美术学院艺术现象学研究所的艺术家和哲学家们致力于多学科的合作，进行了卓有成效的艺术——哲学对话，这种对话本身属于当代语境中艺术哲学化和哲学艺术化的新趋向。本主题运用图片、文字、录像等手段，对南山具象表现绘画做一次简约而有力的文献回顾。此次展览同时举办“重审绘画的理想——现象学与当代艺术问题学术研讨会”，邀请国内理论界和艺术界的知名学者就现象学哲学与当代艺术问题展开深入的研讨。大型画册《视象的凝聚——法国、中国具象表现绘画特展》（上下卷）由中国美术学院出版社出版。

展览至7月26日。

2012上海国际装饰画与框业、装裱展览会

4月的上海，商机勃勃，数百余家框业、画业顶尖企业及原材料和先进设备供应商聚首上海，共商金融危机下的行业发展大计。在这样的背景下，由德国多特蒙德展览集团、中国软装协会主办主办，2012年4月9-11日在上海光大会展中心举行的“2012上海国际装饰画与框业展览会”及“装裱材料与技术设备展”真可谓应运而生，他们通过专业的运作渠道和方法，为供应商和采购商提供一个便捷的贸易通道，打造一个集品牌展示、外贸内销、信息交流、项目洽谈为一体的交易平台。

他们已全身心地投入到了画框与装饰画行业多年，他们结合了义乌、深圳、广州等地画框展的实际办展经验，收集了国内外4万多家专业买家数据，拥有了天时、地理、人和三要素，此届展会打造成真正的国际型专业展。

江苏省

美术院校

南京艺术学院美术馆于11月20日开馆举办系列展览

南京艺术学院美术馆于2012年11月20日正式开馆，开馆展系列主要有“奥托·迪克斯——批判画1920—1924”、“乔治·布拉克——立体派创始人中国首展”、“伦敦2012——奥运会海报展”、“第六届全国视觉传达教育论坛”、“第三届全国漆画展”、“南京艺术学院百年校庆师生美术作品展”、“刘海粟作品展”。

“德国新客观主义大师奥托·迪克斯中国首展”展出奥托·迪克斯(Otto Dix，1891—1969)的《战争》和《批判画(1920-1924)》二个系列的版画作品，共86幅。这二个系列的作品属于迪克斯最为经典和重要的作品群。作品反映了艺术家对暴力、贫穷以及堕落景象的描绘，用绘画将残酷的战场、流落街头的残疾老兵、娼妓、放荡而迷茫的知识分子、底层的谋杀场景毫无修饰地呈现出来。此次展览集中了奥托·迪克斯的代表性系列版画作品，是这位德国新客观主义大师在中国的首次亮相。

该展由德国对外文化关系学院提供，由南京艺术学院美术馆和歌德学院(中国)共同承办，展出时间为2012年11月20日至12月20日。

“立体主义大师乔治·布拉克中国首展”是乔治·布拉克(Georges Braque，1882—1963)作品在中国的首次大规模展出。布拉克在接近生命终点时，与宝石工艺大师Loewenfeld男爵相识，这一机缘为他打开了新的创作空间。1961—1963年，布拉克意识到自己不能亲手创造更多的作品后，就将自己主要构思创作成一系列的水粉画，并以古希腊神话为这些作品命了名。他留下了110幅水粉设计稿，委托Loewenfeld男爵用精湛的技艺完成他没有完成的作品。1963年受法国文化部委托，卢浮宫专题展出了布拉克这些珍贵的作品，这构成了此次展览的源头。此次展览共展出约200余件水粉、版画、珠宝首饰、雕塑、陶瓷、水晶、挂毯、马赛克等作品。

该展由文化部中外文化交流中心、法国DSTAR公司主办，南京艺术学院美术馆承办，展出时间为2012年11月21日至12月17日。

“伦敦2012——奥运海报展”展出12位英国顶尖艺术家创作的亲笔签名珍藏版海报，这12幅海报均为版画原作，是为庆祝2012伦敦奥运会而特别委托艺术家创作的作品。伦敦奥组委与泰特美术馆(Tate)和Plus Tate集团合作，以尼古拉斯·赛罗塔(Nicholas Serota，泰特美术馆馆长)等英国当代艺术权威人士组成评审团，汇集了100多位艺术家来挑选，并最终选出12位艺术家的作品。其中，有四位艺术家曾获特纳艺术大奖，五位曾代表英国参加威尼斯双年展，既包括像霍华德·霍奇(Howard Hodgkin)这样备受尊重的老一辈英国艺术家，也包括像翠西·艾敏(Tracey Emin)、克里斯·奥菲利(Chris Ofili)等曾经的当代艺术弄潮者YBA(英国年轻艺术家)一代。

“伦敦2012——奥运海报展”于此时在南京展出也可谓别具意义，因为除了2012年英国接替中国成为奥运会东道主之外，2014年南京也将迎来新一届青年奥林匹克运动会。作为由英国前首相戴维·卡梅伦(David Cameron)启动的“艺述英国——英国艺术及创意产业节”的旗舰活动，“伦敦2012——奥运海报展”由英国文化协会和南京艺术学院美术馆联合主办，展出时间为2012年11月20日至12月17日。

“第六届全国视觉传达教育论坛”(论坛与展览部分)由中国美术家协会主办、中国美术家协会平面设计艺术委员会承办、南京艺术学院设计学院执行、江苏省美术家协会和清华大学美术学院等国内主要设计院校协办。分为主题论坛、学术对话、互动研讨、学生论坛、学术活动、主题展览等六大板块。论坛主题为“链接与升华”、对话主题为“设计文化与设计教育”、研讨主题涉及“视觉传达设计教育的新理念”等。主题展览包括:“从吴印咸到林杰珠——南京艺术学院校友图像艺术作品展”、“荷兰平面设计100年展”、“国际大学生公益主题海报设计展”、“第二届全国大学生书籍设计展”等。

12月8日，配合南京艺术学院建校100周年，南京艺术学院隆重推出“‘闳约深美’——南京艺术学院百年校庆师生美术作品展”。展览由南京艺术学院联合中共江苏省委宣传部、江苏省教育厅、江苏省文化厅、江苏省文联、中国美术馆、江苏省美术馆、上海刘海粟美术馆共同主办。主办方精心挑选了一个世纪以来南京艺术学院历届师生的优秀作品。展览由四部分构成，第一部分为1912年至1952年 流派纷呈的先期阶段、第二部分为1952年至1978年 情系国运的发展阶段、第三部分为1978年至2012年 躬逢盛世的拓进阶段、第四部分为壮写黄山的精神追求。展示了南京艺术学院历经一个世纪的建设和发展，经风雨而茁壮，历沧桑而弥坚，发展成为在国内外卓有影响的综合性高等艺术学府的一部诗史。

同时开幕的，还有“刘海粟作品展”。展出南京艺术学院珍藏的刘海粟先生油画及国画作品约30件，此次展出的这批珍贵藏品包括了刘海粟各个时期代表作，提供了一次难得的一窥大师艺术气度的机会。刘海粟先生是中国新美术运动的拓荒者，中国现代美术教育事业的奠基人，南京艺术学院前身上海图画美术院的创办者，其地位和影响毋庸置疑，在南京艺术学院百年校庆和新美术馆开馆之际举办“刘海粟作品展”是众望所归。刘海粟先生的艺术实践始终向绘画的现代性形式和观念开放，凭借其天才的艺术洞察力和不可抑制的创造精神，不断尝试着开拓新的审美经验的实践，基于传统却在艺术形式和观念上不断突破。刘海粟先生在近现代美术史上所起到的承先启后的重要角色，即使在当代艺术语境中仍不乏意义。

2012江苏省国画院迎春画展

“2012江苏省国画院迎春画展”于1月19日在江苏省国画院美术馆开幕。展出江苏省国画院全体在职画家新近创作的小品70余幅，作品尺幅较小，却件件是精品，其中有不少作品是写生所得，为广大书画爱好者奉献了一份

清新、优雅的新春贺礼。迎春画展为期一个月。

由江苏省文化厅主办、江苏省国画院承办、江苏省美术馆协办的“胜似春光——2012江苏省国画院新春献礼贺岁大展”在江苏省美术馆新馆隆重开幕。该项展事在2011年春节期间首次成功举办之后，已经被确定为江苏省国画院的年展项目，将于每年春节期间以同一时段、同等规模隆重推出江苏省国画院书画家们创作的最新作品。

在“胜似春光展”开幕式上江苏省国画院向各地图书馆赠送了新近出版的《江苏省国画院画家精品画库》，赢得广泛赞誉。精品画库共有30册，分山水、人物、花鸟·书法三卷，其中山水卷14册，人物卷7册，花鸟、书法卷9册，画院30位在职画家、书法家的代表作品入编，是江苏省国画院在职画家、书法家代表作品的首次集中出版，画库的出版整体展示出了江苏省国画院在职画家、书法家的创作现状与艺术追求。

2012江苏省国画院书画精品交流展

“金陵风骨 其命惟新——2012江苏省国画院书画精品交流展”，于9月5日在扬州个园大境艺术馆开幕。此展由江苏省国画院、扬州报业传媒集团主办，扬州报业艺网传媒有限公司（中国在线艺术网）承办。出席开幕式的嘉宾有：江苏省国画院院长、南京艺术学院教授、博士生导师周京新，江苏省国画院副院长刘云，扬州报业传媒集团徐书记，扬州国画院院长刘南平等。报业艺网董事长杨世春主持了开幕式。此次“金陵风骨 其命惟新——江苏省国画院作品展”汇集了江苏省国画院在职书画家100余幅精品力作，为扬州人民奉献了一份体现江苏深厚文化底蕴和综合魅力的丹青水墨艺术大餐。这既是江苏省国画院努力实践文化惠民和着力打造名家、名派、名院的体现，又进一步推进了扬州艺术文化的开放和创新。展览至12日。

作为继北京画院、上海中国画院之后全国成立最早的三大国有画院之一，江苏省国画院从建院伊始就聚集了以傅抱石为代表的一批优秀的中国画艺术精英，构建起具有一流水准的中国画创研高地，为江苏省乃至全国的美术界做出了重要贡献！在开幕式发言中，江苏省国画院院长周京新表示，作为“新金陵画派”的主阵地，江苏省国画院不仅要继承包括“新金陵画派”在内的传统经典，更要在此基础上不断发展创建并逐步形成属于自己的、无愧于时代和历史的经典作品。要积极推进与省内外在艺术领域的交流与合作，将精品展做成真正的展览精品，为实现文化的大发展大繁荣，全面提升国家文化软实力做出应有的贡献。

“2012江苏省国画院书画精品展”在新疆伊犁州展出

2012年9月28日至10月10日，“金陵风骨　其命惟新——2012江苏省国画院书画精品展”在新疆伊犁州隆重展出，展览由新疆维吾尔自治区文化厅、江苏省文化厅、江苏省对口支援新疆伊犁州前方指挥部主办，伊犁哈萨克自治州文化体育广播影视局、江苏省国画院承办，伊犁哈萨克自治州博物馆协办。

此次展览于2012年9月28日在伊犁哈萨克自治州博物馆开幕，出席开幕式的领导有：江苏省文化厅副厅长高云，江苏省国画院院长周京新，江苏省国画院副院长刘云，江苏省国画院副院长薛亮，伊犁自治区文化厅副厅长张子康，伊犁州政府副州长木合亚提，江苏省对口支援伊犁州前方指挥部党委副书记、纪委书记、州纪委副书记张余松，伊犁州人大秘书长哈山，伊犁州政府副秘书长林文雄，伊犁州政府副秘书长努尔胡玛尔，伊犁州党委宣传部副部长王连欣，伊犁州文化体育广播影视局党组书记涂林，伊犁日报社党委书记、总编田兴国，伊犁州文联主席巴合提，伊犁师范学院宣传部长冯青松。周京新院长在开幕式上致辞并向伊犁州博物馆赠送中国画作品。

此次展览汇集了江苏省国画院在职书画家140余幅精品，为新疆伊犁各族人民奉献了一份体现江苏深厚文化底蕴和创作综合实力的丹青水墨艺术大餐；同时也是江苏书画家向驻新疆伊犁州的数百名江苏援疆干部人才的汇报和慰问。

“2012江苏省国画院山水画作品展”开幕

2012年10月22日，“喜迎‘十八大’”2012江苏省国画院系列作品展——山水画作品展在位于虎踞路的省国画院美术馆开幕。

展览展出包括周京新、宋玉麟、薛亮、徐建明、常进、崔见、秦卫东、杨耀宁、汤知辛、王飞飞、沈勤、赵晓钟、祁恩进、蔡松昌、黄戈、郭子良、刘云等名家在内的57件作品。多数作品充满了传统韵味，描绘身着长衫的古人纵情于山水之间，也有部分作品以现代化气息浓厚的现代城市风貌与山水的融合为内容，使得画作拥有了时代气息。

展览至11月21日。

江苏省国画院人物画作品展

江苏省国画院人物画作品展暨南京师范大学美术学院研究生人才培养基地揭牌仪式，2012年11月27日在江苏省国画院美术馆进行。

江苏省国画院作为继北京画院、上海画院之后全国成立最早的三大画院之一，于20世纪60年代成立之初，就为新中国奉献了近现代中国美术史上最重要的画派之新金陵画派。新金陵画派在山水画上的成就为世人所瞩目，涌现出了以傅抱石为代表的一批名垂青史的大师，在人物画、花鸟画方面也汇集了一批享誉国内外的画家，他们的艺术成就构筑起了江苏省国画院这一当代中国画学术高地，为江苏省美术事业的发展增添了不可替代的光彩。

江苏省国画院一贯注重切实开发个性艺术追求，将艺术创作理想与科学创新研究紧密结合起来，具有一流的人才队伍和优良的学术传统，近年来积极探索，锐意进取，力求将这块学术高地发扬光大。2012年5月起江苏省国画院美术馆举办系列画展，分别以花鸟画、山水画、人物画和书法作品展示江苏省国画院画家们最新创作状态与艺术追求，此次人物画作品展为江苏省国画院2012年系列展览之一，它并不限于江苏省国画院还邀请了江苏省内近年来在人物画创作方面颇有建树的名家，可以说代表了江苏省中国人物画方面的最高水平。更为重要的是以此次展览为契机，江苏省国画院作为南京师范大学美术学院研究生人才培养基地正式揭牌，由此开启了江苏省国画院与南京师范大学美术学院的深度合作。

南京师范大学美术学院作为一个有着百年深厚历史积淀的美术高等教育机构多年来为我国培养了一大批美术教育和美术创作人才，近年来在高等美术教育逐步大众化的背景下精英人才培养模式面临着新的挑战，在江苏省国画院建设创作人才培养基地就是南京师范大学美术学院适应新时期人才培养特点，改革创新人才培养模式的新举措。江苏省国画院在高层次的美术人才的培养方面是有着历史根基的，当年画院学员班的学员业已成为如今江苏中国画坛的中流砥柱。因此今天南京师范大学美术学院研究生人才培养基地在江苏省国画院成立可谓强强联手，开了画院与院校深度合作的先河，创了高等教育机构与艺术创作研究机构合作的新模式。这样的合作是教育资源与文化资源的整合，必能更好地为国家培养高层次的艺术创作人才，必能形成江苏省美术创作的新局面。

美术家协会

江苏省美协召开理事扩大会议
中国百家金陵画展（油画）聚焦“时代风采”

2012年3月16日，江苏省美术家协会第四届五次理事扩大会议暨“时代风采——2012中国百家金陵画展（油画）”江苏总动员会在南京举行。江苏省文联党组书记、常务副主席王慧芬，省文联副主席、省美协主席宋玉麟，省文化厅副厅长、省美协副主席高云，省美协副主席尹石、朱道平、李向伟、陈坚、陈世宁、周京新、胡宁娜、徐惠泉，以及江苏省各市美协、省美协各艺委会、省属高校、各美术创作单位的负责人出席了会议。会议由江苏省美协副主席兼秘书长尹石主持。

会议首先听取了宋玉麟所做的江苏省美术家协会2011年工作总结和2012年工作重点安排的报告。王慧芬讲话，对江苏省美协2011年的工作给予充分肯定，对2012年的工作提出了具体要求，并强调要坚持高标准、高质量地办好“2012中国百家金陵画展（油画）”。

会议认为，承办好“2012中国百家金陵画展（油画）”是2012年江苏省美协工作的重中之重。目前，展览的征稿通知已刊登在《中国书画报》、《美术报》等各大专业媒体上。此届展览突出“时代风采”的主题，旨在讴歌伟大的时代新貌，力求在弘扬现实主义精神前提下，在题材、形式上有所出新，使中国百家金陵画展内涵更加深邃、质量不断提升。此次百家金陵展于2012年11月16日在江苏省美术馆新馆开幕，展出油画入选作品100件（含10件金奖）和受邀作品20件左右；2月至4月为征稿通知发布、宣传发动阶段；8月30日前为收稿阶段；9月份为作品初评、终评阶段；11月16日至12月6日为展览阶段。

此外，江苏省美协2012年还举办第四次新人美术作品展、第三届全国漆画展（与中国美协漆画艺委会合办）、第八届江苏省油画展、江苏省优秀中青年美术书法精品展、第二届江苏省农民画展等丰富多彩的展示活动，同时配合百家金陵画展及各大展览，组织研讨、论文点评等工作。

会议还对江苏省在2011年度美术创作中成绩显著的9个团体单位和艺委会颁发了“优秀组织奖”，并增补了2位江苏省美协第四届理事。

江苏美协第四届新人美术作品展开幕

江苏省美术家协会第四届新人美术作品展2012年8月8日在省美术馆隆重开幕。作品展经过认真的初评和终评，确定入选作品484件，其中获新人奖48件，佳作奖113件。许多作品都贴近生活、形式新颖、个性鲜明，具有较高的艺术水准。

“新人美术作品展”是江苏省美协重要的品牌展之一。画展自2006年创办以来，每两年举办一次，已成功举办三届，经过各方努力，已经打造成江苏美术发现人才，培养人才，推出人才的重要平台，极大地激发了我省广大非美协会员作者的创作热情和创作水平，为壮大江苏美术队伍、促进江苏美术繁荣发展、培养后备人才起了积极的推动作用。

画展省美协主席团高度重视，年初就做出了研究部署。各市（省直）美协、南艺、南师大美院等单位积极支持，广泛发动，各地投稿踊跃，至截稿，共收到1500余件作品照片稿件。画种包括中国画、油画、版画、水彩（粉）、雕塑、漆画、插图、连环画、漫画等10余类。作品艺术水准进一步提升，显示出“新人美术作品展”的品牌效应。评审委员会严格遵循艺术规律，把握时代性、学术性、创新性，坚持公开、公平、公正，进行认真的初评和终评，确定入选作品484件，其中获新人奖48件，佳作奖113件。此次展览涌现了许多贴近生活、形式新颖、个性鲜明的具有较高艺术水准的作品。尤其是一些在校学子们的作品，表现出良好的基本功和创作能力，显示了令人瞩目的发展前景。相信这次展出的作品将带给观众良好的视觉享受。

“江苏省美术家协会第五次新人美术作品展览”将在2014年举办，届时将有更多的作者参与，有更好的作品展现给观众。

浙江省

美术院校

全国第三届大学生艺术展演活动优秀艺术作品暨高校校长书画摄影作品展

2012年2月，全国第三届大学生艺术展演活动优秀艺术作品暨高校校长书画摄影作品展在中国美术学院美术馆隆重开幕，教育部副部长郝平，浙江省政协副主席徐辉，教育部体育卫生与艺术教育司司长王登峰，浙江省委教育工委副书记、教育厅副厅长蒋胜祥，浙江省教育厅副厅长鲍学军，中国美术学院党委书记钱晓芳、院长许江，教育部艺术教育委员会委员陈振濂及学生代表、浙江机电职业技术学院学生邱忠泽出席开幕式。来自全国各省市的观众、各界书画爱好者和中国美术学院部分师生参加了开幕式。开幕式由教育部体育卫生与艺术教育司司长王登峰主持。浙江省政协副主席徐辉、中国美术学院党委书记钱晓芳讲话，专家代表陈振濂、学生代表邱忠泽发言。

徐辉代表浙江对展览的开幕表示祝贺、对前来参加展览的领导和来宾表示欢迎和感谢。他指出，浙江省高度重视艺术教育，努力贯彻教育部《学校艺术教育工作规程》，积极开展艺术教育活动，艺术教育质量不断提高，培育并形成了一批艺术教育优质课程和品牌活动，涌现出独具特色的艺术教育成果。展出的作品来自全国各地的高校，涵盖了绘画、书法、篆刻、工艺设计等多种形式，充分展示了全国高等学校艺术教育的丰硕成果。这些作品紧扣时代脉搏，贴近校园生活，具有鲜明的艺术特色和风格，体现了大学生热爱祖国的高尚情怀和蓬勃向上的精神风貌。全国大学生优秀艺术作品展是大学生艺术交流的重要平台，希望大学生在丰富阅历、体悟艺术修养的同时能够实现素质的提升和人格的升华。此次活动还推出高校校长书画摄影作品展，高校校长在履行管理职责，开展学术活动的同时用镜头记录时代、用笔墨抒发情怀，身体力行，大力开展文化艺术活动，直接引领艺术教育的发展。他对师生、校长的踊跃参与和大力支持表示感谢。

钱晓芳在讲话中指出，全国大学生艺术展演活动是中国目前规格最高、规模最大、影响最广的大学生艺术盛会。中国美术学院是国内学科最完备、规模最齐整的第一所国立高等美术院校。从20世纪初蔡元培先生提出“以美育代宗教”的思想，创办中国美术学院的前身国立艺术院，历经84年，聚集和培养了众多杰出的艺术人才，为中国的艺术教育事业做出了巨大的贡献。展览由中国美术学院承办，体现了组委会对中国美术学院的充分信任。她说，文化的繁荣和艺术的发展是这个时代的强音，校长则是高校发展的灵魂人物，是带动学校发展的重要关键。此次展览，充分体现了各位同仁精彩的艺术人生，高雅的兴趣爱好，也进一步增进了兄弟院校之间的交流和互动，更为进一步营造良好的校园文化氛围起到了率先垂范的作用。积极参与此次活动既是对文化强国、文化强省建设的积极响应，也是充分展示各兄弟院校近年来在大学生艺术教育新经验、新成果的良好平台，同时也为我们向兄弟院校学习提供了一次宝贵的机会。我们一定会充分利用好这次机遇，学有所成，习有所得，借此次活动的东风，再接再厉，为和兄弟院校共同开创中国艺术教育工作新局面，为中国文化艺术的繁荣而不懈奋斗！

全国大学生艺术展演活动每三年举办一届，由中国美院承办的大学生优秀艺术作品暨高校校长书画摄影作品展是全国第三届大学生艺术展演活动的重要组成部分。展览在各省和高校报送的上千件作品中遴选出优秀艺术作品共618件，其中包括一等奖124件、二等奖279件、三等奖215件以及校长们的全部参展作品324件。此次展览在中国美院1～3楼展厅内共展出了学生优秀作品200余件，而高校校长们的作品则集中于美术馆4楼以及中国美院藏品阵列馆的3个展厅，展出作品277件。

此次大学生优秀艺术作品艺术形式丰富，涵盖了绘画、书法、篆刻、摄影、工业设计、DV作品等多种艺术形式，紧扣时代脉搏，贴近校园生活，作品具有鲜明的艺术个性和风格。这些作品体现了一定的实力，展览的性质和目的都十分符合大学生素质教育的要求，也能体现大学生方方面面的生活。而高校校长书画摄影作品则充分体现了高校校长们的人文情怀和对于艺术实践的热情，他们的作品记录了丰富的时代生活，表现出高雅的审美追求。校长们、书记们在高校校长书画摄影作品展中的热情参与，对于高校文化的发展也会产生积极的影响。大学生艺术展览活动是大学生之间进行艺术交流和学习提高的重要平台，同学们可以在体悟艺术之美的同时，获得素质的提升和人格的升华。

展览活动受到媒体广泛关注，新华社、中央电视台、光明日报、中国教育报、中国教育电视台、中新社、浙江电视台、浙江日报等媒体对展览活动进行了采访。展览至2月13日。

展览开幕前，教育部副部长郝平在党委书记钱晓芳、院长许江、党委副书记胡钟华的陪同下参观了中国美术学院校史馆。

宋浩霖“飞龙在天”龙画展

2012年2月2日，宋浩霖“飞龙在天”龙画展在中国美术学院美术馆龙年首期画展中隆重展出。原浙江省委宣传部副部长高而颐、浙江树人大学党委书记毛雪非，中国美术学院党政领导钱晓芳、许江、宋建明、傅肃琴、孟云生、孙旭东、刘正，原副院长宋忠元以及清华大学浙江校友会、浙江省美协、美术报的领导以及宋浩霖教授的同仁及弟子数百人参加了开幕式。宋建明副院长为画展致辞，画展主人宋浩霖致答谢词，中国美术学院设计艺术学院承办并主持了画展的开幕式。

宋浩霖教授早年毕业于中央工艺美术学院，于60年代初期来中国美术学院工艺系执教直至1992年退休。宋教授退休后艺术创作欲望不减，常年潜心创作，孜孜不倦，创作出大量的实用艺术作品。

画展推出了宋教授大量作品中具有代表性的一部分，包括：被应用于东阳木雕的“九龙图”长卷，“十二生肖神龙脸谱”长卷；应用于陶瓷盘的“腾龙图”，数十副以龙形题材的绘画艺术作品和30多幅龙首变形设计作品。许江院长专为宋教授的画展撰写了题为“龙年龙气象”的“前言”。

“艺途回眸——吕洪仁油画作品回顾展”举行

2012年3月19日，由中国美术学院主办、省美协、省油画家协会协办的“艺途回眸——吕洪仁油画作品回顾展”在中国美术学院美术馆举行。中国美术学院领导钱晓芳、许江、孟云生，浙江省文联党组成员、书记处书记高克明，原院领导宋忠元，著名艺术家刘江、全山石等出席开幕式。许江、宋忠元和吕洪仁先后讲话。开幕式由油画系主任杨参军主持。

吕洪仁，别名吕刻，海犁，是新中国成立培养的第一代美术艺术家，1947年考入杭州国立艺专，1952年毕业于中央美术学院华东分院，后留校，曾任浙江美术学院油画系副主任、教授、附中校长，师从吕霞光、关良、颜文梁等大师，培养了大批中国美术艺术栋梁之材，其中大部分已是成绩斐然，成为中国美术界最高水平的代表人物。展览展出了吕先生艺术生涯中各个阶段的代表作品《矿工》、《欢迎铁军》、《红色娘子军》等。吕洪仁把浓郁的油画本体发挥到了极致，运用一种纯粹地道的油画语言形成了“色彩堆积构图法”的吕氏风格。“艺途回眸”作品展中的大部分作品是首次展出，多幅作品已被国内外的博物馆和私人所珍藏，此次回顾展也是对吕洪仁老先生一生的绘画教学艺术的总结和肯定。

“瘦骨刀魂——张怀江作品展”在浙江美术馆举行

2012年3月28日，“瘦骨刀魂——张怀江作品展”在浙江美术馆隆重开幕，中国美术学院院长许江、党委副书记傅肃琴、胡钟华，中国美术学院原领导肖峰、高培明、宋忠元，中国美术学院著名版画家赵延年、赵宗藻，中国美术家协会版画艺委会主任、天津美术学院院长姜陆，浙江省文联党组成员、书记处书记高克明，浙江省文化厅艺术处处长尤炳秋，浙江美术馆馆长马锋辉，浙江省美术家协会副主席兼秘书长骆献跃，张怀江家属及中国美术学院部分师生参加了开幕式。开幕式由浙江美术馆副馆长桑火尧主持。许江、姜陆和张怀江之子张远帆分别讲话。

许江说，张怀江一生数历坎坷，一边是岁月磨砺，一边是思痕斑驳，人生命运的黑白相激，饱刻着如刀向木的气息。这“斑驳”道出坚强而内省的镌印者的生命本色。在今天，重读张怀江的艺术，其诸般意义之中最重要的是如何还原到历史斑驳的现场，去发掘在岁月的、难以言明道断的表象下被掩埋和遮蔽的东西，从而更接近他们那代人以及他们曾经拥抱过的理想和信念。时至今日，那岁月已经逝去，但仍然不会从人们的心灵视野中消弭。艺者的思痕斑驳，但他的艺术表现却黑白分明，刀刀入木。重读张怀江的艺术，仿佛读一份黑白语言的凝练史。他的早期作品朴实厚重，带着民间叙事的趋向。张怀江的刀趋向简约而放怀，但他的内在却始终负着斑驳的思痕，这使得他的作品蕴涵着一份深厚的悲剧关怀。这思痕在苦难中潜行，在岁月的悲慨中积蓄，最后总在举刀向木的时刻，洗去斑驳，刀刀用心。黑白木刻的灵魂在于黑白。那黑白不仅是语言的元素，更是精神得以铺展和转换的维度。借着这种维度，我们认识并钦敬张怀江的坚强人格；借着这种维度，中国的版画在这里呈现出纯一而赤诚的精神品质，呈现出“能言微旨、远而惊人”的强音。

开幕式上还举行了张怀江作品捐赠仪式。张怀江家属向浙江美术馆捐赠作品329件，由浙江美术馆永久收藏。浙江美术馆向张怀江家属颁发收藏证书并赠送匾额，中国美术学院版画系向张怀江家属赠送对联。

展览由中国美术家协会、浙江省文化厅、浙江省文学艺术界联合会、中国美术学院、浙江美术馆联合主办，展览共展出张怀江捐赠的版画、速写、木刻原板等代表性作品近200幅，共分三个板块，分别为“时间·轨迹”、“生活·印记”、“黑白·力量”，首次较为系统全面地呈现了张怀江的创作历程和艺术特色。时间·轨迹展现了张怀江的版画人生，此部分作品以时间为序，分五个阶段展示张怀江的版画作品，全面、系统地呈现出了其版画创作的历史轨迹。生活·印记展出的是张怀江创作的年画、宣传画、速写。黑白·力量系统地展示了他各时期中最具代表性的版画佳作。其中《苦力》用老辣、硬朗的刀法，夸张而富有力度的人物造型，表现出了旧上海拉车劳工不堪重负的艰辛生活；《方志敏在狱中》、《同心合力》等作品，将严谨的造型、完美的构图和富于金石味的刻作手法熔于一炉，独树一帜；《支柱》与《不平处的激流》迸发出深沉、坚韧、激昂的精神力量。画作的行刀中，也处处流淌出浓郁的情感。这“无形的支柱”与“澎湃的激流”正是作者精神世界的真实写照。

张怀江（1922—1989年），原名隆超，浙江乐清人。中国当代著名版画家、美术教育家。自幼喜爱美术，1946年毕业于上海美专，1950年调入中央美术学院华东分院（现浙江美术学院）任教，1954年参与该院版画系建系工作。生前为浙江美术学院教授，中国美术家协会会员、中国版画家协会理事、中国美术家协会浙江分会理事、浙江省文联委员。张怀江的木刻作品风格强烈朴拙、坚实有力。独辟的富于金石味的刀法，使画面兼具写实性与浓郁的刀木韵味。其艺术生涯始终紧紧地扣住时代脉搏，紧紧地跟随着中国新兴版画的步伐，创立了具有强烈个人特色的艺术风格，在中国当代版画史上留下了不可磨灭的足迹。

当天还在浙江美术馆举行张怀江作品研讨会。展览于4月15日结束。

2012首届中国国际大学生动画双年展暨国际动画教育高峰论坛在中国美术学院开幕

2012年4月28日，2012首届中国国际大学生动画双年展暨国际动画教育高峰论坛在中国美术学院象山校区隆重开幕。杭州市政协主席叶明，中国美协副主席、浙江省文联主席、中国美术学院院长许江，中国美术学院副院长宋建明、孟云生以及几十所国内外院校、专业机构的专家学者共同出席开幕式。

开幕式上，法国戈布兰动画学院Eric Riewer教授、中国美术学院院长许江及杭州市政协主席叶明先后致辞，许江院长在致辞中阐明了论坛的意义，就论坛主题——“全球视野下当代动画的学院主义思潮”进行了深入解读。叶明主席在致辞中对中国美术学院参与动漫节的历程进行了回顾，代表杭州市政府、动漫节节展办对中国美术学院八年来对中国国际动漫节所做的贡献充分肯定并向中国美术学院的师生表示感谢。八年前，中国美术学院高瞻远瞩，率先向杭州市政府建言，提出了打造杭州“动漫之都”的设想，并策划了杭州中国国际动漫节的方案，由此掀起了杭州轰轰烈烈的动漫浪潮。中国美术学院传媒动画学院也于当年被授予首批国家动画教学研究基地，并在首届中国国际动漫节上承办了首届中国动漫产业高峰论坛。而今，杭州的动漫业方兴未艾，中国国际动漫节也发展成为国内最大的动漫盛事。

中国美术学院传媒动画学院作为第八届中国国际动漫节的分会场，举办“2012首届中国国际大学生动画双年展暨国际动画教育高峰论坛”。最大的特色就是突出高端性与学术性，提升教育引导与示范效应。活动邀请了中日韩英法美等多个国家的众多顶尖艺术院校动画专业教师来杭举办学生作品观摩交流及课程展示，其中不乏美国加州艺术学院、法国戈布兰动画学院这样的世界动画教育排名前列的艺术院校，韩国、日本亦有多所动画院校参加此次动画教育界的华山论剑，国内则有北京电影学院、中国传媒大学以及主办方中国美术学院等八所代表性学院参加。这里不仅汇集了世界一流动画院校的优秀动画作品，而且中日英法美韩等国一流动画院校教授专家轮番上课，向国内外同行展示自己最新的教学成果，分享自己最新的教学理念，共同上演了一场代表国际动画教育最高水平的动画大课。

朱伯雄诞辰80周年纪念展在中国美术学院展出

2012年5月3日，学贯中西——朱伯雄先生诞辰80周年纪念展在中国美术学院校史陈列馆开展。中国美术学院党委书记钱晓芳、副院长宋建明、党委副书记胡钟华、副院长王赞以及农工浙江省副主委陆国钦、浙江省美术评论研究会秘书长范达明、朱伯雄遗孀李妤、朱伯雄家乡代表冯汉江、生前好友刘江、廖炯模夫妇、学生代表朱琦、赫兴义及中国美术学院民盟主委孔令伟、民进主委卢勇、农工党主委吴小华、九三学社主委赵爱民、知联会副会长蔡枫、留联会秘书长单增等兄弟党派负责人出席了开幕式。开幕式由艺术人文学院副院长孔令伟教授主持，陆国钦、艺术人文学院副院长杨振宇、朱琦、李妤先后做了发言，潘天寿纪念馆馆长高天民代读了朱伯雄生前好友色粉画家杭鸣时老先生的来信。

开幕式上，朱伯雄先生得到了其同事、学生及社会各界人士的深切怀念。杭鸣时在信中指出，他的早逝是学术界的遗憾，他勇敢地面对苦难，更让我们看到了艺术家高尚的人格。李妤则和我们一起回忆了朱伯雄先生坎坷但却勤奋刻苦、才华横溢的一生，让在场师生们备受激励。

朱伯雄先生自幼学习书法，此次展览的书法作品以大篆为主。作为朱伯雄先生书法的最后一次展览，回顾展将在杭州和上海分别举行，同时对其书法作品将进行拍卖，所得金额将在中国美术学院和中央美术学院设立助学金，用以资助品学兼优、家庭贫困的学生。

朱伯雄先生是中国第一个美术史论硕士研究生，任教于浙江美术学院（中国美术学院前身），历任《美术译丛》主编、筹建了中国美术学院史论系，并担任了第一任系主任，培养了一批优秀的学生。他精通英、法、俄等多种语言，翻译了大量西方优秀艺术类书籍。多年来频繁往来于欧洲、东南亚、美国、苏联，担任着美国哈佛大学文理学院美术史论系客座教授、马来西亚艺术学院客座教授。通过讲学方式，不仅向外宣传了我们国家的美术理论研究成果，而且带回来大量西方现代艺术的信息和资料，为史论专业的教学和研究提供了极大的方便。

观复——秦大虎、林涛油画作品展

2012年5月3日，“观复——秦大虎、林涛油画作品展”在中国美术学院美术馆隆重开幕。院党委书记钱晓芳，副院长宋建明，院党委副书记傅肃琴、胡钟华，原院长肖峰以及中国美术学院油画系、浙江省美协、浙江树人大学相关人员参加开幕式。此次展览由中国美术学院、省文联、省美协、省油画家协会、浙江树人大学主办，中国美术学院油画系承办。

肖峰老院长与油画系主任杨参军教授分别发表了激情洋溢的致辞。

展览以“观复”为主题，取老子《道德经》中“万物并作，吾以观其复”之义。这是一个两代人的展览，也是一个绘画语言与风格对比很强烈的展览。它最真实地以作品本身的展示体现了“和而不同”这一传统思想在当代语境中的解读。

秦大虎教授是中国著名的“历史风俗画”的先行者与实践者。他创作的大量作品早已经成为新中国各历史时期优秀美术作品中代表性的一员。此次展出的作品是他近两年来创作作品的一次较为集中的展示，其中又以《十大元帅》、《戎马倥偬》、《曙光》等为代表。

林涛博士在国外任教、留学十几年。他丰富的人生经历与单纯的个性语言是这次展览的一个看点，他的作品既有长期古典绘画的传统功力，又有因为阅历的积淀而对绘画本身在当代艺术实践中所扮演的角色的反思。

跨界·综合——两岸四地设计教育高层论坛暨艺术院校学生优秀设计作品展

由中国美术学院设计艺术学院创办的首届“跨界·综合——两岸四地设计教育高层论坛暨艺术院校学生优秀设计作品展”于2012年5月17日、18日在中国美术学院南山校区和象山校区同时举行。这是中国美术学院设计学科把握大中华地区的设计教育发展趋势，建构东方学价值体系的一个重要举措。此次活动联合了台湾师范大学、香港大学、香港理工大学、澳门理工学院、澳门科技大学等院校共同主办，大中华地区共计50余所高等艺术院校参加了此次活动。

中国美术学院党委副书记胡钟华、副院长王赞教授、设计艺术学院院长吴海燕教授、浙江省侨界中外文化艺术交流协会会长吴晶、台湾师范大学副校长林磐耸教授、澳门理工学院艺术高等学校校长徐秀菊、澳门科技大学人文艺术学院副院长张志庆、台湾东方设计学院院长吴淑明、清华大学美术学院马泉教授、广州美术学院工业设计学院陈江教授等出席了开幕式。开幕式由设计艺术学院副院长周刚主持，王赞、吴晶、吴海燕、林磐耸、徐秀菊先后致辞。杭州市政协主席叶明等领导出席了欢迎晚宴并致辞。

此次“两岸四地设计教育高层论坛”，会聚了两岸四地设计教育界和学术界的百余位教授、学者。会议共同讨论全球化背景下，中华设计智慧在当代教育和实践中的传承和发展。专家学者围绕“当代中国的艺术设计教育的使命与社会责任”、“全球化国际教育合作语境下的跨界设计教育”、“设计类复合型人才培养”、“中国社会经济发展的设计诉求与设计教育的现状”、“新技术新媒体条件下的设计教育发展模式”、“中国传统艺术教育资源在当代艺术设计教育中的运用”、“文化创意产业与设计教育的关系”等内容交流了经验，总结了成果，针对本土化艺术设计特色教育体系的构建问题，展开了广泛而深入的探讨。活动为中国美术学院梳理办学思路，巩固和完善设计艺术学科建设，建构东方学设计体系，有着重要的意义。

与论坛同时开幕的还有“两岸四地艺术院校学生优秀作品展”。此次展览共收到了两岸四地50余所高等艺术院校学生将近2000件设计作品。经过由两岸四地专家组成的评审组，按照“造图、造物、造境”三大类别，最终确定了400余件优秀设计作品参展，同时编入《跨界·综合——两岸四地艺术院校学生优秀设计作品集》。活动评选出金奖3件、银奖8件、铜奖10件，评审奖5件。中国美术学院学生林村的作品《城市中公共艺术与公共空间的组构和融合》获金奖，林晨辰、刘江君等人的两件作品获铜奖。参展作品呈现出设计学科正在逐步同其他学科进行跨学科的综合设计的趋势，这些都为我们探索未来中国设计的跨界发展提供了宝贵的经验。

大会决定，由中国美术学院创办的“跨界·综合——两岸四地设计教育高层论坛”，将每年在两岸四地巡回举办。组委会希望通过这样的形式，进一步加强两岸四地的设计交流与融合，逐步建构中华设计的语境平台，在亚洲、乃至世界范围内，探索东方设计的理论与实践体系。

百花沃土——纪念毛泽东《在延安文艺座谈会上的讲话》发表70周年浙江省美术作品特展

2012年5月22日，由省委宣传部、省文联、中国美术学院主办，省美协、浙江美术馆承办的“百花沃土——纪念毛泽东《在延安文艺座谈会上的讲话》发表70周年浙江省美术作品特展”在浙江美术馆隆重开幕。原浙江省委副书记、浙江文史馆馆长梁平波，浙江省委宣传部副部长来颖杰，浙江省文联党组书记吴天行，中国美协副主席、浙江省文联主席、中国美术学院院长许江，中国美术学院党委书记钱晓芳，浙江省文联党组成员、书记处书记柳国平，中国美术学院副院长王赞，中国美术学院原院长肖峰，浙江美术馆馆长马烽辉，中国美术学院著名艺术家全山石、赵宗藻、吴山明等出席开幕式，开幕式由浙江省美协秘书长骆献跃主持。许江、肖峰、马烽辉先后讲话。

许江在讲话中以切身的体验阐述了讲话对文艺创作的重要意义。他说，《讲话》立场、态度、方法的叙述建立了中国式大众化艺术思想的基础，是中国特色社会主义艺术创作的价值体系构建的原点，从那里走来一代代艺术创作者。《讲话》融进美院教学、融进浙江一代代艺术家的创作人生、融进新中国艺术思想和教育体系的构建。今天我们面对的早已不是延安的烽火战争，而是全球化时代视觉文化的整体视域。科技的发展、电子媒体和影像技术的翻新，一个新的图像时代正在改变着今日的文化生态，同时也改变着人们的艺术生产方式。在这样的境遇中，我们重温《讲话》的基本思想，强调文艺与生活、变革最前线的联系，以此来重构丰富多样的生活世界和心灵世界，具有重要的现实和历史意义。今天，《讲话》思想仍然照耀着我们，它的精神土壤仍然塑造着我们，在中国当代和未来艺术的创造和构建的地图上，永远是一个重要地标，持续指引和照耀着永不消逝的民族文艺的地平线。

特展以文献梳理、经典再现的方式，呈现70年来浙江美术界对《讲话》精神的理解和执守。共整理文献111人、整理作品147件，展览展出82件作品。展览分四部分来展开：

开篇部分“百花沃土”，以浙江当代花鸟、山水画名家合作的方式，创作“百花”、“沃土”两幅巨作，向《讲话》献礼，并预示浙江美术更加繁荣的明天。第一部分展现的是《讲话》发表后所开辟的中国革命文艺的新阶段胡一川、罗工柳、董希文、王式廓、江丰、倪贻德、黎冰鸿、莫朴、王流秋、彦涵、力群、沃渣、张怀江、张漾兮、郑野夫、刘开渠、王朝闻、萧传玖、程曼叔等艺术家的作品。这个时期，延安和各解放区的文艺工作者，掀起学习《讲话》、实践《讲话》

的热潮，积极开展整风运动，大批文艺工作者深入农村、工厂、军营，与工农兵打成一片，创作出一大批优秀的美术作品。第二部分呈现新中国成立后，肖峰、全山石、蔡亮、方增先、顾生岳、宋忠元、梁平波、赵宗藻、赵延年、王卓予等美术家秉承《讲话》文艺方针，所创作的经典的革命现实主义、社会主义现实主义的作品。第三部分呈现改革开放30年，《讲话》逐渐成为一种经典学术文本、研究对象后，美术界对它的解读和追循。展现了这个时期具有代表性的艺术家冯远、许江、刘健、尉晓榕、张远帆、曾成钢、龙翔、杨奇瑞、詹维克等人的作品。

展览反映了艺术家对革命事业、对国家民族的深厚感情，体现他们长久以来在艺术创作中对革命理想和革命事业的真诚歌颂，展现了他们以现实生活为不竭艺术源泉的坚定创作理念，强调“沃土”（生活源泉）对“百花”（艺术创作）的作用。

刘国辉画展在浙江美术馆隆重举行

2012年9月14日，刘国辉画展在浙江美术馆开幕，原浙江省委副书记、浙江文史研究馆馆长梁平波，浙江省委宣传部副部长鲍洪俊，浙江省委宣传部副部长来颖杰，浙江省文化厅厅长杨建新，浙江省文联党组书记吴天行，中国美协副主席、浙江省文联主席、中国美术学院院长许江，中国美协秘书长刘健，原中国美协副主席、原中国美术学院院长肖峰，浙江树人大学党委书记毛雪非，浙江省文联党组成员、书记处书记高克明，浙江省美术家协会副主席、浙江美术馆馆长马锋辉，中国美术学院领导宋建明、胡钟华、孟云生、孙旭东，原院领导白仁海、高法根，我院教授全山石、马玉如等出席开幕式，浙江美术界、文化界代表，社会各界公众，新闻媒体记者及中国美术学院部分师生参加开幕式。开幕式由中国美术学院党委副书记胡钟华主持。

开幕式上，梁波平、刘健、许江、肖峰、马锋辉以及刘国辉的学生代表先后讲话，刘国辉致答谢词。

刘国辉1940年生于江苏省苏州市，1960年毕业于中央美术学院华东分院(后改称浙江美院，今称中国美术学院)附中。1964年以《耕耘记》、《昆仑山上一棵草》等作品为画坛瞩目。1979年考入浙江美术学院中国画系研究生班，师从李震坚先生，毕业后留校任教至今。现为中国美术学院中国画系教授、博士生导师组组长、中国画学会副会长、中国美术家协会中国画艺委会副主任、中国美术家协会理事；获文化部“优秀专家”和国家人事部“有突出贡献中青年专家”、俄罗斯列宾美术学院名誉教授、法兰西“功勋和贡献奖”等多种称号。

刘国辉是当代优秀人物画家，他以其清雅飘逸的画风、潇洒简约收放自如的笔墨，享誉大江南北。同时他作为一位有成就的人物画家和美术教育家广受画界关注。他早年在浙美附中受到正规严格的基本功训练，打下扎实的绘画造型的基础，60年代创作的连环画作品即获得国家奖励，成为很有影响的连环画家。改革开放后，他的艺术发展赢来了新的天地，进入中国美术学院研究生班深造，实现了人生和精神境界的一次飞跃，艺术造诣更为深厚。20年来，他在创作和教学中，深入探讨水墨人物画的种种特征和古代、近代以及当代诸家人物画的创作经验，努力推出既具有现当代人文精神与趣味，同时又最大限度地发挥水墨画技法表现力的颇具全新精神的当代水墨人物画，成为“新浙派人物画”的领军画家之一。他的水墨人物画具备了江浙地区历史积淀深厚的传统中国画文化中清健娴雅、简逸潇洒的特征，表现在注意造型、神情刻画的同时，更讲究发挥水墨画的用笔、用墨和用水的综合效应，追求更强的墨韵特色，从而使水墨画的艺术面目大为丰富，焕发了勃勃生机。 刘国辉不仅是一位成就卓著的优秀画家，更是一位优秀的美术教育家，在中国美术学院30多年的教学生涯中培养了大批艺术人才，在中国画坛产生重要影响。

展览由中国美术家协会、中国美术学院、中国美术馆、中国画协会、浙江美术馆联合主办，展览共展出刘国辉中国画、速写代表性作品近100件，全面展示了自20世纪80年代至今，刘国辉的创作成就、教学理念和学术思考。追随他的画笔，我们可以将古今人物之态尽收眼底，他的《岳飞奉诏班师图》以其独特的视角帮助我们感受到历史人物带给我们的气息而又沉重的悲剧使命，深刻体现了他对历史史诗的无限关怀。他的巨幅长卷《世纪潮》把眼光投向寻常人物，普通百姓。将我们心中的民工形象抽剥出来，与画上之人相辅相成，相映成趣。浙派人物画经由他的笔，一边坚守写的挥洒，直追当代的神情；一边于墨云飞渡中葆有神气飘然的精雅，向元代绘画游戏寄兴者遥相致意。这直追当代和再造古意的双向突击，成为浙派人物笔墨的新标志。

他承继美院有史以来的几辈老艺术家的艺术主张，以革除中国人物绘画固有习病，恢复生动活泼而又意味绵长的气息为使命，并着重从写实写生的角度来开拓人物画的视野深化其表现力与时代内涵。刘国辉继而划清了写实人物画与文人画、与西方写实的界线，但又时刻留意不让自己落入偏狭的窠臼。刘国辉教授也正是因这样一种特立独行的姿态，被推认为浙派人物画的新一代领军者。

展览至9月25日。

第二届刘开渠奖国际雕塑大展暨第二届中国雕塑论坛开幕

2012年10月27日，由中国美术学院与中国雕塑学会、芜湖市人民政府联合主办的2012第二届刘开渠奖国际雕塑大展暨第二届中国雕塑论坛在安徽省芜湖雕塑公园隆重开幕。安徽省人大常委会副主任陈先森，芜湖市委书记高登榜，市长杨敬农，中国美术学院党委副书记胡钟华，教授于小平、龙翔、施慧以及中国雕塑学会会长曾成钢，此届国际雕塑大展学术支持及评审委员会委员殷双喜等人出席了开幕式。

展览秉持“创新•超越”的主题宗旨，共展出了从全球35

个国家和地区的2100件投稿作品中精选出的43件优秀之作，并在雕塑艺术与城市景观环境的结合上做出了深入的探索。开幕式上揭晓了金、银、铜、特别荣誉、优秀、评委奖等各个奖项，金奖为清华大学美术学院的谭建明创作的作品《文化生态·文人中国》。中国美术学院李秀勤《芜湖书写》、施慧《结》荣获评委奖，钱云可《千年城池》荣获优秀奖。

当日“空间与品质”——第二届中国雕塑艺术论坛，讨论了雕塑与城市空间、与公众和城市生活品质的关系以及雕塑家所承担的责任和使命。公共艺术学院教授马钦忠作为特邀专家参与了讨论。

大璞不雕——纪念林达川诞辰100周年油画艺术展

2012年11月14日，“大璞不雕——纪念林达川诞辰100周年油画艺术展”在浙江美术馆开幕，中国美术学院党委副书记胡钟华、副院长王赞、原院长肖峰、中国美术学院老教授全山石、浙江美术馆馆长马锋辉先生、林达川家属代表林洁玉女士等出席开幕式，浙江美术界、文化界代表、社会各界公众、新闻媒体记者及中国美术学院部分师生参加开幕式，开幕式由浙江美术馆副馆长桑火尧主持。王赞、马锋辉先后致辞，中国美术学院油画系主任杨参军、林达川家属代表先后发言。林达川先生的家属还分别向中国美术学院和浙江美术馆捐赠了他的作品《美院陈列馆》和珍贵的早期关于杭州的风景作品《断桥黄昏》、《杭州解放路》。胡钟华和马锋辉分别给家属颁发捐赠证书。

王赞讲话中回顾了林达川先生的从艺历程，对他的艺术成就给予充分肯定。他说，林达川先生是中国美术学院的前辈先师，是1950年至1970年代中国油画家中最具色彩系统认识的画家之一。在中国早期油画家中，林达川是将印象派的色彩和东方书写意味结合得最完美的画家之一。他一生的谨严和认真，在自然山川面前，小心地走自己的路，并建构出一种东方的胸壑。单身潜行在这样一条摸索的蹊径之上，这种孤行于世的状态，使得他更为专一地投入自己的绘画，更加专情于自己的世界。林先生所作绝大多数为写生作品，极少主观创作，他沿袭了“印象派”的创作方式，即以一种恒久的探索去潜心研究自然，以研究的理性去统驭表现的情绪，同时，他继承了东方文人绘画的艺术理念，语言质朴，情绪真诚，在他的作品中，我们几乎看不到意识形态时期的痕迹，他以寂寞和边缘为代价，最终完成了东方书写与印象派色彩相结合的形态课题，以大半个世纪的艺术历程铸就了中国油画书写形态演进的经典文献。

林达川（1912－1985），广东新会人，著名油画家。1930年考入杭州国立艺术专科学校。1935年考入日本东京美术学校（现日本东京艺术大学）。1953年 8月举家归国，并到中国美术学院执教，任油画系教授。其作品大多以风景小品为主，此次展出作品共80多件。杭州当年的老街道与老建筑，全都意趣盎然地呈现在他的画作中，《卖鱼桥》、《杭州解放路》等作品展现了老杭州的风貌。

在老一辈西画家中，林达川是将印象派的色彩和东方书写意味结合得最完美的画家。两度游学日本的他，将油画的材质与中国传统文人画的形态结成了完美的同构，呈现一种粗朴、放纵的意趣，从而铸就了中国早期油画的印象派风格。1962年其作品《沈家门鱼港》被中国美术馆收藏。直至21世纪，中国艺术气氛空前活跃，他的艺术价值也逐渐被更多的人认可，回复到其应有的地位，许江院长此次还专门为其写了前言，称其为“终身为风景传神、为山川立像的孤行者”。

提到林达川的作品，中国美术学院油画系主任杨参军感慨地说：“我们读书时曾在美院看过几张林达川老师的小画，当时老实讲并不是特别喜欢，因为在那个时代，大家希望看到的都是激情澎湃的巨幅作品，小画等于是不入流。可是如今看来，这些小作的背后，是林达川老师对东方书写与印象派色彩的完美结合，这次的画展，是半个世纪来他被边缘与遗忘的寂寂大音。”

“书法道——王冬龄书法现场”活动在象山校区举行

2012年11月18日，象山校区的8号楼体育馆“书法道——王冬龄书法现场”正上演由中国美术学院王冬龄教授在6.6×15米超大尺幅的宣纸上激情挥写千古名篇《兰亭集序》。浙江省副省长陈加元、中国美术学院党委书记钱晓芳、浙江省侨联主席吴晶以及中国美术学院宣传部、学工部、专业基础教学部等部门负责人、老师、学生及社会各界艺术爱好者一起近距离观看了书写过程。活动由基础部国学教研室主任张铨主持。

活动既是校园文化精品项目“书艺问道”系列活动，也是基础部国学工坊开班仪式。活动由王冬龄教授为林泉书画社进行题词，同时配合基础部国学基础课程为学生们进行了“现场教学”的实践环节。基础部党总支书记金琤教授致辞，当天上午，王老师为基础部量身创作了一件作品《大学之道》，用现代笔墨演绎了儒家崇尚光明品德、修身养性的主旨，作品将矗立于9号楼入口处，这对基础部全体师生将起到良好的教育与勉励。

王冬龄老师在约一个小时的时间里一气呵成挥写出《兰亭集序》通篇，他用伟大手笔向圣贤致敬，彰显了当代艺术家重新认识与解构经典的勇气。原本手札上的玩味，在王老师手中变成了磅礴、浑厚的交响，用最传统的内容作出最现代的艺术，是历史性、时代性、时尚性完美结合的典范。他那娴熟高超的技法、心手合一的境界与高尚情操的人格魅力无不让在场的人佩服、惊叹与震撼。

为了使来宾和同学们清晰地观看书写细节，现场通过实况直播。此外，基础部的全体同学为表达对王老师的敬意，在五彩的纸片上每人写下一句话折成千纸鹤作为一份贴心而有纪念意义的礼物，和着鼓声在同学们的手中交接传递，最后封装在透明玻璃瓶子里赠送给王老师。王老师手捧这份充满爱意与温情的礼物对学生们表示感谢。活动最后，现场还进行了互动环节，学生进行了提问，王老师的精彩解答让学生体味了书法学习的意义。整个书写的过程都印证了王老师对于当代水墨的深刻理解。

与此同时，“与墨有染”中国著名书画复制作品精品展在象山校区基础部9号楼展厅举行。

刀锋民魂——张漾兮诞辰百年艺术展

2012年12月4日，由中国美术家协会、浙江省文化厅、浙江省文联、中国美术学院共同主办、浙江美术馆、浙江省美术家协会、中国美术学院版画系承办的“刀锋民魂——张漾兮诞辰百年艺术展”在浙江美术馆隆重开幕。中国美术家协会副主席、浙江省文联主席、中国美术学院院长许江，中国美术学院党委书记钱晓芳，副书记傅肃琴、胡钟华，副院长孟云生，纪委书记孙旭东，浙江省文化厅副厅长杨越光，中国美术家协会版画艺委会副主任代大权，浙江省版画家协会会长、中国美术学院著名版画家赵宗藻，浙江美术馆馆长、浙江省美术家协会副主席马锋辉，浙江省美术家协会副主席兼秘书长骆献跃，中国美术学院著名版画家赵延年，张漾兮家属代表张鼓峰等出席开幕式。许江、代大权、赵宗藻、马锋辉分别讲话，张鼓峰致答谢辞。

许江说，值此“刀锋民魂”画展开幕之际，比照民族百年历史的脉络，梳理张漾兮先生的艺术人生，廓清他光彩照人的精神和理想，是国美版画之路坚守与拓展的重要工作，也是围绕新兴木刻八十年重要精神遗产的学术发掘。张漾兮先生杭州生涯的最大奉献是版画系的创建。他是国美版画之路的当之无愧的开拓者，是作为这条长路根基的版画教学思想体系的创建者。张漾兮先生筚路蓝缕，亲力亲为，创建了以民族特色和气派为版画之魂、以人才队伍培养建设为版画之要、以“三版结构”为版画之基、以课程建设为版画之重的版画教学的基本体系，奠定了版性研究和田野考察的两个重要学术方向。这些重要的思想代代传承，沿传至今，仍然深刻地影响着国美版画的教学与变革，并成为今日版画回应新媒体、后印刷时代挑战的重要精神资源。

赵宗藻回顾了张漾兮在革命和艺术道路上的曲折历程以及在艺术创作和版画教学中取得的辉煌成就。他说，张漾兮经历了新旧社会的两重天，希望能创作出有中国特色的版画作品。1954年，他积极创建版画系，重视教学与人才的培养，并倾注了大量心血。作为版画事业的开创者与奠基者，他为版画事业和版画人才的培养做出了巨大贡献。

开幕式上还举行了张漾兮作品捐赠仪式。张漾兮家属向浙江美术馆捐赠587件作品，由浙江美术馆永久收藏。文化厅副厅长杨越光向张漾兮家属颁发捐赠证书，中国美术学院版画系向张漾兮家属赠送匾额及书画作品，浙江版画界向张漾兮家属赠送张漾兮木刻雕塑。

张漾兮（1912—1964），四川成都人，著名版画家、艺术教育家。早年毕业于四川美术专科学校。20世纪30—40年代在成都《国难三日刊》、《时事新刊》、《战时后方画刊》等进步报刊任美编和漫画记者，并组织“四川漫画社”、主办《自由画报》。1948年避居香港参加“人间画会”。1949年参加中华文学艺术工作者代表大会后执教杭州国立艺专。1954年创办中央美术学院华东分院（今中国美术学院）版画系并任系主任。曾任中国美术家协会第一、二届理事、第一届浙江省美协副主席、浙江省政协委员。张漾兮一生创作版画、漫画、水墨、水彩等作品2500余幅，出版《漾兮木刻选集》（1960）等。张漾兮的艺术生涯正处于新旧中国转折时期，作品记取下生活的厚重质感，真切地反映了时代变迁的历程。早年作品多宣传抗日救亡、揭露旧时社会的黑暗痛苦。后期作品以表现时代新貌为主，富于抒情意味，艺术手法简练明快，尤其注重汲取中国传统艺术与民间艺术的特色。

“刀锋民魂——张漾兮诞辰百年艺术展”是继中国美术学院版画之路一代导师张怀江、赵延年、赵宗藻大型艺术回顾展之后的收官之作，展览展出了由张漾兮家属捐赠给浙江美术馆的587件遗作，其中包括版画106件、水墨水彩作品125件、素描270件、漫画25件、其他61件。展览由许江、马锋辉担任总策划，蔡枫、陈焰任策展人，共分三个板块，分别为“匕首——新兴木刻运动骁将”、“号角——现实主义绘画的精神代表”、“拓荒者——国美版画之路”，首次较为系统全面地呈现张漾兮先生在多个绘画领域的优秀作品，还原他的杰出艺术创作与教育的成就。2012年正值张漾兮诞辰100周年，展览意在纪念和缅怀，亦是通过丰富的藏品及文献资料，首次全面性地介绍张漾兮在版画、时政漫画、水墨、水彩、速写等多个绘画领域及艺术教育方面的杰出成就。展览至12月19日。

书学之路——中国美术学院书法专业创办五十周年文献展

2012年12月8日，由中国美术学院、浙江省文化厅、浙江省文联主办，中国美术学院书法系、浙江美术馆承办的“书学之路——中国美术学院书法专业创办五十周年文献展”在浙江美术馆隆重开幕。原浙江省政协主席刘枫，浙江省委常委、杭州市委书记黄坤明，浙江省委常委、副省长、省委宣传部部长葛慧君，浙江省委常委、省委组织部部长蔡奇，省委党校常务副校长李德忠，浙江省侨联主席吴晶，浙江省文联主席、中国美术学院院长许江，中国美术学院党委书记钱晓芳，浙江省人大常委毛雪非，原中国美术学院院长肖峰，中国书法家协会副主席、中国美术学院教授、博士生导师陈振濂，浙江省文化厅巡视员、省书法家协会主席鲍贤伦，浙江省文化厅副厅长杨越光，浙江省文联书记处书记柳国平，浙江省文联书记处书记高克明，韩国东方大学院大学校总长郑祥玉，原浙江省政协副主席陈文韶，中国美术学院原正厅级巡视员高法根、党委副书记胡钟华、副院长孟云生、纪委书记孙旭东，中国美术学院书法系教授、西泠印社执行社长刘江，中国美术学院书法系教授、博士生导师章祖安，中国书法家协会顾问、浙江省书法家协会名誉主席朱关田，中国美术学院教授、博士生导师、浙江省书法家协会副主席王冬龄，中央美术学院教授、博士生导师邱振中，浙江省书法家协会副主席兼秘书长赵雁君，浙江美术馆馆长、浙江省美术家协会副主席马锋辉，浙江省书法家协会顾问马世晓、金鉴才、骆恒光、俞建华、杨西湖，中共宁波市鄞州区区委常委、宣传部长、沙孟海书学院院长沈剑波以及浙江省博物馆、潘天寿纪念馆、陆维钊书画院、沙孟海书学院、诸乐三研究会、方介堪纪念馆等协办单位的负责人；北京师范大学、首都师

范大学、南京师范大学、中国书法院、浙江大学、暨南大学、南京航空航天大学、四川大学、广州美术学院、湖北美术学院、聊城大学等高校和研究机构书法专业负责人，来自海内外的中国美术学院书法专业历届校友们出席了开幕式。开幕式由钱晓芳主持。许江、陈振濂、刘江、章祖安、赵雁君、郭鲁凤分别讲话。

许江回顾了中国美术学院书法专业创办五十周年走过的曲折历程及取得的巨大成就。他说，中国美术学院书法教育五十年，从书法的传承与发展而言，代表了中国当代书法教育与学科建设的发展史；从中国书法人才培养的角度而言，代表这一培养系统的学科基础、人才规格、当代拓展的基本轨迹和方向。书法与篆刻作为高等艺术教育的专业学科，史无前例。它源于潘天寿先生赴日参观，有感于日本书艺教育而提出。从倡议之初，就具有浓厚的“为往圣继绝学”的危机意识和开创意识。这一特点，在以后的发展过程中形成了中国美术学院书法与篆刻教育的精神传统，其具体的内容就是在深入研究中国书法传统的基础上，强调固本培源、以学养书，兼重理论与实践、继承与创新。纵观五十年筚路蓝缕、前赴后继，这是几代人的学术生命的接力，是中国书学教育学术思想的历史性的跬积。这其中，贯穿着三点重要的基本品格，值得我们凝思和重视。首先是“为往圣继绝学”的危机意识和使命精神；其次是以学养书、研史通今、理论与实践兼重的研学传统和书者之风；最后基本品格是书艺创作的独立意志和多元格局。这条书学之路是一条代代持续的生命之路，是一条继往开来的艺术之路。它的一端，联系着人类的一种最伟大的文化及其传统，另一端联系着今日生活的勃勃生机。这条书学之路上的谱系关系是传统师承、先辈遗训的道义，其基本品格却正需我们进一步的梳理和珍惜。中国书学和印学的传承和发展呼唤着代代学子。我们不是这条书学之路上的匆匆过客，我们当以学子的赤诚，在这条道路上追蹑先行者的脚步，领受思想和品格上的磨炼，担负起代代传承和发展的伟大使命。

展览展出中国美术学院书法教育发展史三个阶段的代表书家书法作品、授课笔记、考察手稿，及学生试卷、课堂笔记、作业、图文资料等珍贵文献300件，全面梳理了中国美术学院书法专业的学术文脉，跬积中国书学教育学术思想，为深入探索当代书学的发展之路提供参考借鉴。展览是“书学之路——中国美术学院书法专业创办五十周年文献展”系列活动的重要组成部分。该系列活动主要由“书学之路——中国美术学院书法专业创办五十周年文献展”、中国美术学院书法专业海内外校友作品展、2012杭州高等书法教育论坛等组成，旨在打造“当代浙学”品牌，传承浙江文化，是“国美之路”的重要组成部分，对完善学科体系、促进艺术学学科门类建设有很大的参考借鉴价值，巩固并提升中国美术学院书法学科在全国书法教育领域的龙头地位，为85周年校庆献礼。当天，2012杭州高等书法教育论坛在浙江美术馆举行，此前中国美术学院书法专业海内外校友作品展在中国美术学院美术馆举行。

“日课载道·积健为雄”继续教育学院举办教师作品展

2012年12月25日，继续教育学院在恒庐美术馆举办了教师作品展画展开幕式，中国美术学院纪委书记孙旭东、继续教育学院负责人以及继续教育学院师生、高研班学生等社会各界人士出席了开幕仪式。开幕式上，孙旭东致开幕词，继续教育学院院长安滨代表继续教育学院参展画家发言。

展览以“日课载道·积健为雄”为题，寓意学院教师们每日的修为，以生活为对象，以自我提升为目标，教学相长，呈现了造型部教师的油画、中国人物画、山水画、花鸟画及书法篆刻等作品，展现了教师们的创作成果和教学示范作品及课图稿。他们传承的是中国美术学院这所学校特有的优秀传统。从这些作品面貌的呈现可以看到教师在学术研究和专业教学中的那一个个身影。他们在成德达才之年，博学睿思、求索本源，他们在这个浮躁的社会，潜心研究、锐意进取。作品体现了每位作者对当代生活的各自思考方式和认知路径，体现了对待优秀传统文化与现实日常生活的亲历所持有的艺术态度。同时，作品显示了学院的学术力理和纯正学术气息，是对继续教育学院二十周年院庆的最沉甸甸的馈赠，是一份最美的礼物。作品中可以清晰地听到他们共同的声音：“国美继续教育学院——你好！”

第二届杭州·中国画双年展“长卷视界”

2012年12月28—29日，“长卷视界——第二届杭州·中国画双年展”在浙江美术馆隆重开幕。中共浙江省委常委、副省长、宣传部长葛慧君，省人大常委会副主任徐宏俊，中国文联党组成员、副主席、书记处书记左中一，中国文联副主席、中国美协主席刘大为，中国美协副主席、北京市美协主席、北京画院院长王明明，省委宣传部副部长、省文明办主任龚吟怡，省文联党组书记、副主席、书记处常务书记吴天行，省文化厅厅长金兴盛，中国美协副主席、省文联主席、省美协主席、中国美术学院院长许江，省文联党组成员、书记处书记高克明，中国美术学院副院长王赞等出席开幕式。

刘大为对画展给予了高度肯定。他说，杭州·中国画双年展已经成为弘扬中国画文化的大舞台，为中青年画家在这个大舞台上研究、探索和创新提供了很好的试验田。通过这个舞台，中国画坛可以深入研究国画艺术的母体和源泉，挖掘国画艺术的内部结构和潜力，厘清国画艺术的创作标准并将其纳入教育体系。更重要的是，政府部门和美术界要重视艺术品的内在价值和文化价值，突出其艺术性，加强对现代人的文化滋养。

王明明在开幕式上讲话。他说，长卷承载了非常厚重的中国文化内涵，历朝历代的画家都把当时的历史性题材、历史性一路领先和心中的山水景致表现在长卷上。西方美术界在13世纪发明了焦点透视法，而中国画的先人们则在同期发明了多视角的散点透视法。而长卷就是后者的杰出代表，让观众感觉是从宇宙高空观看大江大河。而当代国画家也可以将自己对于时代和自然的感悟通过“长卷”传统形式融入画中。

许江作为画展艺术总监介绍了画展的主题。他说，两年前举行的首届双年展以“意之大者”为主题，强调中国绘画意象的品质；此届以“长卷视界”为主题，是重视中国绘画长卷的品质。中国人观手中之卷，也就是观天下之境，这样的眼光、方法和胸壑值得梳理研究、弘扬光大。他认为，这样的中国画双年展不仅是突出浙江特色，打造有全国影响力的文化品牌，也是建立浙江重要的美术创作平台。而“长卷视界”不仅仅是用长卷这种特殊的表达形式，而是在追问长卷与抒怀、长卷与心理、长卷与造境的诸方关系，展现中国画的当代内涵和独特的话语空间，这也是在时代发展中摄影、图像所无法替代的一种长卷中国画的特有表达。

此届双年展的主题为“长卷视界”，分为“游目骋怀”、“笔笔生发”和“丘壑内营“三个板块。作者包括刘大为、龙瑞、王明明、吴山明、刘国松、德珍等30位优秀的中国画家。展出作品共计79件，其中最长的作品有21米。展出作品的题材有的取自王维、白居易、欧阳修等古代文学家的文学作品，有的取自历史题材，有的取自现实生活，还有一些是来自画家在边疆少数民族地区和境外的采风。

“杭州•中国画双年展”是立足浙江的国际性中国画学术展览，每两年举办一届。首届杭州•中国画双年展“意之大者”在杭州成功举办之后，在国内、国际文化界、美术界产生了巨大影响，第二届“杭州•中国画双年展”由中国美协、浙江省文联、浙江省文化厅、中国美术学院主办，浙江省美协、浙江美术馆、浙江画院承办。第二届杭州•中国画双年展研讨会和学术论坛如期举行。研讨会中理论家与参展画家进行对话，学术论坛中理论家们回答了来自参展画家和现场听众的提问。

浙江画院“走进嘉兴”采风作品展

书画院

2012年11月16日，由浙江画院、中共嘉兴市委宣传部、嘉兴市文学艺术界联合会、嘉兴市文化广电新闻出版局联合主办的浙江画院“走进嘉兴”采风作品展在嘉兴美术馆开幕。中共浙江省委宣传部副部长、省文明办主任龚吟怡，浙江省文联党组成员、书记处书记柳国平，浙江省文联党组成员、书记处书记高克明，浙江省文联书记处书记张均林，中共嘉兴市委书记李卫宁，中共嘉兴市委常委、秘书长孙贤龙，中共嘉兴市委常委、宣传部部长陈越强，嘉兴市人民政府副市长柴永强，嘉兴市人大常委会副主任张志伟，嘉兴市政协副主席王淳，浙江画院院长孙永，浙江画院副院长张伟民、池沙鸿，嘉兴市人民政府副秘书长王一伟，中共嘉兴市委宣传部常务副部长马洪涛，嘉兴日报报业传媒集团党委书记、社长蔡伟达，嘉兴市文联副主席、文化广电新闻出版局副局长胡晶和浙江画院专职画师、研究员、学员以及来自各地的美术界代表百余人出席了开幕式。仪式由嘉兴市文联主席、市文化广电新闻出版局局长金琴龙主持。浙江省文联党组成员、书记处书记高克明和中共嘉兴市委常委、宣传部部长陈越强为展览致辞，向展览的成功举办表示热烈祝贺。仪式上，浙江画院代表还向嘉兴市委、市政府赠送了此次展览的同名画册。

展览展出了浙江画院2012年在嘉兴采风并围绕嘉兴地方建设和风土人情主题创作的大型作品100余件。作品题材紧扣嘉兴加快建设创业创新城、人文生态城、和谐幸福城“三城”建设主题，全面展示党的诞生地——嘉兴建设小康社会的时代风貌。这些作品在反映红色嘉兴文化主题的南湖、红船、南湖革命纪念馆，反映历史文化遗产保存烟雨楼、清风阁、绮园、南北湖、三塔、西塘古镇、乌镇古镇、马家浜遗址、盐官海宁潮、王店曝书亭，反映非物质文化遗产保护和传承的硖石灯彩、海宁皮影、南湖竞渡、桐乡蚕花水会、秀洲网船会、蓝印花布制作，反映新时期建设现状的秦山核电站建设、麦包包企业、乍浦港、跨海大桥、海宁皮革城，反映新农民文化追求的村嫂摄影队、油车港农民画十姐妹、王江泾农民排舞和反映弱势群体关爱的自强摄影社、王店村嫂摄影队等等都有全面的展现，为广大人民群众在美术馆的展厅里呈现了一个有着浓郁地方特色的绘画嘉兴。浙江画院院长孙永介绍说，浙江画院在2012年专程组织了画院的画师、研究员、学员三次赴嘉兴深度采风，通过对实地的采访、写生，深入当地百姓生活，在缅怀先烈的同时感悟现实，以自己的画笔表现、解读嘉兴的人文精神和自然风貌。

嘉兴南湖是中国共产党的诞生地，因此嘉兴素有红色传统。浙江省文联党组成员、书记处书记高克明说，嘉兴市委、市政府在党的领导下，引领着一代又一代的南湖儿女，艰苦奋斗，自强不息，勇往直前。2012年以来，又紧扣时代发展要求，加快建设创业创新城、人文生态城、和谐幸福城，成为长三角地区城乡区域发展快速，科技不断创新，人与自然、人与文化遗产相生共荣，和谐共处，竞争力不断提升的中等城市。浙江画院2012年组织“走进嘉兴”采风创作活动，又恰逢中国共产党第十八次全国代表大会召开，这个展览的主题既鲜明地展现了嘉兴市委、市政府在党领导下团结当地百姓取得的建设成果，也是我党在新时期建设的一个局部反映。中共嘉兴市委常委、宣传部部长陈越强介绍说“这次采风创作活动同时也是一次深入贯彻第九次全国文代会精神，积极倡导文艺家走进基层、服务社会的具有现实意义的‘三贴近’活动，更是嘉兴市委、市政府向党的十八大胜利召开献上的一份厚礼”。

展览至11月29日结束后，作品运至杭州，于12月5—13日在浙江画院展厅展出。

越画吴风——浙江画院走进苏州中国画展

2012年4月20日，由苏州市市委宣传部、苏州市园林和绿化管理局、苏州市文广新局、浙江画院主办，苏州国画院、苏州市美术家协会、苏州美术馆、苏州真宝斋文化艺术公司等承办的“越画吴风——浙江画院走进苏州中国画展”在苏州美术馆新馆举行了隆重的开幕仪式。

“上有天堂，下有苏杭”，苏州与杭州两市都是响当当的中国历史文化名城，在长期的发展中均积淀了深厚的文化底蕴。虽自古就分属吴越，但吴越文化彼此渗透，相互兼容，“同俗并土、同气共俗”，早已成为同一地域文化圈。如今在国家倡导文化大发展大繁荣的背景下，苏杭两城都迎来了发展文化的大好时机。通过此次展览，两省两市的文化交流与合作必将更加深入及频繁。

此次画展作为苏州美术馆新馆与浙江画院的首次合作，从国画这一特殊的角度综合体现了苏州市在历史文化、园林文化、民俗民间文化和旅游文化上的建设成果。展览展出了浙江画院专职画师、研究员、学员写生、创作的苏州园林题材作品78件。这些作品以浙江中国画坚持的传统笔墨语言和画师独特的视角来表现苏州园林，重视笔墨的技巧、画面意境的塑造和个人情感的写意抒发，画面多清雅秀润，富有文人气息，带有浓厚的浙江地域色彩。

在参展的国画家中，隶属于浙江画院的知名山水画家茹峰祖籍苏州，毕业于苏州工艺美术学院，自幼就深受苏州文化的影响，对家乡也满怀感激之情。因此这次能回到家乡苏州参与展览，茹峰全力投入，还捐赠一幅作品给苏州美术馆收藏。

浙江画院院长孙永说：“这个展览是我们对苏州市人民的友情的答谢和汇报。”而这个展览不仅能为苏州市民献上丰富的文化艺术大餐，也将再次证明我们苏州的文化艺术事业正朝着开放和多元的方向蓬勃发展。

“越画吴风——浙江画院走进苏州中国画展”覆盖苏州美术馆新馆上下两层共五个展厅，展览于4月20日至5月10日展出。

美术家协会

首届公望富春·中国山水画大展拉开帷幕

2012年6月1日，《富春山居图》合璧周年庆系列活动之一的首届公望富春·中国山水画大展暨颁奖典礼正式拉开帷幕。中国海协会副会长王在希等国家、省、杭州市有关部门领导，富阳市领导姜军、章舜年、汤金华、华德法、赵玉龙、郎卫国、裘富水、孙洁、蒋建民、夏芬，台湾和国内书画界名人出席开幕仪式。

2011年6月1日，分隔两地61周年的传世名画《富春山居图》在台湾合璧展出，富阳作为《富春山居图》的原创地、实景地，近年来，深入挖掘黄公望和《富春山居图》的文化内涵，开展了黄公望和《富春山居图》的一系列活动，并于2011年组织了赴台文化交流活动，复建黄公望结庐处，建设黄公望纪念馆，提升黄公望风情小镇，以实际行动呼吁《富春山居图》合璧展。首届公望富春·中国山水画大赛是纪念《富春山居图》合璧一周年活动之一，在3月15日就已开始征集作品，5月15日在富阳复评，有144件作品入选，加上特邀作品共163件，在富阳市体育馆进行为期4天的展览。

活动由中国美术家协会、浙江省文学艺术界联合会主办，富阳市人民政府、浙江省美术家协会承办。也为建立中国山水画创作、交流、研究的平台，打造中国山水画艺术盛典品牌活动，扩大两岸间交流与文化合作，为推进富阳的文化强市，建设和描绘“富裕阳光的富春山居图”，营造浓厚的人文气息。

活动中，浙江省委书记、省人大常委会主任赵洪祝发来贺信，中国海协会副会长王在希，中国美协秘书长刘健，省文联党组书记吴天行，杭州市委常委、宣传部长翁卫军，富阳市委书记姜军分别致辞，台北故宫博物院院长周功鑫来信，对首届公望富春·中国山水画大展开幕分别表示祝贺。

浙江省委书记、省人大常委会主任赵洪祝在贺信中表示，举办公望富春·中国山水画大赛是浙江省2011年6月及宝岛台湾共同举办的《富春山居图》合璧特展、文化交流活动的深化，对于深入挖掘文化资源优势，加强文化艺术研究，繁荣发展浙江省文化事业，扎实推进两岸文化艺术交流具有积极意义，希望富阳市继续大力弘扬优秀传统文化，积极打造特色文化品牌，为推进社会主义文化大发展、大繁荣，加快建设文化强省，做出新的贡献。

中国海协会副会长王在希在讲话中表示，5000的中华文化把海峡两岸紧密地联系在一起，这是任何力量也分不开的，台湾海峡这道弯弯的海水，只有在很短的时间里，她阻隔开了两岸同胞的联系，但是在我们中华民族的历史长河中，在中华文化的感召下，海峡是一弯融合两岸同胞的水，富春山，基隆港，这就是山与水的交融，山与水的对话，山与水的依恋，山水常在，情谊永恒，在海峡两岸的交流中，富阳具有无可替代的文化优势和象征性意义，希望不久的将来《富春山居图》在大陆合璧，更希望在《富春山居图》原创地富阳合璧。

开幕式结束后，出席颁奖典礼的两岸领导、嘉宾参观了画展。

浙江当代漆艺展在北仑举行

2012年10月17日，由浙江省美术家协会、北仑区人民政府和中国美术学院公共艺术学院共同主办的2012浙江当代漆艺展在宁波市北仑体育训练基地开幕。

这次展览共展出来自全省各地的漆画、漆艺作品100余件，比较全面地展示了近年来浙江漆艺家的创作成果。

开幕式结束后，出席此次展览开幕式的美术界专家们还参加了在宁波职业技术学院举行的浙江当代漆艺创作及发展研讨会。会后，清华大学美术学院教授、中国美术家协会漆画艺委会副主任程向君为省漆画创作骨干作了有关漆画创作的专题讲座。

浙江省第十三届水彩画、粉画展览在台州市开展

2012年11月28日，由浙江省美术家协会、台州市文学艺术界联合会、浙江省水彩画家协会共同主办的浙江省第十三届水彩、粉画展览在台州心海书画艺术博物馆隆重开展。省文联党组成员、书记处书记高克明，省美术家协会副主席兼秘书长骆献跃，台州市政协党组成员、台州书画院院长陈广建，台州市文广新局局长郑楚森，台州市文联主席丁琦娅等出席开幕式。

展览展出作品229件，其中15件获“学术奖”，15件获“创作奖”。

展览期间，浙江省水彩画家协会主席、中国美院教授周刚，浙江省水彩画家协会秘书长徐明慧还分别为台州市民作了题为“水彩画创作”、“水彩画欣赏”的讲座。

第四届全国青年美展浙江巡展油画印象

由中华全国青年联合会、中国文学艺术界联合会、中国美术家协会共同主办的"第四届全国青年美术作品展览"浙江巡展于2012年8月3—15日在浙江美术馆举行，这是近年来为数不多的全国性美术大展来到浙江。浙江作为一个美术大省，相比其他城市而言，却鲜有高水平的大展露面，这和美术文脉源远流长艺术文化积淀深厚的这方水土极不相称。究其原因，一方面和靠近上海等大城市的地理位置有关，另一方面也受制于以前的展览场地不足。但相信从建筑规模、软硬件设施等方面堪称全国一流的浙江美术馆建成以后，类似的精彩的大展会源源不断，给杭州乃至浙江的艺术爱好者奉献一场场精彩的艺术盛宴。

第四届全国青年美展规模庞大，共收到来自全国各地作品9127件，经过评委们沙里淘金的严格评审，精选出包括国画、油画、版画、水彩、粉画、漆画、雕塑、综合材料等各类美术作品526件，其中优秀作品128件。此次来杭共展出300余件作品。值得一提的是，浙江的作品占了其中的十分之一，充分体现出浙江美术创作实力。

表达多元丰富

较往届而言，此次展览参与范围更广，作品题材也更为丰富。在内容上涵盖了革命历史、现实生活、都市景观、情感表现、人文关怀等不同题材和主题，较为全面、深入地展现了青年美术家在创作中敢于创新的勇气、敏捷活跃的思维、丰富多样的形式，也反映了当代青年美术创作的新进展、新成就、新特点。

河南画家郭华的《家园》，娴熟的表现技巧和对构图的把握，使得画面基本挑不出毛病。这样一个经常被表现的主题，却因为画家内心世界的主观介入而富有了浓郁的人情风味，地面、羊毛、人的衣着以及远处的树和天空的处理及细腻的表现手法，形成一种难以言喻的对比，这些对比的会合传递给人十分舒适的美感享受，这也是油画艺术的魅力之一；辽宁画家李学峰的《吉祥蒙古·博克》吸收了民间艺术的诸多精华，平面化的绘画方式，简略的色彩搭配，初看之下显得有些概念化，细观之却有着无穷变化的肌理效果，给人以起于原始的视觉感受，这些丰富的肌理处理成了这幅绘画作品的点睛之处；陕西画家何军的《独钓》体现了当代绘画与传统绘画视角的区别，传统绘画很少从这样的角度来表现画面。后工业社会与现代社会的冲突，小市民自娱自乐的心境写照共存于画面。大面积灰暗的太湖石群，浑浊的塘水，水泥墙上的铁丝网，加上光秃秃的树枝条把垂钓者很突兀地衬托了出来，也许在这样的环境里，他钓的不是鱼，钓的是逝去的岁月，钓的是从压抑中寻找放松快活的愿望；北京画家康蕾《纯真的眼睛》表现的是塔吉克民族的形象，善良、质朴的性格，传达的是外在美和内在美的统一，清澈的眼神，纯净的内心，也是一种内外力量的统一。她选择用红色统一画面，用主观性和客观现实的场景拉开距离。红色的力度和饱和度使得画面充满张力，在统一的色调中显现了丰富的感觉；山东画家徐青巍的《幽谷听泉》采用了黑白的影像色调，首先勾起观者的主观怀旧情绪。人物主体与水的波光幻影定格在一种冥思遐想的幽静中，既有动感的摇曳也有静止的安逸，艺术地诠释了所要表达的主题。在繁重压抑的生活之余，欣赏这样的作品确实能缓解工作所带来的压力。

写意写实并存

展出的很多作品，或多或少都融合了中国画传统的写意精神，使得画面呈现出一种东方意蕴。意象油画的本土化固然表现为诸多的形态与面貌，但作为中国人文观念、审美方式与接受美学的典型特征，"意象"同化的油画显然更容易拉近与中国观众的心灵沟通。如广东画家段远文的《故园》用大写意的笔触酣畅淋漓地表现江南园林，似乎能看得出落笔时如疾风暴雨般的张狂。现代的古典式园林与古代仕女的结合，宛若时空转换，陡生情韵；北京画家李琰的《画室里的梦想》类似于散点透视的构图，把画室的陈设与窗外的山水很好地结合在一起，东西方文化元素融合，整个色调雅丽清新，文人味十足，一改油画给人的厚重感。这些都表明了外来画种油画在中国经过百年来的发展，逐渐形成了转基因的中国式油画，其中的核心就是融入了中国艺术的写意精神，注重意象性表达。

写实一直是传统油画的主干，青年美展当然少不了写实绘画。对于生活的真切表达是写实油画的生命，这一点，恰是年轻画家的擅长。来自广东的周丽萱的《柳燕》，与来自浙江的来源所画的《有多少留存有多少消失》悬挂在同一面展墙上，同样是写实人物绘画，表现的都是女青年的形象，但细观之，他们所呈现的是不一样的人物刻画，虽然同样的细腻传神，周丽萱的作品技法纯熟而稳重，语言更加含蓄内敛，笔触被刻意抚平，色彩被笼罩在薄薄的油雾之中，既真实又虚幻；来源的作品雅致而响亮，如点彩般的笔触加重了人物皮肤与衣着的质感，人物内心的表现更加契合主题的内涵，场景的衬托与设计看得出费了不少心思。这两位的作品也反映了新一代青年艺术家在继承传统的基础上，更多地融合了自身对生活的感悟和理解，更多地探索了写实绘画在狭义范畴里的丰富表现方式。

鲜见实验革新

值得欣慰的是，青年美术家从生活中提取出的主题，抒情达性，歌颂美好生活，表达切身体验，显示出当代青年积极乐观、健康向上的精神风貌，他们如同一缕清风，给美术界带来了阵阵清凉。但应该指出的是，虽然部分作品不乏亮点，但是整体并没有突出传统桎梏的束缚，鲜见有形式语言令人眼睛一亮的作品。

其中的一些作品虽然不乏淳朴和真诚，但同时亦摆脱不了青年人所特有的青涩和浮躁。从形式、内涵到技法语言，艺术需要传承需要共鸣，需要陈陈相因，这没有错，但更需要给观者一种惊艳，让人面对作品有种睁不开眼或者是合不拢眼的感觉，让人无法从已有的经验中得到呼应，只能发出陌生的感叹：原来画也可以这样来画！这个确实很难，但都说青年就是未来，是希望，如果在青年美展中都无法看到这样的惊喜涌现，那么我们很难在更加老成持重、按部就班的全国美展中看到。个人认为青年美展就是要在对传统艺术形式、风格继承发扬的基础上，更注重对新形式、新材料、新技法、新主题、新内涵的不懈探索，要反映青年自我特性，倡导艺术创新的多样化与个性化，用叛逆的勇气和力量来前赴后继地不断开创中国当代美术新的可能 。

在写实油画中还有一个值得关注的现象，那就是复制照片的现象。展览中亦有一些照片化的作品。借助摄影素材可以为绘画创作提供某些方便，但如果完全照搬照抄，就丧失了艺术创造的兴趣，成为一种匠人的制作。另外，还有一些作品缺乏朝气、内容肤浅、纯粹卖弄技法的精工细作，看了又会让人担心架上绘画的前途和命运未卜。

全国青年美术作品展览是国家级的综合性大展，从1957年举办的第一届开始，相隔几十年时间才举办了如今的第四届，前几届的展览涌现出了相当一批具有深厚实力和发展潜力的优秀青年美术家，许多当年的参展作者如张钦若、罗中立等在今天已成为了画坛的中坚力量。

写生的意义——马锋辉作品展

2012年9月21日，马锋辉的写生作品展“写生的意义”在南山路恒庐美术馆举行新闻发布会。 展览由著名策展人鲁虹先生策划，中国美术学院教授毛建波任学术主持，9月22日至10月8日恒庐美术馆将展出马锋辉近年来在甘南、山西以及江南等地的写生作品共50幅。

此次马锋辉在恒庐美术馆举办的个展“写生的意义”就以“写生”为主题，深入探讨这种常被人误以为只是“直接面对实物、实景、人物等对象进行描绘的作画方式”。

这是马锋辉自1988年从中国美术学院毕业以后首次不以浙江美术馆馆长的身份，而是以一位勤恳画家的身份举办个展。秋日，微雨蒙蒙中夹带着桂枝香甜气味的南山路让我仿佛置身于马锋辉老师的写生画语当中，更勾起了我迫不及待想要观展的心情。

写生是一种再创作

马锋辉认为“庸常的对真是对象不做取舍的如实描写，实为‘写实’而不是写生，认为有品评意义的‘写生’是写生者身临其境的体悟，在惊奇、感染、情动后的寻思、捉摸对象的生意和情致，攫取、描绘出对象的本质能量，让生机和生趣活泛在画面中的艺术实践。其中融入了写生者思想和情感的深度观照……”

马锋辉在写生时对眼前的景色或去繁就简，或添物增色，如此而来的写生画中凝聚了他的神魂，阐发了“我之精神和灵性”。

写生的步子愈迈愈勇，愈来愈远

历史上的画家便重视读万卷书，行万里路。生活对于画家的艺术发展有着一定的影响，即使在复古风盛行的清初，像“四王”辈的画家也经常策杖于山林，扁舟于江湖，在他们所题“临”、“摹”、“仿”、“抚”某家的画面上，依然透露出在生活中所见的山川气象 。

而中国近现代山水画史上的两位巨匠黄宾虹、李可染对马锋辉的影响颇深，策展人鲁虹先生说：“马锋辉处理画面的方式，如强调剪裁、强调夸张、强调组织等，都深得李可染先生理论的精髓。”马锋辉抛弃了传统山水画固定化的图示语言，以探寻水墨表现的新可能性，又有效借鉴西方写实绘画，很好发挥了传统笔墨的表现力。在山水画写生创作的艺术之路上，马锋辉从黄宾虹与李可染先生处汲养却显然走得更远。

东西方绘画的交融

马锋辉的写生作品受到了来自西方绘画的影响，但使用了中国式的表达方式。中国美术学院教授毛建波表示，马锋辉来自西方绘画的速写训练和他在中国美术学院大学、研究生阶段打下的国画基础，在他的作品中自然地融为一体。毛建波说：“数十年书画实践的积淀，使得马锋辉拥有较为扎实的笔墨功底，在写生时颇能得心应手，挥写自如，他的写生之作不是毛笔素描，也不是硬笔速写，而是有笔有墨，笔墨分明。运笔稳健中寓灵动，水墨氤氲中见笔力，不滞结，少板刻，空灵飘逸，沉着含蓄，一望而知是中国画写生。”

浙报传媒首届美术精品鉴赏会开展

满陇桂香伴墨香。2012年9月22日，一场为期两周的“翰墨飘香·浙报传媒首届美术精品鉴赏会”在浙报集团新闻大楼四楼多功能厅拉开帷幕。浙江美术传媒拍卖公司通过征集展出大量书画精品，为观者献上一道绚丽多姿的视觉盛宴。

鉴赏会共计展出500余幅绘画书法作品，涵盖了古代、近现代、当代三个时期多位大师的精品力作，实谓艺术海洋。

展厅内，观者络绎不绝、兴致盎然。在大厅中央一字排开的，是《深山幽居图》、《历代名姬图》两幅长卷。70多岁的陈大伯站在明代项圣谟所作《深山幽居图》前，认真看后“很写实、很细腻，山峰错落有致，山间一屋，真实地表现出了隐士的生活画面”。“这是昭君出塞，有西施，还有赵飞燕……”在《历代名姬图》前，王先生指着画上一个个婀娜多姿的仕女向女儿一一解释。《历代名姬图》是书画合册，由清代王朴绘图，陈奕禧作书法，一画一书，相得益彰。人物隽永，设色典雅，引得多位爱好者驻足欣赏。

展厅中，错落分布着其他古代书画精品，如王鳌行书《陆游诗》、翁同龢行书《书苏公送行诸诗》、边寿民的《墨葡萄》、刘墉书法等，也引得大家凝神品味。

近现代巨匠之作也博得一阵叫好，黄宾虹、沙孟海、徐悲鸿、唐云等人的力作均是大家眼中的宠儿。“看这马，四腿遒劲有力，鬃尾富有动感，画面浑然天成，非常有立体感。”在徐悲鸿的作品前，潘先生赞叹道。“工整，浑厚，典雅，有力，我平时也会临摹。”在另一侧，已退休的书法爱好者虞先生对启功大师的书法作品倍加喜爱。

当代部分的美术精品也毫不逊色。曾宓的《山居图》、王西京的《醉仙图》、吴山明的《雪原春色》、孔仲起的《李白诗意图》、刘江的书法《心经》、朱关田的《饮中八仙歌》等，同样琳琅满目，蔚为大观，让人目不暇接。

9月27日还举办一场浙江企业家与著名美术理论家、艺术品鉴赏家互动的艺术沙龙。

安徽省

当代安徽·国画名家邀请展

由安徽浙江国画院、龙图画廊共同主办的“当代安徽·国画名家邀请展”于2012年7月22日至25日在合肥市金地国际城举办。本次画展汇集了周彬、葛庆友、王永敬、邵灶友、陈廷友、丁雪郁、王仁华、葛茂柱、陈丁佛等20余位新徽派老中青三代实力画家的作品。参展画作均为画家近期创作的精品，清雅醇厚、各具特色，展现了新徽派美术的传承与创新。

2012中国画百名家精品邀请展

2012中国画百名家精品邀请展6月20日在合肥亚明艺术馆开幕。由中国国家画院、安徽省美术家协会、《名人与艺术》杂志社共同打造的此次展览是中国画坛的一次重要展事活动，涵盖了卢禹舜、范杨、杨明义、何水法、王西京、张世简、李翔、孔仲起、朱松发、宋江安、公丕炎、方茂鸿、张松等全国100位国画名家的作品。中国美术家协会分党组书记、中国美术家协会分党组常务副主席刘大为先生为展览题写了展名。

“第四届安徽美术大展水彩粉画作品展”在芜湖举办

为喜迎党的十八大胜利召开，由安徽省文化厅、省文联、省美协主办，市文委、文联和顶峰教育集团以及芜湖美术创作院等单位承办协办的“第四届安徽美术大展水彩粉画作品展”2012年10月20日在芜湖市文化馆举办，来自芜湖市和全省的一些书画家，出席了开幕仪式。

自2004年首届安徽美术作品展举办以来，安徽省先后举办了“全国著名水彩画家写生作品展”和“第二届全国小幅水彩画作品展”等国家级大型展览，标志着安徽省的水彩画创作进入了一个繁荣发展的新阶段。如今，安徽省已成为全国水彩画创作强省之一。

展览近200件作品是从全省各地300多件参选作品中精选出来的，芜湖有40多件作品入选，其中，有10多件作品还被评为优秀作品。

红五月全国书画展合肥开展

中国国画院、文化部美术创作中心、安徽省文化厅主办；中国国画院安徽分院、世界华人民族文化研究会、世界孔子文化研究院、中国农民书画研究会、安徽省勤上光电科技有限公司承办的红五月全国书画展开幕式于2012年5月26日在安徽省博物院举行。

中国国画院王斌副院长，国家文化部原机关党委书记张民，中国农民书画研究会张民会长，安徽省政协常委、安徽省企业经营管理研究会朱志林会长，安徽省文化厅唐跃副厅长，安徽省公安厅副厅长巡视员王静，安徽省勤上光电科技有限公司胡建林董事长，中国国画院安徽分院文晓峰院长，安徽省女书法家协会陈萍会长，合肥市委秘书长汪仁相先生，国家文化部驻安徽办事处主任筱菊生，中国书法家协会副主席、中国国画院江西分院程履端院长，来自北京的中国著名书画家梁永学，来自山东的中国著名书画家金呈鹏，来自杭州的中国著名动物画家吕维超，来自江西的中国著名书画家、中国工艺美术大师常根书，安徽省博物院的朱良剑院长，参加了开幕式并主席台就站。

开幕式上由国家文化部原机关党委书记张民先生致辞，阐述了国家对文化事业的发展纲要，以及对中国国画院安徽分院承办红五月全国书画展做出了肯定，对应了毛泽东延安文艺座谈会七十周年的全国性活动。中国国画院王斌副院长致辞说明了举办红五月全国书画展的目的和肯定了中国国画院安徽分院的努力付出和做出的成绩。安徽省政协常委、安徽省企业经营管理研究会朱志林会长致辞，他另一个高度说明文化大发展需要企业的参与，企业与文化相结合就能达到共赢。安徽省文化厅唐跃副厅长在讲话中高度赞扬中国国画院安徽分院举办红五月全国书画展对安徽文化艺术行业所取得的很大推动，很及时，很有必要。安徽省勤上光电科技有限公司胡建林董事长在讲话中说道：企业如果要大发展，就要依托文化事业的感染力，才能打造出企业的文化品牌。今后还要长期与中国国画院安徽分院合作，建立战略联盟，为安徽文化事业多做有意义的事，为繁荣安徽文化做出贡献。中国国画院安徽分院文晓峰院长在讲话中表示感谢所有的政府部门、领导、企业、社会各界的大力支持，以实际行动打响中国国画院安徽分院自己的品牌，充分展示自己的风采。最后，安徽省博物院朱良剑院长为赠送书画作品的书画家颁发收藏证书。

安徽电视台第一时间、合肥电视台、合肥晚报等媒体对中国国画院安徽分院文晓峰院长做了专题采访，文晓峰院长说：此次书画展立足于发现、挖掘、培养有潜力的书画艺术人才，为繁荣社会主义文化事业做出应有的贡献。此次书画展有两个亮点，一是，业余书画家的书画作品贴近生活，展示了他们写实的一面；二是，专业书画家用娴熟的书画技艺展示了阳春白雪的专业性，各有千秋，质量很高，得到社会各界人士的好评和赞扬，充分展示了中国国画院安徽分院全体人员团结一致，奋力拼搏，积极向上的良好精神风貌，坚不可摧的组织实力。

福建省

美术院校

毕业生举办以《易经》为主题的个人画展

福建师范大学美术学院艺术设计系2012届毕业生邱甜甜，毕业前在母校举办了以《易经》为主题的个人画展。2012年6月18—24日，在福建师范大学美术学院展厅内，前来参观画展的老师和同学无不惊叹，这么年轻的小姑娘竟能将国学《易经》融入进油画，而正是这样一位备受专业人士肯定的小姑娘，她此前竟从未系统地学过油画。

带灵感入画得到专业人士认可

邱甜甜兴趣广泛，在校期间曾担任过美术学院编辑部部长、记者团团长、辩论队队长的职务，主编并出版一期《艺海报》，在大三时，她就创立了艺术工作室“南桥社”。

“南桥社主要是与一些设计师合作，进行艺术设计创作，但当时的我，还没有尝试过油画创作。”直到大四上学期，在父亲的影响下，邱甜甜开始接触《易经》，其中的玄妙让她有了提笔作画的灵感。起初，她只是借用同学的油画工具随意绘画，在数次作画后，邱甜甜的多幅画作竟意外地得到了学院专业老师们的一致认可，在老师们的建议下，她这才产生了办一个毕业展的想法，她的想法获得了学院的支持，福建师范大学美术学院为她提供了学院展厅。

人气颇旺“气场”不逊于专业画家

鲜艳的笔触加上暗潮涌动的笔调，在美术学院展厅内精心设计的光环聚焦中，邱甜甜的作品增添了夺人眼球的吸引力。展厅内一张《见龙在田》的油画，让在场的学生忍不住边看边用手机翻拍。邱甜甜介绍，易经乾卦爻辞有“潜龙勿用”、“见龙在田”、“惕龙无咎”、“跃龙在渊”、“飞龙在天”、“亢龙有悔”，代表人生的不同阶段，此次展览主要作品也是围绕这六个爻展开的。她认为，过去的学习生涯是漫长的“潜龙勿用”的过程，变身为社会建设者后便进入了“见龙在田”的阶段，她如今所处的是从大学迈向社会，也就是从潜龙到见龙的峥嵘之程，这幅《见龙在田》也是她第一部油画作品。

国学是艺术根基，《易经》是国学的源头，所以《易经》也是艺术的根源。

展览得到了国内《易经》大师张善文教授的肯定和支持，并为画展作了前言。邱甜甜说：“我的工作室‘南桥社’有三百多平方米的创作空间，团队精神及作品都深受画家及设计师的赞赏和好评，今后我在艺术创作中会把国学与艺术相融合，取得新的突破与创新。”

书画院

画院画韵——2012福建省画院年度创研展在榕展出

2012年恰逢福建省画院30周年，1月23日至29日农历壬辰春节，福建省画院在该院展览厅举办“画院画韵——2012福建省画院年度创研展”，该展览既增添了福州春节的文化气氛，也为榕城献上了一份精美的文化贺礼。

参展的书画作品，均出自福建省画院画师之手，共展出陈济谋、郭东健、孙志纯、杨挺、陈子、林任菁、杨东平、陆广雄、刘秉贤、郑雅风、翁志承、黄民辉、罗方华、王芳、何静雯等15人的国画、油画、书法等近80件。展品中有人物、花鸟、山水画；书法作品中既有楷书，也有行书作品。表现形式、风格多样，诠释了书画家们近年来对艺术的追求和对生活的感悟。

此次展览以研究和探索作品“精、气、神”为主题，突出强调艺品、艺格的提升，贵在画有新意，书有创新，真正以学术研究的态势来进行新的创造。笔随时代，墨见精神，作品展现出浓厚的时代气息和内涵丰富的审美趣味，充分表达了福建省画院画家们对生活的理解和美好祝愿，亦是他们在2011年所取得的艺术创作成果的一次集中展示。

福建省画院始终坚持“出精品、出人才，学术为先、服务社会”的办院宗旨，坚持先进文化的发展方向，长期致力于构建公共文化服务平台，丰富群众精神文化生活，已日益成为美术创作战线上的文艺生力军，在参加国际性、全国性权威美展、书展中获奖的入选人次，在全国省级画院中名列前茅。

福建省金秋画院成立并举办首届作品展

福建老年大学创办28年来，造就了一大批具有一定书画艺术造诣的老年书画爱好者。许多老同志经过长年坚持不懈的努力，创作了一批具有较高水平的书画作品，有的作品得大奖，被收藏，许多人加入省书法家协会，有的还成为中国书协、画协的会员，成为名副其实的书法家、画家、篆刻家。为了给这些老同志提供一个更高一级的交流技艺和创作的平台，在游德馨校长、黄瑞霖执行校长的积极倡导、推动、关心和支持下，经过一年的筹备，于3月24日福建金秋画院在福建老年大学召开成立大会。画院的成立，标志福建老年大学教学的又一重大成果为世人所瞩目，是福建老年大学认真贯彻党的十七届六中全会和福建省第九次党代会的精神，高扬社会主义先进文化的旗帜，促进社会主义文化事业大发展、大繁荣，宣扬福建精神，弘扬中华优秀文化传统文化和建设海峡老年教育名校的又一重要举措。

福建省政协原主席、福建老年大学校长游德馨，中共福建省委原副书记、福建老年大学执行校长黄瑞霖，福建老年大学其他领导、拟任画院院长、副院长、院委会组成人员、画师以及有关方面人士共80多人参加成立大会。大会选举产生了画院院长、副院长、秘书长、副秘书长，福建省书法家协会副主席蒋平畴教授为院长。聘请游德馨，黄瑞霖，中共福建省常委、秘书长叶双瑜为画院名誉院长；省书法家协会主席陈奋武、省书法家协会副主席陈一峰、省美协主席翁振新、国家一级美术师赵玉林、省美协副主席、福建师大教授檀东铿为画院顾问。

游德馨校长、黄瑞霖执行校长、蒋平畴院长在会上作了热情的讲话，他们对画院成立表示热烈祝贺。游校长在讲话中着重指出，画院要办好，学校在经费上给予支持，要有一个好的班子、好的章程，要有年度工作计划安排。他强调，要积极开展对台交流工作。黄瑞霖在讲话中指出，2012年是毛主席“在延安文艺座谈会上的讲话”发表70周年，又是在全国认真贯彻中共十七届六中全会精神，掀起社会主义文化事业大发展、大繁荣和改革开放的热潮中成立的，具有特殊的意义。他鼓励大家可以独立地开展工作，开展笔会和作品展览，不断提高画院成员的艺术修养和创作水平。

首届福建省金秋画院作品展在于山福州画院隆重举行，福建省政协副主席张燮飞，省级老领导游德馨、黄瑞霖、黄文麟、宋俊、黄贤模、金秋画院顾问和众多老年书画爱好者共300多人参加作品展的开幕式。

此次作品展共展出书法、国画作品80余幅，叶双瑜、陈荣凯、游德馨、黄瑞霖、黄文麟、宋俊、黄贤模的书法作品，为展览增添了浓浓的一笔。许多作品是福建老年大学老年学员的创作精品。

福建“正气歌”书法作品展在福州画院举行

2012年9月16日，由福建省委文明办、省综治办、省公安厅、省文联、省见义勇为基金会联合主办的福建“正气歌”书法作品展在福州画院举行开幕式。

应邀参加开幕式的有省人大原主任袁启彤，省政协原主席游德馨，省人大原副主任黄文麟、省人大原副主任宋峻以及联合主办单位、省直机关单位的相关领导及新闻界的朋友。省人大常委、法制委副主任委员、省见义勇为基金会会长傅镛堃，省委宣传部副部长张萍，省综治办副主任陈勇，省文联副主席、书记处书记罗训涌，省文联副主席、省书法家协会主席陈奋武出席开幕式并做讲话。省见义勇为基金会常务副会长高文根主持开幕式。

2012年9月，是新修订的《福建省奖励和保护见义勇为人员条例》（以下简称《条例》）颁布施行一周年，为进一步营造学习贯彻落实新《条例》的良好氛围，此次举办的以“倡导见义勇为、弘扬社会正气”，讴歌见义勇为英雄模范崇高精神为主题的书法作品展览，旨在运用书法这一中华民族特有的艺术形式，传播见义勇为精神，礼赞见义勇为英雄，在全社会进一步形成见义勇为、救危济困、匡扶正义、守望相助的良好风尚。福建“正气歌”书法作品展活动得到了海内外社会各界的积极响应，不少德高望重的老领导及书法界名家大师为此次书法展潜心创作，踊跃赐稿。在征集到的400多幅书法作品中，不乏精品佳作，这些作品融思想性、艺术性、欣赏性于一体，具有较高的艺术水准，书法艺术家们用墨宝丹心尽情抒发对见义勇为英雄的感佩和关爱，真情表达对见义勇为壮举的赞美和崇敬。

福建“正气歌”书法作品展参展作品共100幅，其中特邀作品15幅，一等奖4幅，二等奖11幅，三等奖16幅、优秀奖18幅、入展作品36幅。

曾光明书法作品展10月福州画院举行

书法家曾光明书法作品展于2012年10月6日在福州画院隆重举行，展览至10月15日。曾光明书法作品展按五个部分展示：习书临帖、古文明理、格言励志、军警情缘和抛砖引玉。届时将展出曾光明历年创作的100余幅书法代表作品。展览由福建省书法家协会、福州首宽收藏机构等单位主办，福建福百祥茶文化传播有限公司等单位承办，海峡书画艺术网等单位协办。

书法作品展中，曾光明将展出自创合体字：“知足常乐”、“吉祥如意“、“宾至如归”等，为独具特色的民间合体字添彩，也作为本次书法作品展的一个亮点。曾光明书法作品，可谓博采众长，涵盖字体广泛，篆隶楷行草风格多异，用笔古朴豪放并具有自然率真的书风。

曾光明，福建闽侯县人，1950年生于屏南。中国楹联学会会员，中国书画家协会会员，全国公安文联会员，书法家协会会员，中国名人书法家协会会员一级书法师，福建省楹联学会常务理事，福建省书法家协会会员，福建省公安文联理事。

福建省开明画院成立展出作品150多件

2012年11月25日，福建省开明画院成立典礼暨作品展，在福州三坊七巷宗陶斋艺术馆举行。作品展展出了省内外名人名家祝贺作品及画院40多位成员作品共计150多件。

福建省开明画院是省民政厅正式批准、省委统战部主管、民进福建省委主办的艺术机构。该画院以民进系统书画家为主体，并聘请部分福建省知名书画家加盟，以中国画和书法为主要艺术创作门类，旨在弘扬、传承中国传统文化。今后，福建省开明画院将与省内外艺术团体交流联络，开展培养传承、学术交流、创作研讨、作品展览等活动。

“开明”二字取自民进系统“开来而继往，明道不计功”的开明精神。2009年，民进中央开明画院成立，随后各省市区纷纷设立省级开明画院。经过一年的筹备，福建省开明画院正式成立。

美术家协会

曾江涛书画展

由文汇报社和福建省美术家协会共同主办的“曾江涛书画展”于2012年2月4日至8日在福建省厦门文化艺术中心举行。

曾江涛，1945年生，福建漳州人。他是一位从大芹山走出来的农民画家。他擅画花鸟，尤善葡萄。静观其画，风、晴、雨、露情状迥异，构图清新多变。无论丈二巨制，还是尺牍小幅——虬枝、蔓藤、紫香、腊梅、桃红、柳绿、市景、田园，总是流露着画家对乡间

故里的眷恋和憧憬，总是淌漾着画家积极奋进的情怀。这次在厦门文化艺术中心（厦门市思明区体育路95号）举行的“曾江涛书画展”，展出曾江涛先生创作的110幅画作和书作，绝大部分都是画家近年来创作的精品。同时，这也是文汇书画月刊自2012年6月创刊以来，所承办的第一个大型个人画展。原中国美术家协会副主席、浙江省美协主席、中国美术学院院长肖峰先生为“曾江涛书画展”题词。

“凤山杯”第二届福建省水彩画展

“凤山杯”第二届福建省水彩画展，2012年7月11—15日，由福建省美术家协会、福建省画院、福建省水彩画艺委会、福建省水彩画会和泉州画院主办，安溪铁观音集团鼎力支持使此次展览得以成功举办。

这次画展面向福建全省征稿，共收到250余幅作品，评选出参展作品111幅，其中获奖作品21幅。同时，也展出福建省水彩画艺委会委员的20幅作品。这些作品风格多样、创作题材广泛，参与人数及学术水准都超过以往，画家个性鲜明，雷同面目极少，充分展示了福建省现阶段水彩画创作的整体水平，也显示了福建水彩画持续稳步前进的新步伐。

福建省第16回东海浪（新人新作）美术作品展

2012年12月18—20日，福建省第16回东海浪（新人新作）美术作品展由福建省美术家协会主办在福州画院展厅展出。

福建省第16回东海浪（新人新作）美术作品展是面向福建省广大美术家和美术工作者的综合性美术作品展览，旨在通过展览推出新人、推出新作，繁荣福建省美术创作，促进社会主义精神文明建设。在参展的作者中，他们有从小热爱绘画艺术，数十年执著追求艺术的老者，也有新一代科班出身的青年学子，在艺术创作的道路上刚起步不久，其共同点都是一样的，那就是对生活的热爱，对艺术的不断追求，他们用自己手中的画笔，表达对现实社会、人生、自然的理解和感悟，抒发自己的胸襟与情感。此展已连续举办过十五回，对推出福建省美术新人和美术交流活动起到了积极的作用。

第二届福建省青年美术家提名展

2012年5月4—12日，由福建省青年联合会、省青年美协共同主办，厦门南豹林文化传播有限公司承办的“第二届福建省青年美术家提名展”在厦门大堂艺术空间隆重开幕。中国文联国内联络部副主任徐里，福建职业艺术学院党委书记齐建华，原福建省青年美协主席、福建东方画院院长陈若晖等领导出席了开幕仪式。

“福建省青年美术家提名展”是省级综合性大展，不仅为青年美术家搭建了展示才华的舞台，更通过青年美术家的优秀作品表现了他们的创新精神、创作热情和对社会的人文关怀，反映了当代福建美术的新发展、新特点。此次展览共展出了来自54位艺术家的100余幅精品力作，涵盖中国画、油画、漆画、水彩、版画、雕塑等六大门类。这些作品以“和谐社会，共建文明”为基调，不仅反映了当代中国的人文精神，更突出表现了福建当代青年美术家们在艺术上勇于开拓创新，注重艺术品格和个性特征的精神，较全面地展示了当前福建青年美术创作的整体水平。

在2011年成功举办“首届福建省青年美术家提名展”并获得较高关注度和好评度后，福建省美协再接再厉，除安排厦门、三明、石狮、莆田、龙岩、漳州、宁德、福州等地巡展外，提名展这个“流动的舞台”2012年特别增设台湾站的巡展，与台湾的大学进行学术交流和台湾文化风情之旅。希望以此与台湾美术界同仁交流心得，让台湾更多的民众看到福建当代青年美术的实力和水准。

作为活动的承办方——厦门南豹林文化传播有限公司（大堂艺术空间）也对活动做了精心策划和安排，特别邀请福建省青年美协副主席、国画家林涛老师担任总策划，争取办成一次高规格、高水平、极具影响力的展览，使广大艺术爱好者更好地了解福建当代青年美术，也使更多的优秀作品得到推广。

福建书协主席陈奋武书法展在中国美术馆举行

展览展示

2012年6月30日至7月6日，由中共福建省委宣传部、中国书法家协会、中国美术馆、福建省文联共同主办、福建省书协承办的“陈奋武翰墨”书法作品展在中国美术馆开幕。

中国文联党组书记、副主席赵实，全国台盟中央常务副主席汪毅夫，福建省委常委、副省长陈桦，省政协副主席、秘书长张燮飞，原省政协副主席潘心城，中国文联副主席徐沛东，中国书协分党组书记赵长青等领导以及来自军界的27位将军、社会各界人士数百人参加了开幕式。

陈桦代表省委、省政府向到场领导、嘉宾表示欢迎并致辞。她指出，“陈奋武翰墨”书法作品展是福建书法家在京举办的较大规模、较高层次的个人作品展，是福建省委、省政府贯彻落实党的十七届六中全会精神，积极实施福建文艺名家推广工程、提升福建文艺影响力、促进福建书法事业繁荣发展的一件盛事。陈桦希望，此次展览能成为福建书法界与全国各界有识之士交流的平台，为福建书坛创作开启新风。希望福建广大书法工作者进一步向全国同仁学习，以和谐心态、宽阔胸怀、深刻感悟，热情讴歌伟大时代和火热生活，创作出更多与时代同步、与人民同心的作品，努力满足人民群众日益增长的精神文化需求，为推动社会主义文化大发展大繁荣贡献智慧和力量。

江西省

“生态鄱湖”丝网版画展在首尔中国文化中心开幕

美术院校

2012年2月17日，“生态鄱湖”丝网版画展在首尔中国文化中心开幕，江西师范大学科技学院党委书记岳忠宪、锦湖美术馆馆长朴康子、弓乐美术馆馆长李韩信等出席开幕式。

“生态鄱湖”丝网版画展是江西师范大学科技学院美术专业的师生以“生态鄱湖”为题材创作的近50幅丝网版画作品，从视觉艺术的角度充分挖掘鄱阳湖的地域文化，让公众关注生态、关爱环境，保护美丽的家园。

众多嘉宾都被作品展示的鄱阳湖美丽的自然风光和良好的生态环境所吸引。

此次版画展至2月21日。

江西本土画家泼墨力展“秀美赣鄱”

2012年2月25—27日，由江西省群众艺术馆、江西师范大学美术学院、江西省美术家协会共同主办的“秀美赣鄱——程明画展”在江西师范大学美术学院美术馆举行。

画展共展出了程明近年来精心创作的49幅作品，画展旨在用艺术的手法来展示江西秀美的青山绿水。开展当天，江西省副省长朱虹参观了画展。

程明成长于书画艺术之家，艺术专业科班出身，他在繁忙的工作之余仍坚持艺术创作，作品数量颇丰，具有较高的艺术造诣。

展出的作品内容丰富，形式多样。既有展示江西秀美山水、厚重文化和美好未来的作品，也有表现历史悠久的国粹京剧艺术作品；既有传统的国画作品，又有极具江西特质的瓷画。展出作品画面语言自然大方，清新脱俗，用神奇魅力的色彩映照出纯真质朴的艺术境界。笔墨浸润了生活的气息，汲取了阳光的芳香，迸发出无穷的生机与活力。

江西省少年儿童“秀美江西”民俗美术、摄影作品展在江西师范大学美术学院展厅展出

民俗，是中华民族最基本的民族文化，也是最具世界民族风格的文化现象之一，它涵盖丰富、包罗万象。江西，自古以来素有“物华天宝、人杰地灵”之美誉，有着几千年的悠久历史和文化沉淀，传统文化源远流长、博大精深。为深入学习贯彻党的十八大精神，加强未成年人思想道德建设，倡导和传承民族文化，践行民族文化意识的宣传教育活动，为国家培养具有艺术素养的民族文化传承人，由江西省妇女联合会和江西省文化厅联合主办，江西省教育学会少年儿童校外教育专业委员会、江西省非物质文化遗产研究保护中心、江西省儿童少年活动中心、江西省群众艺术馆、江西师范大学美术学院承办的“江西省少年儿童‘秀美江西’民俗美术、摄影作品展”隆重开幕了。

展览于2012年11月26—29日在江西师范大学美术学院展厅盛大展出，此次展览共收到来自南昌、景德镇、九江、萍乡、新余、赣州等设区市24个教育机构的儿童画、彩墨画、中国画、剪纸、手工等作品近2000件，经专家评选，从中选出优秀作品600余件展出。这是我省首次举办的表现江西民俗文化的儿童作品展览，少年儿童以天真浪漫的视角，稚拙生动的画笔，诠释了对江西民俗文化的传承与理解。此次展览，为少年儿童从小了解中华民族的传统艺术，深入感受家乡丰富多彩的优秀文化遗产，增强民族自豪感和责任感，提高文化鉴别能力，培养热爱家乡的美好情操，弘扬江西民族文化，养成传承传统文化的习惯提供了良好契机。

江西省副省长谢茹，省文化厅厅长郜海镭、副厅长王晓庆，省妇联主席潘玉兰、副主席黄海燕、副巡视员蔡力群、陈固，江西师大党委书记陈绵水、中国美术家协会少儿艺委会学术研究中心执行主任陈发奎、副主任刘凯祥，华东校外教育专家委员会主任张瑞香和福建、江西的几千名师生参观了展览。对孩子们的生花妙笔表示了极高的赞誉。

这一幅幅童心四溢的艺术作品传递着孩子们丰富的思考，每一幅佳作都摇曳着孩子们绚丽的童心，每一笔色彩都蕴涵着小艺术家们热爱自然、热爱家乡的美好情怀。江西省少年儿童“秀美江西”民俗美术、摄影作品展，宛若春蕾，在我们热情的目光中灿烂绽放。这是梦开始的地方，是孩子放飞心灵的舞台，生命在传承中欢唱，让我们在这心灵的画卷中，感受艺术的震颤，体会历史的悠扬。

展览内容分为“红色飘扬、绿色崛起、古艺传承”三大板块。

红色飘扬，薪火相传

江西具有光荣的革命传统，是革命老区。井冈山是中国革命的摇篮，南昌是中国人民解放军的诞生地，瑞金是苏维埃中央政府成立的地方，安源是中国工人运动的策源地。在这块红色的土地上，拥有丰富的革命传统教育资源。孩子用自己手中的画笔，描绘了一幅幅生动的革命历史场景，井冈山峥嵘岁月、十送红军、抗击侵略者、红旗飘扬等大型创作品都在展览中展出。在红色飘扬的旗帜下，革命精神薪火不熄、代代相传。

绿色崛起，放飞梦想

江西生态环境良好、山川秀丽，富有“鱼米之乡”的美誉。全省有1处世界文化遗产、2处世界地质公园、11个国家级风景名胜区、8个国家级自然保护区、43个国家级森林公园，全国最大的淡水湖鄱阳湖，全省森林覆盖率超过60%，居全国前列。江西拥有全国一流的水质、一流的空气、一流的生态、一流的人居环境。得天独厚的自然文化景观更加需要开展培养少年儿童对生态环境的认识

和保护的教育，使他们对生态环境的认识从自愿、自律、自觉进而成为自然行动。

展览中的美妙画面，动人的摄影作品都表现出孩子对家乡土地的热爱，对美好自然的歌颂。绿色的江西在崛起，少年儿童们在家乡这片热土之上放飞自己的梦想，添上一份建设的新动力。

古艺传承，生生不息

江西有着悠久深厚灿烂的古文化，“物华天宝，人杰地灵”是江西的写照。江西有千年瓷都景德镇、江南三大名楼之首滕王阁、中国最美的乡村婺源、中国四大书院之首白鹿洞书院；还是东晋著名文学家、田园诗的鼻祖陶渊明，唐宋八大家欧阳修、曾巩、王安石，民族英雄、爱国诗人文天祥，戏曲家汤显祖等历史名人的故里。孩子生动地描绘极富江西地域特色的民俗文化：庙会、耍龙灯、闹元宵、放风筝、古老的傩文化、赣南的客家风情等等。少年儿童的对民俗文化的热爱，承续历史发展，使我们的民族文化源远流长，生生不息。

书画院

江西省八大山人画院揭幕展开展 近百幅名作展出

2012年11月3日，江西省八大山人画院揭幕展在前湖迎宾馆赣江厅盛大开幕。共有近百幅全国知名书画家的作品在此展出，江西省人民政府副省长朱虹等领导出席画展，并为画展揭幕剪彩。

在画展中，漆伯麟、游新民、方学晓、段帆、汪天行、周京山、林峰、方学良、张鑫、范坚“江西十杰”的作品一一在展厅中陈列为市民免费展出。并有“水墨磅礴——江西当代书画十杰精品特展”同时展出，这是继江西省推出“黄秋园、彭友善、杨石朗、陶博吾、胡献雅、梁邦楚、燕鸣、梁书、龚槐陂、胡定元“江西书画十老”后，倾心打造的又一书画品牌，推出的“江西十杰”都是目前活跃在江西省书画创作一线、具有全国知名度的书画家。打造“江西十杰”书画品牌，目的就是继承和弘扬江西画派优良传统，树立和打造江西画坛领军人物，进一步扩大江西画派在全国的影响，重塑江西美术界新形象，再创江西美术新辉煌。

此次画展由江西省文联、中共江西省委外宣办主办，江西省八大山人画院承办。

第一届江西省艺术院校师生国画大赛作品展

为了推动江西省艺术院校师生的美术创作激情、鼓励艺术院校师生在江西美术界所做出的贡献，历经两个月筹备、征稿和评比的第一届江西省艺术院校师生国画大赛作品展16日开幕，此次大赛共评出入围作品70幅，其中学生组有57幅作品入围，教师组有13幅作品入围。所有入围作品在2012年6月16—20日在江西省八大山人画院展出。

大赛组织了江西省7位著名画家、美术评论家、美术教授，对所征集的全省26所艺术院校148名师生的370幅参赛作品，进行了分组评选。其中，江西师范大学刘文辉老师、江西师范大学尚莹辉老师和南昌大学王凯老师，分别获得教师组金奖、银奖和铜奖。江西师范大学陈晓燕、南昌大学余楚和江西师范大学王依琦分别获得学生组一等奖、二等奖和三等奖。江西科技师范大学学生贺毅萍获得江西省八大山人画院院长特别奖。大赛还评出16名学生获得学生组优秀作品奖。

江西省八大山人画院的建立，旨在搭建江西书画界高端艺术平台，聚集江西书画名家，传承“八大山人”写意画风。主办方透露，展出期间，还由观众投票选出大赛的教师组、学生组人气奖各一名。颁奖大会于6月20日在江西八大山人画院（南昌市青云谱区何坊西路336号）举行，并现场揭开有“中国书画奥斯卡”之称的“八大山人”奖杯神秘面纱。

美术家协会

江西省第十四届版画展在南昌举行

2012年12月31日，由江西省文联、江西省美协主办的江西省第十四届版画展在江西省文联艺术展览中心开幕，此次展览共展出百余幅江西省优秀版画作品，并特邀全国著名版画家参加展览。

全省版画创作研讨会及研修班，自2012年10月举行以来得到了全省版画创作者们的热烈响应，活动进一步提高了江西版画创作者的创作意识与审美修养。此次展览总结了全省版画创作研讨会及研修班的学习成果，并对江西版画发展起到了承前启后的作用。组委会共收到全省200余件美术作品，经过认真评审，遴选出102件优秀作品展出，并邀请全国著名版画家共30余幅作品参加展览。

第七届江西省青年美术作品展览26—30日亮相省文联

为发现美术新人，壮大美术队伍，进一步推动美术创作的繁荣和发展，江西省文联、江西省美协于2012年6月举办“第七届江西省青年美术作品展览”。

此次参展作品须是近两年创作的思想内容健康的作品。作品种类包括国画、油画、版画、雕塑、水彩粉画、壁画等，在省文联艺术展览中心举行展览。

江西省青年美术作品展览是全省权威性、综合性的大展，每两年举办一次。省美协邀请了江西省著名美术家组成评委会进行评奖。作品将评选出一、二、三等奖及优秀奖，颁发由江西省文联、江西省美协盖章的获奖和入选证书。优秀作品刊登在《江西美术》杂志上。

江西油画十年大展涵盖老中青三代艺术家作品

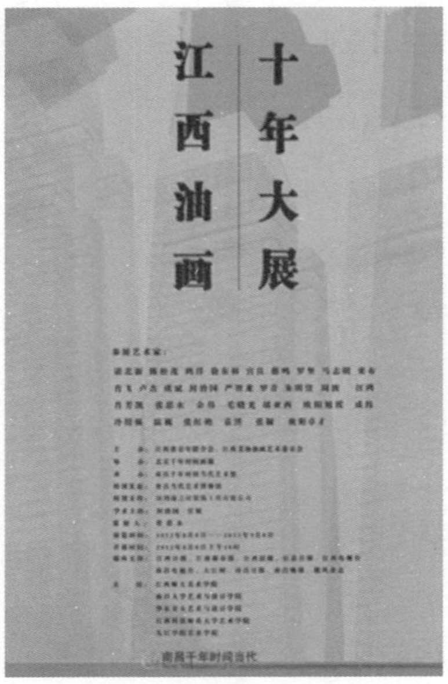

2012年8月8日，“江西油画十年大展”在南昌千年时间当代艺术馆开幕，这次展览共展出了31位艺术家的近40幅作品，涵盖了江西老中青三代油画家，其中，原籍为南昌的著名油画家谌北新是第一次拿出作品与家乡人民见面。

此次活动由江西省青年联合会、江西美协油画艺术委员会联合主办，共有31位艺术家参展，其中包括谌北新、宫良、徐东林、马志明等。

策展人张思永表示，这次参展的艺术家，涵盖了江西老中青三代艺术家，虽然不少艺术家最具代表性的力作没有得以展示，但是基本呈现了江西油画家近十年来各自的努力方向，也基本呈现了江西油画的整体面貌，是对江西油画和油画家创作现状的一次文献性的梳理。

在画家马志明看来，江西油画界的老中青三代一直都在互相支持，“20世纪60年代出生的一批人，在现代绘画的教学上，已经有了一整套自己的理论，有了完整的教学方案。正是因为高校里的这种现代绘画教学气氛逐渐浓厚，有了老年、中年画家的支持，江西的一些新生代画家在这几年开始涌现出来，他们的思维和处理手法都更加开放大胆，艺术的嗅觉也更加敏锐”。

在参展艺术家封治国看来，之所以选择2012年举办“江西油画十年大展”，是因为2012年距离江西油画在全国舞台集体亮相，已经整整十年了。

参加画展的艺术家普遍认为，过去的十年对于江西油画来说，是一个走出光环和定势的十年。“艺术家们开始试图扭转那种殖民化的审美。”马志明如是说。

江西绘画曾经在80年代中后期的第六届、第七届全国美展上取得了非常辉煌的成绩，但是清醒的艺术家们也看到了其中的问题：“大多作品都是偏主题性、写实性、叙事性、故事性的‘大一统’，手法也比较单一。”江西艺术家徐东林曾在采访中这样表达他对参加第六届美展作品的看法。

封治国在本次展览的前言中也写道：“如果说第六届全国美展江西所取得的辉煌，是单一思维、单一格局下的体质产物，那么江西油画近年来的进步，则是艺术思维不断拓展，在多元并存良性轨道中健康发展的必然结果。我们既有艺术家认真回溯欧洲油画传统，在写实语境中寻找历史与现实的交汇，也有艺术家高扬写意精神，探索油画的中国文化特质，同时也不乏艺术家在更为开放的视野中，以掘进的姿态寻求当代的语义表达。”

马志明表示，近十年来，江西油画的新生代也逐渐成长起来，“这是思维更加敏锐的一代，也是更加大胆的一代，但是他们还是面临着生存的问题，这和江西的艺术品市场有关，希望社会各个层面都能给予这些新生代一些支持，支持他们，就是支持江西艺术的未来”。

“江西油画的发展很艰难，但是有一批非常有热情、有毅力的艺术家在默默耕耘。过去的十年，经过大家的努力，取得了很大的成功，在艺术上也更多元，思维也更开放了。这十年间，江西油画出现了很多探索性和研究性的作品。”南昌大学美术教授罗坚说。

罗坚表示，此次“江西油画十年大展”的创意很好，“这是对江西油画十年发展的一个回顾，借着这个机会，也可以对今后江西油画的发展进行反思”。

第四届中国书法兰亭奖看稿会在南昌举办

2012年10月22日，江西省书协在省文联三楼举办中国书法兰亭奖看稿会，省文联书记汪天行出席看稿会，会议由省书协主席毛国典主持。共有来自全省30余位中国书协会员参加了此次看稿会。

中国书法兰亭奖是中共中央宣传部批准，中国文联和中国书法家协会联合主办的全国综合性书法专业奖项，与中国戏曲梅花奖、中国电影金鸡奖、中国电视金鹰奖一样，都是艺术门类的最高奖，是授予在书法艺术创作、理论研究、书法教育、编辑出版等领域有重大成就和突出贡献的书法家、书法理论家、书法教育家和书法工作者的最高奖项和最高荣誉。

此次看稿会上省书协主席毛国典对于参加兰亭奖作者作品进行了细致的点评，针对不同书体，不同的书写风格，都给予了建设性的意见和建议，省文联书记汪天行也在看稿会上鼓励参加兰亭奖的书法作者，要敢于冲击书法最高荣誉，为江西书法争光添彩。

江西省在第三届中国书法兰亭奖中有18人入展获奖，取得了中国书法兰亭奖设置以来最好的成绩，对于举办的第四届中国书法兰亭奖，省书协做了大量的准备工作，近一年来，书协以各种形式开办了大小培训近10余次，举办省展、省际交流展13次，这些活动既培养了大量书法人才，又为在今后的全国大展中取得好成绩奠定了厚实的基础。

十大名家精品联展圆满落下帷幕

2012年11月18日至12月2日，由江西省文联主办的“喜庆十八大——紫金城艺术委员会十大名家精品联展”在南昌紫金城艺术中心举行。副省长朱虹、省政协副主席汤建人出席开幕式并为展览剪彩。

此次联展共展出汪天行、杨金星、游新民、石大法、方学晓、王迎春、周京山、范坚、林峰、刘扬等10位江西省书画名家的近百幅精品力作。这些作品题材丰富，风格多样，有秀润清雅、高峻伟岸的山水画；有独树一帜、朴茂深邃的界画；有风格迥异的人物画和写意花鸟画；还有挺秀清逸、自然洒脱的书法精品。

作为省文联迎庆党的十八大系列文化献礼活动之一，展览的成功举办，既体现了江西书画家深厚的艺术造诣和高超的创作水准，更展现了江西文化的自觉、自信、自强，是一次城市与文化和谐交融的盛宴。

山东省

美术院校

山东大学首届海内外校友书画展在京举行

2012年12月8日，为庆祝党的十八大胜利召开，庆贺山东大学建校111周年及山东大学北京校友会成立30周年，山东大学首届海内外校友书画展在北京举行。山东大学北京校友会会长、财政部原部长项怀诚出席开幕式并讲话。山东大学党委书记李守信和校长徐显明分别为展览题词表示祝贺。

文化部副部长王文章，宁夏回族自治区政府原副主席、国家税务总局原副局长程发光，中国文联原副主席李准，国务院防范办副主任徐海斌，中华全国总工会副主席、党组副书记张龙之，国有重点大型企业监事会主席寻寰中，中纪委驻国家安监总局纪检组组长赵惠令，人民日报原副总编谢宏，文化部中国东方文化研究会会长袁守启等出席开幕式。山东大学副校长张永兵代表学校致贺词。

项怀诚在讲话中表达了山大校友庆祝党的十八大胜利召开和母校111周年华诞及北京校友会成立30周年的喜悦心情，表示作为山大校友要继承母校优良传统，为繁荣中华文化做出山大学子的贡献。张永兵介绍了学校在广大校友的关心支持下向建设世界一流大学的目标迈进的各项举措，希望以这次校友书画展览活动为契机，带动各地校友会组织开展更多的校友文化活动，充分展现山大学子的风采，进一步提高母校社会影响力。

此届书画展以“庆祝十八大，弘扬传统文化，传承山大精神”作为活动主题。参展作品艺术功底深厚，饱蘸对母校的深情厚意，彰显了山东大学的历史文化底蕴，展现出山大学子的超凡艺术才华。这是山东大学校友的一次文化盛会，也是山东大学校友为社会带来的一次书画艺术盛宴。展览展出了中共中央政治局委员、全国人大副委员长李建国，项怀诚，王文章，原全国人大常委、中共第十四、十五届中央候补委员（2001年9月递补为中央委员）、中国科技大学原党委书记、安徽校友会会长汤洪高，原人力资源和社会保障部副部长、国家外国专家局局长、党组书记季允石，山西校友会会长张鸿文，以及山东大学威海校友会会长单国防、书画研究院院长王培元、文学院徐超教授等在校教职工的书法绘画作品150余幅。国学大师季羡林和书法大师蒋维松、启功的遗作让大家再次感受大师的艺术魅力。

此次书画展由山东大学校友会和山大北京校友会主办，山大北京校友会艺术与收藏委员会承办。在北京展出后，展览还将在济南、烟台和青岛等地巡回展出。北京校友会监事长、华龄出版社原社长丁洪章，北京校友会副会长于新年、副会长兼秘书长周建民、艺术与收藏委员会秘书长唐建，大连校友会常务副秘书长李雪竹，山东大学合作发展部部长王飞、校友会秘书长刘学祥及各地各界校友100余人参加开幕式并参观了展览。

岛城春来早——沈光伟国画精品展

2012年4月28日至5月2日，由山东省文学艺术界联合会、山东省美术家协会、山东艺术学院、青岛市文学艺术界联合会、青岛市美术家协会、青岛市北区特色街管委办、青岛旭峰新锐文化传播有限公司主办，青岛市美术馆、青岛文化街商会、旭峰画廊承办的“岛城春来早——沈光伟国画精品展”在青岛美术馆隆重开幕。

此次展出沈光伟的50余幅精品中，“高山杜鹃”系列极富代表性和经典性，尤为让人关注。“高山杜鹃”系列尺寸都是八平尺，虽是统一的题材，统一的色调，但画的是不同状态下的高山杜鹃，展现其旺盛的生命力，同时展示出在特殊环境条件下的各种意境。

沈光伟 ，1950年出生于山东潍坊，现为山东艺术学院教授、硕士研究生导师，中国美术家协会会员，山东美术家协会理事，山东画院艺委会副主任。他的作品先后入选“当代中国画展”（中国美协主办，银奖）、“全国花鸟画展”（中国美协主办，佳作奖）、“中国当代花鸟画邀请展”（中国美协主办，成就奖）、“第八届全国美展”（文化部、中国美协主办）、“全国著名花鸟画家作品展”（中国美协主办，特邀）、“东方之韵——当代中国画探索展”（中国画研究院主办，特邀）等全国大型美展。作品多次被中共中央办公厅、全国人大常委会办公厅、首都人民大会堂、中南海、中国人民革命军事博物馆、故宫博物院、中国画研究院、山东会堂陈列收藏。

沈光伟出版了《名家心得画梅》、荣宝斋《写意画范》、《中国花鸟画高等院校美术教材》、《沈光伟画集》、《走进画家沈光伟》、《当代名家沈光伟》等专著，编著《于希宁论艺术》、《于希宁诗草》、《于希宁画集》、《于希宁年表》等。

山艺设计学院举办“创意联结”海归教师作品展

2012年5月3日，由山东艺术学院设计学院主办的“创意联结”海归教师作品展开幕式在长清校区美术馆举行。山东艺术学院党委书记任运河，院长张志民，副院长刘大力、王力克、高启光及机关各处室领导、各二级学院领导、教授及师生200余人出席了开幕式。开幕式由设计学院副院长刘志强主持。

张志民院长首先致开幕词，他首先代表学校表示热烈的祝贺！向参加此次作品展的10位“海归”教师致以诚挚的问候！张志民院长指出，21世纪是开放的世纪，新的时代呼唤新的艺术气息。艺术需要国际讯息，也需要走国际化道路，但必须要注重传统教育和民族性教育。设计学院结合自身特色，举办“创意联结”海归教师作品展，用国际化视野的创作带动教师成长，以教师成长带动教育教学，促进了教师自身创作与教育教学质量的双提高、双丰收。“创意联结”是一次十分新颖的创意，也是一次十分有价值和意义的联结！

青年教师是艺术学院的明天和未来，你们的成长和成就是艺术学院希望所在！希望广大青年教师，在今后严格要求自己，以更辉煌的艺术成就谱写人生与学校事业的新篇章！

希望同学们以此次展览为契机，努力提高自身能力，努力成长为国家和民族的栋梁之才。

此次设计学院海归教师作品展，以“创意联结”为展览主题，是山东艺术学院刘键、谭青、董娅楠、万晓娣、董宇飞、张岚、张子晶、崔琰、张博晨、周策十位有着海归留学背景教师的艺术与设计作品展示。他们曾留学俄罗斯、英国、法国、澳大利亚、韩国，以新颖创新的设计艺术表现方式，联结国际化与本土化的设计理念，呈现传达了其独特的设计艺术理解。

“创意联结”海归教师，通过其亲身的海外体验，辨识其创意的艺术设计方向，展示了他们在海外留学的作品创造过程和艺术理念。他们的作品展示了不同设计领域的传达和创意，与时代风潮的结合，海归教师们通过自己的作品，诠释了联结创意的艺术，探索着当代创意艺术道路。

“创意联结”海归教师作品展以创意联结设计教学与实践，推动设计教育引入国际化的视野和交流，以及设计艺术理念的转化和提升。十位海归教师的艺术设计作品与他们的海外学习经历为设计学院开放型的教学模式注入了新的活力。

设计学院教师张博晨代表设计学院的10位参展教师发言，10位教师留学于不同的国家，不同的文化和艺术背景让大家有着不同的艺术气质和创作理念，此次展览是一次艺术的交流与汇报，也是一次专业的检阅与鞭策。

“赵紫林国画展” 展示地方美术家的大写意花鸟世界

2012年12月29日，由山东艺术学院、山东省美术家协会、滨州市政协、滨州市委宣传部共同主办的“赵紫林国画展”在中国美术馆开幕。展览开幕式由《美术》杂志执行主编尚辉主持，中国美术家协会理论委员会主任、中央美术学院教授邵大箴，中国美协编审、《美术》杂志原主编夏硕琦，人民美术出版总社社长汪家明，山东艺术学院院长、山东省美术家协会副主席刘玉泉等嘉宾出席了展览开幕式。汪家明、刘玉泉、邵大箴分别作展览致辞。

赵紫林，1961年毕业于山东艺术学院美术系，曾任山东省北镇中学高级美术教师，滨州教育学院美术系主任。作为一名地方美术教育工作者，在近半个世纪里培养了大批优秀美术人才，可谓桃李满园。执教同时，赵紫林潜心研究美术理论和美术创作，涉猎广泛，后主攻写意中国画。他的大写意花鸟画，既不是学院派式的，甚至也不纯粹是传统文人画式的，而是绽放于广袤乡间的素朴的田园绘式，仿佛穿越了传统文化的断裂带而较为完整地呈现了花鸟画原生的中国文化观。

此次展览共展出赵紫林的花鸟作品共计60余幅。这些作品诠释了赵紫林对中国花鸟画“写意”的参悟和理解，在这些作品中，“写”是主导，“意”是灵魂，笔无妄下，形无虚设。展览作品涉猎的题材很广泛，乡间水畔，山花野卉，自然界的动植静皆赋予新的生活气息，威猛霸悍的苍鹰、迎风疾飞的翠鸟、洄环穿行的鲶鱼、傲视八面的雄鸡，均得笔墨酣畅、形神兼备、神完意足之境界。

书画院

山东书画家走进郓城送文化下乡

为迎接党的十八大胜利召开、促进社会主义新农村文化建设，2012年8月19—20日，由山东省文化厅组织，副厅长李宗伟带队，山东画院院长孔维克、书记张鹏举、省美术馆副馆长王建国及著名画家张宏伟、刘胜军、徐永生、韩菊声、王磐德、周群、张民生、徐康、王竞艺、李晓光、樊磊等一同来到菏泽郓城农村为农民朋友写字作画、现场写生，受到了当地村民的热情欢迎。

刘楼村地处郓城偏远的黄集乡，是当地经济欠发达地区，也是省文化厅对口的帮包村之一。这次借省文化厅帮包村道路通车暨文化中心建设启动仪式之际，组织了此次活动。仪式结束，画家们冒着高温酷暑，在村小学的院子里，摆开课桌，为村民们现场创作、辅导当地儿童作画，并于第二天为农民朋友进行现场写生。村民们像过节一样兴高采烈，并且表演了丰富多彩的民俗节目。他们围绕在画家们周围，烈日下，画家们认真地写着、画着，全然不顾满脸的汗水和湿透的衣衫，把对农民的热爱、关怀与祝福通过自己的画笔，尽情地表达出来。

这次送文化下乡活动让乡村老百姓零距离地一睹书画家挥毫的风采，了解了中华传统国粹，丰富了农民精神文化生活，为促进农村文化发展与建设将起到重要作用。

足迹·手迹·心迹烟台现代画院大篷车艺术采风作品展在济开幕

2012年9月20日，“足迹·手迹·心迹”烟台现代画院大篷车艺术采风作品展开幕式在山东美术馆举行。山东画院院长孔维克，山东画院书记、副院长张鹏举出席开幕式，孔院长并作讲话。

此次展览由烟台市委宣传部、山东画院、山东美术家协会、烟台市文联、烟台市文广新局主办，烟台现代画院、烟台市美术家协会承办。

烟台现代画院自1988年成立以来，在毛泽东同志《在延安文艺座谈会上的讲话》精神的指引下，始终坚持“艺术源于生活，反映生活”的原则，向生活学习，向现实案取素材，创作出一大批人民喜闻乐见的优秀作品。

他们以“大篷车艺术采风”的形式，八次走入山东、江苏、浙江、安徽、山西、陕西、湖南、江西等省的30多个县、市、村镇，行程三万多公里，写生作品5000余件，极大地丰富并开阔了他们的创作视野。特别是两次红色之旅，赴延安、访韶山、登井冈，缅怀革命先烈的光辉业绩，他们从灵魂深处涌动激情，为时代放歌。

如今，艺术采风“大篷车”已经成为烟台的文化艺术品牌 。

展览共展出180 件写生作品，至9月23日结束。

齐鲁画风——迎接党的十八大山东中国画展在济举办

为迎接党的十八大隆重召开，向第十届艺术节倒计时一周年献礼，进一步促进推动形成“齐鲁画派”工作，由中共山东省委宣传部、省政协办公厅、省文化厅、省文联主办，省政协联谊书画院、山东画院、省图书馆、济宁圣城文化传媒集团承办，山东共享物资集团有限公司、济南泰艺腾辉装饰工程有限公司协办的“齐鲁画风——迎接党的十八大山东中国画展”2012年9月29日在省图书馆举办。省政协副主席陈光，济南军区空军副政委秦建辉，省委宣传部副部长、省文化厅党组书记、厅长、省推动形成“齐鲁画派”领导小组副主任徐向红，省委宣传部副部长、省推动形成“齐鲁画派”领导小组副主任刘为民，省文联党组书记、省推动形成“齐鲁画派”领导小组副主任于钦彦等领导出席开幕活动。

此次展览是山东省广大美术工作者坚持“二为”方向和“双百”方针，贴近实际、贴近生活、贴近群众，怀着饱满的艺术热情，积极投身时代，以笔言志、以画寄情，讴歌改革开放特别是党的十七大以来，山东政治、经济、文化建设的伟大成就，展现具有浓郁齐鲁文化特色和鲜明山东地域特色的自然田园风光，描绘山东新农村建设喜人成果和农民和美生活风貌，以实际行动为迎接党的十八大胜利召开奉献的一道艺术盛宴。

展览展出的100余幅作品，都是山东省广大美术工作者近年来创作的精品力作。作品共分三大类：一是表现蓝黄战略经济区和山东省大生产、大建设的主题性创作；二是展现山东省生产建设第一线的工作场面和一线劳动者的肖像的写生创作；三是描绘山东省新农村建设、农民新生活和抒情写意的山水花鸟画 。

除艺术作品展示外，还同时配上作者创作时的感悟及所反映事件、人物的文献资料，立体地展示这个火热的时代的剪影及画面背后的故事。

齐鲁画风——庆祝党的十八大胜利召开

美丽山东中国画晋京展在全国政协礼堂举办

为庆祝党的十八大胜利召开，深入学习贯彻党的十八大精神，进一步促进推动形成“齐鲁画派”工作，由山东省政协、省委宣传部、省文化厅、省文联主办，山东画院等单位承办的“齐鲁画风——庆祝党的十八大胜利召开美丽山东中国画晋京展”于2012年12月17日在全国政协礼堂隆重开幕。

全国人大常委会副委员长周铁农，全国政协副主席、中国文联主席孙家正莅临开幕式现场，山东省政协副主席赵玉兰，中国美协副主席、中国国家画院院长杨晓阳分别致辞，中共山东省委宣传部副部长、省文化厅党组书记、厅长徐向红主持了开幕仪式。全国政协机关党组书记、副秘书长孙怀山，中国文联副主席李牧，中编办原副主任、中国行政管理学会会长王澜明，中国美协分党组书记、常务副主席吴长江，中共山东省委宣传部副部长刘为民，山东省政协副秘书长、办公厅主任王砚玉，山东省文联党组书记于钦彦，中国国家画院常务副院长卢禹舜，中国美协原副秘书长李荣海，人民美术出版社总编林阳，山东省文联副主席、山东画院院长孔维克，山东省文化厅办公室主任王廷琦，山东画院书记、副院长张鹏举等领导及京鲁两地画家、新闻媒体等共200余人参加了开幕式活动 。

展览的大型画集同时首发，山东卫视在当天的新闻联播中给予重点报道，中央台综合频道及全国40余家媒体纷纷报道了展览盛况。《中国艺术报》、《中国文化报》、《中国书画报》、《美术报》均提前各发了两个专版隆重推出。

展览期间，中国美协主席刘大为、中国书协副主席王家新、西藏自治区美协主席韩书力等著名画家以及首都各界知名人士、北京高校学生陆续前来参观。

展览是山东广大美术工作者坚持“二为”方向和“双百”方针，贴近实际、贴近生活、贴近群众，怀着饱满的艺术热情，积极投身时代，以笔言志、以画寄情，讴歌改革开放特别是党的十七大以来，山东政治、经济、文化建设的伟大成就，展现具有浓郁齐鲁文化特色和鲜明山东地域特色的自然田园风光，描绘山东新农村建设喜人成果和农民和美生活风貌，以实际行动庆祝党的十八大胜利召开奉献的一道艺术盛宴。

展览展出的100余幅作品，都是山东广大美术工作者近年来创作的精品力作。作品共分三大类：一是表现蓝黄战略经济区和山东省大生产、大建设的主题性创作；二是展现山东省生产建设第一线工作场面和一线劳动者肖像的写生创作；三是描绘我省新农村建设、农民新生活和抒情写意的山水花鸟画。除艺术作品展示外，还特别设置了“画家眼中的美丽山东，作品背后的生动故事”板块，展示作者创作时的感悟及所反映事件、人物的文献资料，立体地展现这个火热时代的剪影和画面背后的故事 。

山东省美术家协会2012年工作会议在潍坊召开

2012年2月28—29日，山东省美术家协会2012年工作会议在潍坊召开。山东省文联党组书记于钦彦，山东省文联副主席、省美协主席、山东艺术学院院长张志民，山东省文联副主席、省美协副主席杨枫，山东省美协驻会副主席朱全增，潍坊市委宣传部常务副部长丁汉邦，潍坊市文联主席孙淑芳等领导同志出席会议。山东省美协主席团成员、副秘书长、各市(大企业)美协负责人及各高校美术院（系）联络员参加了会议。会议由张志民主持。会议召开之前，潍坊市委常委、宣传部长初宝杰为与会代表举行了隆重的欢迎仪式。

会上，潍坊市委宣传部常务副部长丁汉邦作了致辞，对各位代表莅临潍坊参加全省美术工作会议表示欢迎。于钦彦同志作了重要讲话，号召全省美术工作者及广大文艺工作者，认真学习贯彻党的十七届六中全会和全国九次文代会精神，按照中共山东省委九届十三次全会关于大力发展文化事业和文化产业的部署要求，开拓创新，扎实工作，创作更多更优秀的文艺作品，以优异成绩向党的十八大献礼，为山东省经济文化强省建设作出积极贡献。

朱全增同志作了《务实创新，开拓奋进，推动山东美术事业大繁荣大发展》的工作报告，全面总结回顾了2011年山东美术工作，并对2012年工作作了安排部署。潍坊、烟台、枣庄市美协代表王居明、孙成河、张星斗在会上作了典型发言，介绍了详细工作经验。

最后，由省美协主席张志民同志作了会议总结讲话。他要求，全省广大美术工作者要牢牢把握正确的美术工作导向，创新思路，打造精品，进一步提升山东美术创作水平，彰显山东美术大省之风范。同时，要紧紧围绕人民群众对文化建设的新期待，精心组织开展文化下乡活动，全面提高人民群众的欣赏水平和审美能力，真正让人民群众共享艺术成果。

会议期间，还召开了“山东省美协主席团会议”，审批通过了2011年度省美协会员，同时会议还研究了省美协主席团委员、副秘书长及理事的增补事宜。经过认真研究讨论，会议一致通过张星斗、王居明、孙成刚、孙肖嘉增补为省美协主席团委员，林文刚、尹沂明、高月峰增补为省美协副秘书长，张德娜、冯聚成、任勤斌、王沂春、路军增补为省美协理事。

第十六届山东美术新人新作展

2012年9月5日，作为第五届山东国际大众艺术节重要系列活动之一的“第十六届山东美术新人新作展”在山东省图书馆隆重开幕。省文联巡视员丁殿广，省文联副主席、省美协副主席杨枫，省文联副主席、省报告文学学会会长孙梽文，省美协副主席于新生，省美协主席团委员刘青砚、何乃磊、李平，章丘市委宣传部常务副部长、市文联主席孟昭顺等领导同志出席开幕式。开幕式由省美协常务副主席朱全增主持。

“山东美术新人新作展”是山东美协推出和培养美术人才的重要品牌活动。该项活动自1990年创办以来，秉承“扶持新人，推出新作”的宗旨，发现和培养了大批美术人才。历年参展的不少新人，已经成长为山东乃至全国美术界的实力中坚，在全国比赛和展览中摘金夺银、屡创佳绩，为山东美术事业增添了光彩，赢得了荣誉。为进一步鼓励探索创新，积极倡导创作的多样性和学术性，正确引导山东美术界的学术走向，山东省美协在认真总结以往成功经验的基础上，组织举办“第十六届山东美术新人新作展”。

“第十六届山东美术新人新作展”通过明确的主旨导向，坚持“二为”方向和“双百”方针为指导，尊重艺术发展规律，把握时代性、学术性、多元性、创新性原则，大力弘扬健康向上的主流思想，唱响代表时代发展方向、体现社会进步的主旋律，培养青年美术家的社会责任感和历史使命感，鼓励青年美术家们追求艺术创新，创作更多更优秀的精品佳作。此次活动以发现和培养美术新人为着力点，全力以赴搭建属于青年美术家提升自己的艺术舞台，通过常态化的精品展览，力争培养一批、成熟一批、发现一批、带动一批，以此来引领全省青年美术家乃至整个美术界总体学术水平的提升，切实为山东美术事业、文化事业的发展积蓄力量。

此次活动自今年2月启动征稿以来，得到全省广大美术家的广泛关注和热情参与，收到来稿2000余件。为确保评选工作的公平、公正，省美协邀请省内著名美术专家组成评委会，进行了初评和终评，共评选出优秀入选作品近400件。此次入选作品不仅题材广泛，内容丰富，形式多样，而且作品立意新颖、品位高雅，是一批思想性、艺术性和欣赏性俱佳的优秀美术作品。其中，既有对传统技法的继承发扬，也有对新形式、新技法、新材料的探索实践。总之，山东美术界正呈现出一派朝气蓬勃、人才辈出、佳作纷呈的喜人局面。

第四届齐鲁风情油画展举行

2012年9月14日，由山东省文联、山东省美协主办、山东省美协油画艺委会承办的“第五届山东国际大众艺术节——第四届齐鲁风情油画展”在山东博物馆开幕。

该展览是由山东省委宣传部、山东省文联主办的第五届山东国际大众艺术节美术展览项目之一。“齐鲁风情油画展”自2009年创办以来已成功举办了三届，已经逐步成为山东省美协和省美协油画艺委会的重要学术品牌展览。四年来，齐鲁风情油画展秉承“立足山东本土文化，讴歌齐鲁风土人情”的宗旨，推出了大量艺术性、学术性、思想性统一的油画佳作。专家评委会对参评的600余件作品评选后，最终选出了入展作品258件。

河南省

美术院校

河南大学举行“红烛业”明清师德师风笔墨珍藏展

2012年9月20日，河南大学百年校庆来临之际，中共河南省委政研室原巡视员刘本在，开封市委常委秘书长李留心，河南大学党委常务副书记梁晓夏、党委副书记王凌、副校长关学增及开封市邮政局等相关领导齐聚河南大学，出席百年校庆系列活动“红烛业”明清师德师风笔墨珍藏开幕式暨展览纪念封首发式。

此展览作品为明清时期学生的课艺作业、旧时先生批改过的作业卷和大量古代科考资料，反映出学生的整体水平和先生批改作业的细致与艰辛，体现了教师默默奉献、无怨无悔的“红烛”精神。

河南大学党委常务副书记梁晓夏介绍，河南大学作为科举制的终结地和近代教育的发端地，秉承“明德新民，至于至善”的校训和尊师育人的优良传统。为建校百年，该校还举办“师德论坛”、师德建设征文等系列活动，树立了全国、全省师德模范的典型，继承发扬了明清时期优良的师德师风。

庆祝河南大学建校100周年书画展

2012年9月24日，由河南大学校友画会主办，新乡校友会、河南大学艺术学院共同承办的“庆祝河南大学建校100周年书画展”在艺术学院大楼前隆重开幕，河南大学党委书记关爱和，河南大学常务副校长赵国祥，河南省美协副主席丁中一、王彦发、马岭，河南省书法院院长、省书协副主席李强等领导，部分兄弟院校及艺术学院领导出席了开幕式，开幕式由艺术学院党委副书记柯扬主持。

河南省书协副主席、艺术学院院长赵振乾致开幕辞，他说，此次展览，是河大校友、艺术学院全体师生精心地为母校百年华诞准备的一道亮丽的风景，一席精神文化盛宴。

此次展览共分三个部分，一是艺术学院馆藏书画作品展，计60余件；二是校友书画名家精品展，计100余件；三是艺术学院美术教师作品展，计100多件，三展联袂，规模空前，充分展示河南大学深厚的文化积淀，彰显了河南大学艺术教育与创作的实力。

“寄心闲远——李健强书画展”在河南博物院开展

书画院

2012年11月1日，“寄心闲远——李健强书画展”开幕式在河南博物院举行，河南省人大常委会副主任王菊梅，省政协副主席靳绥东，省文联主席、省美协主席马国强，省委宣传部副巡视员杜瑞明，省文化厅副厅长崔为工，省美协副主席、省书画院院长谢冰毅等领导以及近千名来宾参加开幕式。展出的157幅（件）李健强书画精品，向人们展示了他静谧高远、恬淡怡然的书风画意。

马国强在开幕式上说：“李健强在书法、绘画、篆刻等方面都达到了相当的高度，尤以书画见长，其艺术视野开阔，艺术修养全面，走出了一条既具当代审美感受，又以中国传统文化为要旨的学术之路，成为当今中国画坛不断探索人文精神与自然山水之美的代表性学者型画家，近几年已引起学界和藏界的广泛关注，在当今中青年画家群众中确立了卓尔不群的学术地位。”

“意象纯净、意境高远、技法独特、诗书画印俱佳，他已拥有了自己的绘画语言。”河南省书画院院长谢冰毅如此评价李健强的画作。

李健强在开幕式上说：“通观此次展览作品，离我心目中的意境尚有距离。我会在书画方面继续努力，我坚信：我不负山水，山水也不会负我。”

开幕式后，“李健强书画艺术研讨会”在河南博物院举行，与会的40多位领导、专家、学者对李健强的书画艺术做出了很高的评价。

“寄心闲远——李健强书画展”展期至11月 4日。

2012年 河南省美术家协会工作会议在济源召开

美术家协会

2012年4月5—8日，河南省美术家协会工作会议在济源市世纪酒店召开。河南省文联主席、省美协主席马国强，中共济源市委书记何雄，中共济源市委宣传部长李军星，省美协副主席李运江、王彦发、马岭、谢冰毅、化建国、李明、封曙光、李学峰、丁昆、程兆星、陈国桢，省美协顾问丁中一、刘建友以及省美协理事、各市美协及有关单位的负责同志70余人出席了会议，会议由河南省美协副主席兼秘书长刘杰主持。

中共济源市委书记何雄介绍了济源市的自然风光、风土人情以及经济文化发展情况。省文联主席、省美协主席马国强代表河南省文联、省美协向济源市委、市政府对此次会议的精心周到的安排表示衷心感谢，同时对美术家们在百忙中能抽时间参会表示感谢，对省美协2011的工作给予了充分肯定，对省美协2012年的工作提出了更高的要求，最后希望大家在新的一年中不仅自己把画画好，也要带领全省的美术工作者作出新的成绩。

河南省美协副主席兼秘书长刘杰做了2011年工作总结，总结得到了大家的好评。省美协副主席谢冰毅作了2012年的工作部署。在2012年里，河南省美协将举办“中原行——中国当代著名画家采风写生活动”、“全国第三届中国画线描艺术展”等一系列大型活动，全国美术界的目光聚焦河南。

河南省美协各艺委会主任也分别进行了发言，总结了2011年的工作成绩，介绍了2012年工作计划。在随后举行的座谈会上，来自全省各地美协、院校负责人先后发言，汇报一年来的工作业绩和来年的工作计划，并就当前美术界的一些重要话题展开热烈的讨论。随后与会代表还在王屋山小沟背风景区进行了写生采风活动。

展览展示

中国当代著名画家中原行作品展在河南省美术馆开幕

2012年10月26日，中国当代著名画家中原行作品展在河南省美术馆开幕。此次展览由中国文学艺术界联合会、中国美术家协会、中国国家画院、中共河南省委宣传部、河南省文学艺术界联合会、河南省文化厅主办。省人大副主任刘新民、河南省副省长张广智、中共河南省委宣传部副部长李庚香、河南省文化厅厅长杨丽萍、河南省文化厅正厅级巡视员董文建、河南省文化厅副厅级巡视员王天虹、河南省文联主席吴长忠、河南省美术家协会主席马国强等嘉宾为展览剪彩。

2012年5月11日，由中国文联、中国美术家协会、中国国家画院、中共河南省委宣传部、河南省文联共同举办的“中国当代著名画家中原行大型采风写生活动”在郑州启动，来自全国的120多位著名画家及河南的部分画家参加了启动仪式。之后，包括中国美协名誉主席靳尚谊，中国文联副主席、中国美协主席刘大为等在内的100多位全国著名画家分三路开赴河南地区进行采风、写生、创作。此项采风活动于迎接党的十八大胜利召开和纪念毛泽东同志《在延安文艺座谈会上的讲话》发表70周年之际开展，具有重大意义，是中国文联“走基层、转作风、改文风”活动的重要内容之一，也是河南以切实行动喜迎党的十八大、纪念毛泽东同志《在延安文艺座谈会上的讲话》发表70周年之重要举措。历经四个月时间，艺术家们的采风成果终于与观众见面。中国当代著名画家中原行作品展先于9月12日在北京中国国家博物馆开幕。展览受到首都群众的热烈欢迎，开幕首日便接待观众近5000人。期间，中共中央政治局常委李长春来到北京中国国家博物馆观看了此展览，中宣部副部长翟卫华、文化部部长蔡武、中国文联党组书记赵实等陪同观看。李长春对展览给予了极高评价并在观看过程中不时透露出对河南的关怀和对中原人民的深切感情。

现今展览回到河南，既是对河南人民的活动成果之汇报，又给河南人民带来了一场亲切又精彩的视觉盛宴。这次展览共展出包括国画、油画、版画、水彩等愈200幅精美力作，其中省外画家作品131件，河南省画家作品92件。作品或表现河南自然风光，如太行山、伏牛山；或表现中原人文景观，如少林寺、龙门石窟。既有焦裕禄、史来贺这样的熟悉人物跃然纸上，又有辛勤耕种的农民、艰苦劳作的旷工这样平凡而又伟大的形象出现在观众面前。作品均是画家通过实地采风、感受自然、感受人文，经过自己的思索、沉淀、凝练，最后创作出的具有鲜明中原特色的，代表中原传统文化的艺术作品。此次画展实属一个参加画家人数多、名气大、水平高的大型艺术展览。

展览第二日，河南省委书记卢展工在百忙之中抽出时间专程来河南省美术馆参观此次展览。在河南省文化厅厅长杨丽萍和河南省美术家协会主席马国强等人的陪同下，卢书记认真地观看了每一幅作品，并不时与大家进行艺术上的交流。卢书记对此次展览的高度热情感染了在展厅里的众多观众，还以亲切幽默的语言与观众进行对话，使整个展厅洋溢着热闹的气氛。所有作品观看完后，卢书记对此次展览给予了相当高的评价，称此次展览是凝聚着“根”、“魂”、“力”、“效”，体现着“精”、“气”、“神”、“情”的高品质、高规格的艺术展览，这也是艺术家创作的最高境界，更是宣传河南、推动中原经济区文化建设的精品力作。最后，卢书记对河南省美术馆给予更高的希望，希望把河南省美术馆打造成为全国知名度更高、影响更大的美术馆，希望这些描绘河南、赞美河南的艺术精品尽可能地留在河南、留给河南人民，作为河南人民的宝贵财富永久传承！卢书记对此也表示给予最大的支持！

全国第三届中国画线描艺术展在郑州举办

2012年12月27日由中国美术家协会、河南省文联主办，河南省美术家协会、河南省华夏美术馆承办的“全国第三届中国画线描艺术展”。在河南省美术馆隆重开幕。

中国美术家协会副秘书长张旭光，中共河南省委宣传部副部长李庚香，河南省文联主席、省美协主席马国强，中国美协展览部主任杜军，中共河南省委宣传部文艺处处长杨松璋，河南省文联副主席郑彦英；华北水利水电学院副书记石品，河南省美术家协会副主席谢冰毅、马岭、化建国、李明、李学峰、程兆星；河南省华夏美术馆副馆长朱红等嘉宾及来自全国各地的作者、美术爱好者500余人参加了开幕式！

开幕式由河南省美协副主席兼秘书长刘杰主持。

此次展览自2012年5月份征稿通知发出后得到了全国3000余位画家积极参与，经过层层筛选，最终评选出了入选作品185幅，优秀作品61幅。展出的作品中既有传统意义上的白描，也有融古典与现代为一炉的具有创新精神的新线描，可谓是百花齐放，各有千秋；此次展览是全国中国画线描艺术展在郑州举办的第三次展览，再一次聚会郑州集中展示我国近两年来中国画线描艺术取得的新成就。标志着这一拥有优秀传统的民族艺术样式以独立的现代绘画形式举办大展受到了美术界的极大关注，这次活动对推动当代中国画线描艺术的传承与拓展具有非常重要的意义。

此次展览是一次非常具有学术研讨价值和重要历史意义的展览。在评选和展览中，评委以弘扬中国画线描艺术为宗旨，强调保持中国画的传统精神，重视用线的传统，加强写意性，鼓励对中国画用线的探索与研究。从入选和获奖的作品看，这些作品既来源于生活，又继承了优秀的传统技法，同时又体现了当代画家立足开放的大好时代，勇于创新，大胆实践的时代特征，挖掘与拓展了中国画线描艺术的表现力和审美理念，推进了中国画线描艺术的发展。同时，参展作者中有不少是在画坛上崭露头角的新人，线描艺术的后继有人令人欣慰。

“全国第三届中国画线描艺术展”成功举办将进一步引起中国美术界和社会大众对线描艺术的关注，促进人们对中国传统绘画精神有更深刻的认识，从而推进中国画朝着更健康的方向发展，对中国画的创作必将带来积极而深远的影响。

此次画展河南作者入选28幅，获奖14幅；入选、获奖数均为全国第一。

中国当代著名画家中原行作品展在中国国家博物馆开幕

2012年9月12日，以“画河南”为主题的大型美术展览——中国当代著名画家中原行作品展在中国国家博物馆隆重开幕。

全国政协副主席、中国社科院院长陈奎元，全国政协副主席、中国文联主席孙家正，原中央政治局委员、军委副主席曹刚川，原全国政协副主席张思卿，中国人民解放军总政治部副主任贾廷安，中宣部文艺局局长汤恒，国家博物馆馆长吕章申等出席开幕式。河南省副省长张广智主持开幕式，中共河南省委常委、宣传部长张素萍，中国文联副主席冯远，国家画院院长杨晓阳先后致辞。

展览是中国文联“走基层、转作风、改文风”活动的主要内容之一，也是河南省迎接党的十八大胜利召开、建设中原经济区、打造华夏历史文明传承创新区的一项重要活动。展览由中国文联、中国美术家协会、中国国家画院、中共河南省委宣传部、河南省文联、河南省人民政府驻京办事处等共同主办 。

2012年5月，来自全国各地的近200位中国当代著名画家汇聚河南，赴河南各地采风写生，感受河南的厚重历史和灿烂文化。为了全面展示“中原行”采风活动创作成果，通过画家的画笔展现河南崭新风貌，更好地凝聚人心、鼓舞斗志，加快中原经济区建设，特举办此次大型采风写生画展。

此次展览也是新中国成立以来河南组织的规模最大、参与著名画家最多的以“画河南”为主题的大型美术展览，展览共展出国画、油画、版画、水彩作品130余幅，其中包括靳尚谊、刘大为、冯远、吴长江、杨晓阳等全国著名画家反映河南英模人物、自然风光、人文景观的精品力作。展览于开幕9月12日开放，展至9月23日 。

冯远代表中国文联、中国美协，赵素萍代表省委、省人大、省政府、省政协在开幕式上致辞。

冯远说，举办中国当代著名画家中原行作品展是中国文联等单位为党的十八大营造团结和谐、百花齐放的文化环境所做的一项重要工作，是广大美术家贯彻落实中国文联“走基层、转作风、改文风”活动的具体践行，也是以实际行动响应《国务院关于支持河南省加快建设中原经济区的指导意见》的一项重要举措。相信展览的成功举办，对于促进中国美术事业的繁荣发展，对于宣传和促进中原经济区建设、打造华夏历史文明传承创新区，必将起到积极的推动作用。衷心希望全国美术工作者坚持以人民为中心的创作导向，深入实际、深入生活、深入群众，以鲜活的艺术形象反映新时代，展现社会发展的新面貌，让艺术真正为人民服务，谱写出社会主义文化大发展大繁荣的辉煌篇章。

赵素萍说，文化优势是中原经济区建设的重要优势，文化建设也是中原经济区建设的重要内容。河南省委、省政府高度重视文化建设，坚持文化是根、文化是魂、文化是力、文化是效的文化发展理念，提出了敬畏文化、学习文化、振兴文化、服务文化的工作要求，充分发挥文化对建设中原经济区的强大推动作用，努力塑造昂扬向上的中原人文精神，不断推动具有中原特质的文化大发展大繁荣。相信这次活动的举办，必将进一步推动河南美术事业的繁荣发展，促进中原画风向中原画派的跨越。希望河南广大美术工作者，以这次活动的举办为契机，虚心向国内专家和同行学习，努力推出更多具有中原特色、中原气派、中原风格的精品力作，用美术来反映中华民族精神、弘扬中原文化，用美术来反映生活、表现民生，用美术来服务中原经济区建设、助力华夏历史文明传承创新区建设，以优异成绩迎接党的十八大胜利召开。

此次大型采风活动创作成果汇总的《中国当代著名画家中原行作品展作品集》一书也于当日推出。

河南省美术馆馆藏版画精品展

河南省美术馆隆重推出“重现——河南省美术馆馆藏版画精品展”。展览从2012年9月1日至12月1日在河南省美术馆展出

文化部2012年推出全国美术馆馆藏精品展出季活动，为展示河南省艺术创作的丰硕成果，河南美术馆撷取馆藏精品推出此次展览。入选的百余幅版画涵盖作为版画发端的开封木版年画；现代版画的新生力量——包括新兴木刻运动的领导者鲁迅先生与河南籍版画家刘岘的探索，以及河南省美术馆发掘整理的本土艺术家马基光、沙清泉的杰作。在展览开幕式后举行的“历史的图像”公共教育推广活动中，郑州市的小画家们和艺术家面对面，近距离领略木刻版画的艺术魅力。

湖北省

美术院校

湖北美术学院2012年教师作品展

2012年3月15日，湖北美术学院2012年教师作品展在藏龙岛校区A3油画系教学楼前隆重开幕。校党委书记刘刚，院长徐勇民，党委副书记官汉蒙，副院长陈孟昕、周向林、卢斌、许奋，纪委书记李四芬，院长助理刘方出席。学校相关部门负责人和教师代表参加开幕式。开幕式由副院长陈孟昕主持。

院长徐勇民致开幕词。他对此次教师作品展的开幕表示热烈祝贺。学校党委高度重视，此前多次召开专题工作会，广泛动员，周密部署。学校相关职能部门和各教学单位积极配合，全面推进，为展览的成功举办奠定了基础。此次展览中涌现的优秀作品在昙华林校区美术馆汇集展出，同时，学校还将出版专题画册记载教师们辛勤创作的丰硕成果。他希望，全校教师要以此次作品展为契机，以个人作品为载体，加强与学生的交流和近距离接触，以成功的作品和高尚的师德感染浸润学生，促其成长成人成才；要以丰富多彩的艺术表现形式，描绘校园和时代的多彩画面，以创作带动教育教学，带动学术、学风和学科建设，为打响学校学术品牌和知名度贡献力量。

油画系主任胡朝阳教授代表全体教师发言。他表示，此次教师作品展在美丽的汤逊湖畔藏龙岛校区开展，拉开了湖北美术学院教师作品展年展的序幕。湖美人正以艺术的笔触描绘着一个个妙趣横生的故事，并将学校92年来所积淀的厚重的文化底蕴和欣欣向荣的美术教育事业在藏龙岛这片清新的土壤里播种、发芽和结果。展览不仅让我们领会到传教的责任和义务，更警醒我们要潜心学术研究，多创作好作品，以德艺双馨的荣誉观和艺术家、教育家的良心来教书育人。

党委书记刘刚宣布展览开幕。

此次教师作品展为期半个月，汇聚了全校13个院系、共200余名教师精心创作的200多幅作品，是湖北美术学院举办展览中展场面积最大、展览种类最多的一次，是湖北美术学院教学主体迁入藏龙岛校区的首次大型的教师作品展，也是教师作品展由历届的双年展转变为年度展的首次尝试。

在艺术提升为新的学科门类的背景下，创作对于艺术院校而言被提到了新的高度，将教师作品展览常态化，意在鼓励和促进教师创作，大力倡导学校的学术建设，培植和形成良好的校园创作氛围，是学校贯彻落实中央提出的推进文化大发展大繁荣的重要举措和“喜迎十八大、争创新业绩”的具体实践。

1920—2012湖北省美术院美术馆馆藏精品展

2012年9月6日，我国20世纪著名的书画大师和书法篆刻巨匠齐白石先生的名作白菜和虾等已经世界闻名，但他那些从来没进入市场流通，甚至从没进入他个人作品收藏全集的作品却很少人能观赏到。“学院的视野：1920—2012湖北省美术院美术馆馆藏精品展”在湖北美术学院开展，市民可亲眼到展一睹齐白石、张大千等大师的真迹。

此次展览汇集了湖北美术学院自成立90余年来收藏的美术精品150余幅，其中包括明代画家仿画的《清明上河图》（佚名）的异本，齐白石的作品《玉米》和《松》，张大千的花鸟和山水作品，黄宾虹的作品《四条屏》等。

宋朝张择端的《清明上河图》是国宝级文物艺术品，后世有很多人仿画。这次展出的作品是明代画工模仿画出的《清明上河图（佚名）异本》。画工精致，价值不菲。而齐白石的两幅作品则都是他80多岁高龄时的作品，体现了传统中国艺术中的意境。

湖北美术学院院长陈孟昕介绍，此次画展是馆藏精品展全国系列展中的一站，将在全国一共举行28场，代表着目前全国最高级别的艺术水平，而此次湖北美术学院的展览，仅是历年馆藏作品中的一部分。

此次展览由中华人民共和国文化部、文化部艺术司、省文化厅和省美术院美术馆联合主办，展出作品总价值超过千万。

海峡两岸中国画作品展

为加强两岸文化交流，推动两岸中国书画创作交流与发展，共同发扬光大中华文化，由湖北省美术院和台湾水墨画会联合主办的“海峡两岸中国画作品展”于2012年9月6日在湖北省美术院美术馆隆重开幕。展览到9月12日。

“海峡两岸中国画作品展”汇集了湖北省美术院及台湾水墨画会50多位艺术家近100多件中国画作品。建院近50年历史的湖北省美术院，作为湖北省具有引领性的美术专业创作研究机构，此次集中老、中、青三代22位艺术家20多件作品参展，其中有周韶华、冯今松、汤文选等著名艺术家的作品。成立于1998年的台湾水墨画的大部分成员为台湾艺术院校的大学教师、研究生及专业画家，此次有29位艺术家60多幅作品参展。这些作品以不同的文化视角、用不同的艺术表现形式，展示出湖北、台湾两地的艺术家在中国画创作方面的成果，体现了湖北和台湾两岸血缘相亲、文缘相承的渊源。两岸艺术家也借此展览机会，相互认识、彼此借鉴。“海峡两岸中国画作品展”的举办对于传承和弘扬中华民族传统文化、促进湖北和台湾两地文化交流、增进两岸民众的相互了解都有着重要的意义。

湖北水彩画院首届院展

书画院

2013年3月7日，湖北水彩画院首届院展在湖北美术学院展览馆开幕。白统绪、李先润、樊惠刚、王涌、孔奇等来自湖北水彩画院的17位艺术家，首次集体联合举办画展，为武汉观众呈现了140余件水墨画作。

展览现场的大多数作品以大自然为主题，呈现“内心的远景”，风格各异，在水与彩的交融中，在单纯的色彩演绎中尽显丰富多样的变化。湖北水彩画院于2010年底在武汉成立。这是一个集学术研究、艺术创作为一体的群众艺术团体，聚集了一帮热爱水彩画艺术创作的艺术家。他们实践着自己的艺术追求，展现对大自然和生命的热爱，以及对生活的感悟。

美术评论家徐恩存看来，湖北水彩画院的画家们体现出的是一种观念性的把握。他们以具象与抽象的绘画语言，不真实把握的原则，在抽象的形式、语言中，强调整体的浑然性，没有细节，却处处表现出一种天、地、宇宙的宏伟与壮观的境界。因而他们的作品不但洋溢着中国哲学的气息，也具有一种现代感和语言特征。

湖北书画院美术馆开馆——湖北书画院“院士”展

2012年9月30日至10月25日，第一届湖北艺术节“湖北书画院 院士精品展”在湖北书画院美术馆开展，周韶华、鲁慕迅、邵声朗、张善平等27位“院士”的近百幅书画佳作，为观众带来节日艺术盛宴。

1998年成立的湖北书画院汇集了当代湖北书画艺术界的一大批卓越艺术家，目前书画院共有27位“院士”，此次参展的近百幅作品，均为“院士”们的精品佳作。参展作品中，既有周韶华、鲁慕迅、邵声朗、张善平等老一辈艺术家创作的国画精品，也有董继宁、李乃蔚、刘一原、廖连贵等一批中青年艺术家的丹青佳作，参展作品以多姿多态的创作风格，为观众呈现了中国传统艺术之美。

此展也是新建成的湖北书画院美术馆开张首展。湖北书画院美术馆展厅面积逾2000平方米。首任馆长则由民营企业家刘方女士担任。这也是首位由企业家担任的省一级书画院美术馆馆长。

刘方馆长表示，湖北有50多个设立美术专业的院校，艺术家阵容强大，她希望通过这个美术馆平台的搭建，加强全省书画家的交流合作，让更多优秀的艺术家脱颖而出。此次“院士”精品展之后，该馆还将陆续推出包括国际书画交流活动在内的一系列艺术展事活动。

湖北开明画院揭牌

2012年12月12日，湖北开明画院在美术文献艺术中心正式揭牌。省委常委、宣传部部长尹汉宁，省人大常委会副主任周洪宇，省政协副主席周宜开出席，并与艺术家、美术爱好者一道参观了“墨创——湖北水墨艺术作品展”。

尹汉宁指出，开明画院的揭牌和此次精品展览，特别有意义，也非常有特点，画院地处这个闹中取静的小院，更是别具特色。一个城市给时代、给人们留下深刻印象的，固然有高楼大厦、有优越的生活和工作环境，与此同时，很重要的是文化内涵和品位，希望这样的文化小院更多一些。民进湖北省委会充分利用文化界、教育界的知识创造优势，将开明画院作为文化传承的平台、文化繁盛的平台、培养艺术人才的平台，在注重传承老一代艺术家的同时，很注重发现、培养和推介年轻艺术家，值得肯定和期待。他强调，湖北具有深厚的文化底蕴，要延续文脉、承继文化传统，除自信自豪外，更多地需要培育年轻的文化大师、艺术大师。希望开明画院为此作出更大的贡献。

周洪宇指出，过去一年多来，开明画院已举办了“纪念辛亥百年作品展”等多个展览及一系列活动，在文化界取得了不小的影响力。现在开明画院正式揭牌，更要以良好的状态，搭建一个交流、服务、开放的平台，同时探索市场运作模式，打造全国一流的艺术机构，成为湖北的文化名片，为湖北的艺术发展服务。

开明画院是民进湖北省委会主办的艺术机构，目前拥有周韶华、萧采洲、李乃蔚等艺术家在内的60名画家。它以“广交同道仁人、研习砥砺艺术、传播美育文明、服务社会大众、扶掖青年俊彦”为宗旨，积极开展学术交流、创作展览活动。

美术馆界群英聚集 2012全国美术馆年会在湖北召开

展览展示

湖北美术馆走过了五个年头，作为一家非营利公益性文化事业机构，凭着一步一个脚印、踏踏实实地做事精神，目前已经成为国家重点美术馆。12月15日，由文化部艺术司、全国美术馆专业委员会主办的“2012全国美术馆年会”在湖北美术馆隆重开幕。与会的嘉宾有文化部、湖北省委省政府相关领导、全国美术馆专业委员会理事会成员、全国各美术馆馆长、民营美术馆馆长等。开幕式由全国美术馆专委会秘书长钱林祥主持，湖北省人民政府副秘书长张猛，文化部艺术司副司长诸迪，中国美术馆馆长、专委会主任范迪安先后做了重要讲话。

湖北省人民政府副秘书长张猛先生首先发表讲话：湖北美术馆作为全省公共服务文化体系的标志性设施，尽管建馆时间不长，但沉淀了厚重的文化底蕴，尽尝百家经典，绽放艺术魅力，引领文化高地，弘扬时代精神，服务人民大众。晋升国家九大重点美术馆之列，成为全省艺术事业繁荣发展的重要载体，成为令人向往的艺术家之家，成为人民群众欣赏艺术、提升修养的艺术乐园。

这次全国美术馆年会在湖北召开，是湖北的一件大事、盛事、喜事，体现了文化部对我省的信任，也体现了全省对湖北的鼓励，也是我们向美术界学习，借鉴先进经验的难得机遇。我们认真谋划各项，紧紧抓住湖北黄金十年的战略，努力承担、开拓进取，努力推进全省美术事业取得新的以及更大的成绩。

文化部艺术司副司长诸迪先生在大会上讲道：美术馆是艺术类的博物馆，也是当代美术繁荣发展的重要坐标。近年来随着我国经济社会发展，美术馆作为我国文化事业的重要组成部分，也获得了迅猛发展，各种规模、类型的美术馆不断增长，业态非常活跃。美术馆在社会公共文化服务体系中的作用更加凸显，已经成为维护和保障人民群众基本文化传译，实现和发展人民社会经济文化的阵地。文化部历来重视并积极推动美术馆事业的发展，对于美术馆的行业管理和业务指导是艺术司的重要职责。近年来艺术司在全国各地专业委员的协作下组织开展了一系列美术馆相关的扶持项目和重点活动，鼓励和支持美术馆提升自身业务水平，加强对美术馆专业人才的培养，逐步推动美术馆标准化、规范化的建设，取得了积极成效。全国美术馆专业委员会作为行业组织，是美术馆界交流合作的平台。不仅对美术馆的建设和管理提供专业咨询，有效推进美术馆馆地之间的交流合作，而且成为连接政府和美术馆界的重要桥梁和平台。

中国美术馆馆长、专委会主任范迪安先生代表理事会从六个主要方面进行了汇报工作：第一，围绕中心服务大局，加强自主策划展览，以精品展览服务社会。2012年全国美术馆一个重要任务就是在2011年免费开放全面推展的基础上，如何回应和满足社会对美术馆文化的需求，其中首要的是对展览的需求。2012年美术馆界的展览格局可以看到三个方面的特点和进步，一是更加自觉围绕中心服务大局，在大型的主题展览中突出主旋律，增加艺术性。二是加大了自主策划的力度，普遍提升了自主策划展览在本馆展览中的数量与水平，并且形成展览引领的标杆。三是注重地域美术资源，彰显各馆的学术特色。第二，拓展公共教育，创新服务形势，营造美术馆文化家园。今年美术馆的公共教育呈现出四个新特点。一是建立学术高点，美术馆常年举办学术讲座，请各方面专家向公众介绍美术领域新的创作动态和艺术知识。二是充分利用展览现场深化美术，今年更加突出的是各馆都高度重视志愿者的组建和培训，使志愿者活跃在展览现场，建构起观众与作品的互动，很好地回应了国家大力提倡志愿者服务的形式。三是调动多种手法，运用科技手段增加视觉阅读内涵，包括使用文献、视频、数字产品、二维码等方式，也利用网络、手机等媒介扩大展览的观众参与，及时获得观众反馈。四是针对不同群体扩大主题，打造公共教育的品牌。第三，丰富艺术典藏，加强藏品保护的力度，发挥产品的社会效益。在美术馆的建设中，各馆将典藏积累、修复和利用摆到前所未有的重视高度，想方设法取得艺术家的捐赠、增加收藏经费、利用产品，目标都是要通过美术馆发挥公共艺术资源服务公众的作用。第四，加强国际艺术交流。推动中国美术走出去，重视观察和了解文化的当代发展，中央提出中国文化走出去的方针也为美术馆迈出新的步伐提供了重要机遇。第五，加强专业建设，完善管理规范。美术馆的公共文化服务和自身专业建设是两大根本任务。在艺术司支持下的队伍建设，先后举办了两期馆长培训班，一期策展培训班，一期典藏专业培训班，初步统计参加人员超过150人。文化部成立的国家近现代研究中心策划了两个学术研究展，体现了重视学术会议，加强科研。湖北美术馆这些年来更是坚持梳理湖北省乃至中部地区的美术历史，连续通过展览、文献出版和专题学会研讨会推动这方面的积累，也彰显了本馆的特色。现在全国很多美术馆都将网站建设重视起来，加强了数字化建设。第六，发挥专委会作用，促进系统工作建设。本届专委会、理事会团结全体成员，面向美术馆队伍迅速发展壮大的新形势，在促进全国美术馆整体发展与建设上，做了一定工作。包括审时度势，经常性分析和研究全国美术馆发展的新问题、新情况，作出基本判断，形成专委会的工作主题；积极落实艺术司的工作要求和任务，联络各馆积极参与，组织相关项目实施，使这些项目在最大范围内汇集到各美术馆；热情支持各馆的专业活动，体现美术馆大家庭齐心协力、团结和谐的精神面貌。应该说美术馆年会从原来的专委会年会发展到今天的全国美术馆年会，参与的馆数上越来越多，大家也有越来越团结协作、凝聚共识的共同理想，使得美术馆的工作能够形成一个经常性的交流和相互促进的好态势。

文化部艺术司副司长诸迪先生在听完范迪安先生的总结报告后，又谈了自己的感想和进一步的想法。他强调这次一定要开得更高效，更务实，并且用具体的数据做了深入的分析。他讲道：美术馆的硬件条件有了很大改善，各种社会力量投资建立的民营美术馆也在蓬勃兴起，美术馆的格局正在进一步完善，美术馆履行专业职能的能力和公共服务的能力得到很大程度提升，应该说发展是快速的，进步是显著的。但发展也是极其不平衡的，整体上离我们文化发展需要、事业发展需要、人民群众的文化需求的差距还很大。根据2011年的数据来看，就美术馆数量而言，全国文化系统所属美术馆共168家，全国估计加上其他系统所属估计200余家，集中在北京、上海、广东等大城市以及东部发达地区，还有7、8个省份没有省级的美术馆，有的省份没有一家国有美术馆，反映了我们的一个大缺失。全国共有博物馆3589家，数量大概是美术馆的20倍，目前是每40万人拥有一个博物馆，计划2020年要达到25万人拥有一个博物馆，也包括美术博物馆。发达国家是平均5万人就拥有一座博物馆，所以作为拥有悠久历史的文化大国，我们的差距、发展空间还很大。全国艺术经营单位42365家，其中画廊1649家，数量大概是美术馆的10倍。全国拥有公共图书馆2952家，群众艺术馆379家，文化馆3285家，文化站40390家。由此可见，虽然美术馆建设这几年有了飞速发展，但和这几年来其他公共文化设施建设相比，美术馆的建设差距还很大。在我国博物馆和美术馆的分工不同，美术馆主要是收藏、展示、研究现当代的美术作品，还不能互相替代。从数量上可以反映出大家普遍重视文物的价值，我们作为文物大国尊重历史文化是应该的，但对美术馆职能的重要性认识不够，工作上有缺失，美术馆虽然被列入公共文化服务体系，实施免费开放，但并未列入公共文化基础设施建设，国家发改委发布的关于地级市公共服务基础文化建设设施的标准当中有博物馆、图书管、文化馆，没有美术馆。而中国的一个地级市相当于欧洲一个国家，所以我们还要积极呼吁提高认识、加大投入，同时我们要加大引导社会力量的积极参与，作为国有美术馆必要有力的补充。硬件情况相比，美术馆专业化水平亟待提高，就藏品而言，全国168家美术馆共有藏品220429件套，中国美术馆一家就有10万件套，但是民间美术馆就占了6万件套，年度收藏经费支出，我们2011年在全国美术馆收藏率是57029万元，全国2650家博物馆共有藏品19023423件套，当年新增加的藏品就有166457件套，几乎相当于我们全国全部美术馆的藏品总数，年度支出的收藏经费，博物馆系统是8.5亿元。2011年中国艺术品市场的交易总额是2108亿元，名列世界第一，总增长率达到24%，其中就拍卖市场2011年中国近现代书画而言，成交了101171件，成交额388亿元，当代书画成交53517件，成交额79亿元。成交作品中很多是博物馆的精品，如果包括画廊和民间交易，这个数字会更大，而且这种趋势会长期存在，不是短期的现象，所以显然给国有公益收藏带来很大压力。在现在的收藏状态中，在有限的资金下，我们的收藏质量和品种的均衡性如何、藏品的保护和利用的状况如何，也就是整体收藏效益存在很大问题，一方面资金有限，另一方面效益不高，这是现在存在的突出问题。

就展览而言，2011年全国168家文化系统所属美术馆共举办展览3198个，我们自主策划的展览比例在增强，但是从现有来说不到一半，高水平的展览还是比较缺乏的。参观人数达到1462.34万人，其中未成年人是266.93万人次，同比全国的2650家博物馆，共举办展览15万，参加人数达到4.7亿人次，其中未成年人12493亿人次。未成年人非常重要，是我们培养未来观众的关键。全国画廊共举办展览5000余个，就北京地区300余家画廊所举办的展览1000多个，参观人数达到260万人次。所以美术馆不仅仅是美术传播的唯一渠道，画廊的作用也在加强，特别是对当代艺术的展示，画廊是主要的窗口，也形成对美术馆展览非常重要的补充。按照中国社科院发布的数据来看，2011年我国城镇人口达到2.91亿，城镇化率首次突破50%，城镇常住人口首次超过了农村常住人口，表明中国已经从乡村型社会主体时代进入到以城市型社会为主体的新历史时代。美术馆是城市化的产物，所以一方面美术馆的发展要跟上城市化进程，要适应这种转变带来的新需求；另一方面要关注农村和城市化不高的地区，关注那些不够发达地区人民对美术的需求。把美术馆、博物馆加起来，一年关注人次大概在5亿，几乎2/3的人没有进入过美术馆或者博物馆，其中生活在农村不发达地区的人看不到展览。传播美术文化是美术馆的天职，让更多人享受美术文化的熏陶，这是我们的使命。

截止到2011年全国168家美术馆共有从业人员2056人，专业人员1125人，有高级职称的329人，平均每馆不到20人。从这个角度来看，要进一步完善从业人员的专业性，加大社会资源的引入和有效利用，更主要的还是立足现有的培训渠道，这也是我们今年积极开展美术馆现有的培训工作的依据。

从以上几组数据分析来看，美术馆的发展都极不平衡，整体上不能满足美术问题和公共文物服务的需求，美术馆事业面临极大的挑战和压力。美术馆的重要性是不可替代的，美术馆职能的缺失会造成美术文化传承的断裂，造成美术生态系统的失衡以及公共文化服务体系的缺失。这是我们今天高度关注美术馆，积极推动软件建设，推动从美术馆到美术展览馆转型的根本原因。这几年创作上虽然很活跃，市场也非常繁荣，但是在重大问题上，我们还有许多需要急切解决的难题。比如在美术的体制建设和艺术机制建设方面，美术区别于表演，是社会化的，艺术家散落在社会上，他的发展依赖于社会机制的健全，而不是政府直接的管理。美术馆不是市场化不够，是市场化过头了，不是说市场化不好，2108亿的市场额不得了，它对艺术创作有很大的资助作用。如果没有市场画家怎么生存，创作要有一个基础资金保障。但是只是市场一家独大是不行的，所以社会机制建立和健全是今天建立美术创作一个良好生态所必须的，但这方面还没有完全健全。跟创作相比，理论研究这方面的薄弱也依然存在。

在人才培养上，我们培养了大量人才，每年美术专业的学生那么多，甚至成为第一大专业，但缺口又很大，真正找专业做得很好的人才又很难找到。同时在人才培养方面，对青年一代的关注还不够，重点扶持两头，一是青年艺术家，从学校走向社会需要扶持、引导、资助；二是在20世纪作出重大贡献的老艺术家，他们的作品需要梳理、研究、收藏、保护，需要对其价值进行推广。

在国有藏品方面，保护力度的效益上总体不高。落实到美术馆的工作，认清形势和存在的问题，为工作提供目标和依据。作为政府的文化主管部门，对美术馆始终围绕三个方面展开：

第一，提升美术馆履行专业职能的能力，加强美术馆专业化建设；第二，免费开放的基础上，加大美术文化的传播和普及力度，加强美术文化的惠民，让更多人民群众分享到美术文化成果，更好实现美术社会功能；第三，加强美术馆标准化、规范化、法治化建设，提高美术馆管理科学化、法治化水平。2013年将进一步加大扶持力度，进一步体现分类管理和协调发展原则，将单设类别进一步加入不同类型的美术馆，特别是小型的民营纪念馆、民营美术馆的扶持力度。通过项目的扶持鼓励引导小型馆办出特色，并且逐步实现对民营美术馆的同等对待。

2012年底在全国美术馆专业委员会的协助下首次开展了全国美术馆人才访问交流计划，9家首批国家重点美术馆和浙江美术馆，拿出了展馆典藏、学术研究、公共教育和行政管理共50个岗位，最终有18家各馆的工作人员27名人选该计划，进行为期两年的驻访的交流。我们希望通过这一计划实施，可以发挥国家重点美术馆示范作用，进一步推动馆际交流深入的人才培养，为此我们也投入了50万元对该项目的扶持。2012年下半年联合各省相关文化厅局首次开展全国美术馆馆藏精品展出季活动，共有28个项目入选了展出季，活动期间各馆共展出了各自的馆藏精品350余件套，有很多馆的藏品是首次拿出来，吸引观众170多万人，共举办公共教育活动120余场。将对所有28个入选项目给予五万元的补贴，对七个优秀展览项目给予15万元奖励性补贴，钱不多但体现了一个导向。总体来说，目前藏品资源不足，制约美术馆事业发展，特别是从美术展览馆向美术博物馆转型的现实，今后要加大开展国家美术藏品的普查和数据库建设，摸清家底，规范藏品的保管、保护、修复，这是一项非常重要的。

在推动美术馆规范化、法制化建设方面，今年启动了美术馆业务规范制定和美术馆管理法办法制定的调研工作，明年将进一步推动这项工作的开展，并将启动第二批国家公建美术馆的工作。2012年美术馆年会作了新尝试，扩大了范围，明年也将计划召开全国美术馆的工作会，进一步组织好全国美术馆年度工作，将年会变成交流、展示、研讨和推动工作的平台。

湖南省

美术院校

湖南师范大学美术学院美术系 2012 届毕业创作展

2012 年 5 月 8 日，湖南师范大学美术学院美术系 2012 届毕业创作展在该院设计楼开幕。该校常务副校长卢岳华，湖南省美术协会主席、湖南师范大学美术学院院长朱训德等出席开幕式。开幕式由该校美术学院党委书记蒋金华主持。

卢岳华对毕业创作展的举办表示热烈祝贺。他指出，展览是同学们四年的个人成果展、自身艺术创作展。四年前，同学们来到师大追求艺术之梦，在教师精心的指导下，今天取得了良好的成绩。卢岳华希望同学们在今后的艺术道路上越走越远，在艺术的天空中越飞越高，并预祝此次毕业创作展圆满成功。

朱训德表示，同学们在创作中态度认真，艺术手法新颖；艺术和文化上的追求越来越高，越来越有思想。他勉励大家不断学习，开拓视野，将目标定得更远，将眼光放得更高。

教师代表及毕业生代表分别致辞。

长沙理工大学设计艺术院院长何辉，湖南大学建筑学院副院长陈飞虎，湖南商学院设计艺术学院副院长李伟等出席开幕式。

此次毕业创作展共有 121 人的作品参展，展出持续 6 天，作品包括水彩画、水墨画、工笔画、油画等。

湖南师范大学美术学院水墨习作画展

2012 年 11 月 1 日至 7 日，美术学院水墨习作画展于美教楼展厅拉开帷幕。参与展览的作者有研究生徐蕾、宋湘强、谭媛元和夏飞辉。

此次的水墨习作画展主要是针对艺术学院在校学生而特设的一个主题展。画展旨在鼓励新人，激发潜力，提示新的艺术表达和发展趋势。谭媛元的《众生像》、《八零后男子》、《惬意》等优秀作品得到参展者的一致好评。不乏师承的经验和探索能力，为水墨艺术的发展建立一个更为持久的学术平台。

画展的举办让师大美院在校学生感受到了水墨画的无限魅力。对于新生，可以让他们更好地了解学校的一种学习方法和提高新生的艺术水平。

中俄老师交流会于美院专家会议室成功召开

2012 年 11 月 6 日，俄罗斯列宾美术学院的帕申・安德烈・叶甫盖尼耶维奇及其弟帕申・阿烈克申・叶甫盖尼耶维奇受邀于美术学院专家会议室，开展老师交流会。湖南师范大学美术学院副院长兼博导郑林生教授，博导曲湘建教授、谢芳教授，研究生导师李丝竹教授、杨志坚副教授等多名教授、老师参与会议。

书画院

湖南省画院美术馆展出油彩张家界专题作品

作为知名国际旅游目的地的张家界，却少有采风的学生前来，业界也因此流传着张家界“好看不好画”的说法 。

2012 年 2 月 28 日至 3 月 3 日，在湖南省画院美术馆开幕的“神画张家界中国当代油画家写生邀请展”打破了上述传言，来自全国各地的 15 位画家，用作品与观众对话，以油彩诠释灵秀、雄奇、神秘的张家界。

“著名画家吴冠中的国画写生和香港摄影家陈复礼的摄影作品让人们认识了张家界，这也给了油画家一种潜在的压力。”此次参展画家、湖南省当代油画院执行院长蔡国胜介绍，这次展览吸引了 15 位中国风景油画领域颇有建树的画家，包括四川美院翁凯旋、武汉画院朱晓果、北京工业大学张大林、中国美院任志忠、山东艺术学院谭智群、广州美院雷小洲、泉州画院郭宁以及省内画家曲湘建、蔡国胜、彭慧、吴忠光、彭毅、胡大虎、周彪和杜慎翔。

2011 年 11 月 10—17 日，参展画家集中前往张家界写生。此次展出的作品共计 88 幅，其中描绘了天门山、金鞭溪、黄石寨等多处景点的优美风光，探索用西画写生造型、色彩、透视等视觉关注张家界，同时从中国传统文化中汲取营养，借鉴中国画的写意手法，用油画语言表达中国精神。

此次画展由湖南省文化厅、省文联和张家界市政府、市委宣传部主办，湖南省当代油画院等承办。

逸画廊进驻湖南画院画廊艺术商圈展出国内名家精品

2012 年 5 月 8 日，逸画廊正式进驻长沙营盘路湖南画院画廊艺术商圈，并展出了现当代书画艺术名家作品，受到湖南艺术界的关注。

展览作品分为市场和学术两大块，共展出了当今国内在艺术和市场走红的知名艺术家精品 100 余幅，包括当代书画大师范曾、美术大师韩美林、湖南书画研究院院长刘云、湖南美协主席朱训德、著名花鸟画家欧阳笃材等的作品。

湖南省画院美术作品贵州展出

2012年11月20日，由贵州省文化厅、湖南省文联主办，贵州画院、湖南省画院、贵州省美术家协会、湖南省美术家协会、贵州省博物馆承办的湖南省画院美术作品展（贵州展）在贵州省博物馆开幕。

此次展览共展出作品60余件，是近几年来湖南省画院专职画家的最新创作成果，具有较高的艺术水准。展出作品以强烈的时代性和鲜明的风格，展现出湖南省画院的学术追求，彰显了求真务实、敢为人先的“湖湘精神”。展览于11月24日结束。

山水炎陵——楚石书画展

2012年11月29日，湖南省画院美术馆灯火通明，热闹非凡，由湖南省文化厅、省文联、株洲市人民政府、湖南省美术家协会、湖南省书法家协会联合主办，由株洲市文广新局、市文联、炎陵县人民政府承办的“山水炎陵——楚石书画展”开幕式暨“中国当代名家画集——楚石”首发式，就在这里隆重举行。

此次展出的作品是青年书画、篆刻家、诗人楚石近十年来在中华始祖炎帝神农氏陵寝地——炎陵县创作的山水画作品及书法作品93件。他的山水画雄浑苍厚，具有深厚的人文气象。中国美协主席刘大为称赞说：“当今中青年画家当中，很少有像楚石这样注重绘画作品的精神内涵，把诗、书、画、印融于一体，具有深厚的文人气象，而且能够将北派的阳刚大气与南派的峻拔秀韵相结合，形成了气势深厚而意蕴幽渺的审美品格，这在当今画坛是难能可贵的。” 被誉为“炎陵山水画风的开拓者”和“当代新古典主义文人画的实践者”。这次首发的《中国当代名家画集——楚石》精装大红袍是美术出版界给画家的最高荣誉。

书画展到12月3日。

美术家协会

湖南首届女画家美术作品展开展 展出82位名家精品

2012年3月12—15日，“释放 2012”湖南省首届女画家美术作品展在省画院美术馆开展，共展出82位女性美术家的精品力作。湖南省人大常委会副主任刘莲玉，湖南省政协副主席、省文联主席谭仲池等出席开幕式并参观展览 。

展览汇集了出生于20世纪30年代至80年代的82位女艺术家的作品，共137件，是新中国成立以来湖南规模最大的女画家美术作品展。

参展作品中，有的描写自然，有的抒发内心感受，女画家们以她们独特的女性视角表达了各自对现实生活、生存环境及精神世界的见解，在释放出自己情感的同时，也没有忘记关注社会与民族的命运。

展览由湖南省文联、湖南省美协、湖南省画院、湖南师大美术学院等共同举办。展出了国画、油画、版画等各类美术作品。

第四届湖南省青年美术作品展开幕

由湖南省文学艺术联合会和湖南省美协联合主办的“2012第四届湖南省青年美术作品展”2012年6月10—15日，在湖南省画院开幕，省政协副主席、省文联主席谭仲池出席并致辞。

此次参展作品是从全省青年美术家创作的2000多件作品中遴选出来的优秀作品，其中金奖6件、银奖15件，铜奖29件，优秀奖50件。通过这些作品，可以看到一个充满激情和活力的湖南青年美术家创作群体，他们的作品从创作观念与思想、艺术语言与风格都呈现出我们这个时代特有的风采。此次展览不仅为湖南青年美术家搭建了一个展示才华、交流切磋的平台，同时也是研究当代湖南青年美术家思想和创作的一个窗口。

“湖南水彩画家丽水之行写生画展”在长沙举办

2012年12月29日，由湖南省美协主办，省水彩水粉画艺委会、湖南大学建筑学院等联合承办的“湖南水彩画家丽水之行写生画展”在湖南大学建筑学院展览馆开幕。该展览展出的60位画家的140余幅作品，显示了水彩画家们的精神面貌及饱满的创作热情。这是近年来湖南省水彩研究会组织的一次最大规模的赴外省写生活动，领队、省美协副主席陈飞虎表示，现实生活是创作的源泉，画家们从生活中吸取创作的养分，以真诚、朴实的态度写生，其创作的作品也就生动而富有感染力。

“2012 艺术湖南”——湖南省重大历史题材美术创作工程

2012年“湖南省重大历史题材美术创作工程”是由中国美术家协会、湖南省委宣传部、省文联和省美协联合组织实施的大型主题性美术创作工程。以反映湖南重大历史事件、重要历史人物、风俗民情、历史变迁为题材，着重发掘红色历史资源，集中当前全国和省内优秀艺术家创作完成一批主题性美术作品，所有入选作品将由主办单位和湖南省美术馆收藏。作品种类为国画、油画、版画、水彩四种艺术形式。该工程自2010年开始，历经两年多时间，经过反复修改完善选题，与部分作者签订创作合同，筛选出由各市州美协、湖南省画院、省高校及全国各地的专业单位报送的作品155件。此次展出的126幅作品，包括一等奖作品8幅，二等奖作品23幅，三等奖作品36幅，入选作品48幅和评委作品11幅。

广东省

“创意摇篮——少儿TCT视觉体验与互动”大型主题展览

美术院校

由广东省文化厅、广州美术学院主办，广东省教育厅指导，广东美协少儿艺委会、广州美术学院美术教育研究所、广东教育学会民办教育专业委员会、番禺区民办教育协会协办，杨之光美术中心承办的“创意摇篮——少儿TCT视觉体验与互动”大型主题展览近日将展出。

由广东省文化厅、广州美术学院主办，广东省教育厅指导，广东美协少儿艺委会、广州美术学院美术教育研究所、广东教育学会民办教育专业委员会、番禺区民办教育协会协办，杨之光美术中心承办的“创意摇篮——少儿TCT视觉体验与互动”大型主题展览，2012年9月26日至10月14日在广州美术学院美术馆（昌岗校区）全馆展出。

该展览透过“TCT”（Training of Creative Thinking，意为创意思维训练）教育的独特研究，以一个创意无限的视觉盛宴形式向观众提出关于少儿素质教育的严肃话题。

整个展览分别以平面、立体、影像等创意作品与大型互动区域，在美术馆内的一、二、三层展厅分别构成一个精彩缤纷的创意公共空间。一楼展示的课题丰富多样，当中包括“青花瓷”、“移花接木”、“联想素描”“天上有朵云”、“苹果系列”、“好大一棵树”、“巨人天地”和“新梅兰竹菊”等等，让观众有一种目不暇接的感受。尤为突出的“雨伞哗啦啦”的装置作品，该创意作品以数量可观、颜色各异、造型独特的会下“雨”的雨伞悬挂于大厅的中空，鱼贯穿上二至三层的展厅。除了平面内容，该展厅也对应展示部分主题立体作品，如“蝴蝶效应”以蝴蝶为母题展开的多维创意作品，观众只有在现场才能感受到孩子们在TCT创意课程下所展露的无限创想。

走上二楼展区主展场，映入眼帘的是一座座以立体展示的学员设计作品，这些立体作品是这次展览的一大亮点。作品有：将快与慢的矛盾关系进行糅合统一的创意作品“乌龟轮胎”；2008年北京奥运会少儿创意获奖作品“奥运产品系列”；还有“七星瓢虫衣柜”、“贝螺电话”、“叶子书柜”、“轮胎风扇”等多件学员们的TCT原创立体作品。

三楼展区是最吸引青少年观众的展区。这是一个以创意展示与互动为基调的大型梦幻空间，强调观众与展品之间相互参与和创意互动的感受，向参观者展现一个视觉体验和亲身互动的艺术创意游乐旅程。其中最为突出的是以思考当下人类面临生存环境不断恶化的反思，展示了一艘以学员、家庭和老师共同创作，充分体现集体参与和智慧的大型创意课题作品“我的2012诺亚方舟”；该作品配合影像与音效，给观众一种震撼的视听效果。

2012年全国大学生工业设计大赛优秀作品展在广州美术学院大学城美术馆举行

由教育部高等教育司指导，教育部高等学校工业设计专业教学指导委员会、广东省教育厅联合主办，广州美术学院承办的“2012年全国大学生工业设计大赛优秀作品展”在广州美术学院大学城美术馆举行。

大赛主办方代表、教育部高等学校工业设计专业教学指导委员会主任何人可，行业协会代表、中国工业设计协会常务副会长赵卫国，中国工业设计协会副会长汤重熹，广东省工业设计协会秘书长胡启志，广东省工业设计城总经理邵继明，承办方代表广州美术学院党委书记陈潮光，院长黎明，党委副书记凌靖波、黄启明，副院长吴卫光，副校级干部全森，大赛特邀专家，全国各分赛区、高校代表，获奖学生代表，中央电视台、光明日报、中国教育报、广东电视台、南方日报等新闻媒体代表，参赛师生代表等近千人出席开幕式。何人可、赵卫国、黎明为开幕式致辞，分赛区教师代表、参赛学生代表作了发言，吴卫光主持开幕式。

“工业设计是融合科技与艺术的重要手段，是连接产品与市场的重要桥梁，对于企业提升核心竞争力并实现价值增值具有极为重要的作用。”为贯彻落实教育部《关于全面提高高等教育质量的若干意见》，教育部、财政部《高等学校创新能力提升计划》和国家11部委《关于促进工业设计发展的若干指导意见》等文件精神，深入推进高校工业设计人才培养模式改革，向全社会展示高校工业设计人才培养质量，搭建高校工业设计教育成果与经验的交流平台，为中国制造业、创意产业寻找设计新人提供最佳途径和机会，2011年，教育部批准由高等学校工业设计专业教学指导委员会和广东省教育厅共同主办‘2012年全国大学生工业设计大赛’，并由广州美术学院承办。”

此次大赛是一次面向全国大学生开展的公益性工业设计创意实践活动，按照“专家指导、部门协调、高校承办、学生参赛、企业参与”的原则组织实施。大赛以“创新生活，梦想未来”为主题，分工作、生活、学习、沟通、出行、健康、娱乐、交互、服务等9大类别进行设计，遵照“创新、可用、易用、环保、审美、精致”等评价指标评选。

大赛自2012年4月正式启动以来，共收到来自全国26个分赛区700多所高校18414名选手提交的24537件作品，参赛院校多、规模大、作品丰富。此次展出的1000件优秀作品均以实物或模型方式展出，在相当程度上体现并维护了工业设计的专业性。大赛评审程序相当严谨，初评由各分赛区实施，分赛区按照推荐限额选拔参加中评与终评的作品。中评与终评评委是在分赛区推荐基础上，由大赛组委会随机抽选产生，抽选活动在纪检人员监督下进行并全程录像，保证了活动的公平、公正和公开。

大赛主办方代表、教育部高等学校工业设计专业教学指导委员会主任何人可表示，此次大赛组织规模之大、评选程序之严谨在工业设计教育里从未有过，展出作品代表了高等教育工业设计水平。此次展览到10月21日结束。随后，部分优秀作品将在全国其他地方进行巡展。

书画院

广东、青年画院签约画家——李小澄、林德雄、冯伟画展

为配合广东画院2012年6月份潮汕采风活动，展示汕头市画家的学术成果，由广东省美协、汕头市文广新局联合主办的“广东画院、青年画院签约画家——李小澄、林德雄、冯伟画展”2012年6月19日开幕。

2011年11月，广东画院在全省公聘25位签约画家，汕头市水彩画家李小澄、版画家林德雄受聘为签约画家。同时，广东省青年画院也在全省公聘了20位画家，汕头市水彩画家冯伟受聘。

此次画展至24日。

省群众廉政书画作品展广州开展

2012年8月17—24日，由广东省文化厅、省纪委派驻文化厅纪检组、广东省美协、省书协联合主办的“广东省群众廉政书画作品展”在省立中山图书馆展出，省文化厅组织机关干部职工前往参观。

此次书画展在短短的两个多月时间里，主办单位就收到应征作品1837件。在各市文化馆对应征作品进行初评的基础上，主办单位围绕作品的主题内容、艺术表现力等方面，组织有关专家进行了评审，分别评选出美术作品一等奖8名、二等奖15名、三等奖25名及优秀奖若干；书法作品一等奖10名、二等奖20名、三等奖35名及优秀奖若干。有部分获奖作品在省立中山图书馆展出。

此次的参展作品均为获奖的作品，集中反映了廉洁、勤政、爱民、爱岗、敬业、公正、诚信等内容。作者既有公务员、离退休干部、军人、基层普通文化工作者、教师、学生，还有专业画家。这次作品还将在全省部分地级以上市进行展出，让更多的人们了解和参与到群众廉政文化活动当中。

广东画院创作年度展在广州艺术博物院展出

2012年10月31日，由广东画院主办的“广东画院创作年度展”在广州艺术博物院举行。广东省委宣传部副部长顾作义、省文联主席刘斯奋、省美术馆馆长罗一平、广州美院院长黎明以及老艺术家杨之光教授等领导和嘉宾参加了开幕式。

“广东画院创作年度展”从2005 年开始至今，已持续举办了七届，2012年已是第八届。这一系列展览，从不同角度反映了广东画院画家这些年来艺术创作的收获和心得，广东画院在广东省艺术格局中的独特位置。如何敏锐地把握艺术发展的规律，肩负社会责任和实现自身的艺术追求，并将两者较好地统一起来，是广东画院需要尤为着力的地方。由此，画院从艺术、生活、社会责任等方面要求每位画家有计划地通过自身的创作来实践这一目标，并提倡画家从各自的实际出发，在继承和发扬民族文化优秀传统的基础上，进一步找准中西艺术的切合点，传承发展，使自己的作品更具岭南特色和中国气派。

与往年年度展只展出广东画院本部画家的做法不同，本届的年度展，除在职画家外，签约画家和青年画院画家的作品将会同场展出。许钦松院长在展览前言中提到，“签约画家”制度和“广东青年画院”制度，是在新的形势下加强广东画院专业队伍建设的一个重要举措。有目的、有计划地聚拢美术专才，有选择地培养和发掘优秀的青年专业人，建立一支强大的本土创作队伍。

此次画展有许钦松、林永康、李东伟、黄国武、孙洪敏、周正良、关伟、黄唯理、宣新明、崔跃、陈映欣、李节平、颜苏平、刘穗艳等14位广东画院在职画家连同31位广东画院签约画家以及20位广东青年画院画家等参与。

“广东画院作品巡回展·2012福建”在厦门美术馆开幕

广东画院作品巡回展·2012福建

2012年11月23日至12月2日，由福建画院、厦门市美术馆、广东画院主办的“广东画院作品巡回展·2012福建”在厦门美术馆开幕。

广东、福建在地理上相毗邻，在历史文化上也有极深的渊源。在绘画上，“闽派”画风也是潮汕早期绘画的重要渊源之一。于厦门美术馆开幕的“广东画院作品巡回展·2012福建”，是继海南、湖南、贵州、云南、江西、广西巡回展之后的第七站。

此次包括广东画院专职画家、签约画家和广东青年画院画家共65人参展，参展作品150余件，形式包括中国画、油画、版画、水彩画、漆画等。画展期间，广东画院的画家还将在鼓浪屿、泉州、武夷山等地进行为期8天的采风活动，在这些特定的自然地理与人文背景下寻找特有的审美视角和独特的艺术形式。

美术家协会

“2012广东青年美术大展”开展

“2012广东青年美术大展”2012年9月4日在广州艺术博物院举行了开幕式。该展览由广东省人民政府指导，中共广东省委宣传部、广东省文化厅、广东省文学艺术界联合会、广东省美术家协会共同主办。

这次大展是新中国成立以来，广东省举办的面向45岁以下青年艺术家规格最高、规模最大的综合性美展，吸引了来自全省各地的作品2289件。经评委们严格审核，本次展览共有447件作品入选。在展出的这447件作品当中包括8个金奖作品、16个银奖、30个铜奖、40个优秀奖，获奖总数94件，涵盖国画、油画、版画、雕塑、水彩粉画和漆画。

获得金奖的作品包括来自广州美术学院罗小颜的国画《凉山彝族》、来自广州青年画院林志彬的油画《表情系列十三》，以及广美陈宏践的雕塑《游》等。

广西壮族自治区

美术院校

广西艺术学院美术学院2012届毕业作品展

2012年3月16—20日，“广西艺术学院美术学院2012届毕业作品展”开幕式在广西博物馆举行。

广西艺术学院美术学院2012届毕业作品展，分为2个展区，即广西博物馆展区（油画、版画、雕塑、水彩画、装帧插图、壁画、电脑绘画、多媒体综合艺术专业方向）和广西艺术学院美术馆的美术教育专业展区，共展出了456位毕业生的500余件作品。展览作品形式丰富多彩、题材广泛，从创作到展出的过程体现出了毕业生们在思想品德、艺术理念、科研实践和团队协作等方面都得到锻炼和提炼。

通过这次毕业展览，体现了广西艺术学院美术学院“学术为先、质量为本”的办学理念，同时促进了学科发展，扩大学院的社会影响，以期向社会推介优秀毕业生，更好地服务于社会。

广西艺术学院举办2012届研究生毕业作品展

2012年12月30日，广西艺术学院中国画学院2012届硕士研究生一年一度的毕业作品展，在广西艺术学院美术馆举行。此次中国画学院2012届硕士研究生毕业作品展展出了中国山水画、中国花鸟画、中国人物画3个研究方向共33名同学120余件风格各异、形式多样的作品。这些作品，是此届研究生三年来学习情况的一个全面的汇报，如实地反映了同学们三年来的所知、所学和所感，凝聚了同学们和导师们辛勤的汗水。亦是同学们技能、审美、学养追求的形象体现。这是中国画学院建院以来研究生培养中最多的一届毕业生。在黄格胜教授、郑军里教授、余永健教授、阳山教授、伍小东教授、陈再乾教授、蔡智教授、梁耀教授、左剑虹教授、蒋晓东教授、魏恕副教授等十一位导师的辛勤教导下，在学院公共课老师们及各项培养工作的各位专家和领导的培养下，他们的人格品质得到了锤炼，艺术素养和绘画技能都有了明显的提高。

黄格胜院长、郑军里副院长，中国画学院领导班子余永健、阳山、伍小东、蔡智、白晋平等到美术馆指导、参观画展并细致地点评作品。黄院长对此届硕士研究生创作的毕业作品总体水平较为满意，并勉励同学们，中国画的学习是个漫长的过程，基本造型能力与绘画语言的掌握往往要花费好几年的时间，掌握好了这些绘画技能才能考虑个人的风格面貌，而更重要的是，艺术绘画形象和个人面貌要体现地域风情、人文特点和文化传承，这是绘画中最难也是最终要解决的问题。

乡村记美——韦俊平水彩作品展

“乡村记美——韦俊平水彩作品展”2012年12月13日在广西南宁开幕，由中国著名水彩画家、漓江画派促进会副会长韦俊平精心创作的近百幅水彩画作品集中对外展出。致公党中央副主席、中国美术家协会副主席黄格胜出席开幕式。

黄格胜在开幕式上表示，韦俊平近年来创作的水彩画集难度、深度和高度于一身，对漓江画派的发展具有重要意义。

作为漓江画派的代表人物，韦俊平近年来一直致力于将中国画的构图和思想与西方水彩画相结合，用中国文化精神改造水彩画。韦俊平说，观众可在展出的水彩画中看到中国画的影子，这也是展览的最大看点。

漓江画派是当代中国主流绘画流派之一，画派以广西秀美山水为主要表现对象，作品包括中国画、水彩画、油画、版画等诸多画种。

书画院

广西书法家冯华春展出“泥土之迹”

2012年6月19日，由广西书画院主办的“广西书画院书画家精品系列——冯华春·泥土之迹展”在广西博物馆开展。此次展览集中展示了冯华春精心创作的数十幅书法作品。

冯华春是20世纪90年代中国书坛的“广西现象”亲历者，参与创造了精彩的“细柳营”，近20年来，他几乎没有缺席过任何“国展”，是广西书坛屈指可数的“大满贯”书法篆刻家。其由书法入画，多方涉猎，亦精篆刻，笔出自然，追本溯源，纵横有象，不拘泥形式。

为提高广西书画院的群体创作水平，加强书画家之间的学术交流，为广西书画院专、聘书画家提供展览机会，促进广西书画院建设繁荣和发展，自2011年起，广西书画院不定期举办“广西书画院书画家精品展”。

“丹青八桂”——广西书画院成立30周年书画作品展

为深入学习贯彻党的十八大精神，推动社会主义文化大发展大繁荣、加强广西民族文化强区建设，“丹青八桂”——广西书画院成立30周年书画作品展2012年11月22日在自治区博物馆举行。自治区主席马飚为此次展览题词。自治区党委常委、宣传部部长沈北海出席开幕式并致辞。

广西书画院是自治区党委宣传部主管和直接领导的集创作、研究、收藏、展览、交流为一体的公益性艺术单位，是广西唯一的省级国办书画院。著名画家阳太阳任第一任院长。书画院坚持“学术立院”的宗旨，继承和弘扬中国传统文化，具有广西书画群体创作最高水平。

“丹青八桂”——广西书画院成立30周年书画作品展共精选展出在聘和历任书画家作品93件，其中国画57件、油画19件、书法17件。这些作品题材丰富、风格不同、形式多样，反映出深厚的文化底蕴和积极向上的时代风貌，是广西当前书画名家汇聚最多、艺术水准最高的一次集体展示。

“丹青八桂”——广西书画院成立30周年院藏展、“丹青八桂”——广西书画院成立30周年院史展也同时举行。

广西、重庆政协书画名家作品展

2012年10月11日，“广西、重庆政协书画名家作品展”在三峡博物馆隆重开幕。广西壮族自治区政协主席陈际瓦、重庆市政协主席邢元敏宣布展览开幕，并观看了展览。

为迎接党的十八大胜利召开，深入学习贯彻胡锦涛总书记“7·23”重要讲话精神，深化渝桂两地文化交流，一个月前，在全国政协的大力支持下，由全国政协书画室、广西壮族自治区政协、重庆市政协联合主办的“广西、重庆政协书画名家作品展”在北京隆重开展，并取得了圆满成功。此次展览移师重庆。

广西、重庆两地都有山水独特、风光秀丽的自然环境，无论是“桂林山水甲天下”，还是“高峡出平湖”的世界奇观，都为书画家们提供了取之不尽的创作源泉。

书画艺术源远流长，是中华民族传统文化中的一枝奇葩。渝桂两地政协利用政协书画院这一重要平台，团结带领书画艺术工作者致力于书画艺术的改革创新，取得了丰硕成果，涌现了一大批书画名家。

龙飞凤舞的书法，内涵丰富的国画……此次展出的230幅书画作品形式多样、风格各异，具有较高的思想性、艺术性和观赏性，反映了两地政协近年来助推文化建设取得的成就，展示了两地政协书画艺术工作者的风采。

重庆市老同志代表张文彬、甘宇平，市人大常委会副主任陈雅棠，广西壮族自治区政协副主席李达球，重庆市政协副主席何事忠、吴家农、刘隆铸、谢小军、于学信、彭永辉、陈贵云也观看了展览。

美术家协会

江山如玉·2012许华新水墨作品巡展

2012年11月3—25日，由广西壮族自治区美术家协会主办，北京今成雅集文化艺术有限公司、广西榜样艺术品投资管理有限公司承办的“江山如玉”2012许华新水墨作品巡展（南宁站）”在榜样·中国—东盟艺术馆隆重开幕。

许华新，笔名刻一。先后就读于广西师范大学、厦门大学、中国国家画院、中国艺术研究院等院校。现为北京大学贾又福艺术研究会常务理事，中央美术学院贾又福工作室助教，《书画研究》主编，中国美术家协会会员、副教授。此次展览以“江山如玉”为主题，展出数十幅许华新水墨精品，相对于北京的展览，此次展览的作品更为全面，除了淡墨系列外，还展出极具传统的古意山水和小青绿山水等作品。

生于桂林漓江边上的许华新对烟云的变化有着持久的迷恋。其早期大量的写生作品与研究生期间自觉地创作桂林山水画，很好地接上了传统的古意，随后前往北京进入贾又福先生工作室学习，对墨性与水性产生更加深刻的体会，自觉地从材质本身出发进行尝试，烟岚之气通过材质本身的特性体现出来，画面浩渺幽深，宛若天机，一片静气于画面深处缓缓流出，毫无外在浮躁表现，既深得古意，也能回归自然的觉性。

画展的作考许华新先生以淡墨山水画为载体，描绘家乡美景、胜境，以画笔回报家乡人民的支持与鼓励，同时本土各部门、机构许华新先生的回归也表现出极大热情，参加此次展览开幕式的有：广西文联、广西美协、广西艺术学院、广西政协书画院的领导，以及广西艺术界各大人士、榜样·中国——东盟艺术馆会员、各大新闻媒体、艺术爱好者、艺术收藏家等。

广西美术家的最新成果和重大贡献

——评广西近现代重大历史题材美术创作工程的厚重内容与重大意义

2012年5月13日，由广西文联主办、广西美术家协会承办的广西近现代重大历史题材美术创作工程成果展在广西博物馆隆重展出。展出的39件大型历史画作品，生动地展现了1840年第一次鸦片战争以来，在祖国南疆边陲发生的波澜壮阔的重大历史事件，展示了广西美术家的最新成果和美术界对广西文化建设的重大贡献。其间包容的厚重内容与蕴涵的重大意义，值得研究评说。

一、工程概貌

（一）过程

2009年，国家文化部斥巨资实施中国近现代重大历史题材美术创作工程，旨在推出美术精品，传承中华民族优秀文化，体现国家文化意志和文化指向。广西以及上海、浙江、山东、安徽、湖南、广东等省市和部队单位相继相应。各地很快制定出工作方案，组织美术家开展本地区重大历史题材的创作。这成为当年中国美术界的一件大事。

广西近现代重大历史题材美术创作工程于2009年10月正式启动，确定了用国画、油画、雕塑等艺术形式开展39个项目，共有45位画家签约承担创作重任，计划用两三年时间完成。在自治区政府下拨专项经费的支持下，工程实施进展顺利。三年来，签约画家潜入历史，深入研究，精心构思，反复修改，不辞辛劳地开展创作。自治区文联、美术家协会通过选题论证、反复推敲，草图评审、创作研讨、作品观摩等环节，积极组织推进该项工程，还多次组织学术研讨会、作品评审会，主要有：2009年10月召开“记录时代，重铸历史——广西近现代重大历史题材美术创作工程论证会”，2010年5月14日召开“广西近现代重大历史题材美术创作工程创作草图评审会暨创作研讨会”；7月9日召开“广西近现代重大历史题材美术创作工程色草图评审会”；12月3日召开“广西近现代重大历史题材美术创作工程创作研讨会”，2011年3月20日召开“广西近现代重大历史题材美术创作工程创作观摩会"、9月7日召开"广西近现代重大历史题材美术创作工程第二次创作观摩会"。这些会议，不仅仅是美术界自身的艺术创作研讨，还聘请历史学、文化学专家和文艺评论家与美术家们一道，对历史题材的选择、认识、提炼、表现等问题展开讨论，以学术研究和探索精神提升美术创作的境界，引领整个工程创作的进行。2012年春，在筹备5月13日的展览时，有"金田起义"等39件作品通过评审进入展览，2件作品待修改。数月后，修改的作品也通过了鉴定，宣告广西近现代重大历史题材美术创作工程全部完成，共计39件作品。这批作品，大部分作品均在3米以上，最长的达10米，创造了广西历史画、人物画创作的新高峰，填补了以美术形式全面再现广西近现代重大历史事件的空白，成为广西文化艺术的精品。

（二）作品概况

1.《知天有意启英雄——金田起义》，油画，作者：刘绍昆；2.《刘永福（黑旗军）抗法》，油画，作者：覃超柏；3.《镇南关大捷》，油画，作者：徐贵忠；4.《镇南关起义》，油画，作者：卢恺；5.《陆荣廷讨袁》，油画，作者：韦军；6.《1921·孙中山宋庆龄在桂林》，国画，作者：戴延兴；7.《桂系北伐》，油画，作者：黄菁；8.《韦拔群》，油画，作者：雷波、邓乐民；9.《桂东晨曦——1925·中共梧州干事会成立》，油画，作者：黄超成；10.《广西大学的创办》，油画，作者：雷务武；11.《民国教育家——雷沛鸿》，国画，作者：郑军里；12.《百色起义》，油画，作者：刘晨煌；13.《右江苏维埃政府》，油画，作者：沈铭存；14.《龙州起义》，油画，作者：何光；15.《红军长征过广西》，国画，作者：肖舜之；16.《尘封——1934湘江》，油画，作者：邵亚川；17.《八路军桂林办事处》，油画，作者：陈毅刚；18.《抗战时期桂林文化城》，油画，作者：谢森；19.《西南剧展》，国画，作者：余永健、黎小强、吴善贞、陶义美、王刚；20.《昆仑关》，油画，作者：秦文清；21.《桂林保卫战》，雕塑，张鸣、朱连城、王琦；22.《集结——1938年赴皖抗日的广西学生军团女生队》，油画，作者：刘南一；23.《飞虎队在柳州》，油画，作者：曾邕生；24.《广西解放》，国画，作者：黄宗湖；25.《广西剿匪》，国画，作者：梁惠统；26.《广西壮族自治区成立》，油画，作者：谢麟；27.《毛主席与广西各族人民》，国画，作者：魏恕；28.《刘三姐(广西戏剧改革运动)》，国画，作者：柒万里；29.《沸腾的平果铝》，油画，作者：李福岩；30.《云山晨岚——龙滩水电站》，国画，作者：张复兴、韦广寿；31.《中国—东盟博览会》，油画，作者：贺明；32.《北部湾开放开发》，油画，作者：杨诚；33.《合寨村的村委选举》，油画，作者：黄少鹏、李建平；34.《沧桑巨变》，国画，作者：阳山、熊丁、罗炜、李方杰、石昌鼎；35.《广西各族人民大团结》，国画，作者：姚震西、黎冰颖；36.《胡锦涛主席视察桂北雪灾区——2008》，国画，作者：黎正国；37.《起航北部湾》，油画，作者：肖畅恒、蔡群徽；38.《百色1929——记邓小平、李明瑞、韦拔群、张云逸、俞作豫》，雕塑，作者：黄月新、孔庆坚、覃继刚、罗启康；39.《李宗仁在台儿庄》，雕塑，作者：石向东、韦扬锋

（三）社会反响

2012年5月13日，广西近现代重大历史题材美术创作工程成果展在广西博物馆展出后，获得社会的热烈反响，大批观众慕名而来参观，艺术院校学生频繁前往临摹，许多观众用相机、手机拍下自己喜爱的作品收藏。还有不少中小学校组织学生前来参观，作为爱国主义和乡土教育的重要教材。《南国早报》记者甘宁这样描述了展览的热况："这次展览是广西有史以来最大的历史画创作成果展示，吸引了如潮观众。"

展览期间，中共广西区委书记、自治区人大常委会主任郭声琨、自治区政府主席马飚、自治区政协主席陈际瓦、中共广西区委常委、宣传部长沈北海等领导先后来到广西区博物馆，参观了广西近现代重大历史题材美术创作工程作品展。郭声琨、马飚、陈际瓦、沈北海等领导一边仔细观看《知天有意启英雄——金田起义》、《刘永福抗法》、《镇南关大捷》、《百色起义》、《百色1929——记邓小平、李明瑞、韦拔群、张云逸、俞作豫》、《桂林保卫战》、《中国—东盟博览会》、《北部湾经济区开放开发》等作品，一边不时向创作人员询问创作背景和创作过程，深入交流观展感受。郭声琨对广西近现代重大历史题材美术创作工程的丰硕成果给予充分肯定。他说，此次展览以小见大，用39件美术作品充分展示了广西近现代波澜壮阔的历史和重大事件，让大家了解历史，铭记历史，更加珍惜现在的美好生活，为广西美术发展史和促进文化大发展大繁荣添上了浓墨重彩的一笔。马飚充分肯定了广西文联和广西美术家协会策划、组织广西近现代重大历史题材美术创作工程的做法和成果，认为这项工程填补了广西以美术形式全面再现近现代广西重大历史事件的空白，实现了重大突破，在建设民族文化强区的进程中写下了浓墨重彩的一笔。

广西近现代重大历史题材美术创作工程的成果，将被广西壮族自治区人民政府作为定制的艺术品购买收藏，未来将陈列在重大行政、文化场所，作为广西文化艺术的形象代表，展示广西人文历史和美术成就。

二、厚重内容

（一）重大历史事件的真实再现

走进展览大厅，39幅作品挟夹着历史的云烟扑面而来。这些作品，对广西这片土地上自19世纪中叶以来100多年时间里来发生的"太平天国起义"、"刘永福抗法"、"镇南关大捷"、"陆荣廷讨袁"、"孙中山桂林誓师北伐"、"韦拔群农民运动"、"百色起义"、"湘江血战"、"抗战文化城"、"桂林保卫战"、"广西解放"、"广西剿匪"、"广西壮族自治区成立"、"中国—东盟博览会"、"北部湾开放开发"等重大历史事件，作了生动真实的艺术再现，包容了历史演进的时序与重大历史场景的细节，呈现出强烈的历史震撼力和审美感染力。所谓历史画卷、历史场景再现，站在展览大厅的这39幅巨作面前，给人真切感受。

（二）杰出历史人物的生动塑造

历史是人民创造的。每一个重大事件里面，都离不开杰出人物的思想与行动。广西近现代史上涌现过太平天国将领、冯子材、刘永福、韦拔群、李宗仁、李济深、梁漱溟、雷沛鸿等杰出人物，他们是广西历史的重要创造者和代表性人物。塑造好一批杰出历史人物，对完成广西近现代重大历史题材美术创作工程至关重要。美术家们对这一点非常重视。他们深掘史料，细读档案，仔细揣摩历史人物的心理轨迹和精神气质，一遍遍地设计草图，多方征求意见，反复修改作品，努力创作出体现历史精神、表达人物本质的人物形象，最终取得了人物塑造上的突出成果，人物塑造令人赞叹。《李宗仁在台儿庄》中的李宗仁形象，挺拔直立的身躯，坚毅从容的面容，大义凛然的气质，很好地体现了中华民族反抗外敌侵略的决心与力量；《百色1929——记邓小平、李明瑞、韦拔群、张云逸、俞作豫》里的邓小平、李明瑞、韦拔群、张云逸、俞作豫，《镇南关起义》里的孙中山、黄兴、黄明堂等英雄人物的塑造，个性鲜明，气质不凡，生动感人；《知天有意

启英雄——金田起义》、《尘封——1934 湘江》、《抗战时期桂林文化城》中的群众、战士和艺术家群像，也都各呈异彩，彰显活力，体现了画家精心构思，倾力描绘，力求真实动人的艺术匠心，构成具有强烈震撼力的艺术画面，取得了良好的艺术效果。

（三）历史精神的凝聚与洋溢

广西各族人民在长期的发展过程中，和睦相处，合作交融、团结互助，形成了一种和谐安宁的生存状态与生态环境；在风云变幻的历史长河中，为维护祖国的安全和边疆的稳定，做出了巨大的努力和独特的奉献，磨炼出了开放包容的内在素质，并始终如一地以创新争先的作风与劲头，推动着广西的进步与繁荣。千百年来，广西各族人民为中华民族的崛起和发展，作出了巨大的牺牲与伟大的贡献，其业绩和精神，辉映山川，永载史册。

广西重大历史事件及其活跃其间的杰出历史人物，是广西历史的代表，凝聚着广西生存发展的逻辑和广西人民的品质与精神。广西近现代重大历史题材美术创作工程抓住广西近现代史100多年中重大历史事件进行艺术呈现，其成果不仅只是展示了历史的外貌，展示了美的创造，更是凝聚了历史的精神，凸显了人民的创造。画幅中那一个个历史细节的真实展示，一个个历史人物的生动表现，无不洋溢着历史的本质，弥散出广西文化精神的魅力。大写的历史，大写的人，在这些宏大巨制里定格，千秋传扬。

三、重大意义

广西近现代重大历史题材美术创作工程取得巨大成就，具有多方面的审美价值和文化意义。

（一）有力提升广西美术创作的艺术品质与社会影响

一是打造出一批广西美术精品。广西近现代重大历史题材美术创作工程是广西美术史上最大规模的美术创作工程。经过将近三年的努力，广西美术界创造了一批成就卓著、风格独特、内涵深邃，艺术质量相当高的美术作品，堪称精品力作，成效显著。广西文联主席潘琦对此作出高度评价：“这次创作的39幅作品，都堪称广西美术创作经典之作。它标志着广西美术创作水平达到了一个新的高度。”这些美术精品，将在广西美术馆、广西博物馆、广西图书馆、广西人民会堂等重要场馆和会址收藏陈列，成为流传后世的珍贵文化遗产。

二是提升了漓江画派品牌的品质。漓江画派是广西文化界打造的艺术品牌，是广西美术事业的一面旗帜，广西美术创作的总概称。近十年来，漓江画派走向全国，走进欧洲，走进东盟，为广西文化建设和国际文化交流做出贡献。漓江画派以山水画、风景画、人物画为主要内容和艺术特色。如今，广西近现代重大历史题材美术创作工程的实施和完成，对打造漓江画派品牌，提升漓江画派的品质和影响上具有重要意义。全部39件作品，以历史画形态，增添了漓江画派的画种；以厚重的历史内容，扩充了漓江画派的内涵；以创新的艺术表现，提升了漓江画派的品质；以优异的艺术效果和较大的社会声誉，提升了漓江画派的艺术魅力和社会影响。漓江画派由此更具实力和影响力。

三是重大历史题材创作形成了广西美术史的重大突破。广西是世界著名的山清水秀之地，养育的山水画最有成就和影响。然而，广西在历史画创作方面却少有建树。此次广西近现代重大历史题材美术创作工程，以一批厚重扎实的历史画精品，形成了广西美术史上的重大突破。它填补了广西美术史的空白，提升了广西美术创作的艺术水平，完善了广西美术体系建构。

四是增强了造型艺术服务社会的功能。广西近现代重大历史题材美术创作工程是广西美术家服务社会，促进文化建设的具体实践和艺术贡献。它使美术品不仅仅在美育教育、美化环境等方面发挥作用，而且在传播历史，弘扬民族文化，服务精神文明建设上发挥作用，并且直接推动着广西文化大发展大繁荣和民族文化强区建设。

（二）生动展示广西文化创造活力

广西近现代重大历史题材美术创作工程的实施与完成，生动展示了广西人民的文化创造活力。首先，这39幅作品，真实展现了历史上广西人民的创业伟绩和创造活力。《桂东晨曦——1925·中共梧州干事会成立》、《百色起义》、《广西大学的创办》、《抗战时期桂林文化城》、《广西壮族自治区成立》、《云山晨岚——龙滩水电站》、《沸腾的平果铝》、《中国—东盟博览会》、《北部湾开放开发》等历史大事件，都是广西人民在波澜壮阔的历史进程中的伟大创造，体现了广西人民创新争先的精神风貌。其次，这批作品，清晰展示了广西美术界艺术家们在改革开放大潮和文化体制改革中焕发出来的强大的文化创造活力。他们以高度的敬业精神、宏大的艺术思维、独特的艺术形式、高超的艺术表现力，生动凝练地绘制出再现广西近现代史100多年历史风云和杰出人物的美术精品，完成了广西文化史上一次杰出的艺术创造，给八桂大地上，增添了不朽的艺术光华。最后，生动揭示广西地域文化所蕴涵的强烈的文化创造活力。广西历史悠久，几千年来，广西人民在八桂大地上创造了稻作文化、铜鼓文化、花山文化、山水文化、海洋文化、民族文化、红色文化、学术文化、艺术文化以及以广西精神为标志的精神文化。广西地域文化，是广西人民千百年来文化创造活力的结晶，也是今天我们开创新的文化创造的不竭源泉。

（三）成功建造弘扬广西精神的形象载体

2011年11月，郭声琨书记在广西第十次党代会报告中提炼概括出了十六字的广西精神——“团结和谐、爱国奉献、开放包容、创新争先”。广西精神，是广西各族人民在长期的社会实践中所创造的精神文化，是中华民族精神和时代精神在广西的具体表现，是广西各族人民用几千年的历史所熔铸成的优秀的民族文化传统。进一步弘扬广西精神，将给我们的事业注入强大的发展动力。

广西近现代重大历史题材美术创作工程是广西文艺界学习践行广西精神的一次重要行动，取得丰硕成果。它形象再现广西人民光辉的斗争历史，鲜明展示“团结和谐、爱国奉献、开放包容、创新争先”的广西精神，充分表达广西人民创造辉煌历史的力量和建设美好未来的心愿，是开展爱国主义和乡土教育的生动教材，是弘扬“广西精神”的形象载体，对于引导人民群众增强自尊心、自信心和自豪感，激励人们以更加创新争先的精神状态投入到富民强桂新跨越、实现全面小康社会的伟大征程，作用显著，意义重大。这正如马飚主席所说：要“进一步发动驻邕机关干部、企业职工、社区居民、青少年学生等参观广西近现代重大历史题材美术创作工程作品展，并要在全区组织巡展，把组织参观展览与当前正在开展的学习践行‘广西精神’、‘和谐建设在基层’和‘感恩教育’等活动紧密结合起来，进一步加强爱国主义教育、革命传统教育和民族团结教育，引导广大干部群众增强自尊心、自信心和自豪感，鼓励大家以更加奋发有为的精神状态投入到实现富民强桂新跨越的伟大征程中”。

广西美术家的成绩可喜可贺，广西文艺事业必将更加繁荣发达。

（作者李建平系广西社科院文史研究所所长、研究员，广西文艺理论家协会副主席）

海南省

美术院校

王彬同学《随“意”赋彩》油画写生作品展

2012 年 5 月 9 日，由海南师范大学美术学院主办的王彬同学《随“意”赋彩》油画写生作品展，在逸夫艺术楼一楼展厅开幕。出席开幕式的领导和嘉宾有：海南师范大学教务处梁广处长，美术学院院长张梦教授，海南省美术家协会副主席、美术学院副院长周建宏副教授，海南省美术家协会副秘书长符嘉臻。

此次作品展是美术学院 2008 级美术学专业油画班王彬同学四年来努力的结果，每幅作品都凝聚着他自己辛苦的付出，在老师们的精心指导和美术学院领导的大力支持下，此次展览获得了学院老师和同学以及同行专家的好评。王彬同学的作品展览，是他艺术生涯第一个盛装出演，既是他漫长求学之路的一个小结，也是他即将走入社会的开始。展出的 53 幅作品继续接受师长和同行们的点评，他本人也享受到辛苦劳作后收获的幸福。

此次作品展时间为 5 月 9 日至 13 日。

“绘”声“绘”色　享受不一样的视觉盛宴

——海南师范大学美术学院 2012 届毕业生作品展在省博物馆举行

2012 年 5 月 23—27 日，海南师范大学美术学院 2012 届毕业生作品展暨第二届“学院奖”优秀作品展在海南省博物馆举行。此次展出的作品近 200 件，包括本科生和研究生，涵盖了油画、国画、综合材料、雕塑、平面设计、环境艺术设计、服装设计、展示设计等多个专业门类。共有 50 多件作品获得了“学院奖”，其中有 6 件金奖：美术类 4 件，设计类 2 件。

展览是由海南师范大学和海南省美术协会联合主办，海南师范大学美术学院承办的。海南省教育厅助理巡视员李德杰，中国书法家协会副主席、海南省文联专职副主席、海南省书法家协会主席吴东民，中国美术家协会理事、海南省文联副主席、海南省美术家协会主席陈茂叶，中国美术家协会理事、海南省美术家协会驻会副主席兼秘书长阮江华，海南省美术家协会副主席丁孟芳、齐英石、陈奕文，海南大学艺术学院副院长张志强、钟恒，海南师范大学党委书记林北平、校长韩长日、副校长杜明娥和美术学院的相关领导及学生出席了展览的开幕式。

开幕式上，海南省教育厅助理巡视员李德杰作了讲话。他指出，此次展览不仅展示了海南师范大学学生杰出的创作水平，同时也展示了学校重视应用教育和学生的实践培养方面的结果，对海南省文化事业的发展定会起到积极的作用。他期望海南师范大学能继续努力，争取更大的进步，为海南省的经济建设和教育事业培养出更多的优秀人才。

省美协主席陈茂叶发表致辞。他指出，海师美术学院这次展览集中体现了四年来，海师在美术基础教育、学科、特色专业建设和专业拓展等方面所取得的成绩，这些成绩必将成为促进海南省美术发展，加强国际旅游岛建设的推动力量。此次活动不仅提升了海南的文化品位，为海南建设国际旅游岛注入了新的文化内涵，同时对海南艺术教育的学术探索和长远发展起到了积极的带动作用，是一笔不可多得的财富。

海南师范大学副校长杜明娥在开幕式上致辞。她首先介绍了美术学院最近几年的显著成就，并肯定了美术学院为海南美术事业所做的积极贡献。她指出，此次展览，是海南师范大学艺术教育的一个缩影，也是 2008 级毕业生四年来辛勤努力的结晶。这不仅仅是一次展示，还是一次学习和交流的机会，同时也为兄弟院校、社会各界人士搭建了一个良好的美术交流平台。最后，杜副校长预祝此次展览能取得圆满成功。

开幕式后，与会领导和美术学院 300 余名师生观看了展出的作品。林北平书记认真地观看每一幅作品，耐心倾听作者的讲解，不时与同行的师生交流，对同学们的作品大加赞赏。他提议，设置一个专门区域将这些作品保存起来，留在母校作纪念，会很有价值，而那些具有海南特色的作品如黎锦面具，则可以想办法打造成品牌，形成能产生价值的产品。

“汉风画语”——刘炜东书画艺术展在海南师范大学开幕

2012 年 12 月 18—23 日，“汉风画语”——刘炜东书画艺术展在海南师范大学邵逸夫艺术楼开幕。海南省人大教科文卫工作委员会主任、海南省九三学社书画院院长颜家安，海南师范大学校长韩长日，海南省书协副主席吴永雄，河南省中国书画院负责人出席开幕式。海南大学、琼州学院等高校的专家、学者，以及书法美术界、收藏界等各界来宾参加了开幕式。此次展览由海南师范大学与海南省九三学社书画院联合主办，海南师范大学美术学院承办。

开幕式由海南省九三学社秘书长龚沛星主持，刘炜东先生在开幕上致辞，海南省九三学社书画院院长颜家安、海南省书协副主席吴永雄分别作了重要讲话。

开幕式上，刘炜东先生向海南师范大学美术学院捐赠了图书，并向海南师范大学美术学院捐赠了他的书法作品一幅，海南师范大学校长韩长日向刘炜东先生颁发了客座教授聘书。

刘炜东先生现任中国书法家协会会员，中国汉画学会会员，河南省中国书法院副院长。他从事古文字研究及书画研习、创作多年，各种书体广泛涉猎。近年来，刘炜东先生致力于对商周金文、中国汉画像砖石拓片和北朝、隋、唐、宋民间藏志拓片的收藏与研究，出版《汉画拓本精品题跋》、《中国民间藏志识读》（上下册）、《郙道元孟门山三峡草书卷》、《米芾佛家语行书卷》、苏轼《题王铣烟江叠嶂图》行楷长卷、《龙虎图题跋》长卷及《刘炜东书法作品集》。

此次展览共展出刘炜东先生的真、草、隶、篆等各种书画作品 63 幅，以及汉碑拓片题跋等。

海南师大美院承办《油画写生与创作研究论谈》讲座

2012年12月25日，由海南省美术家协会主办，海南师范大学美术学院承办的《油画写生与创作研究论谈》讲座在海南师范大学艺术楼音乐厅举行。辽宁师范大学美术学院硕士研究生导师谷钢教授以及美术学院广大师生参加此次报告会。此次讲座围绕“油画写生与创作研究”展开。讲座由美术学院张梦院长主持。

讲座在张梦院长饱满热情的讲话中拉开序幕，首先由张梦教授对谷钢教授作简单的介绍，对谷钢教授在油画上所取得的成就及其参加的画展和出版的画册做了扼要的讲解。

报告会的第二部分由谷钢教授用生动、质朴的语言对油画写生与创作的关系及其重要性展开了热情洋溢的讲解。一、通过展示自己历年来写生、创作精品，来强调写生在油画创作者艺术生涯中的重要性，并指出对自然的取舍是学生面对自然景写生的一大难题。二、在油画艺术形式语言方面的表现中，强调写生创作中要抛开个性语言的羁绊，注重内心感受，使作品充满真情流露的勃勃生机。三、在日常的生活学习中要多欣赏古今中外大师的优秀作品，多思考，养成抓住瞬间灵感的思维习惯，放弃功利心态。四、强调写生的不间断性，他指出现代许多美术写生基地的设施不是很完善，条件有所欠缺，但年轻人应该克服客观条件，把写生培养成一种兴趣和爱好，量的积累才能成就质的飞跃。五、用简洁直白的语言对油画写生与创作的主观与客观、感性与理性关系进行分析。最后结合自己历史题材创作的《大庆人》、《毛泽东在延安》、《我们都是神枪手》等作品做了详细的讲解。

谷钢教授就《油画写生与创作研究论坛》做了精彩而不失风趣的讲解，得到了全体师生的一致好评。

张梦院长在最后总结发言中表示，谷钢教授的讲座使我们对油画写生与创作的关系及其重要性有了更加明晰的认识，希望同学们能在以后写生或者创作中注意中吸收谷钢教授所讲的精华，并期待能再次聆谷钢教授的精彩演讲 。

书画院

海南民进开明书画院成立仪式在海口举行

2012年8月20日，海南民进开明书画院成立暨揭牌仪式在海口举行，全国人大常委、民进中央副主席兼秘书长、民进中央开明画院常务副院长朱永新，海南省政协副主席、民进海南省委主委史贻云，中共海南省委统战部副部长、省工商联党组书记田德毅，民进海南省委副主委李格明、董德标，中国书协会员、海南省书协顾问、海口书协名誉主席杨毅等领导出席揭牌仪式，省人大常委、民进海南省委专职副主委王传荣主持仪式。

李格明副主委宣读了《民进海南省委关于成立海南民进开明书画院的决定》，海南民进开明书画院名誉院长为史贻云、王传荣，聘请吴东民、王家连、杨毅等7名为艺术顾问，任命林尤葵为院长，吉军等4名我会书画家会员为副院长，李桂云等15名为理事，吴书生为秘书长，王名召、陈容为副秘书长。

董德标宣读了民进中央社会服务部、民进中央开明画院的贺信，民进中央对海南民进开明书画院的成立表示热烈祝贺。希望进一步发挥文化艺术界会员的作用，大力开展公益性文化活动，为繁荣发展海南地域文化，为统一战线倾心打造“同心品牌”作贡献。

史贻云在致辞中，代表民进省委向莅临仪式的各位领导和嘉宾表示热烈的欢迎和衷心的感谢，他指出，海南民进开明书画院的成立为全省各级民进组织和书画界会员搭建了一个服务科学发展、服务和谐社会建设、服务和促进社会主义先进文化繁荣的好平台。他希望书画院要为海南国际旅游岛的文化建设添砖加瓦，为统一战线倾心打造“同心品牌”，为社会主义先进文化的大发展、大繁荣，为坚持和完善中国共产党领导的多党合作与政治协商制度做出贡献。

朱永新作了热情洋溢的讲话，他衷心希望民进海南省委、海南民进开明书画院以成立大会为新起点，秉承“开来而继往，明道不计功”和“惟愿文教敷，遑顾心力瘁”的开明精神，深入学习贯彻中共十七届六中全会精神，精心打造富有海南地方特色的“文化统战”品牌，为海南国际旅游岛的文化建设和社会主义先进文化的大发展、大繁荣做出贡献。

朱永新、史贻云等领导为海南民进开明书画院院长、副院长、理事、秘书长颁发了聘书。随后，海南民进开明书画院院长林尤葵致辞。

朱永新、史贻云、田德毅和王传荣等为书画院进行了揭牌。

民进海南省委常委、各专委会委员、新会员近200人参加了海南民进开明书画院成立暨揭牌仪式。

京琼两地书画家 挥毫泼墨喜迎党的十八大

2012年10月7日，北京、海南两地著名书法家、画家代表在海南书画院举行创作交流笔会，喜迎党的十八大 。

活动现场书画家们挥毫泼墨现场创作，书写毛主席诗词、书画国花牡丹等。中国书画院院士袁术，海岛书画院院长刘文斌，文昌宋庆龄书画院院长林明贤，海南诗书画联合会理事王其兴，海南省美术家协会理事缪一萍等书画家，共同创作“江山如此多娇”书法作品。著名书法家黄开育还展示了2112.19米长的书法册页，其内容为毛泽东著作以及诗词。

这次书画交流笔会由海南阳光书画院主办，文昌宋庆龄书画院协办，旨在以中华书画作品歌颂党的丰功伟绩，迎接党的十八大胜利召开。

美术家协会

海师大教师举办个人画展 用中国画展示海南风光

2012年6月18—24日，海南师范大学美术学院教师韩潮在海师逸夫楼举办个人画展，共展出自己的中国画作品46幅，他的作品主要以展现海南美丽的风景为主。

韩潮，自东北师大毕业来海南师范大学工作近十个年头，坚持美术创作的探索和实践，以创作推动教学的提高，于2009年考取了硕士研究生，在读研期间认真思考，勇于实践，创作了一批以表现海南山水和花卉的国画作品。孜孜以求作品能在形式上 和内涵上与海南山水的契合，韩潮在大学期间研究的是北派山水，但后来被“龚贤”山水艺术所吸引，并进行了大量的临摹，逾三百幅。他的代表作《水满乡气象》、《琼南晨翠》、《霸王秋色》等一系列作品表现海南中部地区的风貌。

韩潮是2003年来海南教学的，对海南已经有了深厚的感情，这里的山水、树木、花鸟时时感染着他，每展画纸，　恐不尽其精。为了更好地表现海南特有的风貌，他多次深入到保亭、五指山、陵水等地考察写生搜集素材，主攻中国画，以山水见长。展出的作品都是他近两年画的，主要目的是对自己研究生学习成果的阶段性总结，同时又能更好地加强与同行的沟通和交流。

“海南的风景实在太漂亮，我还要继续挖掘，把海南独特的美展现给大家。”韩潮说，他觉得海南还有许多漂亮的风景还没有被大家发现，画家们还没有机会展现给大家看，他下一步的目标就是深入到海南各个地方，将海南原始的美景记录下来，通过中国画的方式展现给大家欣赏。

此次展览由海南美术家协会主办，海南师范大学美术学院承办。

海南省2012年第十二届青年美术设计作品展

2012年8月10—12日，海南省2012年第十二届青年美术设计作品展在海南省博物馆开幕。

此次大展以“弘扬传统文化、倡导艺术独创性”为主题，主办单位经近半年时间，征集海南省青年美术家作品共计400余件，评选出213件作品展出。这次送来参展的作品数量众多，从画的品种看，有油画、国画、水彩画、水粉画、岩彩画、装饰画、钢笔画等；从画的题材看，有人物、风景、静物等；从画风上看，除个别之外，多为写实作品，即使有些作品具有抽象的元素，也基本上属于写意的具象范畴；表现了海南独具特色的生活和环境之美。参展的作品彰显独特的艺术风格及个性魅力，题材不仅有传统的表现形式，而且出现了对现实社会焦点问题思考和关注的作品，从思想深度、文化理念的层面上，用绘画艺术这种形式，倾诉着每个作者情感世界里真实的色彩——对真善美的追求、歌颂，对假恶丑的抨击和鞭挞。

为了鼓励视觉艺术更好地走向现实生活，走向实用；这次美展还特别吸收了美术设计作品36件参展。这次美展的策划，完全是秉承着青年美协向来的宗旨，鼓励多元，鼓励竞争，采取的是全方位的开放态度。这是我省青年美术家们艺术水平的一次集中性展示。希望通过举办大展来关注海南省青年美术设计领域当前的热点问题，引导海南青少年美术设计事业的健康发展，并且通过大展的作品评选展览，关注民生、关注环境、关注现实。不少海南美术界的同行及美术爱好者和椰城观众前来观展。

组织此次画展虽然是海南省青年美术家协会的年展，但组织这么多作品确实不容易，评审专家们根据本着公平、公开、公正的原则，对选送作品进行了初评、复评和终评，评选出入选作品204件参展并结集出版；其中含特邀作品15件在内，美术类作品168件，设计类作品36件；特别是，本次评选出了金奖作品（2件）、银奖作品（6件）、铜奖作品（9件）、优秀奖作品（34件）、学术奖作品（6件）。特别是按15%比例控制的57件获奖优秀作品，质量较高这更是来之不易。

海南青年美术家克服诸多不利因素，坚持贴近实际，贴近生活，贴近群众，开展群众性美术活动，努力做先进文化的促进者和建设者；加强对外文化交流，做正确文艺导向的坚持者和实践者，成为美术事业的创新者和发展者，使一个充满学术精神、时代气息浓郁的艺术创作成果，呈现在我们面前，这次画展可谓是一场视觉盛宴，倾注了海南青年美术人的孜孜努力。这次展览的举办为我们提供了一次难得的学习机会，对于提高海南青年美术创作水平，繁荣发展海南文化美术事业，进一步调动全省广大美术工作者的积极性和创造性，具有十分重要的意义。

此届展会是由共青团海南省委员会、海南省文化广电出版体育厅、海南省青年联合会、海南省美术家协会、海南省青年美术家协会联合主办；天涯美术网、德国古桥出版社、德国席勒画廊、海口花样年华字画工艺城协办。

第二届海南省青年美术作品展开展

第二届“琼台杯”海南省青年美术作品展开幕式暨颁奖仪式，2012年11月27日在琼台师范高等专科学校美术馆举行。此活动开创了海南省高校与政府、社会行业携手培育人才的新模式。

此次画展的120多幅作品，是从数百件作品中精心挑选出来，可谓百花齐放、异彩纷呈，较为全面地展示了海南青年学子艺术创作的总体水平。

此次活动由省文联、省美术家协会、琼台师专、屯昌县委宣传部联合举办，开创了高校与政府、社会行业联合培育美术人才的新模式，旨在打造具有较大影响力的省级青年美术作品展示和交流平台。

副省长林方略出席开幕式。

海峡两岸名家书画展海口开幕

“山海传情 2012海峡两岸(海南)名家书画展”8月22日在海南省博物馆开幕，展出80多幅大陆和台湾名家作品。

中国工笔画学会名誉会长林凡，中国书协副主席言恭达、陈振濂、吴东民，理事王岳川，中国画学会副会长高云，中国美协理事王书平，国画大师张大千嫡传弟子、国家一级美术师杨铭仪，台湾著名艺术家罗彩琴、孟昭光等书画艺术作品都在此次展览中展出。

言恭达先生的41米大草长卷《世纪脊梁》、林凡先生的代表画作《绿萼冰魂》等名作也“惊艳”亮相。

在21日举行的系列活动之一“山海传情 情动海南”交流笔会上，莅临海南的艺术家们共同创作了《山海情》9米长卷，表达海峡两岸艺术家对祖国的热爱。言恭达题七言诗“岭海传情月笼纱，丹墀醉彩墨风华。何当一统中兴日，两岸又开吉庆花”贺海峡两岸山海传情、共享时代风华。

23日至26日，两岸艺术家深入海南农垦原生态黎族、苗族风情村、槟榔谷、橡胶林等场区，感受绿岛风情，写生创作。

此次活动由海南省台办、海南省文体厅、海南省文联、海南省农垦总局、两岸经合(北京)文化交流中心共同主办，海南紫宣文化发展有限公司承办。

“传承·发展”陈桂香教授工作室学术邀请展

2012年6月19日，“传承·发展”陈桂香教授工作室学术邀请展在海南博物馆举行，共展出陈桂香教授与学生吴东民、阮江华、黄信驹、周铁利、侯静红、康字慧、钱景卫、韩燕、黄晶的作品九十九幅，为海南人民奉献了一道艺术大餐。

开幕式上，海南博物馆隆重举行收藏陈桂香教授2012年油画作品《五指山小妹》的收藏仪式。海南博物馆馆长丘刚表示：“海南博物馆收藏陈桂香教授的《五指山小妹》油画作品是弘扬海南本土文化的一个体现。”

陈桂香教授是到海南大学最早任教的老师之一，她创作了一大批反映海南人民生活的油画作品，先后在国内外举办画展，并得到美术界名家邵大箴、闻立鹏、徐虹、张少侠等教授的赞誉。

陈桂香教授桃李满天下，第一批学生中包括中国书法家协会副主席、海南书画院院长吴东民，中国美术家协会理事、海南省美术家协会副主席兼秘书长阮江华，海南省美术家协会副主席黄信驹，海南省油画学会常务副主席周铁利，这五位学生已经是具有全国影响力的书画名家。第二批学生中的侯静红、康字慧、钱景卫均是大学老师，和他们的老师陈桂香一样教书育人。第三批学生中的韩燕、黄晶是陈桂香在海南大学的研究生，其中韩燕更是万众瞩目备受关注的亚洲小姐。

这次邀请展是由海南大学艺术学院、海南省美术家协会和海南省油画学会主办的，展览至24日。

陈桂香现为海南大学教授、学术委员会委员、硕士生导师、日本东京艺术大学客座研究员，海南女画家协会主席，海南美术家协会副主席，中国美术家协会会员，中国油画学会会员，新画网签约画家。

陈桂香作为现代表现主义的先锋，极端个性化艺术家的典型，陈桂香更强调她对事物的自我感受，而不仅是她所看到的视觉形象，她大胆追求线条和色彩自身的表现力、不拘一格、随心所欲表现自我的需求。作为一位用生命创作的女画家，陈桂香将自身的主体创作意识，内心的情感意识与东西方绘画的元素，加以巧妙融汇。自然、现实、真理，但凡艺术家能力表现之深刻内涵，陈桂香对这些内涵、观念特点有自己独特的表现形式、自成一格、不落窠臼、清晰明确。陈桂香创作的作品无不以强烈的视觉刺激和急速蜿蜒的粗大笔触，使整个画面具有一个紧张的运动感，同时又是那样和谐、优雅甚至细腻。单纯而又强烈的色彩中充满了智慧和灵气。陈桂香似乎是在一种激情四溢的状态下作画的，她炽热的激情与表现技巧和谐地统一在一起，从而使人被那激动人心的画面效果所感应，心灵为之震颤、激情也喷薄而出。

展览展示

“海南风”——海南画家巡回展

香港云峰画苑于2012年10月20日—11月1日举办“海南风”——海南画家巡回展，是次展览共展出王昌楷、刘贵宾等七位著名海南画家的作品，一共五十多幅。其作品洋溢着海南的风土人情，为观众带来视觉享受之余，还有忙里偷闲的写意。

海南省位于中国的最南端，是香港人喜爱的度假天堂。那里四季皆夏，堪称南海明珠。“海南风”画展精选了海南老、中、青三代优秀画家近年的代表作品，这些画家当中，有长期旅居海南的王昌楷、刘贵宾两位艺术大师，也有到海南工作生活多年的徐麟、刘培军，更有海南本土画家周铁利、王锐、曾周，他们用手中的笔墨恣意挥洒，把对海南的珍爱融进不同风格的作品之中——寄情于五指山的茂密雨林；或点缀卧满霞光的亚龙湾；或捕捉渔家姑娘的绰约神采；或勾描甘甜欲滴的果实，深爱渲染在画布宣纸之间，乡情流动在独特的线条之中，显示出的是海南国际旅游岛的自然之美、人情之美 。

“海南风”画展由香港云峰画苑、南方出版社、海南美丽道艺术中心联合主办，出席剪彩的嘉宾有：香港中联办宣传文体部部长高级助理米继红女士、中国画学会创会理事王秋童先生、香港画家联会会长陈嘉义先生、香港水彩画研究会会长沈平先生、香港油画研究会会长林鸣岗先生、中国著名油画家王昌楷先生、香港云峰画苑董事长郭浩满先生。

重庆市

美术院校

川美油画系第19届学生作品年展及全国高等艺术院校油画学会联盟第二次会议暨油画教育研讨会

2012年3月21日，“全国高等艺术院校油画学会联盟第二次会议暨油画教育研讨会”在四川美术学院CAEA美术馆举行。全国十大美院的资深油画系教授一一出席，年展旨在对川美油画能够在传承中以更宽广的文化视角来审视艺术创作与教育结构上的探讨，从文化的大背景中提出具有独立品质的艺术思考。

“川美油画系学生作品年展已经走过了20多年。我们发现这个活跃、充满生气的川美油画群体正在进入历史，成为历史。我们期待川美油画的创作在不断更新的维度中慢慢鲜活起来。”四川美术学院党委常委、副院长庞茂琨在年展讲话中表示。

四川美术学院在展览举办期间召开的学术研讨会，主要针对艺术教育如何培养学生与时代同步的创造性思维能力和创作智慧；以及当代艺术、当代绘画所不断更新的差异与变化等现实问题展开讨论。

在此届的学生作品中，学术专家们发现许多年轻学子开始从自我反省出发推演到人与社会、人与文化、人与媒介的多维互动关系，并围绕这几个核心问题展开思考。可以说，通过不断对差异性思维的架构，逐步启发他们回到日常生活去开拓艺术新的思维空间。

“看：古法书名画的本来面目”展在四川美术学院开展

2012年3月27日，“看：古法书名画的本来面目”展在四川美术学院开幕。该展览由四川美术学院图书馆、美术学系、中国画系主办。学校党委副书记左益、副校长张杰、纪委书记苟欣文以及教务处副处长傅舟等相关部门负责人出席开幕式。

副校长张杰为开幕式致辞，他对图书馆、美术学系、中国画系合作的“古法书名画祛除鉴藏款印恢复原貌”的教学科研项目给予充分肯定，认为这个项目对国画的临摹教学和美术史的研究有重要意义和积极的影响。

此次展览共展出110件作品，其中55件为祛除了鉴藏款印恢复原貌的古书画，另外55件为对应的未祛除鉴藏款印的高仿真复制品。因此这是一个有关古书画的并列对照展览。

这种展览的形式缘起于四川美术学院倪志云教授的“古法书名画祛除鉴藏款印恢复原貌”的创意。他认为：历史上流传下来的名作珍品，几乎都有历代收藏者钤盖的印章或题款。有的书画原作的留白其实是作品构图的一部分，但有很多也被大大小小的印章和题款填满，这是对作品原貌的污损。基于这样的想法，倪志云便萌生了将古法书名画上的鉴藏款印祛除的创意。这个创意很快得到副校长张杰、中国画系系主任傅仲超、副主任查明和刘明孝等的肯定和支持，他们也认为这种想法对国画的研究和教学有重大意义，同时能启发美术史学者重新认识传统艺术。

此次展览是继2012年元旦北京展览后的第二场展览，也是“看：古法书名画的本来面目”走进校园巡回展的第一站，接下来对照展还陆续在其他高校举办。

一年一度的艺术盛宴2012“开放的六月——川美艺术游”

2012年6月1日，2012“开放的六月——四川美术学院艺术游”开幕式在大学城校区虎溪公社隆重举行。四川美术学院党委书记黄政主持开幕式，校长罗中立致开幕辞，重庆市教委主任、市委教育工委副书记周旭出席了开幕式并发表重要讲话。

开幕式上，市教委主任周旭，市委第一巡视组组长程真祥，市公安局副局长、消防总队队长傅纪成少将，市委宣传部巡视员张耀府，市文广新局副局长李廷勇，沙坪坝区区委常委、宣传部长林平，校外专家代表、吉林艺术学院副校长郭春芳教授，市文联主席、市美协主席、四川美术学院校长罗中立教授为开幕式剪彩。

出席开幕式的领导和嘉宾还有：重庆市文联党组成员、副主席杨矿，沙坪坝区委常委、西部新城管委会主任杨邦维，四川美术学院特邀来校参加毕业作品评审活动的校外专家组全体成员以及四川美术学院全体党政领导。学校各职能部门、各教学单位负责人及师生员工参加了开幕式，出席开幕式的领导和嘉宾亲临各展场参观了展览。

当日晚上同时举行的“墙体影像秀——能量箱”2012届影视动画学院戏剧影视美术专业本科生、研究生影像类毕业作品展映和严琴服装个人秀等精彩活动，吸引了广大师生、周边市民、大学城其他院校师生及多家社会媒体的广泛关注。

6月1日至15日，国画系、油画系、版画系、雕塑系、建筑艺术系、影视动画学院的本科生、研究生毕业创作展，以及美术教育系绘画类、新媒体艺术系的本科生创作展在大学城校区虎溪公社全面开展。全开放的艺术游活动，为社会各界及广大市民带去一场饕餮艺术盛宴，让市民们能够近距离接触艺术，享受耳目一新的艺术体验。

“吾土吾民系列油画邀请展”西南展工作会议在川美召开

2012年7月1日，中国美术家协会油画艺术委员会一行九人，由中国美协油画艺委会主任、中央美术学院朱乃正教授带队，莅临四川美术学院，与广西省美术家协会、四川省美术家协会、贵州省美术家协会、云南省美

术家协会、重庆市美术家协会代表一起，在四川美术学院大学城校区召开了为期近两天的“吾土吾民系列油画邀请展”西南展工作会议。

7月2日，朱乃正主任，中国美协油画艺委会副主任、鲁迅美术学院宋惠民教授，中国美协油画艺委会副主任、西安美术学院院长王胜利教授，“吾土吾民系列油画邀请展”学术主持人、加拿大哥伦比亚大学曹星原教授，中国美协油画艺委会副主任、中国美术学院杨参军教授，中国美协油画艺委会副主任、秘书长、中央美术学院张元教授，中国美协油画艺委会副主任、北京画院副院长雷波，中国美协油画艺委会秘书萧煌及胡西丹，以及三省一市美协代表一行，先期参观考察了学校新校区校园建设、油画系系科建设以及虎溪公社庞茂琨、翁凯旋、李强三位教授的工作室。

“吾土吾民系列油画邀请展”西南展工作会议在学校二会议室召开。中国美协副主席、重庆市美协主席、四川美术学院校长罗中立教授首先为工作会与会代表致欢迎辞，向中国美术家协会油画艺术委员会对西南创作群体的重视以及各省美协为“吾土吾民系列油画邀请展”西南展所做的工作表示感谢。重庆市美协副主席、四川美术学院副校长庞茂琨教授介绍与会来宾，工作会由中国美协油画艺委会张元秘书长主持。

朱乃正主任在工作会上指出，“吾土吾民系列油画邀请展”是中国美术家协会油画艺术委员会根据中国文化现况，调整展览方式，调动更多艺术家参与的全国性美展新的重要形式。展览以阐扬中国油画的“中国性”作为在21世纪初的重要文化课题，决定通过三至五年时间，选择全国六个代表区域，举办“吾土吾民系列油画邀请展”和学术研讨会，对中国油画的发展进行研究，把脉中国油画的文化走向。目前展览已先后在西北、东北、江南地区展出，计划于2013年5月在广西进行西南展区的展示。

“吾土吾民系列油画邀请展”学术主持人、加拿大哥伦比亚大学曹星原教授，从“西方油画重要美学命题”、“西方的写实·中国的写真”、“西方的现代追求——对东方的借用”等方面切入，结合西北、东北、江南展区的展出代表作品，向与会代表阐释“吾土吾民系列油画邀请展”的展览主旨。

工作会第二项议程在广西省美协、四川省美协、贵州省美协、云南省美协、重庆市美协的支持下，确定了西南展区在广西进行首展的具体事宜，以及陆续在云南、四川进行巡展的计划。

中国美协油画艺委会王胜利副主任认为，与以往展区不同的是，“吾土吾民系列油画邀请展”西南地区的展出体现出新特点，地区内部的巡展方式展现出深入性。

结合各省美协代表的介绍，工作会第三项议程对西南展区各省美协征集的729件作品，进行了初选评定。经过层层筛选，选出265件作品送交广西，以进入下一阶段的终审及展出工作。

四川美术学院公共艺术学院正式揭牌成立

2012年7月5日，公共艺术学院揭牌仪式在黄桷坪校区隆重举行。重庆市委第一巡视组组长程真祥，市委教育工委委员时琳琳等市级领导，四川美术学院党委书记黄政，校长罗中立，党委副书记左益，副校长郝大鹏、侯宝川、庞茂琨，纪委书记苟欣文，副校级干部罗力，学校各职能部门、各院系党政领导，以及公共艺术学院党政领导、全体教职员工、学生代表和黄桷坪校区各职能部门代表出席了仪式。仪式由公共艺术学院常务副院长沈渝德主持。

在《川美欢迎你》欢快的歌曲声中，各级领导和嘉宾步入会场。仪式正式开始。黄政书记首先宣读了《四川美术学院关于成立公共艺术学院的决定》等相关文件。罗中立校长随后致辞，对公共艺术学院的成立表示祝贺，并对新一届的领导班子寄予殷切希望，期待公共艺术学院办出特色，创造佳绩。

公共艺术学院院长、党总支书记詹培民代表公共艺术学院新一届领导班子和全体师生员工，对各级领导和嘉宾的莅临致以热烈的欢迎和衷心的感谢。他表示，公共艺术学院新一届领导班子将带领全体师生员工开拓创新、锐意进取，努力实现人才培养和文化创意产业双发展，打开黄桷坪校区的新局面。

学生代表方依利表达了自己作为公共艺术学院的一员此时此刻的激动心情，深刻感受到学校的重视和关怀，表示定以实际行动，努力学习，不辜负学校的期望。

最后，出席仪式的领导为公共艺术学院揭牌剪彩。黄政书记、罗中立校长共同为公共艺术学院揭牌。礼花齐放，鼓乐齐鸣，全场响起热烈的掌声。揭牌仪式的圆满举行，标志着四川美术学院公共艺术学院正式成立。

与时代同行——四川美术学院第十一届老同志美术作品展览在重庆美术馆举行

2012年10月9日，由四川美术学院老教授协会、离休委员会、退休委员会、离退休处共同主办的“四川美术学院第十一届老同志美术作品展览”，在四川美术学院黄桷坪校区重庆美术馆拉开帷幕。

重庆市老科学工作者协会会长陈之惠，西部教育促进会会长贾培基，四川美术学院党委书记黄政、党委副书记左益、副校长庞茂琨，老书记刘友柏、高智科、詹培民，重庆市美术家协会副主席、秘书长徐亮，重庆市老年书画会会长彭邦兴，重庆市美术家协会副主席孙汉军，川美老教授协会会长王大同、副会长邹昌义以及公共艺术学院副院长沈渝德、离退休处副处长高兵出席了开幕式。开幕式由邹昌义主持，黄政、陈之惠、王大同、徐亮等先后为展览致辞，贾培基宣布展览开幕。

黄政书记在开幕式上指出，为迎接中共十八大胜利召开和纪念“延讲”七十周年，川美老同志第十一次双年展的开幕具有了重要的主题意义。老同志们对于艺术创作的执著追求和老骥伏枥的精神，催人奋进。关心关爱老司志，就是对传统尊重的具体体现。

王大同会长感谢学校对老同志美展的大力支持。他指出，本次展览让大家看到老川美人的从艺作风，并折射出他们的精神面貌与艺术追求。老川美人始终把对真善美的崇尚作为艺术旗帜，把关注社会和服务大众作为自身责任，把艺术的人民性和永恒性作为目标。

四川美术学院第十一届老同志美术作品展览共展出了47位艺术家的142件作品，作品涉及中国画、油画、水彩粉画、雕塑、陶瓷、版画、设计、摄影等艺术种类。其中的大部分参展艺术家来自各系科的离退休专业教师，也包括着部分文化课教师和党政干部。展览至10月24日。

从四川油画展看四川文化的传承与发展

——川美油画之父刘国枢及同仁弟子成都画展

从20世纪80年代开始，四川油画、水彩画作品为中国美术带来了浓郁的川味和青藏高原气息，以“伤痕美术”和“乡土绘画”轰动世界。刘国枢、罗中立、张晓刚、何多岑、刘明明、王大同、王嘉陵等“四川画派”著名代表人物在20世纪90年代形成了四川油画、水彩画的创新高峰。2001年以后，四川更年轻一代的艺术家崛起，图像时代多元化创作格局形成。四川油画家群体在海内外的声名鹊起，引起社会广泛关注。四川画派代表画家的作品有持续走高的趋势。业内人士普遍认为刘国枢等代表画家的作品增值空间大，收藏价值很高。在此次展览中，我们尝试将四川油画发展历程以时间为轴，以专题的方式来呈现“四川画派”和四川油画的发展脉络，强调地域文化向当代文化发展的进程。呈现四川油画艺术的连续性、多元性、前瞻性的特点，即在展览中较为全面地展现四川油画界老、中、青三代的创作面貌。从某种角度而言，也正是四川油画界新人倍出从而构成了中国当代美术界独特的“四川现象”。

在此，四川首尔迪拍卖有限公司于2012年11月5日重磅推出“时代留痕——川美油画之父刘国枢及同仁弟子成都画展”，让“四川画派”再一次走进我们的生活。这一次我们邀请了刘国枢、王大同、王嘉陵、蔡振辉、刘明明、钟钢、刘勇7位艺术家。刘国枢，被誉为“川美油画之父”，为现代四川及西南油画开创者之一，是罗中立、王大同等一批“四川画派”宗师级代表人物的老师，他为“四川画派”最终形成做出了不可磨灭的贡献。王大同，1957年毕业于四川美术学院并留校任教，培养出诸如罗中立、张晓刚、何多苓等川派杰出人物。他参与四川美术学院的油画专业创建，作品多次获国内外大奖，被艺术批评家誉为“国内外艺术大师”。王嘉陵，四川美术学院油画系资深教授。刘明明，四川美术学院资深教授。蔡振辉，四川理工学院成都美术学院院长。钟纲，成都师范学院教授、美术馆馆长。上述艺术家均为“四川画派”的发展以及中国油画走向世界作出了不可磨灭的贡献。“四川画派”是个美术史概念，其中涵盖了以现当代四川美术学术圈的资深画家、艺术家为核心的艺术群体、艺术家多年的探索、传承与拓展。“四川画派”艺术上的传承，现实中的提携扶持。这些在一个稳固的文脉传承和超越下，就演化成了如今艺术和艺术市场中的四川军团。他们一方面保持着对中国社会变迁的敏锐，并将其视觉化。另一方面，他们以一种“四川独立”的文化力量，妄图在这个日益全球化的中国趟出一条画派新路。

“谋取视境——四川美术学院中国画系教师作品展

暨川美中国画系对外学术交流基地揭牌仪式”在苏州画院美术馆举行

2012年12月12日，为进一步宣传四川美术学院中国画系近几年来教学创作成绩，增强对外创作学术交流，由四川美术学院中国画系、苏州画院美术馆共同举办的“谋取视境——四川美术学院中国画系教师作品展暨四川美术学院中国画系对外学术交流基地揭牌仪式”在苏州画院美术馆隆重举行。

四川美术学院中国画系的历史可以追溯到70年前。自1988年正式成立以来，为我国培养了一大批中国画创作教学的专门人才，是中国画高等教育在西南地区的桥头堡，在国内中国画专业学科中具有重要地位和影响。目前四川美术学院中国画系开设有人物、山水、花鸟、书法与篆刻等方向课程，师资队伍实力雄厚。长期以来，四川美术学院中国画系教师教学相长，在教学之余，潜心创作钻研，勇于创新，形成了具有四川美术学院特色的创作风格和模式。此次展览共展出了四川美术学院中国画系26位教师的150余件绘画、书法及篆刻作品，题材风格多样，是对四川美术学院中国画系教学创作成果的全方位展示。国画系副主任刘明孝从绘画意象创造出发，融合了丙烯等现代绘画材料元素，其作品《莲》系列展示出他独特审美思想和艺术语言。查明的《山水印象》以其轻松的笔调、明快的色调，反映出他对云南山水风貌的印象。在此次展览中，傅仲超的《荷塘》系列作品以传统的写意笔墨，展现出一幅荷塘的别具的风情，人物刻画生动自然，笔墨随意洒脱。梅忠智的作品体现出他对传统和现代的理解，一方面他十分擅长传统题材的作品，体现出深厚的传统笔墨造型功底；另一方面酣畅淋漓、热情率真的重色写意，却体现了他对生活的一种激情与赞美。黄越的水墨画则透露出强烈的笔墨形式感。黄山的《棒棒日记》系列是他对重庆挑夫生活状态的全新写照，卡通式的造型，版画式的线条，年画式的色彩，给人留下了深刻的印象。徐贤文的花鸟画，表现出了浓郁的笔墨意趣。何剑以怀旧的心态，以写实的手法，展示出他对平常物品的关注。马媛媛的《天音》系列展示出作为一位女性画家的细腻情感，预示了性在生命中的源泉和活力。李彤的山水画黑白对比强烈，排比式地呈现出斑驳形状的荒山蔚水，展现出轻松、明快的风格特征。画家张强有着深厚的理论学养，涉猎古今中外，与其说是画家，倒不如更是个学者，因此他的作品带有鲜明的当代文人个性，描绘出他作为一个文人所向往的生活的理想之境。书法家、篆刻家傅舟精通草书、篆书，作品用笔收放有度，具有扎实的功底和深厚的学养背景。

此次画展选择在苏州画院举办具有特殊的意义，苏州具有深厚的中国画传统底蕴，产生过“吴门画派”。苏州画院院长沈威峰先生表示，“天下画工，皆宗吴门”，苏州画院立足吴文化，弘扬吴门画派的艺术精神。交流中心的创办，一方面可以说，是用学院的理论指导画家们创作，同时画院画家又可以用创作实践来检验和提升画作的质量，是一种共赢。四川美院的画家们在创作上不拘一格，追求中国画的新形态，而苏州吴门画派注重传统笔墨神韵。我相信这两种创作风格的相遇，必然会激发出美丽的艺术火花，共同推进中国画的传承和创新。

同时，苏州画院院长沈威峰被聘为四川美术学院中国画系客座教授。苏州市文联主席成从武，苏州市文广新局副局长徐春宏，苏州日报社长刘文洪，苏州大学艺术学院院长李超德，江苏省美术协会副主席徐惠泉，苏州大学艺术学院院长李超德，苏州工艺美院副院长吕美立，苏州画院院长沈威峰院长等出席画展开幕仪式并为画展剪彩。

江苏省美术家协会副主席徐惠泉开幕致辞。他表示，这是一次精英荟萃的艺术盛会，画院与美院的合作是一次兼容并蓄、互利共赢的合作，此次画展，既表现出了四川美术学院教师在中国画艺术创作方面深厚的传统功力，又反应出了强烈的审美气息而备受关注。

第五届黄桷坪新年文化艺术节盛大开幕

2012年12月31日，由九龙坡区人民政府和四川美术学院主办，九龙坡区文化广电新闻出版局、四川美术学院公共艺术学院、重庆电视台少儿频道联合执行的，以“艺术生活，品味城市”为主题的2013’（第五届）黄桷坪新年文化艺术节开幕式，在四川美术学院黄桷坪校区运动场隆重举行。重庆市人民政府副市长谭栖伟、人大常委副主任陈雅棠、九龙坡区委书记彭智勇，四川美术学院党委书记黄政等市、区、校领导及各界人士出席。开幕式由中共九龙坡区委副书记、区人民政府区长丁洪主持。

四川美术学院党委书记黄政代表学校致辞，表示将全方位、多角度、多层次地打造具有川美特色、更贴近人民群众的文化艺术节。

重庆市副市长谭栖伟发表了热情洋溢的讲话。他提出，文化是民族的灵魂，我们要贯彻党的十八大精神——建设文化强国，打造一系列活动，将九龙坡区建设成“文化强区，创意兴区”。

开幕式上，进行了大学生创意新秀奖的颁奖，还为重庆城雕设计院、视美动画艺术有限责任公司等文化企业举行了授牌仪式，为重庆各大文化产业集团的合作举行了签约仪式，使节会走上品牌化、特色化、大众化、市场化道路，推动创意产业的更大发展。

黄桷坪新年艺术节作为全国当代艺术为主要内容的三大艺术节之一，是展示文化创意的重要窗口，现已成为重庆重要的文化名片。黄桷坪作为当代中国艺术原创的圣地，更是九龙坡区发展文化创意产业集群发展的缩影和典范。在这里，艺术产品争奇斗艳，艺术家们大展才能。

书画院

常克工笔虎画展在重庆画院举行

2012年4月26日，“龙腾虎跃2012·常克工笔虎画展”在重庆画院举行，共展出常克近年来创作绘制的工笔虎作品39幅，广大美术爱好者可前往感受画家笔下与众不同的艺术之美。

常克十一二岁时开始学习国画，最初学的是山水花鸟画，后来专攻工笔虎画。他师从当代中国画虎大师冯大中和王申勇，在学习的过程中，他不断地从二位大师的艺法中汲取营养，并深得“曲氏湿笔法”的师传精髓，采用以生宣纸画虎，并且做到了落笔不改。在他长期的不懈的创作实践中，慢慢形成了自己的工笔虎绘画风格，在画虎的丝毛处理上独创双层湿笔泼染法，使老虎的毛质更显柔润、蓬软、细腻，达到了相当高的技法境界。

常克工笔虎的特色在于构图严谨，主题多元，讲求透视效果和笔墨趣味，追求写实和唯美的画面统一，画风工而不匠，尤其对虎斑纹的刻画、对虎绒毛的丝染、对虎整体的收拾等细节处理上见是功力，展示出斑斓猛虎的野性之美。

常克不仅是工笔虎画家，也是重庆的知名作家，他的长篇小说《三张脸》多次荣登重庆畅销书排行榜前列并且得到了全国各地10多家报纸的陆续连载。

美术家协会

第五届重庆市水彩、粉画展暨第十届全国水彩、粉画展重庆选送作品展

2012年6月29日，由重庆市文学艺术界联合会、重庆市美术家协会主办的“第五届重庆市水彩、粉画展暨第十届全国水彩、粉画展重庆选送作品展”在重庆美术馆开幕。

重庆市文联副主席、秘书长杨矿，中国美协理事、重庆市美协顾问钟纪明，四川美术学院老教授协会会长王大同，前美协副主席邓成用，市文联组联部主任周和平，市美协副主席、西南师范大学美术学院院长陈航，市美协副主席戴政生，市美协副主席邓旭，重庆大学艺术学院院长许世虎，重庆师范学院艺术设计学院院长黄作林，中国美协水彩艺委会委员、四川美术学院教授刘明明，重庆市群众艺术馆美术部主任朱孝廉等出席开幕式。钟纪明理事、王大同会长、杨矿秘书长先后为展览致辞，开幕式由市美协副主席兼秘书长徐亮主持。

展览共收到作品502件，经评选展出416件，评选出优秀作品73件，同时，从优秀作品中遴选出33件作品向第十届全国水彩、粉画展推荐。

重庆拥有得天独厚的雄浑山水和刚柔风情，足以成就无数的水彩、粉画作品。水彩、粉画在重庆，有着悠久的历史和良好的传承。从20世纪初的新学教育和抗战时期内迁画家们的激情创作，到前辈们的优秀画作，作品展现出的强烈的重庆精神和纯粹的艺术境界，激励着当代的重庆水彩画家，沿袭前辈的学统，修养素质，提炼技艺，为重庆水彩、粉画的新面貌做出努力。

展览至7月5日。

四川省

美术院校

“2012 年四川大学书法邀请展”隆重举行

2012 年 12 月 14 日，由四川大学艺术学院主办的“2012 年四川大学书法邀请展”在学校江安校区美术馆隆重举行。四川省副省长刘捷，四川省人大常委会副主任、省文联主席郭永祥，四川大学校长谢和平院士，四川省文化厅厅长、党组书记郑晓幸，四川大学党委常务副书记罗中枢，西南民族大学党委书记罗布江村，四川省书法家协会副主席、秘书长戴跃，西南民族大学副校长沙马拉毅、曾明、王永、王永正等领导和嘉宾出席开幕式。中国书法家协会和四川省书法家协会理事、会员，西南民族大学有关专家学者，四川大学艺术学院、历史文化学院（旅游学院）等单位负责人，校内外著名书法家以及师生代表共 200 余人参加了开幕式。开幕式由四川大学艺术学院院长黄宗贤主持。

开幕式上，四川大学党委常务副书记罗中枢代表学校致辞，对前来参加书法邀请展的领导和嘉宾表示热烈欢迎。他说，中华文化源远流长、博大精深，书法是中华传统文化中的一朵奇葩，为中华民族留下了丰富的文化遗产；书画、篆刻、诗词、琴、棋、戏曲等艺术形式与中华民族精神融为一体。罗中枢常务副书记指出，当前，信息技术和互联网领域日益发展，面对推进文化强国战略的新形势新要求，弘扬中华书法艺术具有十分重要的意义。他表示，四川大学文化底蕴深厚，艺术资源丰富，聚集了一批包括书法家在内的知名艺术家。此次书法展邀请了部分川大书法人参展，参展的作品形态各异，风格迥然，字里行间流露出对中华传统文化及精神的热爱，体现出对生活的眷恋和对真善美的炽烈追求。希望通过此次书法作品邀请展，能帮助广大师生和社会大众进一步加深对中华书法艺术的认识与理解，进一步共同弘扬中华传统文化，共同推动社会主义文化大发展大繁荣。

四川省人大常委会副主任、省文联主席郭永祥在开幕式上发表讲话。他表示，四川大学作为全国知名的高水平研究型综合大学，在弘扬包括书法艺术在内的中华传统文化方面发挥了重要的作用，取得了丰硕的成果，为四川省乃至全国书法艺术界的蓬勃发展做出了巨大贡献。此次书法作品邀请展的举办，充分彰显了四川大学高度的文化自觉与自信。他勉励川大师生再接再厉，在书法艺术的传承弘扬上做出更大的贡献。

西南民族大学党委书记罗布江村，四川省书法家协会副主席、秘书长戴跃也先后在开幕式上致辞。与会领导和嘉宾共同为开幕式剪彩。四川省副省长刘捷宣布 2012 年四川大学书法邀请展开幕。

开幕式后，与会的领导、专家学者和师生代表参观了展出的书法作品。

此次书法邀请展共展出作品 100 余件，其中包括校长谢和平院士的 30 多件作品。展览同时还展出了中国书法家协会副主席胡抗美先生，四川大学华西临床医学院金开泰教授，四川大学历史文化学院（旅游学院）何崝教授，中国书法家协会学术委员会委员、四川大学艺术学院书法专业硕士生导师侯开嘉教授，四川大学艺术学院硕士生导师李晟教授，中国书法家协会草书委员会委员、四川大学艺术学院书法专业硕士生导师吕金光教授，四川大学网络教育学院刘格林副书记，以及学校艺术学院书法专业博士、硕士的书法作品。展出作品内容丰富，形式多样，中堂、条幅、对联、条屏……既有气势恢弘的大幅作品，又有典雅、清秀的小品，既有飘逸随性的草书作品，也有俊秀的隶书、正楷，为广大书法爱好者和书法名家提供了一个书法艺术学习和交流的机会。

美术家协会

韩桂芹花鸟画展

由四川省文史研究馆、四川省美术家协会、成都市美术家协会主办，四川省巴蜀诗书画研究会、四川省巴蜀中国画研究院、成都海峡两岸交流协会蓉台书画艺术社承办的“韩桂芹花鸟画展”2012 年 3 月 9 日在成都市书画院开展。省老领导韩邦彦、省文史馆馆长何天谷、省美协常务副主席梁时民等有关领导和艺术家参加“韩桂芹花鸟画展”开幕式 。

这次画展共展出四川省巴蜀诗书画研究会副秘书长韩桂芹创作的 120 余幅花鸟画。何天谷馆长在开幕式上致辞说：韩桂芹老师从艺 20 多年来，怀着对中国花鸟艺术的执著追求，潜心研习，以独特的视觉去发现自然之美，用饱含激情的笔墨去勾画和再现自然之美，创作出一大批精湛的花鸟画，不仅得到同仁们的赞誉，而且深受广大群众的欢迎。这次画展既是书画艺术交流的平台，也是韩桂芹老师艺术生涯新的起点。我们衷心祝愿韩桂芹老师画展取得成功，为推动社会主义文化的大发展大繁荣，为加快建设文化强省作出一个艺术家应有的贡献。

“墨络——眉山国画院作品展”在西昌举行

2012 年 4 月 28 日，由四川省美协、眉山市文联、凉山州文联主办，眉山国画院、西昌淡堂今日美术馆承办的“墨络——眉山国画院作品展”在西昌市火把广场演艺中心举行，共展出作品 75 幅。这是我市第三次文代会以来的第一次对外文化交流活动。凉山州政协主席邓显祥，副主席刘建蓉、宋光明出席该活动。眉山市政协主席、文联主席王影聪出席活动并讲话。

张清智重大题材国画展在四川遂宁市举行

2012 年 9 月 19 日，“当代重大题材中国画展”在四川省遂宁市举行开幕仪式。

此次展览由中国侨联、国家文化部艺术司、中国美协、中国报纸副刊研究会、四川省文化厅、四川省文联、四川省美协联合主办，

中共遂宁市委、遂宁市人民政府承办，集中展出了张清智创作的重大题材国画作品《2008·中国汶川》、《2011·中国新汶川》、《玉树情·民族魂》、《吐鲁番的葡萄熟了》、《惠安风情》、《天路》、《母亲河》和《绿色遂宁》等八幅百米长卷（每幅高2米、长100余米），集中反映了抗震救灾、民族团结和绿色发展等当代重大主题。

“调动一切艺术手段，去塑造我们民族的横断面和历史重大事件。”这是张清智的创作理念。用艺术描绘重大题材，传承和弘扬民族精神，塑造和传播国家与地方形象，既是当代美术的重大历史使命，又是繁荣美术创作的必由之路。他的作品，紧扣时代主题，直面现实生活，大气磅礴，蔚为壮观，在艺术精神境界的开拓和艺术风格语言的探索上达到了新的时代高度，其中蕴涵的时代性、前瞻性、包容性、创新性等因素，具有积极的现实意义和前卫的审美导向。

2008年5·12汶川大地震，震撼着中国大地，撕扯着全国人民的心。地震毁坏了我们的家园，但却不能摧毁中华儿女坚强的意志和抗震救灾重建家园的信心。大地震发生后的第二天，张清智日夜兼程从北京奔赴灾区，投身抗震救灾第一线。他创作的百米长卷《2008·中国汶川》展现出鲜明的时代特征、非凡的艺术品格、坚定的人格力量。他后来创作的《2011·中国新汶川》，再一次形象地展现了灾区人民从悲壮走向豪迈的人间奇迹，弘扬了人间大爱。《玉树情·民族魂》以其史诗般的艺术含量与磅礴高远的气魄，展示出在灾难面前的民族合力和大国气象，反映出中华民族恒久的大爱，令人震撼。从某种意义上来说，这类主题性创作的图像意义与题材价值已经超过了其在艺术处理上的影响，它们所反映出的深厚的历史背景、文化内涵以及精神力量，是其他艺术形式难以企及的。

民族团结是多民族国家永恒不变的主题，也是中华民族走向伟大复兴永恒不变的主题。张清智创作的《玉树情·民族魂》、《吐鲁番的葡萄熟了》、《惠安风情》、《天路》、《母亲河》等作品，无不体现了他对民族、对人民的热爱和忠诚，对祖国山河、风土人情的眷恋和深情，他的作品磅礴大气中不失细腻之感，恢弘巨制中讴歌人间真情，为民族复兴的远大征程中呈现了一幅幅波澜壮阔的历史画面。

绿色发展是科学发展的必然要求，是贯彻落实科学发展观、转变发展方式的重大主题，是科学发展的路径实践。张清智创作的《绿色遂宁》百米长卷再现了遂宁如诗如画般的田园风光，表达了遂宁坚持科学发展的信念和绿色崛起的决心，是重大题材作品创作百花园中绽放的又一朵鲜艳夺目的奇葩，是鼓舞人民、教育人民、团结人民的时代画卷。

中国美协理论部主任邵大箴评价说：“张清智是一位很有社会责任感的画家，他不仅在绘画实践中思考和研究艺术规律，而且把绘画的创造原理与社会历史联系起来思考，从中发现它们共同的哲学思想基础。他对儒道释思想的研究，使他对历史、对现实和未来有许多新的认识，这自然也赋予他的绘画创作以新的特色，那就是对现实生活的关注，对当代事件反应的敏感，和用自己的画笔推动社会的变革。”“张清智在人物画中注意形象的塑造，他画的多是处在活动中的人，在把握大的形似基础上，他注重人物动感和神情的表现。他关注画面的整体气氛，同时不忽略细节描写，具有协调两者的构思能力和表现技巧。在人物之间以及人物与周围环境的关系上，他处理得很有章法，疏密有致，张弛有度。线与块面造型的结合，使画面产生富有变化的节奏感。张清智的山水画有写生基础，但不是对景写生的产物，而是借助写生发挥想象力的艺术构思。他爱画重叠的群山，画苍劲的树木，山水气象宏伟、开阔。有时他发思古之幽情，在画中点缀楼台庭阁，并有古装人物形象出现。他兼重丘壑与笔墨，讲究意境，并融入西画的体面造型与光影效果。”

中国美协主席刘大为在为《张清智2008·中国汶川》百米画卷展览的序中说：“清智在对东方传统文化和西方哲学理论研究的基础上，写出了《新思想》、《新理论》等书，他对东西方文化的溶合，有其独到的见解。尤其是对传统文化儒释道的三个一，有了全新的解析。形成了自己独特的艺术主张。他认为，世界公认的21世纪是中国的世纪，文学艺术要体现出大国的文化风范。美术也是一样，不可以修修补补，必须要把东方与西方、传统与现代、写实与抽象等等的艺术手段全部调动起来，去塑造民族的辉煌成就，或全方位、多视角、大纵深地表现重大历史事件，从而为实现民族文化的伟大复兴做出相应的反映和较大的贡献。这幅作品就是他艺术主张的具体体现。”

开幕仪式结束后，与会领导、专家、学者和嘉宾一一参观了在船山体育馆和遂宁美术馆布展的八个百米国画长卷，参观者无不为之感叹和震惊，对张清智勇于历史担当、致力创作重大历史题材国画和精湛、高超的艺术成就，纷纷给予了高度评价和赞扬。

张清智，中国美术家协会理事，中国华侨画院院长，著名画家。1998年在中国美术馆以山水、花鸟、人物各一个厅举办了大型个展。出版有《张清智山水画集》、《张清智花鸟画集》、《张清智人物画集》、《艺术量化论》、《张清智书法集》、《新思想》、《新理论》等大型画册及艺术和理论著作。近年来，先后创作了《2008·中国汶川》、《2011·中国新汶川》、《玉树情·民族魂》、《吐鲁番的葡萄熟了》、《惠安风情》、《天路》、《母亲河》和《绿色遂宁》等八幅百米长卷（每幅高2米、长100余米），2012年4月24日至5月7日，由中国侨联、中国美协、四川省文化厅联合主办的张清智《中国汶川：从悲壮走向豪迈》大型国画展在四川博物院举行。中央电视台及地方电视台、人民网等多家媒体拍摄张清智艺术展示及讲座专题片数十集并播出。

附：中华全国归国华侨联合会贺词

张清智是一个人民艺术家，从部队转业到侨联，从艺40余年。他始终坚持“二为”方向，在部队创作了大量反映部队生活的作品，转业到侨联时，正值人们对物质生活追求狂热的时候，很多人被市场所左右，而张清智始终坚持反映改革开放给人们生活带来的巨大变化，坚持主旋律创作，先后创作了《吐鲁番的葡萄熟了》、《惠安风情》、《版纳风情》等系列长卷。当汶川大地震发生时，他毫不犹豫地冲在第一线，既当志愿者，又当建设者，更是艺术创作的体验者。回京后他创作出了长120米，高2米的《2008·中国汶川》百米长卷，参加了中宣部举办的《万众一心，众志成城》主题画展，得到了党和国家领导的高度赞赏。

地震三年后，他再一次来到汶川，用他的画笔又一次创作了长115米，高2米的《2011·中国新汶川》百米长卷，除了回顾我们党和国家带领全国人民抗震救灾和建设新家园的那一幕幕动人场面，也是对张清智同志用自己手中的画笔，为党、为国家讴歌的肯定。希望张清智创作出更多更好的反映我们时代的画卷！

在此，再一次感谢四川省领导、中国美协、四川省文化厅和遂宁市人民政府，为这次画展所付出的辛苦劳动。

附：中国美术家协会贺词

张清智同志是我会的理

事，在国内数以万计的美术家中，他是唯一画汶川抗震救灾长卷的人，这是值得赞扬的。他不被市场和利益所左右，长期坚持创作反映我国改革开放成果以及民族风情和重大历史事件题材的作品，这是难能可贵的，也是应当给予高度肯定的。

改革开放后，国家为了充分发挥和调动艺术家的主观能动性，放宽了对主题性创作的要求。这并不是不要主题性创作，但很多艺术家便忽视或排斥主题性创作。而张清智依旧能够坚持“二为”方向和主题性创作，这是应当予以支持的。

他在艺术实践的基础上，悟出了“任何事物都有构成、能量和运行”这一哲学定理，从而写出了哲学、社会科学、艺术等系列理论著作，这是值得鼓励的。

他提出数字的第一个构成关系是1、2、3与6之间的关系，由此概括出四条黄金率，并转换为绘画、书法、建筑、音乐等一切艺术领域中的应用。这些都是属于世界的，也是值得欣慰的。

他的绘画集百家之长，无论山水、花鸟、人物，都功力颇深，在此基础上进行艺术的再创造，这是值得提倡的。

他热心于慈善公共事业，经常济困助学、捐款、捐画，这是值得赞赏的。

正值汶川援建四周年之际，在此衷心祝愿勤劳智慧、勇敢顽强的四川人民幸福吉祥！祝愿汶川更加美丽繁荣！祝张清智同志在今后的艺术道路上再创辉煌，祝画展圆满成功！

“剑门蜀道采风作品展”在广元开展

2012年6月22日，津门山水四家“剑门蜀道采风作品展”在广元栖凤廊桥栖凤画廊开展。市委副书记王菲在开展仪式上讲话，副市长冯安富，天津市美术家协会副主席、国画艺委会副主任史振岭等参加活动。

画展由广元市委宣传部、市文化体育和新闻出版局和天津市美术家协会主办。作品为我国当代山水画名家，“津门山水四家”纪振民、孙长康、姬俊尧、向中林于2011年金秋时节在剑门蜀道采风活动中创作。

此次展出的作品以画写意，泼墨抒怀，从独特的艺术视角、创作风格和表现技法，表现了剑门蜀道特有的旖旎风光、广元儿女积极达观的人文精神、灾后重建的辉煌成就。此次画展共60幅作品，展出时间为6月22日至6月30日。

“很震撼！几位大师将剑门山水画得出神入化，如临其境。这是我们广元人的一次文化大餐。”市美协副主席李杰高兴的说。

王菲希望，通过此次画展进一步加强广元市与外地的文化艺术交流，进一步激发广大文艺工作者的创作热情，倾力打造具有广元特色的文化品牌和精品力作。

大道至简　无声焦墨——刘三余、林机绘画作品展

由北京艺铭东方文化传媒有限公司主办，岷山书画院、四川中国画焦墨研究会协办、中国国际台环球奇观频道支持的“大道至简　无声焦墨——刘三余、林机绘画作品展”于2012年3月24日在北京艺铭东方艺术空间隆重开幕。

参加展览的艺术家刘三余、林机为四川省知名艺术家。

被称为“蜀中怪才”的画家刘三余，为四川省美协会员，岷山书画院副院长，四川中国画焦墨研究会秘书长兼常务副会长，四川省艺术促进会委员，成都市美术家协会理事。师从于著名前辈画家施孝长、冯石甫等先生学画和老学者徐芳先生学诗词古文，擅长山水、人物、花卉，工诗词书法。尤精于焦墨，其独创的焦荷二十四品更是前无古人，独具一格。被四川省美协主席钱来忠先生誉为“四川画坛诗、书、画、文综合型的优秀画家”。

林机，自号嶙崖阁主人，自幼酷爱绘画，常以焦墨作画、工写兼备。爱画动物，尤精于熊猫。现为四川中国画焦墨研究会副会长、岷山书画院特聘画家、中国美术研究院副研究员/艺委会会员、香港国际画院一级美术师，四川省工笔学会会员等。

所谓道者，一黑一白、一阴一阳，自然之妙处尽显。焦墨，中国绘画三大体系之一(其二有水墨、彩墨)，近年来涉及其中者颇多，其发展之空间也大。然则少有人专门研究，穷其精力。开拓并能创新者也少。

经过多年的写生与探索，作者以纯粹之焦墨，创作了一些作品，不管是山水写生作品、焦墨重彩荷花，或者是焦墨工笔熊猫，都体现了画家对艺术的追寻行迹。

至妙者至简。黑白之道，虚实而已。以白当实，以黑务虚，所有的笔墨，不过是为白而存在，无中生有，有中悟空，有即矛盾，白即统一。焦墨之妙，全在布白，黑白相依，虚实相就，千笔万墨，在白中化为简也。

大音稀声，至简者至繁。心体自然之妙，无拘无束，无地域之界定，无固成之习惯，随意而动，顺机而化，黑白阴阳之变，如花泻地，落英缤纷。黑白之间，进于道也。

此次展览共展出两位艺术家作品40余幅，是他们近年来创作的精品。展览展至4月15日。

贵州省

美术院校

“小荷才露尖尖角”暨王光伟、王佐辅毕业作品展

2012年5月29—31日，贵州大学艺术学院C楼美术馆举行了为期三天的“小荷才露尖尖角”暨王光伟、王佐辅毕业作品展。作品展开幕式邀请到了贵州书法家协会驻会副主席陈加林，安顺市书法家协会副主席罗成江，普定县文联主席杨天福，清镇市书法家协会主席邓扬等知名人士出席。艺术学院美术系系主任徐恒主持了开幕式，艺术学院副院长耿翊致开幕辞。

王光伟和王佐辅都是艺术学院美术系2008级毕业生，并同为贵州省书法家协会会员、芙峰印社社员。这对大学时期的好朋友在毕业之际携手举办了这场属于他们自己的作品展，向大家展示了两人四年来的心血之作。这次作品展主要有他们原创的绘画、书法、刻章等作品。

王光伟是中国画专业，他的绘画作品大多描绘的是山水风景和黔地风貌，画风清丽，其中的《深山古寺》给人以一种空灵悠远的意境，而去黔东南采风写生时创作的《苗女》生动地展现了黔东南苗族少女精致绚丽的服饰和神秘的风情。王光伟的书法作品以楷书为主，内容多为古诗词如《陶渊明诗》、《秋声赋》等。他说楷书虽简单但却是最考验书法基本功的字体，一笔一画皆要规整，平常中更见实力。油画专业的王佐辅偏向抽象画创作，黑色调的作品《伴》表现了一对好友在风雪中的相互扶持，以变形花草动物为主题的《魅惑》系列抽象画含有深刻的现实寓意。王佐辅的书法作品形式广泛，尤以草书为多，他的笔风苍劲有力、如行云流水，和王光伟作品的细腻形成了鲜明的对比。

艺术大师Jim Leedy作品展举行

由贵州大学艺术学院主办的美国抽象表现主义艺术大师Jim Leedy作品展于2012年10月11日在艺术学院C演播厅举行。参展作品是由Jim Leedy在世界各地所拍摄的作品中精选出来的。

此次作品展的内容主要以雕塑、绘画、摄影、陶土、建筑设计为主。在对作品的讲解过程中，Jim Leedy说他的创作灵感都来自于天空、来自于宇宙。“我在陶土方面小有成就，有些陶土作品被欧洲、日本的博物馆收藏。作品拿到过台湾展览，曾被邀做一个很大型的雕塑作品。我非常幸运受邀来到中国，在中国工作很开心。”针对自己的陶土作品，Jim Leedy如此说道。

吉姆·里迪，1930年11月6日出生于美国肯塔基州麦克罗伯茨，为美国抽象表现主义艺术大师，20世纪60年代至今，持续活跃在美国当代艺术潮流之中。他是20世纪美国现代陶艺重要的奠基人。于当代陶艺大师彼得·沃克斯（Peter Voulkos），鲁迪·奥帝欧(Rudy Autio)被誉为20世纪美国现代陶艺三杰。与彼得·沃克斯在堪萨斯共同创办的里迪·沃克斯艺术中心（Leedy-Voulkos Art Center)，至今在吉姆的领导和资助下为美国中青年艺术家的成长与发展提供了创作与展示空间。吉姆·里迪既是绘画大师，也是著名雕塑家、陶艺家、摄影师，他精力旺盛，充满激情与想象力，在不同的材质之间，从平面到空间，展现个人的丰富创造力。从架上绘画到户外景观，从装置到行为，从陶土到空中飘动的作品，无处不流露着吉姆对材料的感觉，对物性的理解。西方人的性情与抽象，东方式的物语与理想，在吉姆的作品中找到了一种和谐与平衡。吉姆曾说：“一千年前，我是一个中国陶工”。

贵州大学艺术学院举行“恐惧颤栗”艺术展开幕式

2012年10月26日，艺术家肖时安和李革的“恐惧颤栗”主题艺术展开幕式在贵州大学艺术学院C楼画展室举行。展览由艺术学院、贵州省美术家协会主办。该院师生及对作品展感兴趣的外校人士到场观展。

以“恐惧颤栗”为主题，展出作品以肖时安的雕塑和李革的油画为主，共计24件作品。贵阳市文联的文化学者张建建为此次艺术展作题记：“死亡把恐惧逼迫至愤怒，孤独把颤栗滞留为寂静。两位艺术家正在努力重建我们时代的克尔凯郭尔镜像。”人文学院新闻系周湄老师在艺术册中写道：“李革以静止的场景传达出个人存在于此世的惊悸，潜在的不安弥漫于画面的所有叙事角落。肖时安则用强烈的视觉冲击，将潜在的不安转化为破坏与反抗。当他们的作品同时呈现在我们面前，我们感受到来自艺术家从个人体验到时代感知、由生命直觉到社会反思的有力思想表述。”展览为期5天。

书画院

在一起——翟惠民、贾鹃丽母女作品展

2012年10月31日至11月18日，由贵阳市美术馆主办，贵阳画院、贵州师范大学美术学院、贵阳市归国华侨联合会协办的“在一起——翟惠民、贾鹃丽母女作品展”在贵阳美术馆举行。

贾鹃丽不仅是贵州著名的女性艺术家，也是中国当代女性艺术家代表之一。贾鹃丽的油画艺术在中国传统文化中，发现并表现着与女性直接相关的景致与境遇，寻拾的是隔世梦忆的精致、优雅、遗怀，没有流行的杂色，显得宁静而致远。

贾鹃丽祖籍浙江杭州，但她生长于贵阳，贵州的地域文化浸润了她的艺术创作。这次展览既是贵阳美术馆举办的“贵州当代美术——在时间中流变”系列展中最重要的展览之一，也是她首次在贵阳举行的个展，共展出其

各个时期代表性油画和水墨作品62幅。

同时，这次展览还展出了贾鹏丽母亲翟惠民女士的油画、水墨画136幅。虽然翟惠民女士不是画家身份，但她在晚年临习、写生、创作了大量的作品。

贵州画院画家作品展

形色贵州——贵州画院画家作品系列展在贵州博物馆开展。此次画展共有来自潘闻丞、胡世鹏两位艺术家的百余幅画参展。众多名家名作，自然吸引了不少市民到场观展。画展展出时间为2012年12月5日—10日，感兴趣的市民可前往贵州博物馆观展。

美术家协会

贵州省美协支持黔西南州办好迎春书画展活动

2012年1月29—31日，贵州省美协主席谌宏微，副主席杨斌、刘奇卡、乔任侠，省美协中国画艺委会主任韩亚明一行，赴黔西南州兴义市参加“黔西南州2012迎春书画、奇石、盆景展”活动。省美协组织了省内名家作品20件支持黔西南州美协工作，提升了地州美术作品展示活动的学术层次和社会影响。

贵州省美协专家在兴义期间，与地区骨干作者进行了创作座谈、作品点评和现场示范、演示、讲解等交流、指导活动。谌宏微主席在与黔西南州委陈书记和州委宣传部杨俊部长的交流中，介绍了省美协对州美术工作支持的决心和举措，重点推广了州美协班子的工作能力和实力，介绍了省美协工作的经验，提出了加大党委、政府对文艺工作支持力度的希望，达到了推动和扶持地区美术工作的效果。

2012贵州省高等学校美术类专业毕业生优秀作品展览

2012年7月6日，由贵州省教育厅、贵州省人力资源和社会保障厅、贵州日报报业集团、政协贵阳市委员会、贵州省美术家协会决定联合主办的“黔灵毓秀·青春艺术”2012贵州省高等学校美术类专业毕业生优秀作品展览在贵阳市美术馆开展。

此次展览作为“2012贵州青年艺术节”的重要内容之一，参加展览的作者主体是全省高等学校美术类专业2012届毕业生。作品种类包括中国画、油画、版画、艺术设计类作品。入选和获奖作品的产生是在各院校应届毕业生作品展的基础上，由各院校推选出优秀作品送组委会，经过组委会聘请的省内美术专家认真、严谨的评选程序、在监评组的参与下产生。入选和获奖作品共270件。

2012年是首届贵州省高等学校美术类专业优秀毕业生作品展展览，今后每年举办一届。

宏立城杯·2012贵州省青年美术作品展

2012年10月16日，由贵州省美术家协会、贵州美术研究院主办，贵州省青年美术家协会承办，贵州省各大美术院校协办，宏立城集团独家赞助的“宏立城杯·2012贵州省青年美术作品展览”开幕式暨颁奖仪式在贵阳花果园售楼大厅隆重举行。

贵州省文联正厅级领导、贵州省美协名誉主席李昂，贵州省文联党组成员、副主席李远刚，贵州大学艺术学院院长、贵州省美协名誉主席项锡黔，贵州省美协主席、贵州美术研究院院长谌宏微，贵州省书协副主席、贵阳广播电视台党委书记、台长刘宝静，贵州省美协副主席彭治力、耿翊、杨斌、乔任侠、李慧勇、孙景，以及贵州省青年美协主席团成员出席开幕式，并为获奖作者颁奖。

此展是贵州省青年美协2012年换届以来第一次独立举办的全省青年美术展览活动，共收到全省100余件参选作品。经展览评委会评选，共评出获奖作品48件，其中，荣誉奖14件，一等奖3件，二等奖6件，三等奖10件，优秀奖14件。这些获奖作品加上7件评委作品及7件特邀省内名家作品共计61件在花果园售楼大厅持续展出。

逸品国香·2012贵州省第三届中国画精品展

2012年12月20—25日，“多彩贵州盛世中华”逸品国香·2012贵州省第三届中国画精品大展暨“绝对贵州”2012图形设计邀请展在贵阳市美术馆开展并举行获奖作品颁奖仪式。省人大常委会副主任顾久出席并宣布开幕。贵州省美术界、企业界、各大专院校和媒体界人士出席开幕式。

中国画精品大展由省委宣传部、省文化厅、省文联、省美协和省美术研究院主办，大展共征集作品400多件，画家们纷纷围绕“画多彩贵州颂盛世中华”这一主题激情创作。经过两轮评选，共评出金奖3件、银奖7件、铜奖8件及优秀奖40件。同时，大展特邀杨长槐、王振中、谌宏微、陈争等省内美术界名家为大展创作，共收到特邀作品33件，大展共展出139件中国画精品，为广大市民奉上了一席丰盛的文化大餐。现场专家表示，自2008年贵州省第二届中国画精品展以来，贵州中国画创作呈现平稳发展局面，在艺术追求、新的形式探索、新的意境追求、新的观念表达等方面都各有亮点；对传统的重新认识和吸收也多有可圈可点之处。如今“贵州省中国画精品展”已成为检阅贵州省中国画艺术发展现状的有效载体和展示贵州省中国画艺术创作成就的舞台。

与中国画精品展同时开展的“绝对贵州”2012图形设计邀请展是贵州10年来首次大型设计活动，展览由省委宣传部、省文化厅、省文联主办。此次图形展展出专业组作品130多件及学生组作品45件。在学生组作品中评出金奖1件，银奖2件，铜奖3件及优秀奖10件。

云南省

美术院校

江西婺源写生作品展

2012年10月17日，美术学院09级油画三工作室江西婺源写生作品展在美术学院一楼大厅开幕。美术学院党总支书记曾德钧，副院长曹悦，副书记谭尧升，军旅画家于克敏老师，油画三工作室指导老师邓安克教授等老师出席了开幕式。

此次外出写生作品展是美术学院2009级油画三工作室赴江西婺源写生实践活动的汇报作品展，同时也是邓安克教授油画三工作室近段时间学生作品的集中展示。展览共展出100多幅美术作品，吸引了众多师生前来观看。

艺术实践是美术学院各专业的重要环节，对学生的创造力及审美观的提高显得尤为重要。美术学院按照教学计划，每年都安排由各学科专家、教授组成的教师队伍带领学生到省内外实习基地、著名景区开展艺术实践课程。带队老师邓安克教授认真施教，耐心示范，就选景、技法、透视和表现等知识重点讲解，将实践经验和课堂理论知识相结合，给学生做指导，帮助学生及时改进写生技巧和创作思路。

此次活动，拓宽了专业教学方式，使课堂教学得到多样延伸。同学们在对自然风物的切身感受中提高了艺术修养和审美能力，对风景的观察力和感受力也进一步加强了，为今后的艺术创意打下了良好的基础。根据美化校园活动的安排，此批画作更换到行政楼部分办公室中。

2012首届昆明美术双年展

2012年1月5—15日，云南美术馆举办了“2012首届昆明美术双年展——云南优秀美术作品展”，展览展出了新中国成立以来云南省老、中、青三代知名艺术家的150余件精品力作。

此次展览种类包括国画、油画、版画、水彩（水粉）、雕塑等，是云南省历史上规格最高、规模最大、参展画家阵容最强、画种最齐全的一次美术作品展览。

多年来，云南美术界出现“云南画院”、“云南美协”、“西南艺术家群体”等重要创作群体，以及一大批在全国乃至全世界具有一定影响力的美术家。展览除展出一批已故知名画家的力作外，还展出来了一批在世知名画家的作品，同时展出一批70后、80后年轻艺术家的优秀作品。无论从艺术风格还是创作水准上，都堪称丰富多元，体现了云南本土重量级画家们对于云南美好生活和自然物象的礼赞与讴歌。

自2012年起，昆明美术双年展将每两年举办一届，其目标是力争成为国际性的美术盛会。

一花一世界——孙云玲个展

2012年10月13日，由云南艺术学院设计学院、云南美术家协会设计艺委会主办、云南雨竹轩茶业有限公司协办的“孙云玲‘一花一世界’个人画展”，在云南省博物馆如期举行。设计学院党总支副书记成奕林主持画展开幕仪式，开幕式上，云南艺术学院副院长潘虹教授，云南省美协主席郝平教授，云南艺术学院设计学院院长陈劲松教授，先后做了热情洋溢的致辞。随后，此次画展的创办人孙云玲教授深情地回顾了自己的艺术生涯，对主办方的赞助和到场的嘉宾表示了感谢，最后由云南省文联主席郑明先生宣布画展开幕。

参加此次画展的嘉宾还包括原云南艺术学院院长叶公贤教授、原云南艺术学院副院长李全泽先生、中央美术学院马璐教授、清华大学美术学院杨阳教授、云南省美术家协会副主席彭晓先生、原云南艺术学院设计学院院长何永坤、原云南艺术学院设计学院院长、云南省美协设计委主任董万里教授、云南艺术学院美术学院院长张志平教授、云南艺术学院设计学院党总支书记张勇先生。

此次画展展出了近百幅孙云玲老师的个人作品，涉及油画、水彩两大类。此次展出作品源于孙云玲多年来的艺术积累，以花为主题，表达着一位艺术工作者对于人生与社会的心灵体悟。作品同时也集中展现了孙云玲老师在艺术经历中的哲学感悟，并通过鲜明的色彩与独特的绘画表现形式，向人们揭示了另一个充满特色与深邃的情感世界。

为了筹备此次孙云玲老师的画展，作为主办方的云南艺术学院设计学院所有师生都积极参与到孙云玲老院长画展的布展和展出活动中来，为画展能顺利举行做了充分准备，设计学院学生都积极报名观展，通过观展，所有师生都感受到了孙云玲老院长的画作中所透露着的艺术的魅力，也能感悟到孙老师认真创作的人生生活态度。

书画院

第三届非遗画忆——非物质文化艺术作品展

2012年8月20日，由云南画院、云南美术馆主办的第三届“非遗画忆——非物质文化艺术作品展”在云南美术馆拉开序幕，42位画家的70余件绘画作品，生动再现了众多濒临消失的云南非物质文化遗产。

展览至9月20日，在众多美术作品中，罗江、曾晓峰、罗建华等42位画家以油画、版画、水彩等多种绘画形式再现了多个被列入国家级、省级的非物质文化遗产，画作内容包括了非物质文化遗产传承人、少数民族民俗、节日、舞蹈、民间文学、手工技艺等。

为画家提供了静观“非遗”的方式。其中，中国画《写意云南“高寒地带”梅葛的故乡》出自云南画院院长罗江之手。梅葛是一种用于传唱彝族创世史诗的古曲调，在云南楚雄姚安县山乡广为流传。该作品长4.9米，宽1.38米，以红色、黑色和白色为主色调，通过画面中人物的服饰与表情，生动表现了梅葛故乡人民的淳朴与快乐。

除此之外，《章哈传承人——玉光》、《盛装·拉祜》、《玉溪老花灯戏楼》等众多颇具文化与观赏价值的美术作品都让人赞叹不已，有观众表示，通过欣赏这些画作，对云南的非物质文化遗产有了更形象的理解，“我们以后会更多关注非遗，尽可能为保护非遗尽自己的一份力。”

“非遗画忆——非物质文化艺术品展览”已于2010年1月、2011年3月在云南美术馆成功举办过两次，获得了极大的社会反响。与前两次展览相比，此次作品的主题以非物质文化遗产传承人为主，而且，除了云南画院本院画家，这次还邀请了云南各州市、大专院校的画家一同创作。

第六届云南中国画展开幕

2012年2月5日，第六届云南省中国画展在云南省图书馆开幕，来自省内外的145件作品入选展出。

为了给云南中国画创作者，特别是为中青年美术爱好者提供更多的机会和平台，云南省文联、省美术家协会，立足学术研究与交流，借助市场平台，鼓励艺术与产业联合与发展，促进艺术家与社会的交流与合作。近年来，通过各种形式的画展，云南培养选拔了一批优秀中青年美术家。

远观气势、近看精伦的云南壁画气贯山河，在中国画坛占有一席之地；而豪放多姿的民风、色彩斑斓炫丽的重彩，铸就了影响世界的“云南画派”。 云南的中国画创作在山水、人物、花鸟各领域都有着显著的成果，创作队伍逐渐发展壮大。近年中国画家以中国传统笔墨为源百花争艳形成云南花鸟画新画貌；而高原民族、多样风土也让云南山水画、工笔画及写意各有千秋，使得云南中国画在各领域都成绩斐然，走出了一条适合云南美术事业发展的艺术创作之路。

此次画展始于2011年10月开展的新一轮中国画创作活动，云南省美术家及美术爱好者积极响应，写生、采风、创作热情迸发。通过广泛动员和征稿，“第六届云南中国画展”省内外共有325名作者投稿，共收到作品650余件。经过专家认真评选，145位作者的290件作品汇编成册，145件作品入选展出。

画展现场，云南美术界人士齐聚一堂。画家杨奇威指着参展的画作《走出野人山》说：“这幅作品是为了纪念中国远征军缅北战争而创作的。我的老父亲是远征军，所以我经常和这些老兵们接触，便想用这样一幅中国画来呈现历史，纪念父辈的光荣历程，以后还计划创作一系列这个主题的作品。”

画展至2月9日。

美术家协会

云南青年美术家作品展普洱开展

2012年11月30日开展的“第六届云南青年美术家作品普洱展”，为普洱风格的文艺精品搭建了一个相互交流的平台并注入了新的活力。

此次展览由普洱市文化局主办，普洱市美术馆、云南省美术家协会青年美术家艺术委员会承办，普洱学院、普洱市美术家协会、云南热带作物职业学院协办。普洱市政协副主席段发彬等领导出席了开展仪式。

展览至12月30日，共展出66名画家的157幅作品，涵盖国画、油画、版画、水彩、素描、水粉等多个画种，是一次规模较大、参展人数多、画种广泛的综合性大展，也是云南省青年画家美术创作的最新成就。

云南省青年美术家作品的首届展览于2002年1月在云南美术馆内展出，每两年为一展。参加这次展览的画家是近年来在各自创作领域中显现才华、极具潜质的青年。画家们以各自的审美和独特的视角，全面反映了云南省各地神奇壮美的山川峡谷，田园风光以及多姿多彩的少数民族生产与生活场景，集中体现了画家对生活的挚爱，对人生的感悟。同时，画展为普洱美术家提供了一次难得的学习机会，为推进地方美术事业发展，增进友谊、促进交流，向外界展示普洱形象，提升普洱品位，对提高普洱乃至云南美术创作水平，繁荣发展普洱美术事业，进一步调动广大美术工作者的积极性和创造性，具有十分重要的意义。

展览展示

张晶美术作品展在昆展出

2012年10月10日，云南弥渡籍大写意画家张晶美术作品展在云南书画研究中心开展。张晶自幼酷爱绘画，以人物、山水、花鸟等画被画友称道。后追随周霖先生学习中国画。后入室周秀岐门下，学习大写意花鸟画，长达20余年之久，草书入画，一笔成形，动势抓捕，意气传神。

此次展出的作品中，画鸡，有鸡的奔势；画鸭，有鸭的水缘灵性；画鹰，有鹰的激扬威武；画天鹅，有天鹅的音律柔美；更可见梅的拙中见智、孔雀的祥和之美，均以物画人，传情达意。

江山多娇·大美云南——刘人岛美术作品云南展

2012年8月8—17日，由云南省委宣传部、中华文化促进会、中国文物学会书画雕塑专业委员会共同主办的“江山多娇·大美云南——刘人岛美术作品昆明展”在省博物馆开幕。

解放军艺术学院原院长、著名词作家瞿琮，省委常委、省委宣传部部长赵金，副省长高树勋，省政协副主席陈勋儒，省军区副司令员杨金奎出席开幕式。

展览共展出刘人岛近年来创作的200余幅山水画精品，从不同角度展现了祖国大好河山的壮美多姿。特别是他近期深入云南省怒江、丽江、香格里拉、大理、石林等地体验生活、采风创作的50余幅山水画作，更将云南神奇秀美、多姿多彩的地域风光表现得淋漓尽致，充分展现了大美云南的独特神韵和迷人魅力。

西藏自治区

中国西藏当代画展在柏林开展

2012年4月12日，“西藏印象”中国西藏当代画展在柏林中国文化中心正式开幕。

此次画展共展出了12位西藏当代老中青年画家创作的42幅反映高原文化特质的作品。作品中既有反映高原古老历史和现代文明的画面，也不乏宗教深思和民族风情的内容，其中还有西藏美术中特色最为突出的构图严谨、丰满、协调、多变的工笔重彩画和历史悠久的唐卡。

此次“西藏印象”中国西藏当代画展展出的作品是西藏当代画家在德国乃至在欧洲的首次群体性展出。主办方希望这样近距离同雪域文化使者的交流和对话能够让德国各界朋友更好地了解西藏传统文化的发展变化。同时，来自西藏的艺术家也有机会了解学习德国优秀的文化艺术。

2012年是中德两国建交40周年。为了表示庆祝，中国2012年在德国举办“中国文化年”活动，以进一步推动两国人民的相互了解。此次“西藏印象”中国西藏当代画展就是“中国文化年”期间的活动之一。

此次画展由西藏自治区文联和西藏美术家协会主办，德国柏林中国文化中心协办。展览到4月20日，之后还将赴德国科隆继续展览。

解读西藏当代艺术 藏韵在上海美术馆开幕

2012年11月13日，“藏韵——2012西藏当代绘画邀请展”在上海美术馆开幕。作为近年来首次以西藏当代绘画为主题性质的集中亮相，共展出集布面重彩、宣纸墨画、色粉画、版画、油画等绘画形式的90余件作品。

参加此次展览的15位艺术家都是长期从事西藏主题艺术创作，并致力于西藏美术事业发展的艺术家，其中包括土生土长的藏族画家，如巴玛扎西、计美赤烈、德珍、次旦久美、边巴、次仁朗杰、拉巴次仁等；还有入藏多年、透彻领悟西藏文化艺术的艺术家，如韩书力、李知宝、翟跃飞等；还有一批长期深入藏区进行艺术创作的艺术家，如李小可、古冰、邹晓萍、刘斌、吴雪、阿太等。

在西藏美协主席，同为此次展览策展人的韩书力看来，此次以藏族艺术家为主体的展览，主要聚焦国家在西藏培养的第三代、第四代藏族艺术家层面上。从大家熟知的唐卡、壁画、佛像等“佛地天国”的西藏传统绘画，到这次所呈现给大家的展览。西藏艺术60年来慢慢从“神本”的形式和主题中走出来了。西藏现当代艺术最大的特点就是从“神本”到“人本”的转变。传统绘画与宗教有关，不需要也不允许艺术家的个性表达，西藏民主改革50年，特别是改革开放以来，随着宗教、民族和文艺政策的落实，各族艺术家的创造能力逐渐释放出来了。

此次参展的艺术家从20世纪70年代至今，生活和浸染在西藏文化的氛围里面，作品中生命体验与艺术审美互融、宗教信仰与现实关注交织、传统文化与创新意识碰撞。策展人古冰在接受本网采访时表示：在这次整一年的策展过程当中，最困难的部分是认知。我们在策展里面最重要的部分就是传递给观众什么？包括西藏艺术到底是什么？它的美体现在哪里？以及如何与当下社会进行结合？这个是我们最想要表达的。以及另一方面，就是当代艺术。西藏艺术也在向着当代发展，但发展过程中又与当代艺术不同，西藏当代艺术既有本民族的特色又有当代性，这是我们非常感兴趣的一点。

西藏当代艺术在众多当代艺术板块和分支当中不算是主流板块，而对于主办方之一的嘉源海文化发展有限公司来说，在选择推动西藏当代艺术也筹备了数年之久。其艺术总监林少雄先生在接受99艺术网的采访时表示：西藏当代艺术是中国当代艺术的有机组成部分。由于地域不同造成的文化差异，相对来说，使得内陆对西藏的当代艺术产生一种隔阂。我们也希望在推进西藏当代艺术上面多做努力。

西藏当代绘画既保留了珍贵的雪域文化样式，也有对时代的回应与思考，实现了传统与现实的对话、本土文化与外来文化的交流；既展现了西藏艺术共同的风格，又渗透出艺术家不同的追求和思考，映射出艺术家的成长轨迹；既保持了鲜明特色，在美术史上独树一帜，又不脱离艺术史的整体发展轨迹，不时与其他绘画题材与艺术样式呼应、对接。此次展览通过作品带领观者享受高原文化，探寻西藏当代艺术发展的轨迹与现状。

此次展览至11月21日。

尼玛泽仁：藏族文化应走出宗教殿堂，反映人的世界

尼玛泽仁，十世班禅大师亲赐的“班禅画师”，新派藏画的奠基人。他的新藏画作品曾在世界各国的十多家国家博物馆、美术馆展出，多幅作品被收藏。尼玛泽仁的个人画展以及他所参与的国际间文化访问，都产生过广泛的影响。

作为当代最负盛名和最有影响力的民族画家，尼玛泽仁参与了第一届由中国西藏网主办的“和美西藏”美术作品大赛的评审工作，并于2012年、2013年随同“和美西藏”美术展一起远赴德国、澳洲。在国外画展期间，尼玛泽仁代表新中国培养的一批藏族画家，向西方的艺术家、藏学家及媒体，讲述了一个中国政府建设下的、真实和美的西藏；传播了西藏文化并提升了中华文化的国际影响力。

尼玛泽仁凭借着在中国美术领域的地位，以及公正专业的评审态度，继续担任第二届“和美西藏”美术作品大赛的评委。

陕西省

美术院校

西安美术学院画廊开业 高雅艺术走下“云端”

2012年4月11日，西安美术学院5号学生公寓楼前锣鼓阵阵，掌声雷动，西安美术学院画廊开业典礼在喜庆热烈的气氛中隆重举行。西安美术学院党委书记朱恪孝、院长王胜利、党委副书记王晓、纪委书记孙黎明、党委副书记赵万东、副院长郭线庐、贺荣敏出席开业典礼。陕西省教育厅生产教育处处长屈伟进应邀出席，西安美术学院各系及相关职能处室负责人及学生代表参加典礼。西安美术学院党委书记朱恪孝、院长王胜利为画廊揭牌。

在开业典礼上，西安美术学院党委副书记王晓首先代表学院党政领导对西安美术学院画廊的如期开业表示祝贺。他在讲话中说，作为西北地区唯一的一所专业美术院校，我们不仅要努力提高科研创作水平，不断培养更多优秀艺术人才，更要积极服务社会经济文化发展，引领文化艺术发展潮流。学院决定成立西安美术学院画廊，为西安美术学院师生的优秀艺术作品提供了一个新的对外展示与交流平台，有利于促进专业教师创作出更多更好的艺术作品，同时也为在校师生与社会大众建立起了良好的沟通渠道。对于画廊的发展和经营，王晓副书记希望画廊全体工作人员不辜负全院师生员工的期望，能够按照市场规律，诚信经营，规范经营，专业运作，充分发挥其经营、推介、展示、交流和研究等多种功能，打造多层次、立体化的艺术品交流与服务平台。

西安美术学院画廊负责人、资产公司经理张永昌在发言中说，我们一定开拓创新、努力经营，将西安美术学院画廊办成具有专业引领作用的画廊，不辜负学院领导和广大师生的期望。

西安美术学院画廊是为加大产业开发力度，提高经济收益和社会效益，面向全社会开办的，集学术交流、展览、交易于一体，着力于经营名家作品、推广有潜力的书画家，为广大艺术品收藏机构和收藏家、艺术品爱好者提供的文化交流场所。画廊建筑面积1100平方米，是目前西安市经营性画廊中面积最大的画廊，开业前已征集西安美术学院专家教授的各类作品170余件。画廊共分为学术研究性的绘画作品展示区、教师和学生的优秀作品及手工艺品展示区、个人展览专场展示区。西安美术学院画廊将朝着多出作品、多出人才、专业性强、保证真品、保证原创的战略方向迈进。

李青书画小品展

2012年4月24日，由陕西省图书馆和西安美术学院联合主办的“李青书画小品展”在西安美术学院展览馆盛大开幕。陕西省教育厅副厅长张亮、文化厅副巡视员王志强、陕西省图书馆馆长谢林、西安美院院党委书记朱恪孝、院长王胜利等出席了开幕仪式并分别致辞。西安美院名誉院长刘文西、原省书协副主席钟明善及省内书画界和各高校艺术学院的专家学者等嘉宾到场庆贺。

“李青书画小品展”共展出李青先生作品包括书法和山水、花鸟画等150余幅，展示了作者日积月累的创作轨迹，其精湛的传统功底，独到的艺术特色，多年文史学养与醇厚艺术实力的展现，得到了与会嘉宾的肯定与赞扬。

开幕仪式上，谢林馆长致辞时对李青先生的艺术造诣表示了钦佩，对其热心公益事业的精神给予了高度赞誉。同时还对多年来支持陕西省图书馆公益活动、公益讲坛的艺术家们表示了感谢。他热忱邀请更多的艺术家们，能够带着他们的艺术创作走进陕西省图书馆，让更多优秀的艺术作品通过陕西省图书馆的展览平台，能够与广大人民群众零距离地接触。

此次展览分两阶段进行，第一展于西安美院展厅展出，第二展于5月3—8日移至西安美术学院美术馆展厅展出。届时作者还于5月6日在西安美术学院美术馆多功能厅作关于中国书画意象美的学术专题讲座。

李青先生现为西安美术学院科研处处长、博士、教授、博士生导师、中国美术家协会会员。

此次展览李青先生亦慷慨捐赠其代表作品2幅为西安美术学院美术馆永久收藏。

“陕西人精神”美术书法作品展隆重开幕

2012年5月11日，由省委宣传部、省文化厅、省文联与西安美术学院联合主办的纪念毛泽东《在延安文艺座谈会上的讲话》发表70周年暨“陕西人精神”美术书法作品展在省美术博物馆隆重开幕。省委宣传部副部长、省文联党组书记刘斌，文化厅厅长于华青等领导出席开幕式，西安美术学院党委书记朱恪孝、院长王胜利应邀出席开幕式。

省委宣传部副部长、省文联党组书记刘斌在致辞中说，纪念毛泽东主席《在延安文艺座谈会上的讲话》发表70周年，要继承和弘扬讲话精神，文艺工作者要自觉承担使命和责任，为社会主义文化大繁荣大发展做出积极贡献。

王胜利院长代表陕西省美术界在开幕式上致辞，他说，70年来，《讲话》指导和推动了党领导的文艺事业蓬勃发展，《讲话》精神伴随着时代的发展而发展。西安美院始终以建设中国美术教育事业为己任，呕心沥血，辛勤耕耘，为党和国家培养了一代又一代杰出的美术工作者，创作出了一批无愧于历史、无愧于时代、无愧于人民的优秀作品。西安美术学院师生群体长期在《讲话》精神的指引下，形成了以刘文西为代表，以西安美术学院画家为骨干形成的黄土画派。坚持美术为人民服务、为社会主义服务，坚持百花齐放、百家争鸣，坚持贴近实际、贴近生活、贴近群众，为推动陕西美术事业的大发展大繁荣发挥了积极作用，为建设文化强省做出了自己的贡献。王院长说，西安美院将坚持党的文艺方针，在省委省政府的领导下，在教育创新上下工夫，在教学上出成绩，努力成为中华优秀文化的继承者、先进文化的倡导者和中国美术教育杰出的实践者，将西安美术学院办成党和国家放心、人民群众满意的艺术类大学。

展览以纪念毛泽东《在延安文艺座谈会上的讲话》发表70周年为契机，歌颂70年来陕西人的奋斗历程和光辉成就。展示陕西人"爱国守信、勤劳质朴、宽厚包容、尚德重礼、务实进取"的新形象，展览共有1000多件艺术品，包括书法、绘画、雕塑等不同种类，西安美术学院师生共选送作品200余件。

西部漫行——潘晓东油画、水墨画作品展

由西安美术学院、大唐西市美术馆联合主办的"西部漫行——潘晓东油画、水墨画作品展"，于2012年5月28日至6月6日在大唐西市美术馆展出。

潘晓东是西安美术学院油画系主任、教授、博士生导师，我国著名油画家、中国美术家协会会员、中国油画学会理事、中国书画学会名誉主席、陕西油画学会副会长。数十年来，画家以艺术家的灵性和悟性，以长期不倦的探索精神，创作了大量的油画和水墨画作品。

此次画展，展出了精心挑选的以中国西部丝绸之路为主题的油画作品42件，水墨画作品45件，除大幅的创作以外，还有许多外出写生（包括在丝路西端的意大利、哈萨克斯坦等国家）的作品。由于画家的绘画创作灵感来源于不断地深入生活与深厚的文化底蕴，因此他的充满东方审美意蕴的、大写意式的构图与虚实明朗的色彩，无不完整地体现出画家的胸怀、视野和功力。

此次画展，是画家融西贯中、将艺术与自然和谐融汇的一部艺术乐章，是唤起普通大众对纯艺术作品的一次重视与鉴赏，也是一份值得我们细细品味的精神食粮。

"人民·人民"黄土画派作品展

2012年9月29日，由中国文学艺术界联合会、中国美术家协会、陕西省委宣传部、陕西省文化厅、陕西省文学艺术界联合会、西安美术学院、陕西省美术家协会、黄土画派艺术研究院联合主办的"人民·人民"黄土画派作品展开幕式在陕西省美术博物馆隆重举行，陕西省委书记赵乐际为画展开幕发来贺电，陕西省委常委、宣传部部长景俊海同志、陕西省政协副主席周一波同志、武警陕西总队队长王春新同志、武警陕西总队政委颜晓东、省委宣传部副部长、省文联党组书记刘斌同志、原省委副秘书长王改民、中国美协副主席、国家画院院长杨晓阳先生、陕西省文化厅厅长余华青同志、西安市副市长张宁同志、陕西省美术家协会主席、西安画院院长王西京先生、西安美术学院党委书记朱恪孝教授、西安美术学院院长王胜利教授、西安美术学院名誉院长、黄土画派艺术研究院院长刘文西教授、陕西省文联副主席黄道峻先生、陕西省美协党组书记吕俊涛、陕西省国画院院长范华先生、陕西省美术博物馆馆长罗宁等领导和嘉宾出席开幕式并剪彩。刘文西教授、景俊海部长、王西京先生、杨晓阳先生、王胜利教授先后在开幕式上讲话。西安美术学院党委副书记王晓教授、赵万东同志、副院长郭线庐教授、韩宝生教授、贺荣敏教授和黄土画派参展画家、陕西省文化艺术界知名人士与广大书画爱好者一起参加了开幕式。

黄土画派创始人刘文西教授，自20世纪五六十年代起，数十年如一日，始终旗帜鲜明地坚持毛泽东文艺思想，忠实践行《讲话》精神，不断向生活寻找创作源泉，向人民群众汲取艺术营养，创作出大量深受人民群众喜爱，又极具黄土地域文化和学院式特征，充满雄浑大气、豪放向上、现实主义主流意识的精品大作，带动了以西安美院为主体的一大批具有共同审美思想和艺术理念又各具特色的骨干画家，逐步形成了以"主题思想的深刻性、人物塑造的生动性、笔墨技巧的开拓性和山水花鸟的时代性"和以"熟悉人、严造型、讲笔墨、求创新"为宗旨，有鲜明风格特征，提倡创新精神和艺术个性的黄土画派。2004年经政府部门批准"黄土画派研究院"正式成立，8年来，画家队伍从60余人增加到90人，以学院多学科为基础，以中国画为主体，涵盖了油画、版画、雕塑、设计等多种艺术门类，创作数量和质量有了大幅提升，艺术风格日益鲜明。在刘文西教授的带领下，黄土画派通过每年近10次的频繁密集的采风写生，他们以大西北黄土地为中心，足迹遍及祖国大江南北乃至欧亚部分国家，并以采风写生活动为平台、载体，集深入现实生活、激发创作激情、绘画写生、收集素材、学术探讨为一体，创作了大量优秀的作品，获得了许多全国大奖，在国内外产生了较为广泛的影响 。

这次展览共展出90余位黄土画派名家的300余幅作品，其中许多精品是采风写生的重要收获。刘文西教授从1983年开始创作的百米巨幅长卷，现已完成9组，长78米，高2.1米，画中人物达185人的《黄土地的主人》在这次展览中首次展出，整体反映了黄土画派的艺术特征和精神面貌。另外，还有刘大为、王子武、杨力舟、王迎春、赵建成、王胜利、崔振宽、陈光健、杨晓阳、王有政、戴希斌、郭全忠、赵振川、罗平安、郭北平、贺荣敏、郭线庐等著名画家都拿出了自己的精品力作。

此次画展展期为9月29日至10月7日。

西安美术学院举办"学院风格"2012年教师新作展

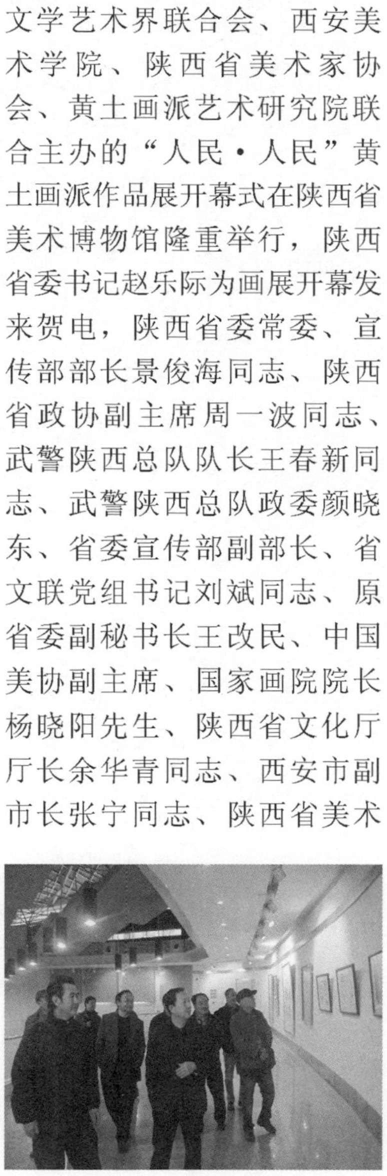

2012年11月18日，西安美术学院2012年教师作品展在学院美术馆开展，展览期间，院党委书记朱恪孝、院长王胜利、党委副书记王晓、纪委书记孙黎明、党委副书记赵万东、副院长郭线庐、韩宝生、贺荣敏、贺丹等领导先后参观了展览。

此次教师新作年展汇聚了全院各系部专业教师的300余幅作品，作品包括国画、油画、版画、雕塑、书法、水彩、装潢设计、环境艺术、工艺美术、服装设计以

及影视动画等诸多门类，并展出部分参加第十二届全国美展的草图及初稿。

科研处负责人介绍，在艺术学提升为新的学科门类的背景下，创作对于美术院校而言被提到了新的高度，学院重视将教师作品展览常态化，鼓励和促进教师进行创作。参加此次年展的作品是经过院学术委员会的认真评审选出的，整体上反映了西安美术学院当下创作水平的整体面貌。

此次展览至11月25日。

千里之行·中国重点美术院校2012届毕业生优秀作品展

2012年12月1日，由中央美术学院、西安美术学院、中国美术学院、鲁迅美术学院、四川美术学院、广州美术学院、天津美术学院、湖北美术学院、清华大学美术学院联合主办，西安美术学院、中央美术学院承办的“千里之行·中国重点美术院校2012届毕业生优秀作品展”在西安美术学院美术馆隆重举行。

陕西省人民政府副省长朱静芝，文化部艺术司副司长诸迪，陕西省人民政府副秘书长徐春华，陕西省教育厅副厅长郭立宏，中央美术学院党委书记高洪，西安美术学院党委书记朱恪孝、院长王胜利，湖北美术学院院长徐勇民，中国美术学院副院长王赞，鲁迅美术学院副院长李宝泉，四川美术学院副院长张杰，广州美术学院副院长吴卫光，天津美术学院副院长于世宏，清华大学美术学院副院长张敢为开幕式剪彩。西安美术学院党委副书记王晓，纪委书记孙黎明，院党委副书记赵万东，副院长郭线庐、贺荣敏，党委委员、组织部部长史军强，院长助理李敏，陕西省教育厅高教处处长袁宁，中央美术学院副院长谭平，湖北美术学院副院长许奋，全国各重点美术院校的教务处长，部分高校的美术馆馆长以及西安美术学院各教学单位及相关部门负责人、学生代表一起参加了开幕式。开幕式由西安美术学院副院长贺丹主持。

此次展览全面呈现了9所院校2012届348位本科毕业生的中国画、油画、雕塑、艺术设计、服装设计、环境艺术设计、工业设计以及多媒体等专业优秀获奖作品，是当前中国高等美术教育发展与成果的集中展示。

西安美术学院院长王胜利在致辞中表示，此次展览突破了以往按院校分单元展览的惯例，按照专业设置整合布展。这既是重点艺术院校教学水平和创作成果的集体展示，也是我国当代学院艺术共同面向社会的重要汇报和呈现，更是重点艺术院校教育教学改革和交流合作模式的积极探索与创新。王胜利院长在讲话中指出，培养具有开创意识和创新能力的高层次艺术人才，是全国重点美术院校面临的重要历史课题。要建设高等教育强国，就必须转变发展方式，必须从以规模扩张为主的外延式发展转向以提高质量为核心的内涵式发展，把提高质量贯穿到人才培养、科学研究、社会服务和文化传承创新的各项工作当中，以自由博大的大学精神和敢为人先的创新理念，使学院在传统和现代的激荡中发展壮大，努力探索出一条具有中国特色的美术教育之路。

中央美术学院党委书记高洪在发言中表示，此次展览集中代表了中国高等美术院校最高水平的毕业生优秀作品展示。对当今中国重点美术院校的教学和创作进行深入研讨有着积极的作用，使全国重点美术学院以更开放的姿态，更多地向社会集中展示我们的教学成果，为提升学术辐射空间和全国各大美术院校之间的教学交流带来全新的机遇，使学院艺术更好地服务于社会。

文化部艺术司副司长诸迪在讲话中充分肯定了此次展览，他说全国重点美术院校优秀毕业生作品展览对于促进高等美术发展和文化强国战略有着重要作用，各美术高校要充分发挥地区和学科优势，共同促进我国高等美术事业的发展。

陕西省教育厅副厅长郭立宏在讲话中说，陕西高校众多，教育资源雄厚。“千里之行”优秀作品展为我国高等美术教育提供了一个学院之间交流的平台，也为各大美院与社会艺术生态之间建立了沟通的桥梁，充分展示了一批富有艺术创造力和探索力的未来艺术家的才华。希望这项活动更好地开展下去。

中央美术学院教务处长王晓琳宣读了教育部高教司司长张大良给千里之行组委会的贺辞。张大良司长在贺辞中对“千里之行”展览的开幕表示热烈祝贺，向付出辛勤劳动的指导教师和优秀作品的创作者表示崇高敬意。张司长强调，全国高等艺术院校要以党的十八大精神为指导，充分发挥培养高素质艺术人才、引领艺术研究与创作潮流、传承创新文化艺术的重要基地作用，自觉担负起繁荣社会主义文化艺术的光荣使命和历史责任，深入推进教育教学综合改革，大力提升高等艺术人才培养质量。要牢固树立科学的育人观、质量观；要全方位推进教育教学综合改革；要不断完善艺术学科专业结构；要深入探索协同育人新机制；要切实加强高等艺术教育教学资源建设；要大力加强高等艺术院校教师队伍建设；为推动社会主义文化事业繁荣和文化产业发展提供强有力的人才保证、智力支撑和直接贡献。

在开幕式上，还举行了本次展览承办方西安美术学院与下届展览承办单位中国美术学院的交接仪式。参加开幕式的兄弟院校领导嘉宾还参观了西安美术学院新建的美术博物馆。

12月1日，西安美术学院院长王胜利主持了“院长与同学面对面”活动，中央美院副院长谭平，湖北美院院长徐勇民，中国美院副院长王赞，鲁迅美院副院长李宝泉，四川美院副院长张杰，广州美院副院长吴卫光，天津美院副院长于世宏，湖北美院副院长许奋，清华大学美院副院长张敢一同参加活动，参会学生和院长们就当代美术教育和当代艺术等问题进行了广泛和深入的交流，现场互动频繁，气氛热烈。

“千里之行”展览始于2010年，先后在广州美术学院、天津美术学院成功举办了两届。展览至12月31日。

崔振宽美术馆奠基仪式在西安灞桥生态湿地公园举行

2012年8月28日，陕西首个以画家个人名义命名的美术馆——“崔振宽美术馆”奠基仪式在西安灞桥生态湿地公园举行。陕西省文化厅厅长余华青、副厅长刘宽忍，西安市副市长张宁、灞桥区区委书记聂仲秋、灞桥区区长贠笑冬、陕西省美协主席王西京、著名画家崔振宽、邢庆仁、万鼎、吕峻涛、罗宁等各界人士出席了奠基仪式。陕西水墨长安文化艺术有限公司总经理崔迅介绍该馆的概况，余华青、负笑冬等领导致辞并给予高度评价。

“崔振宽美术馆”占地38亩，预计竣工后场馆面积达2万多平方米。美术馆将设立崔振宽艺术常设展厅，集中展示、永久陈列崔振宽从20岁到现在的上千幅作品，并以崔振宽艺术基金、艺术工作室、艺术奖为依托，发掘、培养、资助陕西乃至全国美术人才，推动陕西省美术事业的发展繁荣。据崔振宽介绍，该馆建设资金全部来自陕西水墨长安文化艺术有限公司，是一座非营利性，集展览陈列、收藏保护、学术研究、国内外文化艺术交流、公共教育、文化休闲为一体的现代化民营公益性美术馆。

乌海西安书画联展在亮宝楼开幕

为喜迎党的十八大召开，加强内蒙古乌海与古都西安的文化交流，作为第六届中国西部文博会的分会场文化活动，由西安市文化广电新闻出版局和内蒙古乌海市文化新闻出版局联合主办、乌海市书画院和西安中国画院协办的“中国书法城·乌海书法作品巡回展——走进古城西安书画联展”，2012年9月8日在亮宝楼隆重拉开帷幕。

画展开幕式由西安美术学院常务副院长王犇主持，出席开幕式的内蒙古方面领导有：内蒙古自治区文化厅副厅长刘春良，文化产业外副处长郭少军，乌海市委常委、常务副市长白彦，乌海市委常委宣传部部长王小平，乌海市文新局局长樊桂丽，乌海市文化广电新闻出版局副局长王伊胜，内蒙古自治区书协副主席、乌海市书协主席宋永江，乌海市书画院副院长郭世红，乌海市美协主席王章一等。中共西安市委宣传部常务副部长夏泽民、西安市文广新局局长严彬、陕西省美协主席、西安中国画院院长王西京等领导及书画界近300名嘉宾出席了开幕式。

乌海市是一座新兴的资源型工业城市，是“宁蒙陕甘”经济区的结合部和沿黄经济带的中心区域。近年来，乌海市委市政府高度重视文化工作，提出“乌海书法万里行”工程。目前，已在全国多个城市举办了书法交流展。中国书法家协会命名乌海为“中国书法城”。有近7万人练习书法，“中国书法城乌海”已成为城市对外文化交流的金质名片。

此次书画展是新时期乌海、西安两地文化交流史上的一件盛事。共展出两地书画家书画作品100幅。这些作品反映了两地书画家长期的文化积淀和潜心探索，都有着西部雪域川原苍凉雄浑的共同特点，艺术家们用精湛的丹青妙笔讴歌了黄河明珠和三秦大地的历史风貌和人文情怀。

“党的十七大提出了弘扬中华文化，建设中华民族共有精神家园的科学目标，肯定了民族悠久历史同民族自身信仰不断统一的重要关系，艺术作为文化价值体系中最具有活力的因素，在融合民族思想理念、促进地域间文化创作交流和互动上有着不可代替的作用。在文化大繁荣、大发展、文化复兴的时代背景下，广泛地交流、不断地借鉴吸纳，艺术就会在不断的探索发展中显示自身潜在的生命力与影响力，从而更深层次地促进两地书画创作的进一步融合与繁荣，这也是我们承办此次联展的初衷”。王西京主席的画展欢迎致辞道出了此次画展的目的与意义。

乌海代表团在画展期间还到西安各地去采风写书。同时乌海和西安方面也达成了长期文化交流合作意向，约定西安中国画院全国巡回展的第十三站，2013年巡回至乌海举办，届时两地艺术家会再续艺术之缘。

书画院

陕西国画院举行2012迎春作品展

2012年1月1—5日，新年第一天，陕西国画院在西安美术馆举办“迎春作品展”，23位画家的110幅新作和广大观众见面。在欢快的民族器乐演奏中，新年的喜庆气氛与一幅幅装裱精致的画作融为一体，为人们呈现了一道亮丽的艺术风景。

陕西国画院院长范华介绍说，举办这次展览，旨在复兴画院每年一度的迎春作品展，请社会各界朋友来参观、指导画院一年来的学术进展，同时也以展览的方式回报社会，为广大群众在元旦佳节提供一场视觉盛宴。

陕西国画院成立于1981年，是国内成立最早的五大画院之一。近年来，在新一届领导班子的努力下，画院以创作研究为中心，完善基础设施建设，改革管理机制，引进高层次人才，扶植青年画家，开展公益培训与教育活动，为陕西国画院注入新的生机。展览的参展画家有范华、邢庆仁、杨光利、田庄、沈荣华、季秀伟、蔡小枫、王潇、乔建业、耿齐、白霜亮、陈亚敏、韩勃正、白海红、苗壮、王慧 、惠菲、张修安、 郑伟斌 、祁自强 、江天、王战凌、 武斌等，都是陕西国画院的中青年画家。此次展出的110幅作品形式多样，手法不一，集中反映了画院中青年画家的学术风貌和艺术个性。

“吕少华西安大型山水画展”在陕举行

由陕西省美术家协会、陕西国画院等主办的“纪念毛泽东延安文艺座谈会70周年暨吕少华西安大型山水画展”于2012年6月24日在陕西省美术博物馆举行。出席画展的领导有中国扶贫开发协会副会长田习三将军、原中国艺术研究院副院长现文化部中国文化艺术科技研究所所长白国庆、文化部中国民族文化艺术基金会理事长谷长江、原国务院老干局局长郭建文、原中国国家博物馆副馆长马英民等。

吕少华，旅法画家，1946年生，江苏南京下关人。法国巴黎市荣誉市民，现任国务院新闻办、中国人权发展基金会特邀理事，国务院扶贫办常务理事，文化部社会美术高级职称定级考官，人民艺术家网艺术总监，陕西省美协会员，陕西省书协会员。

展览的黄河、黄山两个系列作品共99幅，主要表现了吕少华先生“思想变了，笔墨就不能不变”的思想，非常重视生活与艺术创新的关系，强调深入生活，关爱自然，关注民生，走出了自己的中国画创新的新境界。

他将精力集中在关注和领悟如何将笔墨这样一种极为主观的形式表现一种意象的感知，如何将现实自然物象转化为笔墨的生命形式，体察传统笔墨对自然物象的整理组织规律及概括提炼的方式，在笔墨的研习中培养对笔墨韵致、结构和形式美的敏感度，提高自然转化为意象笔墨的创造力，这样既吸取了笔墨的精华，又不会被既有的程式束缚。所以吕少华先生的国画作品其实质是在强调一种主观精神的内蕴之美，传达一个现代人回归自然的精神想往，它源于对自然的感悟和心灵的重铸，是意象的展现。作品努力以现代的“语境”表达心灵的幻象和大自然具有诗意的特征、表达意象中虚实韵境的至美和灵性的光彩，同时赋予笔墨新的形式和意义。就像肖云儒先生对吕少华先生的艺术定位那样，“他是一位能够在多维美学关系中汲取艺术创造力的艺术家”。

陕西国画院2012年青年画家选聘仪式举行——推进陕西

2012年11月，“陕西国画院2012年青年画家选聘仪式”在省国画院隆重举行。

陕西国画院院长范桦指出：从20世纪到目前为止，在100多年的实践中，我们逐渐地感到曾经狂热追求的“西为中用”，到后来发现除了能改变中国画的视觉感受之外，并无实质性的改变。而艺术研究表明，中国绘画每发生重大转折性的进步，都采取以复古为革新的方式，不仅中国如此，欧洲也如此。尽管康有为、陈独秀等人对中国传统绘画进行了批判；尽管徐悲鸿提出“素描是一切造型的基础”；尽管林风眠、刘海粟、吴冠中极为夸大西画对中国绘画的影响。然而，随着中国国力的增强，民族自信力的提升，中国艺术精神乃至中国绘画逐渐显示出它强大的生命力。故而，中国美协提出了“中国气派”；中国国家画院提出了“写意精神”；这既是对中国传统绘画的重新认识，也标志着中国传统绘画的重新崛起。为此，我们在这种艺术的环境之下，本着弘扬民族绘画精神，顺延时代的发展，倡导此次活动，目的是通过这一活动昭示决心，共同探讨这一具有时代意义的主题。

由陕西国画院创作研究室、业务办公室主办的“陕西国画院2012年青年画家选聘仪式”已于2012年11月在省国画院拉开序幕。陕西国画院院长范桦、陕西国画院副主任王潇、陕西国画院院长助理乔建业、陕西国画院长安画派创研室沈荣华、陕西国画院花鸟研究室主任蔡小枫、陕西国画院业务办副主任耿齐等参加了会议，并对新入选的青年学员作品进行了深入点评。

2012年6月30日至7月8日在陕西举办的“风华•2012首届陕西艺术院系毕业生创作精品展”成功举办后，一批涵盖山水、花鸟、人物及理论研究等专业的青年画家将作为陕西国画院青年画家重点培养。这次活动，国画院按照学员的自身特长分门别类，以小团队方式进行教学指导，这是国画院首次实行“师傅带徒弟”的教学方式，共收纳了12位美术专业高材生作为在院学员。

为了积极贯彻党的十八大会议精神，扎实推进社会主义文化强国建设，作为西北地区具有代表性的国画院，陕西国画院以引领和推动长安画派文化艺术繁荣发展为己任，努力发掘国画人才，促进陕西国画创作繁荣发展。

这次活动，主要是针对年轻画家的书画作品艺术表现力不够突出、笔墨功力不足、学生的基础过于局限的现象，陕西国画院结合学生自身特点近距离更全面地讲授国画艺术创作的方法。突出个性培养，将培养重点着力在提高后备人才的艺术原创能力上，全面提升青年学员的国画艺术素质。

此次活动别开生面，仪式特意安排新学员们首先接受长安画派的教育感染，聆听朗诵著名人物画家李世南所著《狂歌当哭》，对艺术大师石鲁的回望。让学员们感受到长安画派艺术家们的人格魅力和艺术成就，以此作为对年青一代画家的首课教育，意义深刻。随后全场默哀一分钟，缅怀为陕西国画做出贡献的老一辈艺术家。

会议期间新学员与导师进行了学术交流及作品点评，而学员们之间也相互交流经验、交流理念、交流感受，对自己的作品有了新的感悟，相互之间也有了进一步的了解与提高。

会后，老师们表示，希望以此方式在一定的时间内给予年轻学员们更多的学术指导，以工作室的模式培训具有潜质的年轻国画家，走出一条不同于学院式教育的思路，尝试更符合国画人才培养规律的新路子。通过这次活动，希望新一代的青年画家们在艺术方面得到充分的提高。辅助年轻的学子们更好地学习与传承中国国画艺术。陕西国画院三个月后还继续此次人才选拔活动，建立陕西省国画创作后辈人才的阶梯，使这项活动今后成为优秀画家展示才华的舞台！

美术家协会

长安精神•陕西当代中国画名家作品展

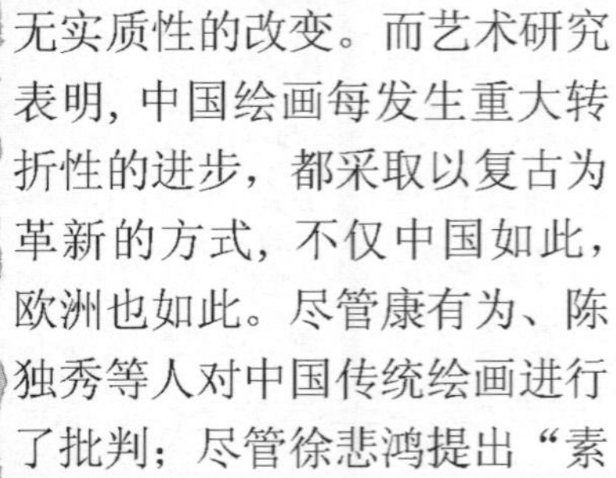

“长安精神——陕西当代中国画名家作品展”于2012年5月28日至6月6日在北京中国美术馆隆重举行，并于进京展后，赴上海、南京、广州等地巡回展出。

展览是20世纪60年代画派进京展和各地巡回展后，陕西美术集群的又一次高端展示，汇集了著名画家刘文西、崔振宽、王子武、张振学、王炎林、王金岭、江文湛、王有政、张杲、徐义生、郭全忠、赵振川、张之光、罗平安、王西京、陈国勇的100余幅精品力作。以上16位画家，在漫长而艰辛的艺术生涯中，立足于中国画传统，广泛而深入地取览中外文化艺术资源，积极探寻中国画的笔墨精神与表现潜能，以充沛的创作激情和卓越的艺术成就，引领着陕西美术的方向和潮流，为中国美术事业的繁荣发展做出了巨大的贡献。长期以来，受到学术界的密切关注，在全国具有广泛的知名度和影响力。他们的联袂展出，无疑是当代陕西美术的巅峰呈现，对于美术理论深入解析“长安画派”之后陕西美术的发展历程，把握当代陕西美术新格局，具有重要的认识意义和学术价值。

强化精品意识，充分展现陕西美术的高度与实力，是新一届陕西美协的一大战略目标，举办“长安精神——陕西当代中国画名家作品展”，则是和这一目标紧密相关的重要环节（其他环节还包括陕西中青年国画家作品展、陕西油画、版画作品展等一系列举措，尚在筹备之中），对于陕西美术的长远发展，具有重要的全局意义。中国文联、中国美协、陕西省委宣传部和陕西文联对此高度重视，全力支持。

“长安精神”，在历史的变迁和时代的浪潮中淬炼磨砺，吐故纳新，是一个意蕴丰富、充满凝聚力和感召力的文化理念。这一理念的提出，标志着当代陕西美术在集群意识和文化资源的发掘与组合方面步入了一个新阶段。作为新阶段一系列工作的指导思想与核心主题，“长安精神”体现着对陕西美术的历史与文化渊源的宏观认识，与陕西美术的历史和现状高度契合，深刻揭示出陕西美术沉潜、进取的精神品性与兼容并蓄的博大气象。

“长安精神”，是陕西美术艺术生命的重要源泉，也是把握陕西美术的一个独特视角。用“长安精神”描述和界定陕西当代美术集群的精神风貌，准确地表达出了陕西美术的历史渊源和文化根基，以及多元艺术追求背后的血脉与共性。

作为中国美术的一个组成部分，陕西美术在中国美术的历史进程中发挥着重要作用。20世纪30年代，诞生于陕北高原的延安文艺，在中国革命和民族解放斗争中产生了划时代的精神力量。60年代，长安画派以艰苦卓越的探索精神、振聋发聩的艺术主张，成为中国画坛的一支劲旅。90年代至今，黄土画派以扎实写生、深入生活的赤子情怀，再现着西部热土。随着文化环境的不断改善和艺术观念的多元化，陕西美术迎来了新的繁荣，重大题材创作及人物、山水、花鸟等各个领域的探索和创新，在全国引起了强烈反响，初步形成了长安画派之后的新局面。博大、雄强、开放、包容，“长安精神”以广阔的胸怀使传统与现代、东方与西方融汇共生，渲染出波澜壮阔的时代画卷。

这次精品展，在以崭新风貌和强劲实力彰显“长安精神”的同时，必将以深厚的文化底蕴和强烈的精神感召，激发广大美术工作者的文化使命感和社会责任感，使他们以坚定的信念和炽热的激情，创作出更多无愧于时代的精品佳作，为中国美术事业的持续繁荣和发展，做出更大的贡献。

长安精神——陕西当代中青年国画作品展

由陕西省委宣传部、省文化厅等单位联合举办的“长安精神——陕西当代中青年国画作品展”2012年11月25日在西安开幕。省委常委、西安市委书记魏民洲，省人大常委会副主任白阿莹，副省长郑晓明，省政协副主席、省委统战部部长周一波等领导出席开幕式。

这次展览从全省各地的2111幅参展作品中遴选出646幅精品，分别在西安纺织城艺术区、省美术博物馆、省美术馆三个展区同时展出，是迄今为止陕西省举办的规模最大的国画作品展览。作品以多彩的构图、多样的风格展现了陕西省当代中青年画家的创作新风貌、艺术传承和艺术创新，是陕西省美术工作者为党的十八大胜利召开的一次献礼。

2012年陕西省美术家协会大事记全面创新发展

2011年是陕西美术发展重要的一年，省美协主席王西京将其称为攻坚、奠基、跨越式的一年。这一年，省美协主席王西京以前瞻性的目光，自觉的文化意识和务实进取的热情，带领新一届美协主席团，使得陕西美术真正实现了大繁荣、大发展的局面。2012年3月15日召开的“2012年陕西省美术家协会工作会议”上的五项工作——启动“陕西人文千年重大题材美术创作工程”，启动“长安精神·陕西当代中青年美术（国画）作品展”，举办“陕西省纪念毛泽东同志《在延安文艺座谈会上的讲话》发表70周年、陕西省第一届写生作品展”，举办“长安精神·陕西当代中国画台湾展，香港展”等全面实施，陕西省美术家协会名家艺术展博中心高标准起步，陕西省美术家协会骊山创作培训中心培训百余名骨干画家，这些扎实、有序、有效的工作极大地激活了陕西美术的发展，使得陕西美术进入了一个全面开花，欣欣向荣的黄金期。

大胸怀

文化的影响力需要一种面向全球的胸襟

2012年1月5日，“长安精神”中国陕西省国画名家作品展在日本文化名城福井举行。

2012年5月27日，“长安精神——陕西名家精品、台湾名家精品联展”在台北举行。

2012年7月27—29日，“长安精神——陕西当代中国画名家作品香港展”在香港大会堂展览厅举行，7月30日和31日，“陕澳美术界学术交流联谊活动”在澳门举行

2012年9月21—28日，王西京率陕西美术家代表团赴马来西亚参加第六届马来西亚国际艺术博览会。

2012年，王西京高扬“长安精神”的旗帜，带领陕西艺术家分别于2012年5月27日，7月27—29日走进台湾、香港、澳门，举办“长安精神·陕西当代中国画台湾展，香港展”，这些展览让陕西美术站在一个世界文化通汇的“高岗”上，博大、雄强、开放、包容的“长安精神”得以最耀眼的关注和宣扬，同时陕西艺术家也在交流中获取了三地优秀文化的养分。在国内交流进行的同时，王西京同时将目光投向国外，他两次组织陕西美术界的精英赴日本、马来西亚进行文化交流。2012年，在王西京永不停歇的脚步中，这些走出省际，走出国门的文化交流活动和展览让世人关注到了来自黄土高原的艺术之花，这是一种美术的大眼光和大胸怀，在这种交流中，陕西文化影响力得以最大程度地彰显，陕西美术也在这些交流中获得了勃勃发展的生机。

文化的持续性发展需要人才的厚积

2012年，省美协吸纳新会员306名

2012年，省美协骊山培训创作中心培育百余名骨干画家

2012年，省美协吸纳新会员306名，这些新会员的加入，壮大了陕西美术发展的力量，使得陕西美术团队不断扩大。尤其值得一提的是省美协骊山培训创作中心，每次开班和学员结业时王西京都亲自到场，看学员作品，指导学员创作。为了办好创作培训中心，王西京还邀请著名画家江文湛、张杲、万鼎、王保安、韩莉、李玉田等为学员讲课，马继忠更是成为特聘教授为学员长期授课。经过一年的努力，省美协骊山培训创作中心培育了百余名骨干画家。对于人才不遗余力的渴求，是王西京人才梯队建设的一个战略高度，他在为当下的陕西美术储备人才，更为陕西美术的未来输入新的血液。

文化的发展需要一种前瞻性的眼光

2012年11月25日，“长

安精神·陕西当代中青年美术国画作品展”盛大开幕。

早在十七届六中全会提出文化强国战略之前，2011年“长安精神·陕西当代中国画作品展”就巡展北京、广州、上海等地，使得陕西美术在“长安画派”之后，再次高规格出征，影响全国。这次的巡展显示了王西京一种高远的目光，陕西是一个文化大省，“长安精神”理念的提出，既涵盖了陕西的地域性，又凝聚了陕西当代最精华的美术作品，它站在一个文化的制高点上，让陕西美术率先发力，成为陕西从文化大省到文化强省过程中浓墨重彩的一笔，彰显了陕西美术的影响力，增加了陕西文化发展的软实力。这种前瞻性的眼光高度契合了十七届六中全会的精神，其先行一步的战略思想显示了王西京独特的文化自觉和担当意识。2012年11月25日，筹备一年之久的“长安精神·陕西当代中青年美术国画作品展”在十八大之后如期开幕，这是一个时间上的巧合，更是一种精神上的共鸣。在十八大推进社会主义文化强国建设的蓝图中，“长安精神·陕西当代中青年美术国画作品展”无疑是一个先知先觉的践行。

大气魄

文化的积淀需要时代的责任感

2012年5月，“陕西人文千年重大题材美术创作工程”正式启动，它以史学家提出的陕西上下五千年来的人文历史、重大历史事件、山川河流为创作名录，以美术精品的战略工程全面展示陕西鲜明的人文历史、资源优势。工程启动之后，征集草图491件，初步确定创作草图200余件。王西京表示，“这是一个精品工程，是要留给历史的文化工程，我们一定要有责任感和使命感！”因为这种文化的精品意识和时代责任感，王西京举全省美术界的力量，弘扬民族优秀文化精神，满足人们日益增长的文化需求。

文化的时代感需要不断的深入生活

2012年5月21日，“纪念毛泽东同志《在延安文艺座谈会上的讲话》发表70周年暨陕西省首届写生作品展”在陕西省美术博物馆举行，这是陕西省美术家协会2012年度的一项重要工作。展览旨在让更多的艺术家投身到写生创作中，不断推出优秀作品和人才，繁荣和发展陕西美术创作。展览共收到700余件优秀美术写生作品，展出作品共计400余件，其中国画294幅、油画82幅、雕塑3件、其他类别27件。此次展览全方位、多角度地表现了陕西省美术家和美术工作者深入生活、深入实际的创作新风貌，体现出陕西省美术创作“百花齐放、百家争鸣”的勃勃生机，为陕西人民献上了丰盛的艺术盛宴，具有很高的艺术性、学术性和时代性。王西京表示，坚持《在延安文艺座谈会上的讲话》指引的正确方向，从生活中来，到生活中去；从群众中来，到群众中去；才能创作出无愧于我们这个伟大时代的艺术作品来。这是王西京多年创作的实践，更是其创作前行的动力。

文化的繁荣需要高远的市场意识

2012年9月2日，陕西省美术家协会名家艺术展播中心隆重开业

2012年9月2日，天高气爽，艳阳高照旨在开拓、规范和净化陕西艺术品市场，倾力打造艺术与社会，艺术与市场之间的专业展销平台——陕西省美术家协会名家艺术展播中心隆重开业，名家艺术展播中心作为一个展览、传播和销售平台，汇聚了陕西100多位陕西名家以及中青年画家的作品，专业、高效地展示了陕西美术的创作成果和态势，全面提升了陕西美术家的知名度和影响力，并促进陕西艺术品交易健康、快速地迈向全国乃至全球市场。文化繁荣不能只靠自发性，有组织的市场战略才能走得更远，王西京的市场意识显示了他非同凡响的卓见胆识，让陕西美术有了一个整体的市场推进。

大慈爱

文化的传承需要一颗感恩的心

2012年5月20日，刘旷美术馆在延安革命纪念馆隆重开馆

2012年8月24日，“情系西域翰墨人生——西域风情画派创始人徐庶之先生逝世十周年纪念展暨《中国近现代名家画集》首发仪式”举行

2012年5月20日，刘旷美术馆在延安革命纪念馆隆重开馆，由陕西美术事业发展基金会资助出版的《刘旷画集》同时首发。这次活动是由省美协和延安革命纪念馆主办，是对刘旷先生去世一周年的深切怀念。刘旷美术馆陈列了刘旷先生130多幅版画和国画。8月24日，为表达对著名画家徐庶之先生的深切缅怀和敬仰之情，唤醒艺术家对陕西美术事业发展的精神和勇气，“情系西域翰墨人生——西域风情画派创始人徐庶之先生逝世十周年纪念展暨《中国近现代名家画集》首发仪式”在陕西省美术博物馆举行。展览展出了徐庶之画作92幅，这两次活动，显示了省美协对艺术家崇高的敬意。王西京在徐庶之画展上表示，徐庶之为中国近代画的开展和创新作出了不朽的贡献，他始终坚持真善美的统一，坚持以表现普通劳动者的这样一种平民思想为创作理念，40年的“驼背”创作生涯表现出对艺术的不懈追求和对生活的挚爱，他无愧于“人民艺术家”的光荣称号。

回顾2012年，陕西美术在人才、精品、交流、市场和品牌意识等方面上全面开花，从“长安精神16名家”到“长安精神·陕西当代中青年国画作品展”再到省美协骊山培训创作中心培育百余名骨干画家，陕西美术形成了一个老、中、青的人才梯队，这对于陕西当下乃至未来都有着重大意义，它让陕西美术的薪火不断得以传承；从“长安精神16名家作品展”到“长安精神·陕西当代中青年国画作品展”再到“纪念毛泽东同志《在延安文艺座谈会上的讲话》发表70周年暨陕西省首届写生作品展”，陕西美术的精品不断亮相于公众，接受社会的检阅，这是一种精品的展示，更是一种精品战略的推进，精品意识将会让陕西美术在文化大繁荣、大发展的新时期焕发出新的创作活力；从“长安精神”走进台湾、香港、澳门到国外的日本、马来西亚，陕西美术以一种开放、博大、包容的雄强的精神，推进着自身在全国乃至世界的影响力，他将成为陕西文化一朵奇葩惊艳于世界文化之林；而陕西省美术家协会名家艺术展播中心的盛大开幕，聚焦了全国收藏爱好者的目光，这一全国首创的市场意识体现了陕西美术面向市场的决心和信心，更为陕西美术进入市场提供了一个大平台，这是一种市场的前瞻，更是一种文化生产力的强劲驱动；“陕西人文千年重大题材美术创作工程”启动，刘旷美术馆在延安革命纪念馆开馆，“情系西域翰墨人生——西域风情画派创始人徐庶之先生逝世十周年纪念展暨《中国近现代名家画集》首发仪式”举行，这些重大活动，体现了陕西美术不忘历史、不忘先辈的光荣传统，在历史和先辈的荣光中，陕西美术在传统中继往开来，而其前行的步伐愈加稳健和自信。

2012年，陕西美术在王西京带领的省美协新一届主席团的推动下，开拓进取，务实创新，取得了显著成绩，使得陕西美术在“长安画派”之后，再次辉煌于世，这是一种“大胸怀、大气魄、大慈爱”担当精神使然，更是国家文化战略的巨大感召使然。相信在党的十八大的激励中，陕西美术将完成其从美术大省到美术强省的使命，创作出更多满足人民群众需求的时代精品。

甘肃省

美术院校

西北民族大学美术学院第四届美术专业学生作品展

为了营造高雅校园文化氛围，提高同学们的审美素质，培养认识美、发现美、创造美的能力，2012年4月20日至4月23日，由西北民族大学团委、美术学院主办，美术学院团委承办的西北民族大学第四届美术专业学生作品展在榆中校区大学生活动中心举办。

此次活动经过美术学院广大师生精心策划和准备，共展出作品200余幅。作品全部为美术学院在校研究生、本科生亲手创作而成，作品类型有油画、中国画、漆画、装饰画、藏族唐卡、设计招贴、书法、水粉等。

此次画展开展之际，西北民族大学党委书记金雅声、常务副校长马景泉，党委副书记、纪委书记王扎西等校领导及各职能处室、各学院负责人亲临现场参观，并留下了非常中肯的意见。

此次画展受到了榆中校区各级领导和广大师生的热烈欢迎，观展同学纷纷在意见本上写下了真挚的祝福和建议，为此类活动今后办得更好留下了宝贵意见。美术学院不但进行大学本科学生的专业教育，更是承担着校园文化建设和全校学生的美育教育的任务，通过在上届作品展中发放的问卷调查来看，榆中校区的同学们对美术专业的了解和需要还是比较迫切的，在此次展览期间美术学院总结前几届展览的经验，调研了榆中校区师生美育教育的现状，成立了美术爱好者协会并开展了纳新工作，得到了同学们的积极响应，截至目前已经有40余名同学现场报名参加。该协会将利用课余时间邀请美术学院的教师和高年级同学，在榆中校区定期组织开展有针对性的学术展览、美术基本功培训、名家名作鉴赏等系列学术活动。从而达到构建和谐校园的高度，以丰富校园文化，营造良好校风学风，是今后举办此类画展的出发点。

通过画展的举办，将使榆中校区的同学们近距离接触和了解西北民族大学美术专业的办学特色和办学水平，在丰富了校园文化的同时，为更多的同学培养兴趣爱好提供了支持，也为美术学院学生提供了一个展示个人才艺的平台，提高了学生们的艺术实践能力和艺术欣赏水平。

书画院

西部心象·陈天铀中国画展

为纪念毛泽东《在延安文艺座谈会上的讲话》发表70周年，推动书画艺术大发展、大繁荣，建设文化强省，打造文化强市，由中共甘肃省委宣传部、兰州市政协、甘肃省文学艺术联合会、甘肃省文化厅、甘肃省人民政府文史馆、甘肃画院、甘肃省美术家协会主办，甘肃美术馆、兰州荣宝轩艺术馆承办的“西部心象——陈天铀中国画展”于2012年5月23日在荣宝轩艺术馆(兰州市金城关文化风情区，北滨河中路中山桥向西300米)隆重开幕。

“西部心象——陈天铀中国画展”展期为5月23日至6月20日。共展出作品120余幅，其中8米山水长卷15卷，丈二整张作品1幅，八尺对开作品10幅，六尺整张作品4幅，四尺整张作品25幅，各种扇面小品60余幅。此次展览作品是陈天铀先生近几年的心力之作，在个性语言和艺术造诣方面取得了新的突破性成就，也是陈天铀先生艺术人生的一个新的起点。陈天铀先生正值他绘画创造的盛期，相信，在未来的艺术道路上，他的艺术人生定会绽放得更加精彩。

陈天铀，山水画家，江西赣州人，生于1945年9月。自幼酷爱书法、绘画，师从赵鹤青(胡佩衡先生入室弟子)学习山水画及中国画理论。多年从事美术教育，1990年入甘肃画院。立足西北，数十次深入青海、甘南、河西走廊等地写生，在戈壁大漠、雪山草原、丝绸古道之古老壮阔背景上探寻人与自然的和谐，作品数次参加全国美展及历届甘肃美展，曾获全国美展优秀奖、省美展一等奖，获省敦煌文艺奖、飞天奖等，并多次发表于《美术》、《国画家》、《美术观察》、《江苏画刊》等美术刊物，多次赴日本、美国、欧洲及中国台湾、中国香港等地展出并被收藏。曾在中国台湾、新加坡举办山水画展。出版《陈天铀画选》、《西部心象——陈天铀山水画作品集》等画册。

原甘肃画院副院长，甘肃美协中国画艺委会副主任、国家一级美术师、中国美术家协会会员，甘肃省文史馆馆员，中央文史馆书画研究员，现任甘肃书画研究院副院长。

兰州5画家中国画展在甘肃画院举行

“金城流韵·山水清音——郭文涛、董吉泉、陈天铀、曹建华、马刚中国画展暨品酒音乐艺术沙龙”7月16日在甘肃画院举行。

此次活动“观展、品酒、赏乐”相结合，旨在以全新的艺术形式和感受，搭建文化交友、艺术交流、联袂创作的契机与平台。画展展出郭文涛、陈天铀、曹建华、马刚以及已故画家董吉泉5位山水画家近50幅精品力作。展览当天，几位艺术家现场挥毫，共同创作《陇山清远图》。同时举办红酒品酒会，聆听由梵音乐团演奏的海顿的《云雀》、柴可夫斯基的《如歌的行板》、莫扎特的《弦乐小夜曲》等世界名曲。

甘谷书画展在甘肃画院开展 连辑题词并宣布展览开幕

为纪念甘谷建县2700周年和姜维诞辰1810周年，由甘谷县主办，在兰甘谷籍人士承办的大型书画展，于2012年7月29日在甘肃画院开展。省委常委、省委宣传部部长连辑出席画展，并宣布展览开幕。

甘谷是我国最早建立县制的地方，被称为“华夏第一县”。甘谷历史文化沉淀深厚，人文荟萃，人才济济。姜维就是从这片土地走出来的一位历史英雄人物。这次书画展精选了150多幅全国甘谷籍书画家的作品，有不少当代名家大家作品参展。参展的作品弘扬爱国主义主题，既有传统风范，又有时代精神。作品种类繁多、精彩纷呈，具有广泛的艺术价值，特色鲜明、意韵深远，令人流连忘返。不少参观者大饱眼福，纷纷表示这是一场难得的艺术盛宴。

迟浩田、钱树根等20多位将军和张津梁、程有清、邓成城等为画展题词祝贺。连辑还为画展题写了会标，并撰联题词：“先六出再九伐不问成败只为蜀，前孔明后伯约两段三国一份忠。”

张景辉、程有清、邓成城、周宜兴、王世文和郑守增、樊根深、刘玉斋、李天荣、杨耀春、张臣刚、徐作旭、季志民、石新贵、侯洛生等参加了开展仪式。

书画展至8月5日。

纪念《党的建设》创刊三十周年全省书画展盛大启幕

为纪念《党的建设》创刊三十周年，喜迎党的十八大胜利召开，由省委宣传部主办，省委党的建设杂志社承办的“辉煌三十年，喜迎十八大”全省书画展，2012年9月17日在甘肃省画院盛大启幕。

参加开幕式的主要领导有：甘肃省纪委常务副书记、省预防腐败局局长杨志宏，省委宣传部常务副部长张建昌，省委组织部副部长蔡保成，省新闻出版局副局长李玉政，读者出版集团有限公司党委书记、董事长吉西平，省广电总台台长陈青，甘肃日报社总编辑马克利，省委党的建设杂志社副总编辑、社长冉维刚。

中国美协理事、国家一级美术师莫建成，靖煤集团公司党委书记程剑，甘肃画院党委书记安邕江、院长马国俊也应邀参加了此次画展。

开幕式由甘肃省委宣传部副部长高志凌主持，党的建设杂志社社长冉维刚对书画展进行了详细的介绍。

书画共收到书画作品400余件，其中绘画作品100余件、书法作品300余件。经过专家仔细评审，遴选出入选作品150件。这些入选作品主题突出、内容丰富、风格多样，包含着深厚的艺术底蕴，具有鲜活的时代气息和较高的审美价值。它们从不同侧面赞颂了党的丰功伟绩，讴歌了陇原儿女幸福美好的新生活，寄托了对《党的建设》杂志的殷切期望。

2012中国西部民族文化博览会名家书画展在兰举行

2012年10月4日至7日，由中国书法美术家协会、中国艺术学会书画专业委员会主办，中国书画研究院兰州分院、甘肃省收藏协会、甘肃省书画研究委员会、甘肃画院、兰州大学书法研究所协办，甘肃世博展览有限公司承办的2012中国西部民族文化博览会名家书画展在兰州甘肃国际会展中心隆重举行。

此次展览是甘肃有史以来高层次、最大规模的一次名家荟萃。民族文博会名家书画展吸引了众多市民参观，场馆现场气氛热闹非凡。该展共展出中国书法美术家协会常务副主席、中国书画研究院副院长张敏钧以及甘肃著名书画家马少青、马国俊、李恒滨、尚墨、张永基、秦理斌、陈天铀、杨志印、周玉兰等150多位书画名家的书画作品5000余幅，为文博会增添了浓浓的文化氛围。组织该展的中国书画研究院副院长张敏钧介绍，此次书画展共挑选出中国书画研究院60多位著名书画家参加，还有全国各地邀请来的名家以及甘肃著名书画家参加。该展从报名、筛选到组织、布展，前后共用了两个多月的时间，许多书画作品都是经过书画家本人初选和组委会终选展出，有不少作品都是首次呈现在观众面前。

张敏钧说，举办此次名家书画展，旨在通过书画交流和研究，探索书画艺术市场发展的新路子，不断开拓西部艺术市场研究的新领域，为书画家的发展提供广阔的交流平台，促进西部书画艺术的发展和文化事业的大繁荣。

美术家协会

“喜迎十八大·走进崆峒”甘肃美术作品展

2012年9月3日，“喜迎十八大·走进崆峒”甘肃美术作品展开幕式在崆峒区柳湖书院隆重举行。甘肃省文联党组书记、副主席，中国书协理事、甘肃省书协主席马少青；甘肃省美协常务副主席、中国美协理事张万凌；甘肃省美协副主席兼秘书长、中国美协会员张大刚；展览评委、甘肃画院兼职画家、兰州商学院教授郭屹梅出席开幕式。平凉市领导张军利、高淑美、王大睿、马社弟、李应学出席开幕式。市委常委、常务副市长王奋彦主持开幕式。

此次展览由省文联、省美协、平凉市委、市政府主办，平凉市委宣传部、平凉市文联和平凉市美协承办，展览共收到参评作品1000多幅，入选作品130多幅，表达了全省美术工作者喜迎党的“十八大”的真挚情怀。

王大睿在致辞中代表市委、市人大、市政府向展览和参展作者表示祝贺，向省文联、省美协领导表示感谢。他说，这次展览，不仅是平凉第一次承办的省级艺术展览，而且也为即将举办的国家级艺术节营造了良好的气氛，这充分体现了省文联、省美协对平凉艺术事业的关心和支持。此次展览，是在全市上下认真落实十七届六中全会精神，喜迎党的十八大的新形势下，举办的一次主题鲜明、面向基层、规格和水准都很高的展览，不仅充分展示了甘肃美术打造“敦煌画派别”艺术风貌和整体实力，而且也充分体现了省文联、省美协“走基层、转文风、改作风”的良好愿望和价值追求。

马少青在讲话中指出，此次展览，不仅是甘肃美术界的一次盛会，更是甘肃省文联、甘肃省美术界贯彻落实省委书记王三运关于文化提升行动讲话精神，着眼于建设文化大省，促进文化事业大发展大繁荣的有益尝试。近年来，平凉市的广大美术工作者，创作了一大批优秀的美术佳作，使平凉在全省美术格局中占据了比较重要的地位。相信通过这次展览，对于全方位、多渠道、多层次对外宣传推介平凉地域文化和崆峒品牌，进一步促进甘肃美术事业发展繁荣起到积极推动作用。希望我省画家能够加强地域美术创作与交流，走进基层、贴近群众，总结经验，寻找差距，进一步鼓舞信心、激发活力、辛勤创作，大力提升甘肃美术整体实力，以此来回报哺育我们的这块土地和人民，为甘肃省小康社会建设作出新的更大的贡献。

青海省

高大陆——印象与记忆青海美术作品展在关山月美术馆展出

由深圳市关山月美术馆、青海省文学艺术界联合会、青海省美术家协会联合主办的高大陆——印象与记忆青海美术作品展于2012年3月29日至4月7日在关山月美术馆展出。

来自青海的80位绘画艺术的耕耘者，将高原那淳朴、粗犷、原始、奔放的情愫带到深圳，展示给深圳的观众朋友。青海，天高云淡、壮美磅礴，是一个令人心驰神往的高原省份，生活在这里的美术家们潜心于本土，张望于东方和西方艺术语言交汇出的繁复与现代，在南方和北方之间的绘画元素中寻觅、沉淀，他们执著地调弄着异样的丹青墨痕、亚麻油彩，带着青海长云一般的雄阔与浪漫，带着土性的沉厚，恣肆挥洒，畅游于画梦与艺境。

这是带着自然的气息所生成的美，它有着天籁般的旋律和质地，还有一种博大的高贵气质，它和城市文明所缔造出的第二自然，以及和第二自然所培养出来的心性和美感，有着不一样的美学风范。

这些作品或许在技法、观念上不够前卫，但它们土地的黏性，阳光的芬芳，个性的憨实，是高原画家所固有的，也是独特的。

“大美青海·魅力夏都”美术创作工程展在西宁开展

2012年10月25日，由中国美术家协会、中国人民大学艺术学院指导，西宁市委宣传部、市文联主办的“大美青海·魅力夏都”美术创作工程展览会在青海省博物馆开展，来自全国各地著名画家的70余幅精美作品向世界展示大美青海。10月27日，省委常委、西宁市委书记毛小兵，西宁市委副书记、市长王予波等领导参观了展览。

此次展出的画作是西宁市为实施“大美青海·魅力夏都”为主题的系列文艺创作工程，历时两年时间，专程从北京、陕西、四川、安徽、山东、上海、江苏等地组织知名艺术家前来青海，在全方位的艺术采风和创作后，推出以“大美青海”为主题的70余幅充满青海地域特色的美术精品。

西宁市自2010年启动此届展会的相关工作以来，得到了省内外众多知名艺术家的响应。画家们来青海后，被大美青海的地域特色、人文资源、多元文化深深吸引，有的画家甚至长期住在西宁，前往青海省各地采风，创作了一批精美的作品。而这也是西宁市举办的一次档次高、规模大的美术作品展会。展会结束后，西宁市将前往外地开展交流展出。

展览开幕式上，西宁市委常委、宣传部长王海红说，青海作为一个拥有众多高山大河，拥有无数美丽风景和动人传说的大美之地，世代繁衍生息在这里的各族儿女，创造了独特而灿烂的文明。这里从来都是文学艺术家们追求梦想、寻找创作灵感，实现自我价值的精神高地。夏都西宁，充满激情，充满诗意，传播久远的传奇故事以及高原各族人民丰富多彩的生活，孕育了文艺创作的肥沃土壤和不竭源泉。

王海红说，近年来，西宁市坚持将文化品牌建设作为弘扬民族文化、推动西宁文化繁荣发展的重要抓手，实施了以“大美青海·魅力夏都”为主题的系列文艺创作工程，取得了丰硕成果。她诚邀省内外艺术家来西宁，开展不同形式的文化交流和文艺创作活动。

西宁市领导参观“大美青海·魅力夏都”美术展

2012年10月27日，青海省委常委、西宁市委书记毛小兵，市委副书记、市长王予波，市委常委、宣传部部长、市总工会主席王海红，副市长王彤一行来到青海省博物馆，兴致勃勃地欣赏“大美青海·魅力夏都”美术创作工程展览。

毛小兵一行一边欣赏画作，一边与市文联的艺术家亲切交流，感谢他们为推动活动开展所做出的努力，勉励大家创作更多优秀的作品，促进大美青海、魅力夏都的宣传。毛小兵指出，建设让人民满意的生活之城、幸福之城，离不开文化的支撑，需要更多源于生活、源于社会大众的文化作品，来宣传弘扬西宁的文化和西宁人在建设新生活过程中付出的努力与实践。毛小兵要求，各行各业都要结合实际，更加自觉、更加主动地搭建桥梁，在夏都西宁的各项事业中大有作为，不断积累弘扬西宁的特色文化和精神，以更加奋发有为的精神面貌积极投身夏都西宁建设。

此次展出的美术作品是西宁市为实施“大美青海·魅力夏都”为主题的系列文艺创作工程，历时两年时间。西宁市文联和市美协在中国美术家协会、中国人民大学艺术学院的大力支持下，先后组织北京、陕西、四川、安徽、山东、上海、江苏等地国内知名的艺术家来到青海，在青海省进行全方位的艺术采风和创作活动。此次展出以“大美青海”为主题的美术精品70余幅。

“大美青海·魅力夏都”为主题的系列文艺创作工程，是西宁市文联各个艺术门类通过各种艺术形式的创作，向外界大力宣传青海自然风光和人文精神，推介高原文化、昆仑文化、民俗文化之美，提升旅游品牌的一种自然与文化发展相融合的文艺创作方式。

青海省第三届写生作品展在省博物馆开幕

12月25日青海省第三届写生作品展在省博物馆顺利开幕，参展作品149幅。

此次展览从众多的投稿作品中评选出部分参展，集中体现了近两年来青海省广大美术工作者的写生收获。

宁夏回族自治区

宁夏书画院首届青年画家作品展

2012年4月25日，由宁夏书画院、宁夏美术馆联合主办的“宁夏书画院首届青年画家作品展”在宁夏美术馆（银川西塔院内）开幕。

展览共展出了宁夏书画院7位青年画家的70余幅书画作品，这些作品以水墨的形式向参观者展示了宁夏书画院“新鲜血液”目前的状态，作品多以创作、写生为主。

宁夏书画院院长周一新介绍，宁夏书画院现有15位专业书画家，随着近年来书画院的发展，青年书画家的比例逐年增加，为带动和提高青年画家的业务水平，培养青年画家的创作意识、学习能力以及增强画家的知识和文化底蕴，从2012年起开始举办“宁夏书画院青年画家作品展”，画院将会把此项工作作为一种常态持续下去，以这种方式，让社会上更多的人参与到书画院的发展建设当中。此次画展到5月5日。

陈曦的山水画作品厚重、苍茫，画家对于传统笔墨有着一定的认知和理解。从其作品中可以看出画家注重对气象的把握和表现，在其繁缛的笔墨语言中，能够反映出画家在一定程度上驾驭大的山水场景的能力，并通过积、染等手法的运用营造出独特的山水风貌。

胡小敏的绘画作品以山水画见长，其作品笔墨简约但不失厚重，从其作品中不难看出画家对于山水画诗意化的独特见解和表现。其作品清雅不失韵味，灵动又不失意趣，满幅作品散发出一种润泽之气以及古拙之气，从中不难看出画家在书画探索中所具备的灵性与执著。

马小加的绘画作品清新婉约，其花鸟画作品构图饱满却不拥堵，设色艳丽却不妖媚。在其画中那种活态与生命感绽放其中，常人所追求的富贵感与传统文人对于书卷气的认同感并揽其中。

周一新，一向以学院派画家著称，他的作品中能够让人看到其扎实的基本功之外，他从传统文化及历史进程中找寻到了适合自己心性的表现对象，在其对宗教的和具有人格化精神的再塑造与挖掘创作的题材中，他能够恰如其分地将自身感受通过对笔墨诗意化的处置，使作品创作呈现出既发幽古之情，又能与当代审美进行贯通的效能。

杨华是宁夏书坛一位颇具才华和灵性的青年书法家。其书法功底扎实，对于书法有着较为深刻的研究和见解。其书风唯美灵动、结字合理，用笔自然且合乎法度。他的书法能给人一种清新、雅致的视觉享受。

刘晖的写生作品中，观者看到的是画家工整、严谨的画风。其作品看似逸笔草草，漫不经心，实则显功力，画家能够将丘壑藏于心中，又能轻松再现，流畅的书写感，让人心生愉悦。钩、皴、擦、点在自然平实中却不失劲健，山水中所蕴涵的那股生气和活态，犹如和风细雨般在其中慢慢升腾 。

马莉一向以油画见长，其油画作品又多以表现年轻人的精神状态为主，其作品手法大胆，富于想象，表现方式上的大刀阔斧让观者直抵画面对象的内心深处。这幅水墨人物作品有别于传统笔墨的表现方式，画家更注重于个人情绪的宣泄，其精神诉求更为明显。

将军书画义拍所得善款全部捐赠“黄河善谷”

为促进西部慈善事业的发展，2012 首届中国宁夏“黄河善谷”慈善博览会将军书画展2012年8月27日在银川举行。此次慈善博览会将军书画展由中华人民共和国民政部、宁夏回族自治区人民政府、中国将军诗书画院主办，宁夏回族自治区民政厅、中国军谊诗书画院、宁夏义工联合会承办。北京军区原政委谷善庆上将，军事科学院原政委张序三中将，总装备部原副政委、全国政协常委、中国将军诗书画院院长李栋恒中将，空军原副政委杨英昌中将、副司令员景学勤中将、副政委黄新中将，北京军区空军原政委蒲荣祥中将，国防大学原副校长王厚卿中将，南京军区原副司令员徐承云中将，中国将军诗书画院常务副院长陈学政少将，总参谋部四部原部长戴清民少将，海军政治部原副主任张双虎少将，天津警备区原政委任之通少将、空军后勤部原副政委张国治少将，国防大学教研室主任黄彬少将，中国军谊诗书画院周小献秘书长，中国军谊诗书画院副院长、国家一级美术师梅振荣、娄可成等出席活动。

出席将军书画展暨义拍捐赠仪式的宁夏党政军领导有：自治区党委副书记崔波，自治区党委常委、宁夏军区政委王志宏，自治区人大常委会副主任马瑞文、张小素，以及自治区原政协主席任启兴。画展及捐赠仪式由张小素副主任主持，崔波副书记与陈学政少将致辞，他们的讲话被一阵阵热烈的掌声所打断，极大地鼓舞了在场观众积极投身于慈善事业的热情。

展览共展出141位共和国将军和部分地方名家精心创作的191幅书画作品。其中：上将作品20幅，中将作品34幅，少将作品88幅，地方名家和将军与地方画家合作作品49幅。这些作品题材广泛，内容丰富，格调高雅，健康向上，催人奋进，融思想性、教育性、珍藏性、时代性为一体；且风格多样，气势恢弘，大气磅礴，充分展示了作者的人生感悟、追求意境与多姿多彩的艺术才华，具有很强的观赏性和感染力。其作品展出后在观众中引起强烈反响，社会各界积极竞拍，现场义拍气氛热烈。书画拍卖由嘉德高级拍卖师主槌，他说，“我主持过数次拍卖会，这些将军书画作品与地方书画名家相比当仁不让，是上乘之作”。拍卖所得善款全部捐献给宁夏慈善总会，用于“黄河善谷”慈善事业。

8月26日，宁夏回族自治区主席王正伟，自治区党委常委、政府常务副主席刘慧，自治区党委常委、宁夏军区政委王志宏等有关自治区领导会见了将军与书画名家一行，介绍了宁夏的现状和发展思路；谷善庆上将代表将军讲话，对宁夏的发展表示欣慰。会见后，中国军谊诗书画院向宁夏回族自治区政府捐赠由20多位共和国将军共同创作的巨幅丈八国画作品《万紫千红总是春》，在场人员看后赞不绝口，王正伟主席动情地说，“此幅作品恢宏高雅，具有震撼人心的力量，它集大气、豪气、雅气于一体，虽不是专业人员创作，却胜似于专业人员创作，我们马上装裱，悬挂政府办公大楼，奏响军爱民，民拥军，军民团结，构建和谐社会的一曲凯歌”。下午，将军们来到宁夏义工联合会，亲切看望了工作人员和志愿者，张序三老首长发表了热情洋溢的讲话，极大地鼓舞了在场的复转军人和退伍老兵；并现场挥毫泼墨，创作了一批书画精品赠送给义工联合会。当晚，共和国将军们同全国政协副主席白立忱、民政部部长李立国、自治区党委书记张毅、自治区主席王正伟等领导共同出席2012年中国（宁夏）黄河善谷慈善博览会开幕式暨宁夏“黄河善谷奖”颁奖文艺晚会。

宁夏地处黄河善谷，是发展西部慈善事业的桥头堡，长期以来在慈善事业发展上呕心沥血、殚精竭虑。2012年出台的慈善发展规划中，宁夏将利用10年左右时间，基本解决残疾人和贫困人口生存、生活、发展等突出问题，初步构建起慈善事业可持续发展体系，将“黄河善谷”建成民族地区扶贫济困试验区、国家慈善事业创新发展区、国家级慈善创新平台和产业基地。

中国军谊诗书画院是从事古今“将军书画”艺术研究的社会文化机构，宗旨是为共和国的将军们、军内外的书画名家和爱好者打造一个展示翰墨风采、抒发爱国情怀、陶冶情操的文化活动平台，同时致力于弘扬中华民族传统文化、促进国内外文化交流和各民族团结。而推进慈善事业的发展，更是军谊诗书画院责无旁贷的基点。2009年5月9日正式成立以来，在共和国将军们的倾力支持与帮助下，在李栋恒院长、陈学政常务副院长和周小献秘书长等画院领导的带领下，事业得到了迅速发展，先后举办了多项大型活动，在社会上引起强烈反响。

喜迎新年宁夏美协举办书画展

2012年12月28日，由宁夏美协、青海互助青稞酒股份公司共同主办，宁夏美协中国画艺委会、宁夏众成商贸有限公司承办的“天佑德青稞酒杯——宁夏美术家协会中国画艺术委员会作品展”，在宁夏文化馆开幕。

宁夏美协主席宋鸣、常务副主席郭震乾，宁夏中卫市美协主席袁柏生，天佑德青稞酒公司负责人、宁夏众成商贸有限公司董事长李彦成，以及书画家马建军、沈丽萍、马文祥、徐党校、丁波、王雪峰、王印泉、杨波、石晶竹等出席了展览开幕式。

展览展出宁夏老一辈国画家和宁夏美协国画艺委会成员的国画作品80余幅，均是美术家认真学习、悉心领会党的十八大报告精神后创作的佳作，从不同角度展示了他们讴歌祖国、喜迎新年的情感。

宋鸣表示，这次展览不仅丰富了宁夏人民的文化生活，也是美术家践行党的“十八大”精神的一种体现。艺术与企业结合的尝试，对推动艺术为社会、艺术为民生服务有着十分深远的意义。

第五届宁夏（中国）动漫作品及动漫艺术家插画展

发展动漫创意产业，是宁夏依托丰富的历史文化资源优势，着眼于“十二五”时期经济发展方式转变和产业结构调整，大力培育发展的一项战略性新兴产业。自2008年以来宁夏（中国）动漫作品及动漫艺术家插画展已连续成功举办了四届，知名度和影响力不断扩大，动漫产业呈现出蓬勃的发展势头和广阔的发展前景，也取得一些可喜的成绩。画展有效地展示了当代动漫插画艺术家在动漫设计、制作方面取得的成就，为宣传宁夏，培育品牌展会，促进文化创意产业发展发挥了积极的作用。

为了进一步扩大影响，向国内外推介银川动漫产业基地及动漫企业，加快宁夏动漫产业发展，带动西部动漫产业行业间与外埠间的技术交流、信息共享、多方合作，实现产业互动的格局。

为了促进国际化动漫游戏人才及周边产品交流，搭建国内技术交流平台，推动宁夏动漫游戏产业的发展。

2012年9月21日，由宁夏回族自治区银川市人民政府、宁夏回族自治区银川经济技术开发区管委会主办，第五届宁夏（中国）动漫作品及动漫艺术家插画展在银川艺术中心拉开了帷幕。此届展会全方位展示了宁夏回族自治区动漫产业的发展成果，为宁夏乃至西北的动漫产业搭建了一个展示和交流的平台。

宁夏举办“喜迎十八大宁夏名家书画作品展”

“喜迎十八大宁夏名家书画作品展”2012年10月19日在宁夏中卫市举行。该书画展共展出百余幅出自曾杏绯、刘正谦、丁钧、胡正伟、刘钧威、王系松、石晶竹、张少山等宁夏著名老艺术家，也包括吴善璋、马建军、刘魁一、徐党校、王永强、岳健等活跃在宁夏书坛画苑的老中青三代实力派书画艺术家之手的作品。展览还特别邀请了京城画家于沁的山水和花鸟画一同展出。画展由宁夏文史研究馆和中卫市政府主办，宁夏书画院、宁夏西夏书画艺术研究院具体承办。

“这个展览在中卫举办很难得。带孩子们看一看，也是培养他们的艺术素质，将来无论他们从事什么职业，都需要良好的素质做基础。”展厅内，一位带领学生参观书画展的中卫市职业学校教师，在西夏书画艺术研究院院长刘魁一西夏文书法展品前说。

宁夏文史研究馆副馆长胡迅雷告诉记者：“这次参展的艺术家很多都是宁夏文史研究馆的研究员。他们热爱宁夏，用手中之笔为宁夏留下了一批具有塞上特色的艺术作品。书画家们以自己的书画作品抒发对即将召开的党的十八大的情怀，其书画、书法作品大都围绕宁夏的自然之美、人文之美和民族团结，或歌颂宁夏山川，或抒发爱国爱家情感，具有浓郁的地域特点。”

新疆维吾尔自治区

美术院校

新疆艺术学院成功举办个人水粉静物展

新疆哈巴河县15岁女孩李淑敏于2012年6月1日在新疆艺术学院成功举办个人水粉静物展，得到许多专家教授的认可与好评。

李淑敏，女，汉族，1996年8月出生于新疆哈巴河县，2009年9月就读于乌鲁木齐华兵实验中学（原兵团一中分校）。6岁学画，13岁就跟随热孜婉古丽老师学习素描，水粉静物，其间多次得到新疆艺术学院伊明江老师的指导与点拨。2011年11月，在华兵实验中学举办个人画展，主题是“放飞梦想——李淑敏美术作品展”。作品类型包括动漫人物，版画，素描以及水粉静物。

“娉娉袅袅十三余，豆蔻梢头二月初”。这是杜牧先生《赠别》诗中的一个名句。他用早春二月枝头含苞待放的豆蔻花，来比拟体态轻盈，芳龄十三的少女。后来女子十三四的年纪被称为“豆蔻年华”，时至今日，“豆蔻年华”则是对女子13至16岁的统称。李淑敏同学6岁学画，13岁跟随热孜婉古丽老师学习素描、水粉静物。受其老师影响，李淑敏同学对待绘画认真执著。历时三年，始终保持着对绘画艺术的热忱和追求。在技法上进步很大。

此次以“豆蔻曲”为主题的水粉静物展，就是展示她从13岁到15岁之间的习作。这些习作当中的瓶瓶罐罐，以及我们司空见惯、丢弃的物体，在李淑敏同学童真般的心里，成为表达她认识这个五彩斑斓的世界，感知这个无比精彩生活的方式和途径。从一幅幅还略显稚嫩和不成熟的习作中，可以窥见到她在艺术领域中摸索攀爬的阶梯上奏响的每一个音符。这些音符有些青涩，有些赏心悦目，却都集中体现了李淑敏同学对艺术的热爱和渴望，表现了她像泉水一样清澈透明，像美玉一般纯洁至善的心。让我们带着赏析的愉悦心情，一起来倾听这个15岁少女用了三年时光谱写的“豆蔻曲”吧！

回眸于阗——卓然木·雅森油画作品展

2011年12月30日—2012年1月10日，“回眸于阗——卓然木·雅森油画作品展”在中国美术馆开幕。

展览由中国美术家协会、中国美术馆、新疆维吾尔自治区文学艺术界联合会、新疆艺术学院主办；新疆艺术学院美术学院、新疆美术家协会、北京百家百福商贸有限公司承办；由中国维吾尔历史文化研究会、新疆师范大学美术学院、新疆美协油画艺术委员会、新疆油画学会、新疆画院协办。

哈孜·艾买提美术作品展 彰显天山魂

2012年10月24日，由中国美术家协会、自治区党委宣传部、自治区文化厅、自治区文学艺术界联合会、自治区人民政府参事室（文史馆）、新疆艺术学院共同主办的“天山魂——哈孜·艾买提美术作品展”在新疆艺术中心开幕。展览从10月24日到10月31日，共展出美术作品150余幅。

自治区副主席铁力瓦尔迪·阿不都热西提出席开幕式并讲话。铁力瓦尔迪·阿不都热西提说，哈孜·艾买提是新中国培养的第一代美术家，多年来用他的画笔，向世人展现了新疆独特的地域文化、民风民俗和各族人民的多彩生活，生动地描绘了改革开放以来特别是中央新疆工作座谈会以来，天山南北发生的翻天覆地的巨大变化的大好局面，为中国美术事业和新疆文化事业的繁荣发展做出了重要贡献。

铁力瓦尔迪·阿不都热西提要求，希望通过“天山魂——哈孜·艾买提美术作品展”的举办，进一步展示新疆大开放、大建设、大发展的大好形势，宣传新疆美术创作的新成就，提升新疆文化的影响力，树立新疆文化的良好形象，促进新疆美术创作和文化事业的大繁荣大发展，丰富各族群众的精神文化生活。

“可以透过油画作品看到他从心底里迸发出来的浓郁感情，绘画天赋特别好，他就是为画而生的。”中国美术家协会理事、新疆美术家协会副主席兼秘书长郤振明在参观哈孜·艾买提的美术作品展时感慨地说，哈孜的油画作品非常有生活性，同时他对油画的色彩感觉非常好，色彩表现力很强。

郤振明说，在哈孜·艾买提的作品上很难看到直线，几乎都是曲线，因为这个维吾尔族人民热情、奔放、爽朗的性格，所以他在表现画面时用的一些艺术语言、表现方法等，都是和这个民族性格相吻合的绘画表现手法。

哈孜·艾买提说：“以《天山魂》作为此次个人展览的命名，是因为展出的作品反映的是自己的生活根基和艺术面貌，及天山南北各族人民的风俗人情和精神风貌，它的创作灵感全部来源于广大的民众，我要用艺术表达自己对新疆这篇土地的浓郁的爱！”

全国人大常委会原副委员长司马义·艾买提，自治区人大常委会主任艾力更·依明巴海，自治区人大常委会副主任马明成等领导出席开幕式。

哈孜·艾买提1933年出生于新疆喀什市。1954年毕业于喀什师范，1957年毕业于新疆学院（现新疆大学）艺术系，并留校任教。现任第九届全国人大代表、中国文联委员、中国美术家协会顾问、新疆文史馆名誉馆长，中国维吾尔历史文化研究会和中国油画学会常务理事等职。第九届全国美展总评委、水彩水粉画展区评委会主任。1988年被评为国家级有突出贡献的优秀专家。主要作品有《罪恶的审判》（1964）被中国美术馆收藏，1982年在巴黎春季沙龙展出，《麻合穆德·喀什噶里》（1981）获全国少数民族美展一等奖，北京民族文化宫收藏，《木卡姆》（1984）第六届全国美展获银奖，中国美术馆收藏，1987年在莫斯科展出，《地毯·维吾尔人》（1987）参加第一届全国油画展赴日本参加中国当代油画展并被日本作家协会收藏，《乐迷》1988年参加首届全国油画精品大赛获银奖，被日本千代田俱乐部收藏，《刀郎魂》（1999）参加第九届全国美展。近年来在中国画人物画方面也独树一帜，创作了大量的中国画人物画，在各类报刊发表，并被国内外各界人士收藏。国画《牛背刁羊图》（1999）陈列在天安门城楼。创作了《唱不尽的心声》、《万方乐奏有于阗》、《葡萄架下》、《麦西来甫》、《纳孜尔库姆》等大量反映能歌善舞的维吾尔人风俗人情的中国画作品。曾赴原东德、保加利亚、独联体诸国及法国、德国、英国、意大利、土耳其、伊朗等国进行考察交流，并于1994年在巴黎、安卡拉、伊斯坦布尔，1998年在伊朗德黑兰等城市举办个人画展。

书画院

驼行天下——田夫中国西部作品展

为喜迎党的十八大胜利召开，促进徽州文化和西域文化的交流与发展，由新疆画院，黄山市书画院主办，黄山美术馆，正当代艺术品投资有限公司协办的驼行天下——田夫中国西部作品展于2012年7月9—13日在黄山美术馆举行，共展出田夫老师精品力作近百幅。画家借黄山白云，展徽宣长卷，擎西域巨笔，绘盛世佳作，礼赞时代，礼赞祖国，为和谐家园献上一份深情的礼物。

驼行天下——田夫中国西部作品展分别在烟台美术馆，东莞市诗书画研究院，江西省抚州市博物馆，哈尔滨黑龙江日报美术馆，深圳宝安画院，关山月美术馆，深圳雅昌艺术馆，大连美术馆，乌鲁木齐美术馆，黄山美术馆等地展出。田夫现为中国新疆画院专职画家，加拿大同代人艺术协会会员，泰国泰中艺术家联合会顾问，黑龙江北国书画院名誉院长，中国农工民主党深圳市委员会成员。

情系新疆——李灼国画展在新疆博物馆开展

2012年11月10日，为了庆祝党的十八大召开，“情系新疆——李灼国画展”在自治区博物馆开展。自治区文化厅厅长穆合塔尔·买合苏提，自治区文联党组书记黄永军，全国著名画家哈孜·艾买提，新疆美术家协会主席邓维东等相关领导、嘉宾参加了开展仪式。

“情系新疆——李灼国画展”展览为期一周，由自治区文化厅主办，新疆画院承办。

在这些作品中，长13米、宽1.45米的作品《大漠情采》最引人瞩目。李灼说：“我用了四个月时间画了这样一张大画，这张画基本反映了我的想法。把13个民族打破时间和空间的局限，有机地安排在一个画面上，展现我们各个民族的精神风采，各族人民为祖国而欢呼雀跃，为感恩祖国而喜庆庆贺。”

自治区文化厅厅长穆合塔尔·买合苏提说，李灼从事美术事业40余年，长期坚持现实主义创作理念，深入实际，深入生活，深入群众，创作了许多具有鲜明时代特色和浓郁地方特色的优秀作品；他学养广博、功力精湛、勇于创新，尤其以中国的人物画最为擅长，既崇尚传统又注重创新，将西洋绘画中诸多元素成功地融入到中国画创作之中。这次展览展出了李灼的120多幅作品，集中反映了新疆人民生动的现实生活，壮美的自然景观和浓郁的民族风情，饱含了李灼对新疆这片热土的挚爱和对新疆各族人民的深厚情感。文化厅把展览安排在党的十八大召开期间举办，充分说明自治区对文化事业的重视。

新疆文史馆名誉馆长、著名油画家哈孜·艾买提参观完画展后说：“李灼是来源于生活地画，不是胡乱想象地画，基本功很扎实。他的国画中有油画的痕迹，每张画都很完整，特别认真，我很高兴看到他的展览。”

美术家协会

2012年新疆美协工作安排

2012年2月11日，中国美协在兰州召开了协会年度工作会议。中国美协分党组书记、常务副主席吴长江做了题为《加快实施人才战略，持续推出精品力作，为建设社会主义文化强国贡献力量》的工作报告。总结2011年的工作：

1.组织大型展览，服务党和国家大局。围绕纪念中国共产党成立90周年、辛亥革命100周年、西藏和平解放60周年等节庆活动，组织策划重点美术活动。还成功举办了“天山南北——中国美术作品展”，启动“中华文明历史题材美术创作工程”等重大创作活动。2.采取多项措施，推出优秀人才。成功举办“第四届全国青年美展”，稳步推进“中青年美术家海外研修工程”，制定实施“西部少数民族美术人才培训发展计划”，营造美术人才脱颖而出、优秀作品不断涌现的制度和氛围。3.拓展对外交流新途径，持续扩大国际影响。继续推动“中国美术世界行”系列活动。4.深入开展调研，切实加强舆论引导。通过学习贯彻十七届六中全会重要精神，建立健全美术舆情信息网络，持续“中国美术现状”调研，开展各画种的理论研讨和美术批评等措施，进一步推进美术健康发展。5.提升服务水平，回报广大人民群众。通过文化惠民、美术维权等工作服务基层，服务群众，服务美术家。6.加强协会自身建设，增强凝聚力和战斗力。还对新一年的工作进行了部署，努力做到大为主席对协会工作的要求，在筹划大展、培养人才、现状调研、普及惠民、对外交流、自身建设等方面，认真履行服务、协调、联络、维权职能，团结广大美术家，扩大美协的影响力和凝聚力。

1.第十四届新疆迎春美术作品展；

2.纪念“毛泽东《在延安文艺座谈会上的讲话》”70周年全国美术作品展；

3.“美丽家园·魅力新疆”第七届中国西部大地情——中国画、油画作品展；

4.新疆·河南中国画作品交流展；

5.中日友好——丝绸之路美术作品展；

6.新疆第二届版画艺术节；

7.新疆首届青年版画邀请展10月15日前作好作品电子版，10月30日之前送作品，自行装框；

8.出版六期《新疆美术》报；

9.考级：考级工作在全疆范围内从2012年4月份开始至12月份结束。

中国美协主办《美术》杂志学术品位高、信息量大，全国美术展览展出具体时间、收件要求咨询中国美术家协会展览部或查阅《美术》杂志。

新疆非物质文化桑皮纸画展

2012年3月5日，全国"两会"刚刚开幕，由自治区人民政府主办，文化部社会文化司、国家图书馆和自治区文化厅承办的2012年"春雨工程"全国文化志愿者边疆行之"蓝靛金箔——中国画·桑皮纸绘画作品展"继"新疆好"画展之后在国家图书馆古籍馆开展。

2012年3月14日，在北京举行的"蓝靛金箔——中国画·桑皮纸绘画作品展"上，78岁的桑皮纸制作技艺传承人阿卜杜喀迪尔·阿依普正在为观众展示桑皮纸制作工艺。

现代的国画艺术、古老的造纸技艺，两者相逢，迸发出极大的魅力，引人入胜。最近几天，在北京中国国家图书馆古籍馆，来自新疆的"蓝靛金箔——中国画·桑皮纸绘画作品展"吸引了众人的目光。

新疆的非物质文化遗产资源丰厚，如何保护类似桑皮纸这样的国家非物质文化遗产，在十一届全国人大五次会议上，住疆全国人大代表们带来了自己的思考和想法 。

融合现代艺术古老工艺焕发生机

3月12日，全国人大代表、自治区党委书记张春贤专门参观了"蓝靛金箔——中国画·桑皮纸绘画作品展"。

画展上不仅有画在桑皮纸上的油画作品，还有国家级非物质文化遗产桑皮纸制作技艺传承人阿卜杜喀迪尔·阿依普现场表演制作桑皮纸的过程。

一幅幅具有浓郁民族风情、独特人文景观的作品，让观众们看到了一个透过桑皮纸渲染出的空灵、深沉、沧桑的世界。

张春贤说，在桑皮纸上作画，将新疆优秀的传统文化与时代发展有机结合，使千年薪火相传的古老技艺桑皮纸重焕光彩。桑皮纸绘画作品中充分体现了当今新疆开放、创新、交流融合的现代文化引领的宝贵精神内涵。一幅幅展现新疆多彩的民族风情、壮丽风光和新疆改革发展辉煌成就的绘画作品，激发起各族人民对保护文化遗产、弘扬中华文化的决心。新疆要坚持走保护与传承相融合的成功之路，为新疆文化大发展大繁荣、为新疆经济社会跨越式发展作出新的贡献 。

有着中华造纸术"活化石"之称的和田桑皮纸于2006年5月被列入中国首批国家级非物质遗产名目。桑皮纸以桑树皮为原料，其纸张拉力强、防虫、不易褪色、吸水性好，在清朝和民国时期被广泛用于和田政府的典籍书册、纸币发行等。

自治区党委、政府十分重视对桑皮纸的传承与保护。目前，已在和田地区墨玉县投资建设传承中心，自治区文化厅也积极推广用桑皮纸绘画和书籍装饰应用等方面的文化创意，在传承中创新。

全国人大代表阿不都拉·阿巴斯说，通过政府支持，桑皮纸和现代艺术融合，让这项古老工艺找到了新时期发展的契机，这种保护非物质文化遗产的方式可以复制，可以用于更多非遗保护上。

找到并守护非遗的"根"

住疆全国人大代表阿曼把依·达吾提说，新疆非物质文化遗产保护形势还很严峻，特别是一些老艺人年事已高，而他们的技艺又后继无人，新疆许多古老的技艺濒临失传。

阿曼把依·达吾提说，他一直在关注哈萨克的熊舞，熊舞在哈萨克语中称为"阿尤毕"，"传说很久以前，哈萨克族人狩猎的地方，常常有熊出没，每每狩猎成功，猎手们就会模仿熊的各种动作，欢呼胜利。久而久之，哈萨克族人的祖先们就把狩猎的情景编成了熊舞。"

如今，"阿尤毕"在哈密的巴里坤、阿勒泰的哈巴河一代还存在着，但是由于舞蹈动作的难度、道具的沉重等，如今能跳这个舞蹈的人已屈指可数。

"20世纪50年代之前，哈萨克族牧民中会表演熊舞的人还算多，但如今已面临着后继无人的境地。"阿曼把依·达吾提说。

阿曼把依·达吾提说，在非遗保护方面，要找到并守住"根"。非遗的传承人很重要，只有保护好这些传承人，才能让非遗发扬广大，"建议政府鼓励年轻人学习非遗文化，加大对非遗传承者的生活补贴，让这些人能专心致志将原汁原味的非遗文化留下来。"

加强非遗生产性保护项目

新疆的非物质文化遗产资源丰厚、禀赋优异、风格独特，在增加就业、拉动经济、促进旅游、改善民生方面发挥着重要作用，其发展前景越来越广阔。

住疆全国人大代表努斯来提·瓦吉丁建议，以列入世界级、国家级和自治区级民间表演艺术、传统美术、传统技艺、民俗四类"非遗"项目为重点，通过建立不同类别、不同规模的非遗生产、营销、服务基地（场所）来促进非物质文化遗产保护。

"通过这种方式可积极推动自治区非物质文化遗产优势资源的有序开发、合理利用、创新发展，努力创造良好的经济效益和社会效益。"努斯来提·瓦吉丁说。

努斯来提·瓦吉丁建议，可对适合采用生产性保护、开发措施的非物质文化遗产项目，采取适当集中连片、前店后厂方式，建立规模不等的生产营销基地。对适合现场表演的非物质文化遗产项目与民族特色饮食结合起来，采取边欣赏民族艺术、边品尝特色饮食的方式，建立演艺餐饮场所。

"非遗文化的保护传承需要政府支持，也需要自己走出一条保护与发展之路，针对不同的非物质文化遗产实行产业化保护，将是未来保护非遗的一条可行之路。"努斯来提·瓦吉丁说。

非遗保护需全民参与

全国"两会"上，住疆全国人大代表牛汝极带来了关于建立我国"少数民族乐器博物馆"的建议，建议通过组建博物馆来保护这些文化遗产。

牛汝极说，目前非遗保护大多采取开发产业来保护，不少非遗项目得到了很好的保护，但在新疆，很多传统文化都是传统手工业性质，若不按照原有的产业性质发展，而是作为文化资源去追求利润最大化就会变质。

牛汝极说，非物质文化遗产大都存在于民间文化中，"我们必须遵循非物质文化遗产的内在规律，尊重这些民间文化的原貌，用本土民俗文化有序开发来促进非物质文化遗产的传承。

目前，采用生产性方式保护非物质文化遗产，一般都是由政府、文化部门、企业主导，"政府可发挥统筹协调的作用，文化界将是主导，商业元素可适度参与，只有三者协调好关系。这项工作才能科学有序进行。"

牛汝极说，文化是全世界的，其实我们每个人都是非物质文化遗产的主人，只有全社会都参与到保护当中，才能促进非物质文化遗产的传承和保护。

香港、澳门、台湾

香港时隔六十载再办丰子恺画展 “护生”原稿首外展

1949年4月，丰子恺只身到香港举办画展，后返回上海与家人共同迎接解放；时隔63年后，香港回归即将15周年，350幅丰子恺画作再次于港展出，港府官员、丰家后人和香港文艺界多位知名“丰迷”均现身支持。

这场名为“有情世界——丰子恺的艺术”展览2012年5月25日起对公众开放。展览分为“人间情味”和“护生护心”两部分，前者展出至10月7日，后者展出至7月25日。

“我们这代人，都深受他的作品熏陶。”在24日举行的开幕礼上，香港民政事务局署理局长许晓晖致辞说，她家里收藏了一套《护生画集》，并让孩子透过其接受慈爱教育。

香港艺术馆馆长司徒元杰介绍，“人间情味”的展品是丰氏家族及本地藏家提供的约250幅丰子恺的代表精品，分为“童心”、“家庭乐”、“年华”和“古诗新画”等9大主题。

“香港有一众‘丰迷’，几十年来保护、收藏和研究丰子恺的作品，为办这个展览一呼百应。”司徒元杰说，香港文化人蔡澜、漫画家祁文杰此次均借出私人珍藏；此外，作家小思（卢玮銮）、设计师赵广超、香港大学李焯芬教授等亦鼎力相助。

小思认为丰子恺的画具有永恒性。“他的画都在探讨真、善、美，体现人的爱与情，这是永恒的，特别是在当下世界，我们要回到人性与人心。”她说。

第二个展馆“护生护心”则展出了浙江省博物馆珍藏的《护生画集》中的百幅原稿。《护生画集》最初是丰子恺为贺寿恩师李叔同（出家后改法号为弘一）所作，自1929年起历时数十载共成6集，计画作450幅，描绘题材以救护普世生物、关爱天地万物为主。

浙江省博物馆馆长陈浩当天到场介绍说，这些“护生画”是6本画集的散片，否则不可能拆开展出，但“巧”的是散落画作多为精品，不少有弘一法师的题字。他透露，《护生画集》自1985年由新加坡入藏省博物馆以来，这是首次拿出博物馆外展。

丰子恺最小的女儿丰一吟、丰子恺的孙子丰羽等丰家后人亦现身开幕式。接过丰一吟的名片，看到上面有个小女孩伏台写字，上题“盛年不重来”，原来是出自丰子恺之手的女儿12岁画像。

今年虚龄84岁的丰一吟讲述了父亲与香港的渊源。她说，1948年父亲带全家去到台湾，因“没有绍兴酒”又决定回国定居。但打仗后家里无积蓄，父亲就只身赴港办画展，后来经广州辗转回到上海，与家人团聚。“如今香港大不一样了！”她感慨道。

“万象逍遥——欧豪年书画展”在香港举行

“万象逍遥——欧豪年书画展”2012年9月15日在香港文化博物馆举行。此展由香港康乐及文化事务署主办，香港文化博物馆筹划。

香港民政事务局局长曾德成、香港中文大学校长沉祖尧、香港康乐及文化事务署署长冯程淑仪以及香港文化博物馆总馆长黄秀兰参加了开幕仪式。

欧豪年是岭南画派第三代的中坚人物，并且早负盛名。他1935年生于广东西南的茂名县博铺乡（今改隶吴川市）。幼年时在其父的引导下，学习中国文史学。1950年，随其父母移居香港，并于1952年师从赵少昂学画。1970年受台湾中国文化大学创办人张其昀博士邀请，赴台到该大学美术系任教，并定居台北，从此展开他在台湾的艺术教育生涯，并将岭南画派植根于当地。

此展展出了欧豪年精心挑选的百余件作品，分为“天地恢弘——山水”、“游驰千里——动物禽鸟”、“雅士幽人——人物花卉”及“陶情养志——诗词书法”四个部分。展览以他自20世纪50年代以来历年的书画创作为主轴，借以回顾他的艺术历程和造诣。欧豪年的创作内容遍及山水、人物、花鸟、虫鱼和走兽，且兼善诗文与书法，作品笔墨淋漓、风格豪迈，展现了其深厚的国学根底，也展示了岭南画派以自然为师、描绘自然的写实特质。

开幕式后，新加坡总理公署前高级政务部长李炯才、画家胡宇基、广州市美术家协会主席卢延光、评论家徐传鑫等出席了欧豪年艺术研讨会，从不同的角度回顾和评价了岭南画派高氏的治艺精神和培育后进、光大岭南画派的艺坛贡献。

展览开幕次日，香港文化博物馆特别安排欧豪年即席挥毫示范，让香港书画爱好者可以欣赏他独特的水墨画和书法艺术，领略岭南画派的特色。

“青春时代”画展在香港展出

2012年11月2—14日，一个以童年为题材的画展在香港展出，引起了传媒界和文化界的注目。

共展出50幅中国当代著名青年画家曾健勇的作品。中央政府驻港联络办公室副主任林武、外交部驻港特派员公署新闻发言人唐锐以主礼嘉宾身份为画展主持揭幕。

其他主礼嘉宾还包括传媒界高层，包括：大公报董事长兼社长姜在忠、香港报业公会主席甘焕腾、人民日报香港分社社长曹宏亮、紫荊杂志社社长刘伟忠、中新社香港分社社长张渝、香港成报总编辑魏继光和经济导报总编辑郑光兴。

香港中华文化总会会长高敬德、香港各界文化促进会理事长李国强、香港中国美术家联谊会会长肖辉荣、香港艺术发展局视艺主席李锦贤和新加坡著名艺术家陈献瑞等文化界重量级人物当日亦以主礼嘉宾身份出席主持画展揭幕。他们在参观画展后，大都赞扬曾健勇的作品在当代画坛独树一帜。

大公报董事长兼社长姜在忠表示，曾健勇在这次画展中把他童年时代最深刻的记忆和反思以艺术的形式呈现在大家面前，展览了较高的艺术性和深刻的思想性。他说，香港是融合了东西方文化的国际大都市，而曾健勇的画作也明显融合了东西方绘画的不同风格 。

曾健勇1971年出生于广东，他在国内外举办了多次个人画展，并引起了媒体、美术爱好者和收藏家的广泛关注，使他成为一位当代画坛非常重要的、以人物为主要题材的艺术家 。

此次展览汇集了曾健勇创作各个阶段的代表作品，从最早的《大队长》系列，到《成长》、《伙伴》、《夜游》、《假如你是唯一》系列和最新的《头号人物》系列。

曾健勇在接受中新社记者采访时表示，这次展出的50幅画作专程从北京运来香港，希望把他所热爱的“青春”题材带来香港，引起年轻人的共鸣，从而对中国当代艺术产生浓厚的兴趣。

《世界文化遗产石窟》画展在香港开幕

2012年12月27日，艺术大师汤余铭《世界文化遗产石窟》画展在香港开幕，展出116幅精品画作，题材主要为石窟佛像、佛教圣地，其笔下佛像、菩萨像、罗汉像，或威严、或慈祥、或雍容、或秀美，生动地再现了石窟佛像的原貌。画展展期至12月31日。

此次画展由香港中外文化艺术交流协会主办，香港佛教联合会副会长永惺长老、香港佛光道场住持满莲法师、香港商报社长黄扬略、马中文化艺术协会秘书长周美芬、香港文化交流基金会主席江素惠、国际佛光会协会会长邝美云等应邀出席。

汤余铭自20世纪70年代起从事专业美术创作，创作并出版了大量具有鲜明时代感的美术作品。20世纪90年代起，他连续多年风餐露宿、飘游写生，走遍了世界各地的佛教圣地，潜心研究佛教艺术与佛学理论，并将心中对佛境的感悟挥于笔下，在石窟绘画界备受推崇。

外交部驻澳门特派员公署办画展贺澳门回归13周年

为庆祝澳门回归13周年，2012年12月11日，由外交部驻澳门特派员公署主办的“她者的艺术——中国当代13位优秀女艺术家澳门联展”在澳门隆重开幕。

澳门行政长官崔世安、外交部驻澳门特派员公署特派员胡正跃、澳门立法会主席刘焯华、澳门社会文化司司长张裕、澳门行政长官办公室主任谭俊荣以及部分驻港澳领事馆总领事、名誉领事等嘉宾出席了揭幕仪式。

胡正跃在致辞中说：“过去一年，澳门特区政通人和，对外交往不断扩大，成绩可喜可贺。为庆祝澳门回归13周年，我们特别邀请13位中国当代优秀女艺术家来澳举办联展。她们以画笔表达思想，用色彩抒发感情，作品不拘一格，多姿多彩，为我们带来了一道美丽的风景线。”

展览是这13位女艺术家的作品首次在澳门进行展出，题材丰富，形式各异。

特区政府未来将会加大文艺作品“请进来”的力度，同时为本地文化创作提供更多发展空间。

徐冰教授个展“从《天书》到《地书》”登陆台湾

2012年2月11日至4月1日，副院长徐冰教授个展“从《天书》到《地书》”在台湾诚品画廊举行，展出《天书》、《地书》及《英文方块字书法》等经典作品，这亦是徐冰时隔11年后再次于台北展出个人作品。讲述一个男人24小时内发生的趣事《地书——从•到•》也首次同步出版。

徐冰从1987年开始创作《天书》，表达他对现存文字的遗憾。当时他默默地创造了4000多个无人能懂的假汉字，并用宋代的活字印刷术将这些字正经八百地印成线装书和长卷，以源源不绝的错误文字包围观众。在这样一个看似中国文化殿堂般的空间中，观众在被这些媲美神圣的典籍吸引的同时，又被无处不在且无法判读的错字所拒绝。末时的倒错感，让人们疑虑是什么地方不对劲，还是自己出了问题，进而向人们提示着一种对文化的警觉。这件作品震动了艺术界，从此奠定了徐冰的艺术发言权。

相较于世上无人能懂的《天书》，《地书》则全书没有一个文字，所有内容由符号、标志写成，读者不管是何种文化背景，只要是被卷入当代生活的人，文盲都可以读懂这本书。

《英文方块字书法》则是以方块字的架构书写英文单词，本质同《天书》一样，是作者对人类已有概念和思维的挑战。徐冰也因此获得美国文化界最高奖——麦克•阿瑟奖。徐冰自承：“我的‘文字’与正常文字的作用正相反，它们是通过阻截沟通达到沟通的；就像计算机中的病毒，却在人脑中发挥作用；在懒惰的思维惯性中制造障碍，在‘死机’后重新启动时，将打开更多的思维空间。”

关于《地书》的创作缘由，徐冰说，自己自2003年起持续进行《地书》计划，因常年往来于世界各地，许多时间在机场和机上度过，见到大量的标示符号，有一次看到口香糖包装纸上有三个标识，一看就知道是提醒大家吃过的口香糖要包起来扔在垃圾桶，引发他对这种用最低限文字说明复杂事情的兴趣，于是开始搜集、研究、整理各个地方不同的标示，也研究数学、化学、物理、制图、乐图、舞谱、商标等专门领域的表达符号，创造出一套新的地球村语言。

徐冰指出，对《地书》的识读能力不主要取决于读者的教育程度和书本知识的多少，而是取决于介入当代生活的深度和广度，只要具有当代生活经验，就可以读懂这套语言。在圣经的创世纪故事中，人类兴建高塔企图通往天堂，上帝为阻挠人类的计划，让人类说不同的语言，因为无法沟通人类计划终告失败，最后分散东西。徐冰发展出来的《地书》就像是21世纪的象形文字，透过这种“现代甲骨文”，他启动了巴别塔，不仅不同文化语言背景的人能彼此沟通，甚至百万年之后许多语言不复存在之时，未来的人仍能看懂这套语言。或许，有朝一日地球村真能达成普天同文的理想！

靳尚谊，1931年生，河南省焦作市人。

1953年毕业于中央美术学院绘画系。1957年结业于中央美术学院马克西莫夫油画训练班，并留校在版画系教授素描课。

1962年调入中央美术学院油画系第一画室任教。曾任中央美术学院院长，现为中央美院博士生导师、教授、中国美术家协会名誉主席、中国文联副主席，全国政协常委。作品多次获得国内外大奖，并被中国美术馆等机构和个人收藏。

白石老人像

刘大为，男，1945年生，祖籍山东诸城。1968年毕业于内蒙古师范大学美术系。1980年毕业于中央美术学院中国画系研究生班。现任解放军艺术学院美术系教授、主任，中国文联副主席、中国美术家协会主席、教科文组织下属国际造型艺术家协会主席、全国政协委员。艺术品中国网名誉顾问主席、东联书画博物馆顾问委员会主任，北京东联盛世宝文化有限公司总顾问，北京唐风美术馆名誉顾问。华夏艺术网已为其开设名家专栏 。

刘大为是实力派画家，工笔重彩和水墨写意兼精。他的工笔人物画造型严谨，刻画入微线条流畅，刚健爽朗，风格清闲，完全摆脱了旧人物仕女画柔靡琐细的积习。他的水墨写意人物画更是继承了近代自任伯年以来包括徐悲鸿、蒋兆和、叶浅予、黄胄等大师的优秀传统，其特点就是热爱人民、贴近生活、造型生动、神态逼真、笔墨潇洒、清新流畅。在他画的草原风情组画中，这些特点充分流露出来。近几十年来，大量作品在中国及美国、日本、法国、新加坡、中国香港、中国澳门、中国台湾等地展出，获奖三十多次，是获奖最多的画家之一。是中国当前艺术成就突出，影响较大的中国画家。1998年当选为中国美术家协会常务副主席，主持中国美术家协会工作。2008年12月当选为中国美协主席。2011年5月被聘为北京东方祥和书画院名誉院长。2011年11月25日当选了中国文学艺术联合会副主席。

牧歌

杨晓阳，1958年出生于陕西西安。1979年考入西安美术学院国画系。1983年毕业，同年考上研究生，师从刘文西教授。1986年毕业并留校任教。曾任西安美术学院国画系副主任、主任。1993年被破格评为副教授。1994年出任西安美术学院副院长。1995年主持全院工作。1997年任西安美术学院院长、教授。2009年调任中国国家画院。现任中国国家画院院长，中国美术家协会副主席，国家一级美术师，享受国务院特殊津贴专家。

人物

黄巢进长安

冯远，祖籍江苏无锡，1952年生于上海。中学时喜爱绘画，自习连环画八年。1977年从农村调辽宁文艺创作办公室工作，翌年底入浙江美术学院中国画研究生班，师从方增先。1980年毕业于浙江美术学院中国画研究生班，曾任中国美术学院副院长。现任中国美术家协会副主席。著名中国画家、艺术教育家、中国美术家协会理事、美协中国画艺委会委员，中国文联副主席、书记处书记。擅长人物画。

浴女图

对弈图

夏至

龙瑞，1946 年生，笔名大龙，四川成都人。1966 年毕业于北京工艺美术学校，之后从事工艺美术设计十余年。1979 年考入中央美术学院中国画系山水画研究生班，为李可染先生研究生。毕业后于中国美术家协会工作，1985 年调中国画研究院为专职画家，曾为该院业务处副处长、副研究员。中国美术家协会会员、东方美术交流学会理事，擅长于山水画。2001 年任中国艺术研究院美术研究所所长。2006 年任中国国家画院院长。现为全国政协委员、中国美术家协会理事、中国画艺术委员会副主任、国家有突出贡献的中青年专家、享受政府特殊津贴、文化部德艺双馨艺术家、国家一级美术师、博士生导师。中央直接掌握高级专家、中央文史馆馆员。其作品多次入选国内外大型展览并获奖。

山水小品

清音图

妙峰山

詹建俊，1931年1月生，辽宁省盖县人。1948年入北平国立艺术专科学校学习。1953年中央美术学院绘画系本科生毕业，1955年中央美术学院彩墨系研究生毕业。1957年苏联专家马克西莫夫油画训练班毕业，毕业创作油画《起家》参加世界青年国际美术竞赛获铜质奖章。1957年起在中央美术学院任教，现任该院教授、博士生导师、学术委员会顾问，中国油画学会主席，欧洲人文·艺术·科学院客座院士，中国美术家协会顾问。曾任中国人民政治协商会议第八、九届全国委员，中国美术家协会油画艺术委员会主任、第五届副主席。为国家级有突出贡献的专家 。

舞

雪山松

那时我们正年轻

北方姑娘

杨飞云，1954年生于内蒙古包头市。1978年考入中央美术学院油画系，1982年毕业后任教于中央戏剧学院舞台美术系，1984年调回中央美术学院油画系任教。1989年赴美国、英国、意大利、法国参展考察。1995年赴瑞典、荷兰、比利时参展考察。2005年调入中国艺术研究院。现为中国艺术研究院中国油画院院长、教授、博士生导师，中国美术家协会理事，中国油画学会理事，北京油画学会副主席，第十一届全国人大代表，北京美术家协会副主席，全国美术家协会油画艺术委员会副主任。

许江，福建人。1982年毕业于浙江美术学院油画系，1988年作为访问学者去德国汉堡美术学院研修。现任中国美术家协会副主席，中国美术学院院长、教授、中国美术家协会副主席、中国油画艺术委员会委员、浙江省美术家协会副主席、浙江省油画家协会主席。

许江是一位才华横溢，集诗人的遐思、画家的激情、理论家的敏锐、演说家的风采集于一身的优秀油画艺术家。他的艺术成就代表了表现主义艺术在中国当今艺术界的最新成果。

最后的木船之一

最后的木船之二

远去的码头之一

远去的码头之二

袁运生，1937年生于江苏南通。1962年毕业于北京中央美术学院，油画系董希文工作室。1978年在云南省博物馆举办个展。1979年为北京国际机场创作大型壁画《泼水节——生命的赞歌》。1980年在中央美术学院任教。1982年应美国国际交流总署、中美文化交流协会之邀访问美国。1983年任波士顿塔夫茨大学访问艺术家，应邀为该校图书馆作巨幅壁画《红+蓝+黄=白?》(关于中国两个神话故事)。1983年4月在波士顿市政府大厅举办个展。自1984年至1987年为哈佛大学访问艺术家并给哈佛公共卫生学院创作壁画“人类预言”。1987年在纽约苏荷区画廊举办个展。1988年参加韩国国际奥运会艺术家大展，作品《葡萄酒》为国家现代艺术博物馆收藏。1992年在台北玄门画廊举办个展。1993年在北京国际艺苑举办个展。1996年9月回国，任中央美术学院油画系第四画室主任。中国美术家协会会员。2001年在中央美术学院美术馆举办个展“从中国出发”。

历任中央美术学院教授、油画系第四画室主任，自2003年任中央美术学院油画专业博士生导师至今，院学术委员会副主任。

汲水

矿区的向日葵

蒙古族母子像

长春南湖

徐唯辛，中国人民大学艺术学院副院长、教授、文化部艺术品评估委员会委员，中国油画学会理事，致公党中央文化工作委员会委员。1958年生于乌鲁木齐市。1981年毕业于西安美院。1987年毕业于中国美术学院油画系，硕士学位。1987年油画《镶房》获首届中国油画展大奖。1999年油画《酸雨》获第九届全国美展铜奖。2004年油画《工棚》获第十届全国美展银奖、北京市政府文学艺术奖。代表作《2005中国煤矿纪实——矿工肖像系列》、《历史中国众生相：1966—1976》。

60年代的回忆

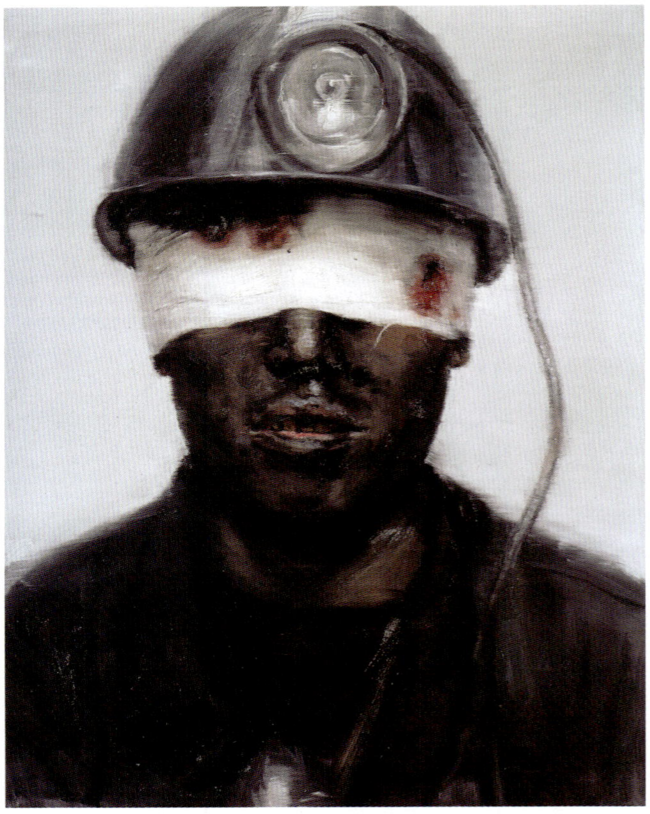

获救的矿工

工农兵

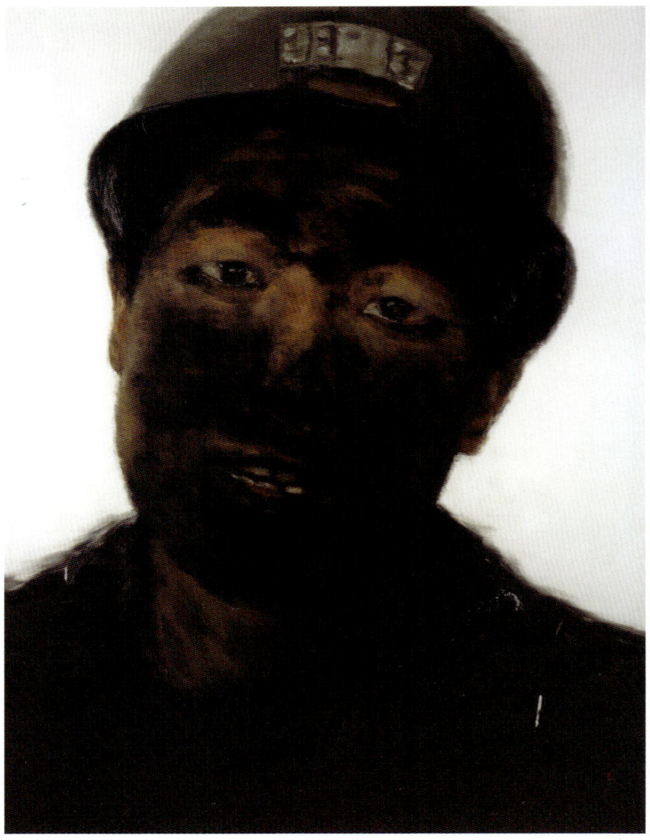

矿工周拴宝

张凭，1934年出生，河南新乡人。1951年于新乡市文化馆从事群众美术工作。1956年考入中央美术学院中国画系，1961年毕业后留校任教，中国画系山水画室主任，副教授。中国美术家协会会员。长于山水画。作品《山河咏》为毕业创作；《忽报人间曾伏虎》入选第四届全国美展，被中国美术馆收藏；《烟霞天都》陈列于人民大会堂。作品为沈阳博物馆、天津艺术博物馆等处收藏。1981年至1982年曾于北京、太原、郑州等地举办个人画展，1988年于日本东京举办个人山水画展，并有作品多次选送英国、日本等国展出。出版中文版《张凭山水画集》，英文版《水墨天地——张凭山水画集》。

观瀑布

贾又福，1912 年生，别名飘香，堂号不华堂、镜真楼，河北肃宁人。1960 年考入中央美术学院。1965 年毕业，师承李可染，以中国北方太行山为创作基地，从事山水画创作以及美术理论研究。

毕业同年至中央戏剧学院任教。1977 年调回中央美术学院中国画系任教。现任中央美术学院教授，博士生导师，中央美术学院学术委员，中央美术学院教师职称评审委员会委员，中国美术家协会理事 。

1992 年获英国剑桥世界名人传记中心授予的“世界名人二十世纪成就奖”，1992 年获中华人民共和国国务院授予的“在文化艺术事业有突出贡献专家”称号和证书，同年获“中国文化部优秀专家”称号和证书。1996 年获“中华人民共和国国务院国宾级专家”称号和证书。其作品《日夜话丰年》获北京市优秀作品奖，为北京市美协收藏；《太行丰碑》获第六届全国美展银质奖，为中国美术馆收藏；《清净世界》获北京国际水墨画展“８８”大奖。

曾出版《贾又福谈画篇》（北京荣宝斋出版社）、《贾又福山水教学体系》（天津美术出版社）、《贾又福集：苦修集、怀乡集、观化集》（河北美术出版社）。

梁山云影图

牧趣图

刘文西，男，1933年出生，浙江省嵊州市水竹安山村。西安美术学院名誉院长、西安美院研究院院长、教授、中共党员。1953年考入浙江美术学院，受大师潘天寿先生等教师的直接教导，1958年毕业后自愿到西安美院工作至今。

第七届、第八届全国人大代表、全国有突出贡献的专家，全国第四、第五、第六、第七次文代会代表，全国美协第一届中国画艺委员会委员，历届全国美展中国画评委会委员；曾任全国文联委员，中国美协副主席，延安市副市长等职；现任中国美协顾问，省文联顾问，省美协副主席，黄土画派艺术研究院院长，陕西国画院名誉院长，2003年由国家教育部评为全国首批百位名师称号。在中国画坛创立了“黄土画派”。

野花

新疆姑娘

卓鹤君，1943 年出生于浙江杭州。1981 年毕业于中国美术学院中国画系山水画研究生班（原浙江美术学院）并留校任教。中国美术学院教授、博士生导师、中国美术家协会会员，2002 年应邀参加浙江省十大画家首都展。擅长山水画，以抽象的现代性著称于世，自成一局。

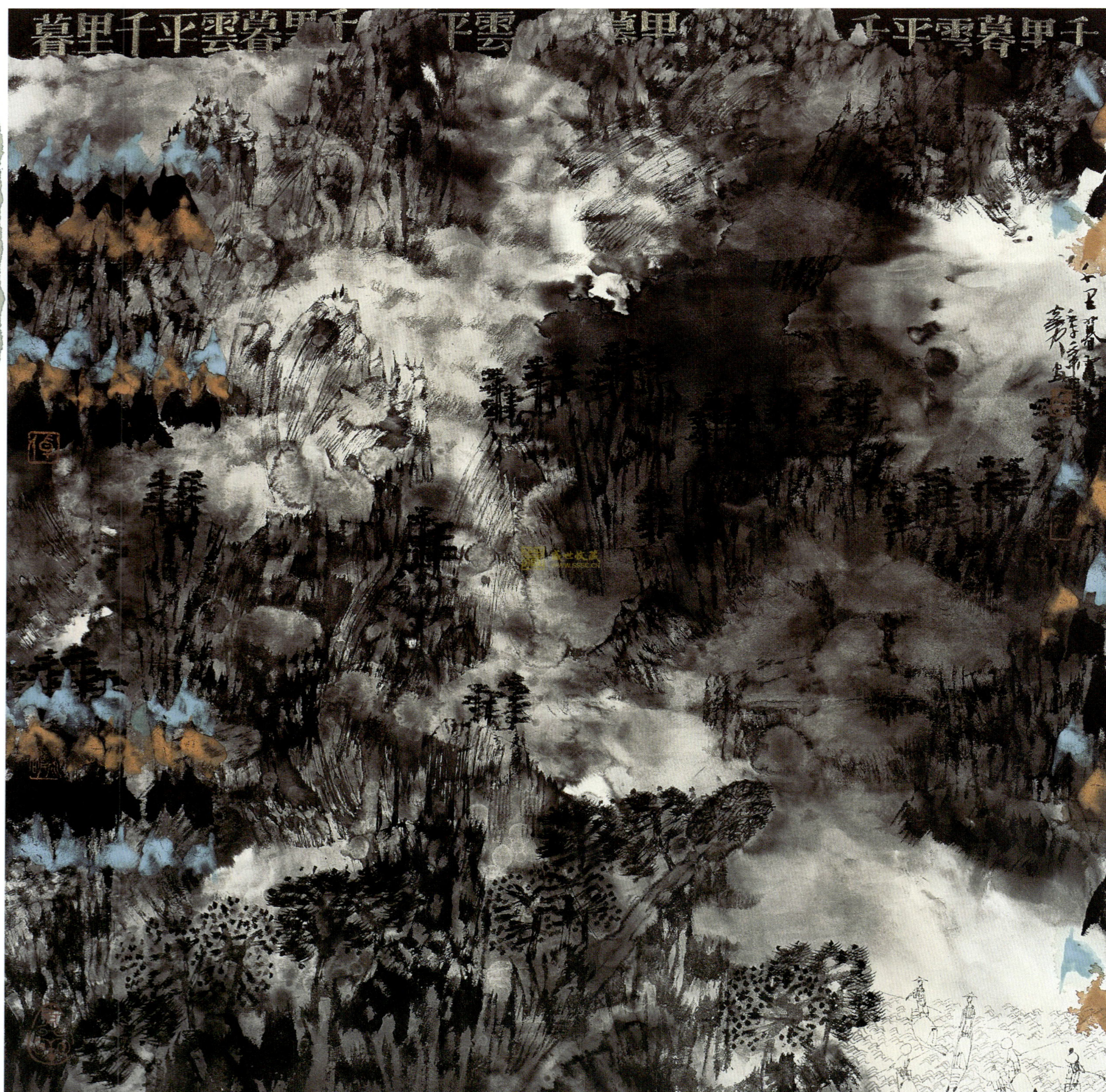

千里暮云平

张立辰，1939年生，江苏沛县人。1965年毕业于浙江美术学院中国画系、任职于人民美术出版社。1977年起任教于中央美术学院，现为教授、中国画系主任。擅长大写意花鸟。中国美术家协会会员、北京花鸟画研究会副会长。

风竹

卢禹舜，现任中国国家画院常务副院长，中国艺术研究院博士生导师，中国美术家协会理事。获第二届“全国中青年德艺双馨文艺工作者”荣誉称号。中宣部四个一批人才，有突出贡献优秀中青年专家，享受国务院政府特殊津贴。

天地大美 心驰神往 笔随墨顺 之三

天地大美 心驰神往 笔随墨顺 之六

田黎明，1955年生于北京，安徽人。1989年考取中央美术学院卢沉教授研究生，1991年获文学硕士学位。曾任中央美术学院中国画学院院长，现为中国艺术研究院博士生导师，中国艺术研究院副院长、研究生院院长，中央美术学院学术委员、中国美术家协会会员、中国画艺委会委员、北京市美协理事。作品《碑林》获全国第六届美展优秀奖。“肖像系列”之一《小溪》获北京’88国际水墨画展览大奖。出版有《田黎明画集》、《田黎明专集》、《当代新文人画大系·田黎明画集》等。

人物1

人物2

梅墨生，号觉予、觉公。1960 年6 月生于河北迁安市。现为中国国家画院研究员、国家一级美术师，院艺委会委员、中国书法家协会会员、中国美术家协会会员。现为艺术品评估委员会委员、中国画学会理事、理论委员会委员、杭州黄宾虹学术研究会名誉会长、文化部国家艺术科研课题项目评审专家、《20 世纪美术作品国家档案》艺术委员会委员、中国文物学会特聘专家、荣宝斋画院特聘专家、国际书法家协会常务理事，兼任北京大学书法艺术研究所、清华大学美术学院、中国美术学院、中国人大艺术学院、北京文化学院客座教授、香港书谱学院、河北理工大学硕士生导师等多所艺术学院客座教授。毕业于河北理工大学艺术学院（原为河北轻工业学校），结业于中央美院及首都师范大学书法硕士研究生课程班。曾任教于中央美院中国画系、原中国国家画院理论研究部副主任。

作品曾获首届全国电视书法大赛成年组一等奖、中意杯国际龙年电视书法大赛金奖、当代国际水墨画名家展金奖等，作品多次入选各类大展及名家邀请展。参加2007 年中国美术馆第二届“当代书法提名展”，获首届美术学（论文）二等奖、中国青年书协书谱奖、论文获《发现》杂志社和中国管理科学研究院学术委员会优秀学术成果一等奖等。

作品为中国美术馆、中南海、钓鱼台国宾馆、人民大会堂、毛主席纪念堂、广东博物馆等单位及海内外藏家收藏。

2005 年被《收藏俱乐部》评为“当代最具升值潜力的中国画家”之一（共20 名）、2006 年又被评为“当代十大画家”之一、2007 年入选“艺术之巅——2007 强势媒体年度推荐书画名家”（共22 名）、2007 年被《艺术中国》杂志评为“十大艺术新闻人物”、2008 年被《中国书画》杂志评为“中国当下最具收藏价值的十位书法家”。

编著出版《中国书法全集·何绍基》、《书法图式研究》、《精神的逍遥》、《现代书画家批评》、《现当代中国书画研究》、《虚谷》、《吴昌硕》、《李可染》、《山水画述要》、《中国书法赏析丛书》（主编8 本）及个人书画集多本（部）。

水墨山水

天开图画

胡宝利，1955年出生，祖籍山东莱阳。1978年在沈阳鲁迅美术学院国画系学习。1989年任中央民族出版社美术编辑室主任，2000年任中国美术家协会展览部主任。现为口国国家画院专业画家、艺术交流中心主任。文化部中国少数民族文化艺术基金会美术委员会主任，文化部艺术市场评估委员会委员，清华大学继续教育学院特聘教授。首都师范大学美术学院客座教授。

春山浓绿香

霞光谱照秀

袁武，解放军艺术学院国画系教授，著名人物画家。1959年生于吉林省吉林市。1984年毕业于东北师范大学艺术系，1995年毕业于中央美术学院国画系，获硕士学位。现任解放军艺术学院国画系副主任、教授，中国美术家协会理事，全国青联委员，北京美术家协会理事。作品获全国第七届美展铜奖，第八届美展优秀奖，首届枫叶杯国际水墨画大赛金奖，首届全国国画人物大展优秀奖，全国第九届美展银奖，解放军文艺奖。1997年被全国文联评为中国画坛百杰。作品入选百年中国画大展，入选2003北京国际双年展。多件作品在《美术》、《国画家》、《中国书画》、《中国画》、《美术观察》、《朵云》等杂志发表。作品《大雪》曾获全国第七届美展铜牌。作品《没有风的春天》曾获全国第八届美展奖牌。作品《天籁》曾在首届枫叶杯国际水墨画大赛中获金牌。作品《凉山布托人》获首届全国国画人物大展优秀奖。作品《九八纪事》获全国第九届美展银牌奖。1997年被全国文联评为中国画坛百杰。作品《亲人》获1998年全国抗洪英雄美术作品展一等奖。作品《凉山布托人》入选百年中国画大展，作品《生存》获解放军文艺奖，作品《夜草》入选2003北京国际双年展，作品《抗联组画》获全国第十届美展金奖。中央电视台文艺频道曾播出艺术专题片《心路》，介绍其作品及艺术创作道路。曾多次在日本举办个人画展并进行学术访问。出版有《袁武新作品集》、《袁武水墨人物写生集》、《吉林书画院袁武水墨作品国画作品选》等。2005年被读者评为“当代最具升值潜力的中国画家 ”。

闲居图

李翔，1962年出生于山东，现任解放军美术创作院常务副院长，中国美术家协会理事、中国画学会副会长、中国书法家协会理事、中国油画学会理事，中国画艺术委员会委员，中国艺术研究院美术创作院研究员，总政宣传部艺术局副局长，北京美术家协会副主席等职。先后就学于解放军艺术学院和中央美院。多年来勤奋努力，创作了大量美术作品，参加过许多全国性重要展览。组织并主持过许多全国、全军性的美术展览和学术研究活动并多次担任全国、全军美展评委。

作品曾在第八届、第九届、第十届全国美展中获奖。全国第二届速写大赛获一等奖，作品选入全国中国画百年大展和首届、第二届、第三届北京国际双年展。代表作品有《红色乐章》、《画兵》、《父老乡亲》、《原乡》、《扎西平措上尉和阿爸阿妈》等。

许多作品被中国美术馆、北京市美术家协会等海内外收藏机构收藏。出版作品集多种。

写生1

写生2

欧阳中石，1928 年生于山东泰安。早年就读于济南，中学毕业后就读于辅仁大学，后转入北京大学哲学系逻辑专业，专修中国逻辑学史。毕业后在师范学校任教，后任北京师范学院逻辑学副教授，兼任书法艺术专业主讲。

学书先从师武岩法师，后又师从吴玉如。从唐碑入手旋即转临北魏诸墓志；后亦曾涉足于篆、隶、甲骨、金文，尤精于临习欧阳询。常作行书，从法二王，而又取势于王。草书以王羲之、孙过庭为宗。书风妍婉秀美，潇洒俊逸。

作品多次入选国内外重大书法展览及在报刊发表，或被美术馆、博物馆收藏. 尤致力于书学教育工作，在北京师范学院创设书法艺术专业（本科）。

现任首都师范大学教授、博士生导师、书法艺术研究所所长、中国书法家协会顾问。

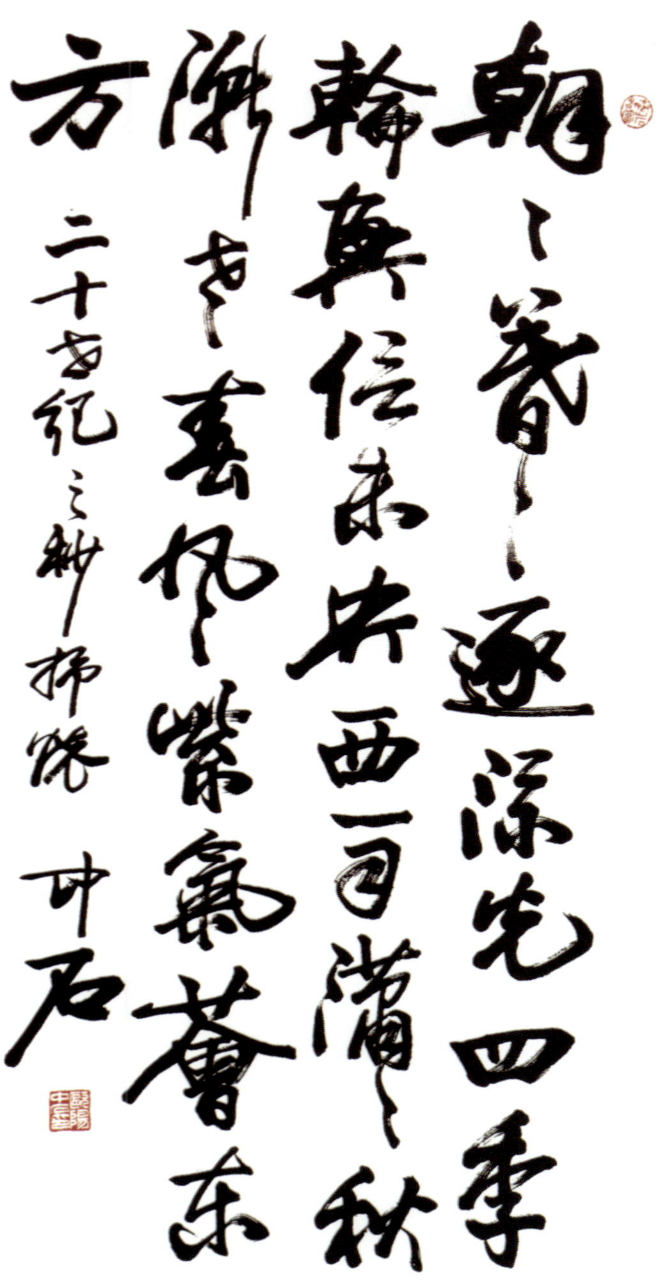

书法 1

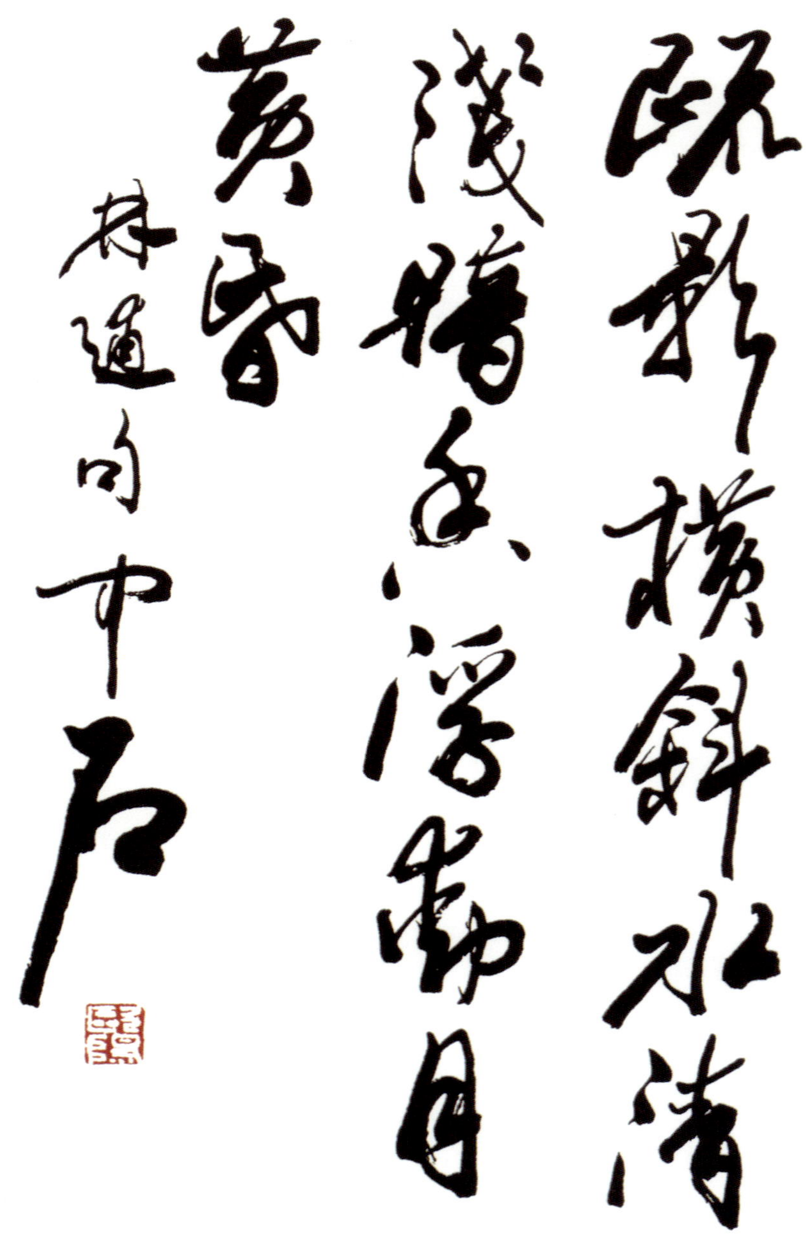

书法 2

李铎，1930 年生于湖南醴陵。为中国人民革命军事博物馆研究员、第九届全国政协委员、第六届全国文联委员、第三届中国书法家协会副主席、第四届中国书协顾问、中国国际友好联络会理事、中国书画函授大学特约教授、中国国际书画艺术研究会顾问，享受政府特殊津贴。曾多次以团长身份率书法代表团赴日本参加书展和书艺交流，探讨书法理论和讲学。

出版有《李铎书前后出师表》、《李铎书新校〈孙子兵法〉字帖》、《李铎书（孙子兵法）碑拓全集》、《笔伴戎马行》、《李铎和他的艺术》、《李铎行书千字文》，《李锋诗词书法集》、《李铎书画集》、《李铎论书断语》等字帖和专集。

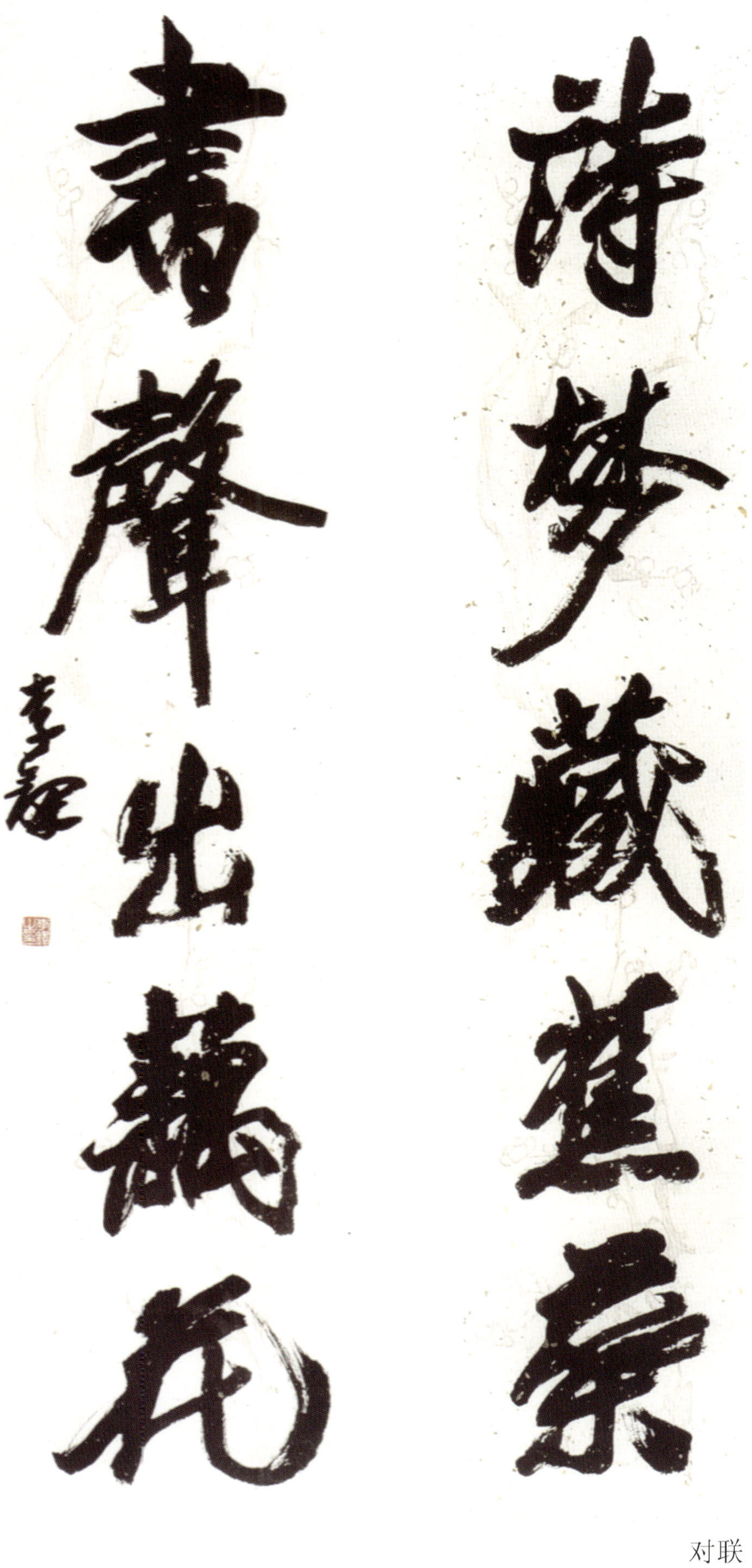

对联

张海，1941 年生，祖籍河南省偃师县，现任中国书法家协会主席，中国书法家协会学术委员会主任、评审委员会副主任，河南省文联主席，河南省书法家协会主席，第八、九、十届全国人大代表，国家有突出贡献的专家。其书法四体皆能，以隶书、行草为最著。篆书得力于杨沂孙，行书出自“二王”，草书追张旭、怀素神韵，楷书以《张猛龙碑》为宗。早年隶作求其精美，取《乙瑛碑》之骨肉停匀，《封龙山》之宽绰古雅，《礼器碑》之变化如龙，自家风貌。后潜心研究汉代简书，以行草飞动圆劲的笔触，写庄重醇厚之体，形成了具个性的草隶，为书界所公认。其作品曾赴德国、芬兰、新加坡、日本、加拿大、法国、韩国、中国香港、中国台湾等国家和地区多次展出，并参加全国第二、三、四、五、六、七届书法篆刻展览，日中代表书家作品展，中新书法交流展，世界和平年书展，中日书道交流展，日中著名书家百人展，中华人民共和国现代书法名作展等各类展览。

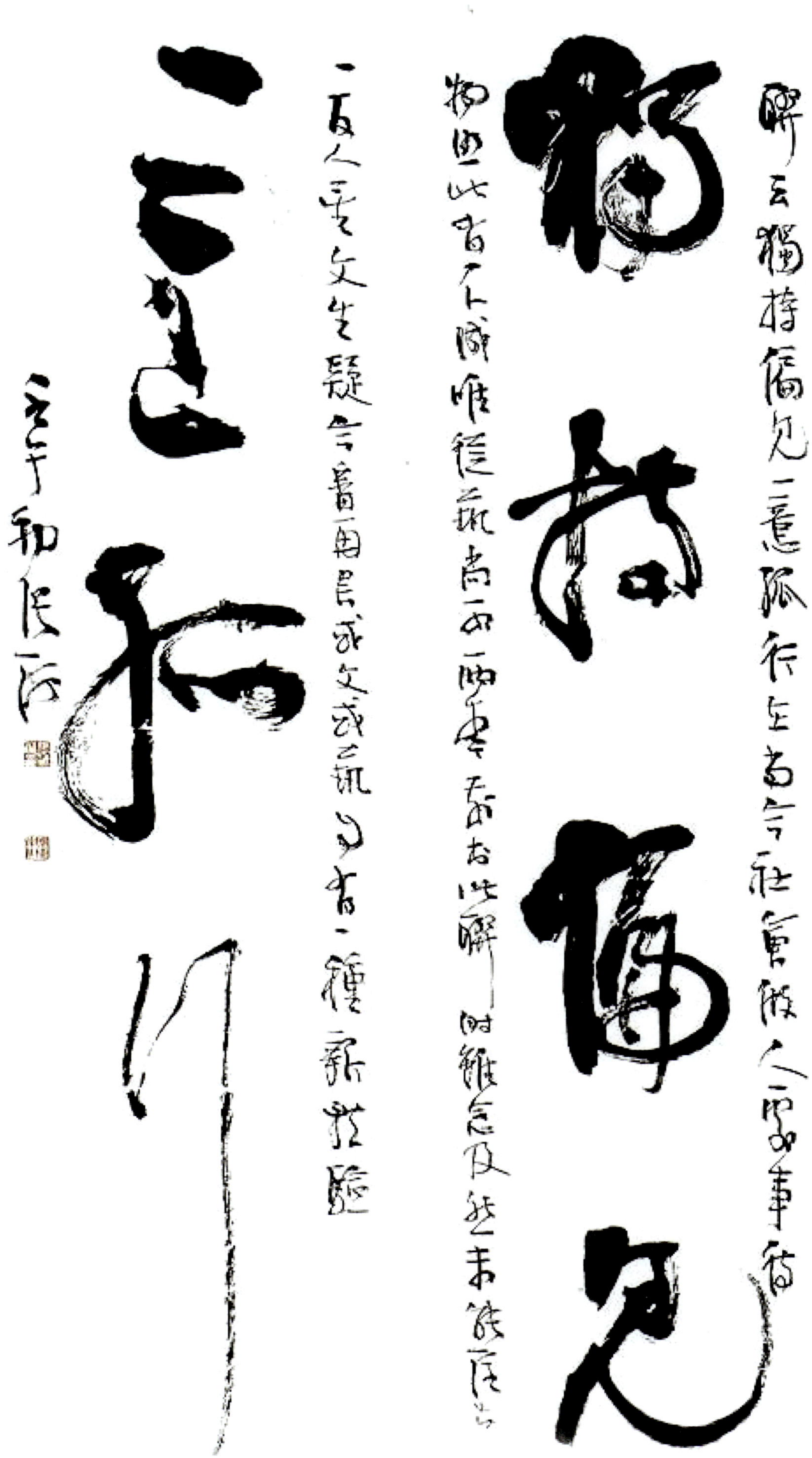

书法

邹德忠，1938年生于山东烟台。曾任中国书法家协会组联部主任、中国书法家协会理事。现任中国书法家协会中央国家机关分会副会长、中国书法艺术家协会主席、文化部市场发展中心艺术品评委会委员。被聘任为全国各省市多家书法刊物、书法院校之校长，名誉院长、顾问、教授等职务 。

他的书法具有传统文化的深厚底蕴和技艺道的综合传承。四体兼擅，他的隶书古奥清奇、醇厚飘逸。陈方既先生评其隶书：传统隶书的全面继承，具有时代见识的创新。行草书：矫健恣肆中规遵矩。篆书：笔沉墨实、朴茂俊美。楷书：宗颜真卿和魏碑，独成格调。评者谓其任何一种书体“都达到了很高的水平，都足以博得赏音的赞叹”。他的书法是“用心灵、用情感、用热血浇灌的精神图腾”，是“卓荦不群”、独具风格的邹家样书法。

厚德载物

王德娟，祖籍江苏常州。1954 年毕业于中央美术学院。曾任教于中央美术学院、北京电影学院。中国美术家协会会员，中国老教授协会会员。

1984 年—1985 年受中国文化部委派赴欧洲考察油画艺术。出版画册多本及散文速写画集《亲近泥土》。

曾在北京、台北、新加坡、美国等地区及国家举办个人画展。在英国、法国、日本、澳大利亚、美国等国及北京、香港参加国际联展。作品广为国内外收藏。多幅作品为中国美术馆收藏。

钓鱼

荷花

秦大虎，1938年生，山东蓬莱人。擅油画。曾在部队文工团学习书画。1958年考入浙江美术学院油画系，1963年毕业后先在上海美术设计公司工作，后又调到济南军区创作室工作。1985年从部队回到了母校中国美术学院油画系任油画系主任，教授。现为中国美术学院油画系教授、中国美协会员、中国油画家协会理事、浙江美协常务理事、享受政府特殊津贴。作品《在战斗中成长》、《老将》、《田喜嫂》等被中国美术馆收藏；作品有《十二生肖》、《永乐仙女》、《光辉的历程》、《絮语》等。出版有《秦大虎油画选》、《秦大虎的绘画世界》和《油画创作》等。

行乐窟中

笛声悠悠

古今写照

希望

张祖英，1940 年出生于中国上海。1963 年毕业于上海戏剧学院舞台美术系，1980 年中央美术学院高级油画研修班结业。现任中国艺术研究院研究员，中国油画学会副主席，中国国家画院油画院副院长兼秘书长，国子监油画艺术馆副馆长。曾任中国美协油画艺术委员会秘书长，《中国美术报》副社长、副主编。2004 年被欧洲人文艺术科学院授予客座院士。

流浪艺人

吴哥的微笑

古道隘口

古道下弦月

漓江风

郭玫琮，山东省潍坊市人。幼承家训，从父郭味蕖先生学画。现为北京服装学院咨询委员会委员，美术系中国画教研室主任、教授、学术委员、硕士生导师。中国美术家协会培训中心教授，人民日报神州书画院院士，中国人民对外友好协会艺术创作院研究员，文化部国韵文华书画院花鸟画艺委会副主任，北京中国现代花鸟画研究会副会长，中国画学会理事。

北国之春

庄寿红，1938 年生。1964 年毕业于中央美术学院中国画系。现为清华大学美术学院教授、中国美术家协会会员、中国画学会创会理事、北京文史研究馆馆员、中国人民对外友好学会艺术交流院特约研究员、人民日报神州书画院特约书画家。

漫将胭脂点绛雪　渴笔酣墨书横斜

疑是金弹不敢食

沈尹默，原名沈君默，字中，号秋明、瓠瓜。尹默是我国杰出的学者、诗人、书法家。

沈尹默是周总理任命的中央文史馆副馆长，全国人大代表和政协委员。1949 年后，他先后参加了市政协、市博物馆、市文管会、中国画院、市文联、市文史馆的工作，亲自创建了新中国成立后第一个书法组织“上海市中国书法篆刻研究会 ”。

沈尹默的书法理论著作，多达几十篇，书法作品广泛流传于海内外，深得人民的喜爱。

扇面 1

扇面 2

扇面 3

扇面 4

扇面 5

扇面 6

应诗流，1944 年出生，浙江宁波人，现居住于上海。上海市美术家协会会员，上海书法家协会会员，中国书法家协会会员。

书画作品独创一格。出版《应诗流画集》、《应诗流意象》、《应诗流艺谈·谈中国画》、《应诗流艺谈·谈中西绘画之异同》、《应诗流艺谈·象三界》。

秋声

傲霜

梦江南

天地间

潘宝珠，1943 年出生，号宝子，出生书香门第。自幼习画，天性聪慧，师承钱君陶、颜梅华等老师。曾任上海美术出版社连环画创作及美术编辑工作，多年的创作实践奠定了人物画造型基础，现是君陶艺术院顾问，美国休司敦美术协会会员，上海香梅书画院高级画师，先后出版世界文学名著连环画.《绿野仙踪》、《天方夜谭》系列图书等书十本，近年来专攻中国人物画及花卉墨竹，功底深厚，多次参加海内外展览，水墨人物仕女著称，着重刻画人物的气质，强调书卷气，力避病态美，所画佛像，观音朦胧欲仙，李清照系列、红楼梦人物等，更能体现古装淑女之美，近年来作品广为海内外收藏展览。

西厢记系列之三

观音菩萨

十二金钗图

吴国庆，1955 年出生，江苏省江阴市华西村人，企业家。本科学历，国家一级美术师，江苏省书法家协会会员。

出身于书香之家，自幼酷爱书法艺术，在书法艺术中形成了自己独特的风格，具有大气磅礴，豪放酣畅，浑然天成之气，表现出强悍的感染力和征服力。

作品于 2012 年 5 月参加全国百杰书画名家作品邀请展，评荣获金奖；10 月在八大书画名家走进上海世博展览上又获金奖；在 11 月中共十八大召开期间，作品被《慈善中国》选入，并在北京中央党校大礼堂、中南海怀仁堂、中组部多功能娱乐厅等展出，入选中央党校出版社出版的《学习贯彻党的十八精神・慈善中国百名书画名家特邀大展作品集》，作品集赠送十八大代表；12 月作品入选中书协成果展；2012 年底至 2013 年新春，“吴国庆书法展览”在苏州等展出。他秉以传统书法文化，承古掘新、独具特色，颇受广大书友青睐。

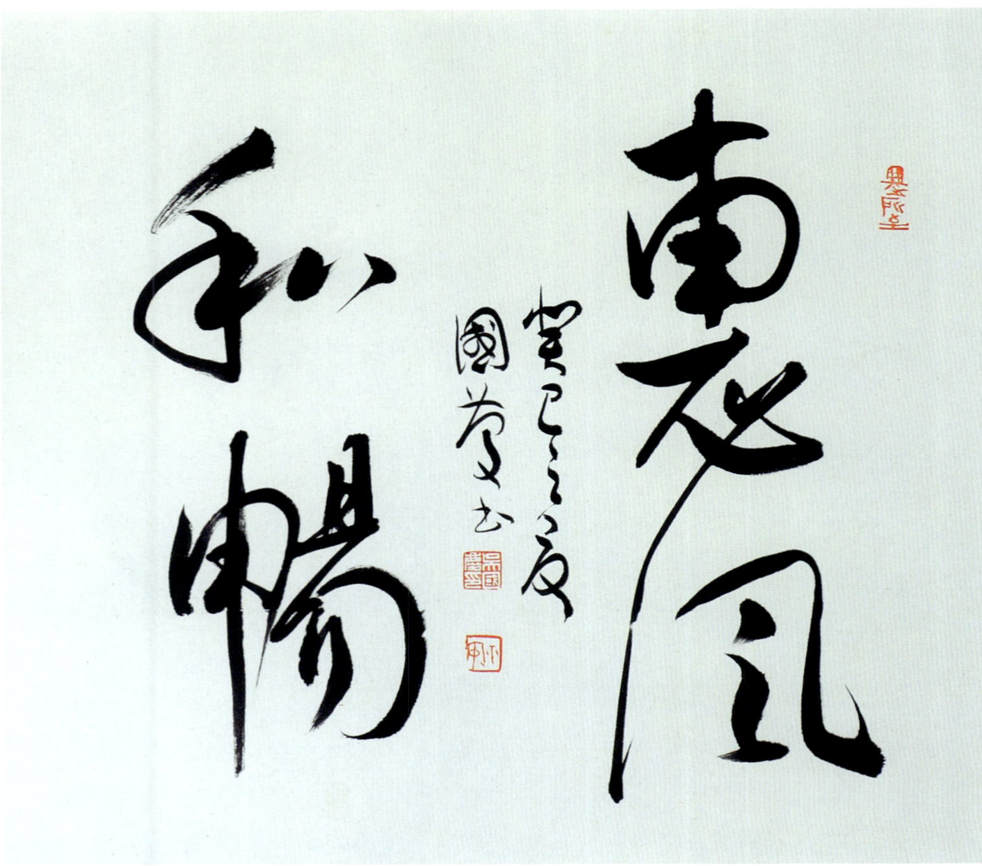

书法 1

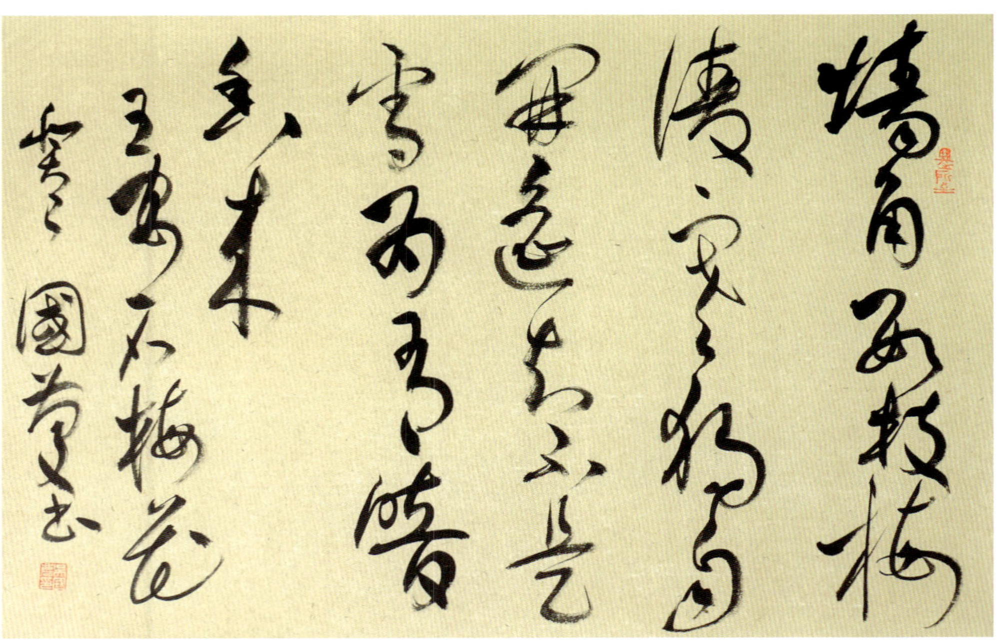

书法 2

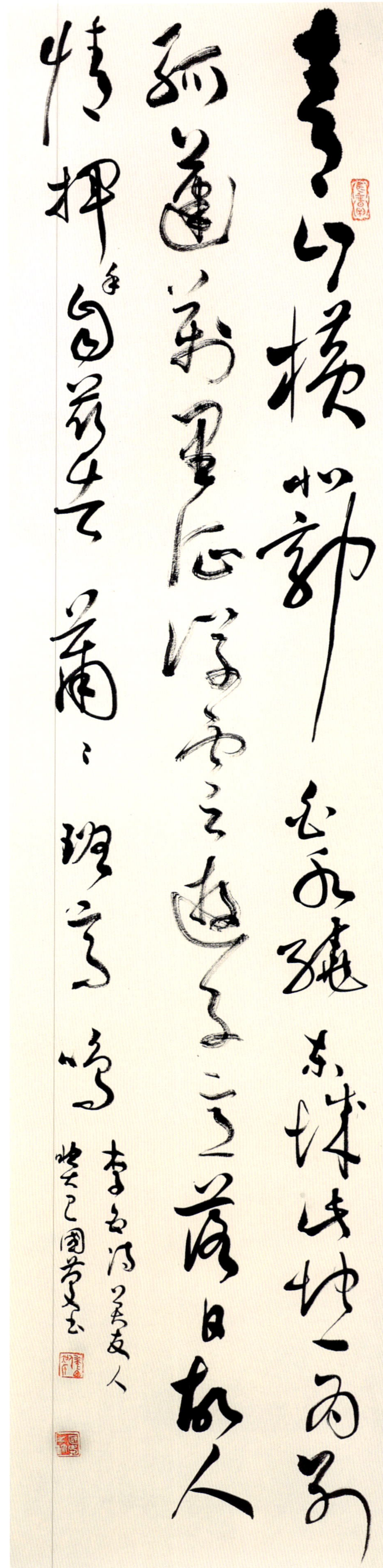

书法 3

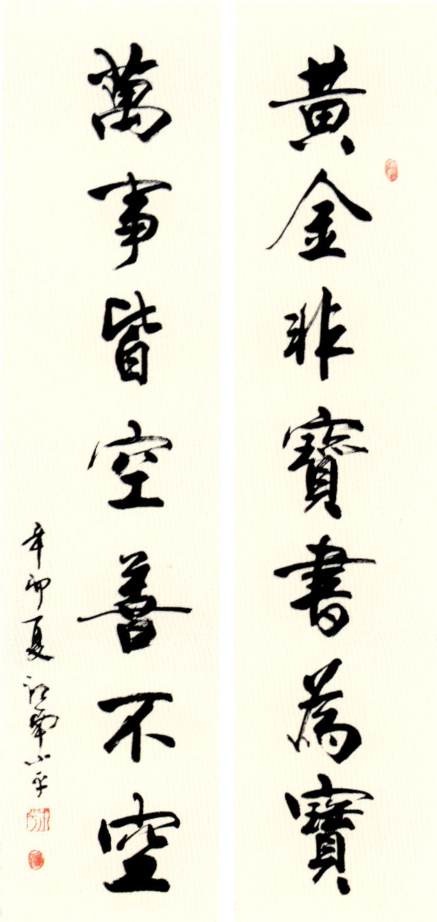

书法

王小平，1955年出生，艺名笑吟，号秋溪墨童、秋剑，以请剑斋颜其居。幼承家学，习经诵文。师从陈望道、郭绍虞、翁闿运、施南池、陈从周、钱君匋。

长期的书香熏陶，使其诗书画、词赋章无不雅趣。作画均以诗入境。诗画相映，无不文章。观其画，有如读诗，读其诗，有如品画，出意新奇，才思敏捷。

作品曾出访日本、韩国、新加坡、马来西亚、泰国、美国、加拿大、英国、澳大利亚、及中国台湾、中国香港地区，被多方收藏，并在中国香港、日本多次讲课作文，进行文化交流。

荷花

山水

酒酣图

王宜明，别署思觉。1947 年生，上海人。毕业于上海教育学院中文系。

中国书法家协会会员、上海市书法家协会楷书专业委员会副主任、老年专业委员会副会长、中国交通书画协会副会长、上海市新闻工作者协会会员、上海诗词协会会员、上海楹联协会会员、上海中国书画专修学院教授。

书法创作、理论、教育并举。著有《楷书百日通》、《魏碑练习》、《米芾蜀素帖结构解析》、《楷书唐诗四十首》、《名句联集字字帖》、《书法考级指南》等十数种。

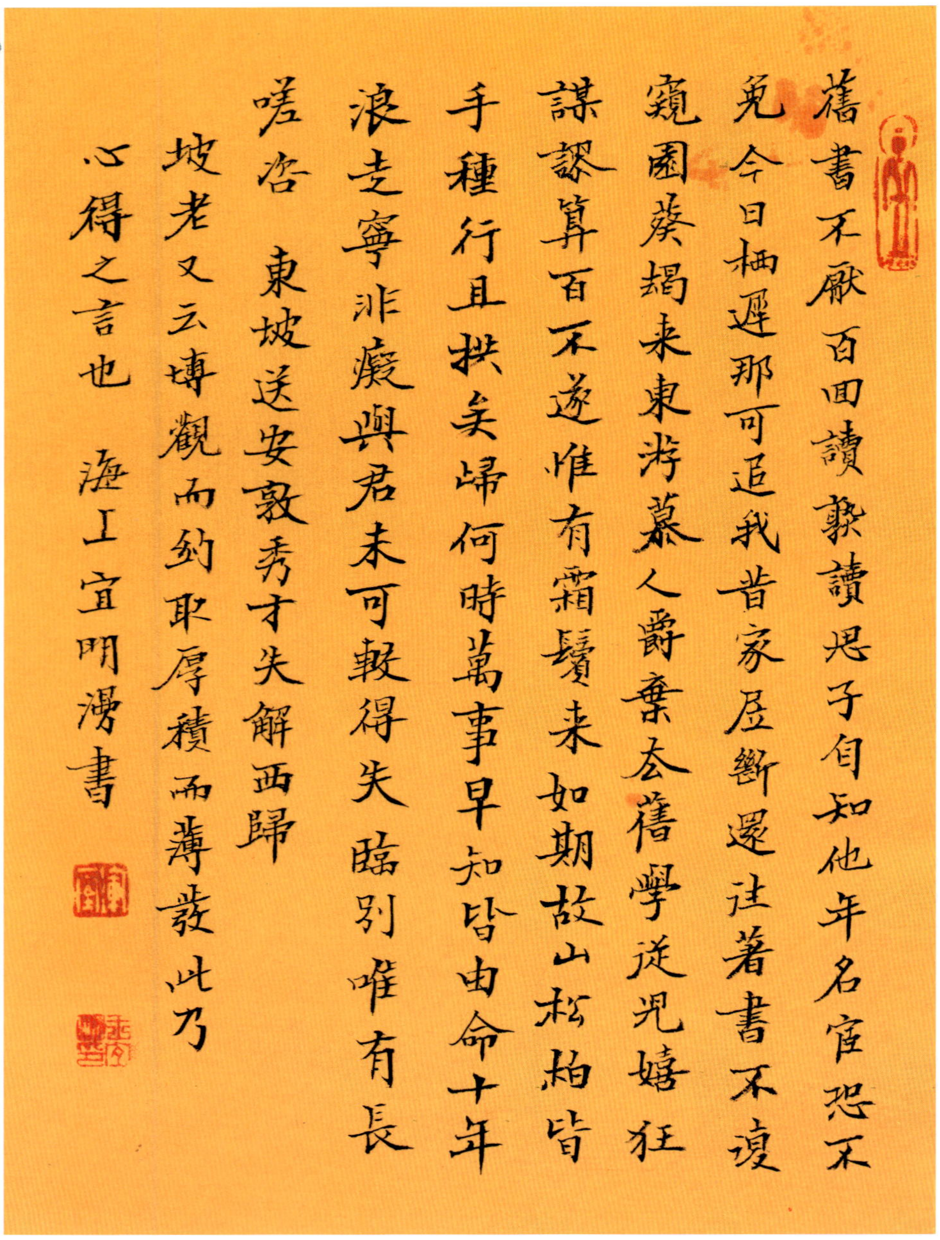

书法 1

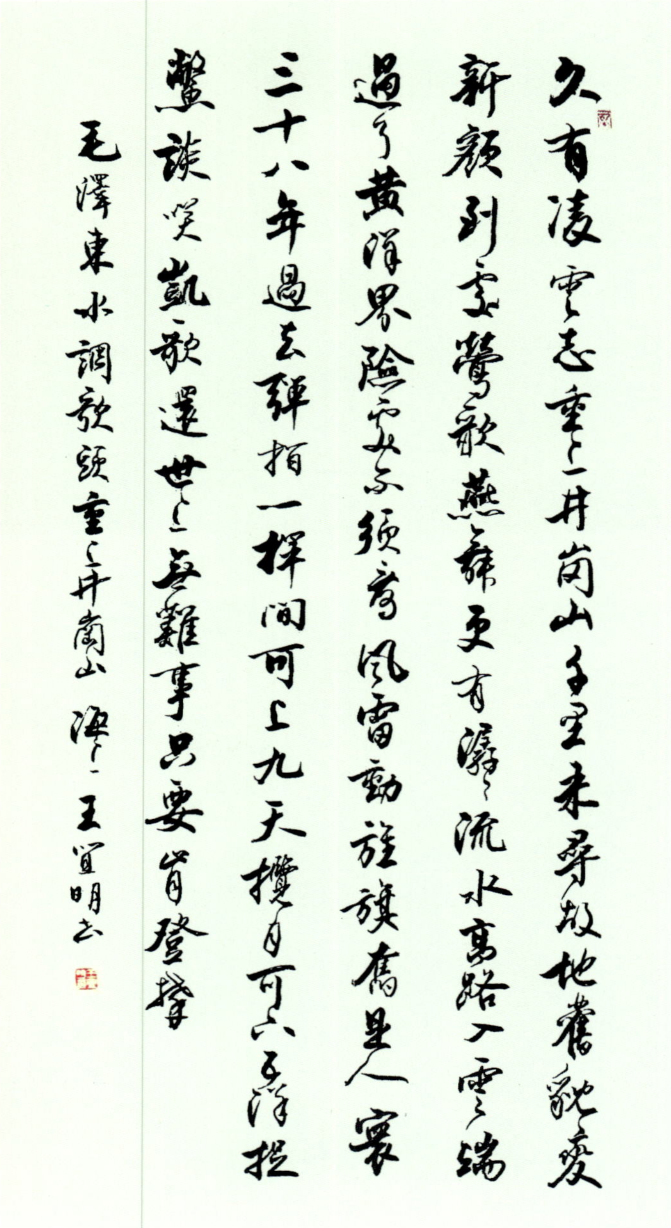

书法 2

徐谷甫，1949年生于上海，别署谷夫、穀夫、谷父，号忍斋、城北徐公。著名篆刻家，亦工国画，尤擅花鸟。曾十渡扶桑，代表上海广播电视局与日本书画团体作书画篆刻艺术交流。书画篆刻作品多次参加国内外大展，并多次获奖。1994年远赴欧洲，采撷西方绘画、雕刻艺术之英融入于中国书画篆刻，使古树新花，得清趣别味。编著出版有《鸟虫篆大鉴》、《鸟虫篆全书》、《徐谷甫书画篆刻作品集》、《徐谷甫刻心经》，合著有《两周金文选》、《商甲骨文选》、《古陶字汇》以及《秦汉金文选》，即将付梓的有《印章投资收藏手册》、《印章边款字典》、《徐谷甫陶刻艺术》。

现为西泠印社社员、中国书法家协会会员、上海书法家协会会员、海墨画社社员、吴昌硕书画研究会会员、上海甲骨文研究院副院长、海上印社社长。

印章1

印章2

印章3

鹤换一身雪

白鹭上青天

孙扬，1955年出生，上海人。1978年毕业于上海戏剧学院美术系。现为上海书画出版社编辑，上海书画院画师，朵云轩书画鉴定专家组成员。

擅国画，长于山水，兼作花卉蔬果。画风简约泼辣，作品色彩斑斓，水墨淋漓，多场面雄壮的恢弘巨制，也不乏抒情遣兴的小品佳构。所作多展出和发表，2006年于上海徐汇艺术馆举办个人画展、入选“2006·上海山水画艺术展”。著有《怎样画青绿山水》、《桂林画法》、《雁荡画法》、《水乡画法》、《蔬果画法》等书作。

春酣

秋色

下山道上

秋韵

颜泉，1957年生，山东省临沂人，毕业于山东临沂教育学院美术系，1994年进修于中央美院国画系，中国大写意艺术研究院院长，中国美术家协会会员，国家一级美术师，'99中国画坛百杰画家。《当代花鸟画》（大型学术性双月刊）主编。第十二、十三、十四届《当代中国花鸟画展评委兼学术主持》。是当代花鸟画家中很有影响的实力派画家之一。其作品在《美术》、《国画家》、《中国书画》、《中国艺术》等几十家国内外学术性刊物专题介绍。《柳树月下》获1992年加拿大“首届枫叶奖”，国际水墨画创作展“金奖”，参加中国美协兴办的首届全国花鸟协大展。中国画研究院，中国画系列展花鸟专题展，入选《当代名家花鸟大展作品集》，参加4—11届全国花鸟画大展及入选作品集，在北京、上海、深圳、天津、广州、香港、台湾、加拿大、新加坡、马来西亚等地举办个人画展。出版《颜泉画集》等个人画集十余部。作品被博物馆、美术馆、纪念馆等艺术机构收藏。

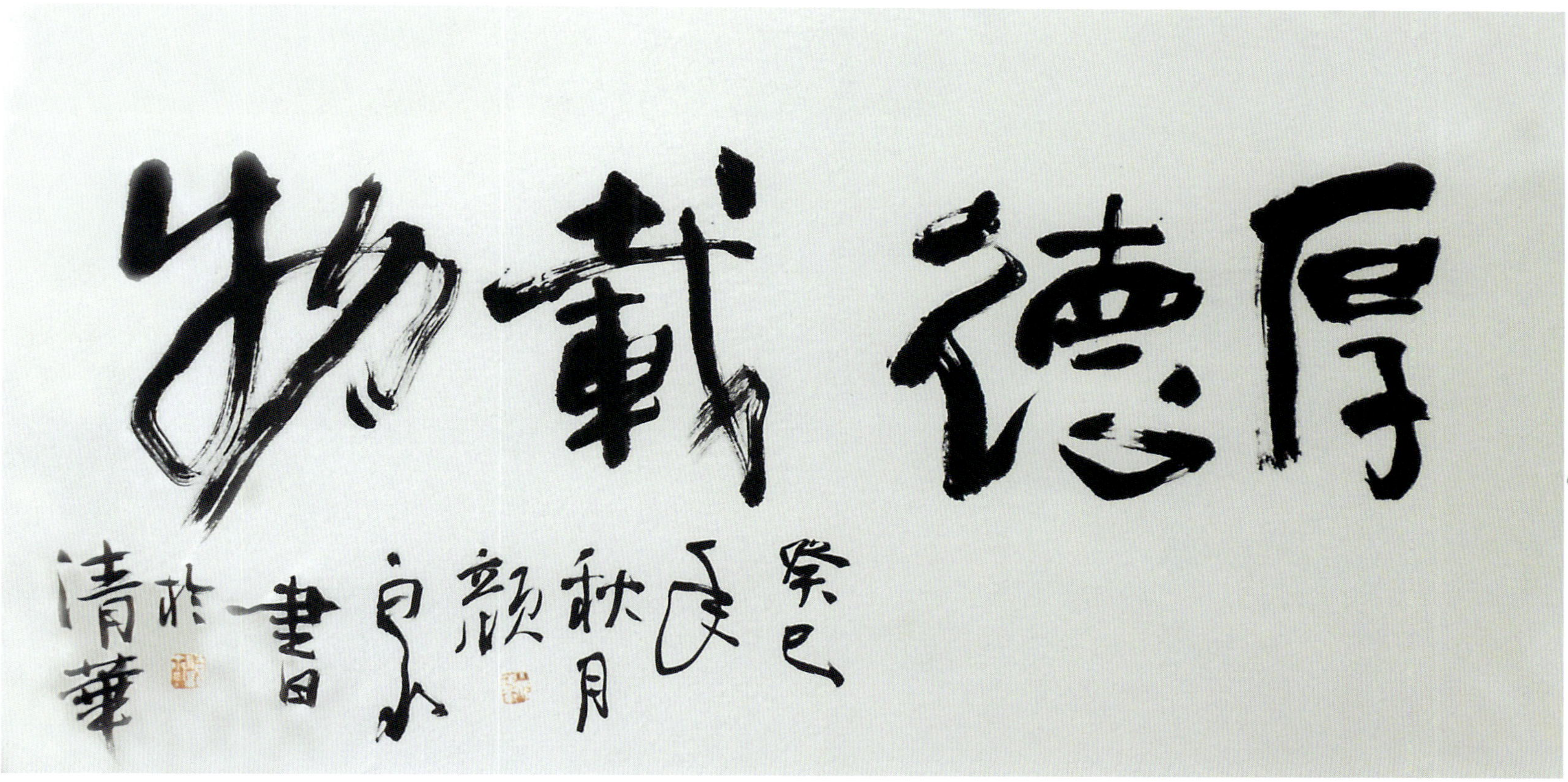

书法

金秋时节

当代实力派山水画名家 李宝民作品国内外巡回展

李宝民在成都举办个人画展

李宝民与画展嘉宾合影

山水

飞觞醉月

——看李宝民的艺术人生

人生限短，蹉跎岁月，宝民先生也走向80岁，光头白发的他，今年被中国文联五老书画院聘为荣誉院士，他在美术界是名家更是老者了。

他生活在20和21世纪，横跨两个世纪，他数年来，内含不露，潜心学业，只耕耘，不张扬，攻读艺道，通阅古今经文，倦游四壁，涂绘丹青，神游天地大观。

他像一个不知疲惫的蜗牛，爬行不止，他说到“浮生定在图画中，一生坎坷如登山，独木桥下急流险，曲径通幽话当年”。这是他一生的感悟，他感悟的目标“通幽”是艺术的高峰，他几十年的梦和理想。

黄胄是宝民先生的启蒙老师，小时候宝民生活在山水秀丽的渭河之畔宝鸡，黄胄在宝鸡小学教美术，宝民看到黄胄的画，活生生的毛驴，毛驴是当时山区运输工具，每天山上山下，农民都是赶着毛驴驮水、驼粮。倔强的毛驴性格感悟了他，他下决心要学毛驴的倔劲，奔向自己一生的目标。

年轻时宝民到了北京拜董寿平为师，看到董老的梅、兰、竹，更是痴迷如醉，董寿平看到宝民的书画，很想让宝民来继承他的事业，给宝民改名为李延平，延续董寿平之意，董寿平原名不叫寿平，因董寿平年轻时着迷浑寿平的画而改名寿平。董寿平高兴，给宝民题“飞觞醉月”四字，鼓励宝民潜心学业，醉于书画，日月积累。

有耕耘才有收获，宝民先生年轻时进修于中央美术学院油画、国画高级班，受教于田世光、黄均、郭传璋等名家。又系统学习了国画技法、理论和素描、色彩、文学、艺术史等知识。多年来又对文学、艺术、哲学、历史、诗词进行了全面的研讨，有深刻的理解和认识。学习之余，他又遍游祖国名山大川、饱赏山河之大美、大爱，他悟到了：

——成都站

李宝民在巡回展开幕式上为观众签字留念

李宝民与原省、市领导冯宗泰、颜家瑾等在巡回展——成都站开幕式上

李宝民在巡回展——成都站开幕式上讲话

李宝民与成都文联主席和原省长在巡回展开幕式上剪彩

李宝民在巡回展展厅内观看展览

天人合一哲学
儒家此德山水
佛家普度人生
道家清净无为

他融道、儒、佛三家之传文化为一炉，仁者爱山，智者爱水，他走向自己的创作道路。

道德相成，学而致用，他的作品融文学、哲学、技法、绘画为一炉，宝民先生多年来创作的作品，进入了更高境界。看他的作品就会感到：

涤尽俗尘　古淡如诗
苍茫奇崛　气节高雅
情景交辉　诗画相融

令人浮想联翩，神游八荒，回味无穷。

书如其人，画如其人，他好像一个老人用书画和你谈天谈地谈人生。

有人说他的山水是梦游山水；
有人说他的画是吉祥山水；
有人说他的画是哲理山水。

看他的画是一种美的享受、美的陶醉，他的画已经有了崭新面貌。

曲到高处音希声
画到静处品自高
黄钟大吕阳春曲
黑白有无通乾坤

今天宝民先生他已戴上了山水名家的光环，但他心目中的高峰仍在前边，他常常像个隐者消失在苍茫之中，他要去追寻那“柳暗花明又一村”的梦。

2012年文联出版社又出版了李宝民的一本著作“三人行”，吴冠中、刘大为和他，他说孔子曰：三人同行，必有我师，我还要骑着黄胄老师的毛驴扬鞭西行取经去。

苏孟／文

王蓓，中国诗酒协会书画院黑龙江分院院长，中国城乡小康发展中心黑龙江艺术专业理事会会长，数家院校书画客座教授，国务院国（宾）礼特供艺术家。中国改革开放后美国著名大学邀请赴美教授中国书画第一人。

王蓓四岁开始学习书画，十年间，临摹了中国历代著名花鸟画经典作品，临写了自秦汉以来诸多大家碑帖。"文化大革命"下乡到黑龙江生产建设兵团。返程后，虽担任过处长，中专、成人高校校长，却毅然辞官从艺。二十余年来，醉心于书画，把花鸟画集工笔、写意于笔下，把书法集真、草、隶、篆于一身，成为颇受欢迎的著名书画家。

2003年，被广东省委书记任仲夷请去，围棋书写楷书中堂；2004年，为中纪委副书记刘丽英大姐书写楹联；2004年，工笔画《牡丹图》赠送给美国前任国务卿基辛格；2005年，隶书四条屏

事事如意

竹林鸟戏图

赠送给前来访问的台湾国民党主席连战；2006 年工笔画《篱下小狗》被英国动物保护组织收藏。近些年来，书画作品被美国芝加哥大学等国内外十余所名校收藏，被四川万年寺等国内十余座名寺收藏，百余幅作品被国内外美术馆、博物馆、图书馆、报社、政府部门收藏。出版了三本个人作品专集，近百幅作品发表在国家和地方报刊上，近十次参加国内外书画展并多次获奖。

玉兰花

雏鸡图

牵牛花

丰收图

李复兴，男，1936年3月13日出生，黑龙江省哈尔滨市人。笔名复翁，原黑龙江省美协理事，省美术家协会会员，国家一级画师、北天国画院、中原书画院专业画家。毕业于哈尔滨艺术学院国画系，师从尹瘦石、孙天牧学习国画，长期潜心研究创作写意花鸟画。1964年为著名画家高冠华先生入室弟子，学习浙派水墨技法十余年，打下了坚实的基础。复翁笔意活泼，点色生动，意气洋洋，风卷舒烟。笔下家禽、鸟雀、草木、牡丹、雪景……生动形象，俊秀清新，作品深受大众喜爱。作品多次参加全国性画展，有作品获奖，并在日本、韩国等地展出。出版有《中国当代美术家精品集——李复

烂漫花光绮

兴国画专集》等。

他是一位有信念有追求的画家，专长写意花鸟画和人物画。风格朴实、结构严谨、韵味醇厚是他作品的特色。李复兴60年代师承尹瘦石、高冠华(高先生是浙派传人、潘天寿。

画鸡图

张晶，13 岁时就跟随家兄走夷方，在上允缅寺画了不少大型佛像画。1960 年9月，张晶出席了云南省文代会，先后担任了大会美术组副组长、云南省美术家协会筹备组副组长。1962 年，国立艺专潘天寿的学生、吴冠中大师的同班同学周秀岐慧眼识珠，将他收为嫡传弟子，无保留地向他传授了大写意绘画技法。

1974 年，在上海医院因病就医，他咬紧牙关不断练习；最终将要残废的右手，逐渐恢复了挥毫泼墨技能。1991 年3 月，因病退休。2002 年，65 岁的张晶带着大儿子到昆明闯荡，几经波折，办起了画廊。他把人生的磨难铸成了他绘画的灵感，把对自己对命运的抗争全部融入了笔端，在画作中展露着他对生命的渴望和对命运的抗争。他的坎坷人生练就他情感宣泄的大写意绘画笔法，独特的狂草入画构成他独具人格魅力的鸡系列、孔雀系列、鹰系列、鸭系列等绘画精品力作，形成极具个性化的艺术风格，赢得了国内外艺术界的美好称誉。

2003年云南著名绘画大师袁晓岑带着一班书画家看他的画作，对他说：“你完全继承了周(秀岐)先生的笔法。”省美协副主席孙健东先生点评道：“张晶的画很大气。”昆明市书法家协会主席赵翼荣评价：“张晶书法很神奇。”原云南艺术学院王荣昌老师称道：“张晶大狂草笔法用于绘画，乃属罕见。”

2004 年作品选入《中韩书画交流画册》。2006 年应北京军区司令员朱启之邀进京旅游观光，茹古斋总经理刘国柱为张晶举办了七十寿辰盛宴，100 多名好友、画家前来祝贺。2007 年，作品《孔雀图》被毛主席纪念堂收藏；在全国政协礼堂举办的中国书画迎春展上，他现场作画，多幅作品参加了展出；他先后被聘为文化部诗酒书画院艺术顾问、中国美术艺术家协会副主席。个人作品先后在北京龙顺城美术馆、秦皇岛市、昆明市云南美术馆展出。2006 年至2008 年，作品被收入《中国绘画年鉴》；《奥运中国》第十一期报道“张晶书画人生”。2011 年，受云南书画研究中心的邀请，举办了“庆祝云南解放60 周年将军摄影展暨张晶美术作品展”，44 幅作品被收入云南美术出版社出版的《中国共产党建党90 周年将军摄影艺术作品集》。

他人生坎坷，爱之半生画之半生，锲而不舍。如今，年过古稀的他依然苦心孤诣，挑战着“八面出峰，大狂草，一笔书，游于艺”的绘画笔法，追求着更高的艺术境界。

和风细雨

天路

相依图

比翼

繁荣根基

五福临门

美哉彩云之南

李安军，中国民主同盟盟员，中国美术家协会会员，常德美术家协会副主席，常德青年美术家协会副主席，常德画院特聘画家，中国水彩论坛超级版主。

个人作品集：《美术家李安军》、《中国当代艺术家——李安军》、《十方艺术精英特刊·李安军》、《外物造化·李安军水彩艺术作品展》。

2010年作品入选2010当代书画名家学术邀请展、2010中国企业500强发布暨中国大企业高峰会·徽山徽水徽风徽商全国水彩邀请展、第六届国际徽商大会水彩邀请展、“收藏最美徽州”第四届体育大会水彩邀请展、水韵潇湘·湖南省优秀水彩作品展、开封·美术名家邀请展；参加2010庐山第三届国际水彩艺术节；二件作品被亚洲水彩艺术博物馆收藏。

2011年作品入选外物造化·李安军水彩艺术作品展览、第二十届中国金鸡百花电影节书画摄影作品展、中国蓉城·2011全国青年美术家提名展、《文摘周刊》创刊30周年名家书画展、常德画院美术双年展。

2012年作品入选喜迎党的十八大全国书画名家精品展、2012中国水彩新人新作展、第六届国际茶产业博览会书画名家网络展、2012中国水彩新人新作展；获湖南省第六届书法网络展银奖、首届中国当代美术文献奖·提名奖、2012年湖南省第四届青年美展铜奖；应邀参加“百花齐放百家争鸣”纪念延安文艺座谈会议讲话精神70周年书画精品展。

水彩人物系列之一

水彩人物系列之二

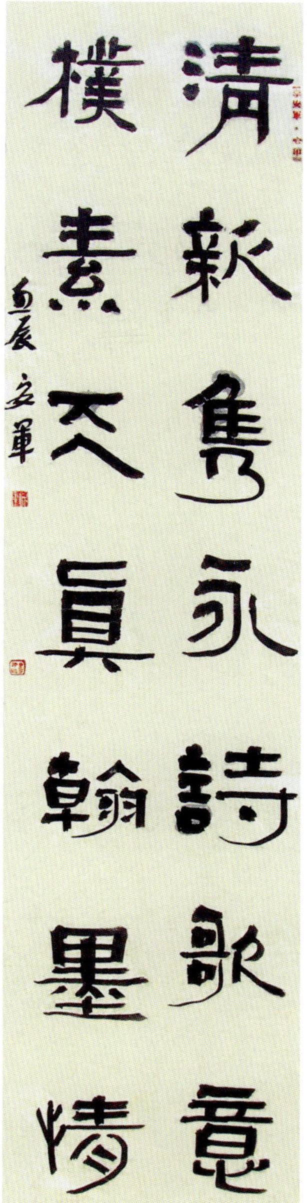

书法

水墨系列

水彩西厢系列之一

水彩包裹系列之一

盛文锦，1971年出生，浙江金华人，现居南京。曾在南京军区三十一军服役，就读于中国美术学院，现为江苏省美术家协会会员，南京青年美术家协会理事，南京艺海潮书画院理事。

作品入选文化部“全国首届青年美术家提名展”，“江苏省美协第四届新人美术作品展”获最高奖，“第三届全国‘徐悲鸿奖’中国画展”获优秀奖，“江苏省文联与美协第二届江苏省农民画展”获优秀奖，“江苏省文联工笔画大展 ”。

山水 1

山水 2

故乡的雪

故乡的雪

刘士林，字布衣，寒乐寨主，布衣居士，1952年生于安徽阜阳，毕业于安徽师范大学美术专业，擅长中国画山水，兼攻花鸟，善传统诗词创作，从事教学近四十年。其山水取法龚贤、石涛、石溪。花鸟深得青藤、朱耷、吴昌硕之法，独具新意。

现为中国国家美术院常务副院长、中国书画研究院高级美术师、中国水墨艺术研究院画家、中国教育美术家协会会员，中央电视台（文化中国签约画家）、中华诗词学会会员、华夏诗联书画院高级研究员、北京诗词学会会员、北京楹联学会会员、安徽省美术家协会会员、中国老年书画协会研究员、安徽省管仲书画院副院长、安徽省阜阳市美术家协会常务理事 。

多年来，他的作品曾多次参加国内外大展获奖，被国内外友人收藏，作品先后发表在《人民日报》、《北京劳动午报》、《中华翰墨春秋报》、《中国书画报》、《中国优秀书画家》、《中国当代书画名家作品集》、《刘士林艺术作品集》、《水墨写意荷花教程》、《水墨太行写生集》、《寒乐诗草》。

2010年在“美丽的祖国世界华人著名美术家爱祖国爱家乡经典作品展”上荣获金奖；2011年在“全国画院2011年优秀作品巡回展”，作品被国家人事部收藏。

2010年被中艺财富网络台报道；2011年在中央电视台旅游卫视《艺眼看世界》电视台专题报道；2012年作品《山水画》在中央电视台书画频道“迎春书画”展播。

泼墨山水

山水

竹

荷

甘波，中国美协百杰画家，清华美院颜泉花鸟工作室创作室主任，美国美洲艺术学会文化使者，美国亚洲艺术学院博学会士，江西省将军书画院副院长，四川广安画院副院长，重庆书画社副社长，国家一级美术师 。

其作品在《中国书画报》、《美术》、《香港书画报》、《世界日报》、《星岛日报》等数家国内外权威学术性刊物有专题介绍，名录载入《中国当代艺术界名人录》。

近年来，先后在山东、广东、香港及美国旧金山举办个人画展，并有多幅作品被各大美术馆、纪念馆收藏。出版有《甘波水墨》、《巴蜀写韵》、《人物书画名家精品》、《甘波画鸡》、《中国当代名家花鸟篇》、《甘波·中国画新作辑》等多册画集。

溪山细雨

春雨

世上岂无千里马

张奎方，号师虎堂主，1964 年出生，山东成武人。1988年毕业于菏泽师专美术系，1994年进修于中央美术学院国画系。现为中国国画家协会理事，中国画虎艺术研究院副院长，湖南省醴陵市青年美术家协会名誉主席，山东省美术家协会会员，曹州书画院画师。擅长花鸟画，能工善写。尤擅画虎。作品多次参加全国，省，市画展并举办个展和联展。出版个人画集多册。1996年作品《双虎图》参加中国青年国画大展一等奖。1999年由中国美协主办的孔子诞辰2550年书画大展上，作品《虎》获优秀奖。2002 年《女神伏虎》入选中国画名家百虎大展，2006 年《春酣》被中央电视台收藏。2006 —2008 年连续参加第 12 届、13 届、14 届中国当代花鸟画邀请展，并获银奖。2008—2011 年特邀参加第 2 届、第 3 届、第 4 届、第 5 届当代中国著名花鸟画家作品展。2010 年《雄风》由中国美术家协会，江西省文联主办的“虎趣——中国水墨精品展”在印度新德里展出。2011 年《三月》入选中国美协主办的中国当代花鸟画大展。

写得英雄梦醒迟

惊风

王者风范

武仲时，1957 年出生，辽宁省大石桥市人，大学学历。

自幼凸显绘画天赋，一直得到美术界名人志士的关注，经勤奋努力自修完成素描、速写、色彩、透视等基础课程，基本功扎实，造型准确，坚持中国传统与现代画创作研究。画鸡是创作的主题，对鸡的研究深刻到位，已形成了自己的绘画语言。现为“关东鸡王”马天骐唯一入室弟子，其作品上百次参加国内外不同级别的画展和交流活动，在部分展览中获奖和被收藏，扶贫募捐活动中更是积极参与和全心奉献。

近年为了再提高绘画理论和创作技法，又到清华美院高研班进修，得到全国著名画家贾平西的真传，结拜了颜泉、马海方、卫俊贤等全国绘画名人，其画技画风又上一个台阶，作品多次在全国专业报刊发表，并参加清华美院师生全国巡展，第三、第五届全国花鸟画展及中韩书画展等，得到业内人士认可和社会各界人士的好评，很多作品被企业家及中外人士购买、收藏，是一位具有潜能的实力派画家。

昂首蓝天

鸡图

雄鸡

强者

赵紫藤，又名子滕、洪彬，1980年生，安徽临泉县人。2000年就读于江西师范大学。2008年进修于中国美术学院花鸟画专业。2013年进修于文化部现代工笔画院。2012年《满秋》入展安徽省第四届中国画大展。2012年《素韵》入展纪念延安讲话70周年青年展。2013年《寒塘晓雾》之一入展吉祥草原·丹青鹿城·全国中国画展。2013年《寒塘晓雾》之二入展庆画博——纪念恽南田诞辰380周年暨全国花鸟画展。

工笔花鸟1

工笔花鸟2

李景林，生于1943年，安徽宿县人。早年师从马兆森、柳新生、汪志杰，学习水彩、油画，后师从邓怀农、乔木、黄幻吾，学习中国画，深受海派艺术熏陶，将中西画法融为一炉。擅长中国画山水、花鸟。现为中国美术家协会上海创作中心秘书长，上海杨浦区美术家协会理事、上海市华侨书画院副院长、上海海上书画院画师、上海美术家协会海墨书画会画师、上海交通大学海派文化研究所研究员。

1983年国画花鸟《贵在晚节香》获上海美术家协会优秀作品奖；1993年在厦门举办"李景林山水花鸟画展"；2001年国画山水《静居图》获上海美术家协会优秀作品奖；2002年参加联合国与中国博览会主办的"给地球一个机会正大艺术展"。作品多次在日本、韩国、德国及中国香港、中国台湾等国家与地区参加展览 。

1997年赴澳大利亚悉尼举办个展及讲学；2004年再赴澳大利亚悉尼举办个展及讲学。1999年上海电视台教育频道《诗与画》栏目专题介绍李景林山水花鸟画。

作品发表在大型画册、报纸、杂志的作品有近百幅。1993年上海书画出版社出版《李景林作品集》；2012年上海人民美术出版社出版《李景林画集》。

荷花图

小息

春意图

月是故乡明

王开禄，1958年5月生于上海市，大学本科学历，国家一级美术师，上海市榜书研究院理事，上海市书法家协会会员，上海收藏家协会会员，现任上海市控江高中学校书画社指导教师。2000年进中国书法家协会培训中心高级班进修书法，于2002年结业。曾师承傅守艺、张晓明等名家。1983年书法在上海市杨浦区书法大赛中获奖，2001年获“翰墨情缘”杯全国书画大赛国画三等奖，同年获上海市杨浦区“建党八十周年书画展”国画一等奖，2002年获“牡丹杯”全国著名书画家精品大展国画佳作奖，并被授予著名书画家称号。2007年获上海电气职工“创造和谐”书画作品展金奖，2008年在上海市洋山临港新区举办个人书画展，其作品得到温家宝总理的赞赏。2009年获中国书画“东方红”杯大赛国画金奖。历年来，多件作品被选送美国、日本、韩国、菲律宾、新加坡及港、澳、台等国家和地区展出，并多次入选国家级美协、书协主办的展览。其书画作品被收录《中国书画艺术博览》、《新世纪书画艺术家精品大观》、《“牡丹杯”全国著名书画家精品集》、《国际著名文艺家大辞典》等书画集中。

荡胸生层云

秋山带夕阳

天道酬勤

柳清芬，山东省诸城市人，常住北京。中国书法家协会会员，中华诗词学会会员，中国女书画家学会会长，中国人民艺术家艺术联盟促进会名誉主席，中国榜书学会外联部副主任，中国文化艺术人才管理中心副主任，中国楹联学会会员，北京中韩书画联谊协会副秘书长，北京中和百年书画院副院长，北京金皖书画艺术顾问，山东省诸城市书协名誉主席。

2004年至2006年，在人民大学首届优秀中青年书法高级研修班，2012年在书法频道刘洪彪草书高级研修班，2012年在中国国家画院学习。师从多家，楷书初学颜柳，行书宗法二王，草书钟爱颠张醉素，集众家所长，逐步形成自己的书法风格，书法以草书和榜书突出。其书画作品及诗词楹联分别多次在中国美术馆、中国历史博物馆、中国军事博物馆、全国政协礼堂、人民大会堂、首都体育馆等展览，并在韩国、日本、美国等国家展出。书法曾获得首届中国女性书画摄影大赛金奖，荣获2009年中国书培训中心教学成果荣誉奖，首届孔子艺术奖的提名奖等；入展全国第六届楹联书法展，第三届中国书法兰亭奖“尧山杯新人展”，第二届“临川之笔”全国书法作品大赛，首届王羲之书法艺术（行书）大展，北京十五届书法篆刻精品展等等；被人民大会堂、中央党校、西柏坡纪念馆、闻一多纪念馆、上海政协等收藏，诗词曾获2006年度新会员入会作品一等奖。

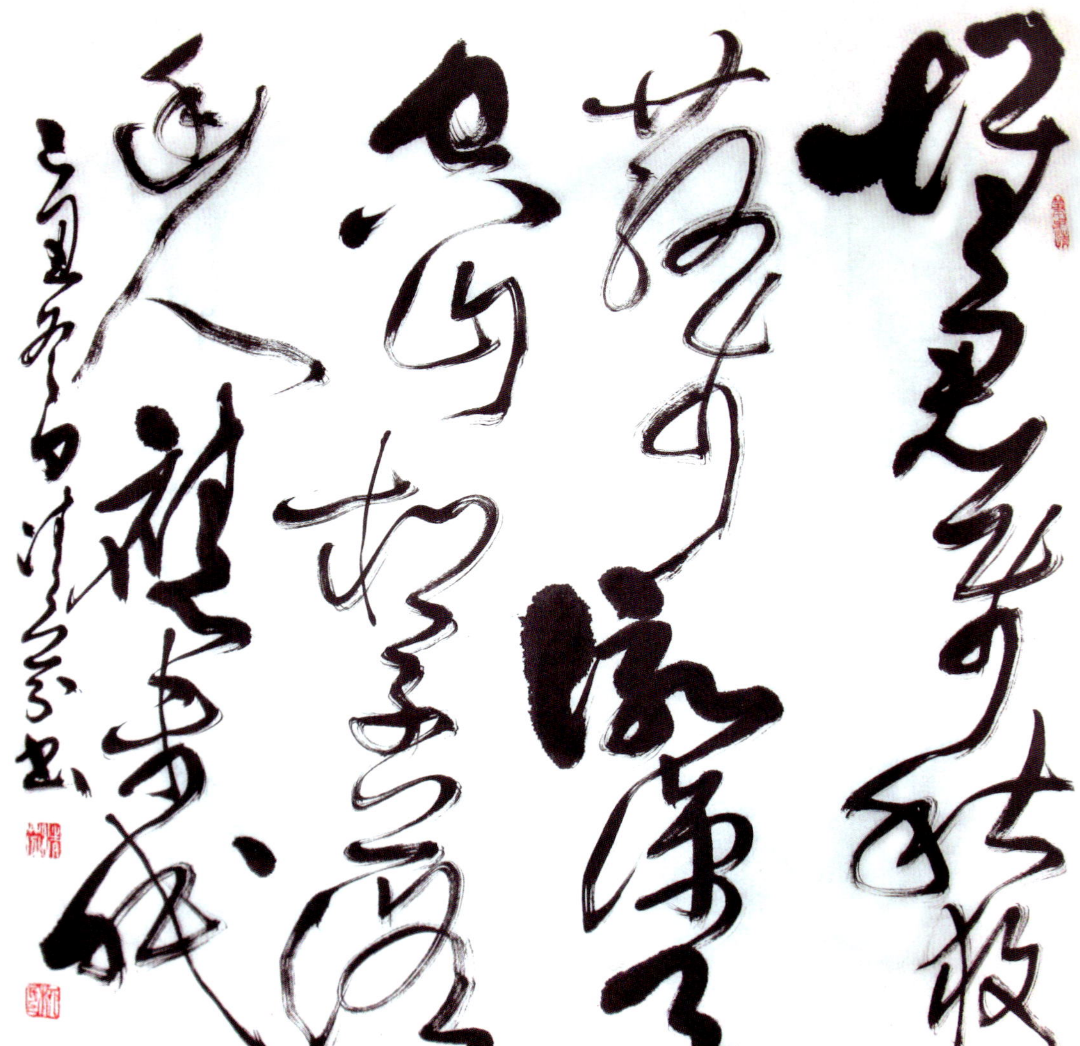

书法 1

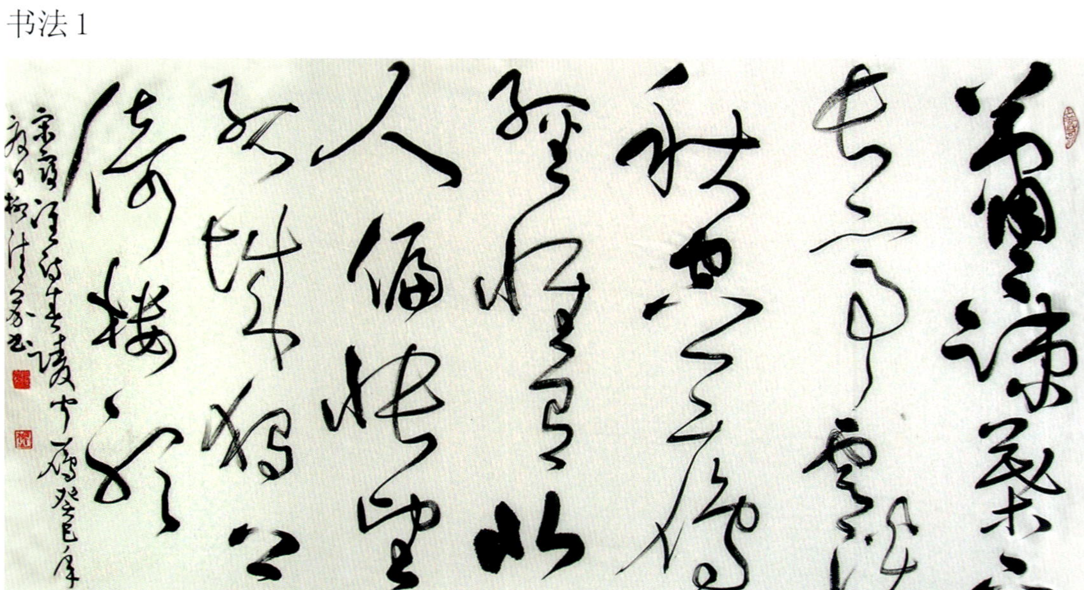

书法 2

阮海鹏，祖籍安徽，毕业于安徽师范学院。2005年就读于北京画院石齐艺术研究会，受教于石齐、喻继高等诸位先生。现居北京，为安徽省美术家协会会员，中国工笔画学会会员，万寿书画院院长。

1999年作品《暗香浮动月黄昏》入选“99纪念孔子诞辰2550年全国书画大展”；2005年《沐雪》参加中国美协主办“壶口情”中国画提名展、在东方古缘举办《世纪风情》个人画展；2006年《晓园清梦》参加中国美协主办“2006年中国画展”；2007年荣宝斋出版“大音无声”十四节气系列丛书；2008年作品《故园》参加全国第六届工笔画展；2010年由文化部主办《盛世收藏》栏目组摄制《军旅书生雀跃精灵》专题片。

作品多次入选国际级艺术书册典籍，并被多家机构拍卖、收藏。作品被《中国书法报》、《中华艺术家》、《国画经典》、《中国书画收藏与投资》、《美术报》等报刊宣传。

大暑

芒种

惊蛰

立秋

刘丽媛，辽宁省大石桥人，辽宁省美术家协会会员，中国农民画协会会员，中国国画家协会理事，清华美院全国美术理论研究与书画创作高研班贾平西、颜泉工作室画家，文化部周宝军写意人物班班主任。

丰收

紫藤

孙运营，笔名老运、号润安斋主；山东省临沂市人。先后毕业于山东省轻工美术学校、山东省轻工学院美术系。其国画花鸟作品质朴浑厚、饱满凝重、生动自然，极富感染力，获中国首届青年花鸟画展一等奖、收录《中国当代青年国画家作品集》、入选全国第十三届、第十四届花鸟画邀请展并获“创作奖”。现为中国田园画会理事、中国艺术家联谊会理事、扬州画舫艺术顾问、临沂画院特聘画师，出版《老运花鸟画作品选》。

紫气东来

清风

春韵

林汉国，男，汉族，58岁，出生于广东省，1985年结业于东方美术函授学院，结业时获得花鸟专业一等奖，作品多次在全国性专业报刊发表，多次在汕头、潮阳等地举办个人书画展。多家电视台、报刊作过专业采访报道。郭东升美术家协会会员。

作品入选纪念天津建市600周年“全国梅兰竹菊”大展，入选西泠印社举办首届“中国画、中国书法、中国印”大展，入选“广东省纪念美协成立50周年”美术大展，入选第八届、第九届、第十一届“广东省美术，书法，摄影展”，入选广东省“廉政建设”美术展，入选“竹颂，竹韵”当代画竹精品展，入选“全国当代中国画学术提名展”，应邀出席参加“纪念李铁夫诞辰140周年全国书画名家”大会。

一团和气

秦胜水，安徽省淮北市人大常委会副秘书长，毕业于清华大学美术学院当代艺术创作研究生班，国家一级美术师、中国国画家协会理事、安徽省美术家协会会员。现为中国徽派书画院副院长、中国华人美术家协会安徽分会主席、台湾美术协会艺术顾问，“全国公益爱心艺术家”。擅画牛，兼及山水、花鸟。画风“雄奇秀美，形神兼得”。其作品先后在北京、安徽、内蒙古、广东、江苏、加拿大等地展出，在全国及省内外书画大赛中多次获奖。代表作品有《奋进》、《丰碑》、《故乡情思》等。作品和论文先后在《人民日报》、《中国文化报》、《安徽日报》、《美术报》、《中国书画报》等十余家报刊发表。作品多次被国内拍卖机构征集拍卖，并被国家领导人、美术馆和有关部门收藏，出版有《秦胜水画牛艺术》、《秦胜水书画集》、《耕者履痕》等专著。

牛图

苍锐

牛运来

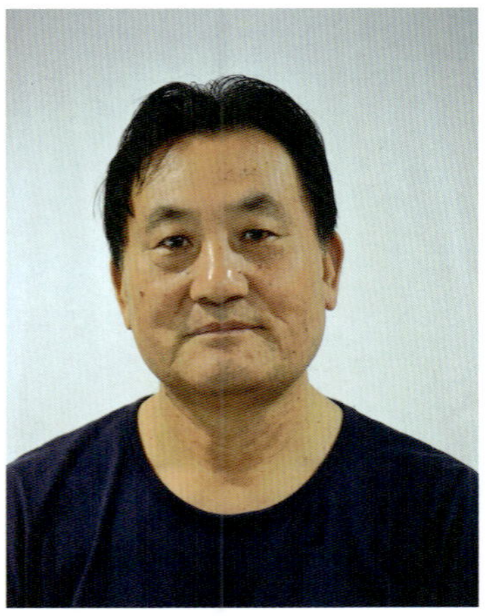

山水可居

焦志府，1950 年出生，山东枣庄人。

2003 年在中国美协第一届山水高研班学习，2011 年在中国美院山水班进修，2013 年在现代工笔画院祁恩进青绿山水班学习，2007 年绘画作品《山林清气度溪桥》入选全国美协绿化作品展，2008 年作品《岫壑溪山》入选六国画展，2010 年作品青绿山水《溪山远眺图》入选中国美协现代工笔画展。

2006 年书法作品入选海峡两岸名家作品展、书法作品入选西冷印社大展。

岫壑烟岚图

南屏烟溪图

陈新生，字新之，号苏浦人。1976 年出生于福建福安市，毕业于福建师大美术学院，福建省美术家协会会员，中原书画院客座教授，闽东画院画师，福安七彩美术高考培训中心负责人。中国画作品入选上海世博会百年庆世博世界华人美术大赛，抗日胜利 60 年全国书画优秀奖，福建省第六届工笔画作品展，福建土楼客家永定全国中国画作品展，中国第七届当代山水画作品展银奖等。2012 年成功举办福缘青山陈新生中国画作品展。福安电视台，宁德网东南网，福建之窗均有报道。部分作品在《中国书画报》、《美术报》、《闽东日报》、《宁德晚报》、《中华民族书画》杂志等多家报刊上发表。

风吹云起绕山间

层林尽染

青山流云图

近夜山更碧

高贵国，男，1972 年生于山东莒县。2008年进修于清华大学中国画高研班，主修山水，师从王玉良、金纳、梅墨生、史国良、刘怀勇等教授。2013年进修于祁恩进青绿山水创作班，师从祁恩进、郭华为等教授。现为中国水墨清华艺术研究会理事，山东省美术家协会会员。

参加美协主办的展览如下：

2010 年，作品《清华秀木》获山东省美协主办的泰山文艺奖——首届山东省美术作品展优秀奖、作品《清华秀木之二》入选山东省美协主办的第十四届新人新作展、作品《苍山凝翠》入选中国美术家协会主办的“和谐燕赵，红色太行”中国山水画展。

2011 年，作品《青山梵韵》在山东省美协主办的“红旗颂——庆祝建党 90 周年全省美术精品展”中获优秀奖。

2012 年，作品《青山梵韵》入选中国美术家协会主办的首届公望富春·中国山水画作品展。

作品多次入编省级国家级大型作品集，被中国美术家协会等多家机构收藏。

云山清居

青山梵韵

艺之醉

艺之梦

苏孟，字子淇，别名子淇、苏三淇。青年诗人，画家书法家，并任艺术评论撰稿编辑。编辑《世界华人艺术》《艺术收藏》《中国绘画年鉴》等书籍。勤诗书画印，作品在日本、荷兰、国内外展出受到好评。

任三希堂书画研究中心主任，中艺圣佳文化艺术中心艺术顾问，中国美术家协会敦煌创作中心委员，中国书画学会副主席，黑龙江书法家协会会员，徐州书法家协会理事。

中华诗书画1999年爱我中华全国书法大赛一等奖；2000年中国美术家协会画展国画获优秀奖；2003年文化部多家单位组织艺术名家展获金杯奖；2004年作品在日本展出深受好评，并刊出二十余幅作品；2006年马海方、苏孟、荆鹏举参加创新名家邀请展，参加北京迎奥运百名艺术家作品展被首都图书馆收藏；2007年在中国美术馆参加中国书画名家慈善作品捐赠展；2008年参加国家领导人李瑞环慈善书画名家捐赠活动、获得中国书圣兰亭奖金奖。

作品刊登在《中国当代梅兰竹菊名录》、《中国诗书画研究》、《新晚报》、《艺术家收藏》。日本的《中国水墨画家》、《中国宋庄艺术家（原创）》等大型画册百余幅作品。

李波洋，1977年出生，山西襄汾人，别署贤堂无一。现居北京，自由艺术家、美术设计师。现任贤堂品牌设计、贤堂文化传播公司、创意总监。

2003年家居设计刊登《新京报》、《家饰》杂志、优家画报获得反响；2006年设立李波洋艺术工作室，以母亲“陈莲英”命名成立——陈莲英艺术基金会；2009年参展“民居，民居。五人联展，北戴河百年别墅水墨典藏；2011年参展纸上建筑、中国建筑文献当代水墨十二人邀请展。

旧居

清韵

黄汝祥，1963年出生，幼年在梁锐志的教导下，学习中国山水画传统技法，从“四王”入手，对宋、元、明山水画进行了多年的研习。曾跟随区太杰老师学习中国画；2008年就读于广州美术学院高级研究生班，师从王天胜教授。现为广东省美术家协会会员。

作品《清晖淡荡》入选“庆祝广东美协成立50周年美术作品展”、“纪念中国共产党建党85周年暨红军长征胜利70周年美术作品展”;《希望之声》入选“庆祝中华人民共和国成立60周年——广东省美术作品展”;《绝顶悬崖浮云间》入选“笔参造化——广东省第六届中国画展”;《春雾罩沱江》入选“第三届中国（湘潭）齐白石国际艺术节·中国画作品展”;《山空水云净》入选“全国第三届工笔山水画展”。

山水

丁小晏，祖籍山东省潍坊市，从小受画家舅舅熏陶，酷爱绘画艺术。2001年就读于中央美术学院油画专业，师从杨飞云、丁一林等。为中国波兰友好协会理事，中国画家协会理事，美国亚洲美术家协会会员，海南民革中山画院艺委会委员，石齐艺术研究会成员，《中华名流·见证辉煌》编委。作品先后被刊登和编入《中国美术》、《书画家图典》、《中华名流·见证辉煌》、《中国国礼推荐与采购》、《新中国国礼艺术大师》等十余部杂志和书籍。作品多次参加美国纽约世界艺术博览会，受到广泛青睐。

2002年参加北京世界艺术博览会，油画作品开始被美国Rosea International Corp.艺术公司代理；2010年被“世界华人企业家协会”和“世界艺术家联合会”评为“世界艺术家”并编入《世界艺术家》文献中。

2010年考入北京画院研修班，入石齐工作室学习创新中国画，历经三年的不断研究与尝试，目前已形成自己独特的绘画语言与风格，并得到了石齐恩师和业内人士的普遍认可！

2013年7月30日在爱尔兰大使馆招待会上，作品被作为国宾礼物赠送给来华访问的爱尔兰副总理兼外交与贸易部长吉尔摩先生和爱尔兰驻华大使戴克兰先生，并得到了他们的赞扬！

作品1

孙思遐，女，1969年出生，祖籍广东汕头，字叚之，别号囿素斋主人，喜诗书画印。现为广东省书法家协会会员、广东省女书法家协会会员、广东省肇庆市书法家协会理事、中国硬笔书法协会会员。

楷书初学颜鲁公，小楷师法王右军，辅以刀意，渗以张迁碑韵，作品崇尚清新简远；行草书初学米南宫，后钟情二王、孙过庭，作品力求气势和墨韵。

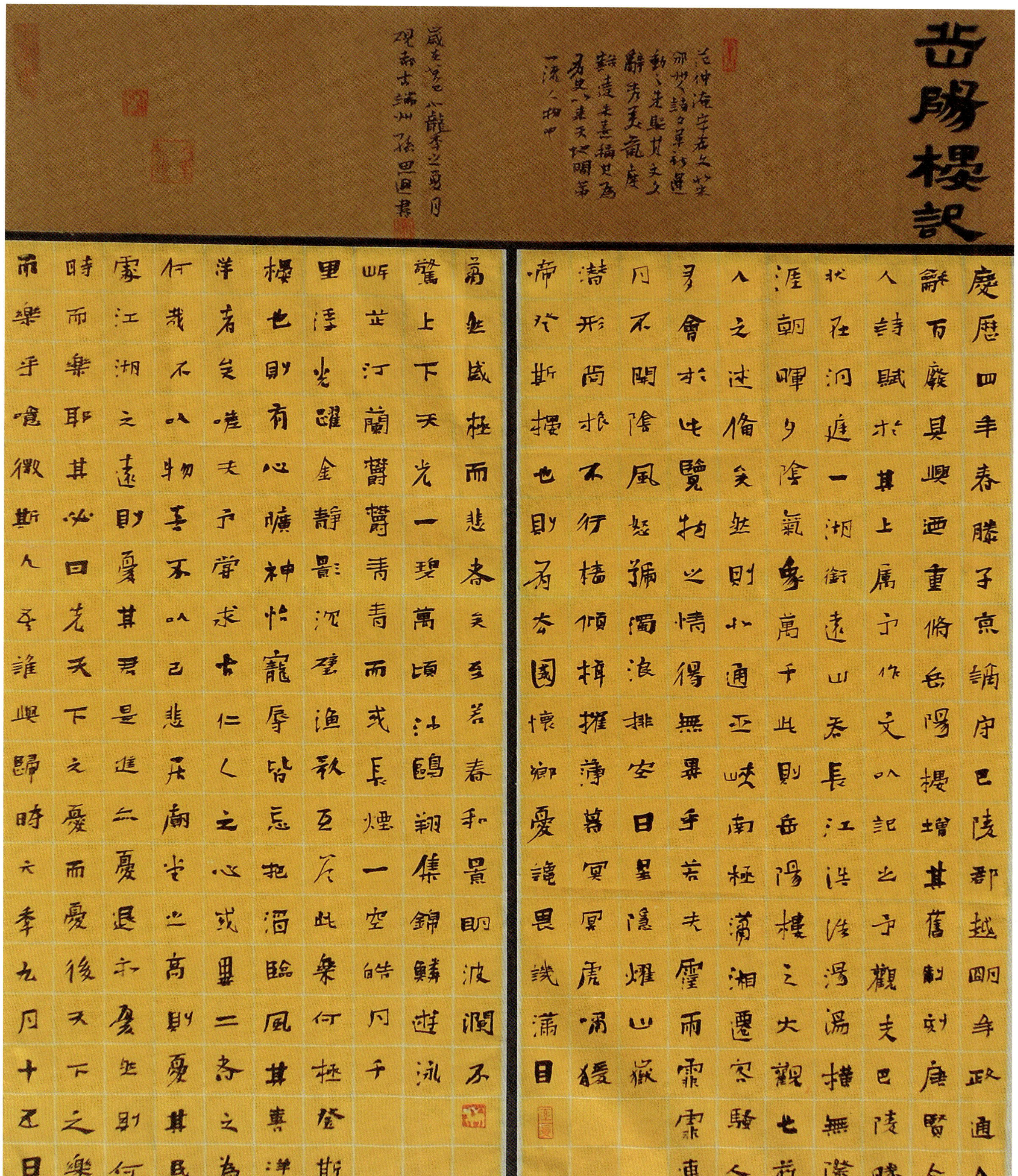

岳阳楼记

黄香撬，女，福建省东山县人。毕业于厦门兴才学院；进修于中国美术学院花鸟班；进修于文化部现代工笔画院高研班。现为湖北米襄阳书画研究院副院长。

2013年，作品《版纳清晨》入选“大美西双版纳”全国工笔画学术展。

清秋

晨晓

琵琶图

花鸟

张运芳，女，1976年出生，笔名迎春，河南安阳人。自幼受家庭熏陶，酷爱绘画。毕业于河南省工艺美术学校、安阳师范学院，进修于现代工笔画院，文学学士学位。作品多次参赛获奖、入选，并有多幅作品被各界知名人士收藏。现工作于教育系统，中国工笔学会会员、河南省美术家协会会员。

2010年《小暑初凉》入选河南美协主办第五届妇女画展、《盛世春晖》入选河南省美协主办“天香魂”牡丹画展、《觅》参加河南省美协主办第十五届新人新作展获优秀奖（最高奖）。

2011年《中国风》参加安阳市第七届美术作品展荣获三等奖、《静静池塘溶溶月》参加海内外知名画家作品邀请展获优秀奖、《觅》参加首届爱国主义教育中原行书画展获优秀奖。

2012年《时间·空间》入选中国美协主办2012年全国工笔画展、《岁月如歌》入选中国画院主办“荆浩杯”全国中国画双年展、《岁月如歌》入选“当代百名中国工笔画家提名展”并获优秀奖（最高奖）、《跨·越》入选中国美协主办“泰山之尊”全国中国画展。

2013年《流年》入选中国美协主办2013年全国中国画展、辅导学生参加“雏鹰杯”第十三届全国青少年儿童书画大赛被授予“艺教精英”荣誉称号。

谷兰幽梦

跨·越

姚陈橦，湖南醴陵人。湖南省醴陵市青年美术家协会主席、水墨湿地画派创始人、颜泉入室弟子、国家一级美术师、中国国画家协会理事、湖南省美术家协会会员、株洲美术家协会会员、闲人雅室室长、东方佛禅画院副秘书长、吕凤子画院特聘画家、清华大学美术学院贾平西、颜泉工作室画家。启蒙于刘稀成、丁佳富、钟佳期、杨自恒。后受教于李日铭、贾平西、颜泉等中国著名画家。现就读于清华大学美术学院高研班。

作品发表于《中国书画报》、《旮旯艺术》、《世界文人画报》、《时尚生活》、《潇湘晨报》等。

2009年在醴陵市举办了第一次个人画展；2010年在醴陵市青少年宫举办了个人画展；2011年中国书画公益大展被授予“中国书画公益百家”称号、建党九十周年全国花鸟展入选、作品《春风大吉》荣获西游文化全国名家展金奖、《三思图》由人民艺术家协会永久收藏、中国书画家三六五作品展荣获银奖、四川遂宁举办了颜泉师生全国巡展；2012年在北京举办了一次个人画展、中国文化部授予“中国当代百杰青年画家”称号。

书画作品在北京、山东、河南、河北、四川等地展出。

双栖

秋趣

秋韵图

荷气图

刘延风，1966 年生于北京，号香草词人，为香草堂主人。现为中国民主同盟会盟员。中国国画家协会会员、中国书法艺术研究会员、齐白石艺术研究院理事、东方白马国画院理事，作品被中国军事科学院、英国大使馆、俄罗斯大使馆、厦门美术馆等机构收藏以及中外友人博物馆收藏。

1992 年毕业于中央工艺美术学院；2004 年在雅宝路举办个人画展；2005 年进修与中国国家画院高研班“花鸟工作室”；2007 年在北京工艺美术大厦举办个人画展；2008 年山东寿光举办个人画展；2008年在厦门美术馆举办“百幅精品展”个人画展；2009 年国家领导人习近平出访欧洲比利时，作品《荷气图》被选为国礼；2009 年国家领导人李克强出访澳大利亚，作品《花开富贵》被选为国礼。

连晓红，1975年生于辽宁鞍山，1999年毕业于辽宁省鲁迅美术学院美术教育系，获文学学士学位，2007年毕业于辽宁省鲁迅美术学院中国画系山水专业，获文学硕士学位。现就职于鞍山师范学院美术分院教师，辽宁省美术家协会会员，发表相关中国画理论文章近二十余篇。山水画作品曾多次入选国家级、省级画展并获奖，绘画作品多次发表于艺术期刊，部分山水画作品被抗战纪念馆等机构收藏。

飞瀑泉石

层峦叠嶂晓风清

胡书行，字若莲，湖北利川人，生于1988年农历十一月七日。国家一级美术师、国学痴迷者、青年作家、语莲堂国学创始人。长年从事国学教育、书法（软笔、硬笔）教学、文言文基础教学等工作。擅长楷书、行书、草书和隶书，书法代表作品有八尺《兰亭集序》、四尺《心经》、《沁园春·雪》等。现任上海诗剧社编剧兼演员、上海广播电视台百视通《品味天下》电视栏目特邀记者、《中原视界》主编等职务。

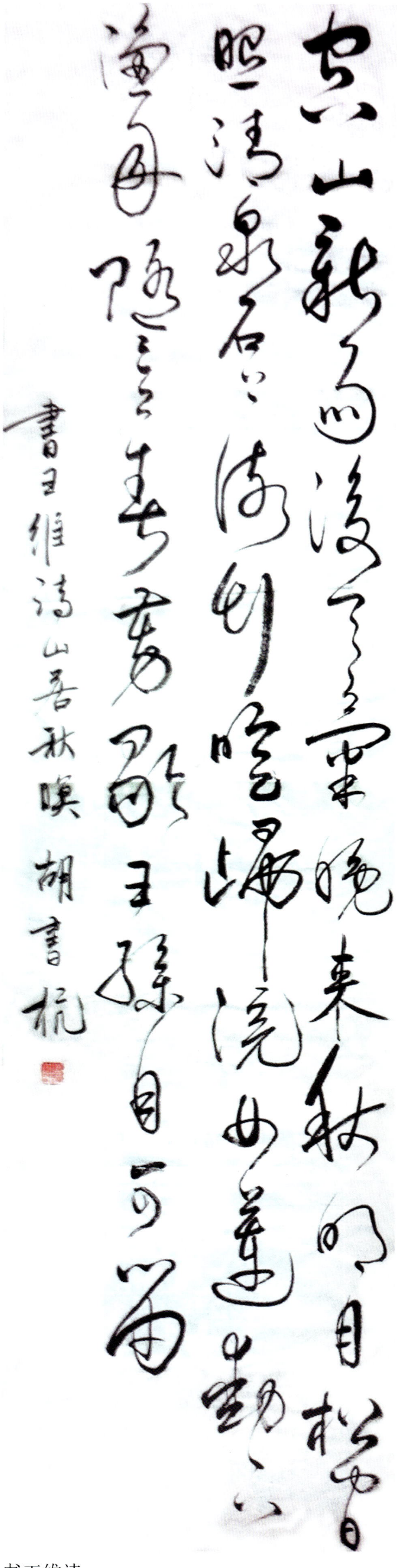

书王维诗

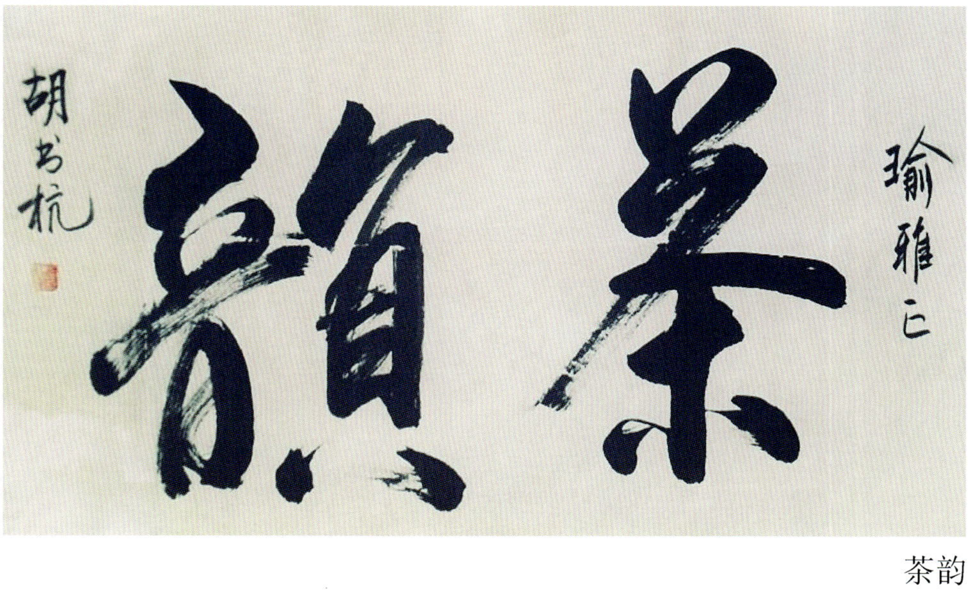

茶韵

颜艺泉，曾用名颜炳才。山东省临沂人，毕业于临沂师范学院，现在山东省临沂市第十中学工作。中学高级教师。自幼酷爱书画，专攻写意花鸟，尤擅画鱼。师从兄长颜泉，其作品曾在《河洛书画》、《中国书画艺术报》、《中国CEO杂志》、《艺术名人坊》、《临沂画报》、《临沂广播电视报》等多家报刊上发表，和兄长颜泉一起在北京大写意艺术研究院美术馆、河北石家庄六度园美术馆、江苏扬州八怪纪念馆、江苏扬州画坊、福建云霄莫松斋画廊、河南洛阳美术馆、深圳江山美术馆等十多处举办画展。曾获全国书画名家采风邀请展金奖、2011年全国首届双百公益书画家称号。

畅游

张平，字衡之，笔名秦关月，敦煌人，1971年出生，1991年毕业于中国书画函授大学，师从李振甫、赵粟晖、马强诸先生学习中国画，2006年进修于山东理工大学，首届唐秀玲重彩高研班。现为中国美术家协会敦煌创作中心创作委员，酒泉文联会员，敦煌美协理事。

1999年作品参加在台湾举办的“敦煌艺术展”；2000年师从韩国著名画家许勇习画三年；2006年在敦煌画院举办“敦煌壁画艺术展”、作品参加甘肃省联合国科教文化组织“丝绸之路文化艺术交流展”；2007年作品参加“酒泉书画艺术晋京展”；为张掖大佛寺、酒泉法幢寺绘制500平方米佛教壁画；2009年为敦煌市博物馆绘制天顶壁画，为兰州植物园《敦煌园》绘制敦煌壁画；2010年作品参加四川彭州“寻梦古风敦煌壁画展”。

大势至菩萨

反弹琵琶

杭英，1940年出生，江苏丹徒人。1961年毕业于上海市美术专科学院，同年入上海中国画院，师从王个簃先生三十余年，承其真传，颇得吴昌硕大写意画风神髓，为海派绘画的传人之一。

花鸟画创作以大写意画闻名海上艺坛，大胆用墨、精心用色，也是杭英写意花鸟的特色之一。风格清新，既有缶翁风采，又有新意笔墨。用笔“帅”而“实”。所谓“帅”即很自由、大气，所谓“实”，即着笔有力量、耐得起品味。他善于运用笔触的力量大小和快与慢的交替变换来创造意境和美感；他还善于运用墨的浓淡枯涩，使水与墨相互交融、色与墨相互辉映，使绘画作品达到别出机杼，情趣盎然、清新自然的意境。近年来他还兼取岭南画派技法，独富创意，使色彩更鲜亮、丰富和有视觉效果。

现为中国长三角书画院院长，上海吴昌硕艺术研究协会副会长、上海市牡丹画院副院长，海上书画院画师，中国美术家协会上海创作中心创作员。

稻熟江村蟹正肥

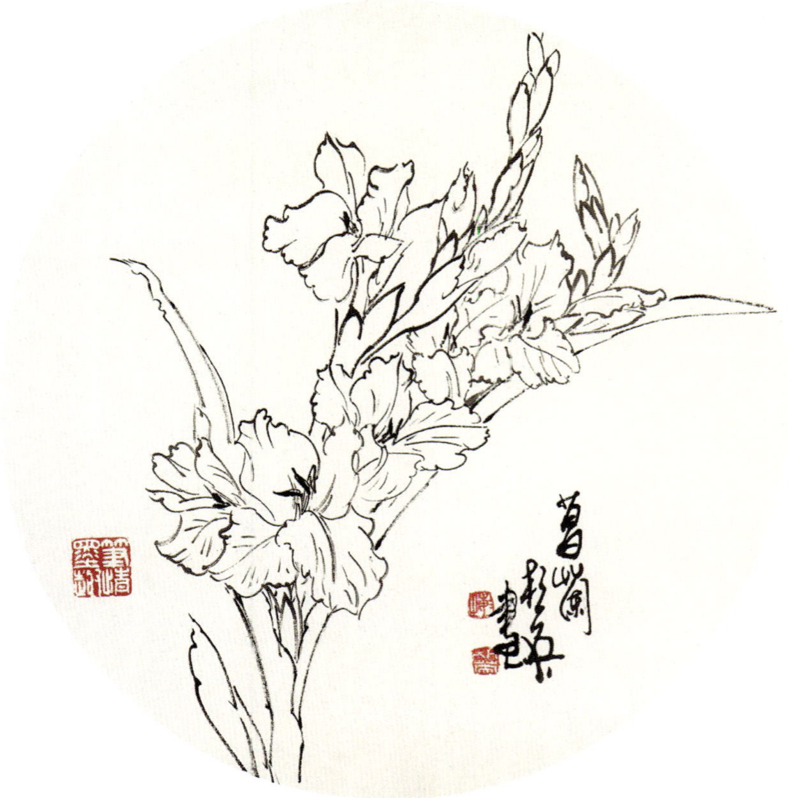

菖兰

杭石榴

松鹤延年

王启江，笔名沙桐，1974年出生于古郡敦煌。自幼受敦煌艺术的熏陶，后从事敦煌壁画的研究临摹工作。2006年在山东理工大学美术学院“首届工笔重彩画高级研修班”研修岩彩画。现为敦煌市美术家协会副主席，日本大阪国际书道会名誉理事、中国美术家协会敦煌创作中心创作委员、甘肃省美术家协会会员。

2005年三次应邀赴日本参加在日本福岗、熊本鹿儿岛等地参加的“大中国展”、参加在南通举办的“敦煌壁画艺术神韵展”；2006年参加丝绸之路文化艺术交流展；2007年完成张掖大佛寺、酒泉法幢寺大型壁画制作；2008年参加在法国巴黎举办的敦煌艺术大展；2009年完成兰州植物园敦煌园大型壁画制作，同年制作完成敦煌市博物馆天顶装饰壁画；2010年参加“寻梦古风敦煌壁画展”，同年完成兰州“妙韵梵音”大型壁画制作；2011年在上海一号美术馆组织举办“敦煌实力派画家壁画精品展”，同年制作完成《临夏白云观大型宗教壁画》。

日本NHK电视台、韩国日报、南通日报、酒泉日报等媒体均有报道。

帝王图

敦煌飞天

杨玉来，女，1962年生于江西省南昌市，1983年毕业于江西师范大学南昌分院中文系，7岁随父亲（书法家杨农生）学习书法，现任南昌市八一中学高级语文教师、南昌市政协委员，江西省中国民主同盟会书画学会副秘书长、中国人才研究会艺术家学部委员会书法艺委、江西省书法家协会理事、南昌市书法家协会副秘书长、中国楹联学会会员、江西省（南昌）中华文化促进会副秘书长兼书画研究院常务副院长、江西将军书画院特聘书法家、中国民族书画院研究员、南昌市诗词楹联家协会副秘书长、江西省对外友协理事、南昌市美术家协会会员等。书法作品曾获江西省第二届妇女书画篆刻作品展一等奖；获首届中日妇女书法作品联展优秀作品奖，并在中国美术馆展出，与日本交流（1987年3月）。1996年在中国当代名人作品展示会上（北京）获奖赏状和荣誉状。

收入《中国当代书法家辞典》、《中国美术书法界名人名作博览》、《世界名人录》、《中国当代艺术界名人录》、《中国专家人才库》、《世界当代书画篆刻家大辞典》、《中国历代书画名家大辞典》、《中华人物辞海·当代大文化卷》、《中国书法选集》等辞书，在《赣风》、《生活365》、《江西画报》、《光华时报》、《大江周刊》、《江南都市报》、《晨报》等报刊报道。

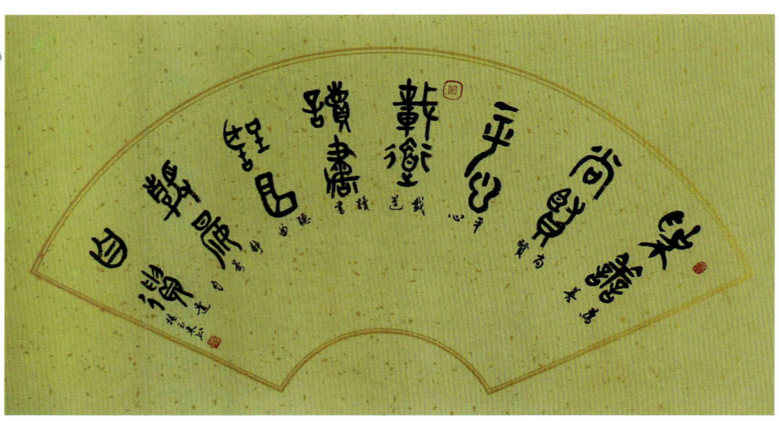

书法1

书法2

书法3

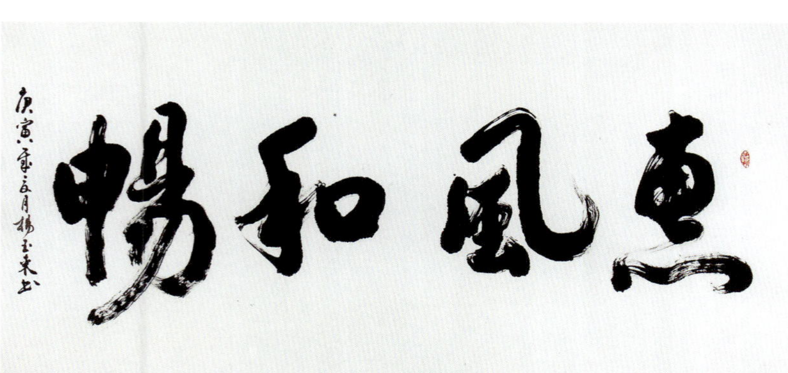

书法4

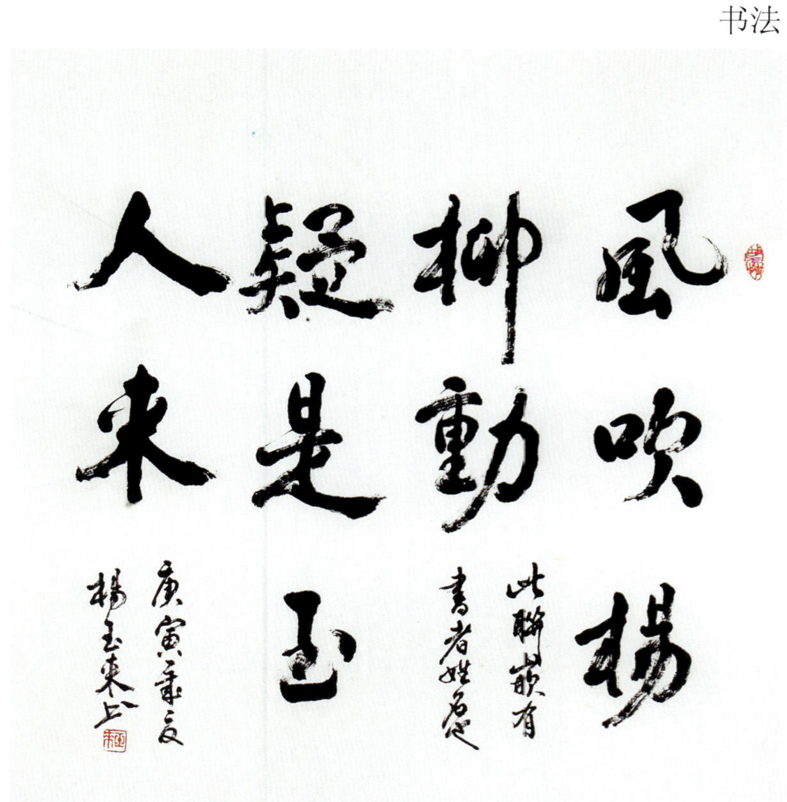

书法5

杨玉来

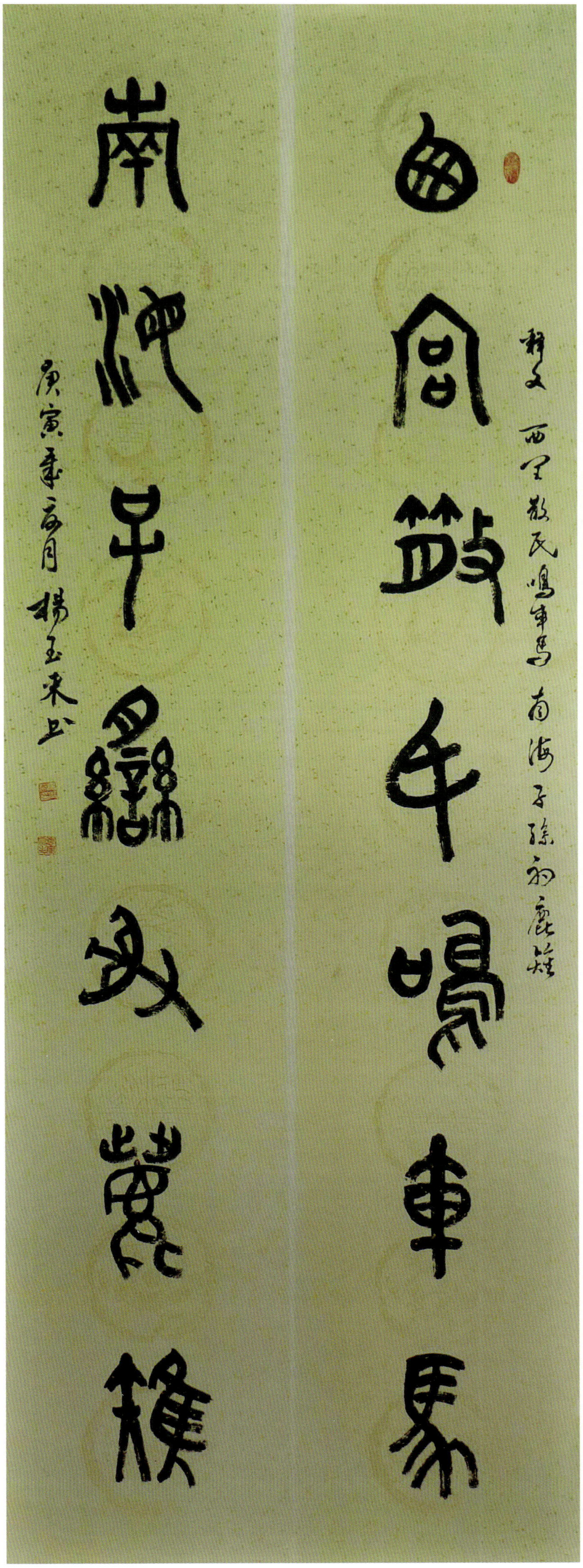

书法6

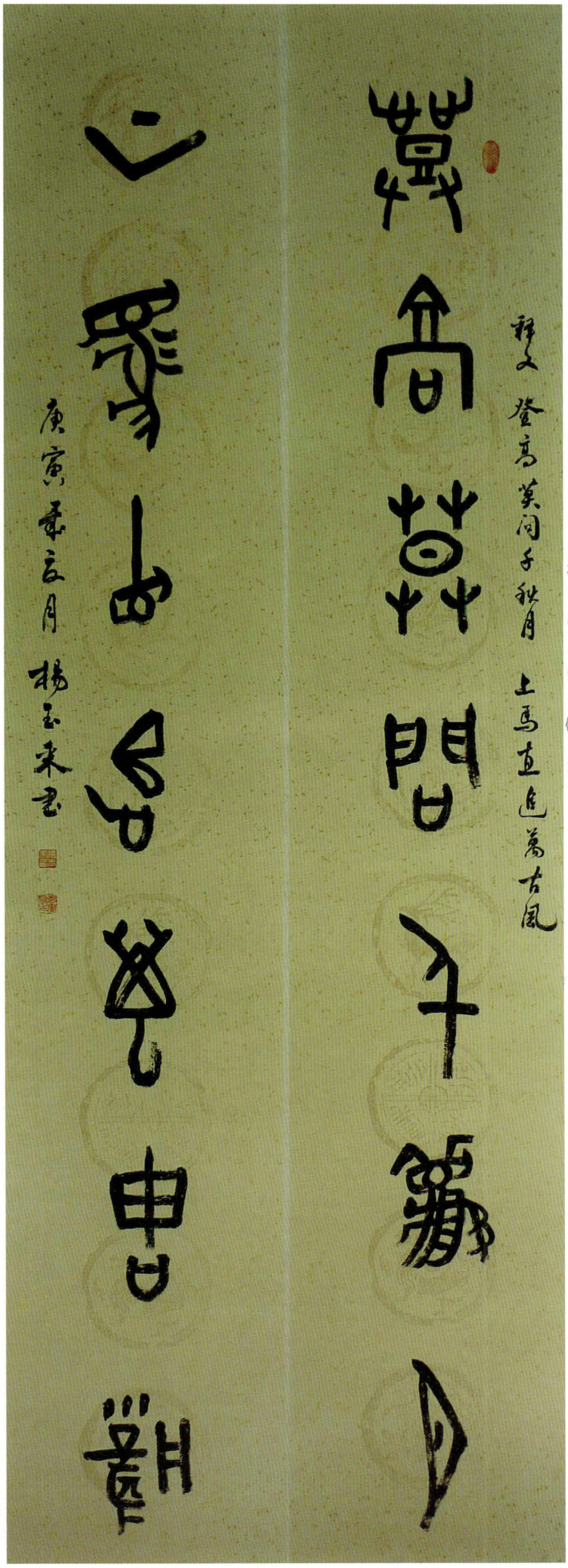

书法7

翟鑫，字岩竹，醉月轩，1955年出生。国务院台办海峡两岸书画交流协会理事、副秘书长、国务院国宾礼特供艺术家、中国书画院副院长。

翟鑫两次进修于中央美院。9岁学书法，楷书临帖于欧、颜、柳、赵，草书主攻张芝、王羲之、张旭、怀素、孙过庭、于右任、毛泽东，五十几年如一日，坚持挥毫。翟鑫先生是在楷、行、隶、草等多种书法上都有很高造诣的著名多体书法家，作品多次参加国内外书画展，获“国际著名书法家、世界艺术家名人、中国当代艺术巨匠、国务院国宾礼特供艺术家”等荣誉称号。

作品多次作为国礼，送给外国政要和20多位外国驻华使节，并被天安门、人民大会堂、中国美术馆、中央文史馆等收藏。其作品多次参加国内外书画展，在上海世博会上，作为“当代艺术巨匠艺术作品”被联合国馆收藏。汇集翟鑫先生书法精品的《翰墨飘香》线装本由人民美术出版社出版，作为清华大学美术学院等多所艺术院校的教学参考书。

翟鑫书法作品笔法圆润，自然流畅；爽劲明快，墨色匀淡，结字平险互用，圆转流畅，章法布局空灵清秀；富有弹性的线条，柔美而又沉静，结体疏密适当，给人以端庄、凝重之感；行笔稳健、酣畅淋漓、气势磅礴，缥缈俊逸！

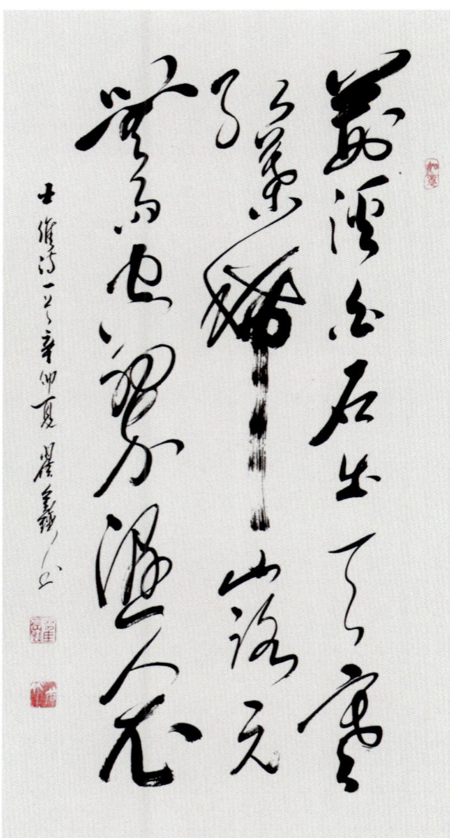

书法1

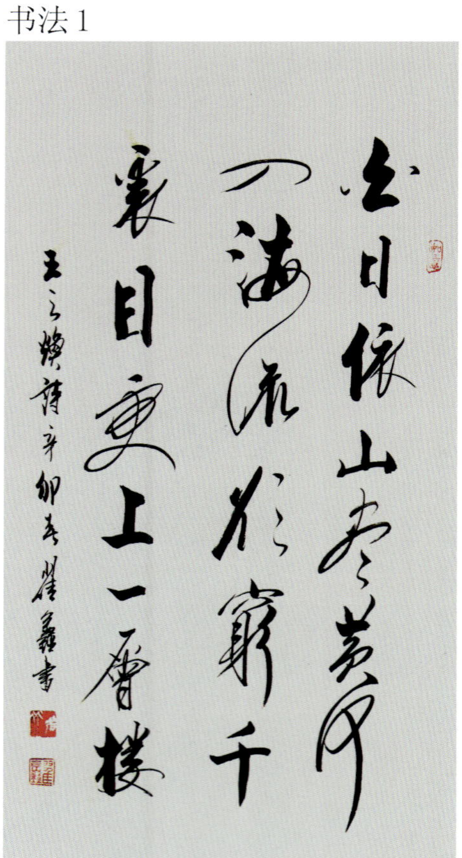

书法2

书法3

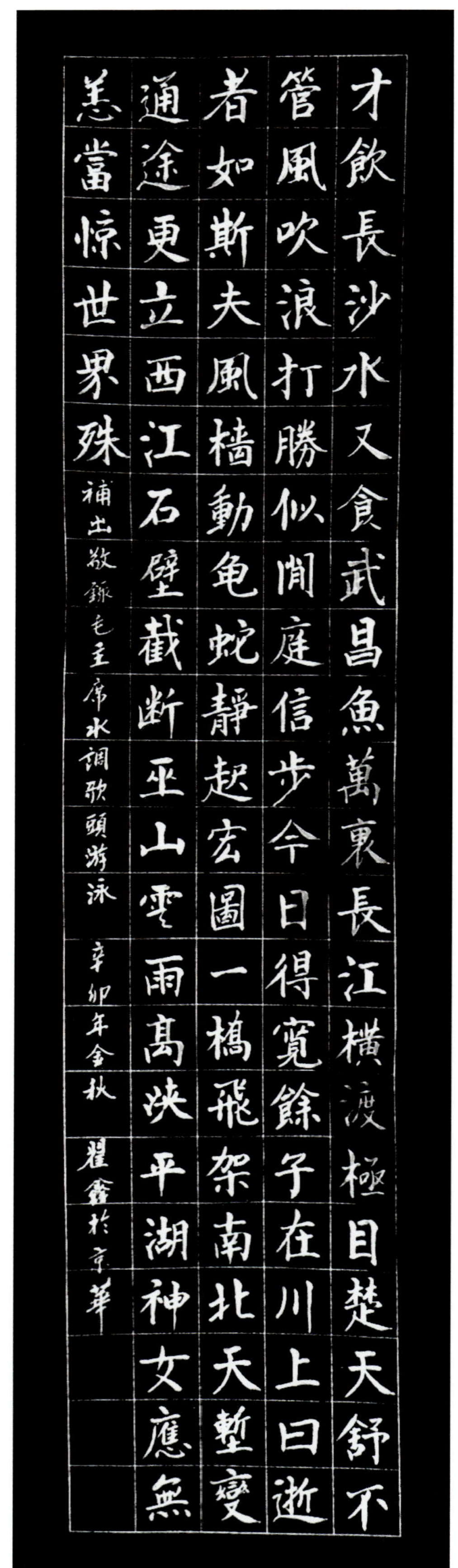

书法4

张建成，男，1937 年出生，祖籍山西临县，现在是山西省美术家协会会员、中国美术学会会员、山西龙城书画院副院长、太原市老书画家协会常务理事副秘书长、太原市老龄书画社美术教师、太原市老年大学特聘讲师。

张建成先后受到赵侮生、赵延绪、罗群、姚天沐、李玉滋、王莹、赵球等老师指导。他擅长国画花鸟、梅、兰、竹、菊、牡丹，尤其画葡萄是他的长项，所绘葡萄晶莹剔透，令人垂涎欲滴，他在创作中坚持写实和写意相结合，将笔墨色彩、写意美感有机统一起来，把西画中的光彩透视、立体、色彩等要素融入国画的传统之中，为此他的作品有鲜明的个性风格、构图严谨有势、色彩清新、笔力劲健、立休感强有重量，深受社会各界人士的赞誉和喜爱。

其作品多次参加省、市及全国大展并多次获奖，并入选多部同展作品集。2012 年作品《满日丰硕果 遍地和谐音》参加全国离退休干部“诗书画影抒情杯、喜迎党的十八大”主题活动被评为一等奖，受到中央组织部老干部局的嘉奖，太原市老年大学他教的学员中也有五位学员获得二等奖。美国、法国、澳大利亚、新西兰、日本、中国台湾等国家和地区的友人及山西民俗博物馆、山西煤炭博物馆、省人大等均收藏其美术作品。2008 年经中国书画院、中国书法美术家创作中心推荐，并报国际SG9000A书画艺术家资格认证中心总部批准入选并获得“当代最具发展潜力的中国画家、中国书法家资格。

一声啼散满天星

赵功，姓赵，名建国，笔名赵功，祖籍河北磁县（原赵国之都邯郸属府磁州）。毕业于洛阳外国语学院，系书法家张荣庆拜门弟子。赵功乃大宋赵氏后裔，约第三十六代宗亲，为传承赵家笔祖赵佶（宋徽宗）之所创瘦金体（鹤体）之书法艺术，刻苦研学，专攻瘦金体书法，不畏枯烦、克己复兴、以名立。功：乃因崇尚大师启功之另一瘦金体风格而临研多年，爱字及人，故择“功”字，一并传承而发扬光大。

在深入研学赵佶（宋徽宗）之瘦金体基础上，揣研启功之瘦金体风格，二者并重，赵功于2011年出版了“瘦金体”千字文，现已由天津人民美术出版社面向全国出版发行。其字体，既保持赵佶之清秀、飘逸、方宽结构严谨之风，又并袭启功之刚毅、劲拔、释然、松快之大气，独成一体，可谓在意境上由赵佶之字体中加了阳刚之气，在启功之字体中糅入了方正、笔顿、楷风功夫之感，的确达到了二合为一，兼容并茂之效。其字体功夫深厚，结构严谨，引人入目，耐人寻味，尤以突破了瘦金体写小不善大字之瓶颈，其字可大可小，不拘大小，大而清秀舒展，可入大堂正体。可见其后作大字长卷《千字文》，气势宏伟，令人赞叹。瘦金体，以瘦而名，瘦而尽骨，骨砌成体，无法藏笔，笔笔外露，更要求笔笔见功，否则一笔不妥，整字即废。因此，自古至今，因其入门高难，习之枯烦，研者不多，成者更少。为达纯正，赵功，苦钻于用笔及笔画、字体间架结构之研究，颇有建树。除此之外，其在行草上的风格，大有怀素飞狂之风，在刻苦研习瘦金体的基础上并习王羲之作品，颇有建树，字体圆润、流畅，加之刚意，独具风格……

此外，敬仰启功大师之丹青功夫，刻研习之；崇尚宋代书法、绘画艺术，以字画结合，图文并茂。犹喜朱砂红竹、红枫、梅兰，加之字拔，幅幅字画清淡而优雅，十分养眼，加之其独特的瘦金体、楷、行、草之衬托，引人入胜，具有浑厚之意境。在瘦金体、楷、行、草，以及丹青、梅、兰、竹字画方面得心应手。

书法1

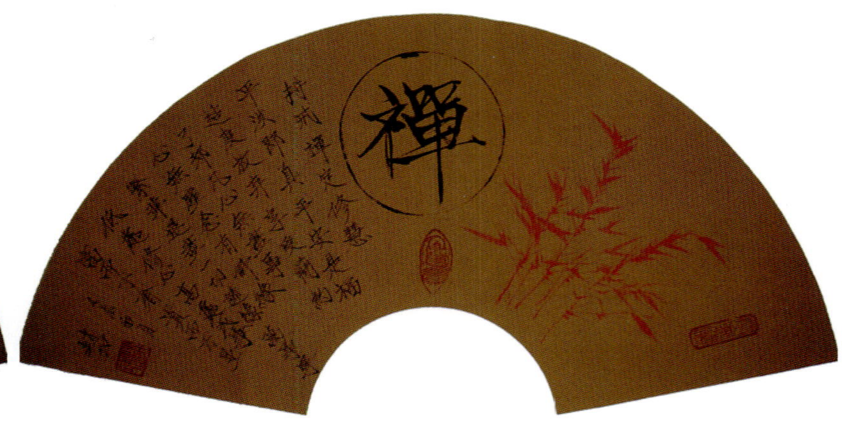

书法2

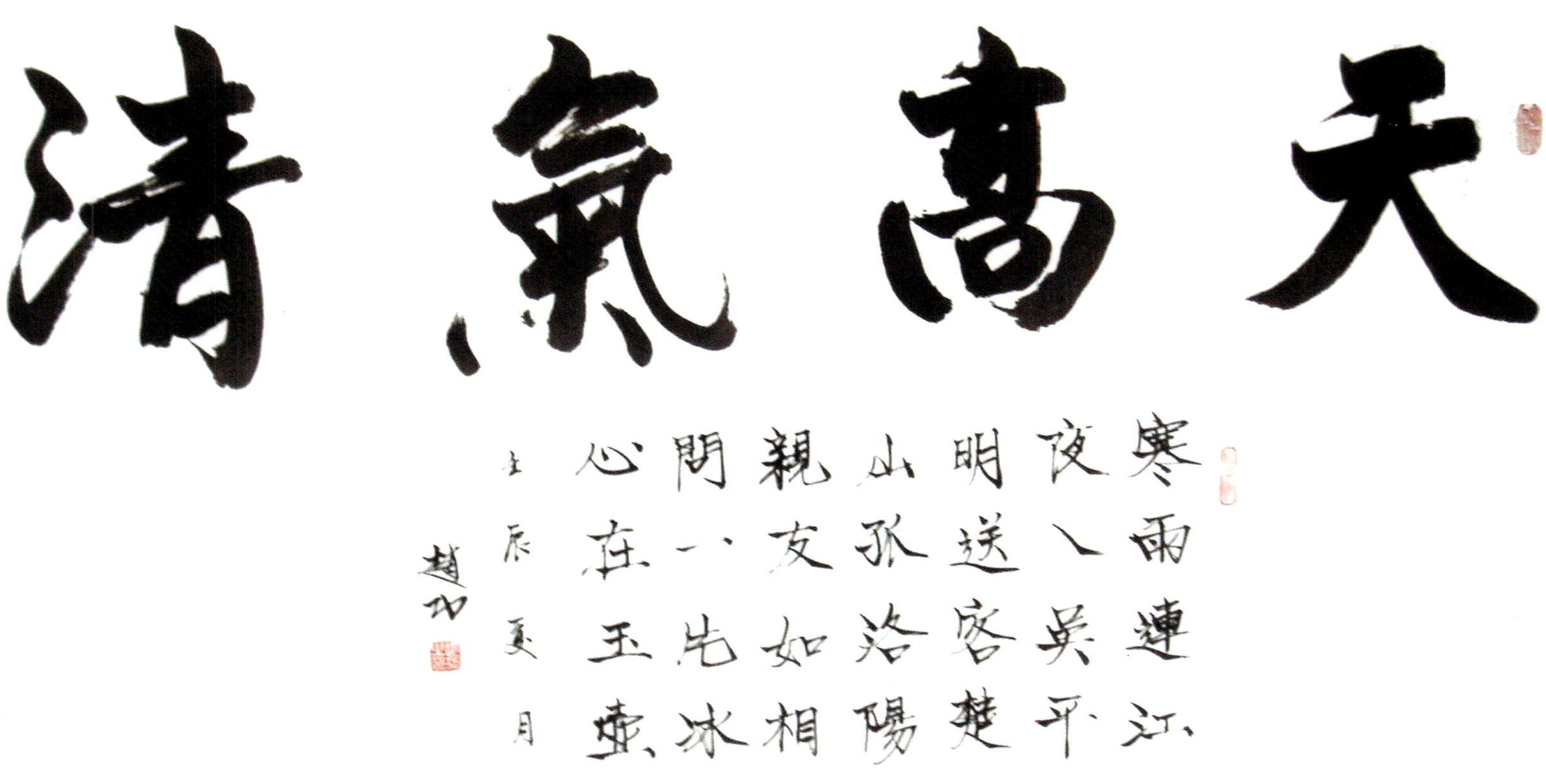

书法3

赵唤，男，生于山东，字炅轩，炳之，号沂蒙山人。毕业于山东艺术学院设计学院，俄罗斯国立师范大学美术学院留学。曾任教于山东师范大学科技开发中心。现为中国名人书画研究院执行院长，北京大唤文化艺术发展有限公司总裁。

出版画集《赵唤速写》、《赵唤海外人物绘画选编》。

作品《丰收》入选纪念建党90周年《中国当代书画百杰精品集》，《福禄人生》参加北京翰海2013四季拍卖会拍卖。

天之计在于晨

福禄人生

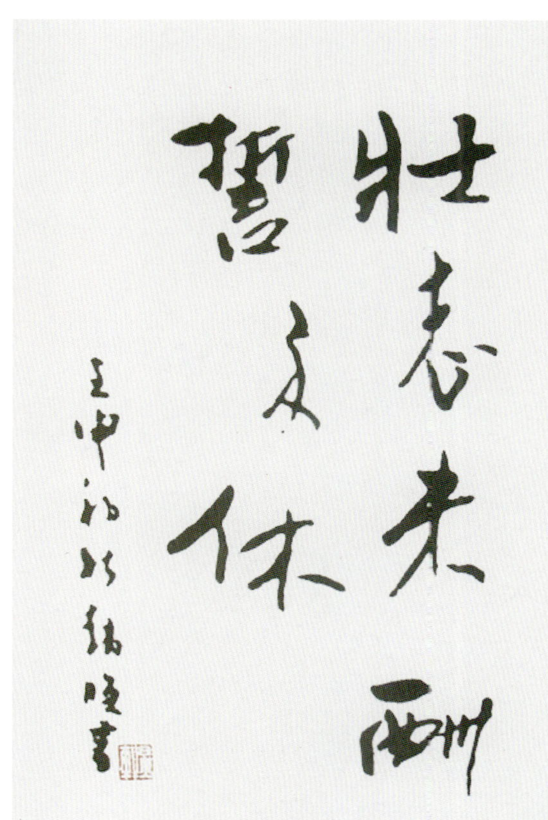

壮志未酬誓不休

陈蓉贵，男，1976年出生。贵阳火车南站职工，大专学历，中共党员。

自7岁对书画产生浓厚的兴趣后，30余年来，笔耕不辍，至此不减。漫漫三十余载，细心研画过达·芬奇、伦勃朗、安格尔、希施金、列宾等西方绘画大师的画稿，也曾得国内名家成都画院何多苓老师的指点，深受感悟。后又临习杨飞云老师、艾轩老师的多幅作品，对当下的现实主义油画感受颇多，对现实主义油画兴趣不减。

陈蓉贵怀揣一颗感恩的心以艺术的美化来教育人、来教化人，来涤荡、纯净人的心灵，和谐、调整人与人的关系。曾经怀抱理想开班授课，兼具以上信念，来回报社会。后以写实油画为载体，在本单位多有作品发表。其中油画《站位》曾获成都铁路局建党90周年书画展二等奖，并在2013年举办个人书画作品展，展出了50余幅书画作品，他的书法遒劲飘逸、绘画栩栩如生，作品或写实、或会意，风格多样、各有意趣，展示出当代铁路职工开拓向上的精神风貌和对传统文化精髓的执著追求，具有独特的艺术魅力，这次展览在职工中引起了较大反响，在成都铁路局有一定影响。

在人生的道路上，是书画艺术赋予了陈蓉贵新的生命力，特别是油画色彩散发出的生动魅力，更令他陶醉。他在艺术创作的选择上，一直以生活为创作源泉。他仔细地观察生活，尊重生活，提炼生活，创作生活，展现生活的朴质美一直是陈蓉贵的创作理念。

油画1

油画2

肖伦，1939年出生。1965年到1976年到沙文公社插队。十年的知青生活中当过农民，做过中小学教师。在农村画了不少的人物头像和风景画，并为该区做了大量的群众美术工作。1980年到贵阳学院进修美术，有幸跟向光、丁任生先生学画。多年来一直笔耕不辍，于2012年在贵州师范大学举办了“山河咏唱肖伦油画展”，受到省内外专家及群众好评。不少作品被国内外有关单位及个人收藏，被赞为桃李满天下的美术教育家及能从平凡的景物中画出不平凡的美景的画家。

中国画家协会会员，贵州省美术画家协会会员，贵阳市美术家协会会员，贵州省经济文化促进会书画艺术委员会理事。

故乡春天

下水

深春

海边餐厅

李吉祥，男，1940 年出生，贵州省纳雍县人。他曾担任贵州省老年大学美术教师。全国教师美展评委，现为中国书画研究院研究员、艺术委员、一级美术师、中央电视台书画频道特邀成员、贵州省美术家协会会员、贵州省书法家协会会员、贵州省摄影家协会会员。

在 60 年代就已经参加过全国美展，发表书画作品数百幅，曾多次参加全国、省、市展览并多次获奖，出版有《李吉祥书画作品集》，举办个人美展多次，众多媒体都作了专题报道。

李吉祥最早受益于吴冠中的教导，后又从师龙瑞、郭石夫、史国良先生。

他爱好极广。诗、书、画、影均有很高的造诣。原中国美术家协会，花鸟研究会副主任郭石夫老师评价是：“花鸟笔墨功夫可以，造型准确，人物更好，摄影好，字也写得秀气。”原中国美术家协会副主席，中国国家画院名

观鹿图

仕女图

誉院长龙瑞老师对他的画也有这样的评价："线条生动熟练、结构运用非常好。"

他将平生所学的各种学科，相互促进，相互利用，他对人物画，更是钟爱有加。对各个时期具有代表性的人物画家，都认认真真地研习过。基本上可以说画谁的作品像谁的。后因受齐白石老先生"学我者生，似我者死"的影响产生了新的思路，以清雅格调为主，以现代造与型传统笔墨相结合，将其泼墨技法与书法线条融为一体，从而更接近中国传统的欣赏习惯，以纯朴的内美感人，逐步形成自己的画风。著名的当代人物画家史国良老师对他的人物画有这样的评价："人物表情活泼，墨色层次丰富，线条飘逸自然。"由此可见，他的人物画功底深厚，具有很高的观赏价值，颇受国内外收藏家及爱好者的喜爱。

李吉祥与龙瑞老师合影

苗岭新秀

惠风和畅

葡萄

花鸟

竹石图

魏国平，江苏靖江人，1956 年出生于上海，毕业于上海师范大学书法篆刻专业。现为东方中日书画家协会会员、中国书画家协会会员、上海市杨浦画院画师，上海市杨浦书法家协会会员，炎陵书法研究会会员、东方书画家协会会员、《艺术导报》社特约记者、被国家人事部人才所中国书画人才研究中心评审为研究员。三十年来孜孜不倦，纵览明清各大家作品，对白阳、青藤、八大、扬州八怪、齐白石、李苦禅等作品崇拜尤深。师从于龚继先、周本信、刘小晴等名家。曾得欧阳龙、李百忍诸名家指点。潜心探讨研究艺术，随之小成，擅长大写意花鸟。书法擅长草书、金文、石鼓文，并多次获奖散见诸报。1988 年，全国“兰亭雅集”书画展，作品《荷花蜻蜓图》被评为最佳作品奖。“屈原杯”海内外书画艺术大奖赛，作品《童子鸡》获优秀奖。首届国际“神农杯”书画艺术大展，作品《海棠花》获优秀奖。1991 年，“大圣杯”全国书画艺术大展，作品《葫芦、鸡》获最佳作品奖。1992 年，国际中国画大赛，作品《北瓜图》获荣誉奖，被评为主办单位中国东方文化研究会收藏及编入《20 世纪中华画苑撷英》一书中。庆祝中华人民共和国成立 45 周年全国书画大赛，作品《梅花图》获银奖，并被编入《当代书画家作品精选》。简历辞条编入《中国当代书画家名典》。全国雷锋之歌书画大赛，作品《草书》获优秀奖，并被编入《雷锋之歌书画大典》一书中。全国“中和杯”书法大赛，作品《草书》获铜奖。1996 年，全国“天马”金奖书画大赛，作品《芙蓉鸭》获银奖，并被编入《当代中国书画选集》一书中。1997 年，纪念“迎香港百年回归作品展”，作品《秋江眠鸭图》入选，并被编入《当代书画名家作品集》一书中，由香港人民出版社出版，获银奖。

花鸟 1

花鸟 2

花鸟 3

花鸟 4

花鸟 5

戴永金，1954年出生于上海，毕业于上海师范大学中国书画专业。现任上海市大学书法教育协会秘书长、上海书法家协会会员。

作品曾多次参加“中日韩文化人书艺展”及全国、市级展览并被多家艺术博物馆收藏，获得“中国当代书画家艺术展” 银奖、“首届大足石刻碑海内外艺术大赛”优秀奖等，上海广播电视台《品位天下电视频道》和《品位天下新闻网》曾专题报道戴永金的作品。

书法作品被中国国际公共关系协会、中国公共关系协会评为一级作品。中国书画艺术名人研究院和台湾中华艺术学会等授予“当代书画艺术名人”荣誉称号 。

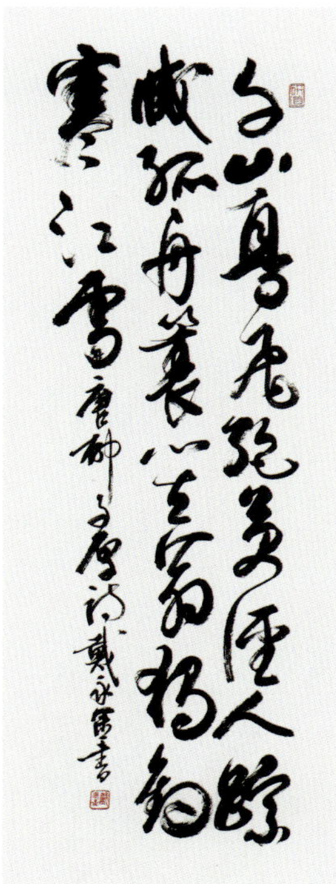

书法1

书法2

书法3

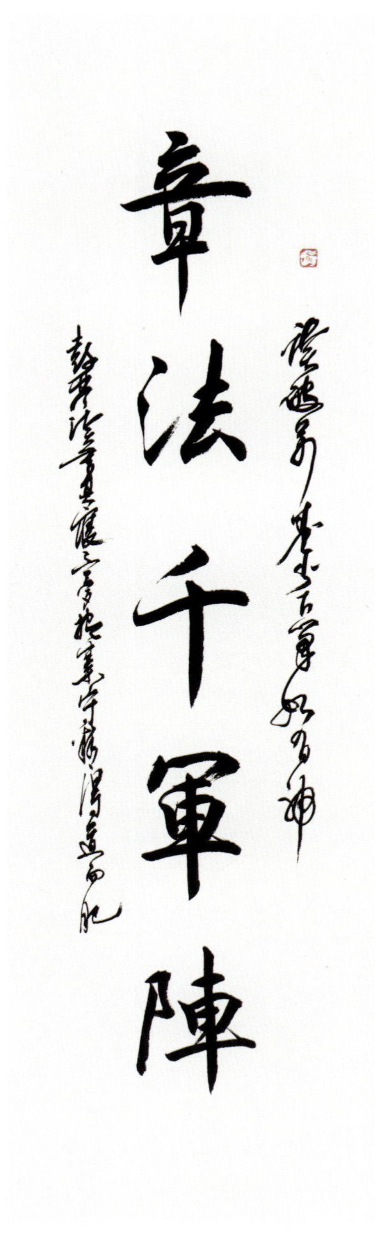

书法4

竹石图

崔元泽，1942年出生于黑龙江省密山市，朝鲜族。国务院国宾礼特供艺术家、中国书画院院士、中华国礼书法大师、中国公益事业形象大使、联合国文化总署书法委员会常务理事、中国海峡两岸书画家协会荣誉副主席。

崔元泽中朝双语《千字文》长卷书法作品荣获大世界吉尼斯之最纪录，其书法作品在上海世博会展出中荣获金奖、在庆祝建党90周年书画展中荣获金奖，2010年在人民大会堂被授予“德艺双馨的优秀艺术家”称号。“神舟八号”曾搭载崔元泽书画作品《先天八卦开启图》翱翔太空，2012年龙年《中国九龙珍邮》全球发行210万册的文字系崔元泽亲笔书写。

崔元泽为中外文化交流做出重要贡献，其书法作品《攀登书法艺术的新高峰》于1991年1月起在韩国展览，至今挂展长达20年；2005年《友谊长存》等4幅作品被韩国KBS电视台收藏；2006年《千字文》作品被韩国国会委员收藏；经典作品《心经》、《滴水穿石》等被古巴大使馆、法国驻中国大使馆、泰国亲王、联合国和谐基金会、中美友好协会、上海世博会等收藏。2012年崔元泽书法作品在法国巴黎卢浮宫展出。

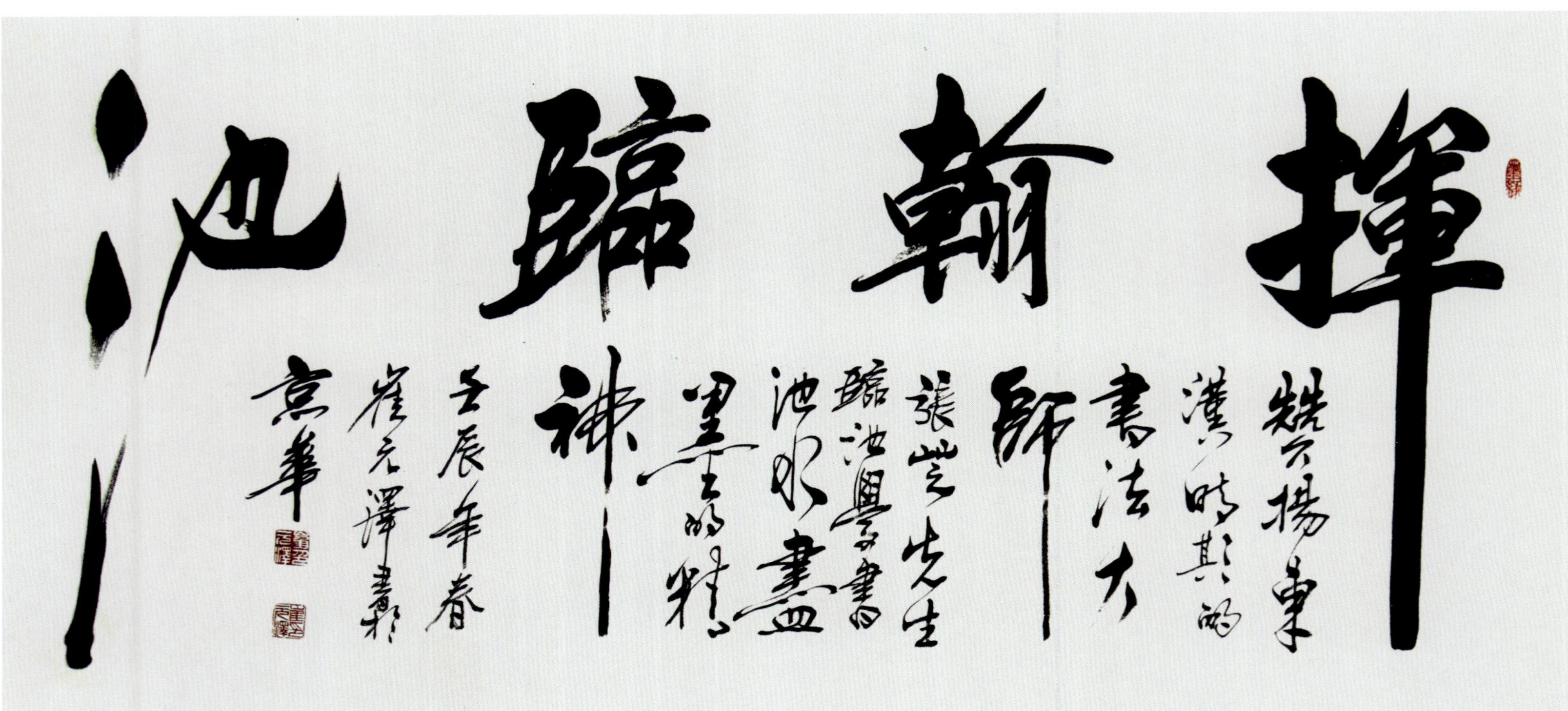

挥翰临池

《三国演义》开篇词

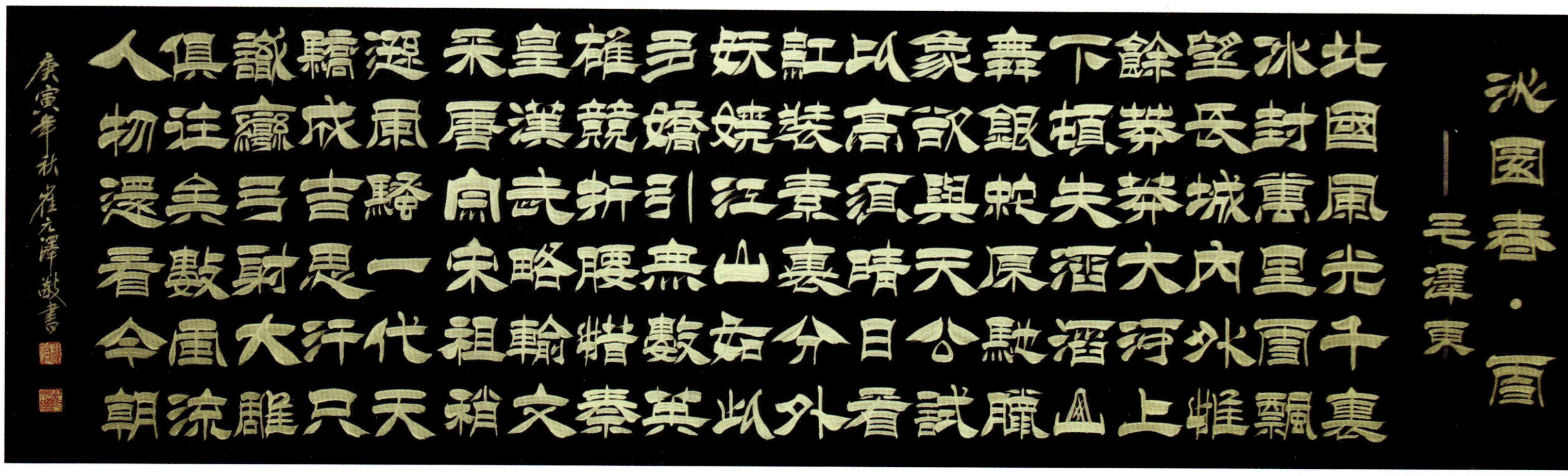

沁园春·雪

精气神

青松

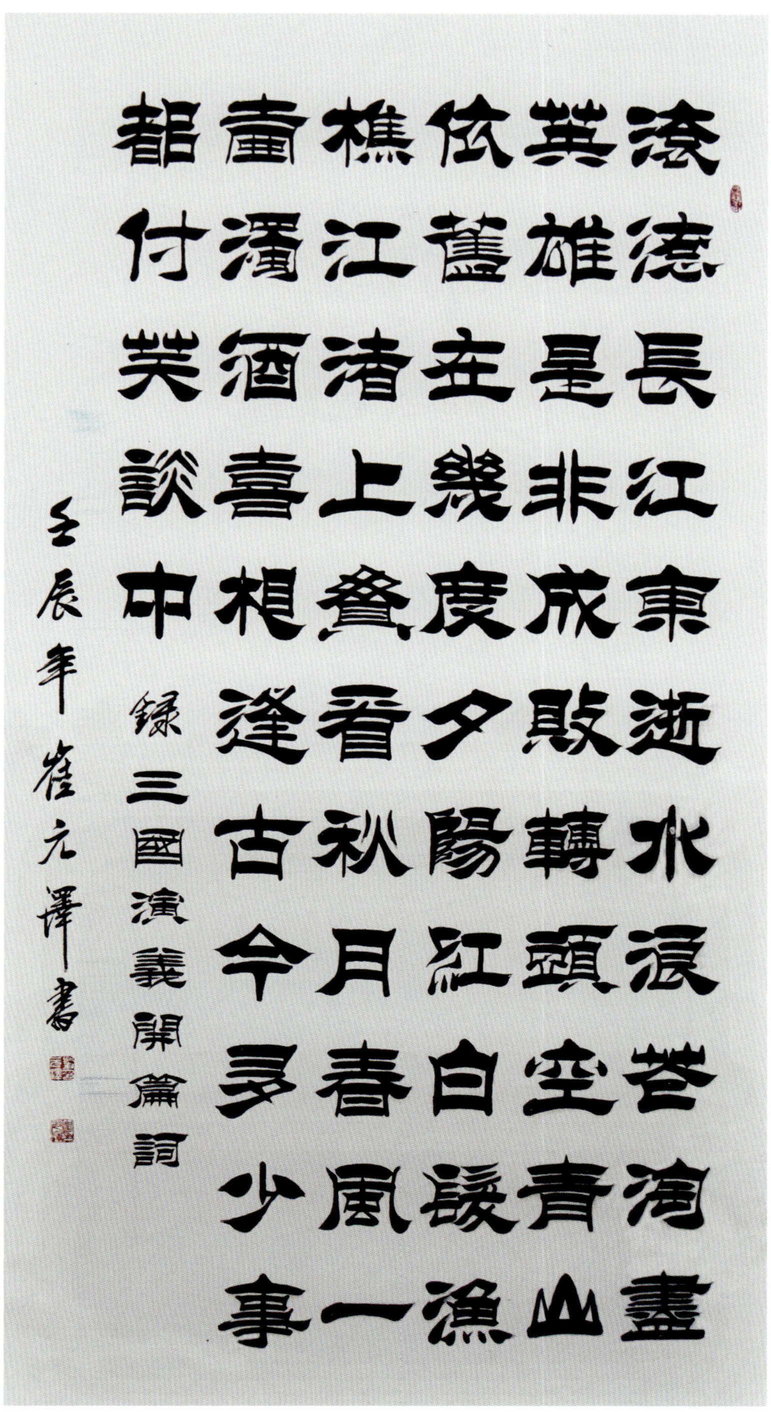

三国演义开篇词

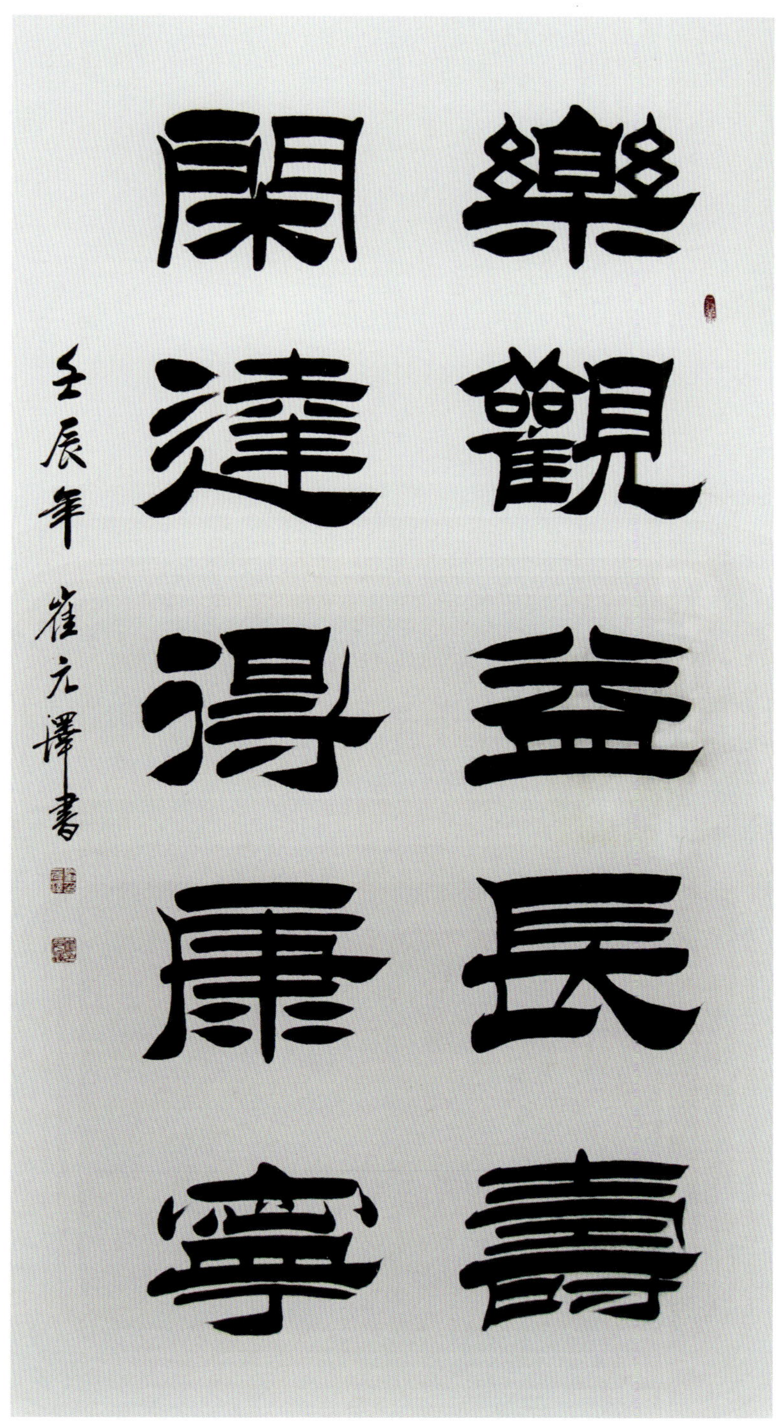

长寿康宁

刘金锡，男，1957 年生于山东青岛，系艺友雅居书画院院长、崂山画派创建人、山东省美术家协会会员、青岛市市南区政协书画联谊会会员。现任青岛市市南区人民法院工会主席、司法警察一级警督。

作品《松鹰图》参加法院系统画展，获一等奖。

作品《玉兰》、《朱雀图》参加杭州、青岛、大连、烟台四市画展并获奖；《添犊情》、《荷花鸳鸯》参加韩国、青岛联展；《秋实》、《秋实葫芦》分别发表于《青岛文学》、《生活导报》；《归乡图》参加山东省高级人民法院庆祝香港回归画展获银奖；《墨竹》入选全国中国画提名展并入编作品集；《竹石双友图》荣获最高人民法院“全国法院书画大赛”三等奖，并刊登于人民法院报。

2010 年作品《朱砂红竹》参加山东省首届全国大型花鸟画精品展获奖并刊登精品画集；2011 年作品《葡萄》《竹雀》参加当代名家扇面书画艺术作品展获奖并刊登画集，作品《竹》获得山东省法院系统第四届书画摄影比赛二等奖，作品由山东省高级人民法院收藏并刊登画集。

2009—2012 年创立了崂山画派，先后组织三届崂山画派大型展览，多家报纸报道。青岛电视台拍摄专题介绍其绘画艺术和收藏书籍。

兰竹图

郑东伟，1953年生于北京。现为民建北京市文化委员，北京美协会员。

1978年开始，先后从师著名画家何海霞、梁树年、褚大雄、姚治华学习山水、花鸟画。

1993年，参加中国艺术研究院"中国书画万里行"写生创作活动，历时五个月涉足云、贵、川、藏等九省。

1998年，受中科院"西藏大峡谷"组委会邀请，成为画界惟一参加人类首次徒步穿越"中国西藏雅鲁藏布大峡谷"探险考查写生任务的画家，为中国山水画的创作题材添补了空白。

2000年，创作的"大峡谷"作品在中国美术馆获世界华人艺术展银奖，并授予世界华人优秀艺术家荣誉称号。

山水1

山水2

山水3

常文良，生于北京，自有画室“清心斋”。中国书画家联谊会会员、北京市美术家协会会员、中国艺术家协会书画研究会副秘书长、中国公共关系协会艺术委员会会员。

自幼从师于中央美院油画系陆育成老师，学习素描、国画、水彩画、油画，后又从师于北京画院彭培泉、刘振骠、郑克明老师等学习工笔花鸟，深受多位老师的大力指点，曾多次参加画展并多次获奖。

擅长画葡萄，以“常氏葡萄”著称，经过多年学习感悟总结。结合明代大文学家徐青藤“咏葡萄”、刘禹锡的“葡萄歌”描绘对葡萄之情怀；清代吴昌硕大师、现代周怀民等多位大师用不同的手法来描绘对葡萄的感悟。结合对古人之古、今人之风韵的作品表现，不断总结创新，使自己的画有自己的语言，从风格出新，取其意、求其理、画其妙、留其益，使描绘葡萄的创作手法不断变通发展，

葡萄

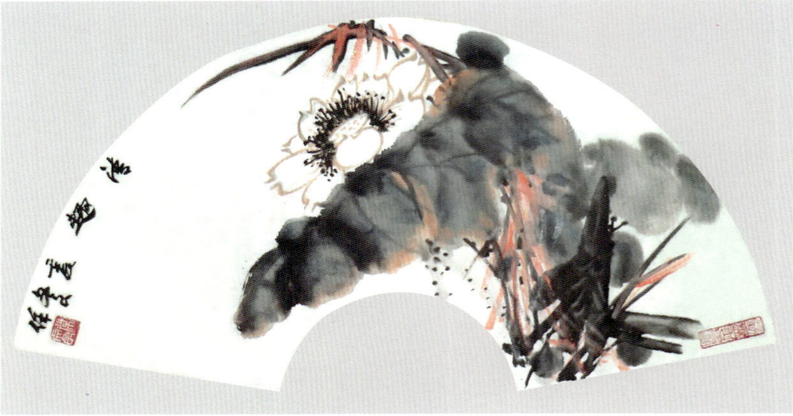

清趣

秋实香 溢满园林

逍遥南屏

戴云辉，1935年生于浙江温州市，　戴云辉济公艺术馆永久馆长，中央美术学院华东分院（现中国美术学院）校友美术研究院研究员，中国美术家协会浙江分会会员。现任杭州青年学院艺术中心顾问，浙江江南旅游书画院副院长、当代浙派画院副院长等职。擅长人物画，美国海马图书出版公司为其出版《戴云辉速写集》。中国国际出版社为其出版《戴云辉画集》。其创作的国画《版纳风情》组画由国家邮政局印制邮政明信片，全国发行。

戴云辉是中国第一位专业从事济公画创作的画家，在中国·横店影视城建有“戴云辉济公艺术馆”。其创作的《济公》在世界华人艺术大奖赛上获奖，并荣获“世界杰出华人艺术家”称号。他笔下的济公，千姿百态，鲜活传神。他笔下的女性，水灵靓丽，秀美俊爽。故画坛誉其为“济公画家”“戴美人”。

雨后

杜信先，字昆雪，1940年生于山东省高密市，早年入上海中国画院学习与20世纪80年代举办首届个人画展。在中国书画函授大学毕业后继续在上海大学美术学院国画系进修，长期从事艺术创作。

1995年作品作为上海茉莉花艺术团赴泰“庆祝中泰建交二十周年”礼品；1998年作品“欣欣向荣”在共和国社会主义文学艺术五年研讨会中获“一等奖”；2000年在上海刘海粟美术馆举办“杜信先工笔画展”；2001年在山东高密市举办“庆国庆杜信先画展”；2003年作品《群鹤展翅舞飞雪》在澳大利亚悉尼举办的“中华书画艺术展”中获优胜奖；2004年在上海朵云轩举办“2004年迎新国画五人联展”；2005年应邀参加“中国赴欧洲文化艺术交流访问团”出访法国、意大利、比利时、荷兰、德国等国并举办展览，受到意大利国家议员贝里尼先生高度赞扬、并收藏作品“凌空展翅”。被统一欧洲联合会授予“中欧文化特使”。

现为中国美术家协会敦煌创作中心委员、新加坡新神州艺术院名誉主席、山东曹州青年书画院名誉副院长、上海东方书画院一级画师、上海市徐汇区文联副秘书长、中国书画家协会理事、文化部文化市场发展中心特聘画家、上海生一文化艺术交流中心副会长等职。

鹤鸣三春

松龄贺寿

琴曲

黄惠萍，女，笔名青之，生于上海，画室鹏邻阁、九德轩、大雅阁。自幼热爱绘画，几十年勤耕自习。后得张大卫、许艺城先生指导国画。擅长人物仕女画，兼花鸟画以及山水画。人物秀丽典雅，多有好评，并多次获奖。

近年多次参加国内外交流展（中、日、韩、新加坡、中欧、中国台湾等）。作品也被收藏。入编上海书画篆刻家名典，及其他十多部书画精品集中。2008 年汇编了第一本个人绘画集。

现为（国际）中国美术家学会理事，浦东晚晴书画会名誉会长，浦东美术家协会会员，吴昌硕艺术研究协会会员，上海清墨礁书画社会员，海上书画研究院会员。

写意

习字

不论输赢

黄万里，1948年出生，上海著名花鸟画家，尤其擅长花牡丹。毕业于上海大学美术学院专科。1990年任中国特区书画家联谊会上海分会副秘书长，为中国书画会研究员、上海老城厢书画会理事，上海吴昌硕艺术沙龙理事。近年来题材拓展及人物、山水。

枝头

花开

春醉

富贵锦绣

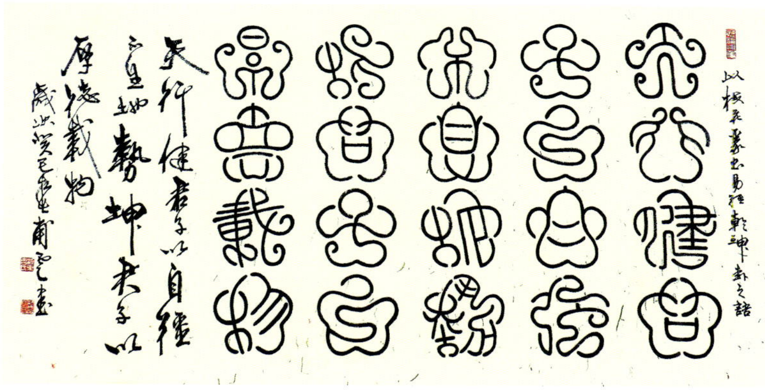

书法

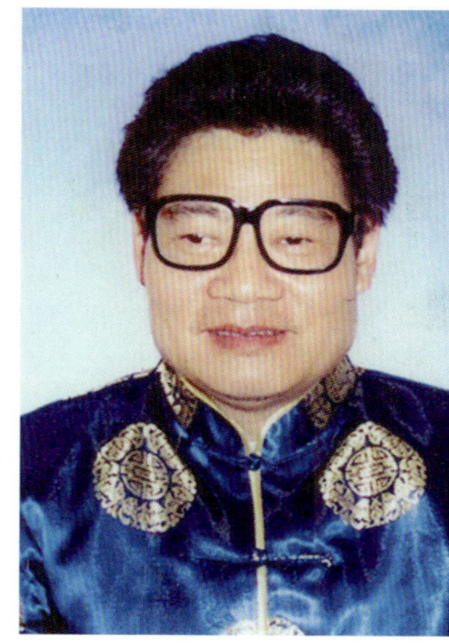

曹甫云，号慧缘居士，1948年出生，曹操四十六代裔孙。从教四十余年，优秀教师。自幼酷爱书画，擅工笔重彩，花鸟、佛像、人物为主，尤精佛像道教神像。数十年笔耕不辍，绘画书法能吸收各家长处，融合贯通，笔墨技巧苦心钻研，锐意创新。画风严谨典雅，融豪放洒脱之情于书画之中，具有鲜明的个人特色；为继承发扬书法艺术，用名人名言撰联书写梅花篆，另有新意。其绘画语言细而不腻，工而不匠，雅俗共赏。

2001年，庆祝中国共产党建党八十周年书画大赛作品《万里鹏程》获奖，在人民大会堂新闻发布厅受到全国人大副委员长布赫·铁林尔瓦买提，全国政协副主席王文元，中国美协副主席姚治华等领导接见 。

2002年，韩国美术新闻杂志介绍作品《火烈鸟》。韩国文化艺术研究会、国际文化交流会，亚西亚美术招待展获奖，作品并收藏。总裁金泽龙，会长姜信雄分别收藏他的观音作品。

作品被美国、日本、德国、新加坡、韩国及中国香港、中国台湾等国家和地区友人收藏。历任世界书画品质评鉴委员会会员；中华佛教艺术研究会会员；中国美协敦煌创作中心特聘创作员；中国国际收藏协会书画学习委员会副主席，中国上海中华书画协会会员；上海春江书画院美术师；上海汲古斋特聘画师 。

观音

骏马

史湧华，1950年生于上海，斋号“天地堂”、“黄金竹屋”。现为上海市书法家协会专业委员会秘书长、中国民建上海书画院副院长、中国美协海上书画院研究员、上海市文联艺术鉴定中心策划人、上海市中西美术融合协会副主席、中国书画艺术促进会副主席、日中艺术研究交流协会国际研究员、复旦大学客座教授。

师从书画艺术大师钱君匋。多年研究书法艺术，被部队誉为“军中书法家”。1987年转业地方，又得益于谢稚柳、高式熊、徐伯清诸大家的教诲，潜心研究书艺，多次参加全国、上海书法大展以及中、日、韩国际书法展并获奖。

作品八米长手卷赠送美国布什总统并被收藏。2010年被中国书画家报、中国书画促进会评为“当代书画家领军人物”。2011年第三届中国高层论坛会上荣获“中国最具影响力才智人物”称号。

自强不息

海涛

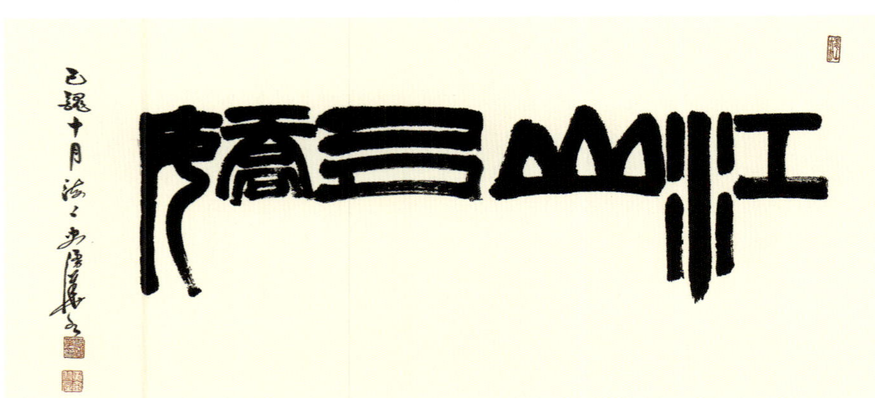

江山多娇

开张

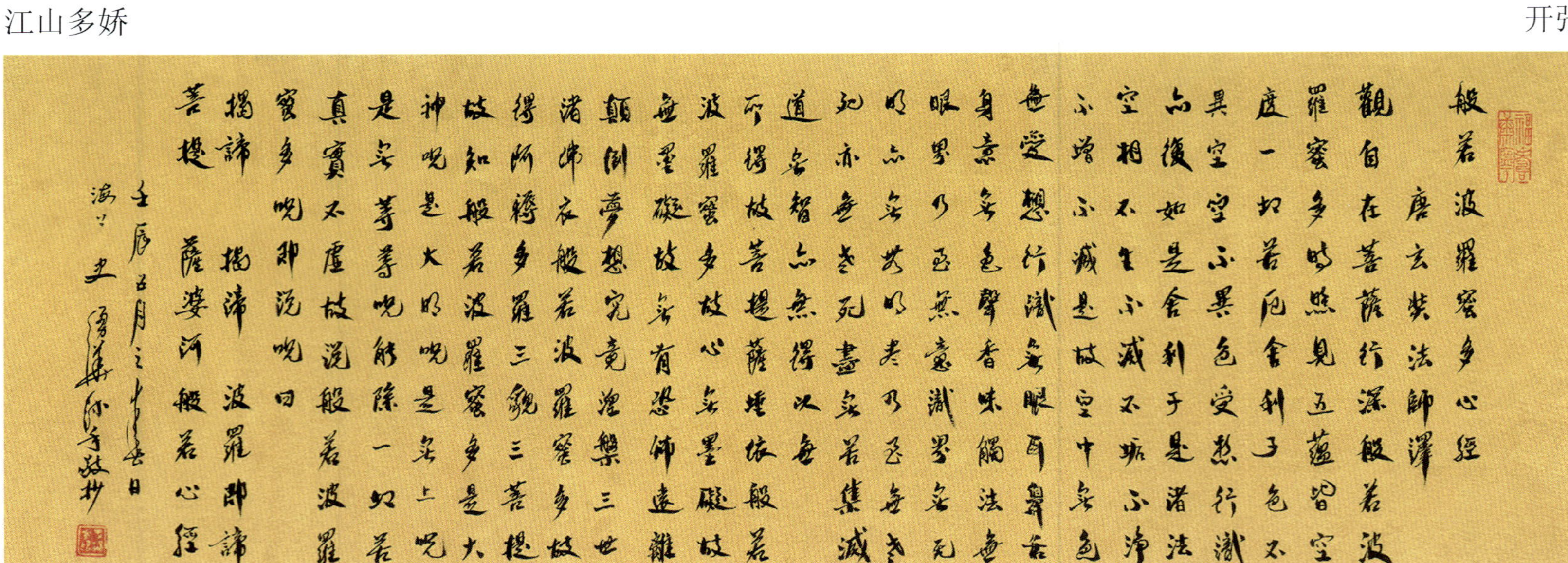

心经

秦能，字厚三，1946年出生，江苏南通市人。中国书法家协会会员，现为南通市书法家协会顾问，南通市书画院特聘画师，曾任南通市书协副主席。书法作品入选第三届全国书法篆刻作品展，获首届江苏省美术节铜奖，南通市政府颁发的文峰艺术奖，另有作品被江苏省美术展览馆及其他馆所收藏。

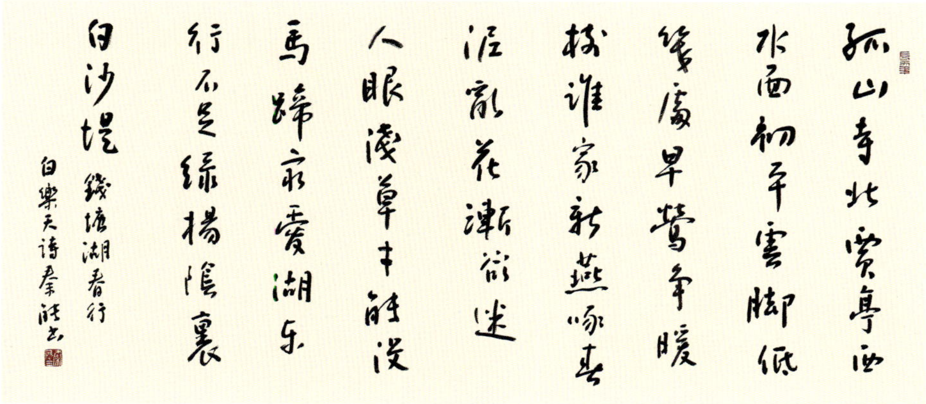

钱塘湖春行

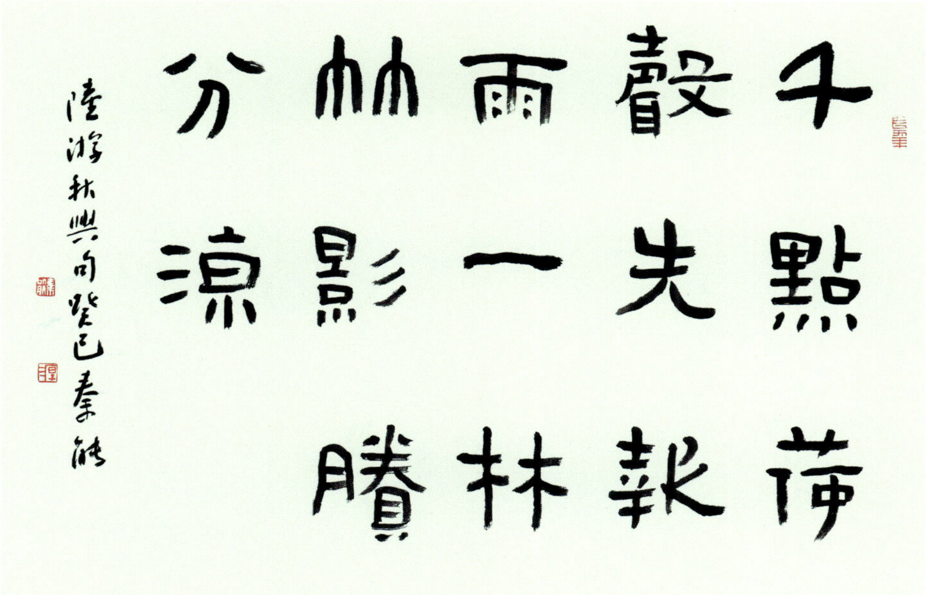

陆游《秋兴句》

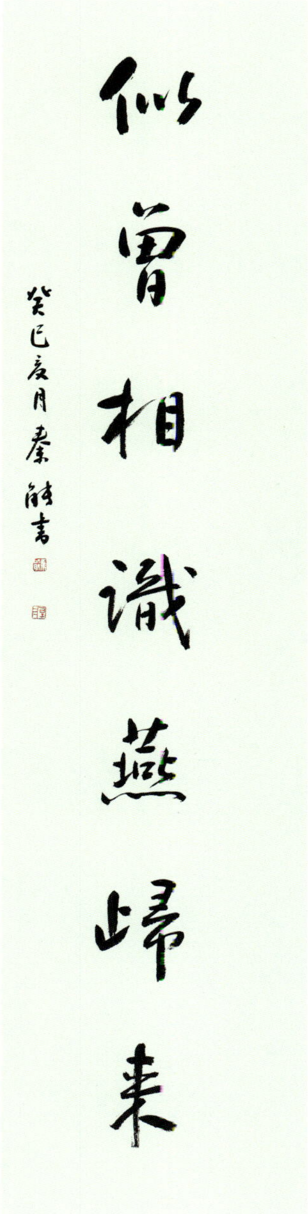

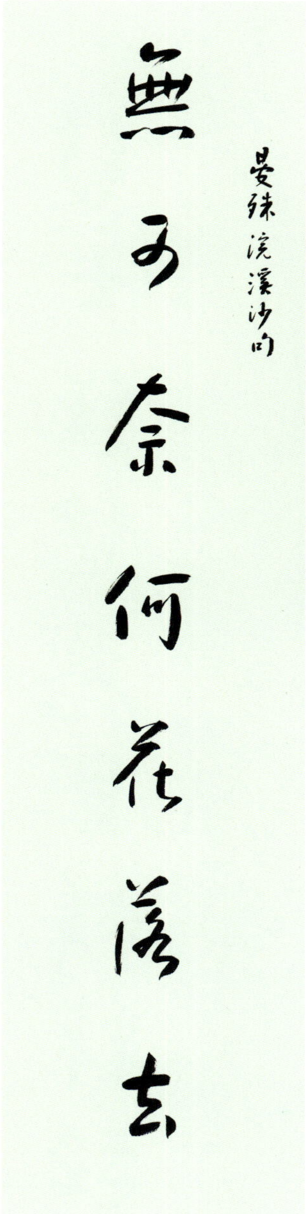

晏殊

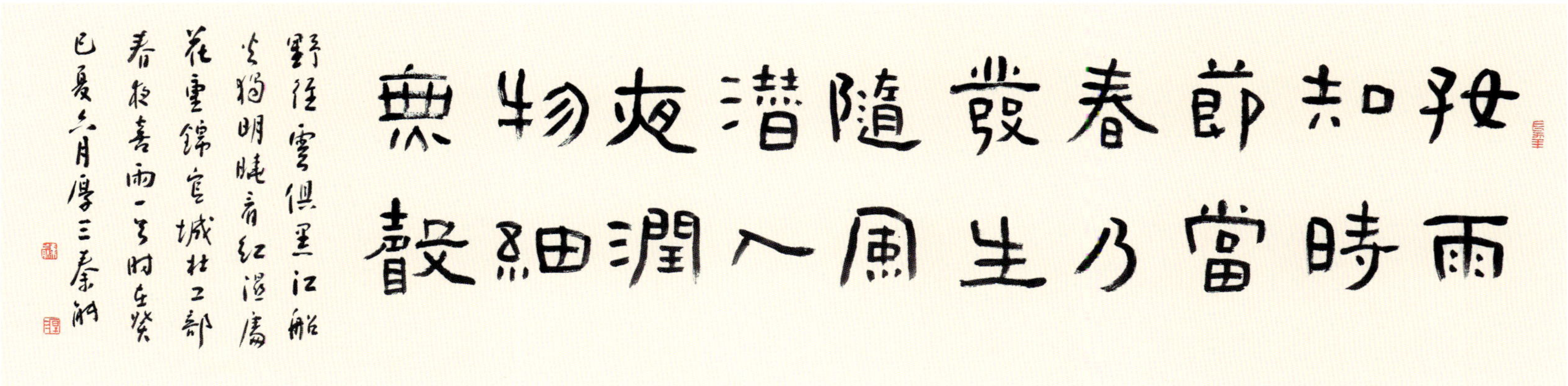

杜甫《春夜喜雨》

李文骏，1950年生于上海。现为西泠印社社员，中国书法家协会会员，上海书法家协会会员，赵朴初研究会副会长，秘书长，法人。《书与画》杂志特邀编辑，东方书画院东方印社副社长。文骏幼习书法，师从浙派大家江成之，潜心刻印几十年，其篆刻作品雄健淳厚，端庄大方。白文宗秦汉；朱文多得封泥，砖文瓦当、镜铭之意，亦兼得西泠诸家法乳；其风格简静古拙、神韵苍腴。边款参《张黑女》碑意，冲切并施，刚健纵逸。

刘锡禹诗句

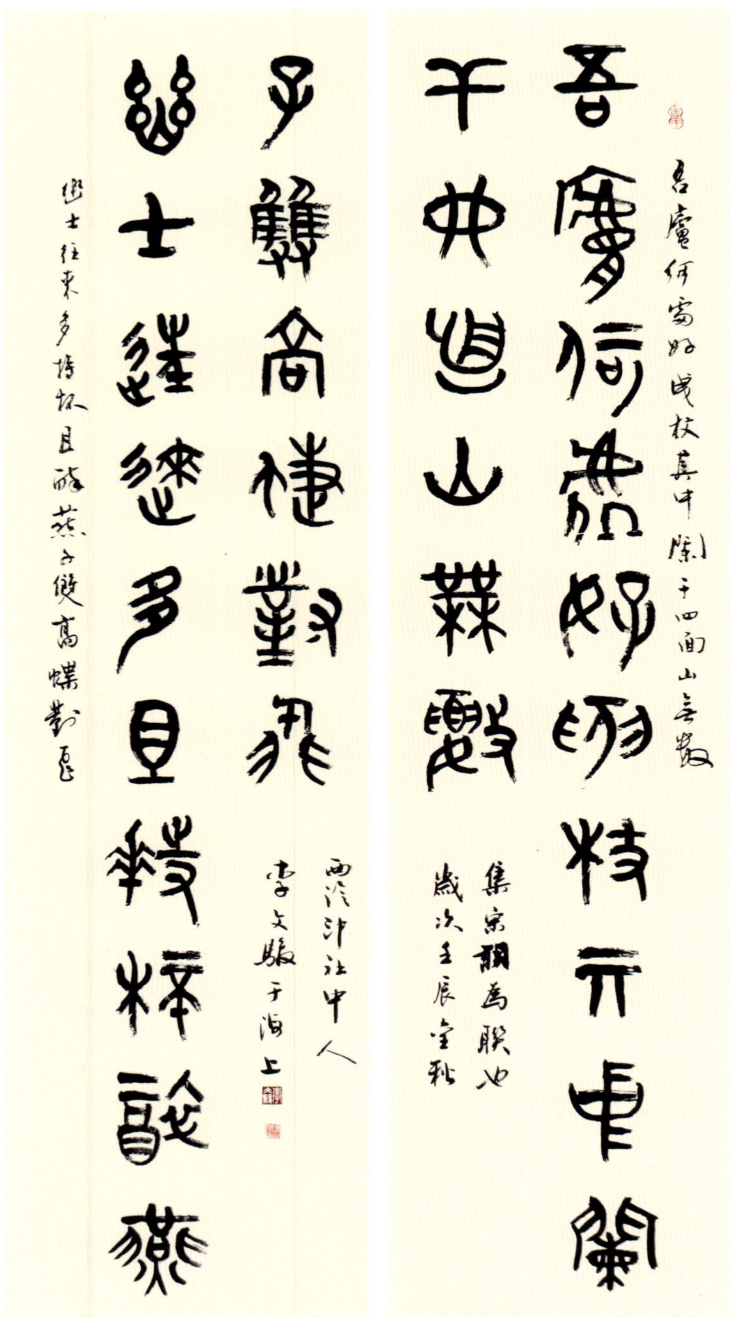

对联

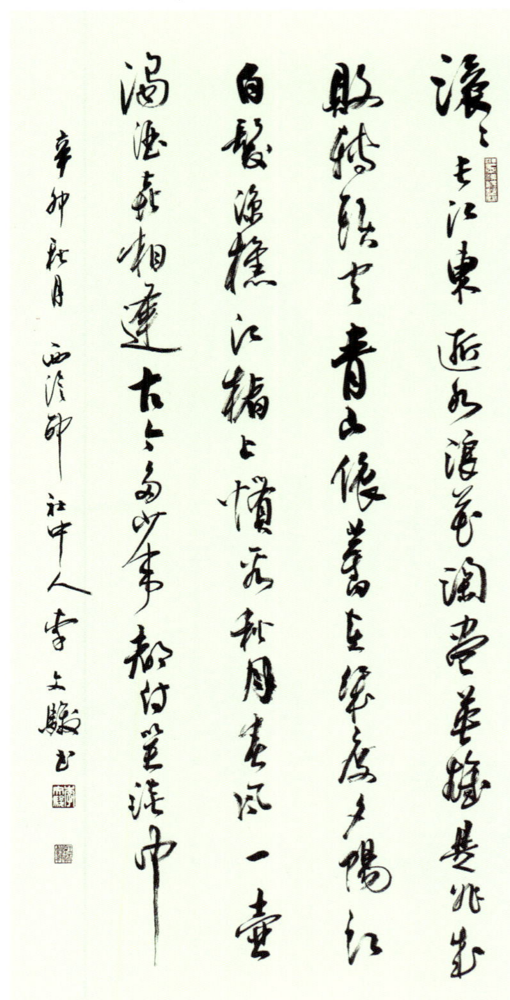

书法

自腾者强

红情轩

千里共婵娟

朱晓鸿，1949 年出生。中国收藏家协会会员、中国艺术摄影学会会员、上海市摄影家协会会员、上海黄浦画院院士、书法家。书法作品参加黄浦画院书画展，并见诸多种报刊；草书诸葛亮《诫子书（部分）》被著名美籍华人油画家刘树春艺术馆收藏。

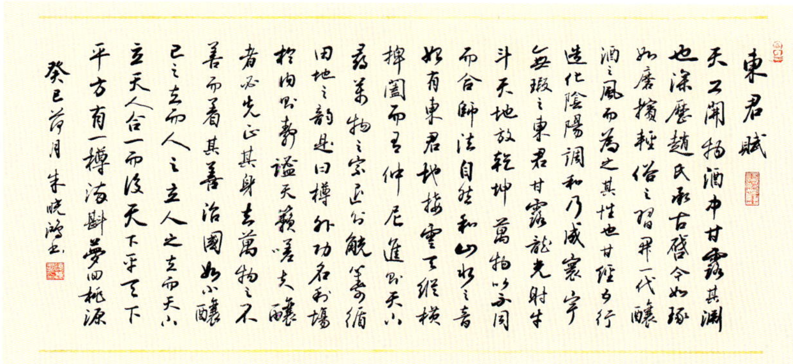

东君赋

书法

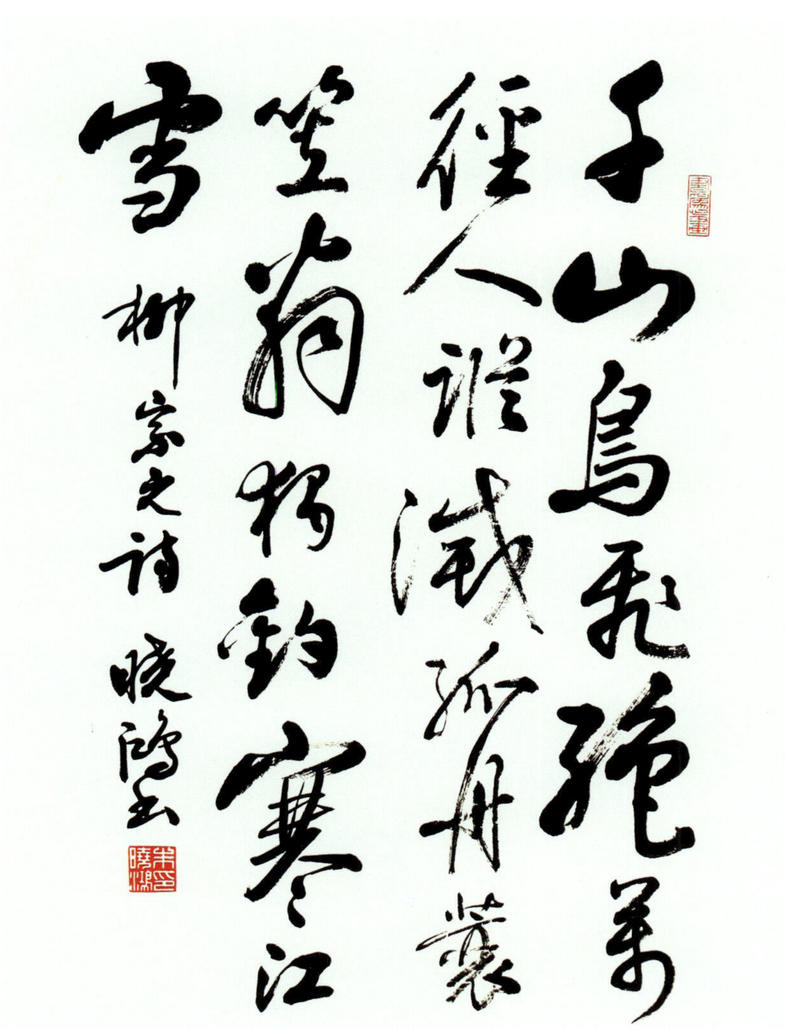

柳宗元诗

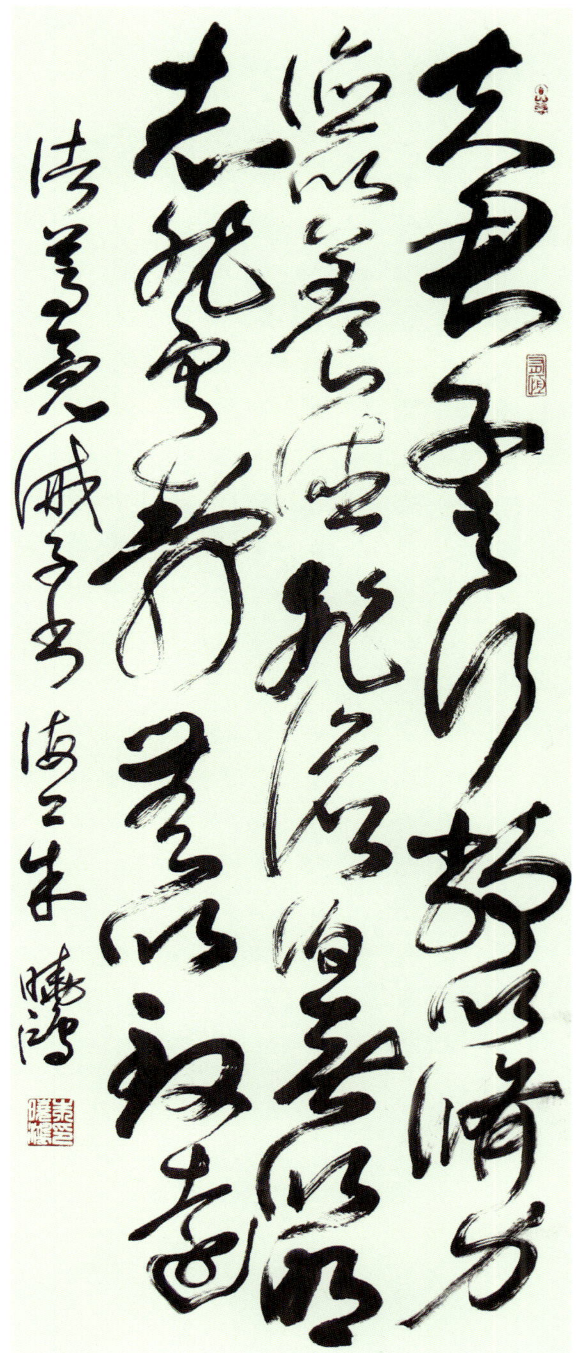

诸葛亮诫子书部分

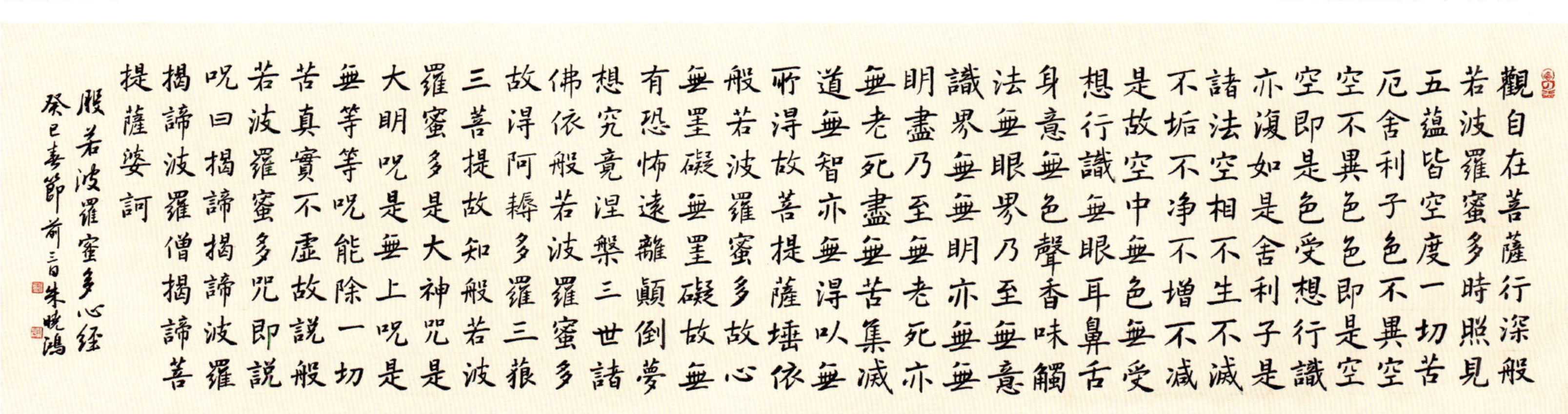

心经

曹瑞熊，上海市人，1951 年出生。现应聘于长海医院体检中心。自幼酷爱诗词，10 年前自编柳荫集（诗词对联）集一本。受胞兄曹瑞祥（岭南派花鸟画家）的影响，喜爱书画篆刻收藏，尤擅隶、篆。2001 年隶书书法立轴获杨浦区文化局举办的建党八十周年书法一等奖。书法《隶体四书》9 册、《金刚经》1 册为其珍藏本。

为杨浦区收藏家学会会员、上海市诗词学会华兴诗画专业委员会会员、上海市火花艺术协会会员、上海清墨礁书画社秘书长。名字入编《海派书画家名典》。

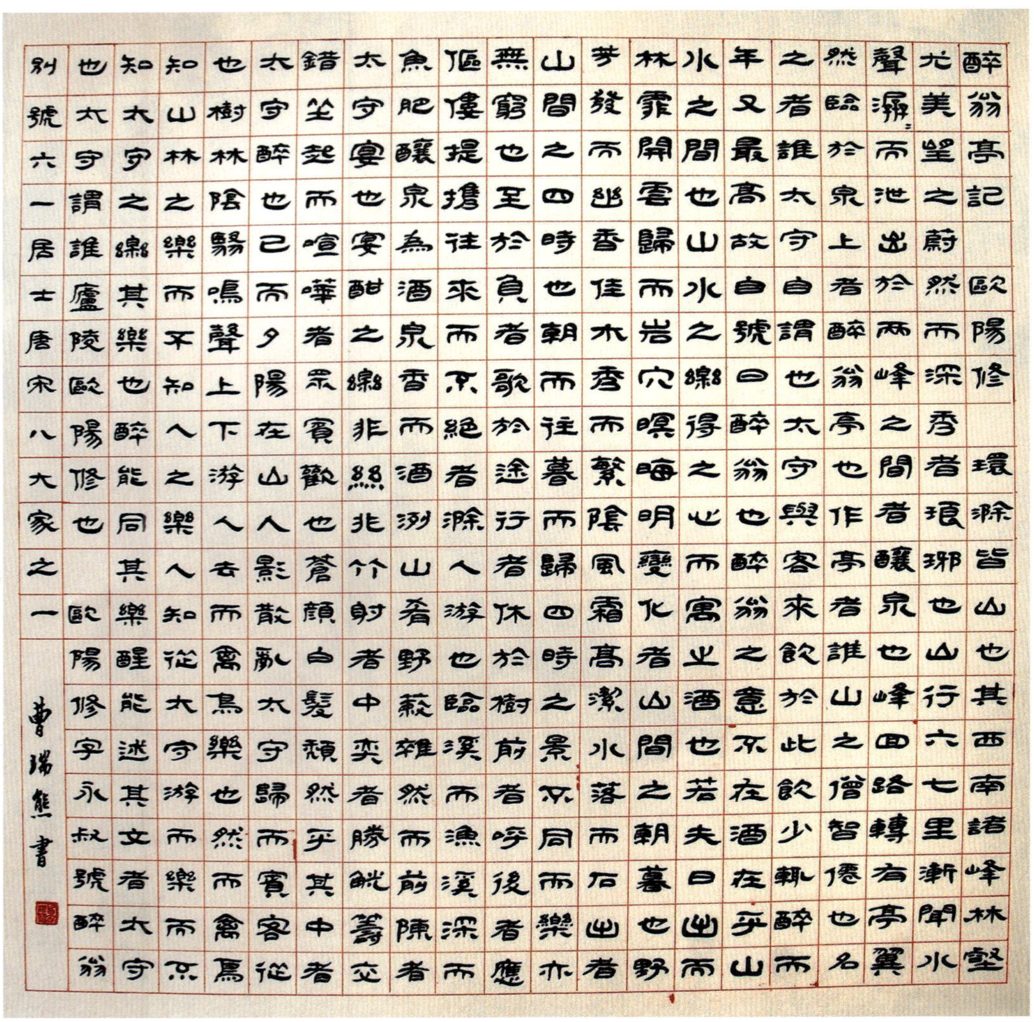

隶书－醉翁亭记

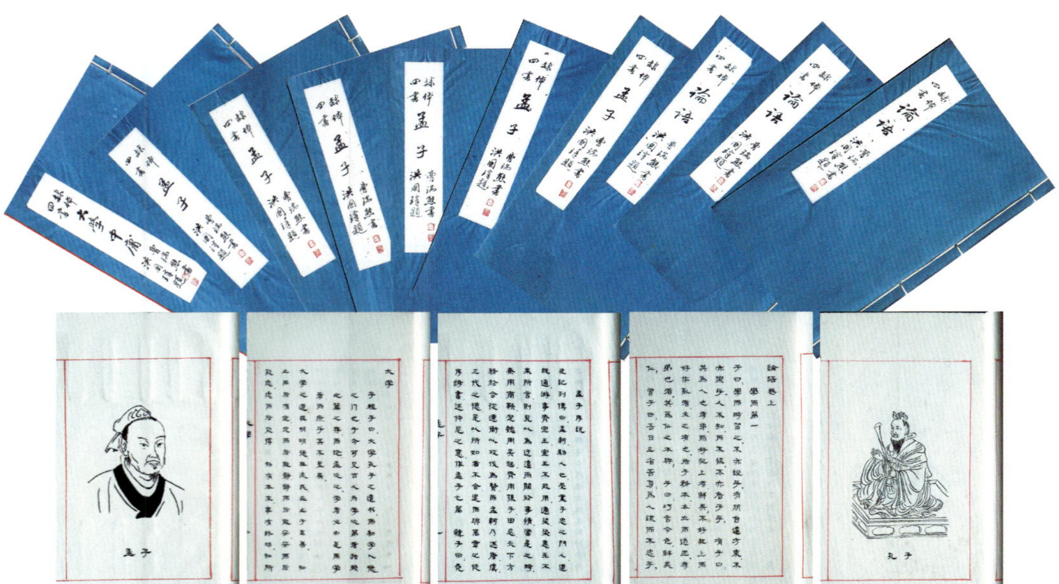

小楷隶体四书－9 本

对联

黄海育，男，1951 年出生，江苏南通市人 ， 毕业于武汉大学，南京大学，本科学历 。早年参军，退伍后师从著名国画山水大师尤无曲，得其篆，隶临池之真传。中年后专攻草书，精习王羲之《十七帖》、颜真卿《祭侄稿》、《争座位帖》、孙过庭《书谱》、怀素《自叙帖》、《大草千之文》。凡二十余年，方得草书运腕用笔之妙趣。

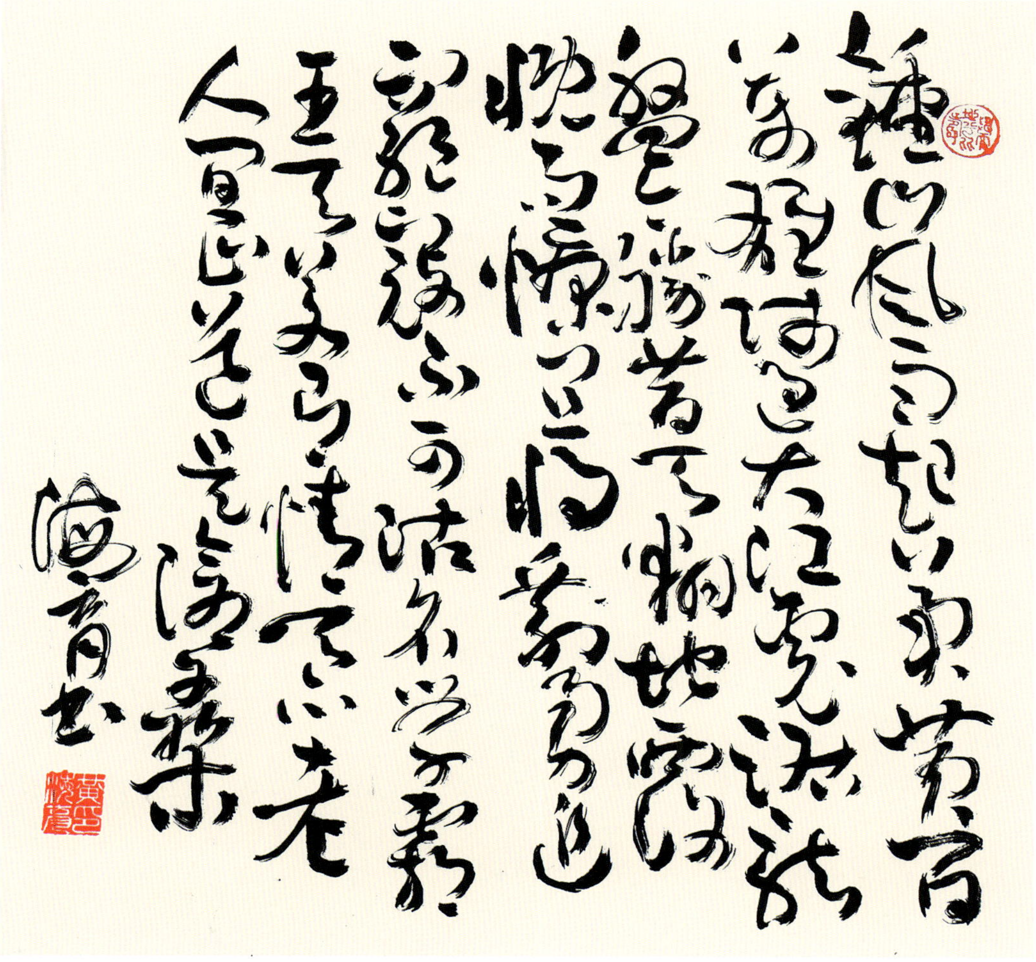

书法 1

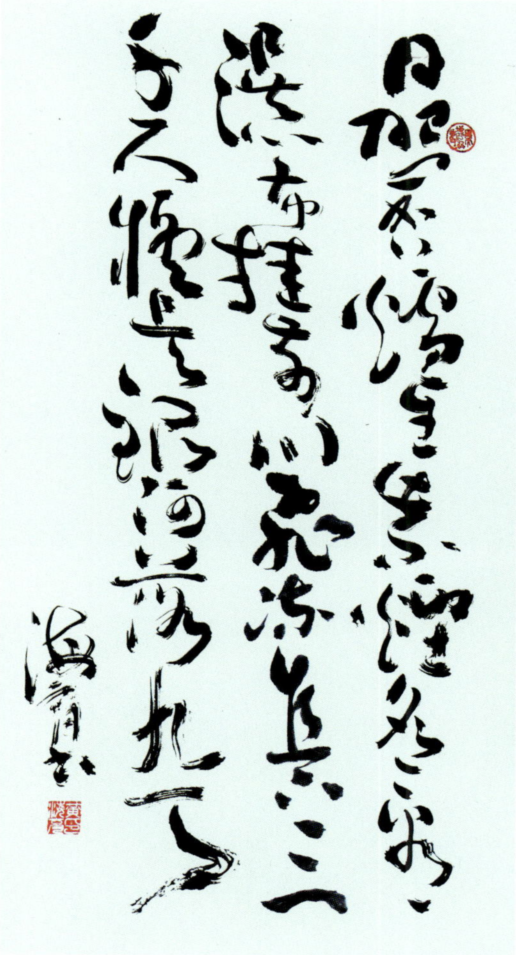

书法 2

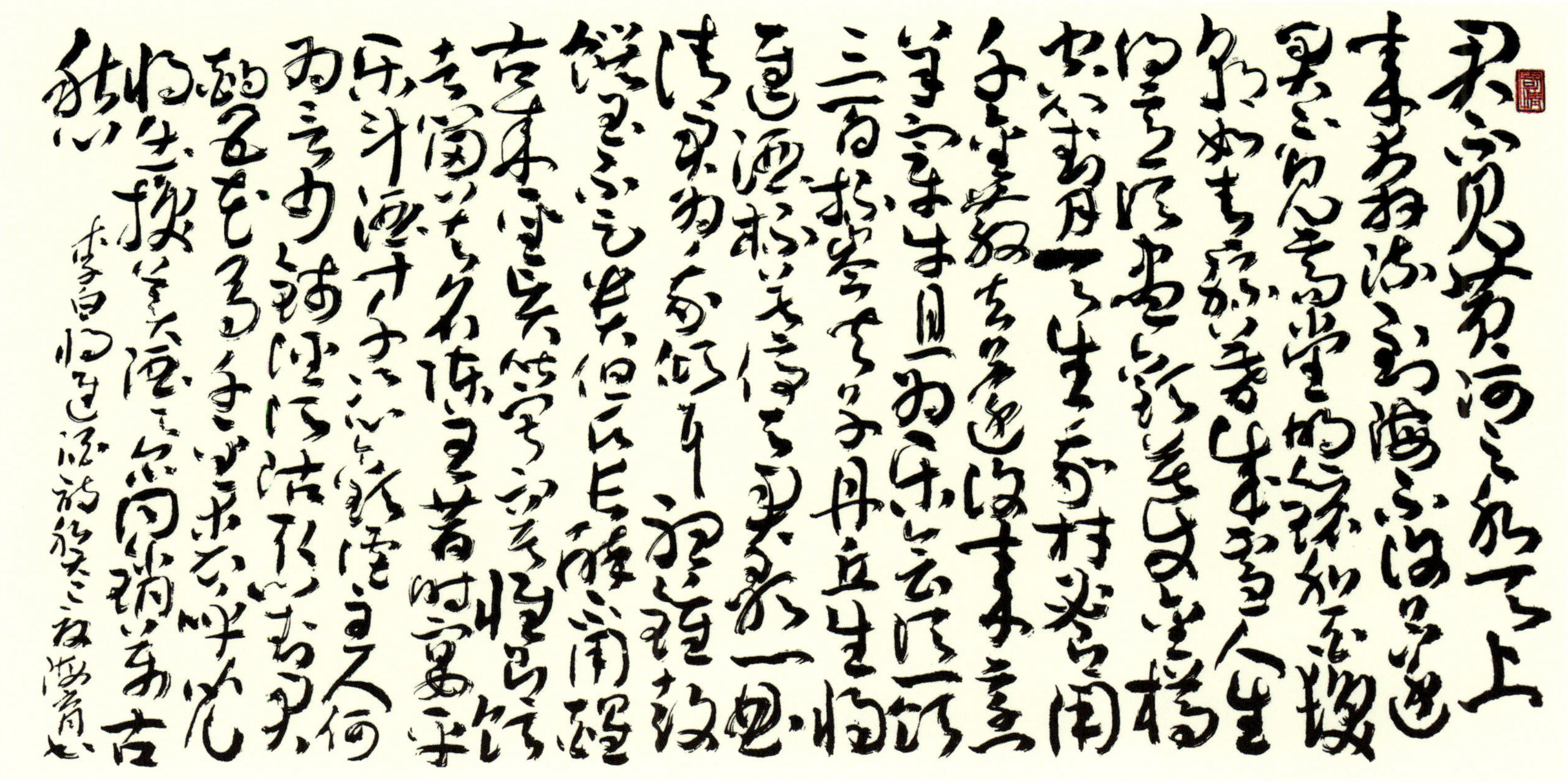

书法 3

林蔚，祖籍福建，1953年出生于书画世家。父亲林松涛在国画和书法方面均颇有建树，自幼深受父亲影响，耳濡目染，酷爱画画。

擅长中国水墨花鸟兼做人物、山水，宗法吴昌硕、齐白石、潘天寿等前人，博采众长，形成豪放、典雅的格调。画风清新洒脱，笔触简练，颇见功力。现为中国国画家协会会员、国家一级画师、上海市浦东美协特邀理事，以及中国老年书画会创作研究员，同时兼任上海市老年书画会杨浦分会会长，拥有蔚然艺术工作室 。

作品在国内专题展出中均有参加，荣获金、银及各类等级奖，被多家报纸杂志刊载，为北京中国国画家作品集收藏，在中日、中韩书画交流活动中也深受青睐。至今已有多幅作品为法国、意大利、美国及澳洲等国际友人收藏。

近年来，林蔚还继承和创作了漆画作品，在台湾、香港、澳门举行的书画展中屡获好评。

寒鹭

向日葵

萧山荒寺

魅力吴哥窟

小品

陆金英，女，生于上海。自幼酷爱绘画，能入古而化今。擅长传统青绿、浅绛、水墨山水、走兽及岭南花鸟。画面追求布局精巧，笔触细腻，色彩艳丽，虚实相间，既有传统绘画之功力，又有现代时尚之气息。作品在国内外报刊及大型画册介绍，多次入选国内及港台画展，数次获全国画展一、二等奖。入选《上海书画家名典》、《上海市现代书画家名录》。出版《陆金英作品选集》、《海上画坛·陆金英作品专辑》画册。

现为上海美术家协会海墨画会画师，上海海上书画院画师，上海市中西美术融合协会会员，上海市杨浦区美术家协会会员，上海交通大学东方艺术交流中心书画师，上海老城厢书画会会员。

秋山隐居图

观瀑图

夏山隐居图

张秋波，又名张溪，1946年出生，浙江浦江人。国家二级美术师。现为上海市美术协会会员、上海书画院特聘画师。少年时即酷爱书画，尤好写意花鸟。兼学任伯年、吴昌硕、张书旂等名家笔法，并注重写实，自成趣味。书法从沈尹默入手，又兼学柳及二王。中年后，师从海上名家钱行健先生，得其亲授，画艺大进。1995年上海书画出版社出版《张秋波画集》，1995年在上海美术馆举办“张秋波画展”，2004年中国画报社出版《张秋波花鸟画集》，2013年上海文化出版社出版《张秋波画集》。

花鸟1

花鸟2

花鸟3

花鸟4

人物 1

陆志德，1955年出生于上海，自幼喜画，从师陆俨少、刘旦宅等教授。1976年上海人民美术出版社创作连环画，1984年任上海《国际展望》杂志社美术编辑。曾任奥地利FACHER美术家协会理事，上海美术家协会会员，维也纳业余大学客座教授，上海书法家协会会员，湖南吉首大学美术系客座教授，中奥文化交流中心主席。

陆志德擅长人物、风景，中西结合别出新意。90年代出国深造，周游世界各国，曾举办30多次个展。2005年“摩登上海”系列参加上海艺博会火爆上海滩；2006年受俄罗斯政府邀请“摩登上海”参加俄罗斯圣彼得堡“上海周”活动，作品被市政府市长收藏；2007年“摩登上海”代表上海参加上海市与美国迈阿密市举办的“Art Deco对话”活动，展出大受中外媒体的好评，同年“摩登上海”参加德国工商会活动，德国前总理施罗德为画集题字，并收藏其系列作品。

上海东方电视台“艺坛名流”拍摄了“情迷上海滩”——记旅奥画家陆志德电视专题片向全国播放。

人物 2

人物 3

人物 4

唐华，又名唐建平。1956年生，毕业于上海体育学院和上海师大美术系。现为中国书法家协会会员，上海书协篆隶专业委员会委员，草书专业委员会委员，金山区书法家协会副会长。

自幼学书，师从刘兆麟先生，主攻篆隶，章草，旁涉丹青篆刻，曾多次举办书画个展与联展。1985年调入金山少年宫，在少儿书法教学中成绩显著，桃李芬芳，1999年被评为上海市园丁奖，2004年由上海书画出版社出版《书法教学丛书——唐楷练习》，2012年由中国文化艺术出版社出版《唐华书法集》。

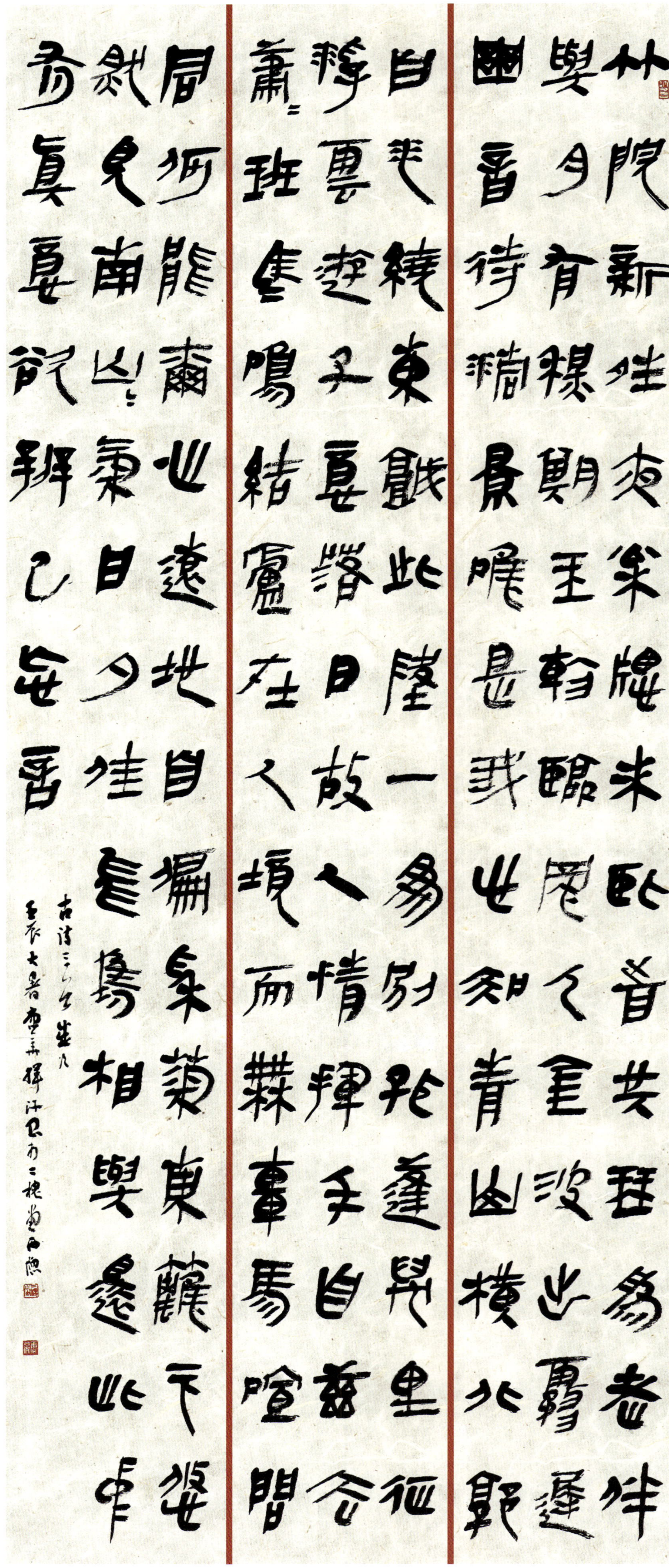

书法

王宝如，1957年生于黑龙江省青冈县，现为青冈县美术家协会主席。从小酷爱绘画，作品《黑土情》，1992年黑龙江画报刊登。黑龙江省电视台多次专题介绍。著有《王宝如国画集》一书。黑龙江省十三届群星书画大赛获优秀奖。《大千世界》、《落叶归根》分别被国外友人收藏。现在在画家胡登科老师指点下专学中国田园山水画。

塞外之春

雨后桃花艳

乡村秋色

庞沐兰，女，1957 年出生于上海。1974 年高中毕业后即随著名书画大师谢稚柳和陈佩秋先生学习中国绘画及书画鉴定，擅长工笔花鸟。1997 年参加过中华百名女画家美术作品联展（香港）、美中女画家巡回展（深圳）等展览。

1981 年起赴美国留学并定居。1993 年担任美国中华书画学会理事，1994 至 1995 年连续受聘为该会监事。任上海香梅画苑副会长，上海海派书画院画师、海上书画名家后裔联谊会会员，上海龙华古寺华林书画院副院长，上海市侨联书画院画师、上海市华侨书画院理事，上海市静安区政协常委，上海市侨联委员，上海市海外交流协会常务理事，上海市美术家协会会员。

作品多次参加国内外展览，并被国内博物馆收藏。

新柳鸳鸯

秋枝山雀

梅花山禽图

杨继光，号耿石，斋号吉雨堂。1957年出生，上海川沙人。南京艺术学院毕业。上海书法家协会理事，上海楹联协会常务理事，上海书法家协会楷书专业委员会副主任兼秘书长，书法导报上海联络站副站长，上海市静安区文史馆馆长，静安收藏协会副主席兼秘书长，静安书协秘书长。

书法从师于著名书法家赵冷月先生，宗颜鲁公，并以王右军《乐毅论》、《曹娥碑》为范本，继而上述汉朝《史晨》、《礼器》诸碑，尤喜金文小篆。曾举办杨继光书画展和杨继光扇面书画展。书画作品在各类展览和各地美术馆展出。书画创作重“个性、文气、遒劲”，以“知不易而求之，知不深而探之，知不足而习之”。

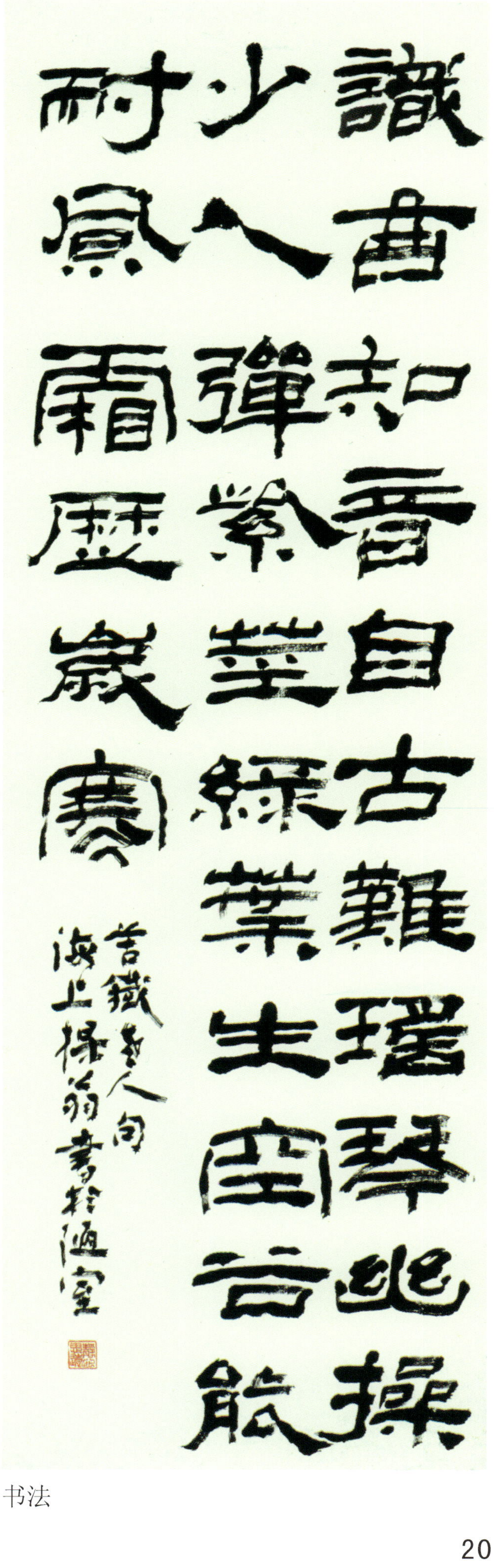

书法

苏州河畔蝴蝶湾

孙健忠，生于1959年，一级美术师，师承著名花鸟画家乔木、应鹤光先生，现为海上文化书画院副秘书长，浦东美术家协会理事，上海美术家协会海墨画会画师，上海虹口画院画师，江苏太湖画院副院长。

20世纪90年代初，孙健忠东渡日本，1993年和1994年先后在东京煤气总公司及电话总局画廊举办个展，1996年在鹿儿岛举办父子书画三人展。2005年、2006年、2010年、2011年又相继在德国曼哈姆市博物馆和上海市民主党派大厦棠柏艺苑、上海世博会及交通大学美术馆举办画展，作品常见于各大报刊，上海电视台曾作专题报道并载入《上海现代书画家名录》。

花鸟 1

花鸟 2

花鸟 3

花鸟 4

姚竹，原名姚德心，曾任上海收藏欣赏联谊会副会长，瑶竹文化艺术沙龙会长"百瓶庐"馆馆主。原全国政协副主席苏步青为其题"百瓶庐"斋名，已编入《斋名集观》一书。

曾获"华夏优秀收藏家"称号。现载入被《世界名人录》、《中国当代收藏家词典》、《上海市现代书画家名录》、《海派书画家名典》中。书法，真、草、隶、篆皆能为之。"2012年新民晚报夜光杯全国书画大赛"中获奖。

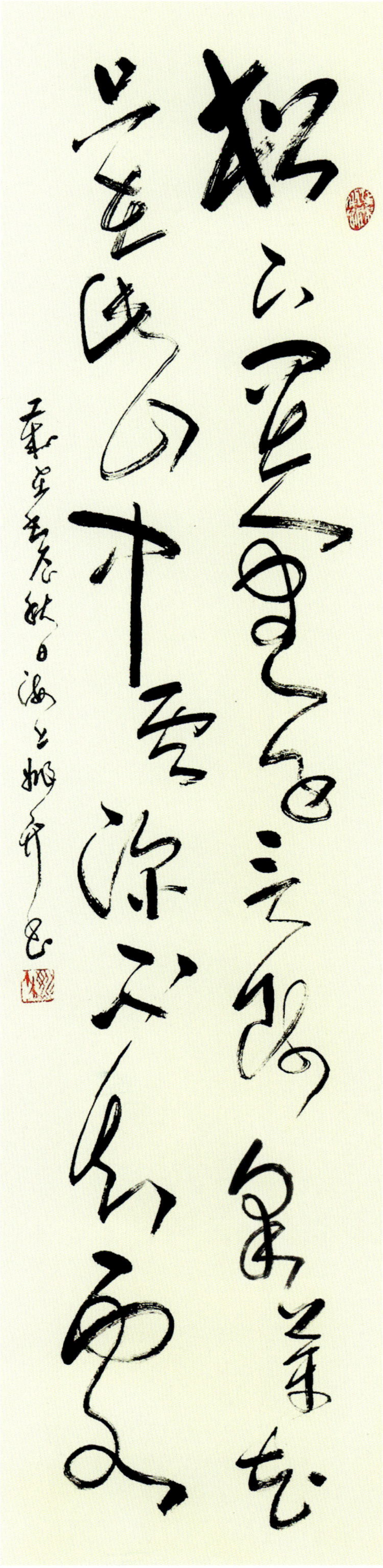

书法 1

书法 2

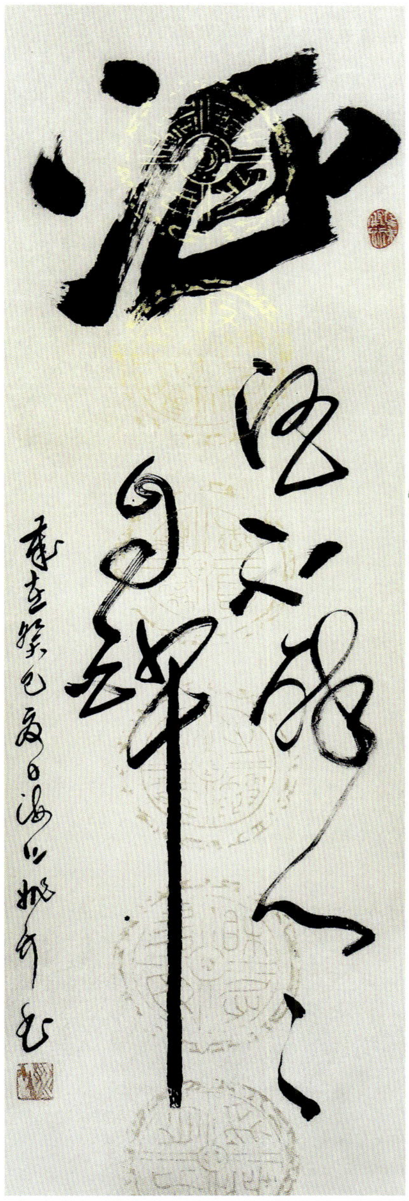

书法 3

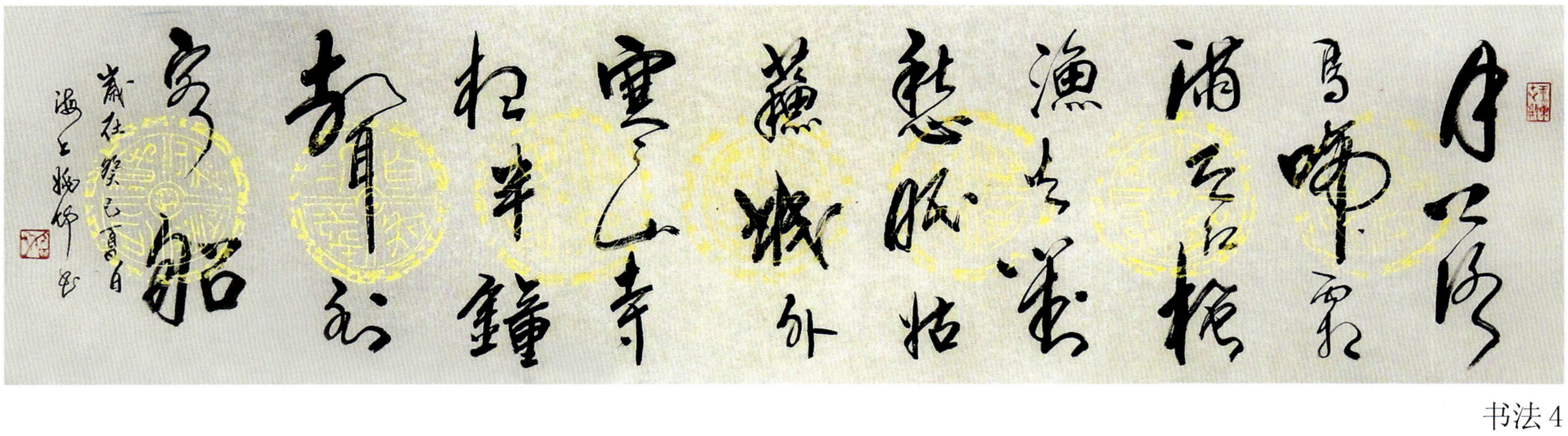

书法 4

林蠢，男，号寒石，1958年出生。1992年上海大学美术学院中国画系毕业。2001年上海大学美术学院现代水墨研究生课程班结业。1997年调入上海大学美术学院，任上海大学美术学院研究所副所长，公共艺术实验中心副主任，现任上海大学中国书画研究中心副主任。上海大学美术学院副教授。上海市创意设计工作者协会理事。上海市美术家协会会员。

2012年，赴美国田纳西州“我的上海我的城市”文化周系列文化艺术活动，在上海市美协主办下举办个人作品展。

《雨醒诗梦》系列之二

《雨醒诗梦》系列之三

《雨醒诗梦》系列之四

《雨醒诗梦》系列之五

李艳丽，女，江苏沛县人。先后毕业于济宁师专、曲阜师范大学美术系，文学学士。1985 年于浙江美院师从宋忠元、杜曼华教授学习工笔画，1989 年考入西南师范大学美术系，师从苏葆桢、李际科等教授攻读中国花鸟画，获研究生同等学力。1995年研修结业于中央工艺美院装潢艺术设计专业。

现为济宁学院教授，从事花鸟课和装潢艺术设计等课程教学。现为中国工艺美术协会会员，中国美术家协会山东分会会员。

喜从天降

邂逅两相亲

天池理红妆

松间果盈

陈标，又名陈飙（彪），1962年出生，号建吾，斋号惜阴轩、惜阴书屋、双乐斋、惜抱同里。祖籍安徽桐城，幼承家学，外祖父徐邦基，外舅公徐邦达为浙江名族，曾毕业于立信会计学院、上海师范大学艺术系，师从徐伯清、侯殿华、刘小晴、金重光等沪上名家，现任上海书法家协会理事、上海书法家协会楷书专业委员会副会长兼办公室主任、书法导报上海联络站副站长兼秘书长、闸北区书协副会长。国宝鲁庵印泥技艺传习所副主任。

习书三十余载，初学北魏，后浸淫晋人之书，继而攻书画理论，溶古人之技法于笔端。以为“书为心声，法为书源”，书法之根本为人之心声。寓哲学之内涵，万物之毓灵，五行之首，仓颉造法，无外心声，感悟人生，如同楷法，如同草书，又如隶篆……

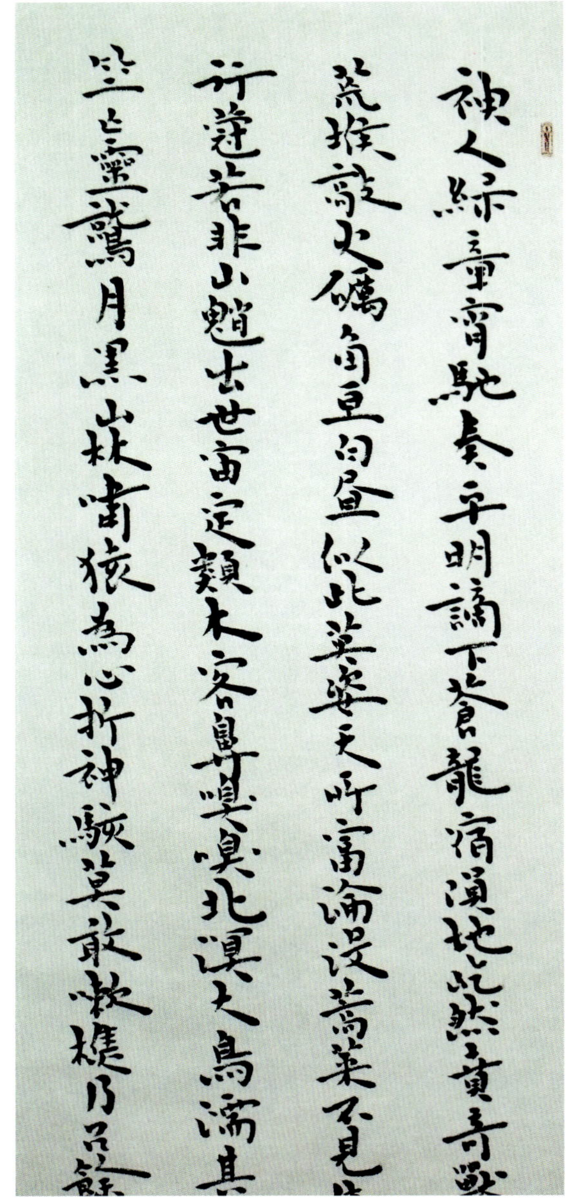

书法（局部）

书法1

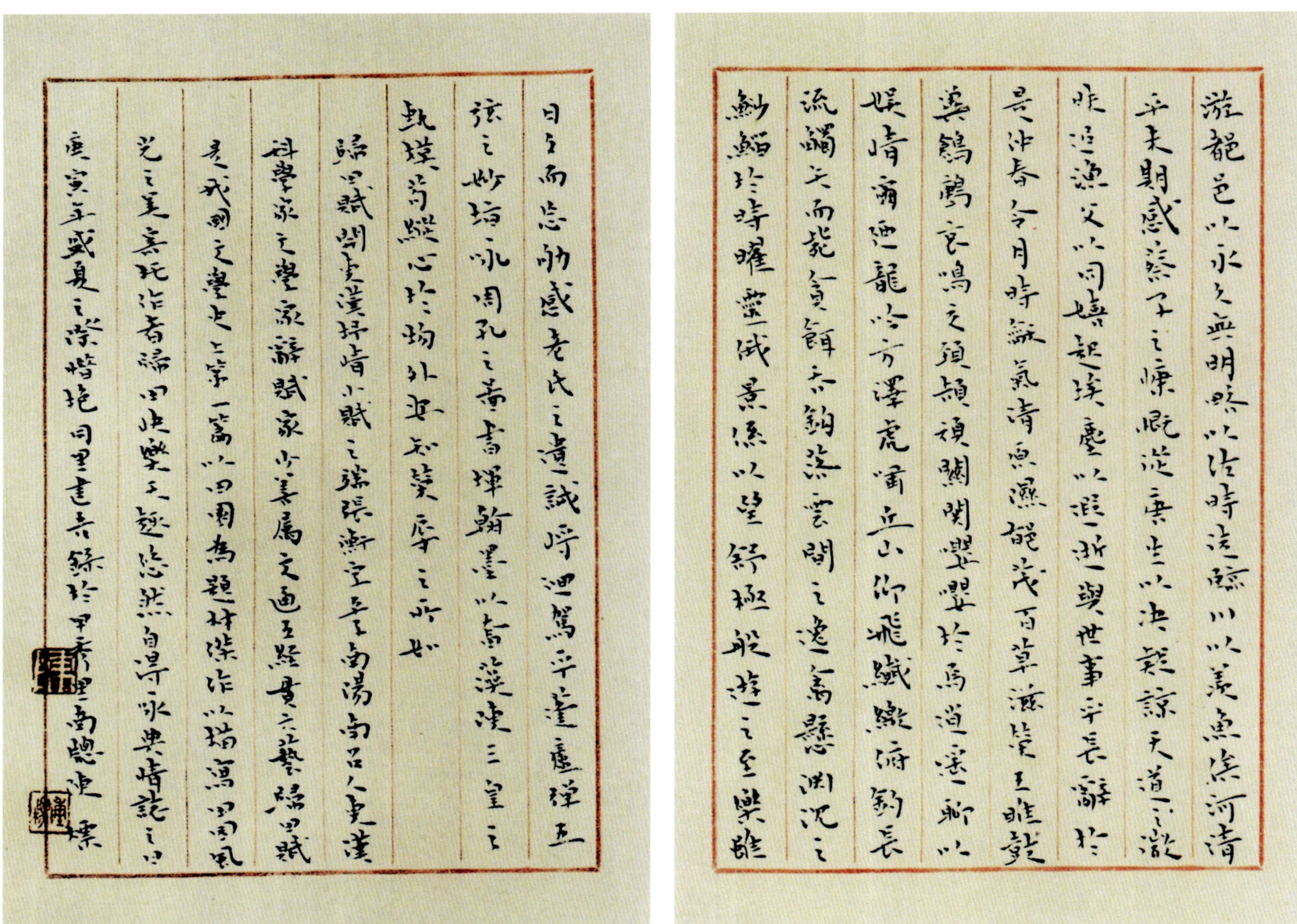

书法2

何强华，1960 年生于中国上海，水彩画家。作品多次入选全国和上海画展。曾获第二届全国水彩画展优秀奖。2000 年上海水彩画大展优秀奖。作品广为欧美等国收藏。现为中国美术家协会会员。上海市美术家协会会员。

东山小巷

泊

汛期已过

下午四点

路过李村

竹涛，原名竺李宁，别号竹舍。江苏常州市人，1963年出生。大学毕业后进修于河内国家大学并在海外任教多年。

自幼喜爱绘画，曾师从江苏美协会员、高级美术师史士明，从临摹中国山水画经典名作入手，一面师法古人，一面学习当代大师，另辟蹊径，在掌握传统山水画技法基础上于现代水墨领域有所心得。擅长水墨山水画。作品风格独特，笔墨构图既重传统，同时讲求空灵虚化，缘物寄情，寓情于景。上海电视台国际频道拍摄和播出过其专题片，作品曾刊登在国内各大报刊；多次入选上海市区书画美术作品展并获得优秀奖，受到了国内外友人的喜欢并收藏。

现为中国书画名家协会会员，上海市虹桥画院画师，江苏省常州市地方文化研究会书画艺术委员会副主任，上海文化传媒公司总监。

大肚能容

山水 1

山水 2

茶花

何德明，笔名德铭，号再林，1958年出生。祖籍上海。擅长花鸟，兼工书法。上海美术家协会会员，上海美术家协会海墨中国画工作委员会会员，上海宝山美术家协会理事，宝山画院创作部主任。

1997年入选百花迎春——上海花鸟画大展，2009年荣获“威世画卷”庆祝新中国成立60周年上海群文美术大展入围奖、入选第五届上海美术大展，2010年入选第三届上海市民艺术大展并获三等奖、光华百年——世界华人庆世博美术作品大展、上海世博会中国美术作品展并获优秀奖，2011年入选第六届上海美术大展，2012年入选吴冠中艺术馆开馆暨全国中国画作品展、翰墨新象全国中国画作品展、话说武当全国中国画作品展。

荷塘清趣

潘智勇，1964年生于上海。现为国家一级美术师；上海中西美术融合协会画师；上海清墨礁书画社画师；企业家。

自幼嗜画，广泛涉猎各种美术形式，尤其喜欢作中国人物画、藏獒画，师从赵宏本。大学毕业后从事舞美设计，企业的包装花样设计，报社美编。已出版图画、插画作品几千种，其中《图说高新技术》获全国五个一工程一等奖，国画《治病治国》被孙中山故居收藏，现有多幅作品被海内外人士收藏。

藏獒图 1

藏民与藏獒

山水

藏獒图 2

潘智勇

雪山情深

张春雁，男，笔名艺张，别署雁影轩，1967年出生于素有"小邹鲁"之称的书画之乡浙江浦江，毕业于同济大学，获复旦大学硕士学位，高级工程师。受世代流风余韵影响，自小潜心文史，喜好丹青，少年学艺，得家乡张世简、方增先、吴山明等前辈画家启蒙指教，更加钟情中国书画。初中时即受到浦江中学老师潘晨曦指导，所画虎猴等为乡邻所喜爱，近年来，重拾画笔，得海上名家许艺城等教导，尤其水墨山水，初学石涛，究心傅抱石，又师从陆俨少大师入室弟子张大卫先生，气韵心境在山水之间豁然开朗，笔端所挥被赞"元气淋漓"，沉雄遒劲。现为上海中外文化艺术交流协会会员，上海炎黄书画院画师，世界华人艺术家协会会员，上海清墨书画社会员。

近年来，积极参加国内外各种美术活动，钻研中外美术史论和傅抱石、黄宾虹、李可染、陆俨少等大师书画艺术和鉴赏，书画作品和艺术论文在《书画研究》、《海上画坛》、《书画藏珍》、《炎黄书画》等报刊登载，作品在各地多有展出，曾获 "十招"杯全国书画竞赛一等奖。

山水 1

山水 2

山水 3

青山翠盖

秦丹（赵红玲），字秦丹，1973年出生，甘肃陇西人，文学博士，斋号“观复阁”。现供职于新民晚报，现为上海市美术家协会海墨画会画师。上海市中西美术融合协会画师、上海军谊书画院副院长、上海将军书画收藏院副院长。秦丹绘画题材广泛，尤善写荷，笔下荷韵颇见古风。

抱定春色

山水

风定池莲

贾运武，生于1966年，河南省西峡县人。师从著名山水画家赵豫，专攻山水。先后结业于上海中国画院山水工作室、中国美协培训中心山水高研班。现为国家一级美术师、上海美协海墨画会会员、上海春申画院副院长、河南省美协会员、河南佛教学院客座教授。

作品多次参加全国及本市各类画展并获奖。现定居上海，职业画家。

山水 1

山水 2

山水 3

吴建初，1976 年生于周涓，曾参加南江文化馆主办的美术创作班，现从事丝印绘画设计制作工作，业余研究金石书画艺术，师承陈身道、许艺城，现为上海清墨礁书画社画师。

花鸟 1

花鸟 2

花鸟 3

花鸟 4

陈曦，女，1992年生于江苏昆山，自幼酷爱书画，启蒙之初师从上海著名画家竺汉章，后又得益于韩天衡、陈人力、曹瑞祥等老师亲授，书、画、印皆颇有所长，现就读于中国美术学院，作品多次获全国书画大赛金、银、铜奖并展出，收录于多部书画典集，深得书画爱好者及收藏家喜爱。

牡丹

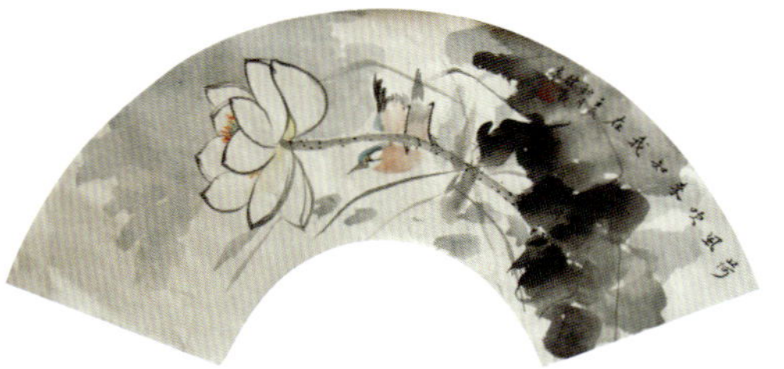

扇面 1

扇面 2

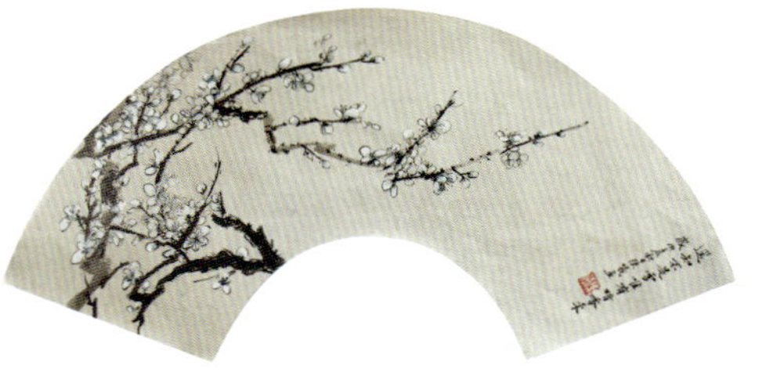

扇面 3

扇面 4

刘宝山，1956年出生，北京人，武汉商学院毕业，著名书法家、国务院国宾礼特供艺术家，现为中国书画院院士；中国国际艺术交流中心艺术指导；中国国际书画艺术交流中心理事；中国国际关系艺术协会会员；中国书画研究社成员。

刘宝山自幼酷爱书法，1979年从师著名书法大师刘炳森先生，数十年日课不辍，经过多年刻苦研习，潜心钻研、不断探索，终于形成了属于自己的书法语言及艺术风格。其作品隽秀不失大气，飘逸不失稳重，现代不失古意，可谓雅俗共赏，得到了书界和广大爱好者的肯定。

在国外工作期间，他领略了异国的风土人情及文化，并将其融入自身的文化修养于其中，而后其作品受到了业内人士及大众的认可，作品远达美国、日本、韩国、新加坡、约旦等国家及中国港、澳、台地区。

道法自然

厚积薄发

唐建，1965年生于山东诸城，教授、博士生导师。现任中国艺术研究院展演中心主任、教授；中国美术家协会会员、中国书法家协会会员；山东大学教授、中国书画美学方向博士生导师；中国政法大学教授、深圳大学艺术学院客座教授、北京高校美术教育学会常务理事等职。

唐建多年师从著名学者、书法家蒋维崧（峻斋），峻斋的高尚人品和渊博的学识对其影响尤深，并得到了于希宁、孙其峰等先生的指导，他在绘画上遵循宋元以来文人画的路径，梁楷的酣畅淋漓，徐渭的奔放洒脱，八大的空灵简约，吴昌硕的苍劲古拙，齐白石的质朴情趣，都是他的艺术追求。

唐建在高校任教多年，于人物、花鸟、山水、书法、篆刻等均有涉猎，他在美术史论研究方面也颇有建树。他撰写的数十篇学术论文分别发表在《新华文摘》、《文艺研究》、《中国社科文摘》、《美术观察》等学术期刊。他创作的书画作品，多次刊登在《人民日报》、《人民日报海外版》、《大公报》、《人民画报》、《美术》、《美术观察》、《国画家》等报刊。已出版学术著作两部，书画集八部，主编书画集

佳色上花枝

两部。其书画作品作为礼品赠送美国前总统卡特、韩国前总统金泳三等国内外友人，作品被众多博物馆及收藏家所购藏。他曾先后在中国美术馆、中国历史博物馆以及美国、日本、马来西亚、泰国等国家和地区举办20余次个人画展及学术交流活动。中央电视台、中央人民广播电台、日本 NHK 电视台等众多媒体对其进行了专题报道。多次参加国内外举办的重大展览并获得多个国际、国内奖项。

皎皎玉兰

秋花向日

老松玉兰

唐建

新禽池上鸣

金池碧莲

新鸣

翠叶朱花

唐建

瓜果图

疏影

仙姿

浓花入风神

岁朝清品

最是一年秋好处

双清

琼瑶

幸缘堂书画院——韩天衡题

陈爱东近照

幸缘堂书画院

休息厅

上海幸缘堂书画有限公司(前身是日一海歆文化艺术有限公司)主要从事文化艺术经营活动，集名家推介，书画艺术展览，组织笔会以及文化策划、宣传、包装于一体，是一个多层次、全方位的文化艺术经营企业。幸缘堂书画院、幸缘堂书画院马来西亚分院是公司的对外窗口，内设大型高品位艺术收藏品展览交易中心，汇集来自全球各地收藏名家的众多艺术珍品及最具收藏潜质的古玩艺术品。

上海幸缘堂书画有限公司已成功承办了首届、2006和2007年任伯年杯全国书画大展赛，及2012新民晚报夜光杯全国书画大赛，受到社会各界的好评。

公司通过不定期地举办大型交流鉴宝会、大型艺术品拍卖会等为广大收藏爱好者提供优质、专业、便捷的鉴定和买卖交易服务。

随着公司的发展，逐渐成为长三角地区高端艺术收藏品行业颇具知名度的古玩艺术品鉴定、交易平台。公司另聘请国家级文物鉴定专家为技术顾问，并安排具有权威资质和实战经验的古玩艺术品鉴定专家常年驻坐鉴定。与国内各大知名博物馆、博物院、鉴定检测机构合作，为客户藏品进行全方位权威鉴定。

公司秉承“关注客户需求、倾听客户声音、全心全意为客户创造价值”的经营理念，帮助广大收藏爱好者最大化地实现心中的愿望！

名誉院长：陈人力　　**名誉副院长：**曹瑞祥　苏春生
院　　长：陈爱东
地址：上海市黄浦区河南南路398弄2号A座　**邮编：**200010
电话：021-53077316　**传真：**021-22061570
手机：18721038090
邮箱：ryhx610@163.com　http://www.shxingyuantang.com

展示厅

休息厅

2012 新民晚报夜光杯全国书画大赛组委会成员合影

上海市委宣传部副部长陈东（左）、原上海市副市长刘振元（中）、新民晚报社总编辑陈启伟（右）

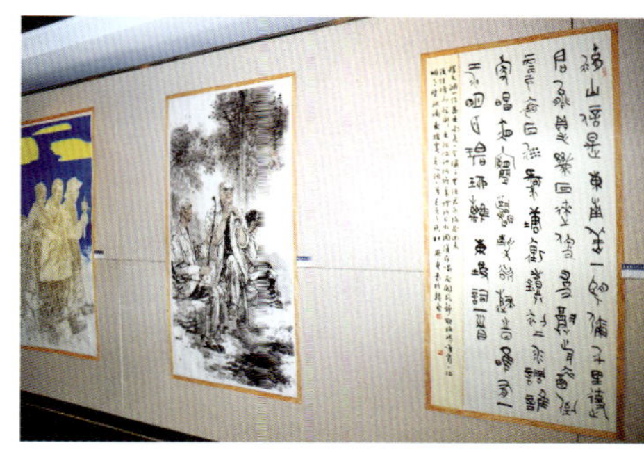

上海图书馆展示厅

上海图书馆展示厅

陈燮君宣布获奖名单

赵立凡讲话

上海图书馆展示厅

大赛评审现场

大赛评审现场

2012 新民晚报夜光杯全国书画大赛

顾振乐，字心某，号乐斋，1915 年出生，上海嘉定人。少年时师从童心录、翟树宜等前辈学习书画篆刻。1942 年拜张石园为师，入室专攻“虞山画派”。作品多次参加国内外书画展及在专业报刊发表，并被多家博物馆、纪念馆收藏。曾两渡扶桑举行书画展。出版有《顾振乐书画集》、《顾振乐画集》等。现为中国书法家协会会员、西泠印社社员、上海市文史研究馆馆员、上海市高校书法教育研究会理事、华东师范大学《中华书法篆刻大典》编委。

宋代诗人谢枋得诗

张苏予，1920 年出生，上海人，民盟成员，中国美术家协会会员。1940 年毕业于广西艺专，后在徐悲鸿任院长的重庆美术学院工作，并在徐悲鸿的指导下学画。擅装帧设计。曾任上海新华书店、上海人民出版社、上海人民美术出版社、上海古籍出版社美术编创人员，中国大百科全书出版社上海分社编委、上海人民美术出版社编审。其绘画、装帧设计作品《李长吉歌诗》、《中国科技史探索》、《中国百科年鉴》、《上海博物馆藏画》等多次在国内外获奖。编辑油画、年画、宣传画、连环画等大型画册数十种。

惊涛

汪观清，1931年出生，安徽歙县人。笔名耕牛莘堂主，自幼酷爱丹青，从事连环画创作30余年。1985年曾在安徽省博物馆举办个人画展，1987年、1988年应邀两度到日本讲学和举办画展。先后有十三幅作品被中国美术馆收藏。原为上海人民美术出版社副编审，现为上海市百草画院名誉院长，上海市民盟书画院院长，上海市文史研究馆馆员，上海人民美术出版社专职画家，上海美术家协会理事、安徽新安画派研究会顾问、黄山画院名誉院长。

曲乡水情

云南孟达集市

竺汉章，1937年生于浙江宁波，字迅涛，1962年毕业于上海轻工业学校造型美术专业，师从国画家王韵笙、黄幻吾、尤筱云等老师。1985年进修于上海师范大学美术系。在国画艺术生涯中，得先辈谢稚柳、唐云、陆俨少、应野平、张雪父、苏渊雷等教诲，青年时期蒙良师益友：陈人力、钱行健、韩天衡、苏春生常为指正。西画得益于汪志杰、谢立纲，数十年来专攻写意花鸟，尤为写真牡丹，致力于雅俗共赏之艺术道路，兼画山水。

现任上海市工艺美术家协会会员，上海市美术家协会海墨工作委员会会员，上海中西美术融合协会理事，上海交大思源书画研究所画师，上海迅涛艺术画廊主人。

作品多次参展国内外画展，入选《人民画报》、《上海书画家名录》、《世界名人录》、《情系奥运》、《中华书画宝典》，2005、2006年入选《任伯年杯全国书画大展赛》等大型画册及地方刊物30多部，2002年被应邀入选《新世纪、新昆山、新绘画——当代作品集》。作品深受人们喜爱并被收藏。

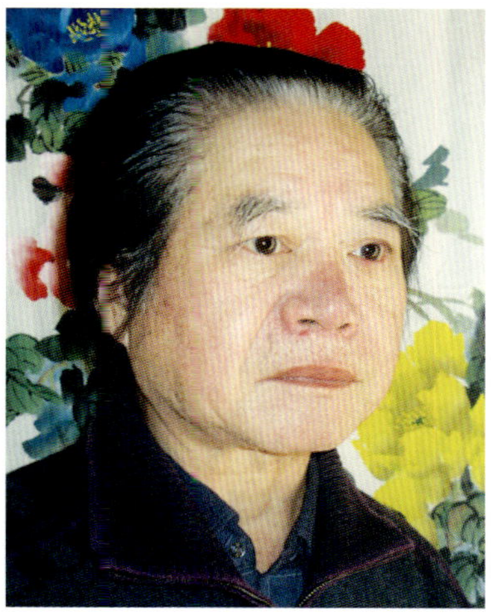

遍田黄花把艳阳

徐志文，1942年出生，上海宝山人。原上海中国画院画师，1987年作为访问学者应邀赴美讲学与展览，2000年始回上海定居。现为上海师范大学美术学院客座教授，美籍华裔职业书画家。多次在美国、日本、加拿大和中国香港、台湾及部分省、市举办个展，并获国际画展金奖、铜奖。

早年师从谢之光、唐云。山水浩瀚跌宕，波涌如雪，棘木恣肆，巨石如磐。气势华采是其山水画的主调。作品传承古意，清韵流长，亦兼写人物、花卉，而居异国多年，更博取西画印象之艳彩，画面一派新意。中西合璧，宛若唐宋新版。

出版有《徐志文画集》、《神州情怀——徐志文作品集》、《徐志文山水画精选》、《徐志文山水精品册》等。

维多利亚瀑布

秋溪待渡图

春露

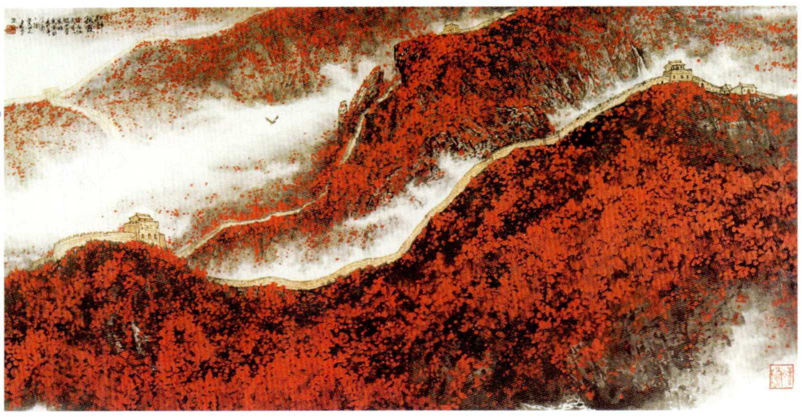

如醉秋霞

万壑奔流图

陈佩秋，女，1923 年生于昆明，祖籍河南南阳。字健碧，室名秋兰室、高华阁、截玉轩。1950 年国立艺术专科学校毕业。上海大学美术学院兼职教授；上海中国画院画师；中国美术家协会会员；上海市文史研究馆馆员。2004 年被授予“中华人民共和国文化部先进个人奖”。

作品有《天目山杜鹃》；《水佩风裳》入选第三届全国美展；《红满枝头》入选第六届全国美展优秀作品展。出版《陈佩秋画集》；《谢稚柳陈佩秋画集》。

多次在国内外举办个人艺术展。

花树春风又一年

高式熊，1921 年出生，浙江鄞州人。中国书协会员、西泠印社名誉副社长、上海市书协顾问、上海市文史馆馆员。其父高振霄乃晚清翰林、新中国上海市第一批文史研究馆馆员、著名书法家。他幼承家学，书法得到父亲亲授，20 岁时获海上名家赵叔孺、王福庵指导，擅书法、篆刻及印学鉴定，对历代印谱、印人流派极有研究。其书法楷、行、篆、隶兼擅，清逸洒脱，尤以小篆最为精妙，与篆刻并称双美。

对联

群星荟萃

方增先，汉族，1931年出生，浙江省人。上海美术家协会主席。1953年毕业于浙江美术学院，留校后为研究生。1955年任教于浙江美术学院中国画系，创作《粒粒皆辛苦》。1978年任第五届全国人民代表大会代表，当选为浙江省美术家协会副主席。1999年当选上海美术家协会主席。上海美术馆馆长、中国美术家协会常务理事、上海中国画院一级美术师、上海大学讲席教授。

20世纪后半叶现实主义中国人物画创作的代表人物之一，中国画坛具有影响力的“新浙派人物画”的奠基人与推动者。曾任第五届全国人大代表、上海美术馆馆长、中国美术学院荣誉教授、上海市美术家协会主席、中国国家画院中国画院院长。出版画集《方增先人物画》、《方增先水墨画诗意画》、《方增先古装人物画集》、《方增先人物画四十年》等，专著有《怎样画水墨人物画》、《结构素描》、《人物画的造型问题》等。2013年1月获第二届“中国美术奖终身成就奖”。

人物

李中贵，1939年出生，河北保定人。擅长中国画。1964年毕业于中央美术学院国画系。从师蒋兆和、叶浅予、李可染、李苦禅等大师。历任北京出版社美术编辑、中国美术家协会北京分会副秘书长、北京市文联书记处书记、北京美术家协会副主席、中国美术家协会党组副书记、秘书长。现为北京东方祥和书画院艺术顾问。作品入选全国美展并被有关部门收藏。曾赴港及日、美、德、泰、立陶宛等国访问并作学术交流。

紫气东来

王宏喜，1939年10月出生于江苏省灌云县，中国美术家协会会员，上海市美术家协会会员。师承亚明，陈大羽，沈涛等老师，1964年毕业于南京艺术学院中国画专业，在上海人民美术出版社从事连环画创作，1972年返回家乡连云港市从事中国画创作和群众美术工作，积极参与国内外的出版展览等各种艺术活动并多次获得嘉奖，在连云港市任美协主席和江苏省科普美协副理事长等职务。

1993年以艺术人才引进调入上海美术馆为专职画师。王宏喜笔耕五十余载，主攻中国人物画，兼攻山水书法等。王宏喜自小在海边成长，大海的奇伟、壮丽铸就了他艺术创作的气魄，作品渗透出宽广无限，气势磅礴的浩然之气。在国内外多次举办画展讲学，2011年在日本同潘宝珠举办画展，作品为国内外一些美术馆、博物馆等收藏。

杜甫

书法

对弈图

2012新民晚报夜光杯全国书画大赛

韩天衡，1940年5月生于上海，江苏苏州人，号豆庐、近墨者、味闲。工书法、篆刻，国画以花鸟见长。作品曾获日本国文部大臣奖、上海文学艺术奖等。出版有《韩天衡书画印选》、《中国篆刻艺术》等40余种。所著《中国印学年表》获全国首届辞书评比奖。现为上海中国画院艺术顾问（一级美术师），中国书法家协会理事，鉴定、收藏委员会副主任，上海书法家协会副主席，西泠印社副社长，中国美术家协会会员，上海吴昌硕艺术研究协会会长，上海美术家协会理事，上海交通大学教授。

书法1

荷净纳凉去

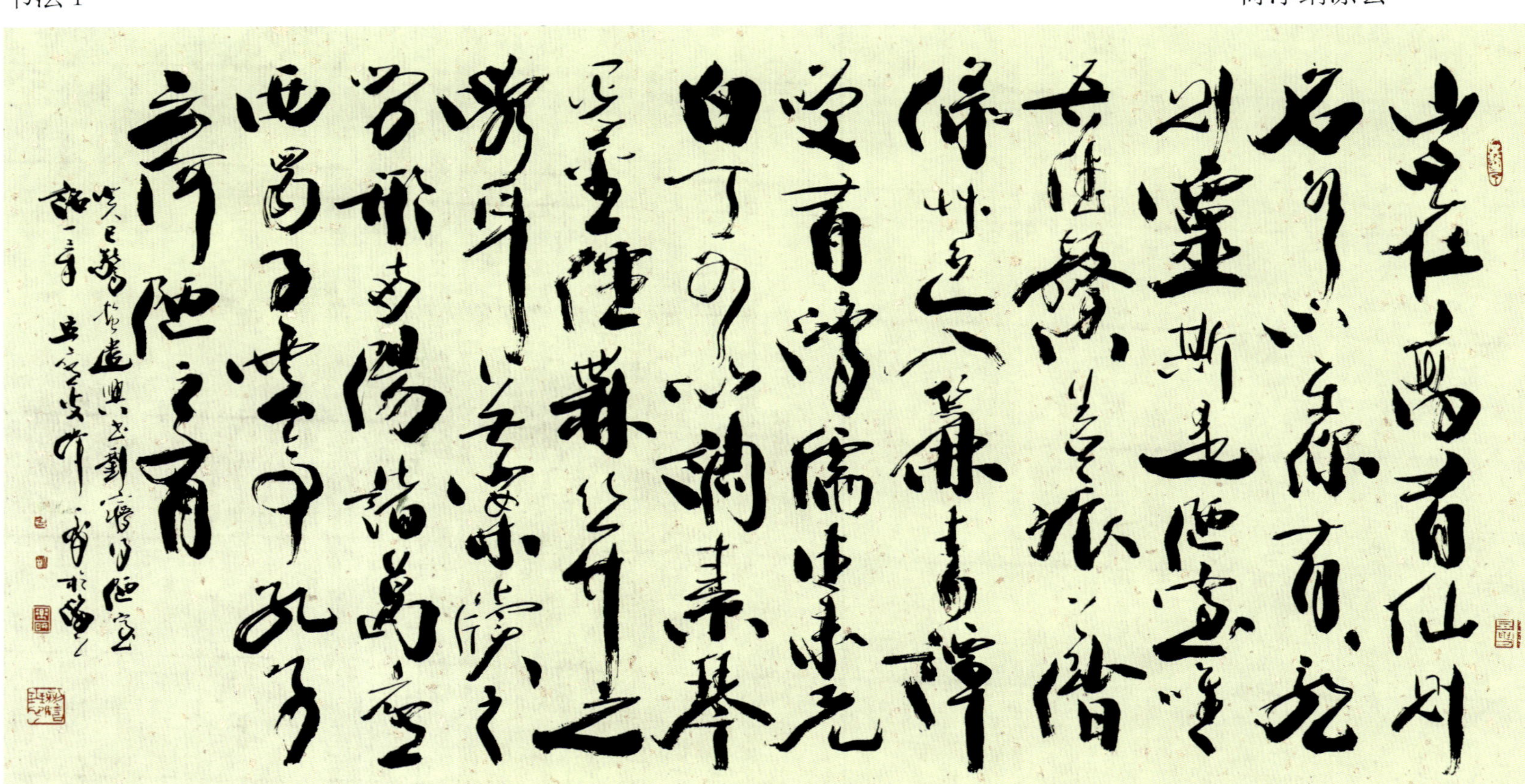

书法2

雄视图

陈人力，1941年出生于上海，20世纪70年代于上海画坛就享有盛名。当年中国国家文物局书画鉴定组组长谢稚柳就为他题下了“丹青妙手，人力同志写生唐老（唐云先生）见之有搁笔之叹，信不易及”。被誉为当代人山水画大师的浙江画院院长陆俨少也为他题下了“取黄王（元代大画家黄公望、王蒙）笔意以入葳蕤绿褥之中遂使生面别开，自出新意，钦佩之余，因志数语”。纵已倍受宠誉，但陈人力并不稍作停留，他一直在思考一个严肃的议题：如何让中国画走向世界，让西方人也能接受中国的画作之美。

20世纪80年代移居香港，在东西方文化荟萃之地，陈人力致力水墨画创新，并得到了时居香港的赵少昂（即台湾大画家欧豪年之恩师）的赞赏，且以“自创新风格，超然造化工”和“东风青助吹嘘力，开到人间一品红”，来推崇陈先生水墨画前无古人，亦断言陈人力只要得助，一定可以人间一品。

白鹭

2012 新民晚报夜光杯全国书画大赛

刘小晴，1942 年出生于上海，号一瓢、二罗，斋名一瓢斋。中国书法家协会会员，中国书法家协会学术委员会委员，第五届上海书法家协会副主席，上海书画出版社《书法》杂志副主编，上海文史馆馆员，上海大学文学院兼职教授，上海沪东画院院长，杨浦画院院长，杨浦区书法家、美术家协会顾问。

师从钱瘦铁、应野平，书善楷、行、兼工山水。1984 年正式调入上海书画出版社任专业书法编辑，此后又任中国书协学术委员，上海书协常务理事，从事书法理论研究，又加强创作实践，获得了丰硕的成果，出版了多部书法论著，在当代书学界产生了较大影响。曾受市政府邀请在豫园为来访的克林顿表演书法，并以“积健为雄”四字相赠。作品参加了一至七届中国书法展和数十届上海的各类展览。

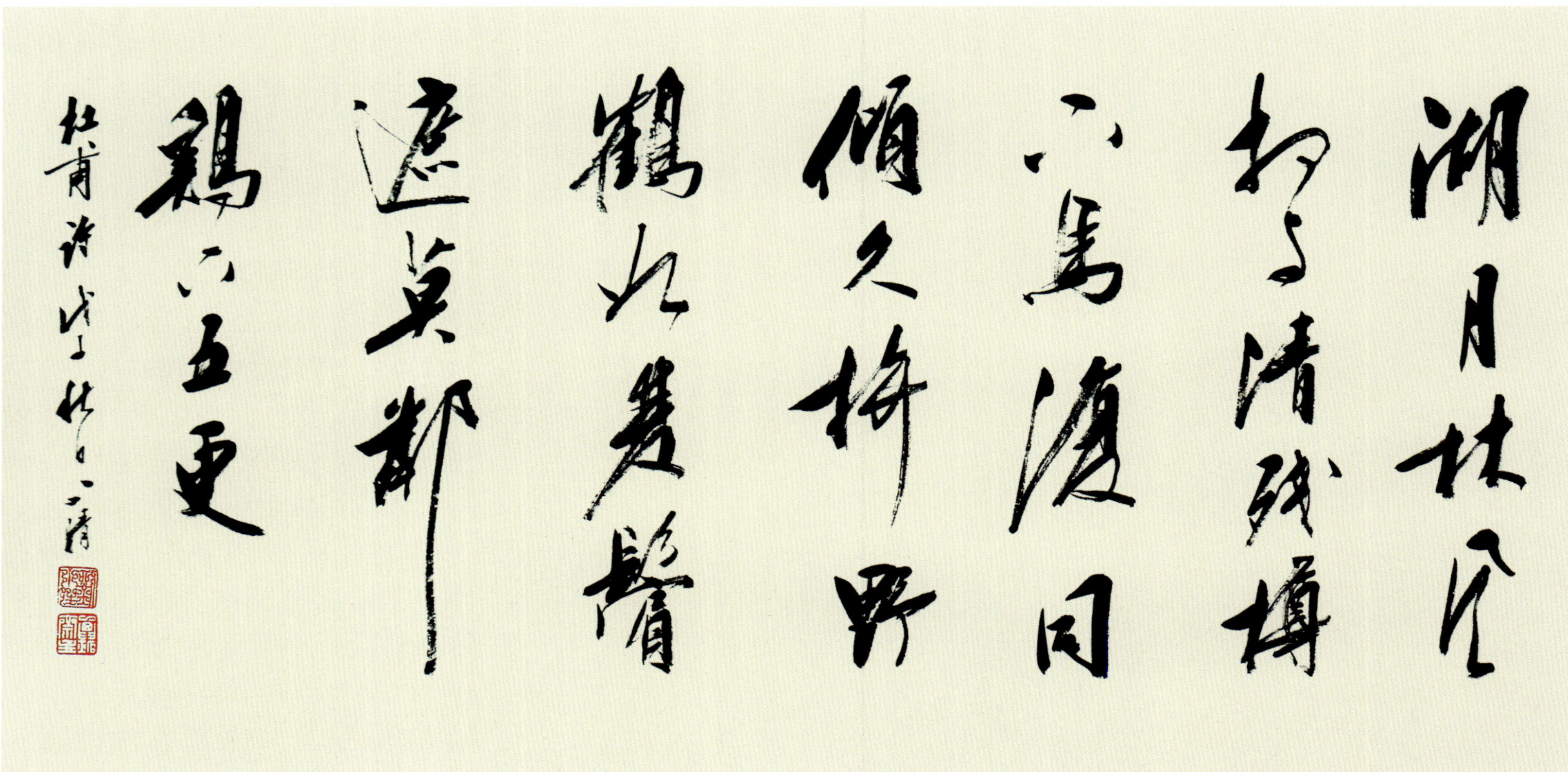

杜甫诗

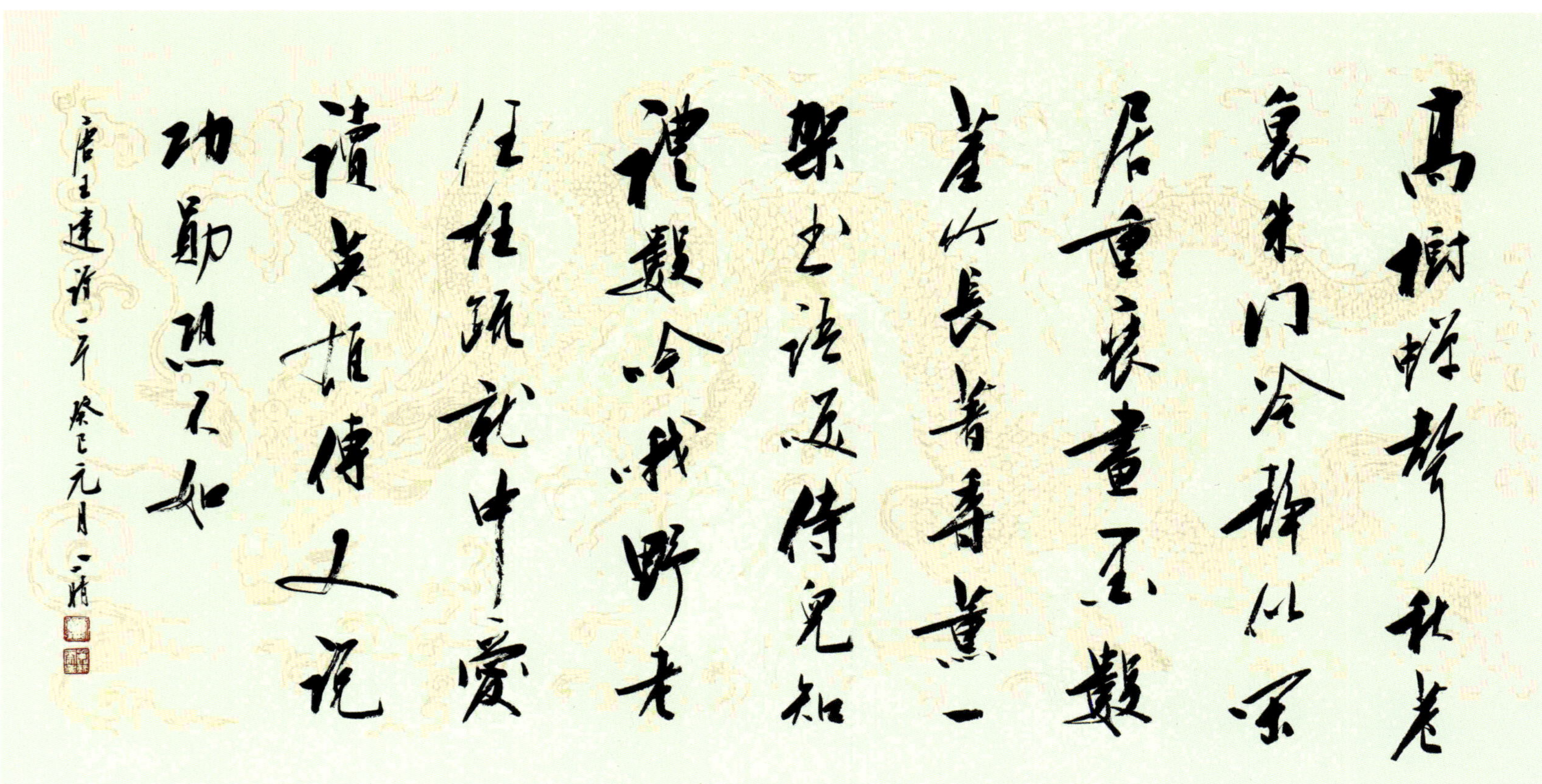

唐王建诗

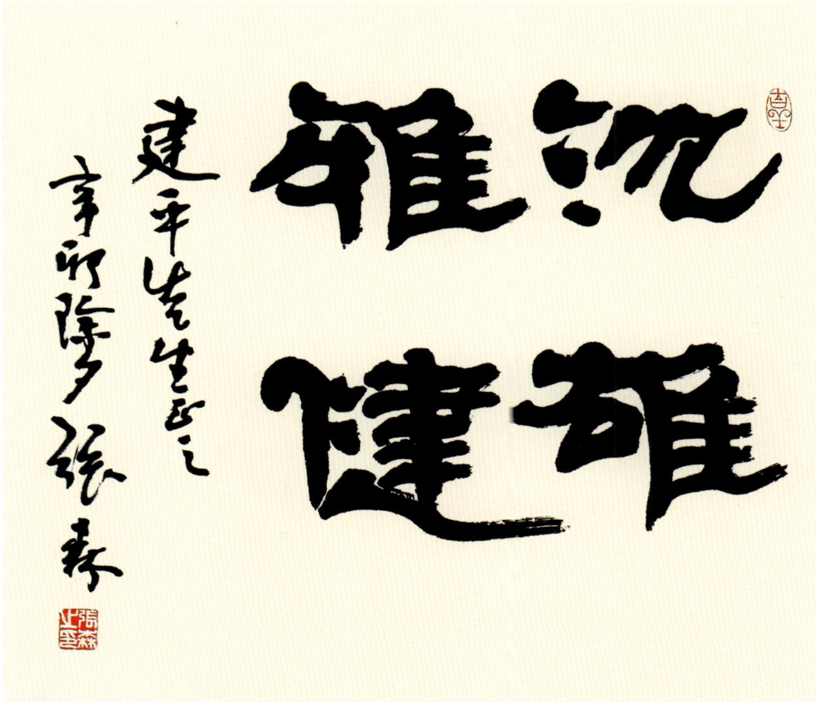

书法1

张森，1942年12月生于浙江温州，原籍江苏泰州。国家一级美术师；上海中国画院画师，艺委会委员；上海市美学学会副会长；上海市书法家协会顾问。

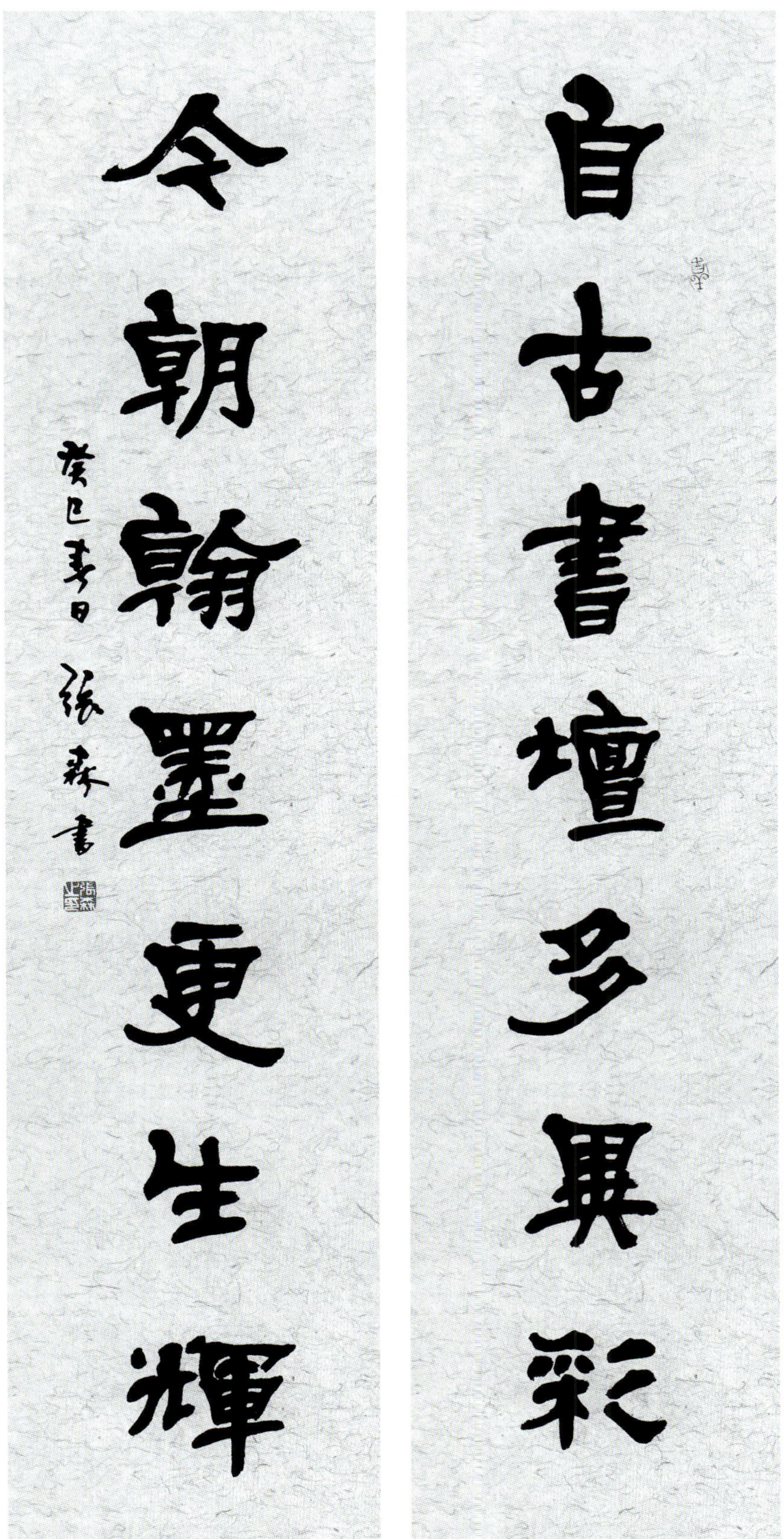

书法2

赵立凡，1943年出生，江苏省宿迁市人。原中央电视台副总编辑、《中国电视报》总编辑、《电视研究》副主编、高级记者、中国书法家协会理事、中央电视台书画院院长。现中国网络电视台总顾问、美术频道总编审。

1992年国务院授予有特殊贡献的专家荣誉证书，并享有政府特殊津贴。入编国家人事部《中国专家大辞典》、《中国专家名人辞典》、《中国当代电视人》辞典、《中国美术家交流手册》、《东方书画家》辞典等。出版专著《赵立凡诗词书法集》、《赵立凡书法艺术》，诗词集《心路微澜》、《一往情深》，主编《中央电视台栏目选介》、《电视论文集》，编著《中央电视台藏画精品选》、《荧屏金韵》、《光辉八十年人物画选》等。

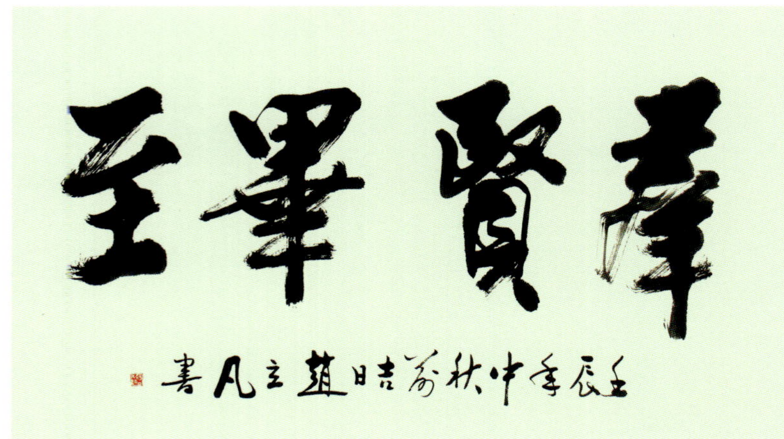

书法1

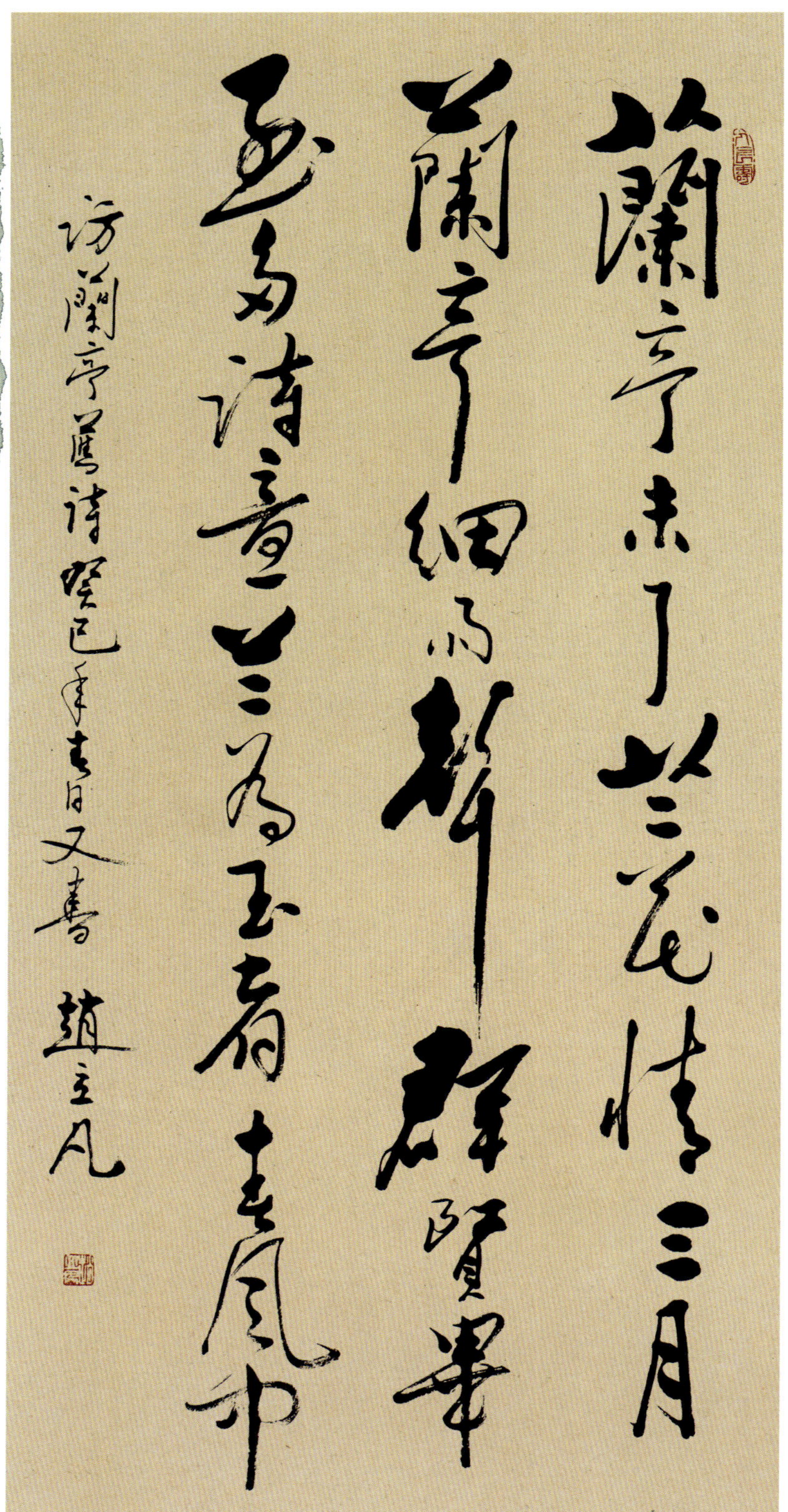

书法2

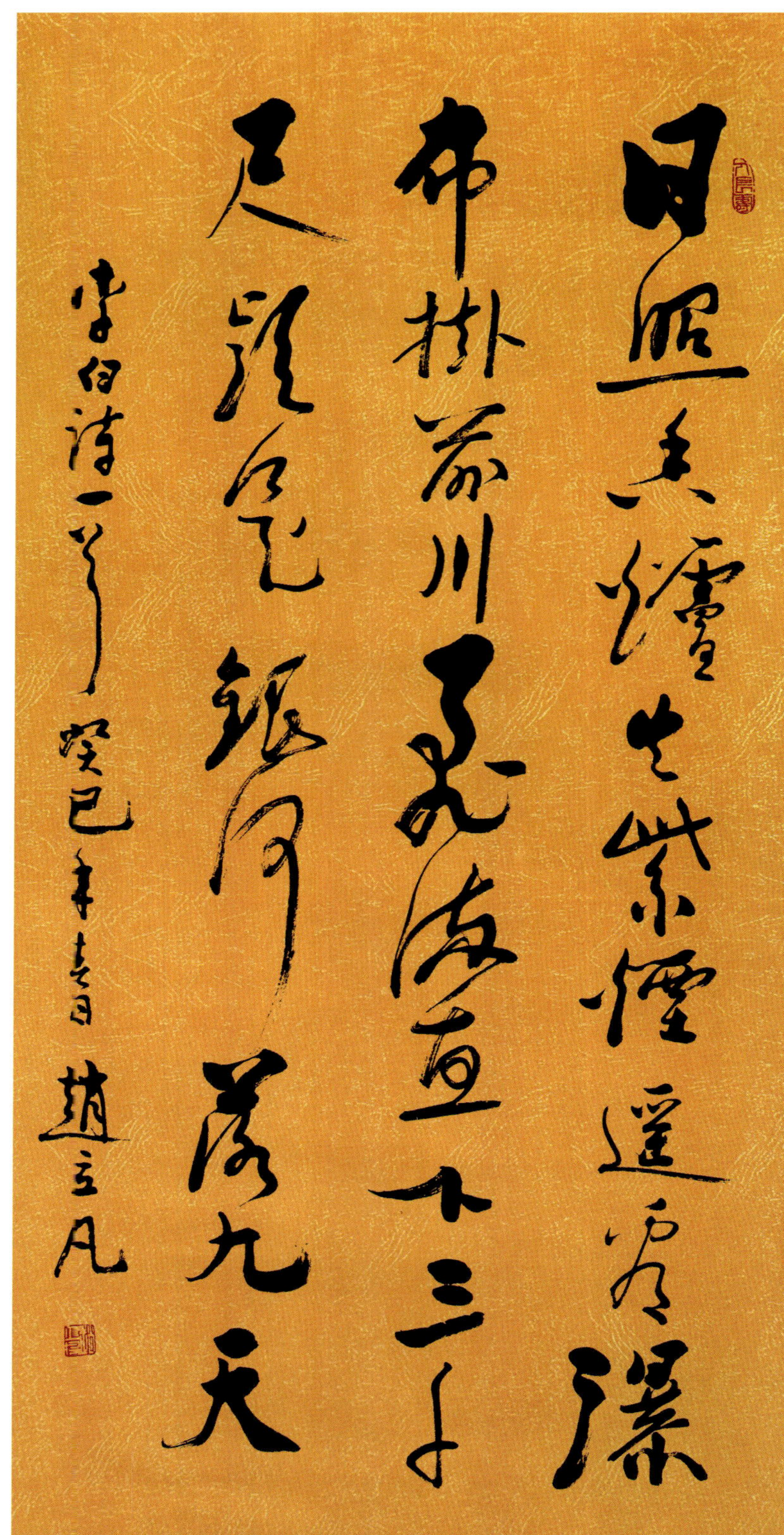

书法3

书法 1

周志高，1945 年 1 月出生，江苏兴化人。中国书法家协会第一、二届常务理事，第三、五、六届理事，中国书法家协会资深评委，先后为上海《书法》杂志执行主编和中国书法家协会《中国书法》杂志主编。现为《中国书法》杂志特约编委，中国楹联协会顾问，中国人民大学东方艺术研究所副所长、兼职教授。中国书协编辑出版委员会副主任，世界华人协会副理事长，中央文史馆书画院研究员，复旦大学、上海大学兼职教授，上海市书协主席、上海市文学艺术界联合会副主席。

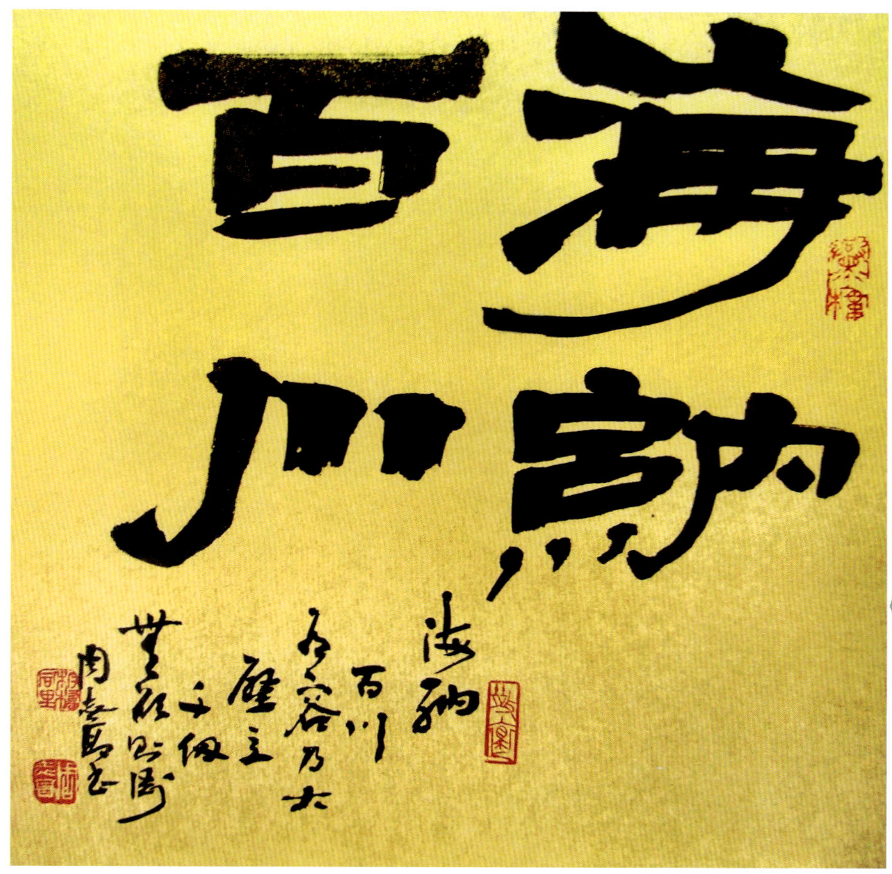

书法 2

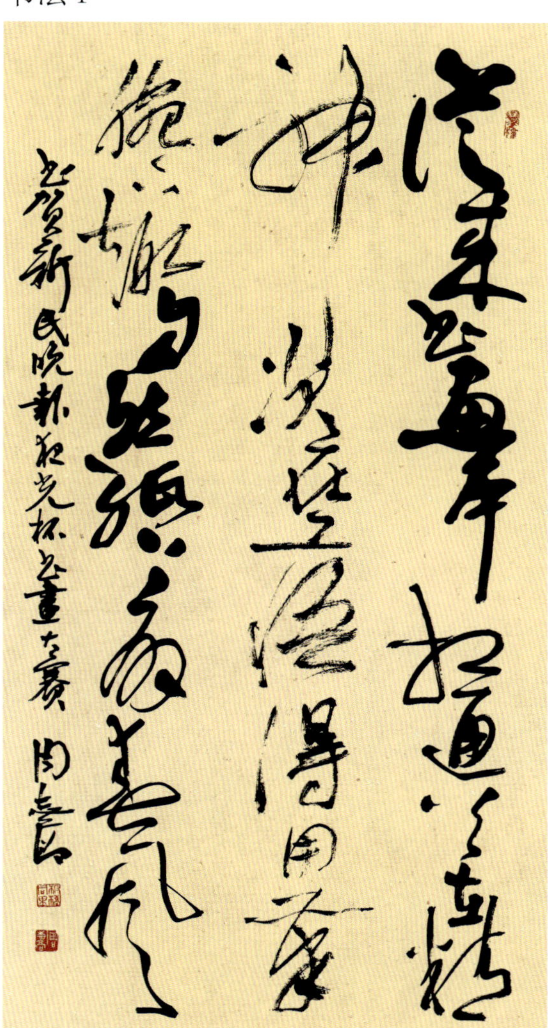

书法 3

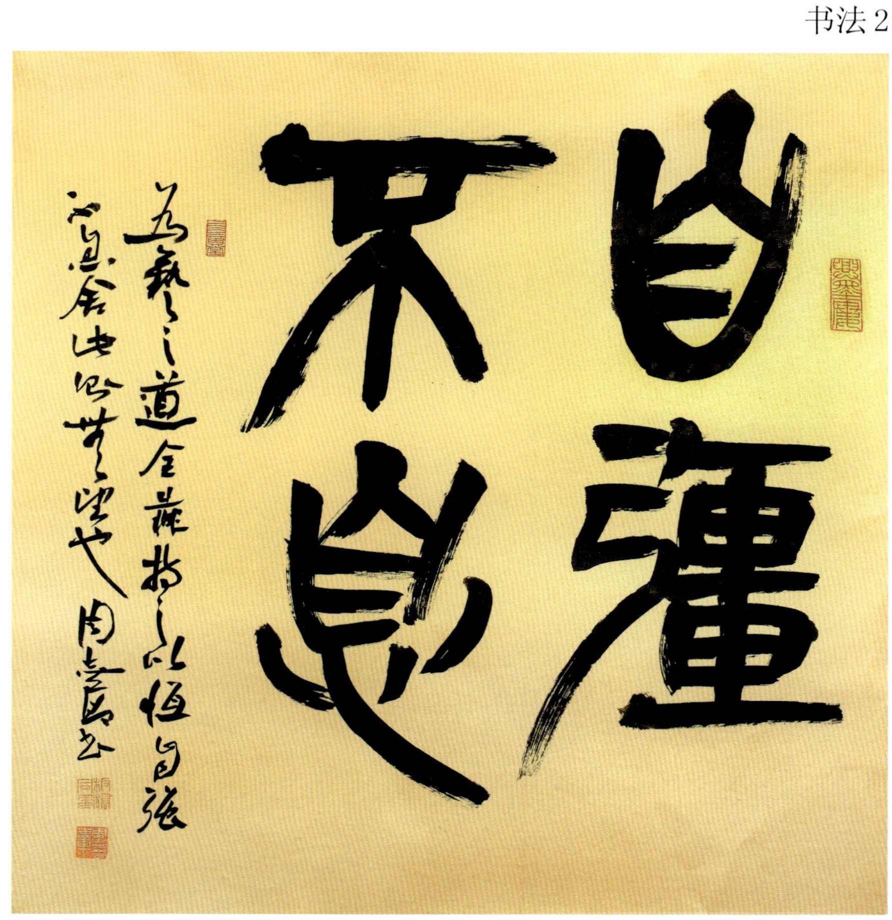

书法 4

张培成，1948 年生于上海，江苏太仓人。曾就学于中央美术学院，上海大学美术学院中国画系。现为刘海粟美术馆执行馆长，上海美术家协会常务理事，一级美术师，上海中国画院创作研究室副主任、兼职画师。

主要学术著述:《张培成画集》、《现代水墨创作表现技法》、《水墨延伸——张培成》、《上海中国画院画家作品丛书——张培成》等。

人物

车鹏飞，1951 年出生，山东莱阳市人。毕业于上海师范大学，国家一级美术师，中国美术家协会会员。

山水 1

山水 2

山水 3

山水 4

陈燮君，1952年生于上海，籍贯浙江宁波，在美国圣路易斯华盛顿大学哲学系学习博士研究生课程。现任上海市文物管理委员会副主任、上海博物馆馆长、上海市人大常委、教科文卫委员会副主任委员，研究员，博士生导师，兼亚欧基金会博物馆协会执委、美国亚洲协会国际理事会理事、国际博协中国国家委员会副主席、中国博物馆协会副理事长、上海文博学会理事长、上海市新学科学会会长，上海市美术家协会理事、中国书法家协会委员、上海市书法家协会主席团成员、上海市作家协会理事。

主要研究哲学原理、科学哲学、当代城市文化和新学科宏观理论、图书馆学、博物馆学、信息学、艺术管理、文博信息管理，首创时间学(与金哲合作)、空间学、学科学、世博学，并首先提出开创新学科学和新学科史学的系统构想，率先进行新学科理论研究。

出版了《学科学导论——学科发展理论探索》、《时间学》、《生活中的色彩学》等著作(包括合作)80多本，主编《世博词库》，参加主编《新学科辞海》、《世界新学科总览》、《21世纪世界预测》等，发表《战国楚竹书的文化震撼》、《千年丹青》、《百代法书》等论文、文章1000多篇，计达2000多万字。获上海社会科学院精英奖和全国、省市哲学社会科学优秀成果奖80多项。享受国务院颁发的政府特殊津贴。被英国剑桥世界名人传记中心授予“世界名人”证书和“20世纪2000名杰出科学家”证书。被意大利共和国授予意大利“仁惠之星”骑士勋章和证书。

荷莲系列一

荷莲系列二

风和日丽

鱼戏莲叶北

欧风掠影

绿莹莹的城市

亚得里亚海的人文关怀

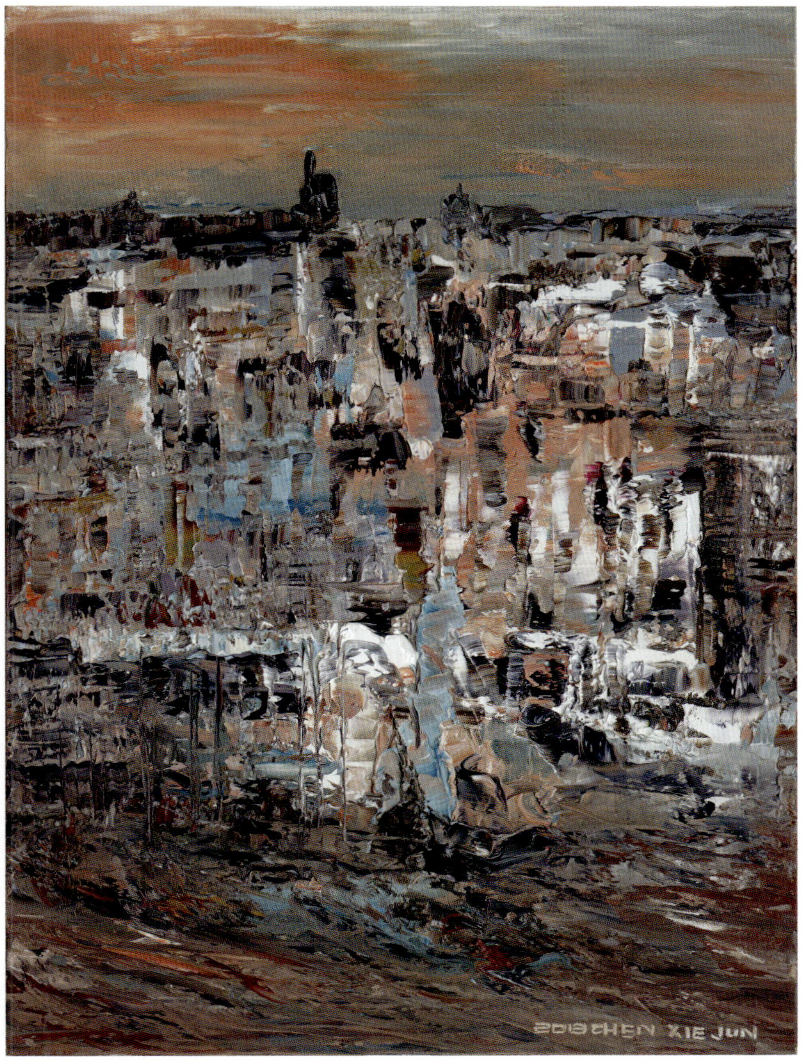
选择经典

戴小京，1953年生于北京。祖籍山东省博兴县，1982年毕业于广州中山大学中文系，获学士学位。1983年起入上海书画出版社从事书画专业工作。现为上海书画出版社副编审、《书法研究》主编、《写字》杂志主编、中国书法家协会学术委员，中国书协理事、上海书协副主席兼秘书长。上海市青年文联副会长、上海市青年文联副会长、上海市青年书法家协会会长。1993年起担任上海朵云轩艺术品拍卖公司首席拍卖官。

专著有：《吴湖帆传略》、《书法创作》、《二十世纪文化名人与上海吴湖帆》、《康有为论》、《严峻的思考》、《二王论》。作品入选《中南海楹联集》、《中国首届自作诗词书法集》、《海上书法作品集》、《中国当代名家书法作品集》；参加上海大阪、上海横滨、中韩等各类国际大展及国内各类展事数十次。

韩愈春雪

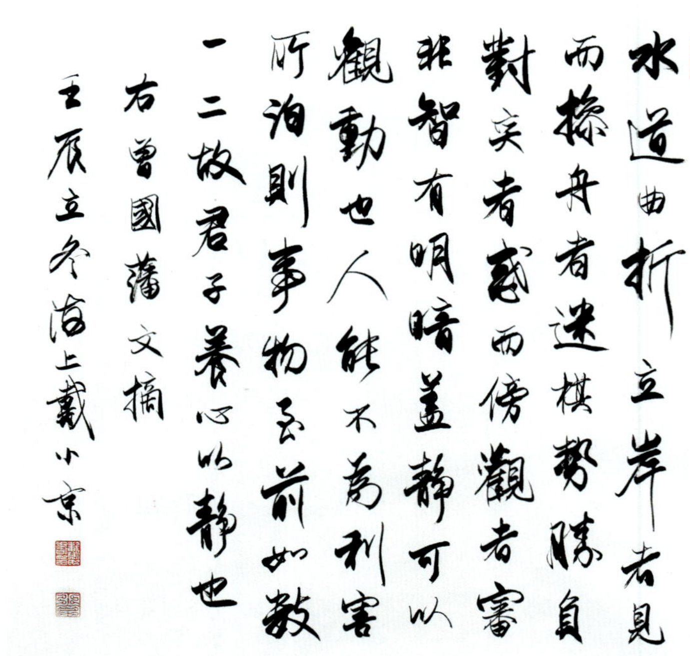

曾国藩文摘

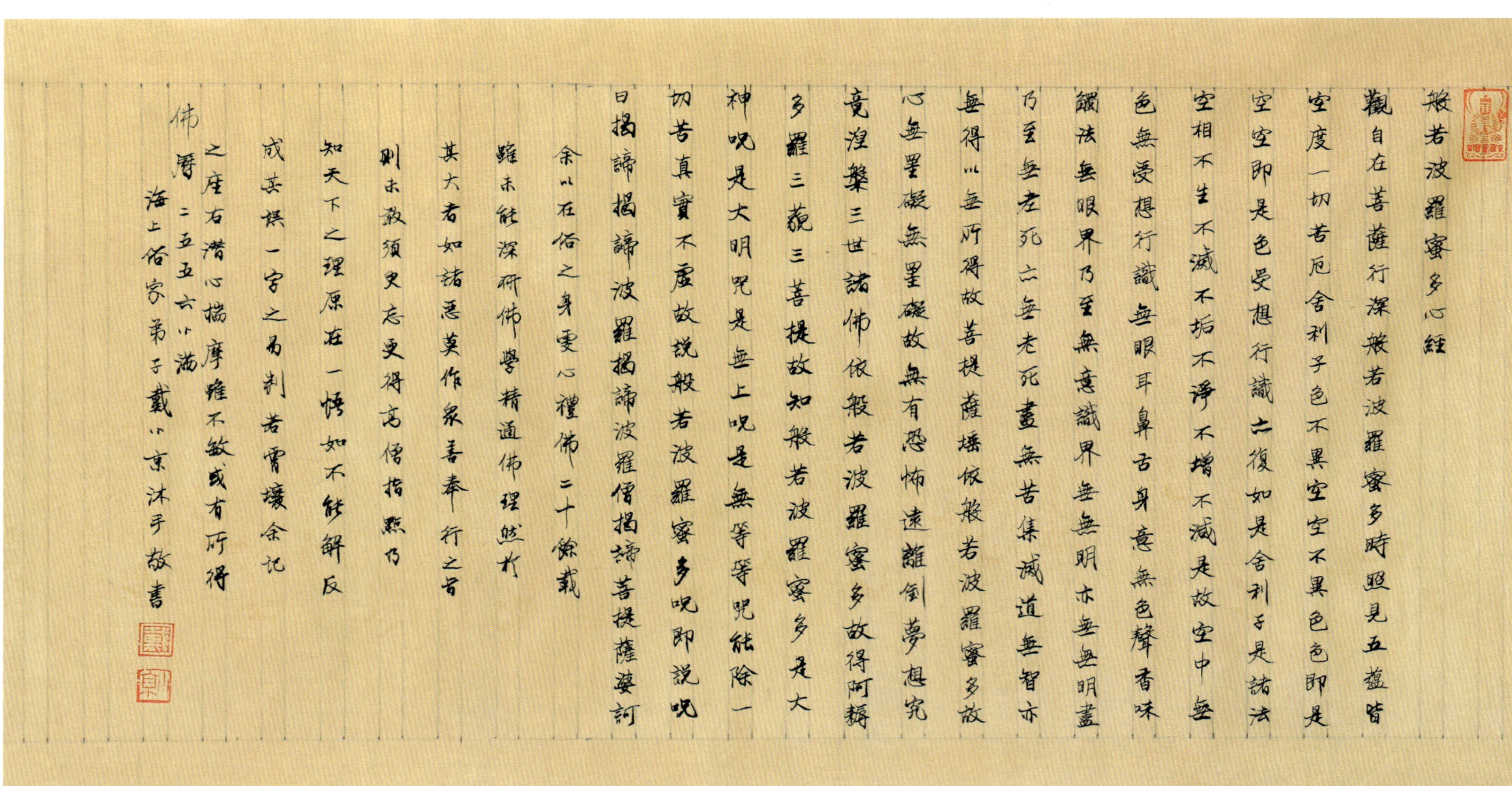

般若波罗蜜多心经

杨留义，1955 年生于河南遂平，祖籍河南南阳，南京艺术学院毕业。现为文化部华夏文化遗产保护中心副秘书长兼书画委员会主任、文化部华夏文化遗产中国画院常务副院长兼秘书长、中国艺术创作院副院长、中国艺术创作院山水画院院长、中国美术家协会会员、国家一级美术师。

作品《云断秋山》、《秋水同行》、《接天宇之气》、《脊梁》、《清夏》等，多次参加全国、国际大型美展，并多次获奖。1993 年荣获中、英、美、日、法等十多个艺术权威机构联合颁发的“世界艺术名人证书”并被授予有突出贡献的“优秀书画家”荣誉称号。《秋熟》、《生命礼赞》、《汉魂唐魄写江山》、《江南民居》等作品分别被中国美术馆，人民大会堂，中央军委大楼，北京奥申委，中国驻法、俄、意大利大使馆，多伦多艺术馆等单位收藏。

水光山色与人亲

青山生祥云　松高接长天

大象无形

惠风和畅

杨育才，1956年生于山东，号奉德，祖籍山东郓城，定居北京，大学毕业，中央美术学院结业，中国艺术研究院硕士研究生学历，政协委员，享受政府特殊津贴。

现为多处高等美术院校兼职教授和客座教授，国家人事部艺委会一级美术师，全国书画大赛评委，《中国绘画年鉴》编委。中国画院艺委会委员，中国国画家协会理事，中国工艺美术师，中国工艺美术学会会员，北京渍色绘画艺术院院长“渍色牡丹”画创始人。

1991年由北京燕山出版发行《杨育才墨竹》画集。2003年由香港国际统一出版社出版《杨育才画集》两部。2006年由杨育才著，中国绘画年鉴编辑出版了高等美术院教材中国画新技法丛书《渍色牡丹画法》。2008年由北京工艺美术出版社出版《中国当代名家艺术研究——杨育才渍色牡丹画艺术》画集。2009年由中国戏剧出版社出版神州国光画集《杨育才渍色牡丹艺术》卷。2011年由中国美术出版总社出版《当代画坛精英杨育才画集》。

2013年由中国美术出版总社出版中国画院美术家作品集《杨育才画集》。

太行之行

春风时节

富贵吉祥

雅香

乐震文，1956 年生于上海，浙江镇海人，上海书画院执行院长、民建上海市委文化艺术委员会主任、中国美术家协会会员、上海大学美术学院教授、上海中国画院兼职画师。

著作有《怎样画树》、《怎样画瀑布》、《怎样写生山水》、《吉鸟百姿》、《四季燦燦——乐震文作品集》、《水墨画构图技法二十四式》、《山水画写生创作技法》、《革命胜景图册》以及画集多种。

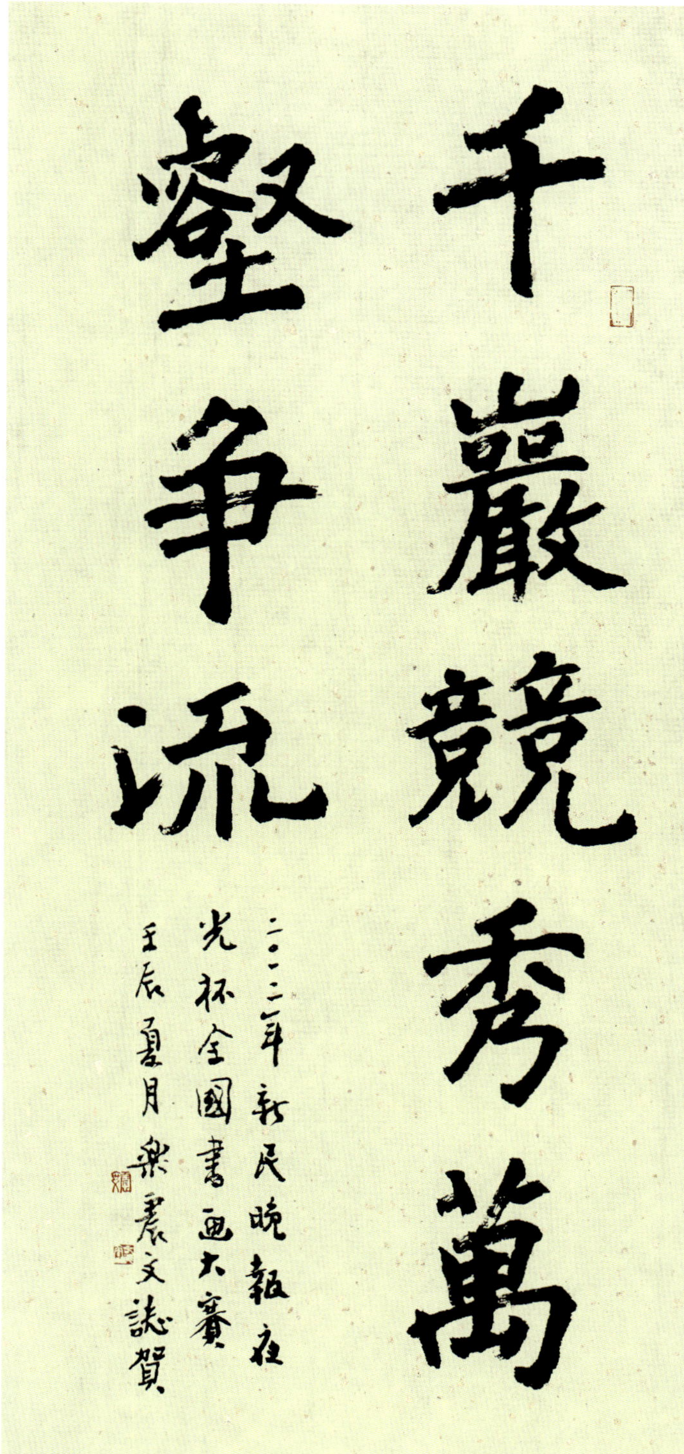

书法

残云收夏暑　新雨带秋雨

寒山转苍翠　秋水日潺湲

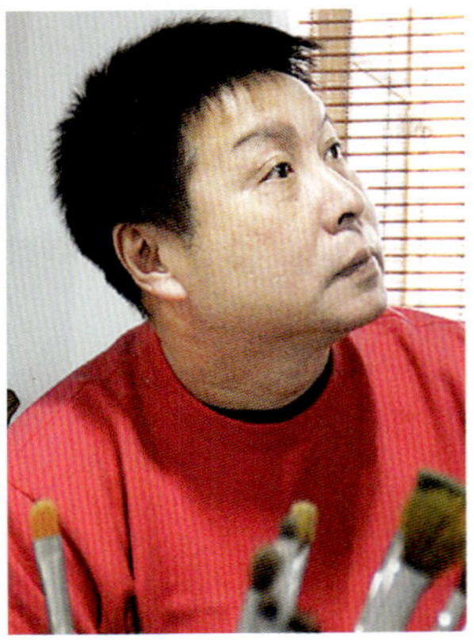

黄伟明，1956年生于上海。毕业于上海外国语大学，曾赴比利时布鲁塞尔文化艺术大学留学。现为新民晚报专副刊部副主任，《国家艺术杂志》周刊、《新民时尚》周刊、《现代家居》周刊主编。

1999年里昂双年展、2001年米兰设计家联展、哥本哈根城市艺术展、上海10佳设计师评委会委员；2002年赴亚利桑那艺术学院讲学、上海名家人体画联展；2006年上海“呼唤生灵”个人油画展；2009年上海“像泥土一样生长”个人油画展。

凡·高故居

巴赫故居

雪松

陈琪，1958年出生，浙江浦江人。上海市美术家协会秘书长、中国美术家协会理事。1978年12月入伍。1985年考入南京艺术学院美术系，1986年获“刘海粟大师”奖学金。擅长中国画人物、花鸟，喜书法。

1987年作品《箭在弦上》参加建军60周年全国美展并被国务院文化部、总政治部、中国美协评为优秀奖(中国美术馆收藏)。

硕果

晚秋

西藏写生

2012 新民晚报夜光杯全国书画大赛

郑辛遥，1958 年生于上海，现任中国美术家协会理事、中国美术家协会漫画艺委会副主任、中国美术家协会动漫艺委会副主任、上海市美术家协会副主席，新民晚报社资深美术编辑。漫画作品曾在比利时、意大利、日本等国际漫画大赛中获奖。《智慧快餐》系列漫画曾获第八届全国美展优秀奖、第三届上海文学艺术优秀成果奖。1998 年被评为上海首届德艺双馨文艺家。2009 年获第九届上海长江韬奋奖。

鲁迅

刘海戏金蝉

吴建平，1958年生于上海，现为国家一级美术师，文化部华夏文化遗产《中国画院》委员、画师；北京世纪名人国际书画院院士；上海清墨礁书画社社长；上海宁波同乡书画院画师；上海牡丹画院画师；上海中西美术融合协会画师；《人民画报》画师；《中国绘画年鉴》执行副主编、上海办事处主任。

现有多幅作品被联合国“世界老子同盟会”、中国第一历史档案馆、《中共中央党校》、大风堂艺术馆、《中国画院》、北京大学、上海毛泽东旧居、台湾、马来西亚、新加坡及日本、澳大利亚人士等收藏。

2012新民晚报夜光杯全国书画大赛总策划，组委会副秘书长。

钟馗巡街

观梅图

2012 新民晚报夜光杯全国书画大赛

李磊，1965 年生于上海，现为上海美术馆执行馆长、上海青年文学艺术联合会副会长、中国美术家协会理事，上海市美术家协会常务理事。

1996 年开始中国抽象艺术创作和研究，将中国文化的核心理念与国际上成熟的抽象艺术语言相结合，走一条中国的抽象艺术之路。作品有《禅花》系列、《忆江南》系列、《意象武夷》系列、《醉湖》系列、《天外天》系列、《海上花》系列、《四川的森林》系列等。

在北京、上海；美国纽约；德国法兰克福、林茨；荷兰阿姆斯特丹、博克斯梅尔；比利时布鲁塞尔举办过个人画展。

出版专集有：《海上油画名家——李磊》、《中国当代艺术家画传——李磊、诗意的抽象》、《今日中国当代艺术家——李磊、楼高人远天如水》、《 Li Lei —— Chinese Abstractionist 》等。

无忌

初夏的回忆

风满云头花满天

楼高人远天如水之一

陈爱东，男，1969 年生于江苏苏州，幸缘堂主。毕业于南京农业大学经济管理学院，中共党员。先后问益于著名书法家陆家衡、常健君等前辈，后又得到著名书画印泰斗韩天衡的亲力指导。曾任首届、2006、2007“任伯年杯”全国书画大展赛组委会副主任、秘书长、评委。2012 新民晚报夜光杯全国书画大赛组委会副秘书长、特邀评委。编著有《首届、2006、2007“任伯年杯”全国书画大展赛作品集》、《2006“任伯年杯”全国书画大展赛作品集》、《2007“任伯年杯”全国书画大展赛作品集》、《文采风流今尚存——2012 新民晚报夜光杯全国书画大赛作品集》等多部书画典集。现为上海幸缘堂书画有限公司董事长、幸缘堂书画院院长。

天道酬勤

张东升，山东省泰安市人，生于1963年，现为中国美术家协会山东分会会员，泰安市美术家协会理事、副秘书长，华夏泰山书画院副院长。自幼酷爱书法，多次参加全国性书画大赛。获奖经历：2009年入选首届全国“徐悲鸿奖”中国画展，2010年入选中国美协“全国首届现代工笔画大展”，2012年入选中国美协“锦绣中原”、“翰墨新象”全国中国画作品展、2012新民晚报夜光杯全国书画大赛特等奖等。

荷塘月色——鱼水情

陈显明，男，1963年出生，中国书法家协会会员，江西省书法家协会理事、江西省篆刻委员会委员，鹰潭市书法家协会副主席。

作品参加：全国首届青年书法篆刻展；“冼夫人奖”全国书法大赛；第三届兰亭奖“尧山杯”新人展；全国首届、二届篆书展；第三届“林散之奖”书法双年展；中国贵州“百里杜鹃”书法展；中国“瘗鹤铭奖”全国书法展；全国第二届册页展；“王羲之奖”全国书法展；“张芝奖”首届全国书法展；“孔子奖”全国书法展；“赵孟頫奖”全国书法展；七届楹联书法展。

曾获奖项：“乌海杯”全国书法展优秀奖；新民晚报“夜光杯”全国书法大赛特等奖；第二届“墨舞中原”全国书法电视大赛一等奖；第22届全国图书博览会书画展一等奖；“楚天智海杯”全国书法展一等奖；“白沟新城杯”全国书法展一等奖；“品质东乡”全国书法大赛一等奖；“三阳书院杯”全国书法展一等奖；迎“六五”全国环保书法大赛一等奖；江西省第八届书法篆刻展一等奖；江西省第四届青年书法篆刻展一等奖；第二届“北兰亭”全国书法电视大赛二等奖；“墨舞神州”全国电视书法大赛二等奖；“高铁杯”全国书法大赛二等奖；江西省首、二届楹联书法展二等奖。

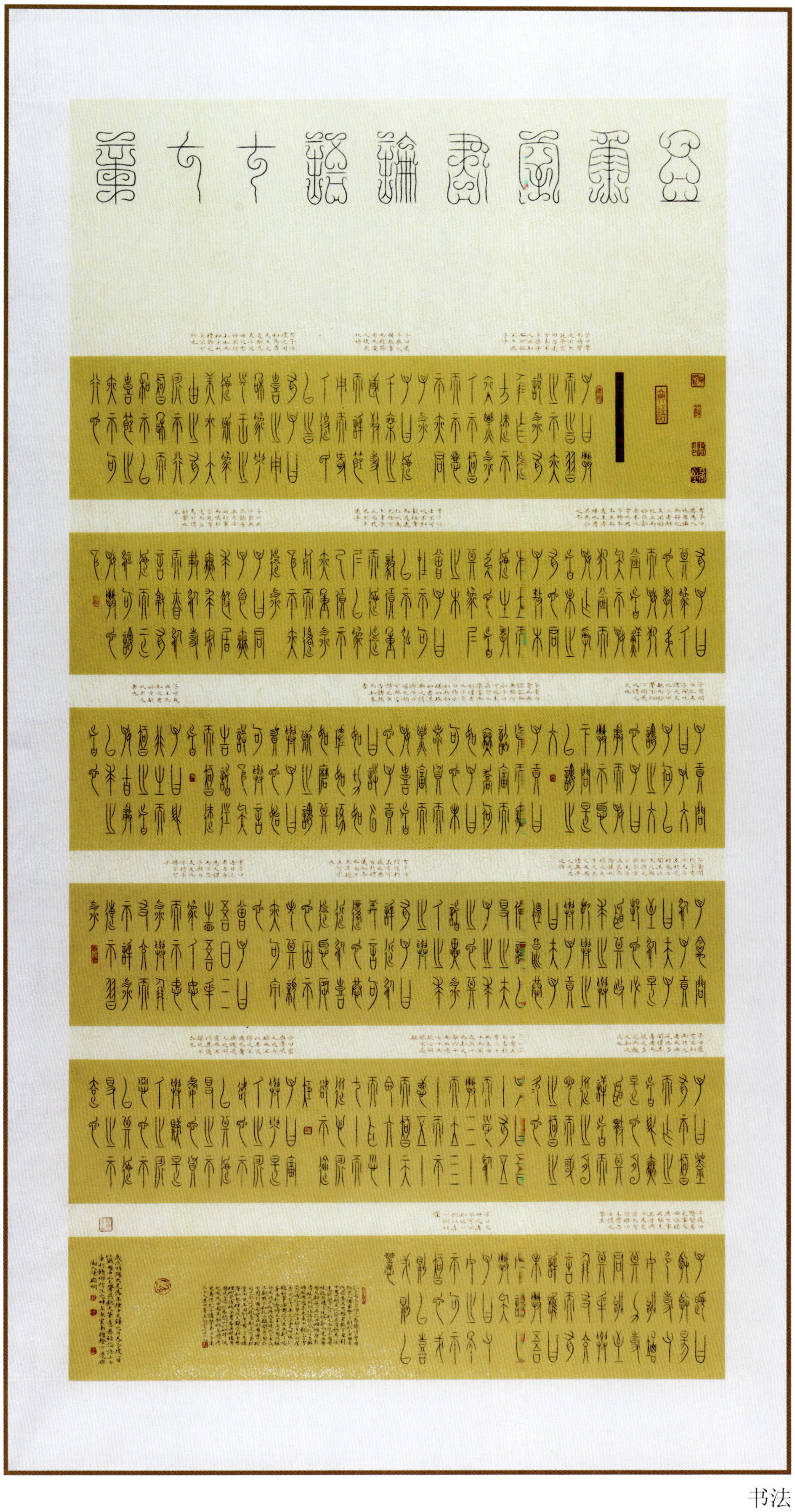

书法

姜霁良，男，1971年出生，汉族，中国工笔画学会会员、吉林省美术家协会会员。

2007年作品《骤雨初歇》入选中国美协全国工笔重彩作品展，《香瓜》获“中国画·画家乡”全国书法美术作品展一等奖。

2009年《石阶记忆》获第二届“义海杯”全国书画大奖赛银奖，《秋歌》入选上海东方美术馆全国中国画名家邀请展。

2010年《水浒·好汉图》获第三届“义海杯”全国书画大奖赛银奖，《站点》参加“奚仲杯”全国书画作品大展获银奖。

2011年《金秋》入选中国第八届工笔画大展暨中国新农村建设成就绘画展，《票友》入选2012当代百名中国工笔画家提名展，《朝霞》入选荆浩杯中国画双年展，《好汉图》参加夜光杯全国书画作品展，获得金奖 。

天罡星——水浒人物

张军，1973年生于河北省高邑县，河北美术家协会会员，河北新闻书画家协会秘书长。

2010年获中国新闻奖二等奖。

2012年作品《长空辽阔》获中国永乐宫第五届国际书画艺术节百佳奖。《祥云》入选“荆浩杯”中国画双年展，《天韵获》获第七届当代中国山水画展银奖，《浮云》获第七届海峡两岸书画展优秀奖。

寥廓

王一良，1979 年出生，甘肃甘谷人。广西书法家协会会员，中国榜书研究会会员，中国楹联学会会员，中国首批企业文化师。国家书法考级认证毛笔十级，硬笔十级。8 岁学书，初学柳、颜，后入魏碑、二王。

在《中国书法》《书法》《书法报》《书法导报》《青少年书法报》等报刊发表作品或论文。

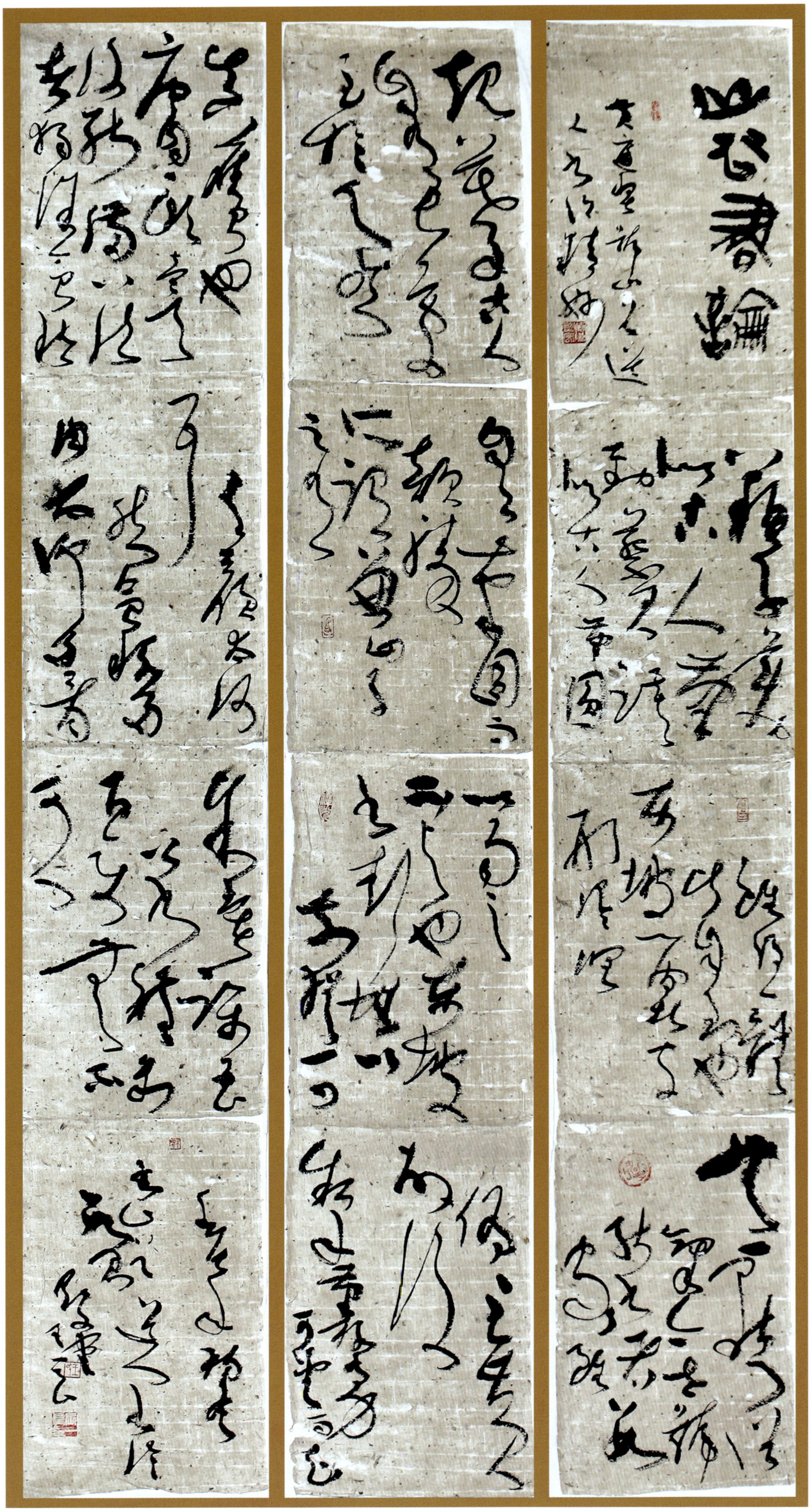

山谷书论

李峻，男，生于1964年9月。6岁开始习书，入手赵孟頫小楷选字帖，兼临柳公权神策军大楷选字帖。又涉王行书、唐怀素、张旭草书。进小学被黄浦区、长宁区少年宫书法班录取学习书法，日益长进，成绩出众。作为少年宫书法班的优秀学员，每次代表书法班学员与来访的国际友人进行交流书法。又受张森法家、刘小晴法家拨冗指点。70年代开始参加多次市级、区级的书法展览并获奖。1987年加入了上海市书法协会。为提高青少年对书法的兴趣，培养和宣传青少年书法，曾有多名学生在上海市级书法考级合格。在日本期间，还举办个人书法展览，深受东瀛同行好评。

2010年参加首届上海楷书大赛入展；2011年参加首届上海草书大赛入展；2012年参加第四届上海市民艺术大展书法主题展入展、第二届上海市楷书大赛成人组特等奖、新民晚报“夜光杯”全国书画大赛金奖。

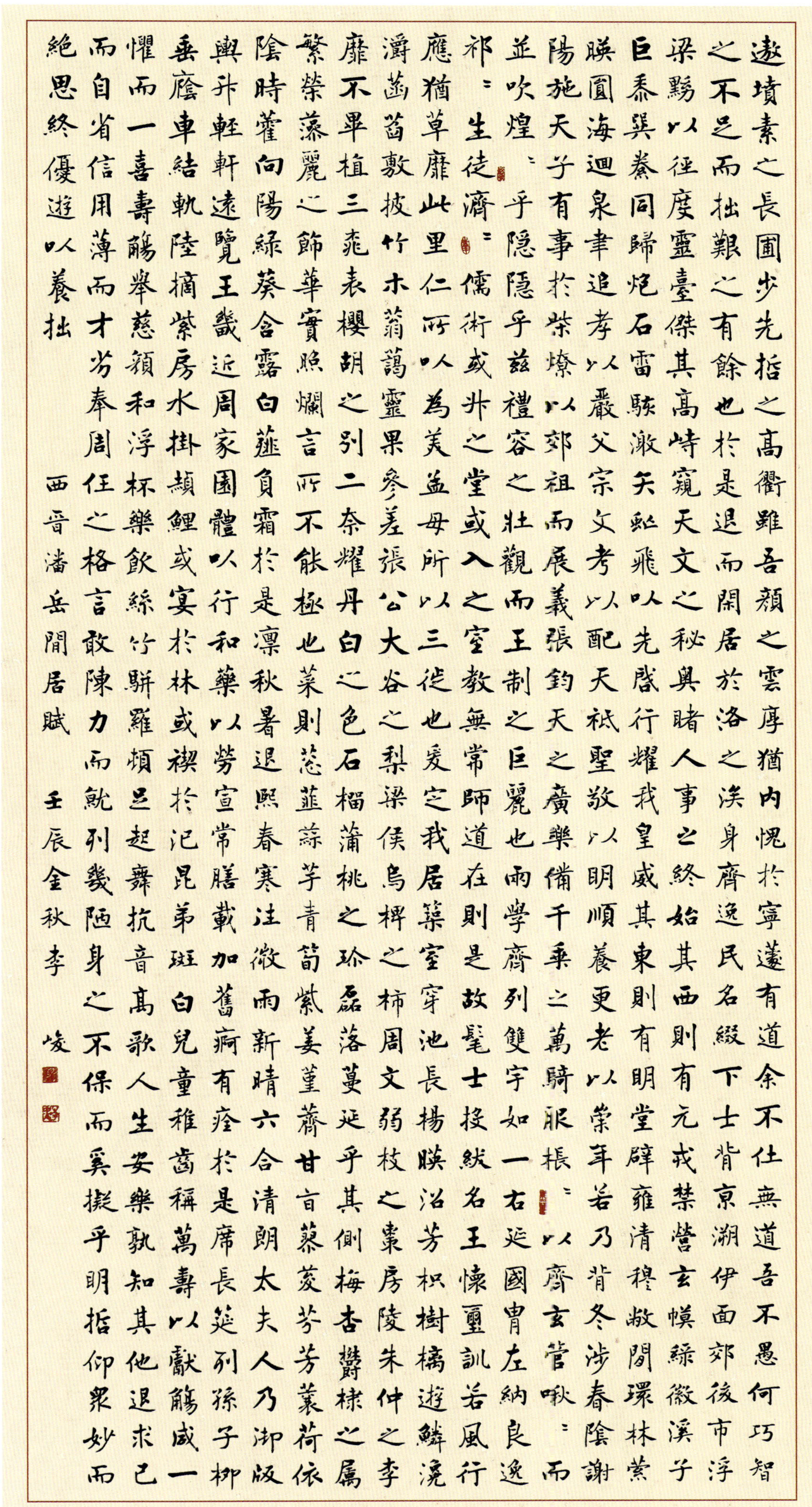

潘岳——闲居赋

李权，男，汉族，1983年生于甘肃省，毕业于天水师院中文专业，其国画作品多次参加全国及省市美术展览部分并获奖，现为甘肃省美术家协会会员。

2010年参加第三届永乐宫国际书画艺术节获“优秀奖”（中国美协、中国书协主办）；首届“孔子艺术奖”获“获奖提名”（国家旅游局、山东省人民政府、济宁市委、济宁市人民政府主办）；“新宏杯”全国书画大奖赛获“三等奖”（河南郑州市书协、二七区书协主办）；第三届“义海杯”全国书画大赛获“优秀奖”（青海省文联、青海省书协、青海省美协主办）。

2011年参加“绿染蒲县”全国书画大赛获“三等奖”（山西省书法家协会、山西省美术家协会主办）；“接官厅”杯全国书画精品展获“优秀奖”（辽宁盘锦市文联、美术家协会主办）；“飞龙湖”杯全国书画大赛（遵义市文联、遵义市美术家协会主办）；第四届山西芮城国际书画艺术节获百佳奖（中国美协）。

2012年入展“2012年全国中国画展”（中国美协主办）；荆浩杯中国画双年展（中国国家画院主办）；第五届山西芮城国际书画艺术节获优秀奖（中国美协主办）。

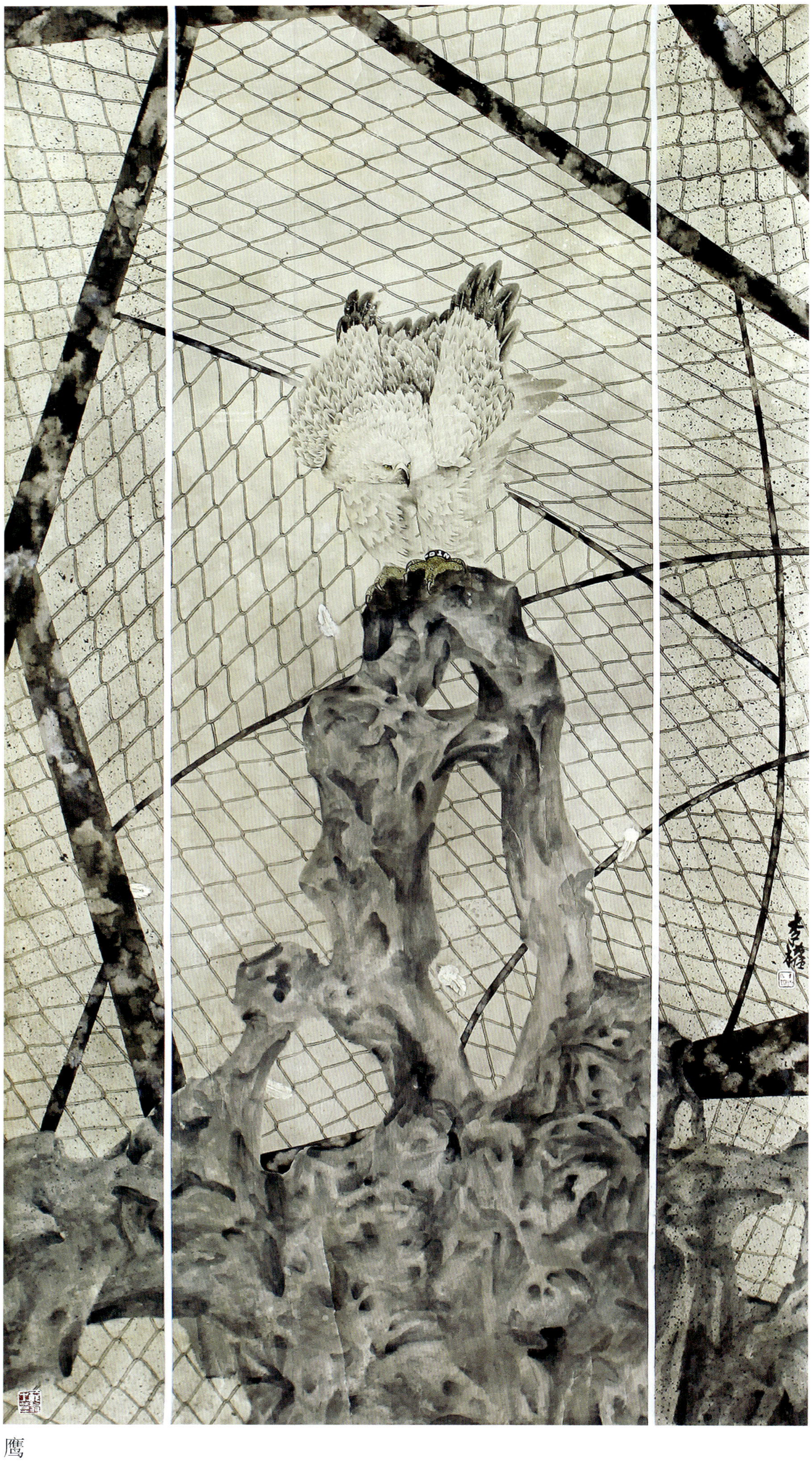

鹰

毕华先，生于 1970 年，山东沂源县人，民革中央画院专业画家、中国美术家协会首届创作高研班山水画创作室成员、山西省美术家协会会员。作品以中国画为主，作品多次参加全国大型美展获奖并入编画集。出版《毕华先山水画集》、《毕华先人物画集》、《毕华先动物画集》、《毕华先作品精选集》等。

秋亦浓

2012 新民晚报夜光杯全国书画大赛

王敬生，职业画家，广东省汕尾市人，擅山水，花鸟，人物，尤精工笔花鸟，在全国书画大展中多次获奖。现为中国城市艺术专业委员会委员，中国青年美术家协会理事，中国书画家协会理事，广东省美术家协会会员。

深秋

银奖

叶雄，上海市浦东新区人，生于1950年，毕业于上海大学美术学院国画系。现为中国美术家协会会员、中国美术家协会连环画艺术委员会委员、上海美术家协会常务理事、上海美协连年儿童美术艺术委员会主任、上海民盟书画院副院长、上海百草画院副院长、上海老城厢书画会副会长。

卖小菜

2012 新民晚报夜光杯全国书画大赛

李万锋，1980年出生，湖南省美术家协会会员，中国青年美术家协会理事，湖南省书法家协会会员，作品参加全国书法大赛获金奖、优秀奖、银奖十余次。

湘西晨韵

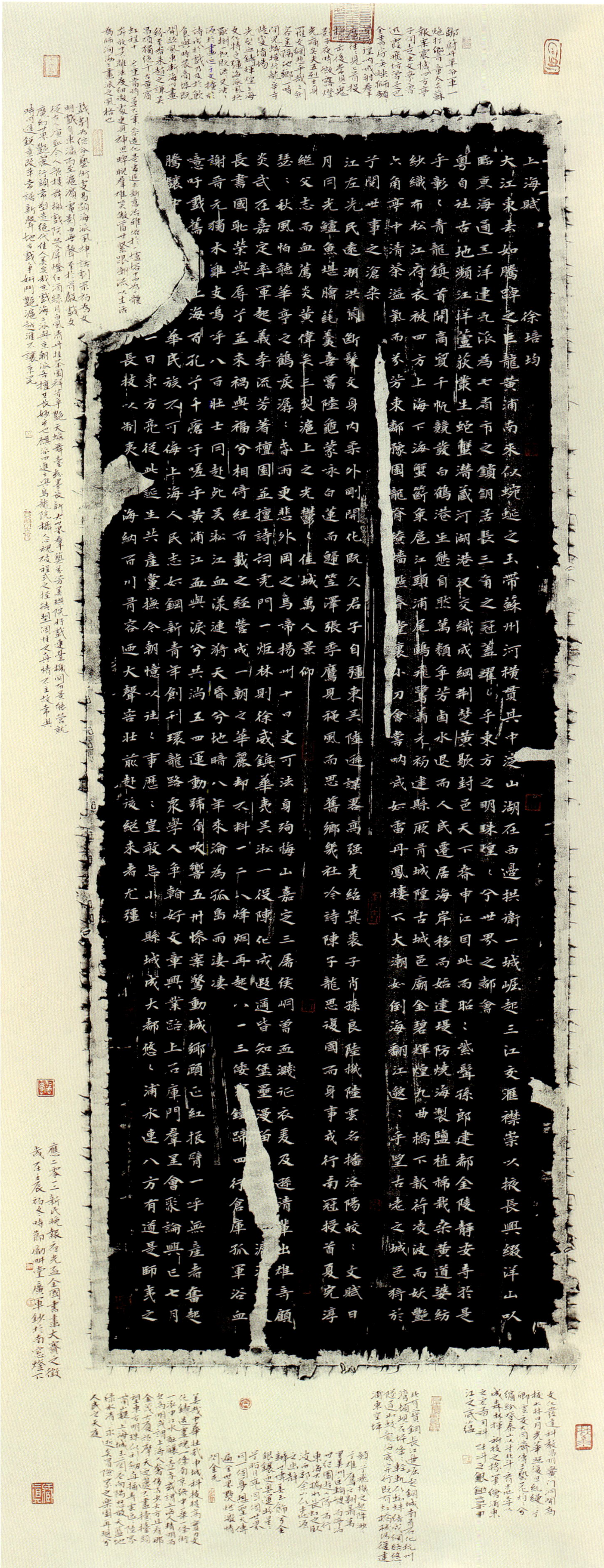

赋

岳广军，1967年2月生于河南原阳县卞庄村，号耕者，斋号励耕堂。中国书法家协会会员，新乡市书协理事，新乡市青年书协理事，原阳县书协副主席。

《书法报》、《书法导报》、《中原侨声》等媒体多次专题介绍刊发作品。书法及刻字作品曾被中国文字博物馆、中国华侨博物馆等多家博物馆、艺术馆及收藏家收藏。

作品获奖："邓石如奖"全国书法作品展（优秀作品提名奖）；2011年全国安全生产书画展（银奖）；"贞元杯"全国书法大奖赛（三等奖）；"恒丰置业杯"第二届侨光艺术奖（二等奖）；中国柳公权书法作品展（最高奖）；第四届"观音山杯"全国书法艺术大展（优秀奖）；第二届四堂杯中国书法精品大展（三等奖）；"永不分梨杯"中华诗词楹联书法绘画大赛（二等奖）；"海峡杯"全国书画作品展（三奖等）；第八届中国（重庆）国际园林博览会美术书法作品展（银奖）；"古井贡杯"全国青少年书法大赛（三等奖）；第二届"建文杯"全国书法展（二等奖）；文化庙里情系农村第七届全国书画展（一等奖）；新民晚报"夜光杯"全国书画大赛（银奖）；第四届东北亚国际书画摄影展（铜奖）。

作品入展：全国第七届刻字艺术展；纪念建党90周年全国职工书法展；"瘗鹤铭奖"全国书法作品展；中国"贵州百里杜鹃"全国书法作品展；第四届"梁披云杯"书法展；第四届（2012年）"中国书坛中青年百强榜"；"楚天智海杯"全国书法大赛；第五届"商鼎杯"全国书法展；中华龙文化全国书法展；首届中国当代书画名家作品展；"贺州杯"全国书法作品展；首届"国艺杯"全国书法大奖赛。

银奖

2012 新民晚报夜光杯全国书画大赛

姚强，1962 年生于四川，中国书法家协会会员、上海市书法家协会会员、上海市书法家协会草书专业委员会委员、北京大学书法专业研究生、北京大学访问学者、上海海事大学客座教授、九三学社上海文化委员会学习宣传专委会委员、中国扇子艺术学会会员、四川省民间文艺家协会会员、安徽省文房四宝协会理事、上海行知书画院画师、上海浦东新区各界人士书画会会员。王铎书画院画师、锦龙堂优秀书家等。

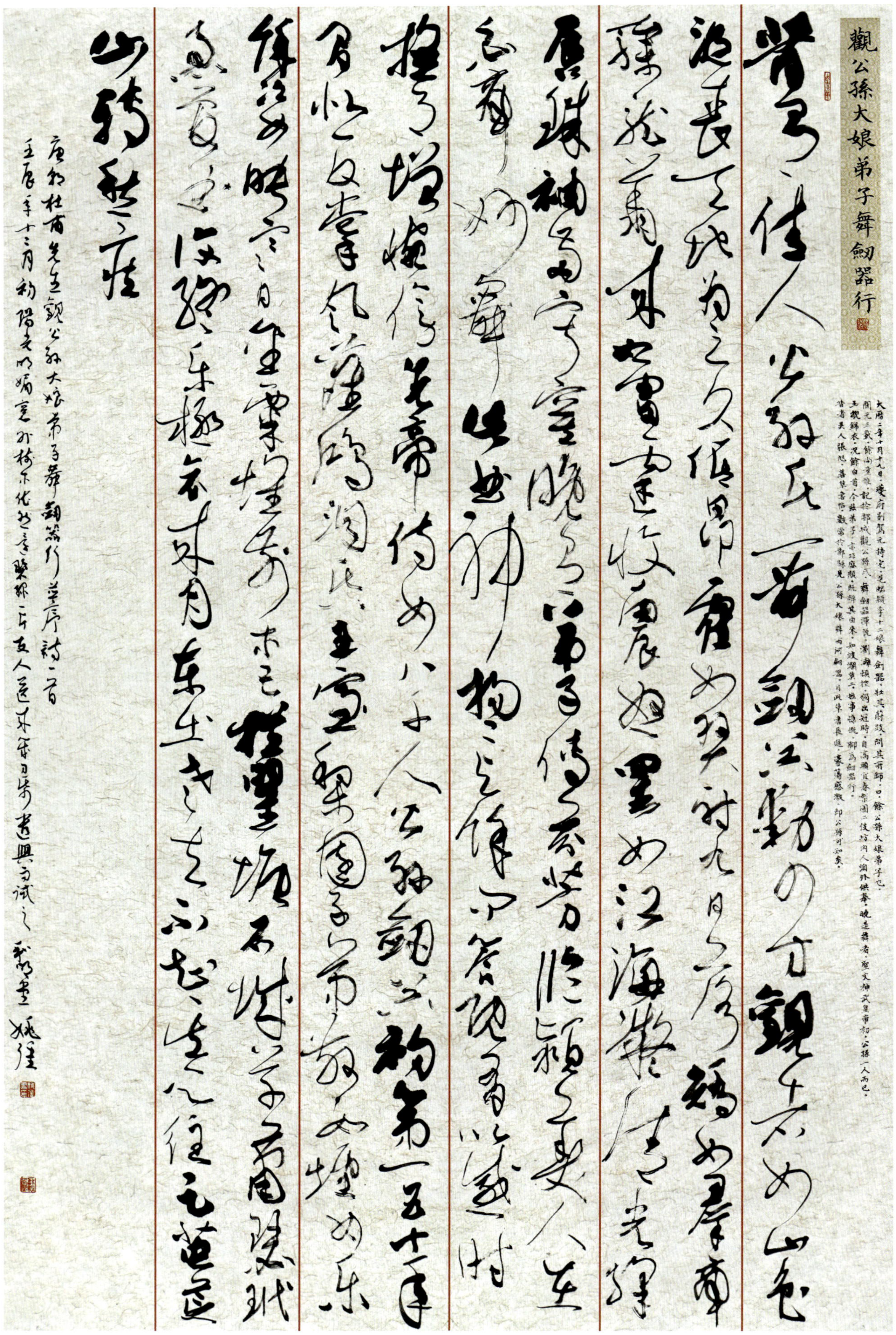

书法——杜甫诗

文心雕龙

王永田，男，1969 年出生，陕西省榆林市神木县人，现为陕西省书法家协会会员。

2007 年参加中国·内蒙古第四届国际草原文化节暨呼和浩特第八届昭君文化节系列活动“第十届当代书画家作品邀请展”，获“当代百家中青年书画家”荣誉称号。

2008年参加全省发改委和物价系统职工书画大赛获书法二等奖。

2012年获榆林市第三届环保杯书法大赛提名奖；参加中书协主办的全国龙文化书法大赛中获优秀奖（最高奖）；参加新民晚报“夜光杯”全国书画大赛获书法类银奖。

2013年春参加中书协会举办全国首届书法临帖作品展入展。

还多次参加地方及省上组织的义卖等活动。

2012 新民晚报夜光杯全国书画大赛

岑岚，贵州晴隆人，现为中国书法家协会会员、贵州省书法家协会常务理事、黔西南州书法家协会副主席 。

书法作品入展中国书协主办的第三届兰亭奖艺术奖；第九届、第十届全国书法篆刻展；第二、三届青年展；第五届全国书坛新人展；第四届全国正书展；首届全国行书展；首届全国草书展；第三届全国行草展；第六届全国楹联书法展；第三届扇面展；第二届册页书法展；首届手卷展；中国书协百名会员精品展等 20 余次。

获文化部中国文联主办的全国首届新农村建设楹联书法展一等奖；中国书协主办的第二届永乐宫书画展百佳奖；第三、第五届永乐宫书画展优秀奖；康有为奖最高奖；柳公权奖最高奖；百惠杯《书法》杂志 2012 中国书坛中青年百强榜以及各级文联书协主办的大展赛等次奖数十次。

荣获贵州省第四届政府文艺奖三等奖、2012 年度贵州省“四个一批人才”。

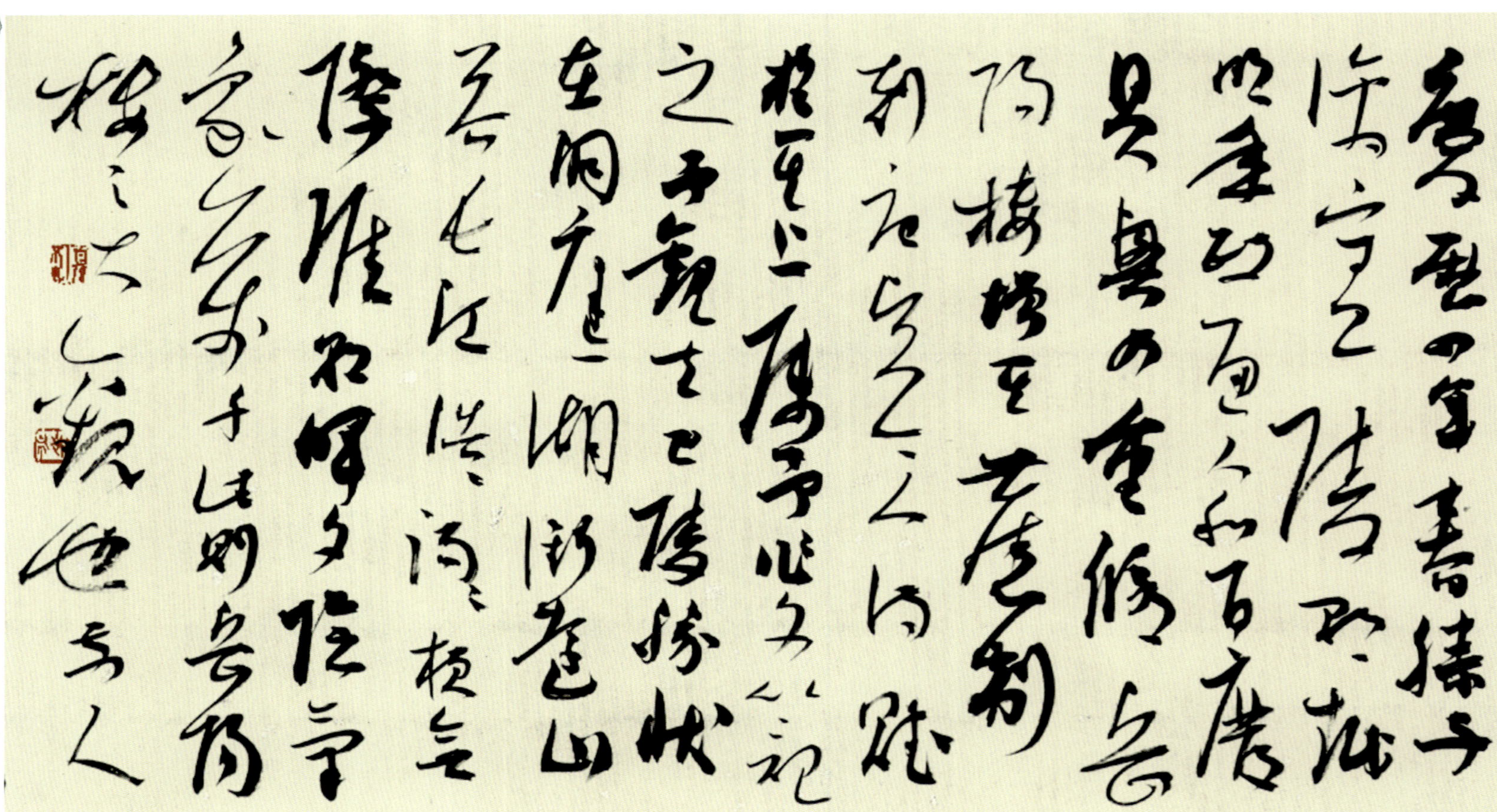

草书手卷——岳阳楼记（局部）

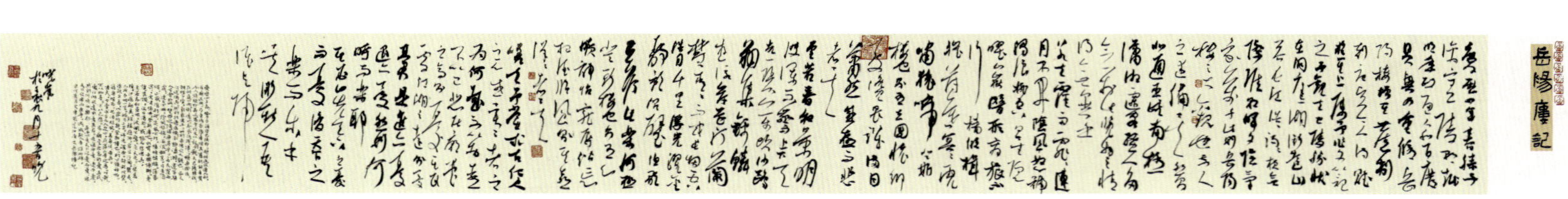

草书手卷——岳阳楼记

冷和平，中国书法教育专业委员会会员，江西省书法家协会会员，吉安市书法家协会副主席，井冈山画院特聘书法家，井冈山大学人文学院教授。

2011 年参加中国书协主办的“信德杯”全国书法大赛获获奖提名；中国书协主办的第五届全国中小学书法节大赛入展；全国“千字文”书法大赛入选；全国“古河州杯”书法大赛入展；全国“贞元杯”书法大赛入展。

2012 年参加中国书协主办的第六届全国中小学书法节大赛入展；中国书协主办全国第三届行草书书法作品展；参加江苏江西名家书法作品展览；“天庆杯”全国书画大奖赛获优秀奖；“楚天智海杯”全国书法大赛入展；中国文联主办纪念郭沫若诞辰 120 周年全国书法邀请展获二等奖；“品质东乡”全国书法篆刻大赛获优秀奖；中国书协主办“中国龙文化”全国书法大赛入展；追梦林散之全国书法名家作品展览；新民晚报“夜光杯”全国书画作品大赛获银奖。

书法

铜奖

2012 新民晚报夜光杯全国书画大赛

张大成，字若缺，号松石道人，雅号抱一山房堂主。1971 年出生，江苏扬州人。中国书画艺术创作中心理事，画圣吴道子艺术研究馆研究员，江苏省美协会员，南京大学艺术硕士。

2004 年作品《梦回故乡》入选省建国 55 周年作品展；2009 年《荷花颂》入选首届全国“徐悲鸿奖”中国画作品展；《海石花》入选第十一届全国美展；2012 年作品《一夜西风银满山》获水仙杯全国书画名家邀请展二等奖。

作品收藏：作品先后被厦门美术馆，国家画院美术馆，内蒙古包头美术馆，桂林美术馆，禹舜美术馆，洛阳美术馆等单位和机构收藏。

金色家园

高山仰止

董军，1949 年出生，湖北省美协会员，荆门市美协副主席，二级美术师。

作品曾十多次参加中国美协举办的全国性美展并有获奖。《战士的责任重》（1975）、《三月春风》》（1982）等参加全军美展。

《油城姐妹》（1994）参加全国第八届美展并获全国职工美展二等奖；《延水长》（2002）获全国纪念延安文艺座谈会讲话60周年美展优秀奖；《检修女工》（1987）、《总设计师》（1993）获全国石化美展一等奖；《吊装》（2005）获全国电视中国画大赛铜奖；《风雨江南》（2011）获全国新华书画大赛优秀奖；《高山仰止》（2012）获新民晚报“夜光杯”全国书画大赛铜奖。

作品在《人民日报》等数十家报刊发表，出版有《董军国画作品优选》。

胡韵，1967 年生于浙江湖州，中国艺术研究院研究生中国画研究生创作课程班毕业，浙江省美术家协会会员，浙江省书法家协会会员，浙江省中国花鸟画家协会会员，黄宾虹学术研究会会员，民建中央画院画师，北京魅力水墨文化艺术发展有限公司艺术总监。

2011 年作品入展中国美协主办的“民族百花奖”中国各民族美术作品展，2012 年作品入展中国美术家协会主办的“画说武当”全国中国画作品展。

云来秋更艳

夏俊，1976 年生于江苏省建湖县，结业于中国美术家协会中国画高研班，为江苏省美术家协会会员。

作品入选中国美术家协会主办的“庆祝澳门回归书画展览”、“纪念孔子诞辰 2550 年书画大展”、“建国 55 周年全国青年国庆书画展”。作品入选香港“中国当代名家水墨画精品展”；入选中国美术家协会厦门创作中心、厦门美术馆主办的“全国中国画名家邀请展”；入选中央民族大学首届中国少数民族美术创作奖暨黄胄美术奖作品展。

作品获中央电视台书画院主办的“王屋山杯”中国名人书画大展中获一等奖；“大河春天——第五届当代中国山水画展”中获创新奖；第五届中国花鸟画作品展中获优秀奖；庆祝建党九十周年“泽贤杯”全国书画大赛中获优秀奖；新民晚报“夜光杯”全国书画大赛中获铜奖。

作品多次在《中国书画报》、《美术报》等报刊上发表。

圣洁之途

李国永，男，1960 年生于辽宁省盘锦市。建行盘锦分行建隆支行职工，辽宁省美术家协会会员。

2010 年第三届“义海杯” 全国美术书法大奖赛，三等奖。

2011 年“第二届全国‘徐悲鸿奖’中国画展，入选；纪念中国共产党成立 90 周年红色经典记忆全国书画作品展，优秀奖；中国电信“天翼”迎新春全国美术大赛，优秀奖；庆祝中国共产党建党九十周年全国新华书画首届大展，铜奖；世界大运艺术家铜奖（26 届深圳世界大运会）；“富基杯”湖湘艺术创作大赛，金奖 。

2012“水仙杯”首届全国书画名人邀请展金奖。

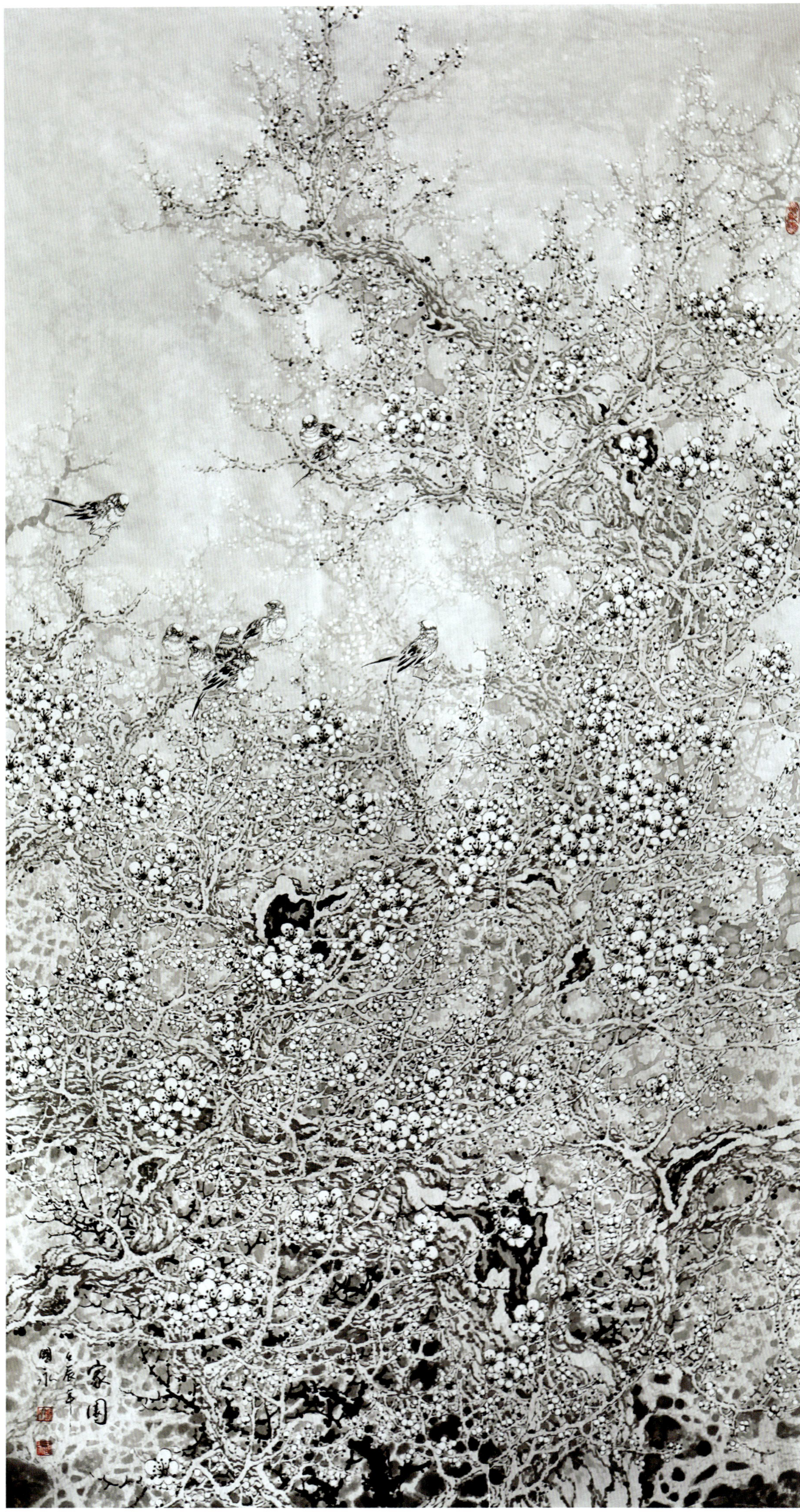

家园

十君子图

魏凤杰，女，1987 年出生，南开大学东方艺术系毕业，师从韩昌力、吴晓丁、尹沧海、张永敬等老师，2011 年考入广西艺术学院师从蔡智老师，为广西美协会员。

作品《清幽图》在河南省第十六届新人新作展中获优秀奖（河南省省美协主办）；《硕秋》在“恒丰置业杯”第二届海内外知名书画家作品邀请展中获优秀奖（河南省文联主办）；《听涛图》入选“寰创杯”中国画大奖赛。（浙江省文化馆主办）；《清趣》获 2012 年学术迎春展优秀作品奖（安徽省美协主办）；《暖日晴风春心动》入选中国（芮城）永乐宫第五届书画艺术节（中国美协主办）；《十君子图》获 2012 新民晚报夜光杯全国书画大赛铜奖（上海市美协主办）。

作品《乐不知秋》《香远益清》于 2012 年 3 月在美术时空杂志发表。（安徽省美协主办）

2012 新民晚报夜光杯全国书画大赛

张馨文，中共党员，1988 年出生于山东滕州，2011 年毕业于山东师范大学美术学院，获学士学位。现就读于山东师范大学美术学院研究生院，师从宋丰光先生。研究方向为中国画 。

作品《沃土》获“红色衙前、创业沃土”中国书画展银奖；《青春》山获东省第二届高校基本功比赛二等奖；《风雅颂》获山东省艺术院校美术大赛三等奖；《风雅颂》代表山东师范大学参加中韩交流作品展；《秋》获得第七届加拿大中华诗书画大展铜奖；《飘》获得夜光杯全国书画大赛铜奖；《再寻鹰窝峰》获得蒙山杯全国写生大赛一等奖；国画作品获山东省职工庆祝中国共产党成立 90 周年书画展览优秀奖；隶书作品获得艺教之星全国师生书画大赛银奖；篆书作品获得上海国际书画摄影大赛银奖。

飘

老有所乐

韩秀平，1967 年生于吉林市农安县，作品入选“泽贤杯”建党 90 周年全国书画大赛优秀奖；纪念辛亥革命 100 周年全国书画大赛；第五届“相约香江”全国中国画交流展铜奖；“光明的中国”建党 90 周年全国书画大赛金奖；上海浦东“陆家嘴杯”建党九十周年全国书画大赛金奖；荣宝斋历届精英学员作品邀请展；“天庆杯”全国书画大展一等奖。

于铭洪，男，38 岁，中国书法家协会会员。

作品获奖及入展全国第七届楹联展入展（中书协）；全国首届楷书展入展（中书协）；第二届“平复帖杯”入展（中书协）；首届中华“妈祖杯”入展（中书协）；孔子艺术奖全国展入展（中书协）；全国首届书法临帖展入展（中书协）；乌海杯全国书法展二等奖（中书协）；第二届芮城“永乐宫”入展（中书协）；高恒杯全国书法篆刻展入展（中书协）；2012 年新民晚报“夜光杯”铜奖。

深虑论

铜奖

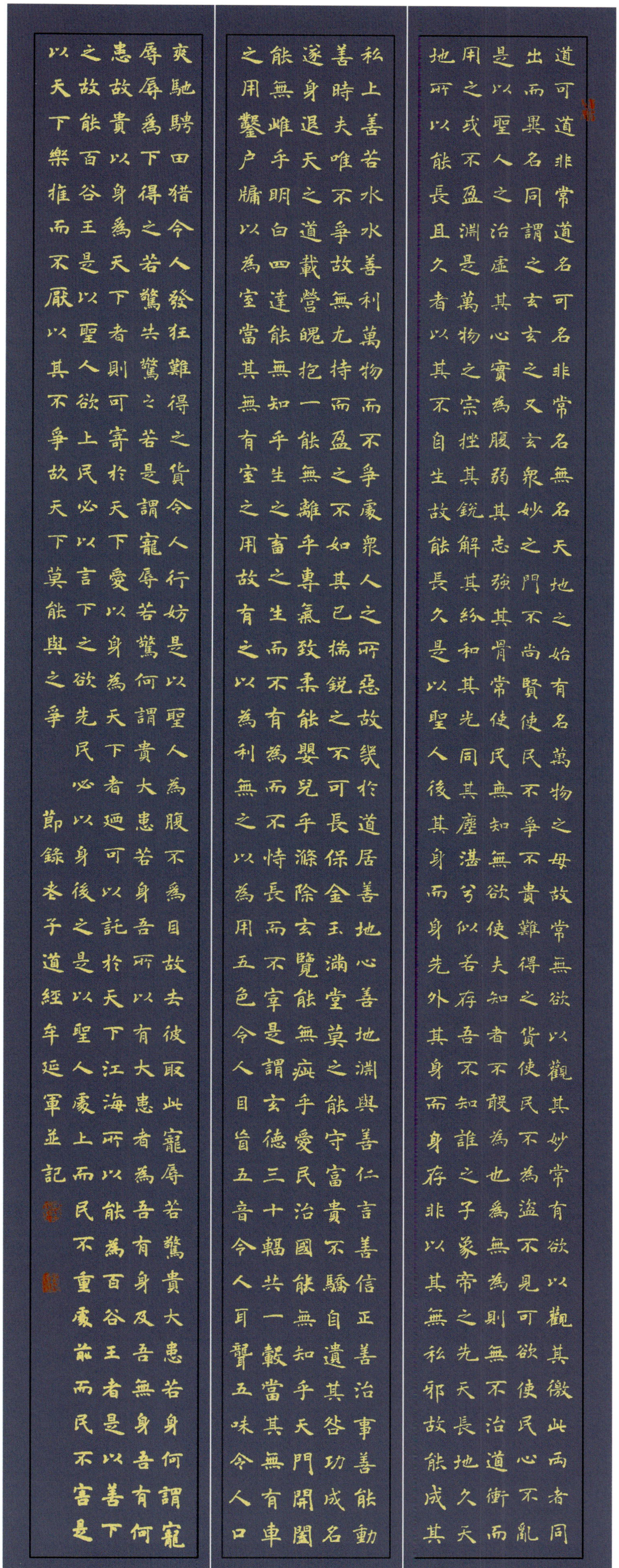

老子道经

牟延军，男，1966年出生。现为中国书法家协会会员、内蒙古书法家协会会员，满洲里书法家协会理事，满洲里书画院副院长，满洲里书画院特聘书法教师，博雅艺术学院常务校长。

其作品多次入展王羲之”全国书法作品展，“乌海杯”当代国际书法大奖赛，西泠印社首届楹联书法展，内蒙古书法家协会——湖北省书法家协会书法联展等并获奖。

铜奖

2012 新民晚报夜光杯全国书画大赛

顾平平，曾师从刘小晴、吴建贤等，二十余年间，余操毫面壁，息心静气，沉酣于晋唐楷法之间，初以欧立骨，继学褚，小楷则初学季值表，逸少孝女曹娥碑，黄庭乐毅，大令之洛神赋十三行帖迹深有涉猎。

2001 年参展新世纪首届上海书法篆刻展，于 2004 年加入上海书法家协会。

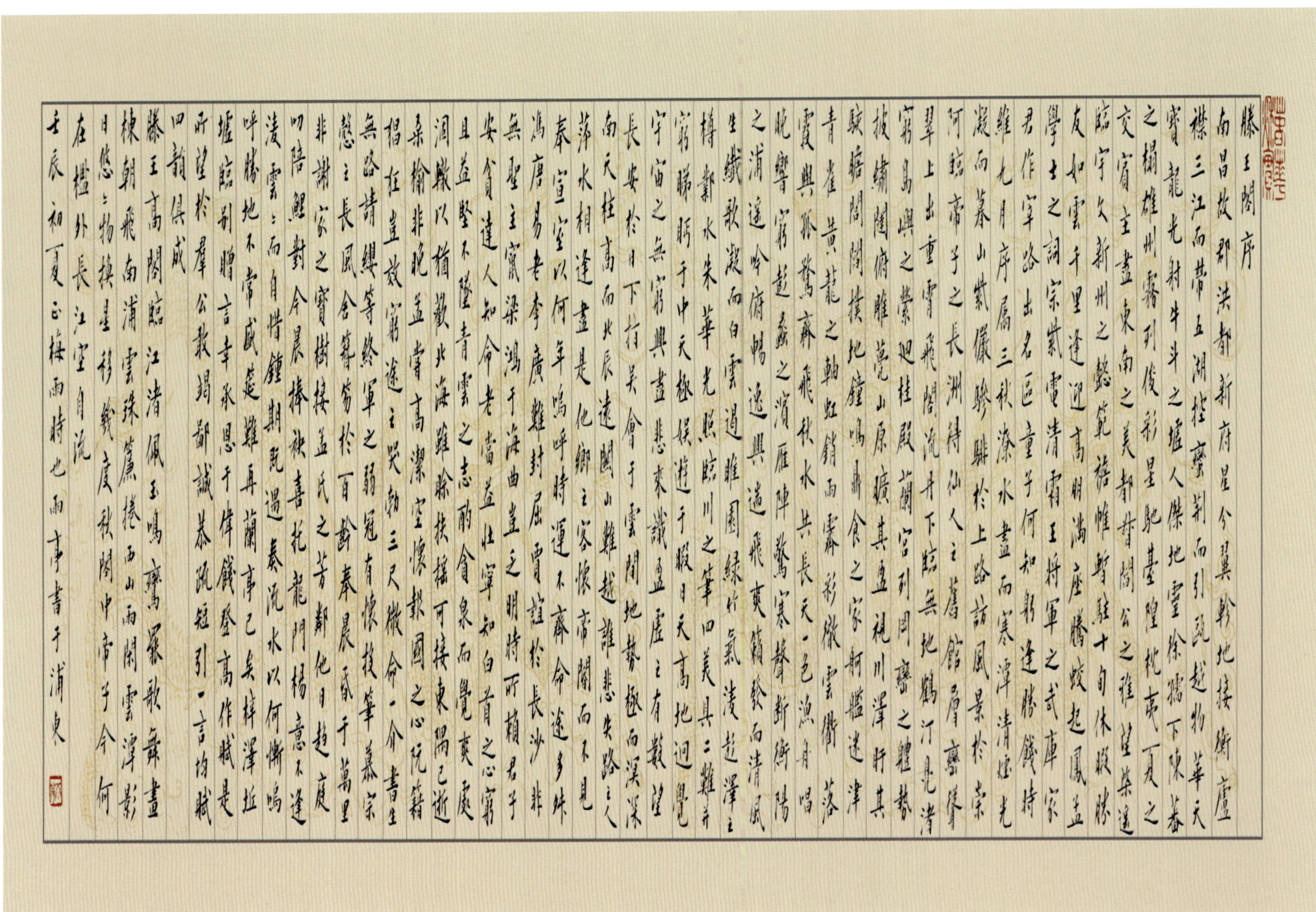

滕王阁序（局部）

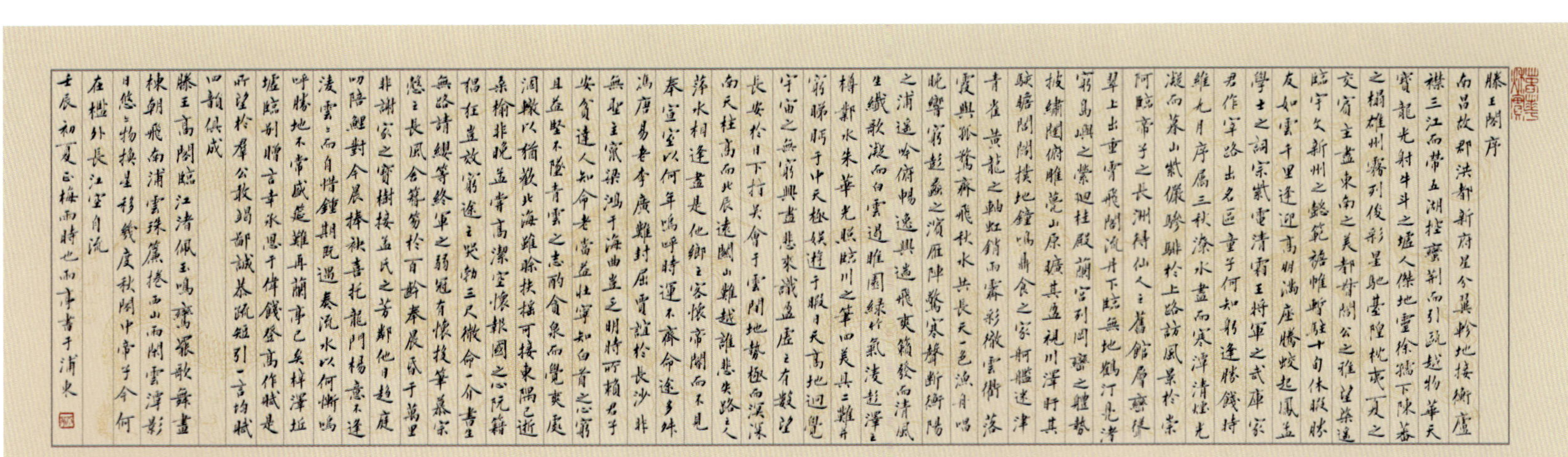

滕王阁序

吕楠，中国书法家协会会员，四川省书法家协会理事，四川省诗书画院特聘画师，四川省摄影家协会会员。

2006 年获雅安市政府第一届“金熊猫文学艺术奖”一等奖（最高），2007 年获四川省“第五届巴蜀文艺奖”三等奖、四川省第十四届“群星奖”二等奖，2008 年获四川省总工会、省文联“四川职工书画家”称号，2009 年获四川省“第六届巴蜀文艺奖”作品奖，2010 年获雅安市政府第二届“金熊猫文学艺术奖”特等奖、雅安撤地建市十周年“天翼杯·我最喜爱的书法家”称号，2011 年荣获四川首批“巴蜀画派影响力代表人物”称号（省委宣传部、省文化厅、省文联），2012 年获雅安市政府第三届“金熊猫文学艺术奖”特等奖，2013 年获四川省“第七届巴蜀文艺奖”作品奖。

作品主要获奖：

第四届“商鼎杯全国书法篆刻大展”铜奖，首届“黄庭坚奖”全国书法大赛三等奖，首届“中国千字文”书法艺术节二等奖，第二届建文杯书法大赛一等奖，2011 书画郑州大奖赛一等奖，第四届芮城永乐宫国际书画展优秀奖，曾姓祖根地书画展二等奖，首届“仓颉杯”全国书法大奖赛优秀奖，“第二届中国海西书画大奖赛”一等奖，“首届蔡邕奖”全国书法展三等奖，第五届“商鼎杯全国书法篆刻大展”金奖，四川省第二届书法创作“谢无量奖”暨四川省第五届书法篆刻作品展二等奖。

作品主要入展：

全国第二届册页书法作品展，全国第十届书法篆刻展，全国首届手卷书法作品展，2010 中国涌泉国际书法大展，第三届“康有为奖”书法评展，中国·宝鸡首届“翰墨石鼓”全国书法名家邀请展，纪念老子诞辰 2581 周年《道德经》命题书法展，四川更加美丽——四川美术书法名家优秀作品展，第三届四川·北京书法双年展，西南四省市优秀中青年书法篆刻提名展，2011 中韩书法交流展，纪念辛亥革命 100 年四川书法进京展，“王铎杯”全国书法篆刻大展，第三届中国齐白石国际文化艺术节全国书法展，河南“墨舞神州” 全国电视书法大赛，“孔子艺术奖”全国书法篆刻作品展，首届“赵孟頫奖”全国书法作品展，笔墨东方 2013 中国书法国际艺术大展。

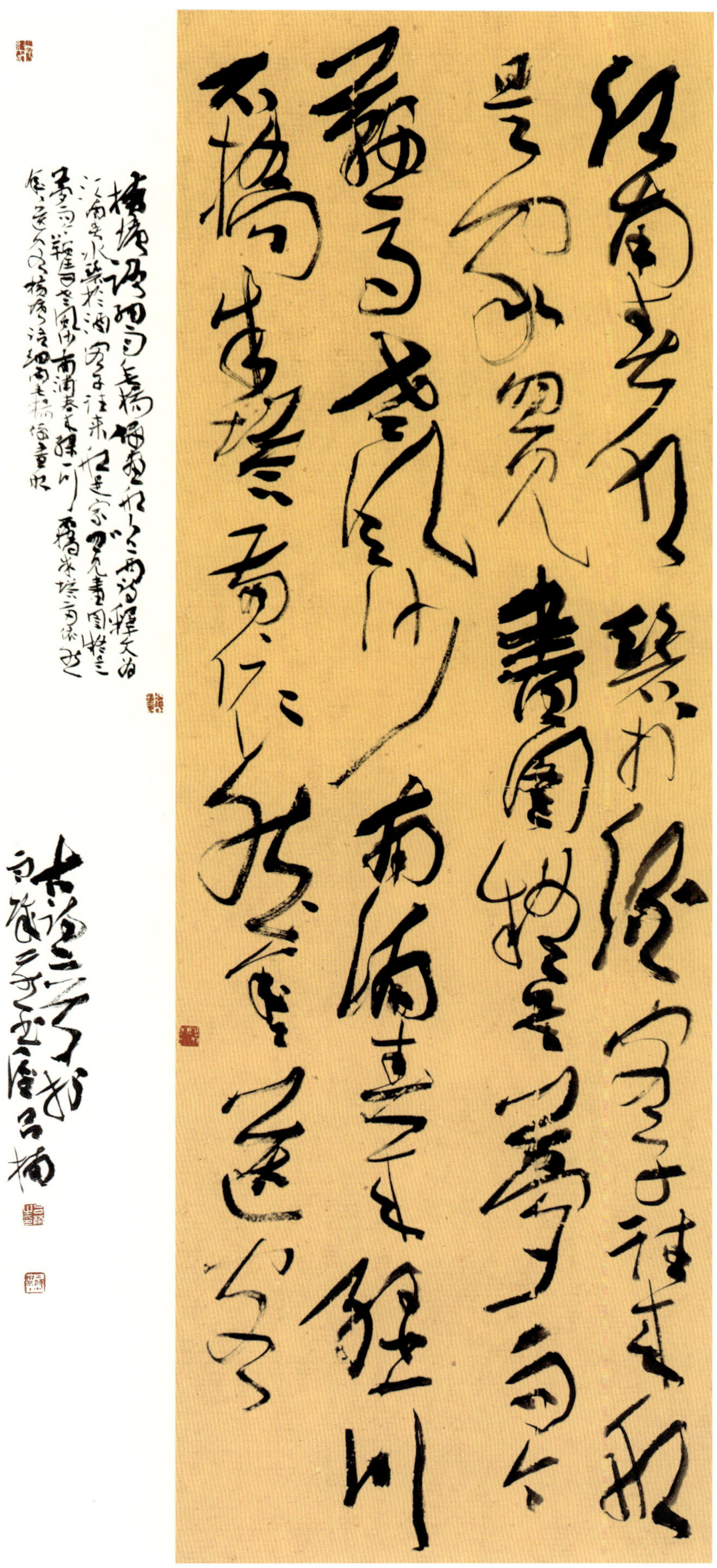

书法

谢敔彬，男，广东中山市小榄镇人。中国书法家协会会员，广东省书法家协会会员。

作品获奖：广东省首届、二届康有为奖书法展优秀奖；“笔墨歌舞颂中华”广东省双拥书法展三等奖；首届张九龄杯广东省书法大赛三等奖；广东省群众廉政书画大赛金奖；广东省第十一届美术书法摄影联展金奖；中国乌海杯当代国际书法大赛三等奖；“袁崇焕杯”全国书法大赛优秀奖；全国第四、五届中小学生书法节教师书法展优秀奖；第三、五届中国芮城永乐宫国际书画艺术节百佳奖。

作品入选：广东省第二届中青年书法篆刻展；广东省第四届南雅奖书法篆刻展；第三届康有为奖全国书法艺术展；全国首届手卷书法大赛作品展；首届张芝奖全国书法大赛作品展；瘗鹤铭奖全国书法大赛作品展；“西狭颂”全国书法大赛作品展；首届赵孟頫奖全国书法大赛作品展；首届孔子艺术奖全国书法大赛作品展；全国第十届书法篆刻大赛作品展；第四届中国书坛中青年书法百强榜；第五届全国书法百家精品展。

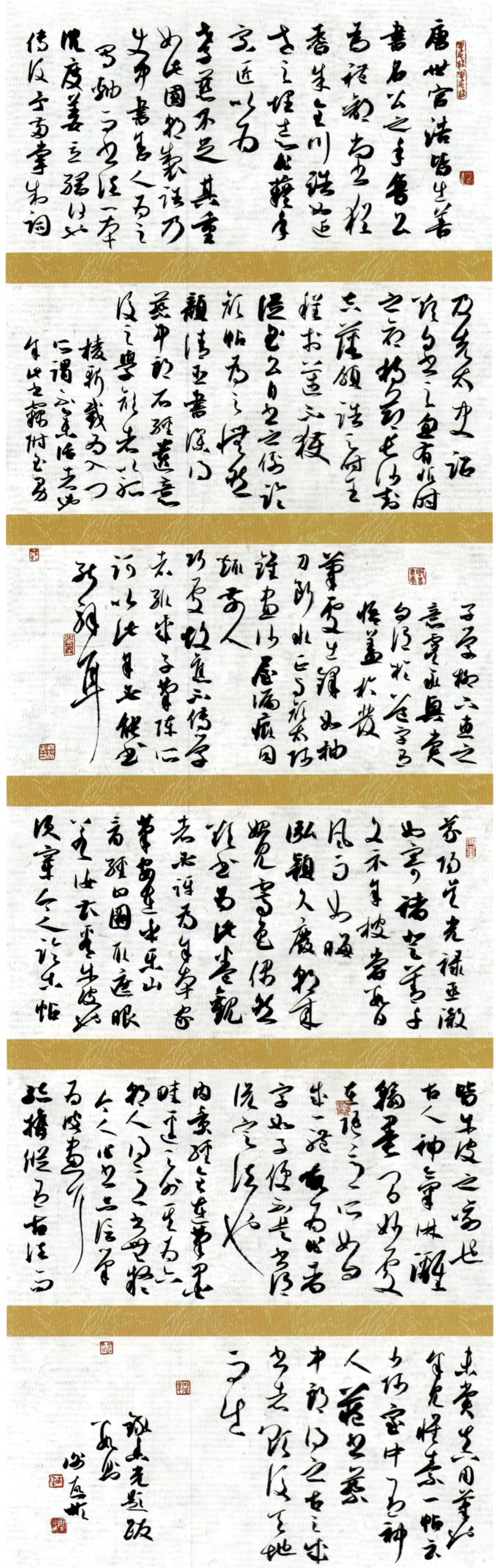

董香光题跋选抄

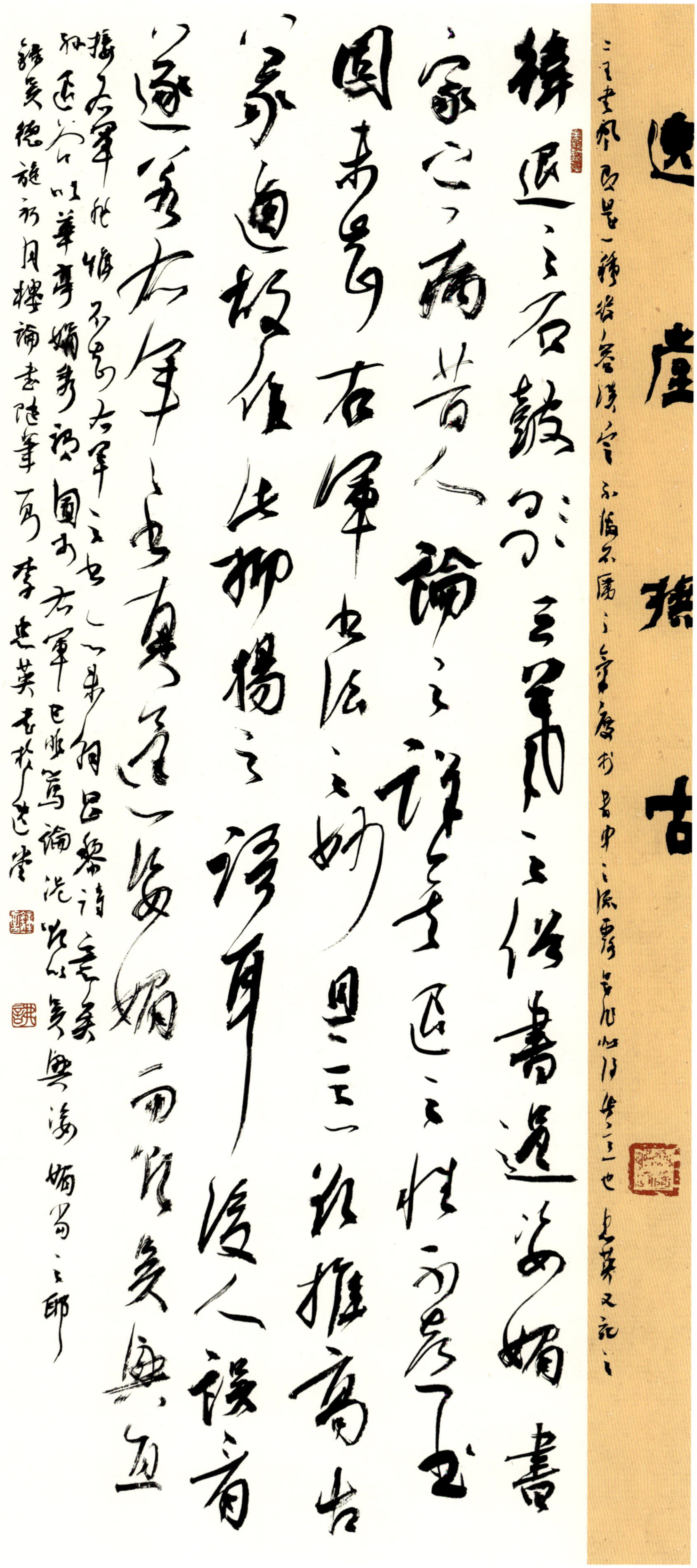

古书论一则

李忠英，中国书法家协会会员，广东省书法家协会会员，东莞市书法家协会草书委员会委员，郴州市书法家协会理事。

作品入展全国首届手卷作品展；第五届“永乐宫杯”全国书画大赛百佳奖；首届“赵孟頫奖”全国书法赛；第三届全国隶书大赛；首届临帖展；“西狭颂”全国书法大赛；中华龙文化全国书法大赛；第二届“建文杯”全国书法大赛三等奖；“同龢杯”全国书法大赛三等奖；“希望·圆梦”全国书法大赛三等奖　；“夜光杯”全国书画大奖赛三等奖；第三届“康有为”奖书法大赛优秀奖；第二届“临川之笔”全国书法大赛优秀奖；第四届“观音山杯”全国书法大赛优秀奖；第二届“希望·圆梦”全国书法大赛二等奖。

孟艳丽，女，40 岁，中国书法家协会会员。

作品入展首届“张芝奖”全国书法大展(中国书协主办)；宝鸡中华龙文化全国书法展(中国书协主办)；第五届全国妇女书法作品展(中国书协主办)；2013 全国首届书法临帖作品展入展(中书协主办)；2013 全国第七届楹联书法作品展入展(中书协主办)；第一届全国“仓颉杯”获优秀奖；“墨舞神州”全国电视书法大赛三等奖；第一届“蓝盾杯”全国禅意书画大赛三等奖；“凯嘉杯”山西省第十届书法临摹展二等奖；第五届“商鼎杯”全国书法大展三等奖；“中基杯”山东北大校友会喜迎十八大书画展——等奖；“墨舞中原”全国电视书法大赛二等奖；纪念郭沫若诞辰 120 周年全国书法邀请展二等奖；2012 新民晚报夜光杯全国书画大赛获铜奖；美丽山西——山西省第九届书法篆刻展一等奖。

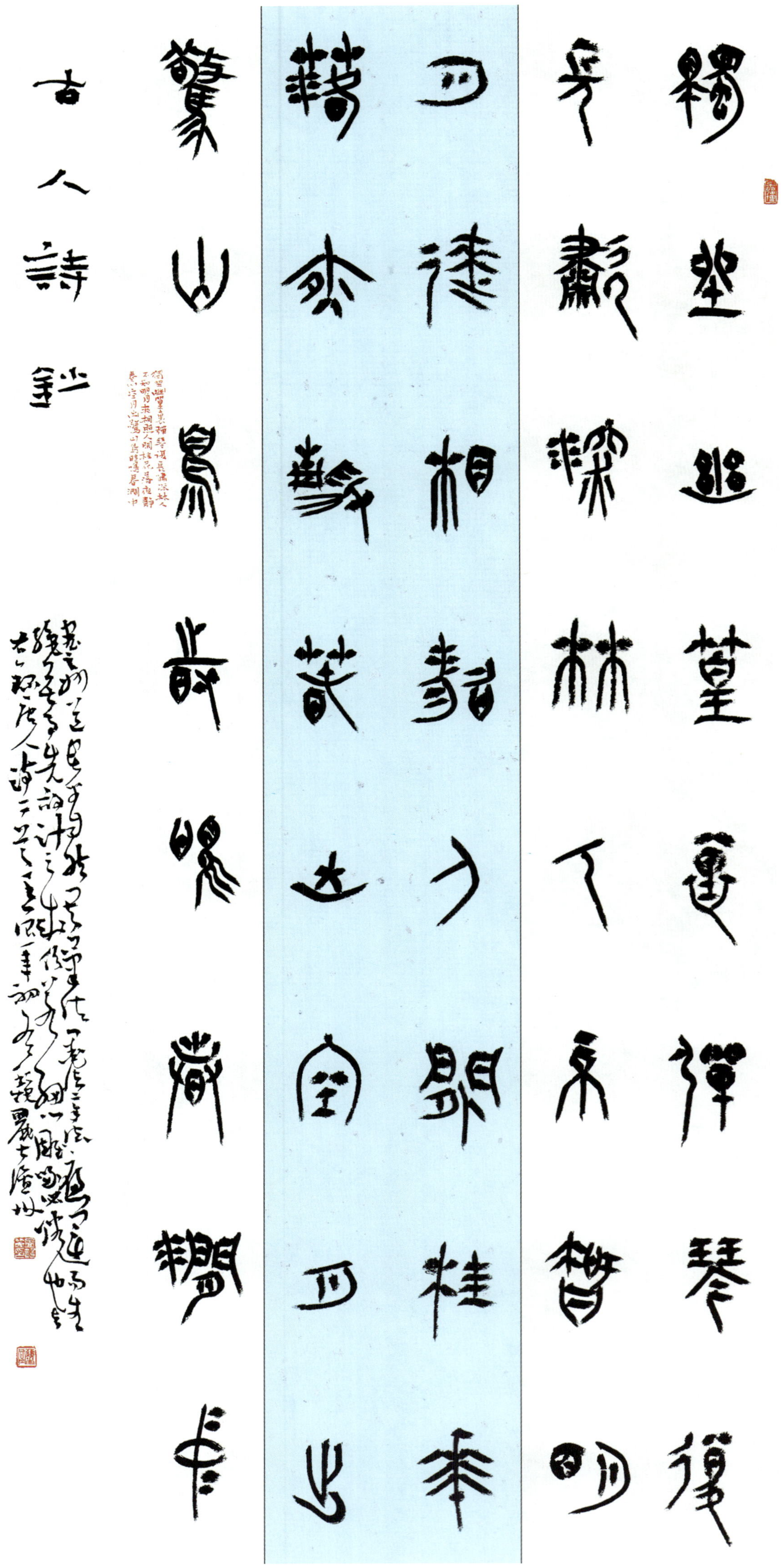

书法

铜奖

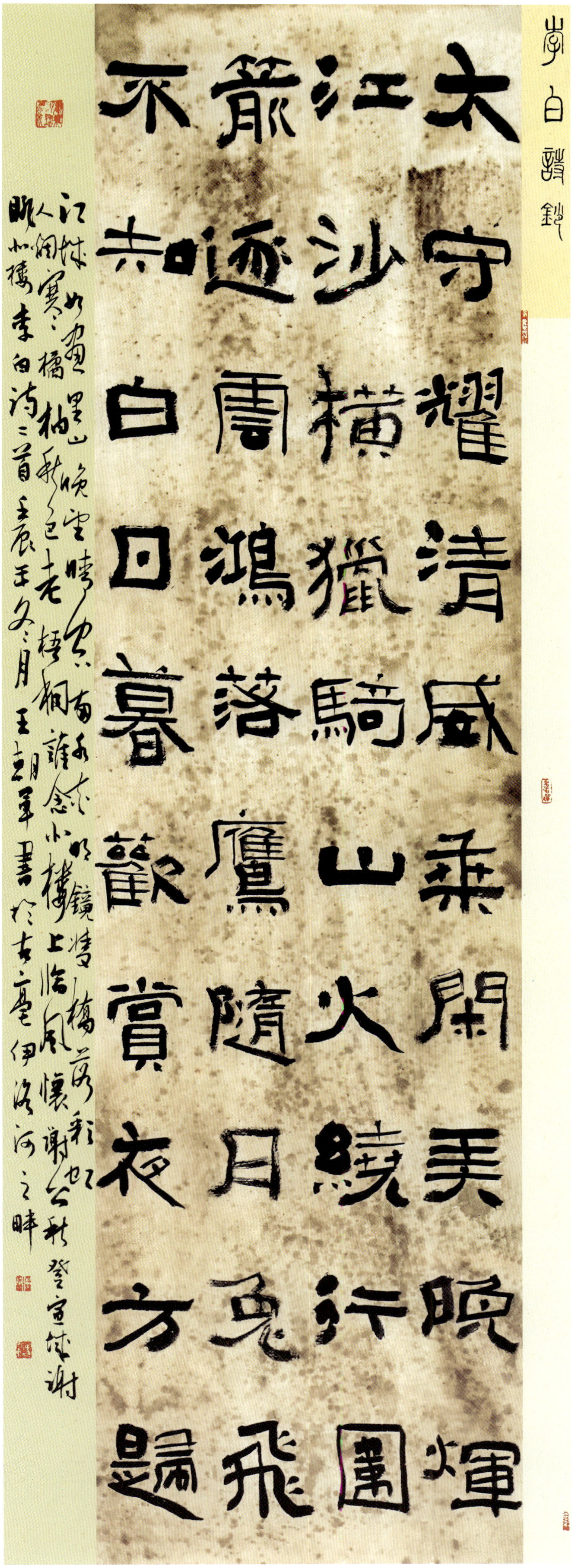

李白诗抄

王朝军，1958 年出生于河南省偃师市。偃师市书协副主席。河洛印社副社长，王铎故里书画院名誉院长，加拿大中华文化研究院特聘书法家。连续四届函授中国书法家协会书法培训中心隶书、楷书、行书高级班，高创班。多次参加河南省书协举办的大展前集训班，多次得到全国著名书法家张继、刘文华、李松、胡立民、周俊杰、许雄志、等精心指导。作品多次参加全国书画大赛，共获奖 20 余次。

郑权，男，字抱一，号五多堂主，1970 年生于河南郑州。中国书法家协会会员，中国硬笔书法家协会河南高校委员会副主任，高庆春书法篆刻工作室助教，中国书画创作院常务理事，文化部中国国际书画研究会创作基地创作员，郑州艺茗书画院名誉院长。

作品荣获第二届篆书展优秀奖（最高奖）、“国艺杯”全国书画大赛三等奖、首届“杏花杯”全国书法大赛银奖、“世界遗产在中国”艺术作品展二等奖等 。

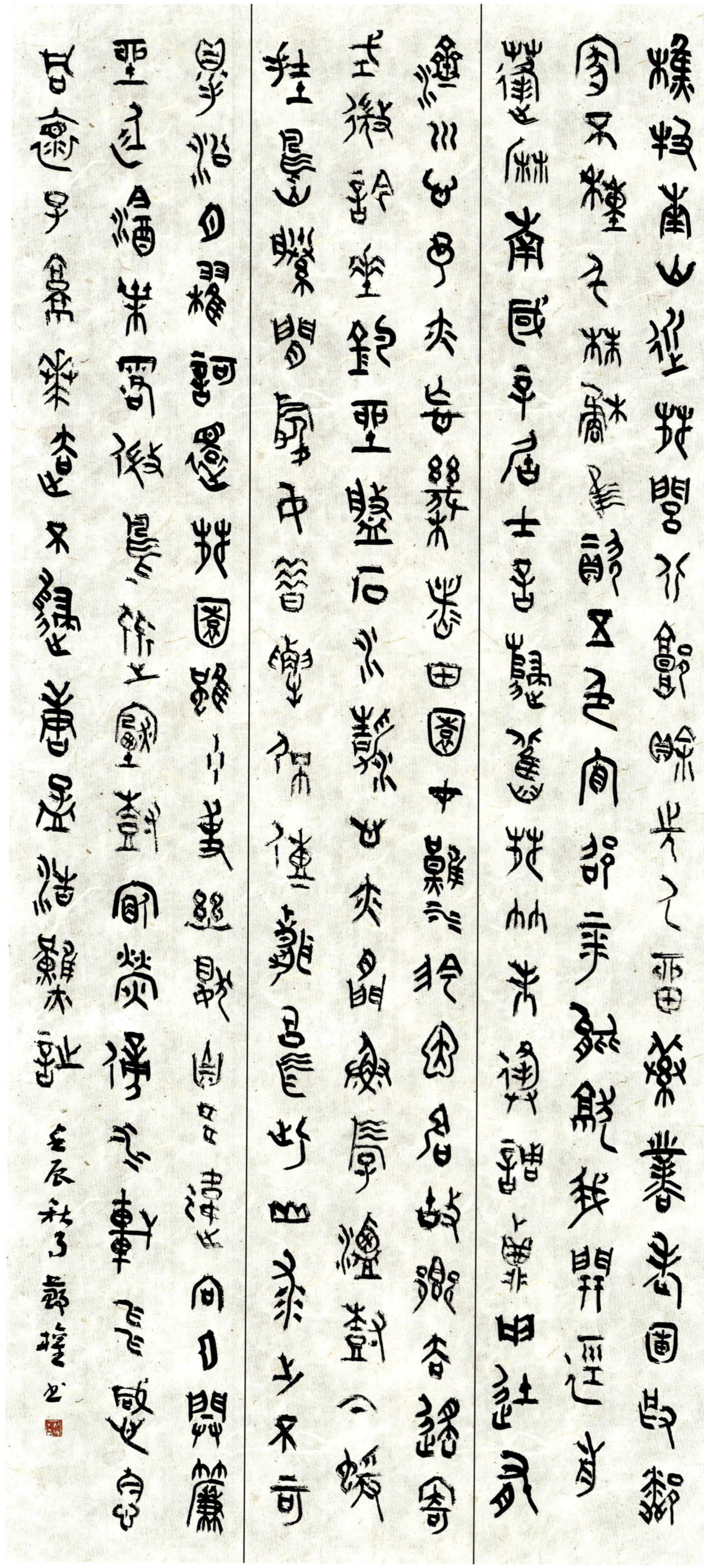

孟浩然诗

彭元武，男，1986 年出生于湖南津市，2007 年毕业于吉首大学师范学院美术系。现为湖南省美术家协会会员，湘西州美协秘书长，吉首市美术家协会副秘书长。

2011 年《溪从千岩万壑来》入选中国美术家协会举办的全国中国画展，2012 年《武当福地天生就》入选中国美术家协会举办的全国中国画展，2013 年《那知石上喧》入展第三届徐悲鸿奖全国中国画展。

2011 年和 2012 年获得湘西州委州政府文艺突出贡献奖。

那知石上喧 却益山中静

王秀兰，毕业于山东师范大学美术专业，现为沂源县实验中学美术教师，山东省美协会员 。

多次参加全国各类书画大展并获奖。其国画作品构图饱满，气势博大而宏远，笔墨深沉，用笔洒脱。

作品《山水条屏》参加首届“展鹏杯”全国书画精品展、获奖提名；中国画《得五岳之气》入选陕西省美术博物馆主办的“高原·高原”中国西部美术展中国画年度展；《山水》入展庆祝中国共产党成立90周年湖湘艺术创作大赛；《秋壑清音图》获得山东省泰山文艺奖美术作品展优秀奖；《云梦天秋》参加中华文人第六届全国书画展获三等奖；《隔山清音似故乡》参加第三届“义海杯”书画大赛获优秀奖；《幽壑清音图》参加2012年新民晚报“夜光杯”全国书画大赛荣获优秀奖；《秋山醉雨》参加2013年“雪豹杯”雅颂徐霞客全国书画邀请展获佳作奖。

幽壑清音图

太行雪韵

高志燕，2009年毕业于河南信阳师范学院美术系国画专业，近年来多次在省及国家级书画大赛中获奖。

作品入展江铜德兴铜矿“迎六五”全国环保书画大赛三等奖；“低碳淮安”全国书画大赛三等奖；第三届东北亚国际书画摄影展纪念奖；第二届“王铎杯”全国书画大赛入展。

2012《新民晚报》“夜光杯”全国书画大赛。

2013年“雪豹杯”雅颂徐霞客全国书画邀请赛佳作奖等。

陶朝来，男，1981 年出生。现为中国美术家协会广西分会会员，广西艺术院硕士研究生。作品多次参加全国及各省市美术作品并获奖。2011 年第五届中国花鸟画作品展览并编入作品集，2012 年首届“莲花水城杯”全国书画艺术大奖赛并编入作品集，2012 年广西艺术学校校园文化艺术节优秀奖。

山居图

张洪建，写实人物画家，江苏省美术家协会会员。毕业于南京师范大学美术学院，现为连云港市工艺美术学会秘书长、上海合彩画院副院长。连云港花果山国画院副院长。

在《中国书画报》、《美术报》、《连环画报》、《美术大观》等报刊发表多幅作品，至今在全国各大报刊发表作品5000多幅。多次参加中国美协举办的美术展并获奖。

同时出版《西游记》、《名人漫画》、《纹身百图》等书籍及西游记“中国邮政明信片”。多件作品被国内外美术馆、博物馆收藏。

岁月

兰娜，女，老年大学书画班学习。2011 年中国冶金建设集团在北京举办的建党 90 周年书画摄影展中获得优秀奖（书法作品）及证书。

2012 年上海第二届篆隶书法展隶书作品入展；上海第四届市民艺术大展国画《艳山》获得优秀奖、隶书作品入选； 新民晚报“夜光杯”全国书画大赛国画《乐土》获得优秀奖及证书。

乐土

李华，女，山东女画家协会会员，聊城市女画家协会理事，2000年毕业于山东艺术学院。

2010年和2012年两次入选山东省美协举办的“山东省泰山文艺奖”中国画作品展；

2011年参加内蒙古“当代中国画四条屏邀请展”；

2012年应邀参加“海西书画精品邀请展”；

2013年参加上海《新民晚报》举办的《夜光杯》书画大赛，获优秀奖、甘肃省美协举办的《希望杯》全国书画大赛获优秀奖。

青色渐入溪山远

胡绍念，安徽广德人，四川师范大学美术学院研究生毕业，当代水墨实验派画家。四川省职工书画院理事，成都当代工笔画研究会会员，成都市美协会员，四川省美术家协会会员，成都市成华区美术家协会副秘书长。

2005 年作品《人物》、《紫藤》入选四川首届导师作品展，2009 年《朵云》入选“集贤杯”四川省首届当代工笔画大展。作品发表在《美术观察》、《美术报》、《水墨研究》等报刊，多幅作品被社会各界著名人士收藏，并被法国、美国、韩国友人收藏。

水墨牡丹

优秀奖

林发英，女，广西桂林人。自幼喜爱书画，作品多次参加全国及省市美术作品展并有获奖。

2012 年作品《山水》获第二十二届全国图书交易博览会书画大奖赛铜奖、《山居图》获桂林市“和谐地税杯”书画大赛三等奖、《清秋》获新民晚报夜光杯全国书画大赛优秀奖。

2013 年获“建水紫陶杯”中国回族书画大赛银奖。

清秋

王小燕，美术教师，1977 年生于上海，上海美协海墨画会画师，上海宝山美协会员，上海杨浦美协会员，上海宝山书协会员。

2010年作品入选第三届上海市民艺术大展；2011 年作品入选第十六届上海“江南之春”美术大展；2012 年作品入选第四届上海市民艺术大展、获新民晚报夜光杯全国书画大赛优秀奖。

锦绣山河

优秀奖

赵英力，男，号半空居士，得墨轩主人。1963 年生于黑龙江密山，祖籍河北博野，现为河北省美术家协会会员、保定市书法家协会会员、安国市美术家协会副主席、安国市书法家协会主席兼秘书长、文化部中国重彩颜彩画高级研究员、河北燕赵画院画家、中国书画艺术家创作中心会员、画圣吴道子艺术馆理事、王铎故里书画院名誉院长、北京瀚海千艺国际文化艺术交流有限公司特聘书画师、汨罗书画院特聘书画家。

参赛获奖多次，入编《当代文学作品选》、《诗林》等。

秋山无语　云壑无声

张完平，男，1962 年出生，河北省石家庄市人，现为河北省美术家协会会员。专职画家。

2007 年作品《黄土地》参加“黄河杯”全国书画大赛名家作品展获一等奖。

2008 年作品《草原颂》参加“兴安杯”全国书画大赛获金奖、《沐浴》参加第二届“正气歌”全国书画邀请展获一等奖、《天地英雄气》参加“中鹰杯”全国书画摄影展获金奖、《高原风光》参加“中华杯”、国际书画摄影大展赛获金奖、《高原牧民》参加第四届“宝丰杯”全国书画大赛获二等奖、作品《高原红》参加第四届“汝官瓷杯”全国书画大赛获金奖、《清香》参加首届桂花文化书画篆刻大赛获丹桂奖、作品《奔》参加全国中国画名家邀请展被评为优秀作品。

2009年作品《凉山人》入选庆祝上海东方美术馆成立五周年全国中国画名家邀请展、作品《祥云》参加徐悲鸿奖全国中国画展获优秀奖等。

雪域

刘龙，字木龙。1980年生于山东淄博。2002年毕业于中央美术学院国画系花鸟工作室，擅长花鸟、山水画；多件作品在中国美协、山东美协主办的展览中入展并获奖。现为中国工笔画学会会员、中国美术家协会山东分会会员；中国永乐宫书画院院士、中国湖南芙蓉画院特聘画家、中国荆浩艺术研究院洪谷画院研究员、中国热带雨林艺术研究院专职画家。

2010年作品《春消息》入展第四届中国花鸟画展；《荷香十里》在中国美术家协会主办的“中国（芮城）第三届永乐宫国际书画展”中荣获百佳奖（最高奖）。

2011年作品《浴》入选第二届徐悲鸿奖中国画展；《盛世物语》入选包头旅游文化节当代中国画四条屏展；《唱晓》入选纪念中国共产党成立90周年“接官厅杯”全国书画展；《荷香十里》荣获庆祝建党90周年“泽贤杯”全国书画大展优秀奖；《雨后》荣获“富基杯”湖湘艺术创作大赛优秀奖；《雨后》入选中国美术家协会主办的中国（芮城）第四届永乐宫国际书画展；《春雨》入选第五届中国花鸟画展。

2012年作品《仙鸾》荣获“水仙杯”首届全国书画名人邀请展三等奖；《春消息》荣获新民晚报夜光杯全国书画大赛优秀奖；《向阳花》入选中国美术家协会主办的中国（芮城）第五届永乐宫国际书画展；《那个年代》入选中国国家画院主办的“荆浩杯”中国画双年展；《记忆》入选第三届徐悲鸿奖中国画展。

2013年作品《和平的日子》入选中国美协主办的“泰山至尊”全国中国画作品展；《骄阳》荣获“凯风和鸣”首届全国花鸟画提名展优秀奖。

春消息

杜强，又名杜思吾。中国书法家协会会员，中国国画家协会理事，中国楹联学会会员；文化部书画创作基地书艺会副秘书长，清华美院毛国典书法工作室助教。江西省书协创作委员会委员，江西省书协培训中心教师，抚州市书协副主席，供职于江西舒同书法院。

1987 年中国少年书法代表团访日，2009 年“中原文化宝岛行”访问台湾。1999—2000 年获中国书法百杰称号，2006—2010 年获《书法》百强称号，第二十届兰亭艺术节王羲之书法奖，入展全国第八、九、十届（获奖提名）书法展，百余次在全国各类书法大赛中获奖，《书法》、《书法报》、《书法导报》、《青年书法》等有专版介绍，出版书法教材数十部，作品被多家美术馆收藏。

花鸟作品入展中国美协主办的当代首届花鸟展，第三届中国（湘潭）“齐白石艺术节”中国画展；第三、四、五届“芮城”国际书画展优秀奖；2011“辉煌浦东”中国画展优秀奖（最高奖）。并于全国第四、五届花鸟画展中分获金、银奖。

芦塘风情

李柏荟，1984 年生于吉林磐石，自幼学习绘画。

2010 年第四届中国花鸟画作品展优秀奖，中国（芮城）永乐宫第三届国际书画艺术节百佳奖，中国（曲阜）国际孔子文化节书画大展三等奖，“车祖奚仲杯”全国书画作品大展，第三届“义海杯”全国书画大奖赛优秀奖，中国“有座城市叫长春”全国书画大展，石景宜博士杯华夏书画创作大赛。

2011 年第二届徐悲鸿奖中国画展·全国新华书画首届大展优秀奖，“光明的中国”纪念建党 90 周年全国书画大展，“爱慕·时尚丽人”首届当代中国人物画邀请展优秀奖，中国（芮城）永乐宫第四届国际书画艺术节百佳奖，首届“长星杯”全国书画百杰精品展，“晋商银行杯”全国书画精品展优秀奖，第五届中国花鸟画作品展，“寰创杯”中国画大奖赛优秀奖 。

2012 年中国（芮城）永乐宫第三届国际书画艺术节，第一届“蓝盾杯”全国禅意书画大展，首届“莲花水城(温泉)杯”全国书画艺术大奖赛二等奖，庆祝中国人民解放军建军 85 周年“太原河北商会杯”优秀奖，“福日升”杯扇面小品展优秀奖，首届“蔡文姬奖书画大赛”中国画二等奖，新民晚报夜光杯全国书画大赛优秀奖。

2013 年正立阳光第二届“希望·圆梦杯”全国书画作品展优秀奖。

清韵

龚鄂生，湖南安化人，号梅山居士，笔名梅杰、白金，高春，卧龙，中国书画家协会理事，湖南省美术家协会会员，主画梅花，擅长写意花鸟，人物山水。自幼酷爱书画，遍访求学各家书画大师，承名家指点 。

多次在全国各级美术大赛、展览中获奖，作品刊登于《中国文化报》、《山东商报》、《美术报》、《大众农民报》、《湖南日报》、《湖南工人报》、《旅游视野》、《金融视点》、《人民艺术》、《国际茶讯》、《中国书画研究》、《中国当代名家书画》、《河北当代书画》、《青春娄底》、《脊梁》、《西部散文家》、《梅川》、《天涯》、《素桥》等报纸杂志；百度搜索、新浪网博客、搜狐网、谷歌、中央书画数字频道，中国网络美术馆、中国书画网络经纪，才华国际书画艺术俱乐部均有详细介绍，作品被毛泽东纪念馆、中央书画数字频道，人民艺术杂志社，西部散文集家杂志社，河北当代书画杂志社，广州净派保洁集团，中国大众文学学会、苏东坡书画院、东营市图书馆、菲律宾佛教总会等单位和个人收藏。

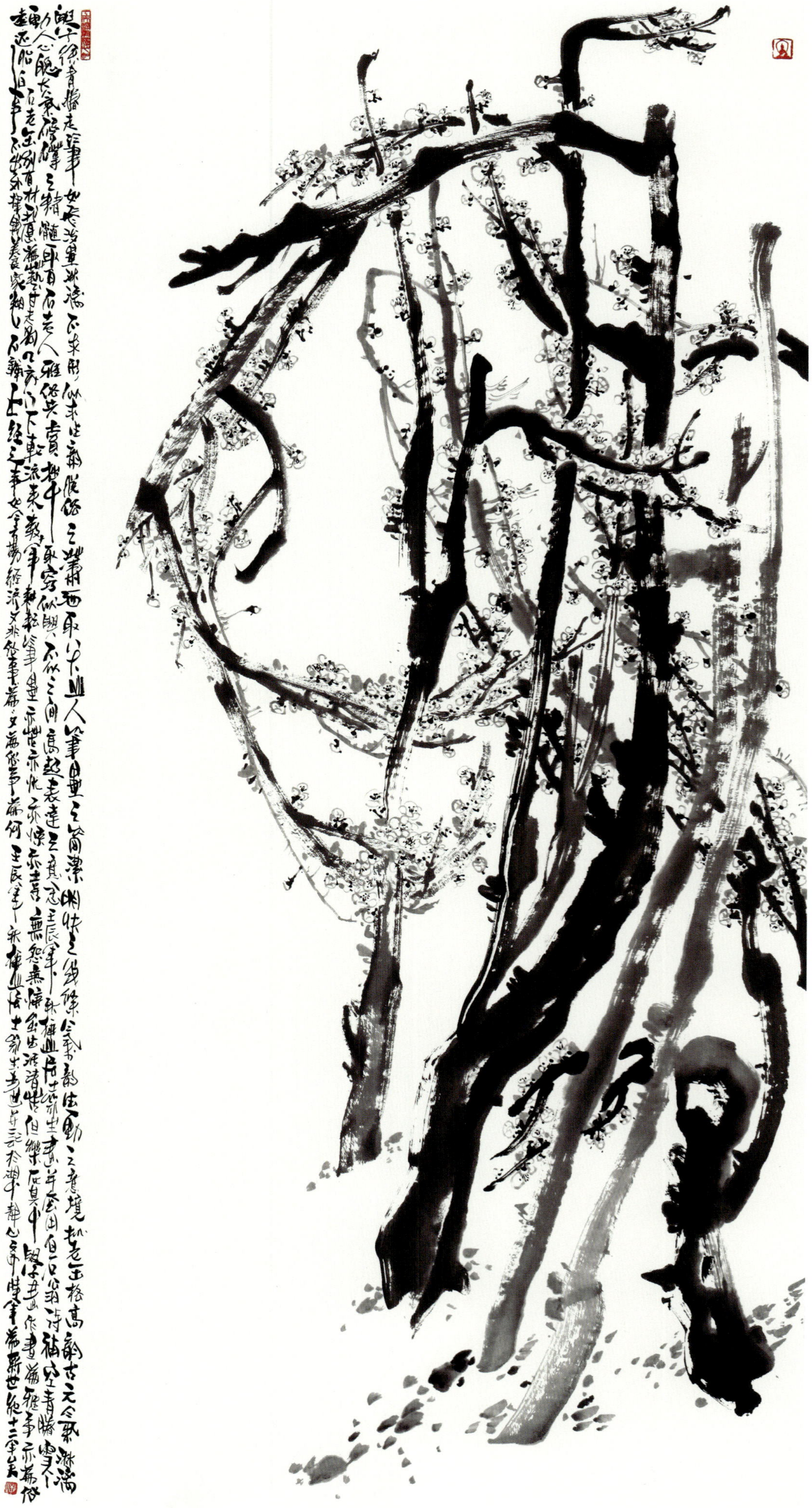

墨梅图

黄正保，原籍安徽省天长市，现定居上海。青年时热衷于海派画风及代表画家作品研习。师范院校毕业后从事美术教学，80年代初从事专业美术创作，现为安徽省美协会员，副研究员，江苏画院特聘参展画家。

自涉足中国水墨画，旨在法自然，师造化，奇思异想，随心所欲，笔写我心，自然天成，先感后悟，性灵交融。落笔豪放爽辣，色墨酣畅峥嵘，奇韵充盈脱俗。在创作中始终立足本土传统文化艺术的拓展与创新。如，保留传统中国画原真元素，但在笔墨、构图、造型中寻求突破与变形，消除具象表达印象、介于是非之间的表现形式等。

作品《瓶花》、《无题》、《牡丹》、《荷》、《庭院兵法》、《春色》、《江南》、《回归》、《似雪无瑕点、秋池舞白云》、《静物四屏》等分别入选建国45周年美展、当代著名花鸟画家作品展、全国国花评选精品展、当代中国画撷英全国大展、夜光杯全国书画大赛等并获奖。

静物四幅

商淑芹，1954 年出生于吉林省吉林市，自幼研习国画，主攻工笔花鸟，自成一体。现为吉林省书画研究会会员，吉林市桃园画院秘书长。

作品曾被韩、日、东南亚等国际友人收藏，受到好评。

获奖情况：第一届至第五届吉林市雾凇展优秀奖，第二届“郑板桥杯”优秀奖，第一届“黎昌杯”入选奖，第一届 东北亚国际艺术节入展奖。

2012 新民晚报夜光杯全国书画大赛优秀奖。

闲情

林文，福建人，男，重庆美术家协会会员。2008 年考进西南大学美术学院油画系就读本科。本科毕业作品被留校收藏。2012 年考入西南大学美术学院朱沙工作室攻读研究生。作品多次参加省级国家级展览。

参展获奖经历：

2011 年中国（芮城）永乐宫第四届国际书画艺术节　优秀奖，作品被主办方收藏（中国美术家协会主办），第三届东北亚国际书画摄影展（中国文联主办），第三届全国青年素描和色彩静物、风景写生作品大赛优秀奖（江西美术家协会主办）；

2012 年第七届中国西部大地情中国画、油画作品展，作品被组委会收藏（中国美术家协会主办），第六届东盟艺术品创作大赛优秀奖作品被收藏（广西自治区文化厅主办），纪念“毛泽东同志在延安文艺座谈会上的讲话”发表 70 周年重庆市美术作品展（重庆美术家协会主办）；

2013 年第三届全国院校美术大赛（西安美术学院主办）。

云南行之一

曹瑞祥，1943 年生于上海，1962 年毕业于上海市轻工业学校美术专业。自幼喜爱绘画。在校曾得李詠森、黄幼吾等老师的指导。从事花鸟画学习创作至今已有40余年。现为上海市中西美术融合协会副主席，上海交通大学东方艺术交流中心高级书画师、顾问。

作品表现风格独特，兼工带写，吸收西画为之中用。构图新奇，用笔简练，色彩鲜艳，画风追求大胆落笔，细心收拾，雅俗共赏，艳而不俗。

作品多次发表于各报刊。

满园春色

2012 新民晚报夜光杯全国书画大赛　优秀奖

吕渊明，1956 年生于上海，祖籍浙江椒江。1976 年起，先后为潘君诺、陈慧贞、曹简楼等老师的入室弟子，学习花鸟画十年。在企、事业单位从事包装装潢设计、服装设计等工作。2005 年起专事工笔花鸟画的学习和创作，同时在上师大较系统地学习书法三年，之后又参加美协沙龙的学习班学习三年。

作品《春晓》入选 2011 年 6 月庆祝建党 90 周年第六届上海美术大展。

家

蔡文成，艺名蔡尚，1988年毕业于河南漯河市大华艺师，2006年进修于中央美院，更进一步地研究山水画的创作技法。现为河南美术家协会会员。

作品获河南省第十届中国画艺术展优秀奖、第七届当代中国山水画展优秀奖等 。

作品被多家艺术机构展览和收藏。

家乡的月亮

云峰远岫百重生

于贱香，广西桂林人，广西美术家协会会员，自幼酷爱绘画。

2010 年作品《翠岩千尺倚溪斜》入选由中国美协与现代工笔画院主办的“全国首届现代工笔画大展”。

2011 年作品《云峰远岫百重生》入选由桂林市政府等主办的“桂林市第三届国际文化山水节美术摄影作品展”；《翠岩千尺倚溪斜》入选由全国政协办公厅、民革中央等主办的“纪念辛亥革命 100 周年全国中国画作品展”。

2012 年作品《云峰远岫百重生》荣获由新民晚报社、上海市美术家协会、上海市书法家协会主办的新民晚报夜光杯全国书画大赛优秀奖；《一溪流水绕门斜》入选由中国美协、沧州市人民政府主办的全国中国工笔画展；《西部放歌》入选由中国美协主办的“翰墨新象”全国中国画作品展；《瀑声含雨意》入选由中国美协、宜兴市人民政府主办的吴冠中艺术馆开馆暨全国中国画作品展。

2013年作品《侗寨新颜》入选由中国美术家协会、宜兴市人民政府主办的“相聚宜兴”全国工笔画作品展；《绿色家园》入选由中国美术家协会、泰安市人民政府主办的“泰山之尊”全国中国画作品展。

多幅作品被国内外人士收藏 。

杨涛，男，生于1970年，河南省内乡县人，中共党员，中国书法家协会会员，中国书法之乡内乡县书协副主席。

作品入展：全国第十届书法篆刻作品展获提名奖，“中国瘗鹤铭”奖全国书法作品展，孔子艺术奖全国书法篆刻作品展，全国第二届篆书作品展，“乌海杯”全国书法作品展，“墨舞神州”全国电视书法大赛三等奖，第二届北兰亭电视书法大赛优秀奖，全国第二届希望圆梦杯书法大赛优秀奖，第二届墨舞中原河南电视书法大赛优秀奖，首届“牡丹奖”山东省书法双年展，全国第四届“性灵派”书法作品展，“大世界”中国实力书法家200人龙年展，“王铎杯”全国书法大赛，第五届商鼎杯全国书法篆刻作品展，首届蔡邕奖全国书法大奖赛，首届“皓月禅心”全国书画展优秀奖，中国宝丰第五届魔术文化节书画大赛，第二届“羲之奖”全国书法篆刻大赛，“八桂书风”第三届网络书法作品展。

2012新民晚报夜光杯全国书画大赛优秀奖。

作品被《书法报》、《书法导报》、《中国书画报》、《青少年书法》、《河南省书法年鉴》、《南阳日报》、《内乡人物》等收录或报道。曾在全国第十届书法篆刻作品展论坛上代表获奖作者发言。

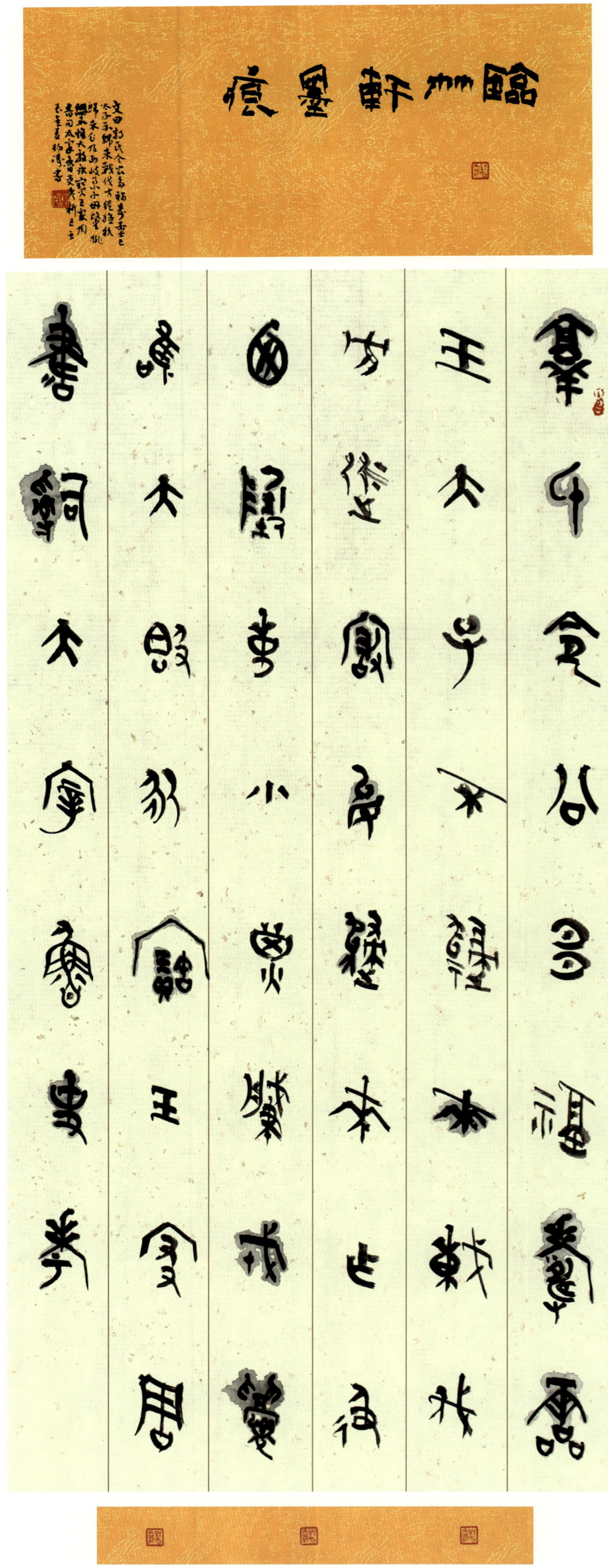

金文联句

鲁建飞，号诚意草堂主人，1962 年生人。中国书法家协会会员，安达市政协委员，民建会员，绥化市书法家协会副主席，安达市书法家协会副主席，北京今日美术馆特邀书法家。

作品入选当代书坛名家系统工程，全国五百家书法精品展。获第四届梁披云书法展最高奖，敦煌杯弓法展全国奖，第二、四届“性灵派”全匡展（最佳创作奖）。

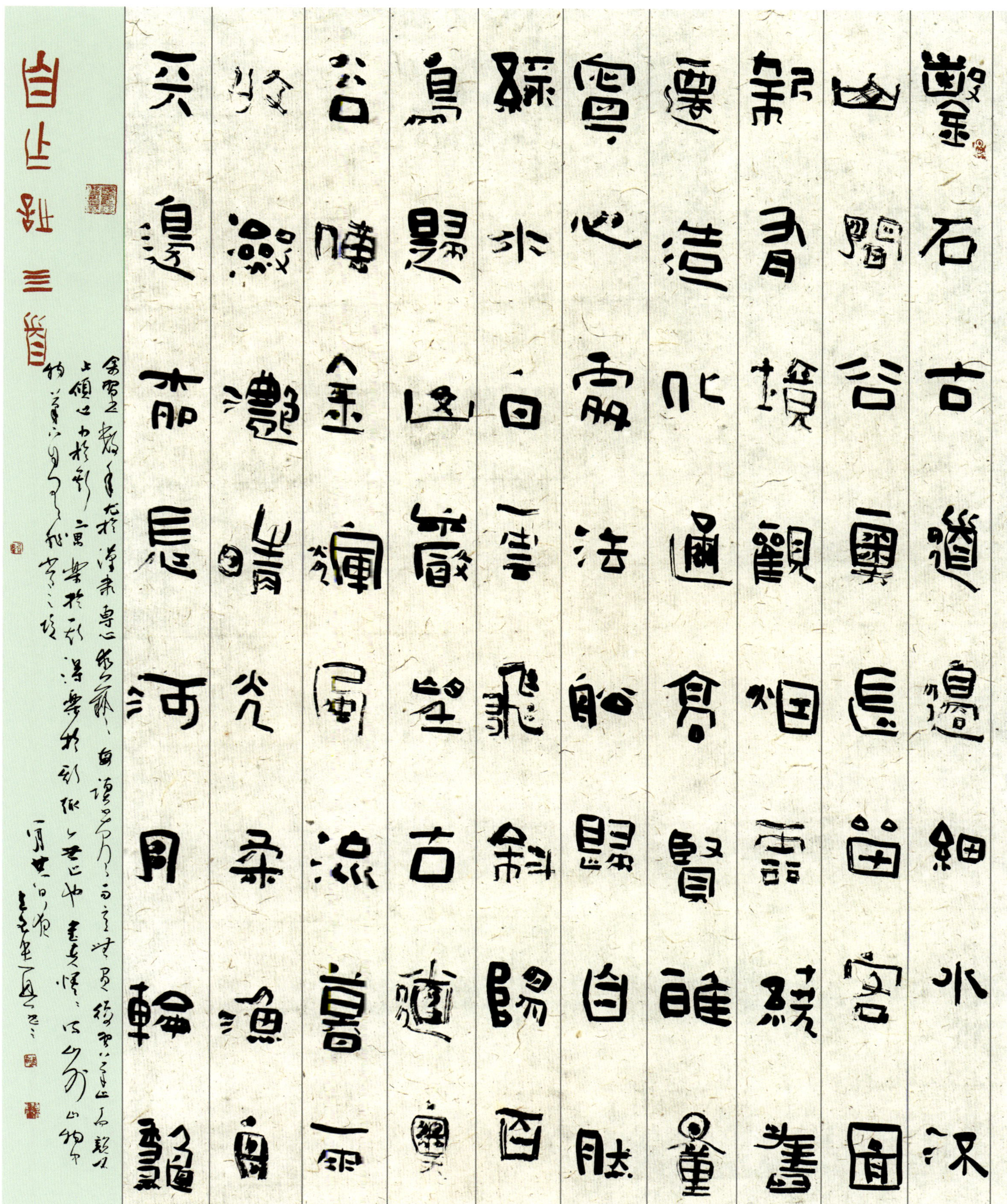

书法

夏碧波，湖南安化人，现为中国书法家协会会员，湖南省书法家协会农村委员会副主任。益阳市青年书法家协会副主席。

书法作品入选中国书协会主办的王羲之奖全国书法展获最高奖，全国第四届书坛百家精品展获最高奖（书法十杰），首届普洱茶书法艺术节全国书法大展获最高奖，全国首届草书展获提名奖，全国第九、十届书法篆刻展，第二届书法兰亭奖、赵孟頫奖全国书法展，"冼夫人奖"全国书法展，全国首届行书大展，纪念傅山诞辰400周年全国书法大展，全国千人千作书法展览，中国名家系统工程五百人精品展，"和谐湖南"全省书法展一等奖。

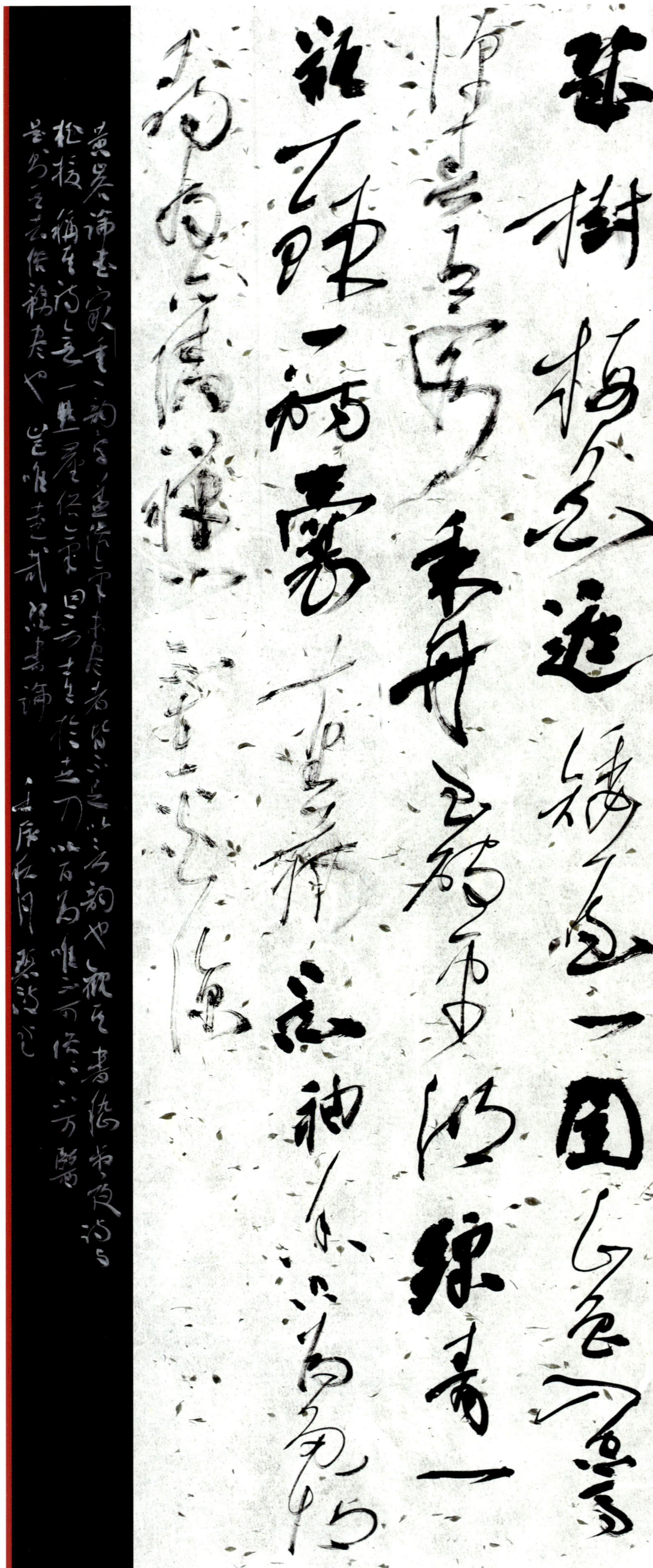

书法

廉海峰，男，1980 年出生于河南洛阳，河南省书法家协会会员，现为洛阳市水墨兰亭书画艺术中心书法教师。

获奖作品：首届王铎杯全国书法大赛中获一等奖；全军保障企业首届职工书画作品展中获得一等奖；“中新杯”国际书法大奖赛优秀奖；纪念郭沫若诞辰 1 2 0 周年全国书法邀请展优秀奖；上海新民晚报“夜光杯”全国书画大赛优秀奖。

作品入展：“艾青杯”全国青年书法作品展；蓝田中国书法院首届全国书法展；“中州墨韵”全国书画作品展；全国第七届楹联书法作品展；书写广东人文精神格言大赛；入展 2011 年全国安全生产书画展；入展 2012 年河南省职工书画作品展。

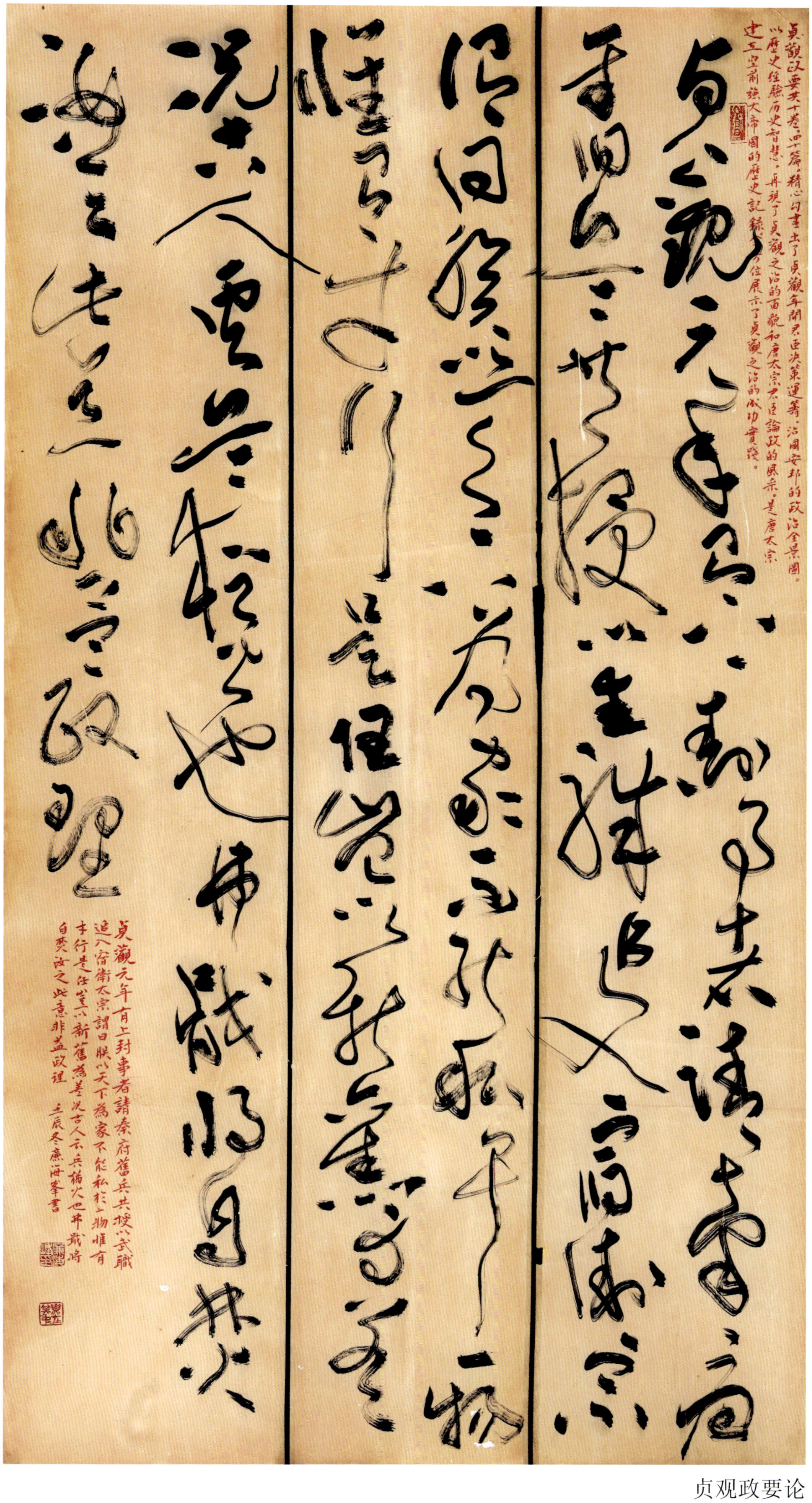

贞观政要论

张永建，河南省永城市人，就职于永城市公安局，现为河南省书协会员，永城市书协副主席。

主攻行草兼备隶楷。创作以明清为基调，融二王、张旭、怀素、米芾、黄山谷为元素以展性情。多年来，多幅作品在全国书法大赛中获奖，作品入展中国书法家协会举办的大展。

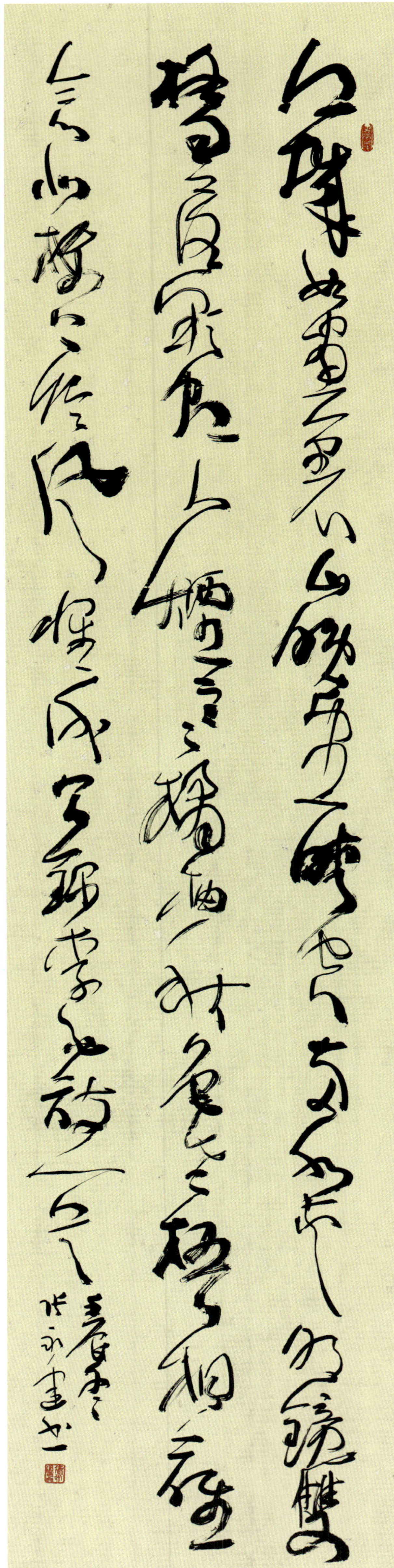

李白诗一首

李海，中国书法家协会会员，黑龙江省美术家协会会员，黑龙江青年艺术家协会会员。黑龙江省教育学会书法专业委员会理事、七台河市书法家协会副秘书长、七台河市政协书画院研究员、七台河市工会教育部副主任 。

书法作品入展中国书法家协会主办的全国第十届书法篆刻展、“信德杯”全国个体私营企业书法展；“古河州杯”全国书法大奖赛展；“墨舞神州”全国电视书法大奖赛等。

获首届“国粹杯”全国书法篆刻大奖赛优秀作品奖、“夜光杯”全国书画大奖赛优秀作品奖、黑龙江省首届书法小品展优秀作品奖；黑龙江省第二届少数民族美术、书法、摄影展暨黑龙江省少数民族民间工艺品展三等奖、黑龙江省庆祝中国共产党成立90周年第三届书法精品展精品奖（最高奖）等。

国画作品《卧龙山》入展黑龙江省第二届新人新作展；国画《白云山中》入展黑龙江省第十届美术展。

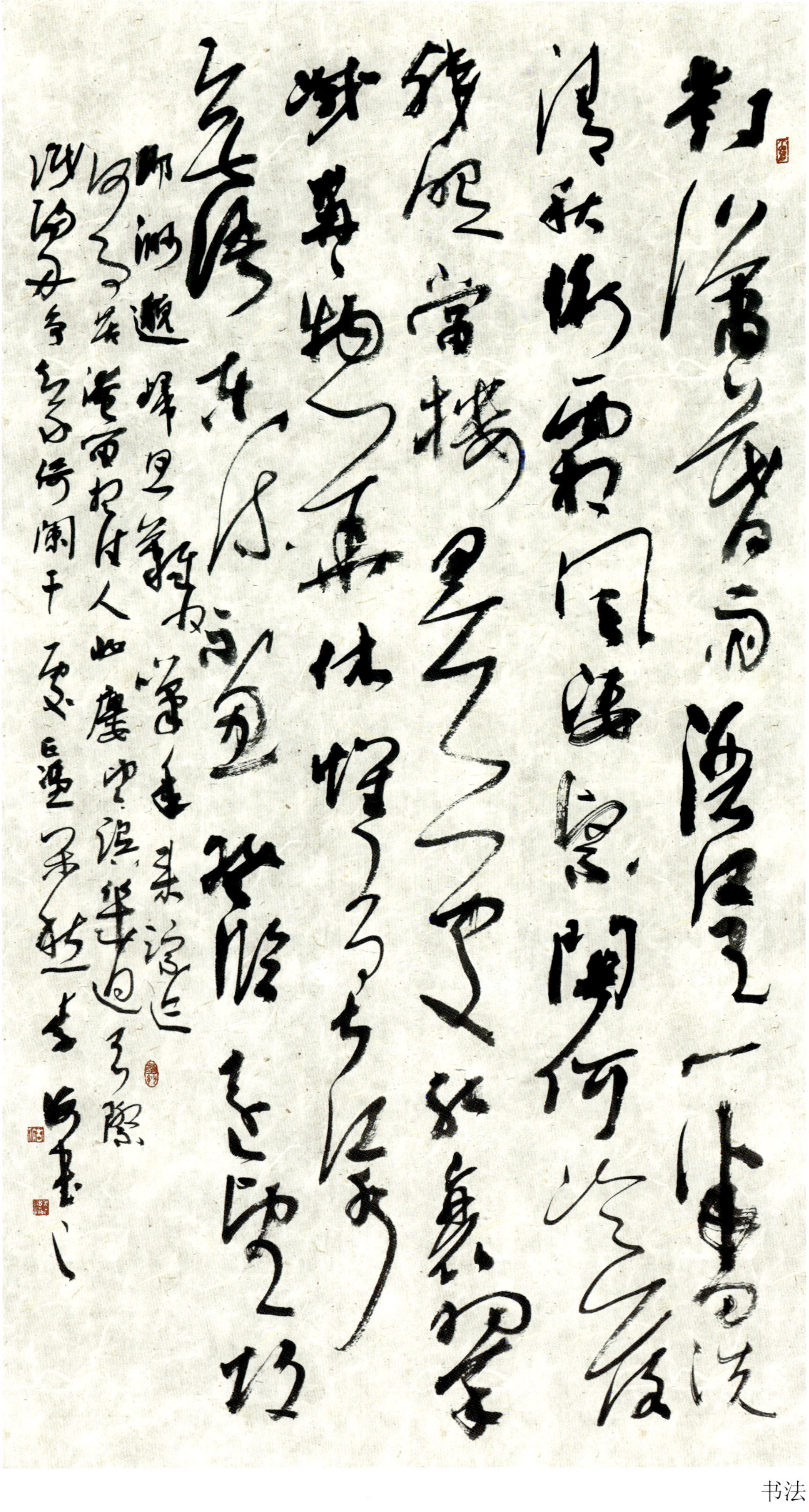

书法

王大禾，1970年出生于浙江平阳，现居苍南。中国书法家协会会员，浙江省书协书法创作委员会委员，温州市书协创作委员会副主任。

作品获全国第二届草书艺术展一等奖、全国第六届楹联展二等奖、全国首届册页书法展二等奖、全国第三届扇面艺术展二等奖、首届“四堂杯”全国书法精品大展一等奖、第三届“康有为奖”书法评展创作奖、第三届“义海杯”全国书画大奖赛一等奖等。

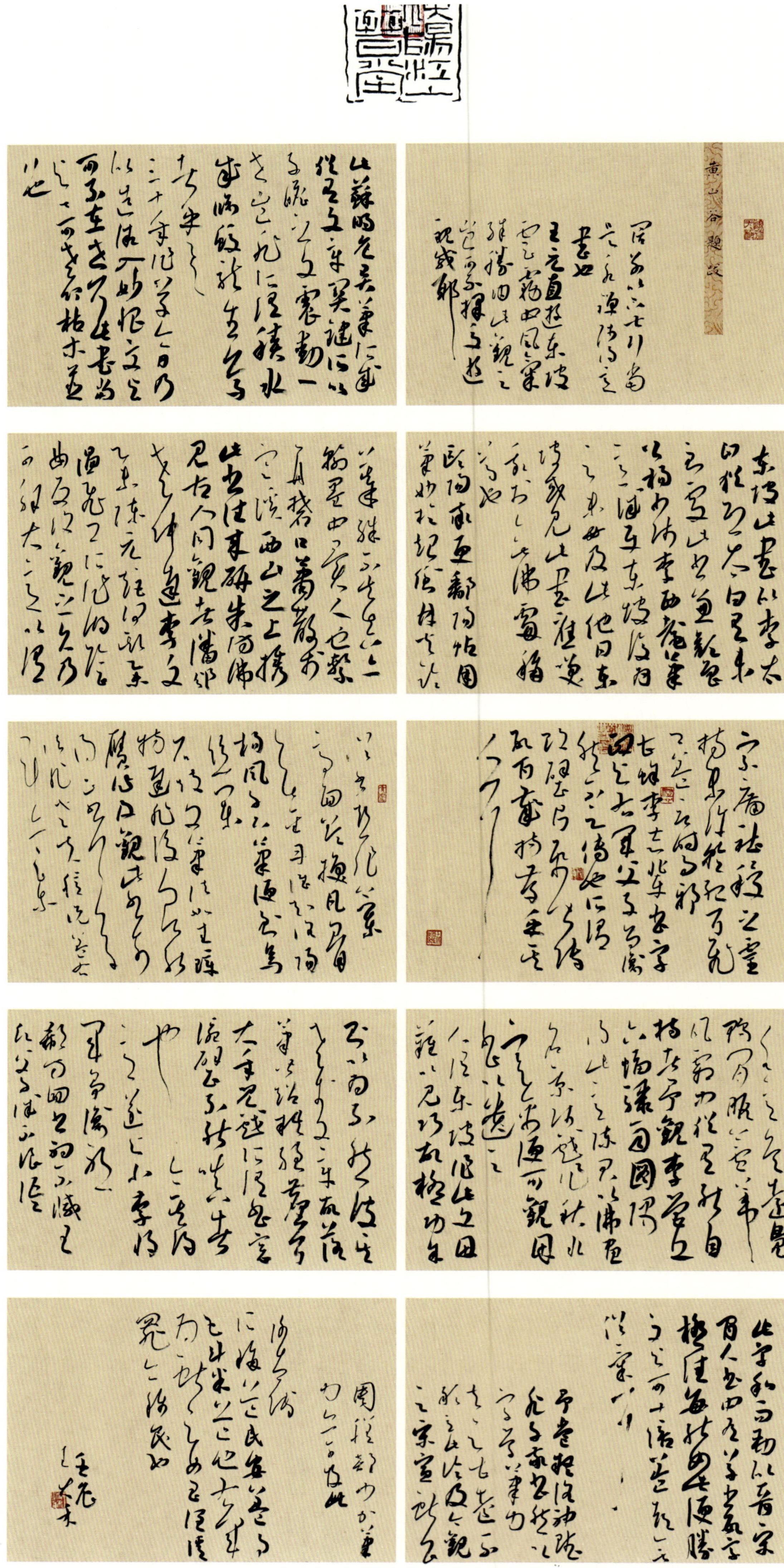

黄山谷题跋

赵泉有，生于1971年，河南省辉县市人。现为中国文字博物馆特聘书法家，中国书法家协会会员，中国教育协会书法教育专业委员会会员，辉县市书法家协会副主席，辉县市硬笔书法家协会副主席兼秘书长。

作品曾多次参加全国性书画大赛均获奖。

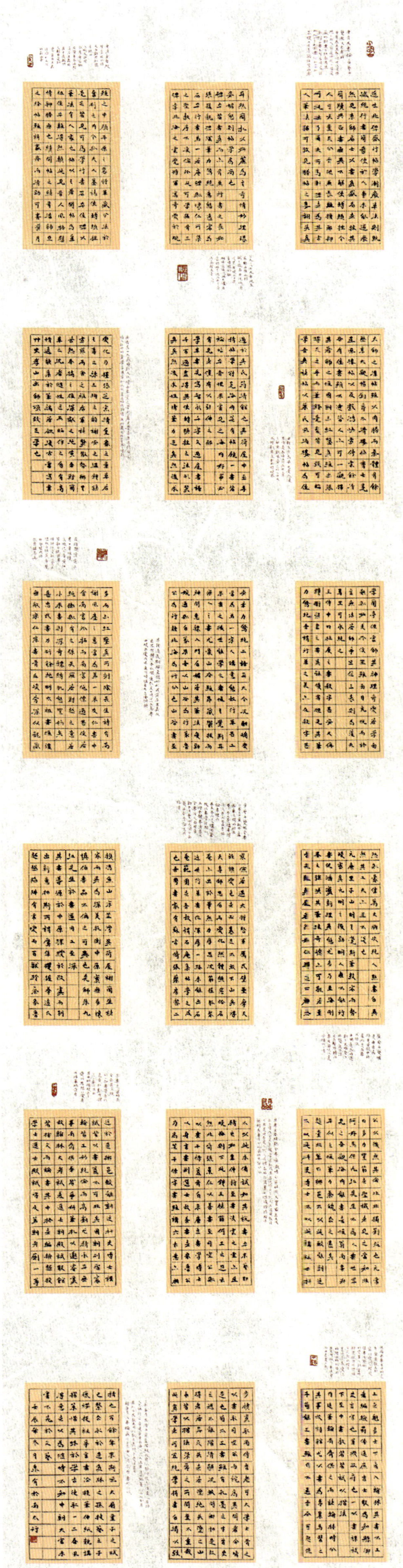

康有为－广艺舟双楫

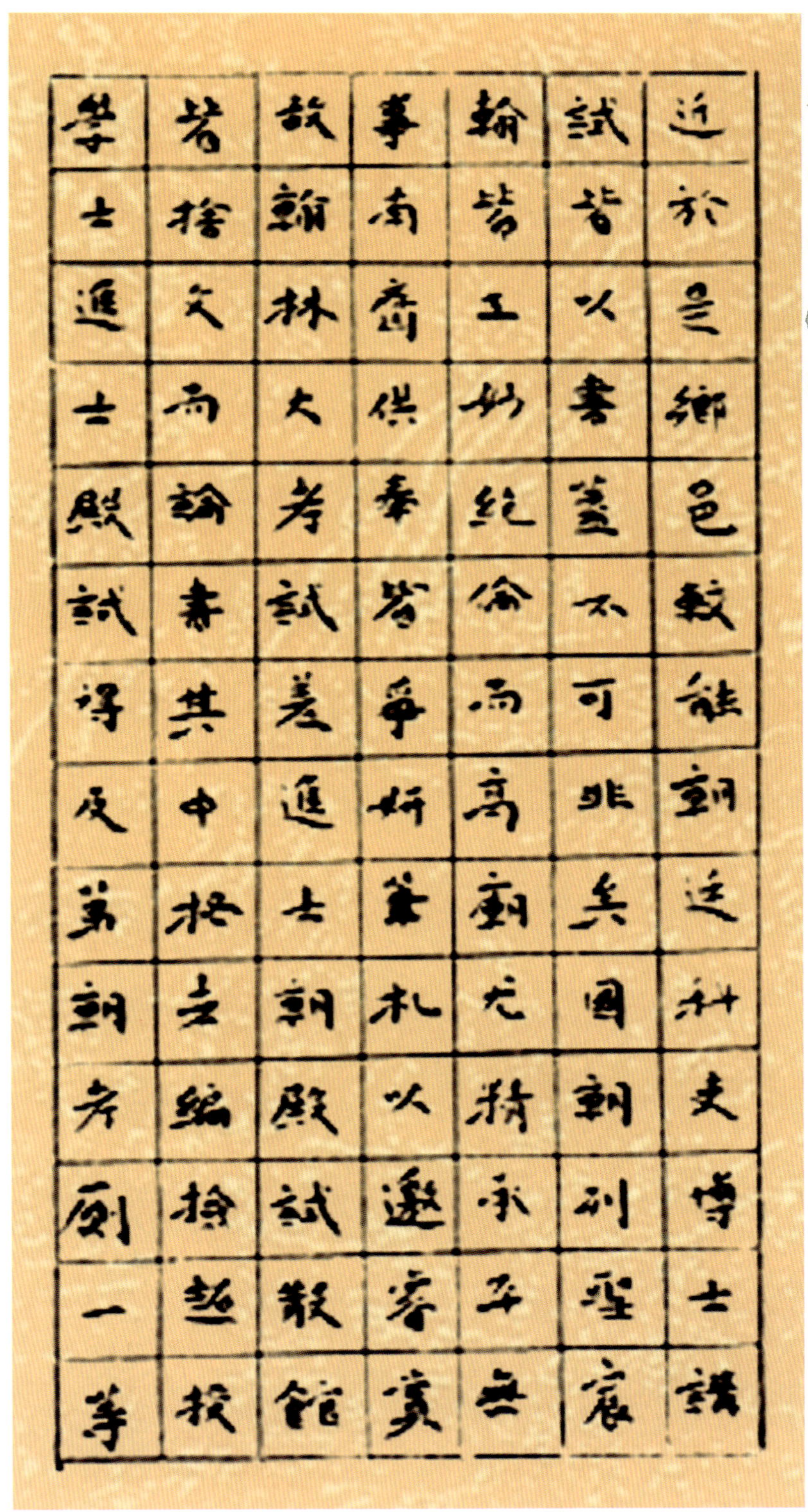

康有为——广艺舟双楫（局部）

刘建中，现为中国书法家协会会员，江西省书法家协会会员，鹰潭市书法家协会副主席。

作品在泰山花样年华全国书画展获铜奖，第二届北兰亭全国书法大赛获优秀奖，第二届性灵派全国书画展最佳创作奖，纪念中国共青团成立85周年全国书画展三等奖，江西第七、八届书法篆刻大展二等奖等。

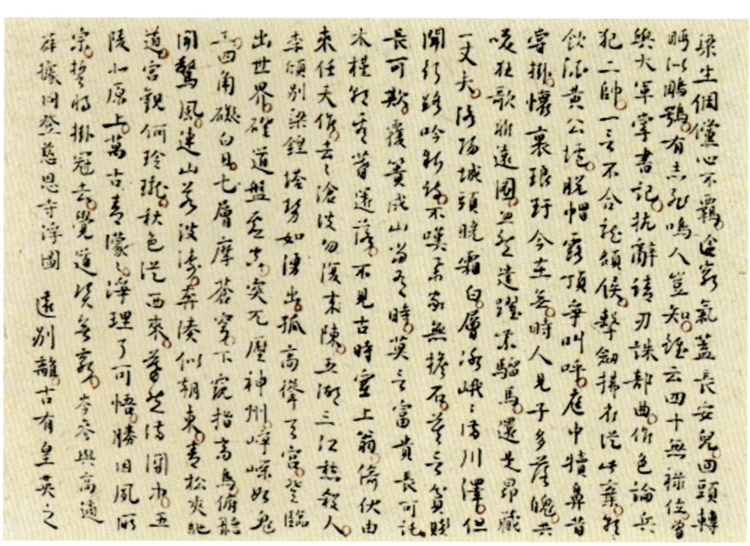

（局 部）

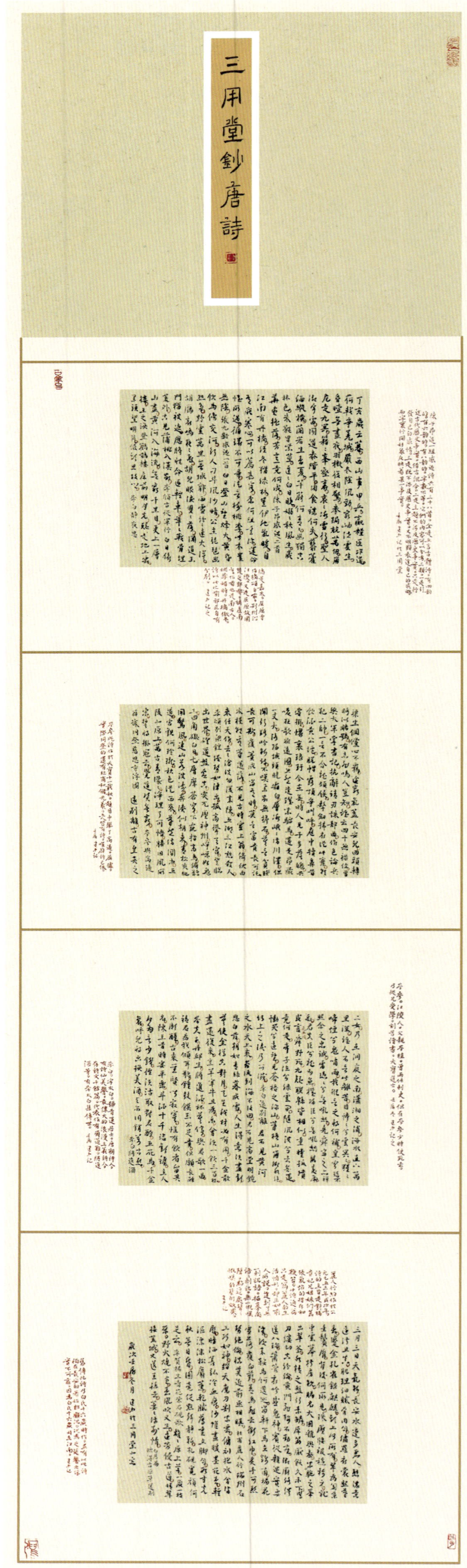

三用堂钞唐诗

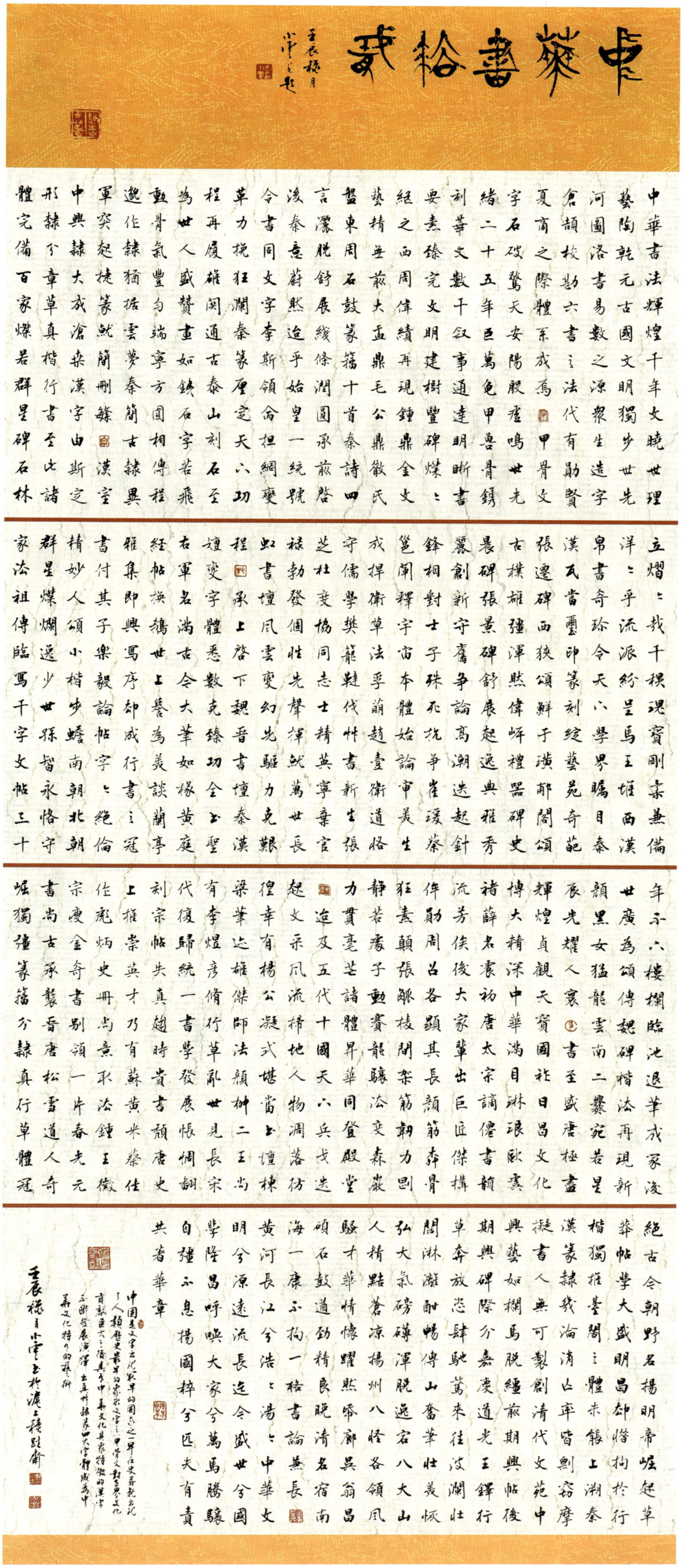

中华书法赋

郑小云，男，祖籍浙江温州，1959年8月生于上海。现为中国书法家协会会员、上海市书法家协会会员。

书法作品入展：

全国第十届书法篆刻作品展；首届普洱茶全国书法大展；全国楚简帛书法作品展；第一、二、三、四届“观音山杯”全国书法艺术大展；第二届国际刻字艺术大展；西泠印社第六、七届篆刻艺术评展；西泠印社诗书画印大展；西泠印社第三届国际篆刻书法大展；西泠印社国际艺术节西泠印社首届中国印大展；西泠印社首届楹联书法展；上海市书法篆刻系列大展；新世纪首届上海书法篆刻展；上海市首届、二届楷书书法展；上海市首届篆隶书法展；上海市首届刻字艺术展；上海市“海峡杯”首届书法展；上海市第七届书法篆刻作品展。

作品获奖：

第一届中国职工艺术节——全国职工书法美术作品展优秀奖；第三届中国职工艺术节——全国职工书法美术作品展三等奖；东湖印社首届全国篆刻大展优秀奖；纪念毛泽东诞辰115周年全国书画大赛一等奖；纪念改革开放30周年长三角（二省一市）职工书画展一等奖；上海市第四届市民书法大展优秀奖；上海市第六届“五一文化奖”。

2012年新民晚报“夜光杯”全国书画大赛优秀奖。

赵敏，女，安徽省蚌埠市人，固镇县工商行政管理局工作。师从杨涛、胡海利二人，学习楷书。先后临习王宠小楷《游包山集》、王献之《洛神赋十三行》等帖。现为安徽省书协会员，省妇女书协会员，中国硬笔书法协会会员。

作品入展：

2009年安徽省十届新人展、安徽省首届临帖书法展；2010 年安徽省第三届妇女书法家展；2011 年第三届“观音山杯”全国书法艺术展、第四届中国（孝感）杯硬笔书法展、全国第二届硬笔书法家“十杰百强”作品展；2012 年“贺洲杯”全国书法小品展、第五届全国妇女书法展。

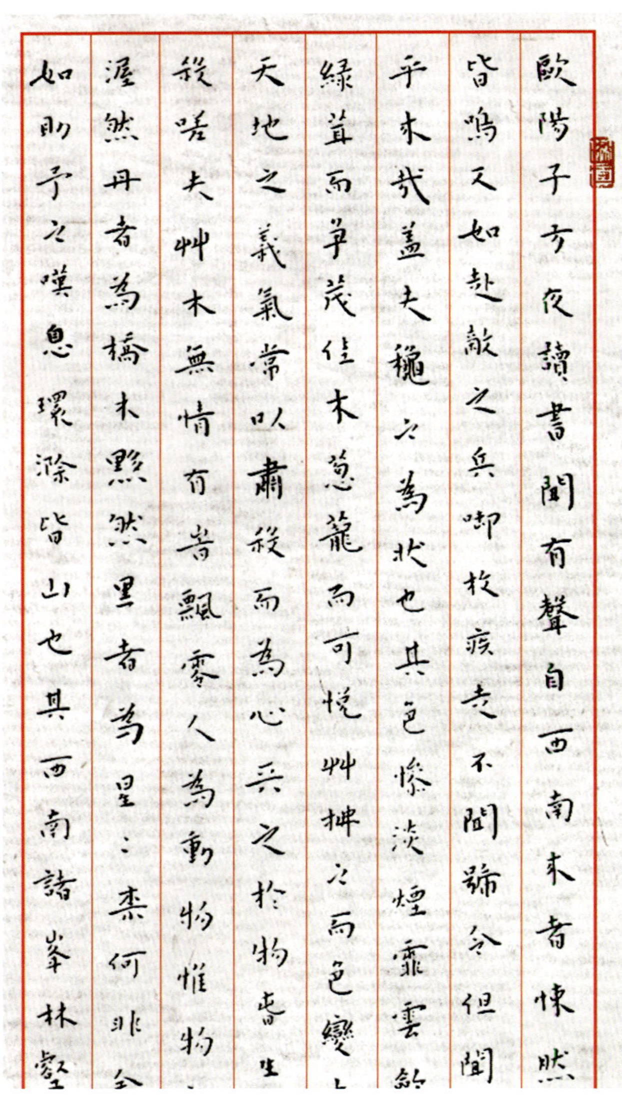

（局部）

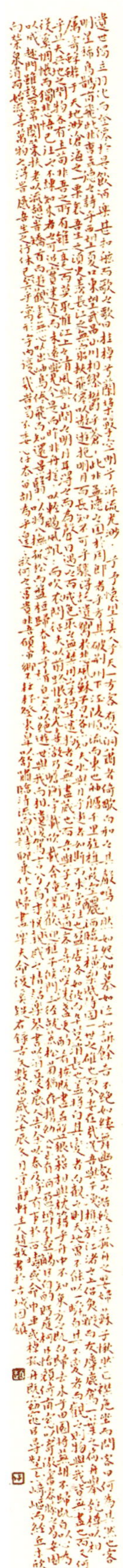

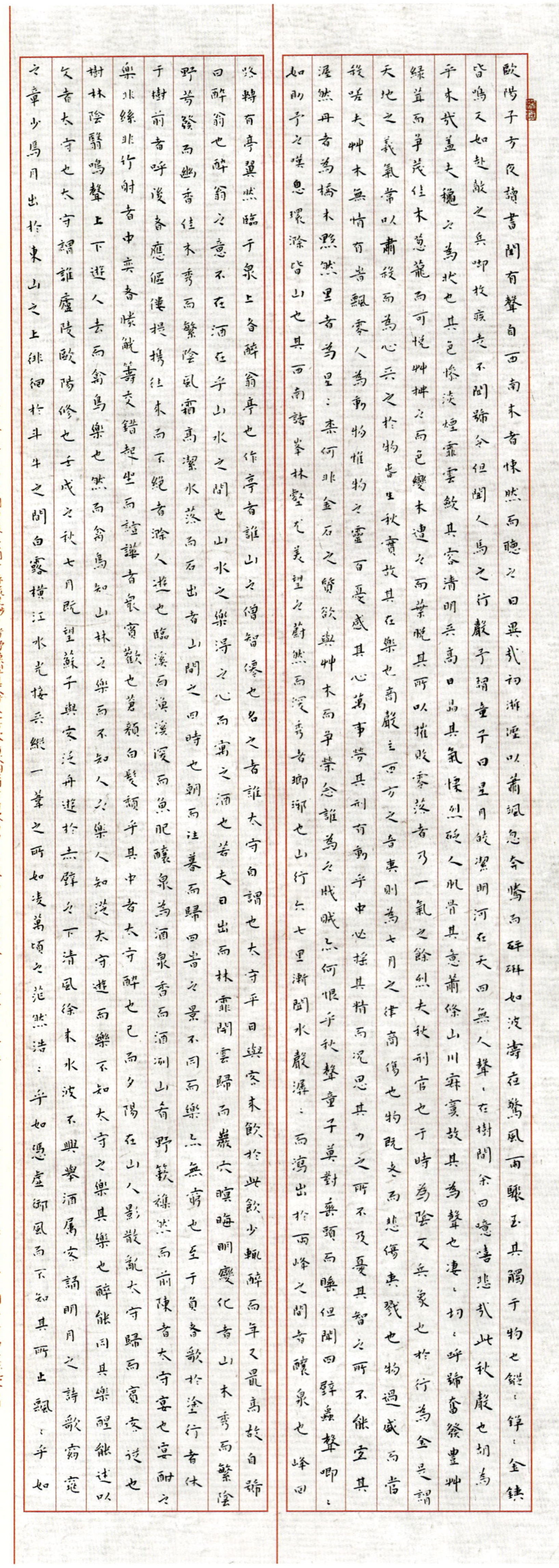

书法

优秀奖

张平均，祖籍河南焦作，现供职于巩义市开普网络工程有限公司。中国书协会员，中国硬笔书协会员，中华书画学会副主席，巩义市书协副主席，诗圣书画院副院长。

作品入展中书协主办的“三晋杯”全国书法展；第二届全国青年书法作品展，全国职工书法作品展；全国第二届册页书法作品展，中华龙文化全国书法作品展，全国首届楷书书法作品展等。

多次在全国书法大赛中获奖。

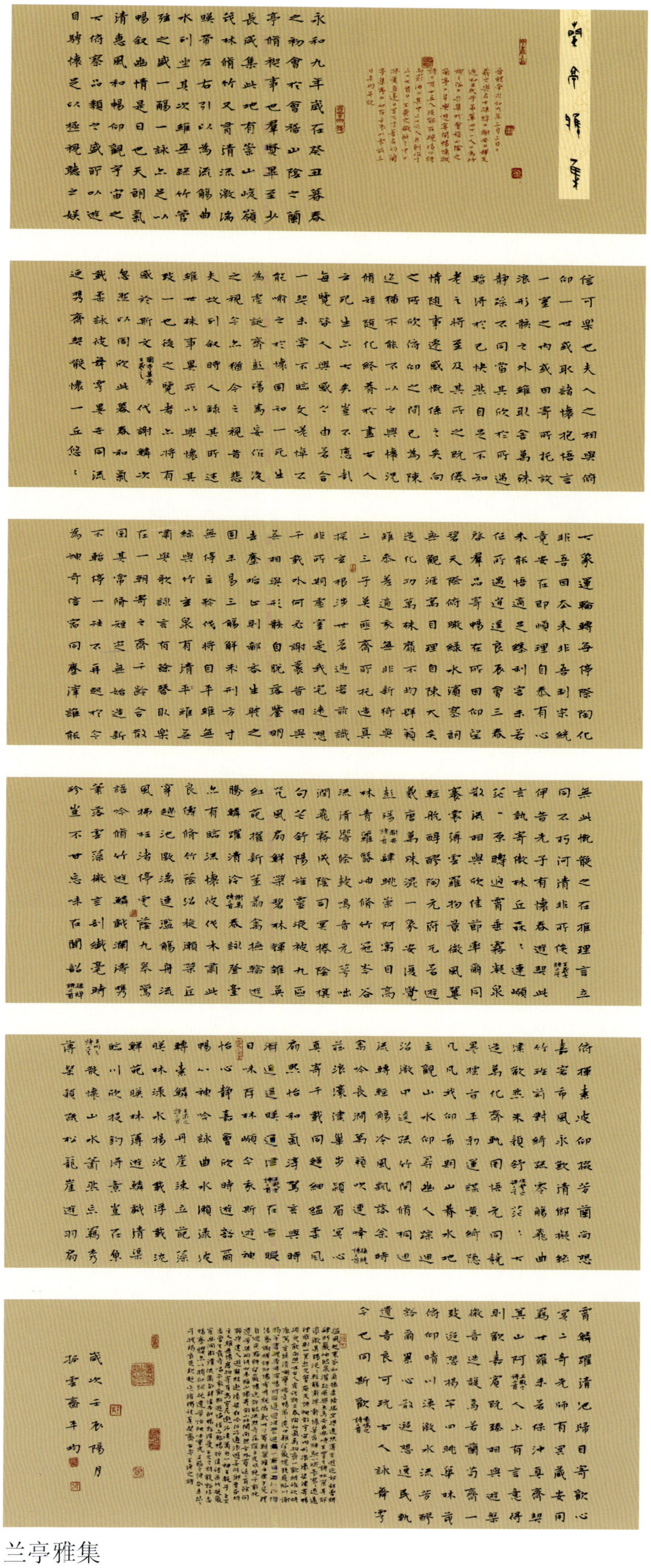

兰亭雅集

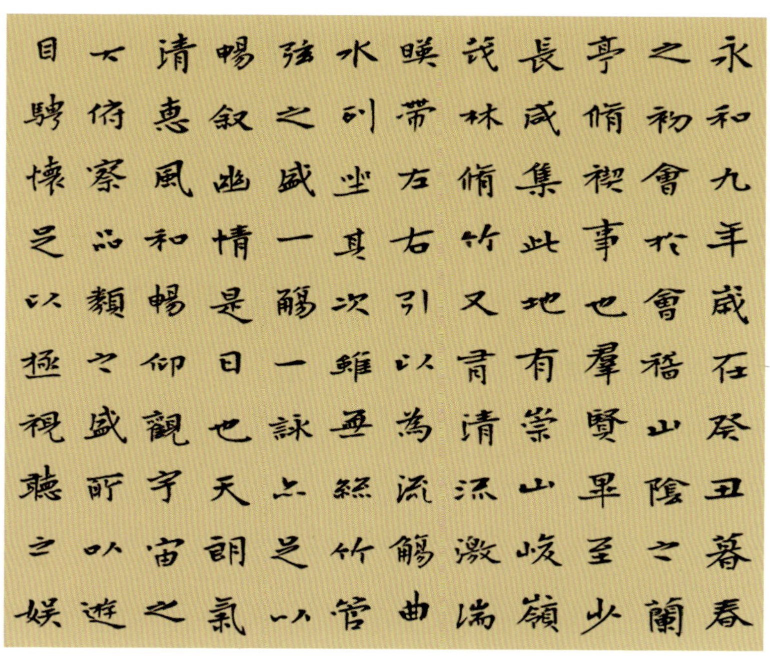

兰亭雅集（局部）

李由，原名李铭鸿，1964年出生，湖北黄石人。中国书法家协会会员，中国楹联学会会员，中国民主促进会会员，湖北书法家协会会员，黄石市书法家协会创作委员会委员。作品曾多次在中国书法家协会或权威机构主办的重大展赛中入展或获奖，并被多家机构或个人收藏。曾入展首届青年展、建党85年展、首届草书展等画展，并获得中华龙文化展优秀奖、首届张芝奖等。

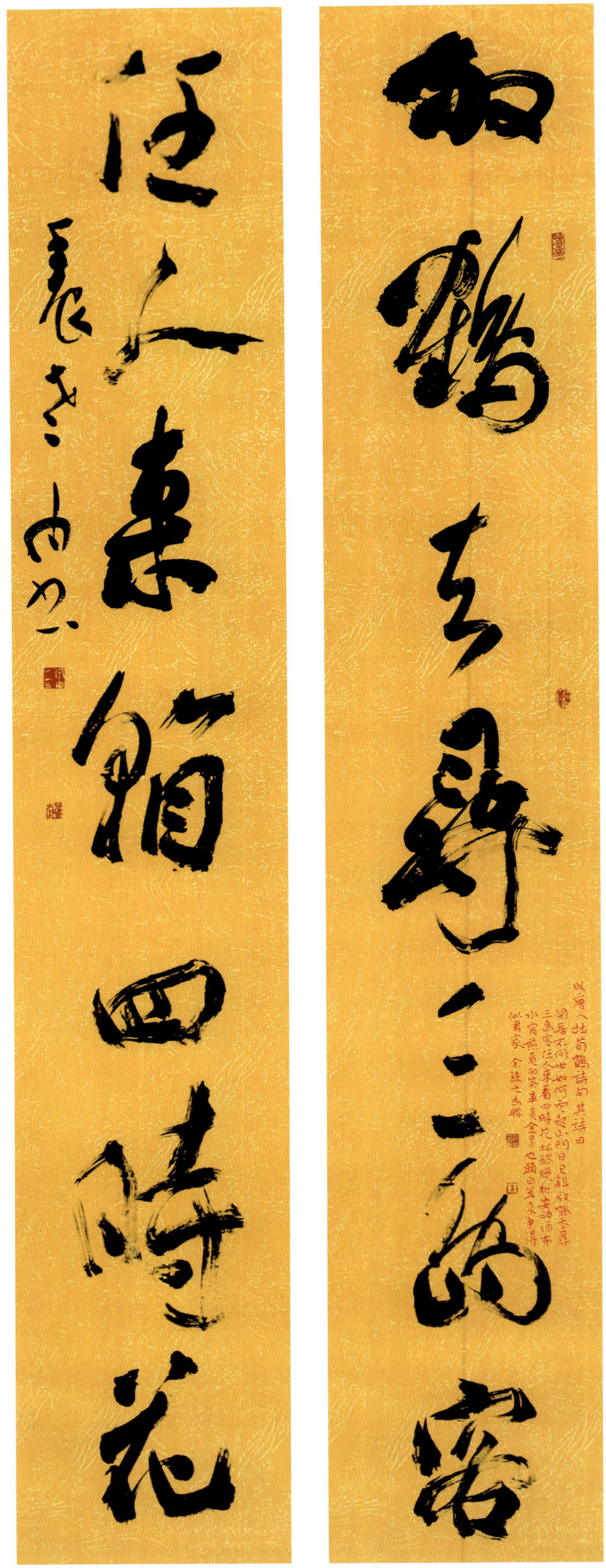

书法对联

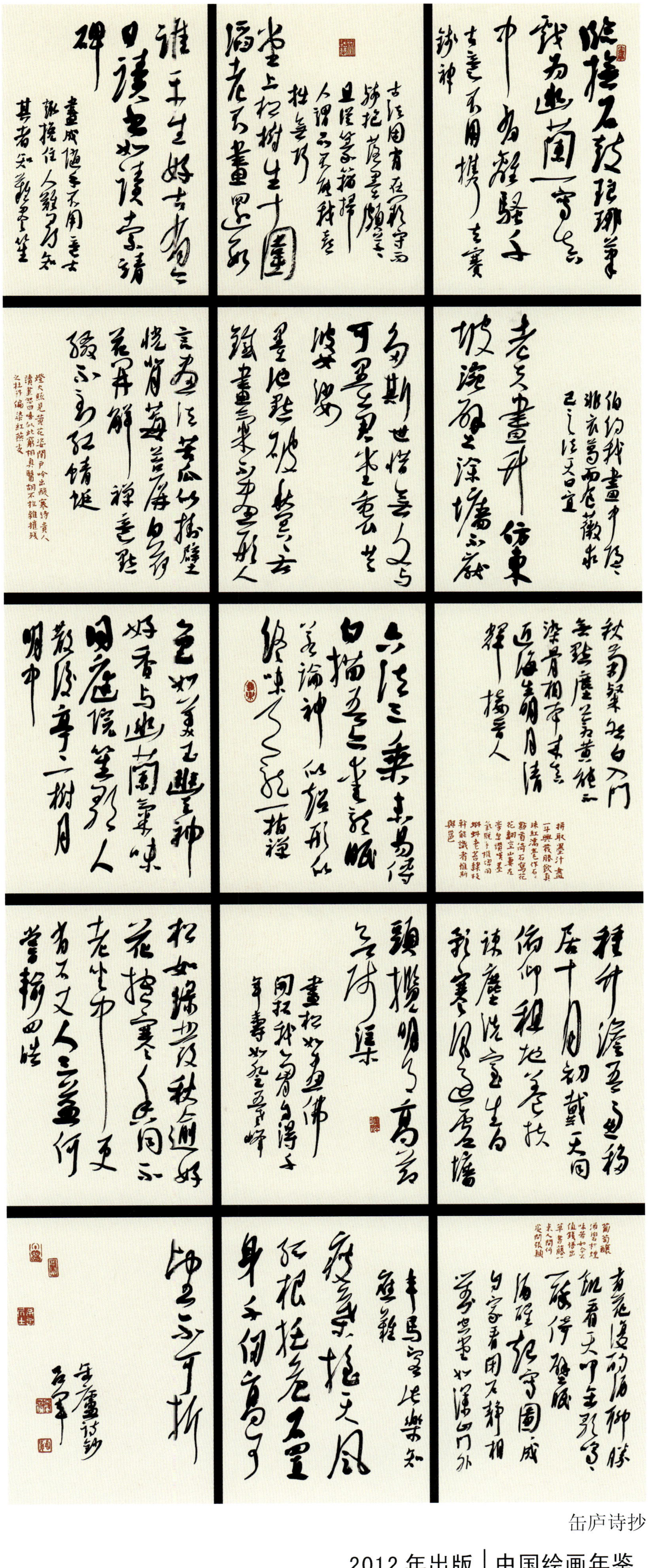

缶庐诗抄

吕军，作品入展中国书法家协会主办的“纪念邓小平诞辰一百周年”、“羲之奖”、“普洱茶乡杯”、“三届行草书”等全国书法大展；荣获“黄山杯”全国书法大赛青年组二等奖；“林散之奖”南京书法传媒三年展优秀奖；韩国CJB清州直指国际书法大赛优秀奖；2010 年谢氏杯全国中青年书法家百强榜百强；第二届宋璟杯全国颜体书法大赛三等奖，“魅力湖头，李光地文化”全国书法大赛银奖；第二届建文杯全国书法大赛三等奖；国画作品获义乌市赤岸采风写生展优秀奖，入展纪念建党九十周年义乌市重大革命历史题材画展、“风雅上溪”写生展，安徽省廉政书画大赛二等奖。

孙学辉，1965年出生，中共党员，副教授。辽宁师范大学汉语言文学专业硕士研究生在读 。

中国书法家协会会员，中国标准草书学社社员，中国楹联学会会员，中华诗词学会会员，辽宁省教育学会教师教育专业委员会常务理事，辽宁省教育学会师范专业委员会书法学科组组长，阜新市书法家协会常务副主席兼创作评审委员会主任，阜新书画院专业画家。

书法对联

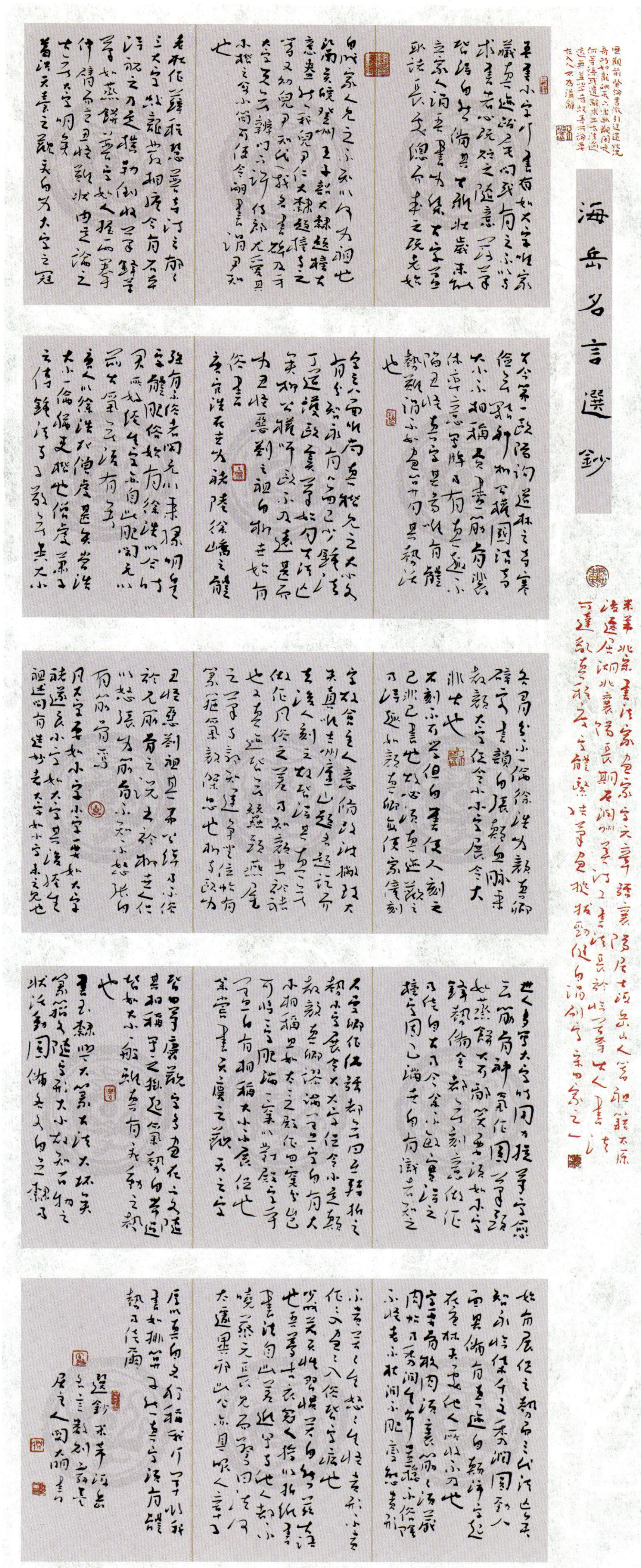

海岳名言选钞

关大朋，1979 年生于吉林市，中国共产党员，中国书协会员、吉林省书协会员、吉林市书协理事。

作品参加全国第六届书法新人展（入展），第五届中国（重庆渝中）教师书法作品展（最高奖），第六届中国（山东·临沂）教师书法作品展（最高奖），全国首届临帖展（入展），第二届平复帖全国书法大展（入展），中国（芮城）全国"魏晋风度"新锐书法作品展（入展），首届"三苏奖"全国书法展（入展），中华龙文化全国书法展（入展），全国铁人杯书法作品展（入展），中国（芮城）永乐宫第四届国际书画艺术节（优秀奖），第三届百强榜书法展（提名奖），第四届百强榜书法展（百强），吉林省第三届临帖书法大展（三等奖），吉林省第四届临帖书法大展（一等奖），第五届"商鼎杯"全国书法展（银奖），首届"海峡杯"全国书画作品展（二等奖）。

叶韶霖，铸石楼主，毕业于山西财经学院，师从田树苌先生。现为中国书法家协会会员，厦门市书协常务理事，厦门市青年书协副主席。

曾获得福建省政府艺术最高奖、第六届百花文艺奖一等奖，厦门市政府艺术最高奖、第四届文化艺术奖一等奖。入展2012年全国书协主办的第五届全国书法百家精品展，全国第三届行草展等。

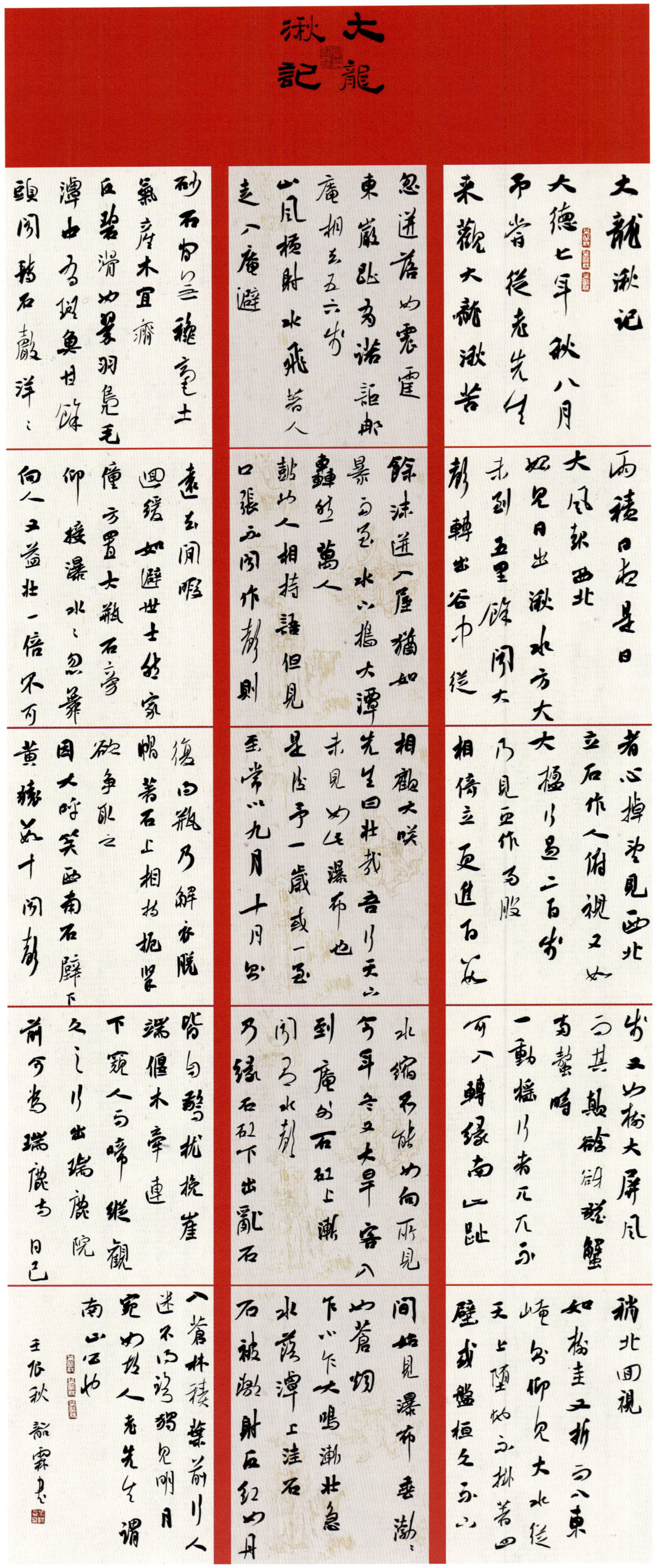

书法

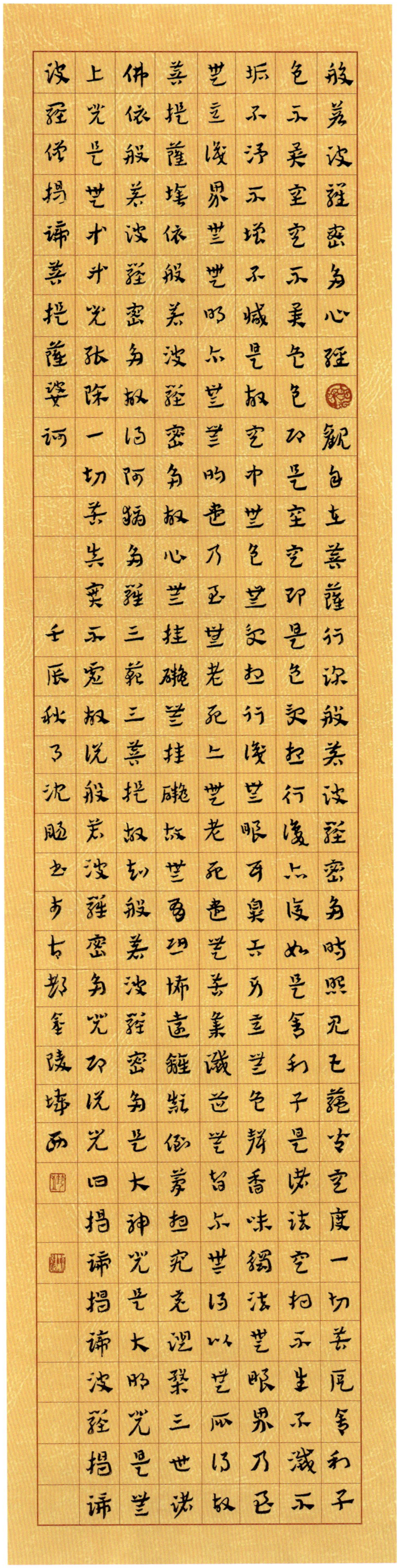

般若波罗蜜多心经

沈飏，1988年生于上海。自幼喜爱书画，师从张复兴先生学习中国画，张文康先生学习书法、篆刻，并得王公助、曹用平等先生教导。

书法喜作章草、大篆，绘画作品曾发表于《新民晚报》、《劳动报》等报刊。

发表有《我爱王个簃》论文。

王继涛，中国书法家协会会员、北兰亭书友会原始会员、河南省书协篆刻委员会委员、河南省青年书协理事、河南书法院特聘书法家、中原印社副秘书长、永城市书协副主席、永城书画院副院长兼篆刻委员会主任、永城印社社长、永城市政协委员、永城市科技文化拔尖人才，享受政府津贴。

入选、获奖中国书协主办的展览：第八、九、十届国展、大字展，“冼夫人”第四届正书展，第五届篆刻展，“老子杯”第二届草书展，第二、三届隶书展，首届篆书展，简帛书法研究展；获王羲之奖、孔子奖。

获信德杯中华龙第四届梁披云最高奖，河南第三届篆刻展最高奖，首届、第四届性灵派最高奖，首届、第三、四届中国书坛青年“百强榜”。

2004 年 8 月应日中文化协会、中国驻日大使馆邀请赴日本进行交流、访问、表演等活动。

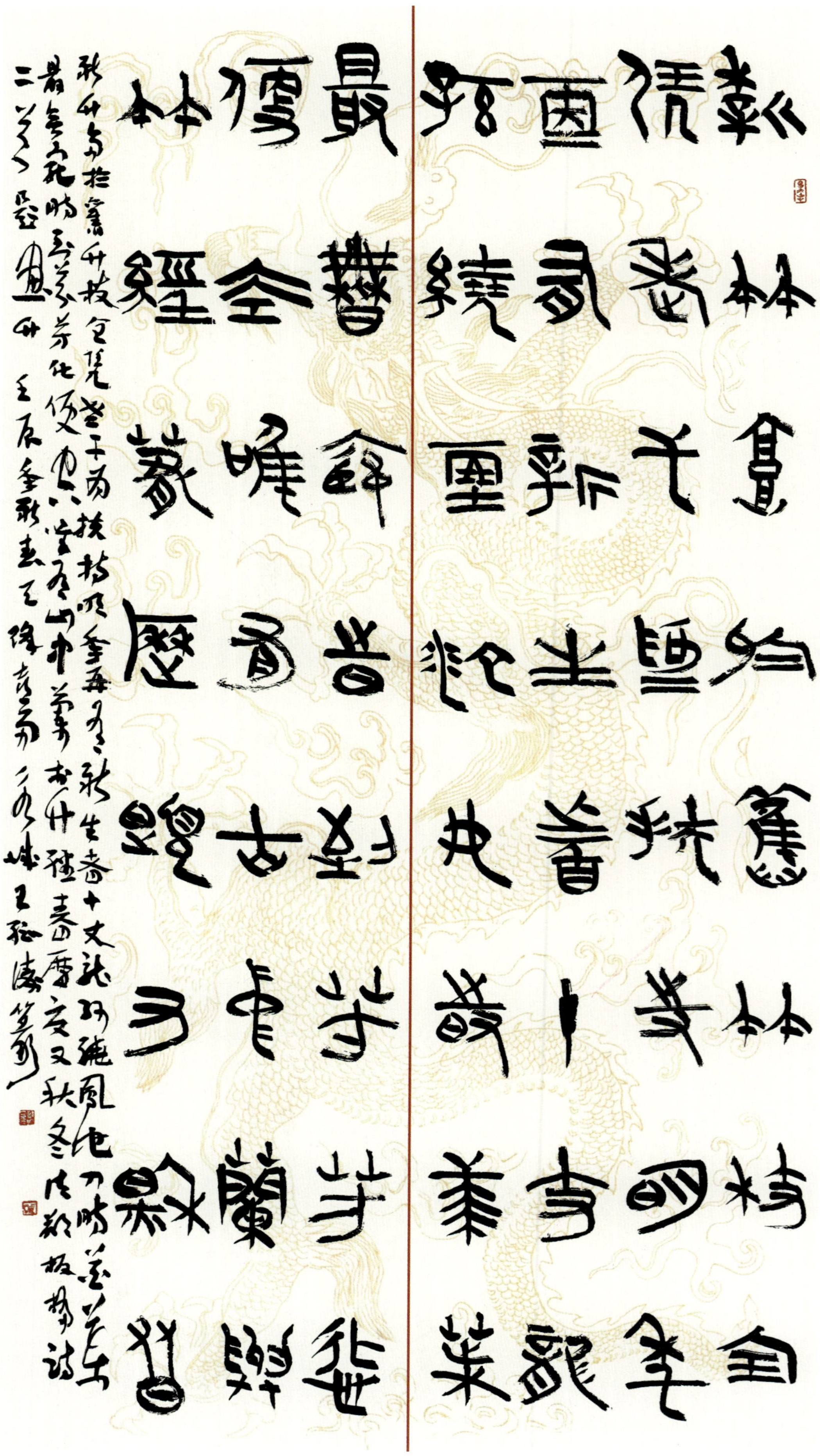

郑板桥题画诗二首

董宁，董陶窑创始人、董陶窑陶瓷制作技术研究所所长、国家高级手工艺术师、中国陶瓷文化产业示范基地理事长、圆明园还原基金会理事、东方文化艺术院副秘书长兼组织联络部部长、北京手工艺术协会副秘书长、中国博物馆协会会员。

手制雕刻双龙耳陶罐

手制雕刻螭龙纹双兽耳衔环钧红釉罐

手制雕刻凤鸟纹钧红釉三阳开泰罐

手制雕刻螭龙纹双兽耳衔环钧红釉罐

连伟，1955 年出生。自习书法篆刻，历经名家点拨，临古描今，倾心葫芦、陶瓷雕刻及治砚。经多年实践探索，经验累积，摸索出自己的艺术体会，受到业界先生们的鼓励。

作品经常参加国家级的专业展会展览，《大千观音造像》瓷雕大瓶于 2013 年在中国创新设计文化展暨中国青岛工艺美术博览会荣获创新设计大赛金奖、签约董陶窑陶瓷研究所专家工作室、于 2013 年获得高级手工艺师称号。

2010年出版了个人葫芦雕刻《樂匏轩作品集》，部分作品获得中国版权中心作品版权保护。

口径：28.5cm
高度：61.5cm
足径：27.8cm

高度：61.3cm
口径：26.5cm
底径：29.0cm

口径：5.1cm
高度：31.2cm
足径：8.7cm

口径：43.5cm
高度：6.7cm
足径：25.2cm

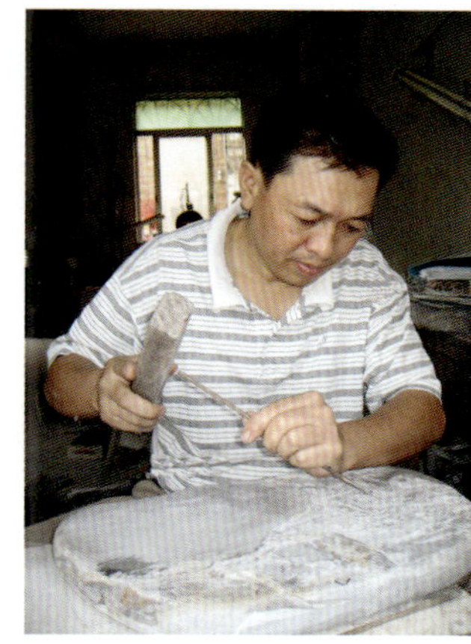

杨焯忠，又名杨卓，生于1964年，肇庆市黄岗镇宾日村人。工艺美术师、中国工艺美术学会会员、广东省工艺美术协会会员、肇庆市端砚协会理事、肇庆市端砚技术标准专家库专家。

杨焯忠是一位擅长以历史故事为创作题材的著名艺人。他于1999年创办华龙轩，所雕刻的端砚意境雄浑，人物刻画生动传神，作品《清明上河图》砚被北京国际饭店收藏，《归》砚等被肇庆市博物馆所藏展。

2006年被中国收藏家协会评为收藏家喜爱的砚雕艺术大师。代表作《归》砚获广东省工艺美术精品展评金奖，《步步高升》砚获第八届中国工艺美术优秀作品评比金奖，《策杖寻僧》砚获广东省工艺美术精品展评银奖。

策杖寻僧

春江水暖

赤壁夜游

借东风

紫气东来

天湖秋色

归

踏雪寻梅

端砚

文房四宝，砚为其一。在中国所产的四大名砚中，尤以端砚最为称著。宋朝著名诗人张九成赋诗赞道："端溪古砚天下奇，紫花夜半吐虹霓。"端砚的历史悠久，石质优良，雕刻精美。

端砚石出产在肇庆市东部的烂柯山和肇庆市七星岩北面（西起小湘峡，东到鼎湖山）的北岭山一带，尤以老坑、麻子坑和坑仔岩三地之砚石为最佳。

老坑

老坑（古代称水岩）是端砚石质量最好、价值最高的砚坑。位于肇庆西江翔羊峡南岸斧柯山端溪水东侧，洞内常年积水，古人所谓"泉生石中"。老坑开采于唐代，被誉为皇坑。老坑石集端溪各名坑石之优点于一身。石色紫中带蓝。石质细腻、娇嫩、致密坚实，石品丰富、花纹多姿，温润通透中玉，且久用锋芒不退，被誉为砚中"至宝"，有"片石可值千金"之说。

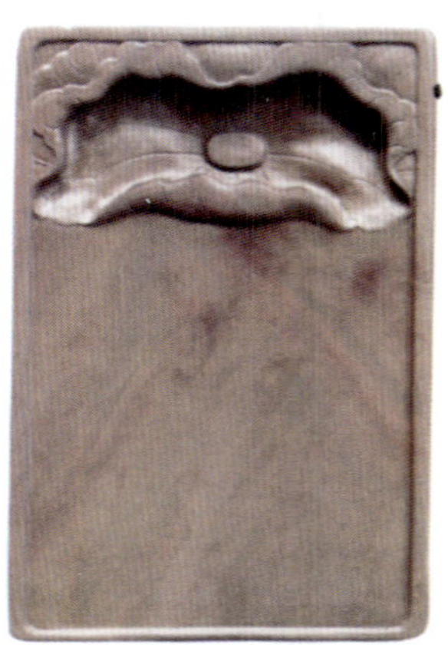

宋坑

宋铿是端砚名坑之一。因其在宋代发现、开采，故名。宋坑有陈坑、伍坑、小湘坑、蕉园坑、将军坑等多个坑洞，均位于市郊北岭山一带。宋坑石质粗细不等。石色以猪肝色为主，有火捺、石眼、彩带、金星点等石品。

坑仔岩

坑仔岩又名康子岩，端砚三大名坑之一。与老坑洞同处一山，位其山腰。宋治平年间开坑采石。石质幼嫩、细腻、坚实、滋润，石色青紫稍偏赤，颜色较均匀。坑仔岩石品丰富，尤以石眼多著称。

有冻岩

端砚名坑之一，位于羚羊峡西江之北，与老坑一江之隔，开采于明代初期，石质幼嫩细软，石色紫中略赤，颜色均匀，石品花纹丰富。

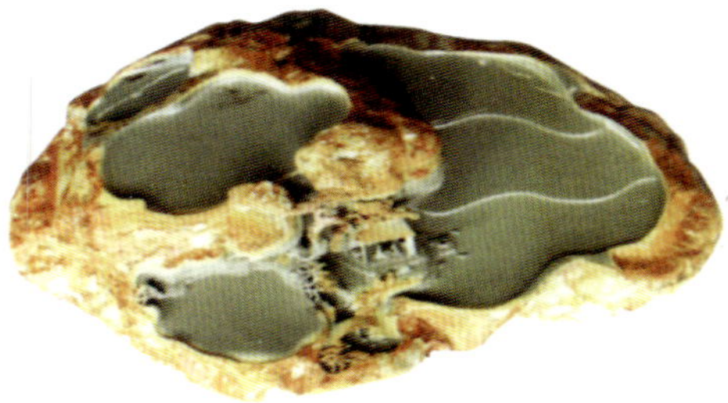

绿端

北宋时期开坑采石，色泽青绿，微带黄色，上等的绿端砚石色泽、石质纯净，晶莹无瑕，别具一格。

麻子坑

端砚三大名坑之一。位于老坑之南4公里处。传为纪念一位脸上有麻子的采砚工而得名。清代乾隆年间开坑采石，有水坑和旱坑之分，尤以水坑为佳。麻子坑砚石质地高洁、娇嫩、细润、致密坚实。石色青紫带蓝，层次清晰，石品丰富。

梅花坑

梅花坑的开采始于宋代。砚石程灰白略带黄色，梅花坑砚石以多眼为其特点。梅花坑石质近宋坑，发墨亦快，但比起老坑、坑仔岩、麻仔岩来说，特地稍微粗些。但仍不失为端溪名砚中有代表性的品种。

中国绘画年鉴从2012年起开展评选美术师级别工作

在有关艺术机构大力支持下，在中国与世界艺术家联谊会、中华文化促进会创意文化中心、北京美联世纪绘画艺术院的协助下，经中国绘画年鉴艺委会、编委会的严格把关，中国绘画年鉴特成立评审认定资格委员会，从2012年起开展评选美术师级别工作，这有助于艺术家的自我肯定与提高，对绘画的发展有一定的促进作用。

首批一级美术师：王开禄（上海）、王加林（北京）、王蓓（黑龙江）、王振声（安徽）、刘鸣隆（上海）、刘金锡（山东）、闫振权（上海）、孙国胜（辽宁）、宋业诚（河北）、肖伦（贵州）、沈岳（上海）、苏孟（北京）、吴建平（上海）、李宝民（北京）、李国昌（陕西）、李景林（上海）、何朝海（安徽）、邱振培（上海）、张建成（山西）、林峰（广西）、林洪（上海）、陈廷福（安徽）、侯义志（上海）、娄世忠、商勇（北京）、曹公度（江苏）、董玥麟（北京）、童凤莉（安徽）、谢黄洪（福建）、黎邦定（上海）、潘智勇（上海）。